STOPP!

Dies ist die letzte Seite des Buches! Du willst dir doch nicht den Spaß verderben und das Ende zuerst lesen, oder?

Um die Geschichte unverfälscht und originalgetreu mitverfolgen zu können, musst du es wie die Japaner machen und von rechts nach links lesen. Deshalb schnell das Buch umdrehen und loslegen!

AF720920

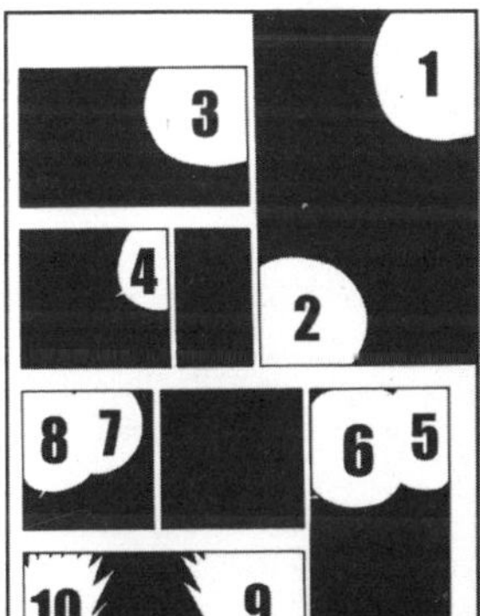

So geht's:

Wenn dies das erste Mal sein sollte, dass du einen Manga in den Händen hältst, kann dir die Grafik helfen, dich zurechtzufinden: Fang einfach oben rechts an zu lesen und arbeite dich nach unten links vor. Viel Spaß dabei wünscht dir TOKYOPOP®!

31 I DREAM

Arina Tanemura

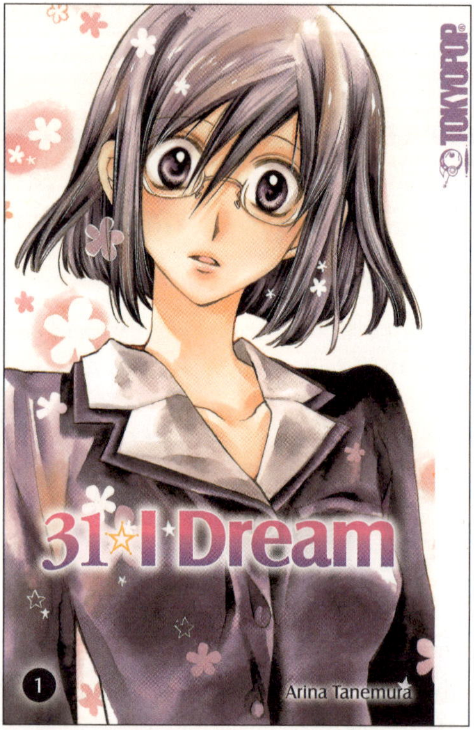

Der Herzschmerz eines zweiten Frühlings …

Mit ihren 31 Jahren hatte Chikage Deguchi noch nie einen Freund. Als ihr die Wunderpille I Dream in die Hände fällt, mit der sie sich kurzzeitig in ihr 15-jähriges Ich verwandeln kann, bekommt sie die Gelegenheit, ihre Jugend ein zweites Mal zu durchleben. Durch Zufall landet sie im Showbusiness und trifft dort auf Hibiki, der Chikages erster großen Liebe wie aus dem Gesicht geschnitten ist …

TOKYOPOP®

www.tokyopop.de

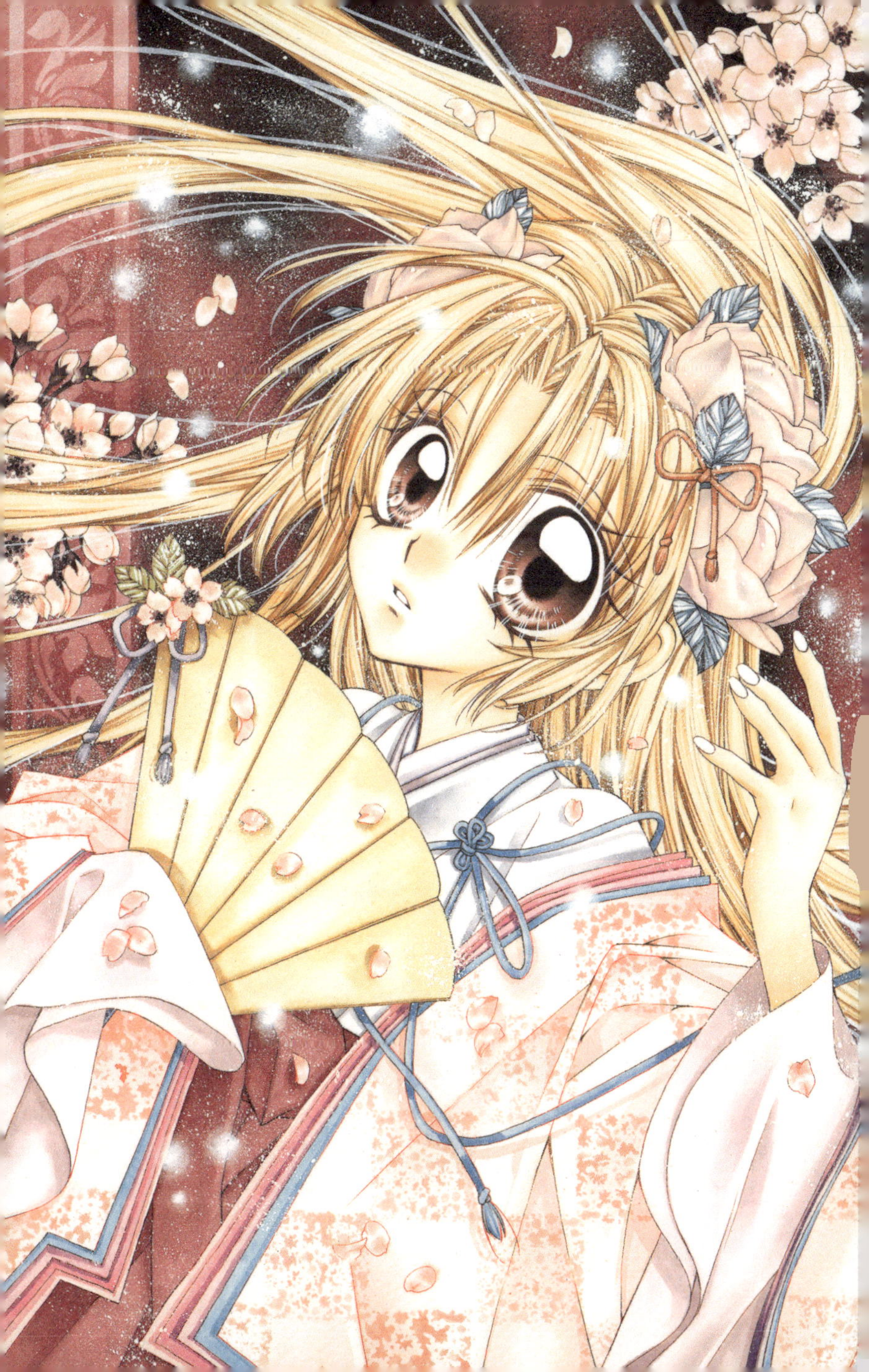

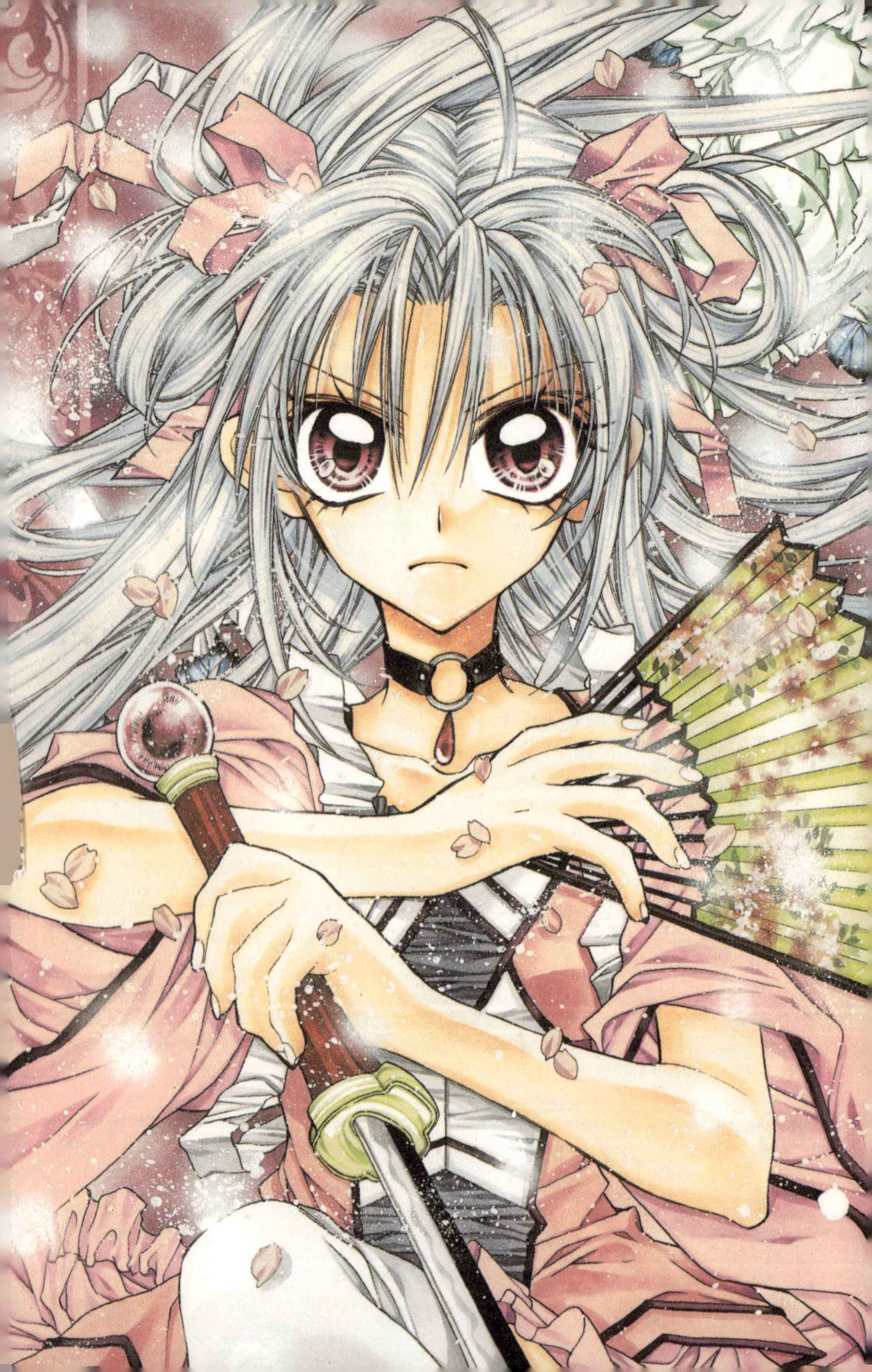

Prinzessin Sakura

Arina Tanemura

1

Inhalt

Kapitel 1:
Erscheinung im Mondlicht
5

Kapitel 2:
Von Geburt an einander versprochen
62

Kapitel 3:
Auftritt Kohaku – Von Menschen und Nichtmenschen
121

Kapitel 4:
Die Bande noch so vergänglich
179

Kapitel 5:
Wenn ich es dir sage, wirst du doch nur sauer
221

Kapitel 6:
Warum hast du mich gewählt?
262

Kapitel 7:
Am Eingang des vergänglichen Labyrinths
305

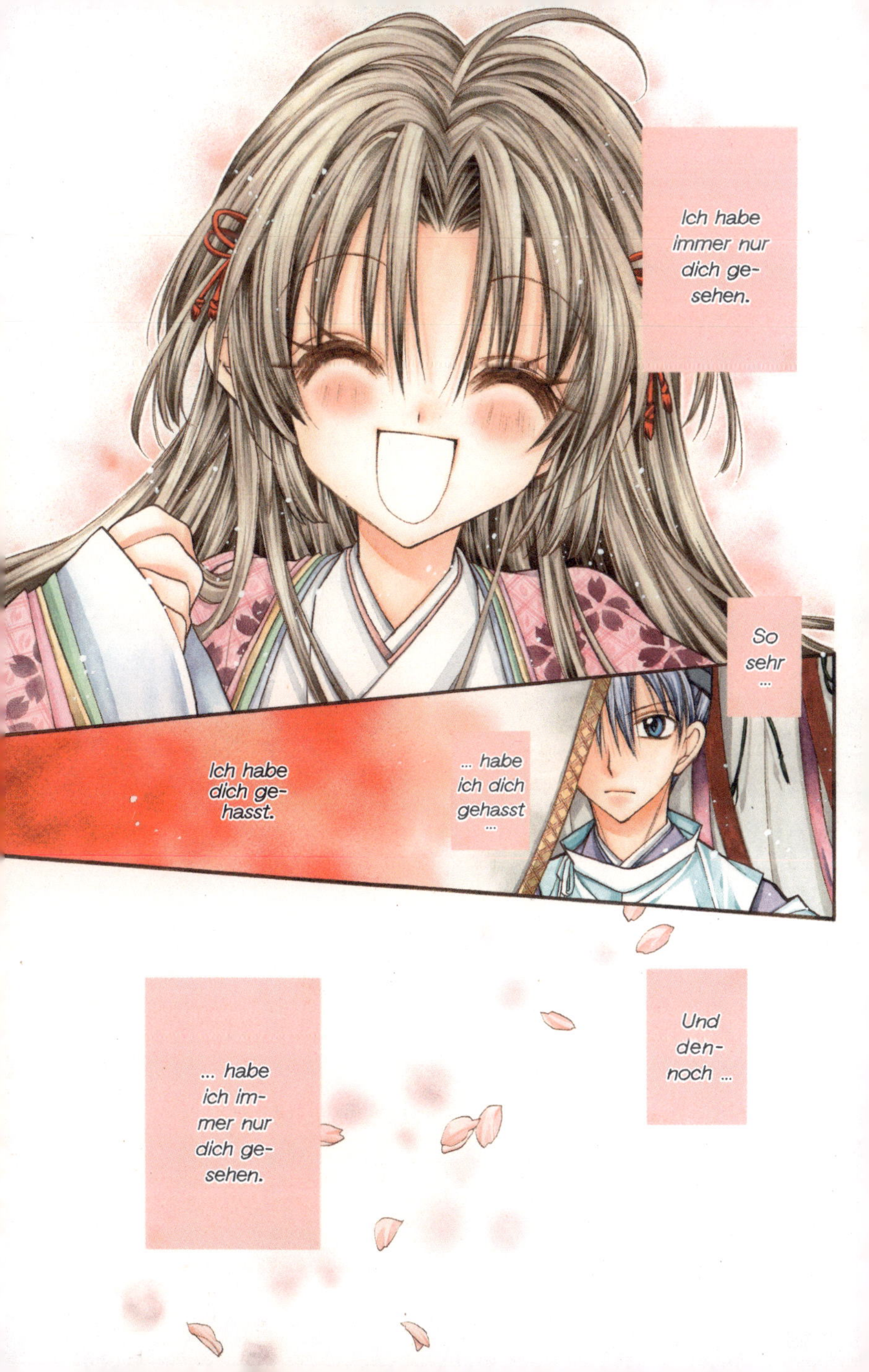
Ich habe immer nur dich gesehen.
So sehr ...
... habe ich dich gehasst ...
Ich habe dich gehasst.
Und dennoch ...
... habe ich immer nur dich gesehen.

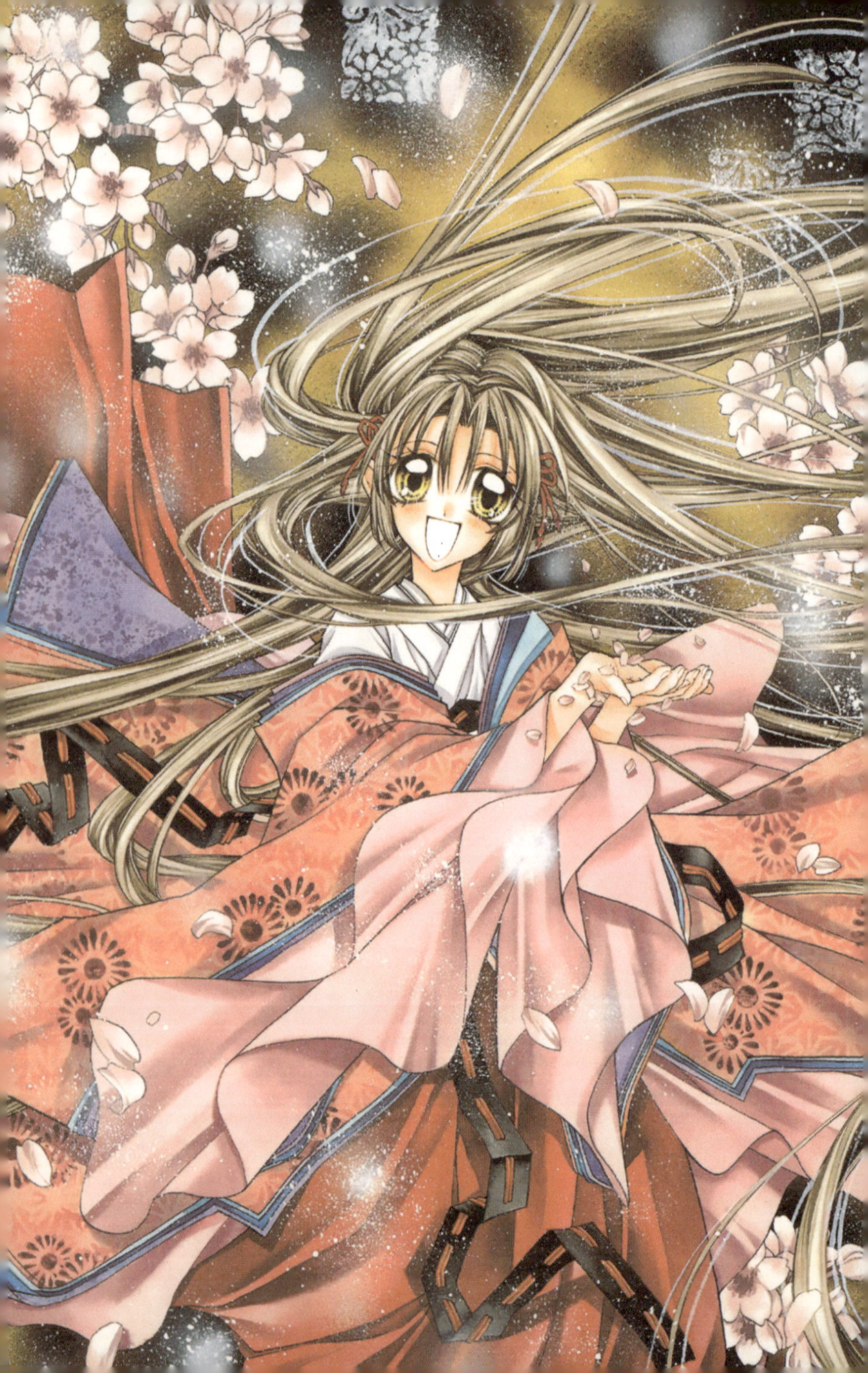

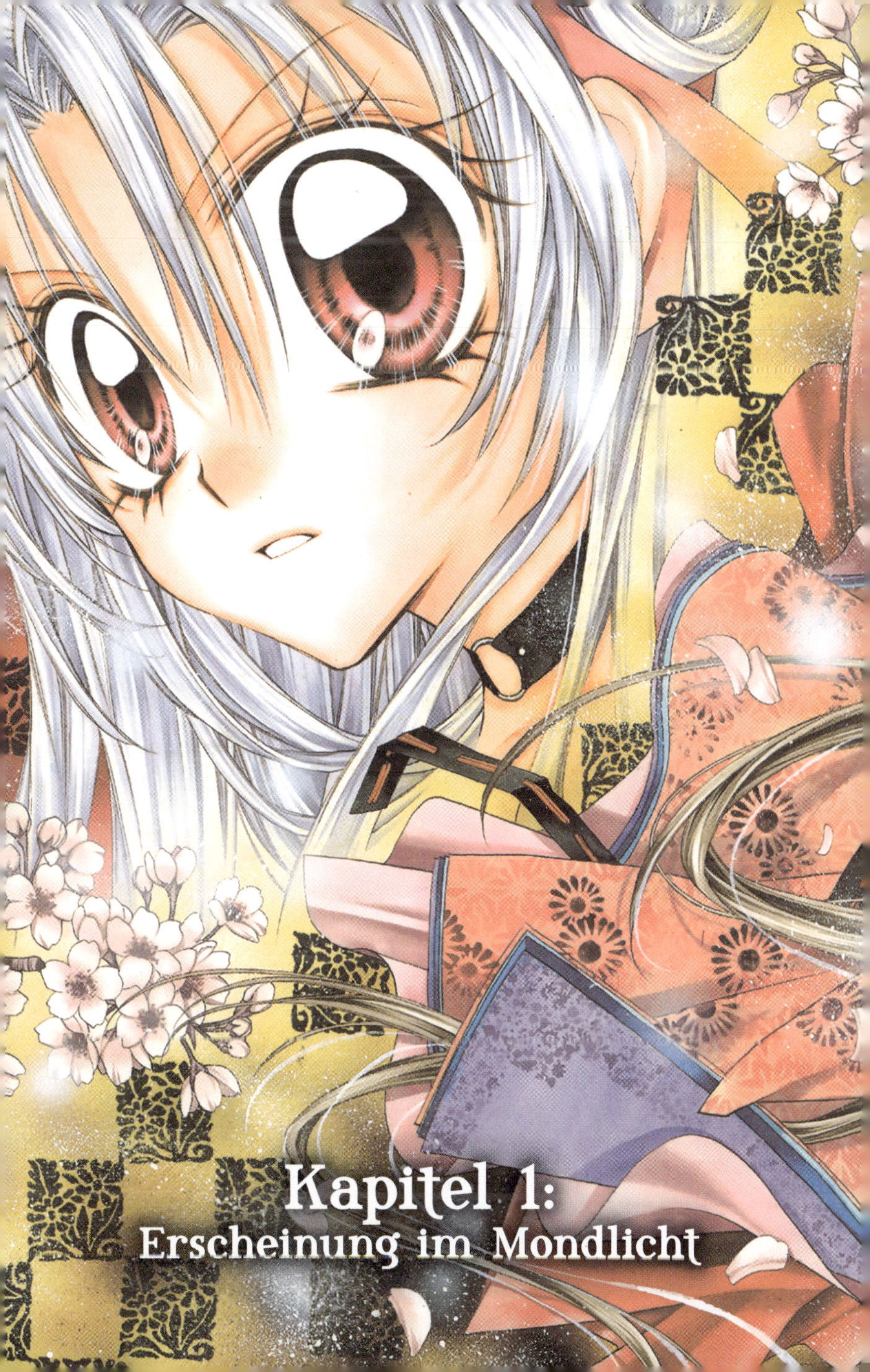
Kapitel 1:
Erscheinung im Mondlicht

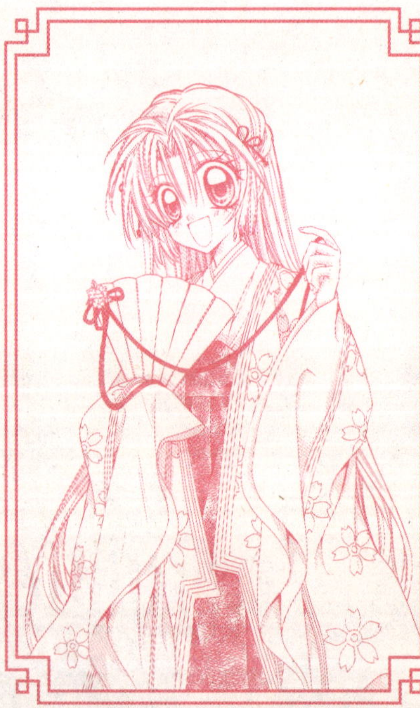

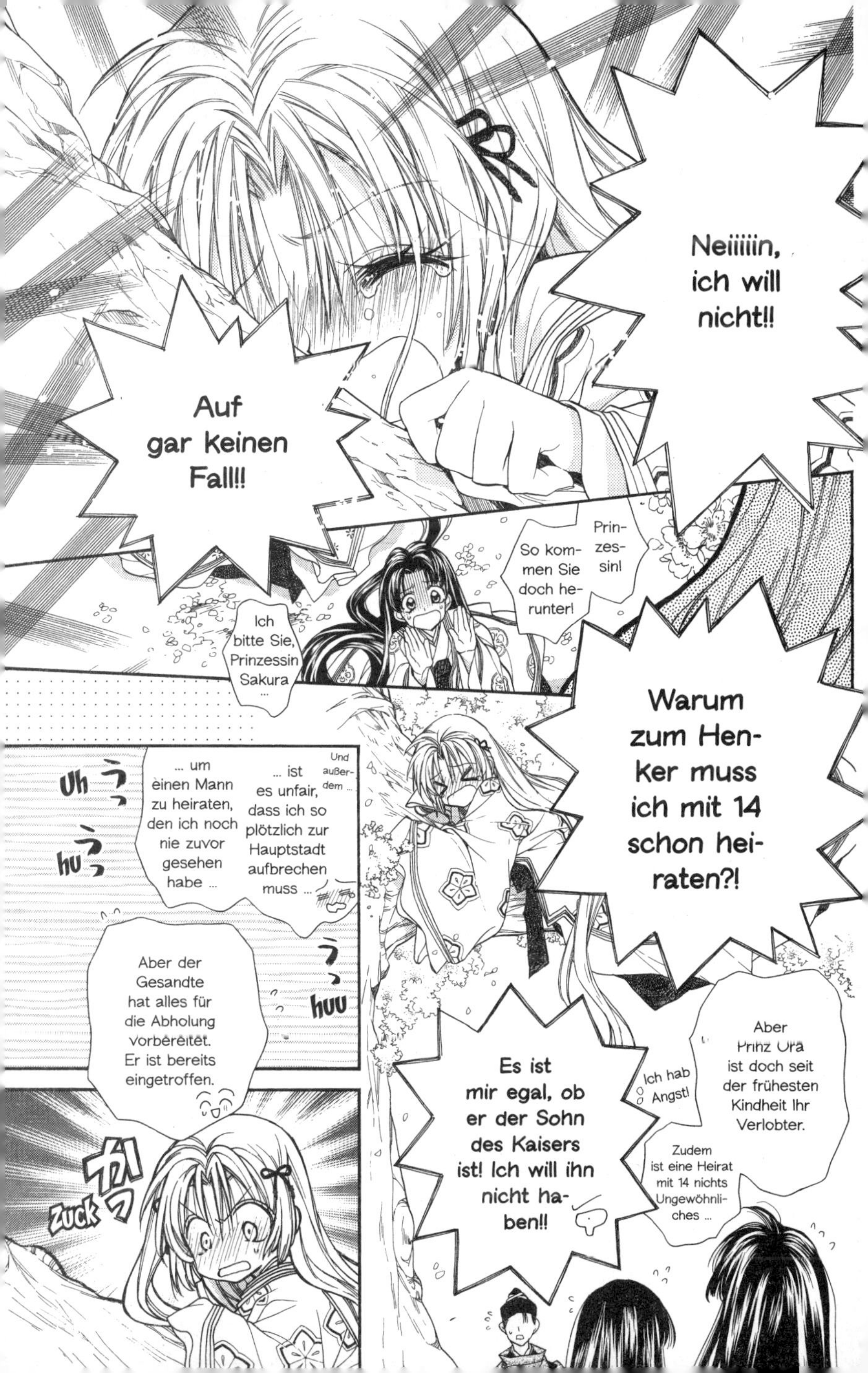

Neiiiiin, ich will nicht!!
Auf gar keinen Fall!!
Prinzessin!
So kommen Sie doch herunter!
Ich bitte Sie, Prinzessin Sakura ...
Warum zum Henker muss ich mit 14 schon heiraten?!
Und außerdem ...
... ist es unfair, dass ich so plötzlich zur Hauptstadt aufbrechen muss ...
... um einen Mann zu heiraten, den ich noch nie zuvor gesehen habe ...
Uh hu
huu
Aber der Gesandte hat alles für die Abholung vorbereitet. Er ist bereits eingetroffen.
Zuck
Aber Prinz Ura ist doch seit der frühesten Kindheit Ihr Verlobter.
Zudem ist eine Heirat mit 14 nichts Ungewöhnliches ...
Ich hab Angst!
Es ist mir egal, ob er der Sohn des Kaisers ist! Ich will ihn nicht haben!!

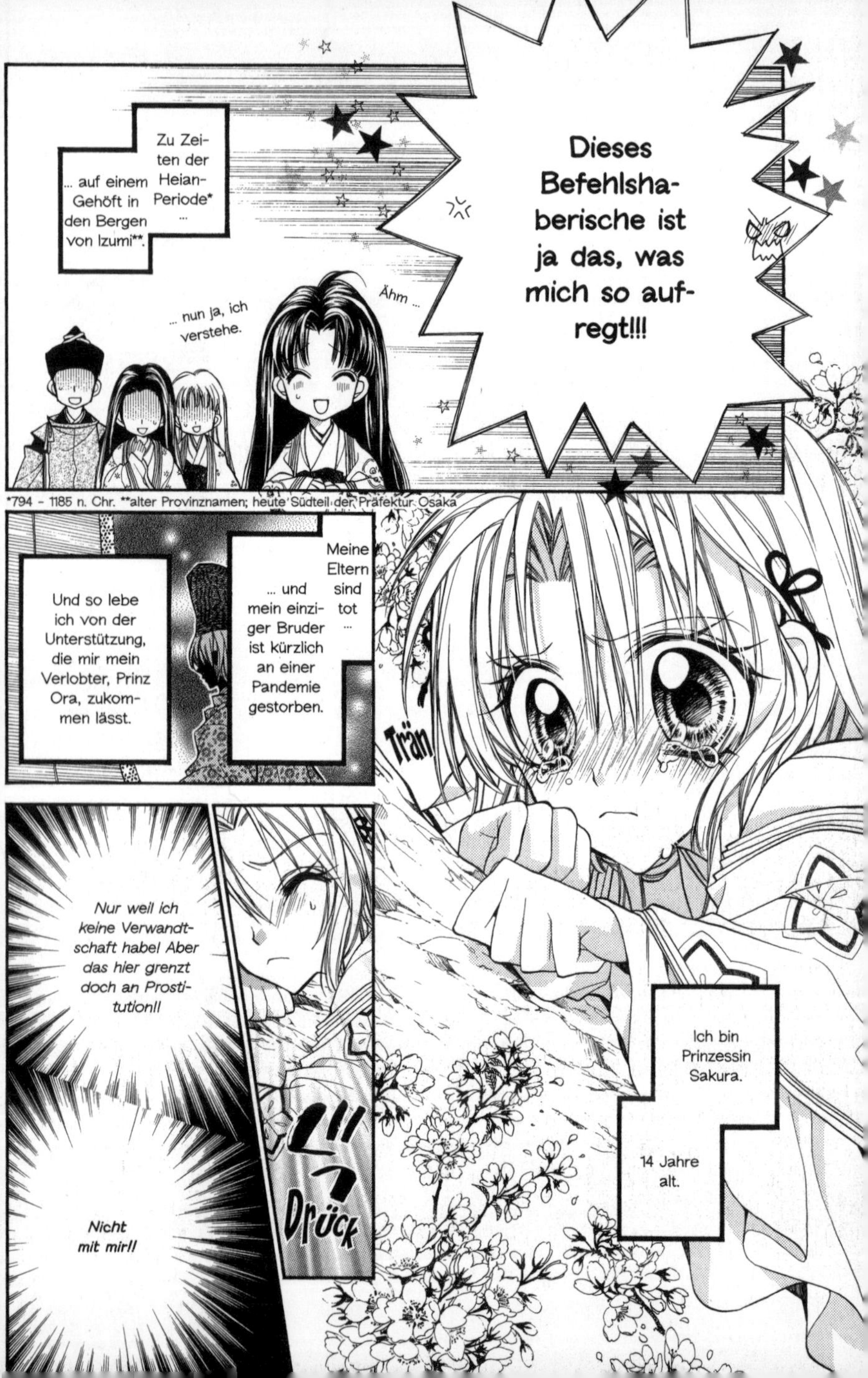

*794 – 1185 n. Chr. **alter Provinznamen; heute Südteil der Präfektur Osaka

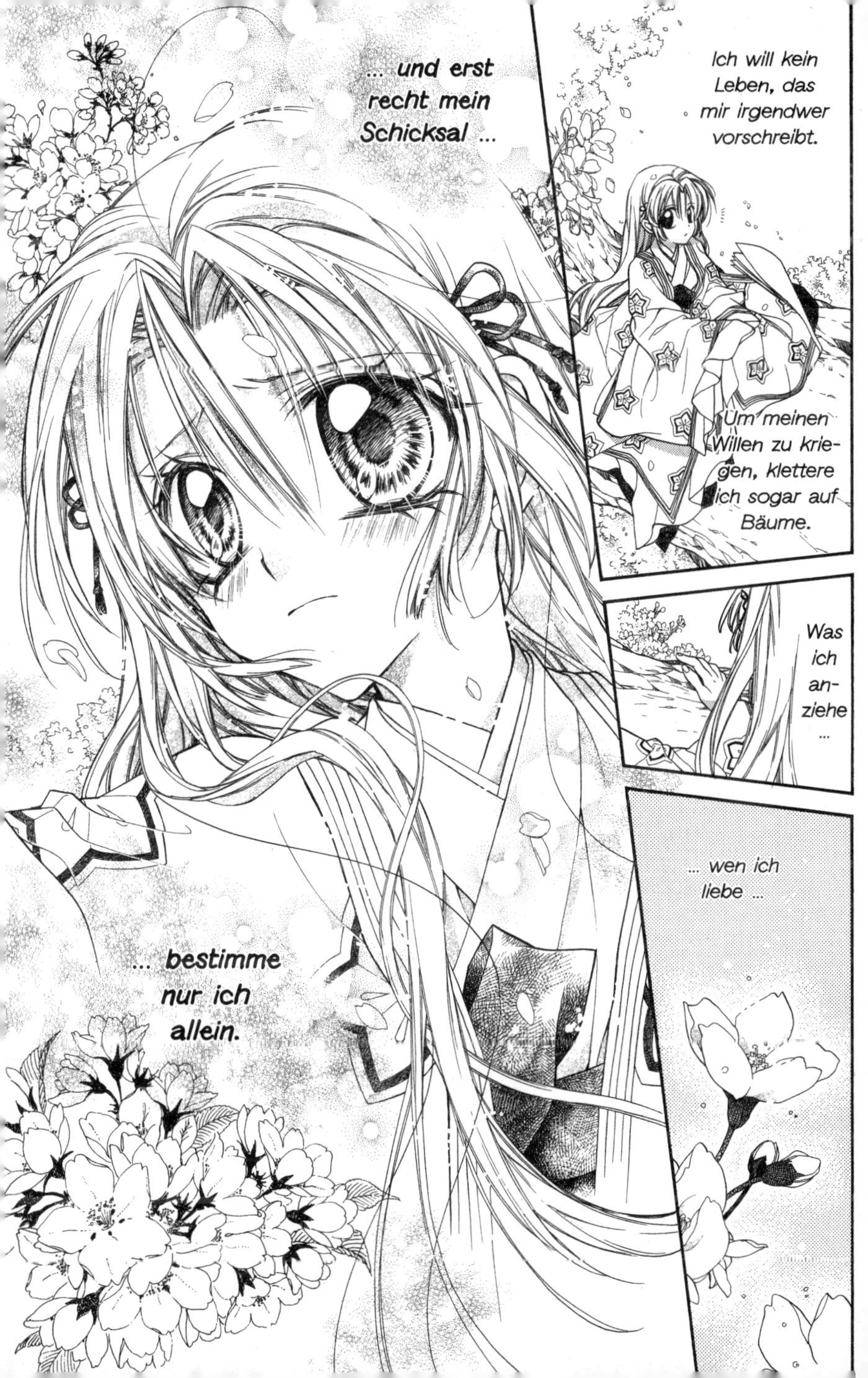
Ich will kein Leben, das mir irgendwer vorschreibt.
Um meinen Willen zu kriegen, klettere ich sogar auf Bäume.
Was ich anziehe ...
... wen ich liebe ...
... und erst recht mein Schicksal ...
... bestimme nur ich allein.

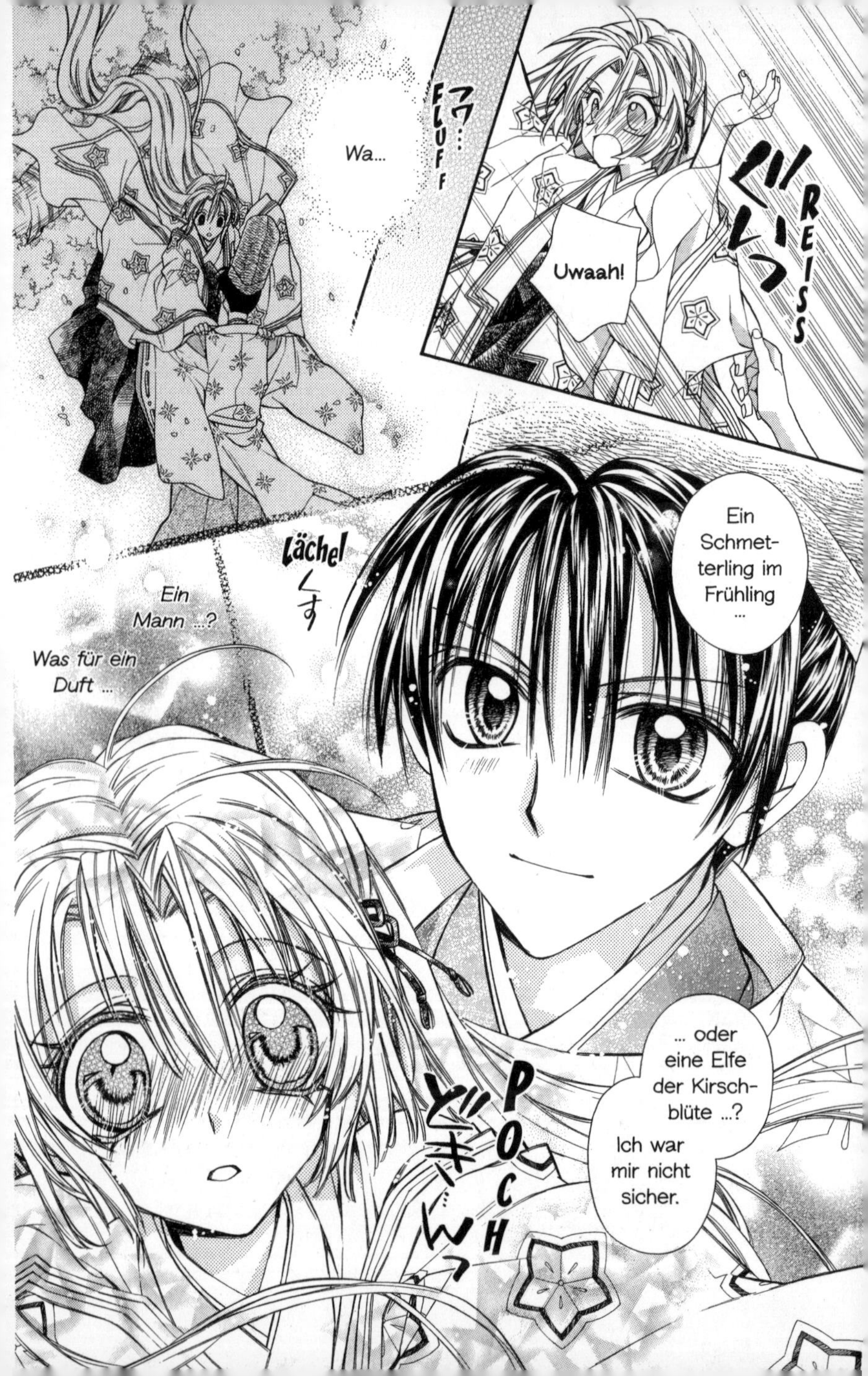
REISS
Uwaah!
FLUFF
Wa...
Ein Schmetterling im Frühling ...
Lächel
Ein Mann ...?
Was für ein Duft ...
... oder eine Elfe der Kirschblüte ...?
Ich war mir nicht sicher.
POCH

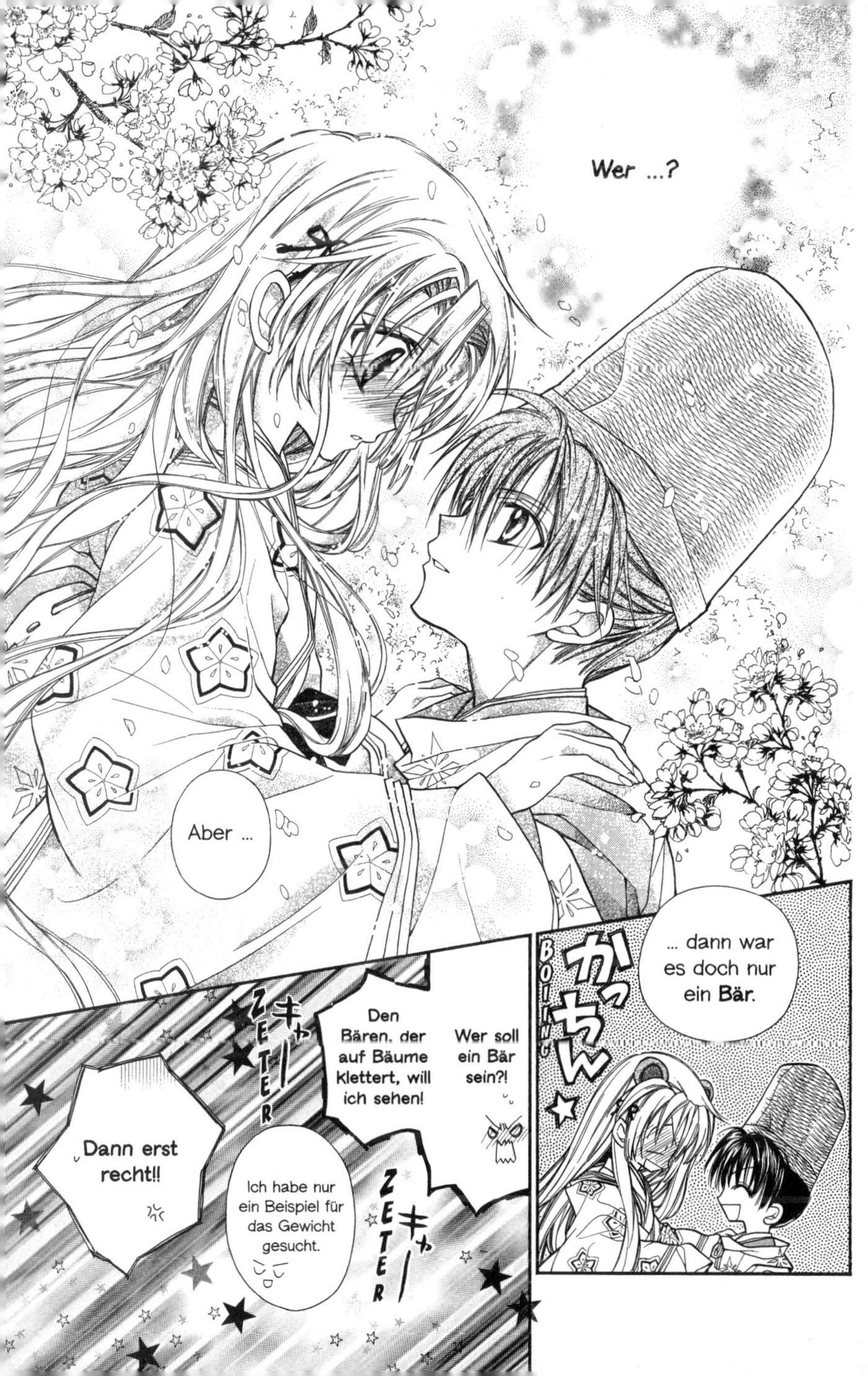
Wer ...?
Aber ...
... dann war es doch nur ein Bär.
かっちん
BOING
Wer soll ein Bär sein?!
Den Bären, der auf Bäume klettert, will ich sehen!
キャー
ZETER
Ich habe nur ein Beispiel für das Gewicht gesucht.
キャー
ZETER
Dann erst recht!!

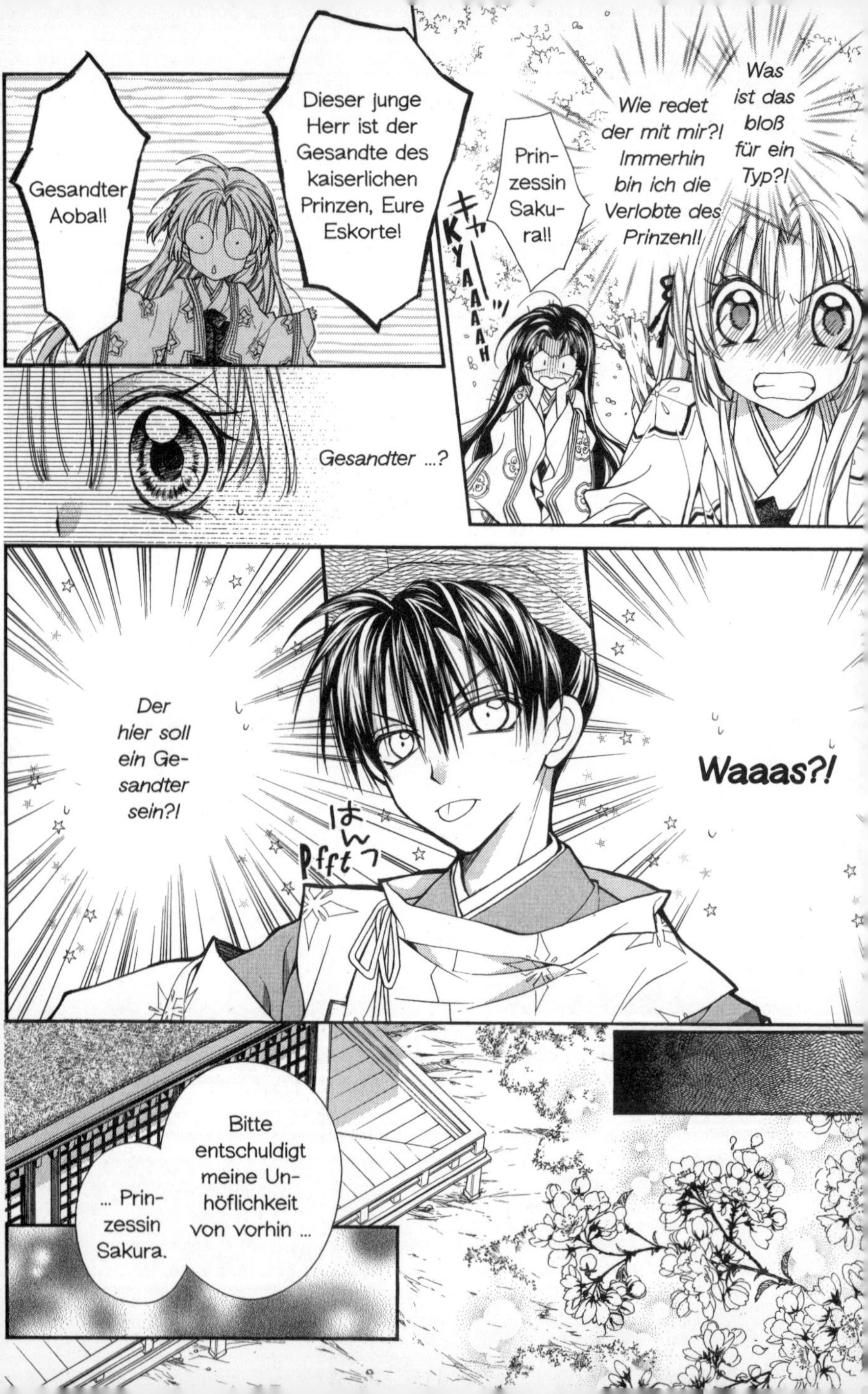
Was ist das bloß für ein Typ?!
Wie redet der mit mir?! Immerhin bin ich die Verlobte des Prinzen!!
Prinzessin Sakura!!
KYAAAAAH
Dieser junge Herr ist der Gesandte des kaiserlichen Prinzen, Eure Eskorte!
Gesandter Aoba!!
Gesandter ...?
Waaas?!
Der hier soll ein Gesandter sein?!
Pfft
Bitte entschuldigt meine Unhöflichkeit von vorhin ...
... Prinzessin Sakura.

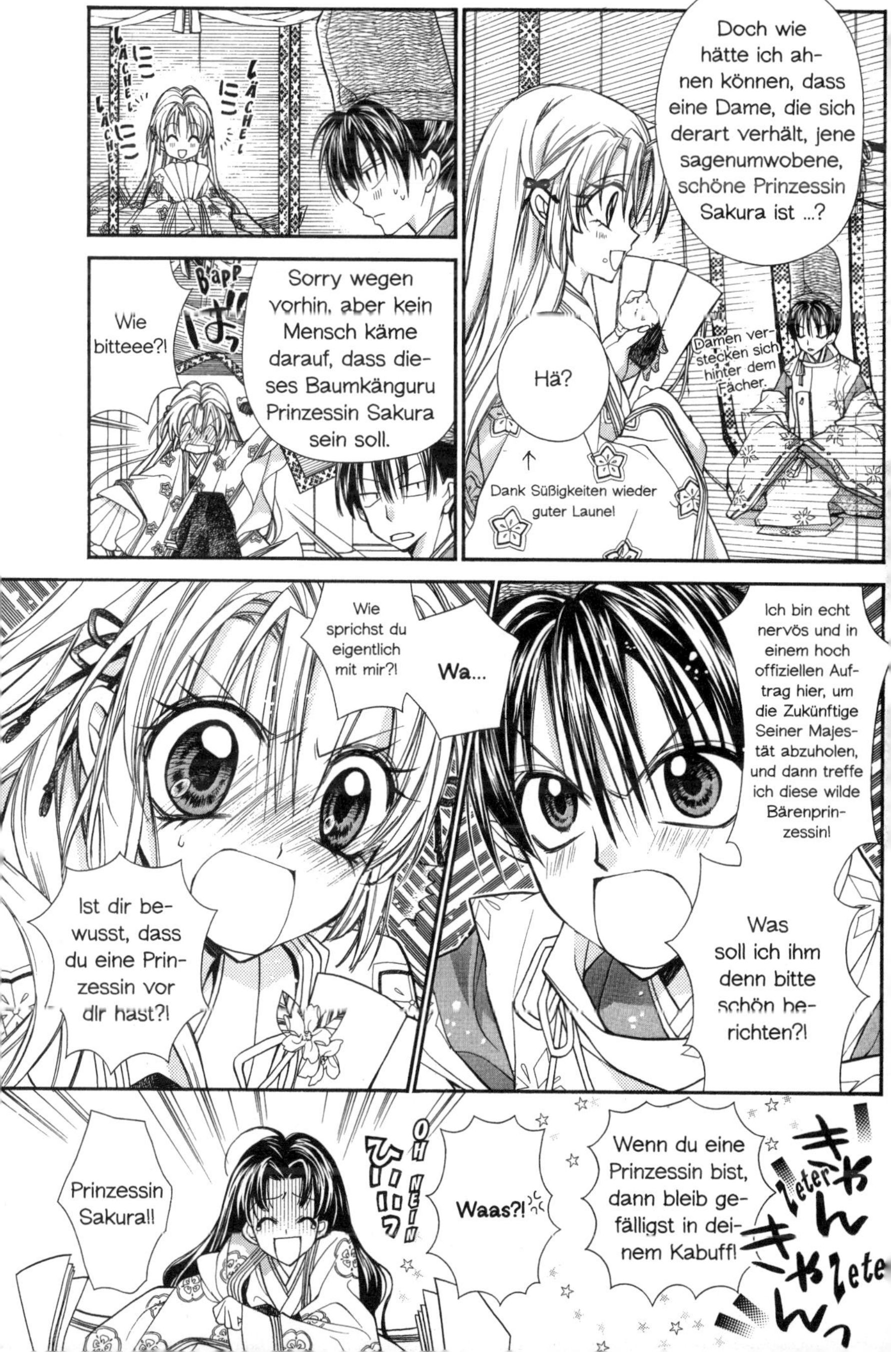

Doch wie hätte ich ahnen können, dass eine Dame, die sich derart verhält, jene sagenumwobene, schöne Prinzessin Sakura ist ...?
Damen verstecken sich hinter dem Fächer.
Hä?
Dank Süßigkeiten wieder guter Laune!
LÄCHEL
LÄCHEL
LÄCHEL
にこ
にこ
にこ
Sorry wegen vorhin, aber kein Mensch käme darauf, dass dieses Baumkänguru Prinzessin Sakura sein soll.
BÄPP
Wie bitteee?!
Ich bin echt nervös und in einem hoch offiziellen Auftrag hier, um die Zukünftige Seiner Majestät abzuholen, und dann treffe ich diese wilde Bärenprinzessin!
Was soll ich ihm denn bitte schön berichten?!
Wa...
Wie sprichst du eigentlich mit mir?!
Ist dir bewusst, dass du eine Prinzessin vor dir hast?!
Zeter
Zete
Wenn du eine Prinzessin bist, dann bleib gefälligst in deinem Kabuff!
Waas?!
OH NEIN
Prinzessin Sakura!!

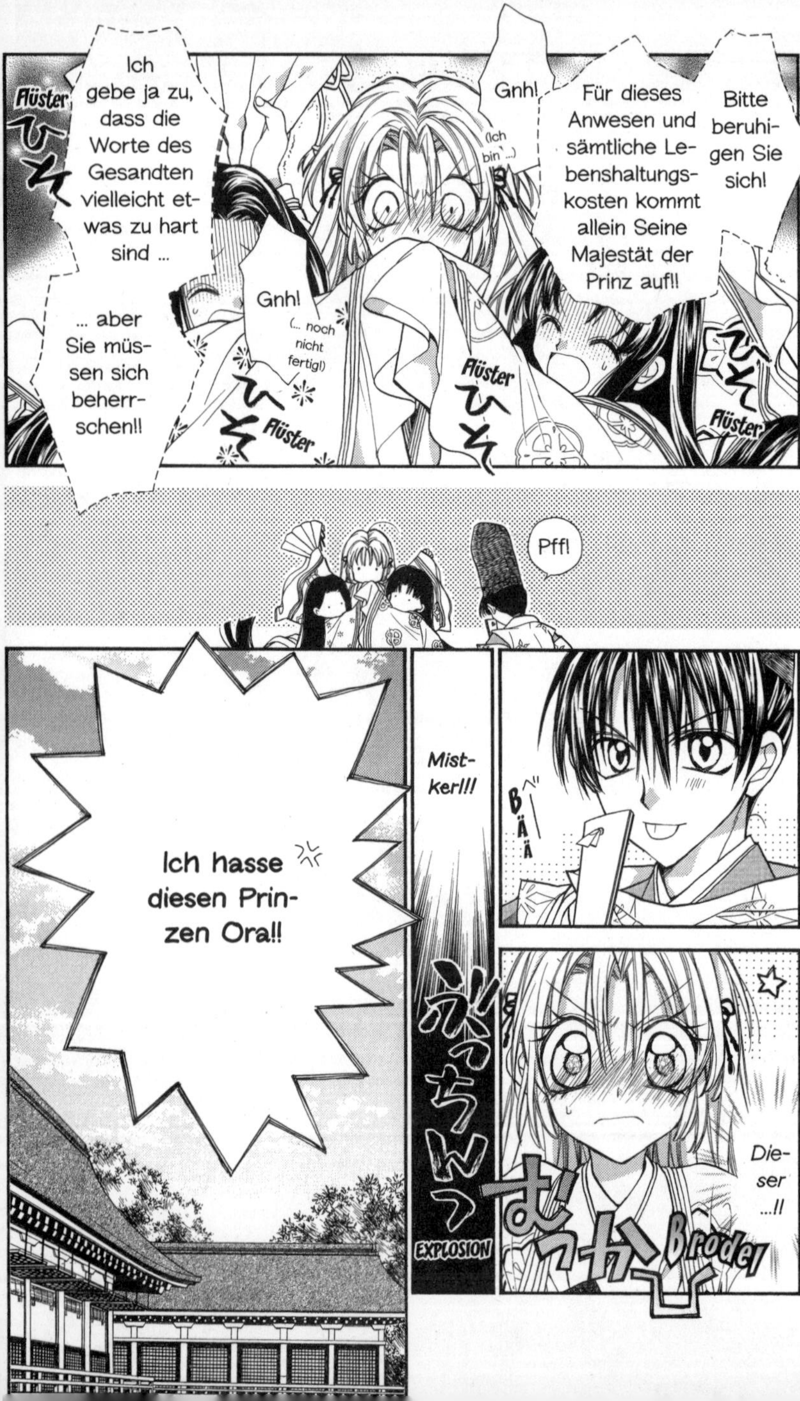
Bitte beruhigen Sie sich!
Für dieses Anwesen und sämtliche Lebenshaltungskosten kommt allein Seine Majestät der Prinz auf!!
Gnh!
(Ich bin ...)
Ich gebe ja zu, dass die Worte des Gesandten vielleicht etwas zu hart sind ...
Flüster
Flüster
Flüster
Flüster
Gnh!
(... noch nicht fertig!)
... aber Sie müssen sich beherrschen!!
Pff!
BÄÄ
Mist-kerl!!
Ich hasse diesen Prinzen Ora!!
Dieser ...!!
EXPLOSION
Brodel

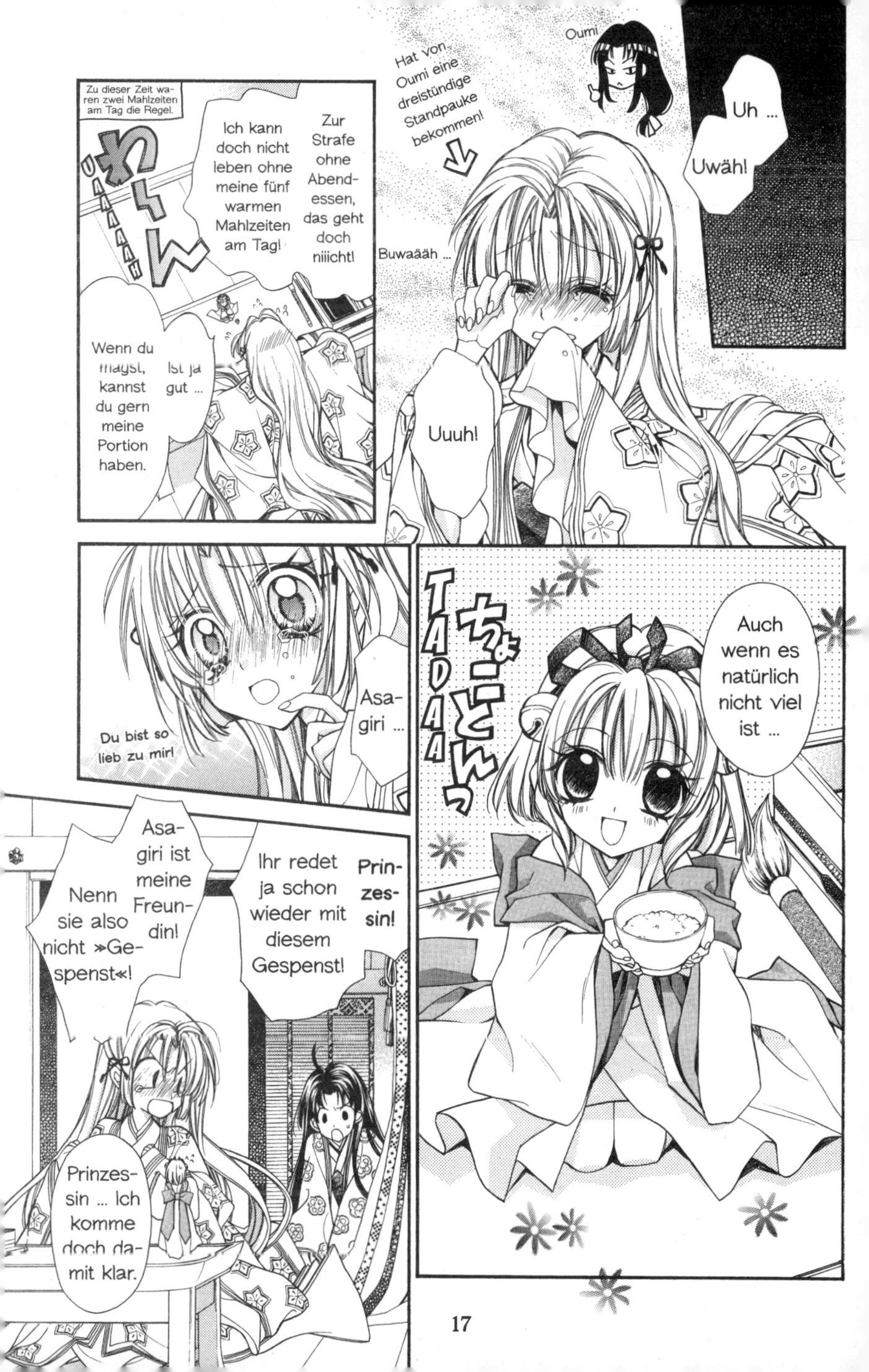
Uh ...
Uwäh!
Oumi
Hat von Oumi eine dreistündige Standpauke bekommen!
Buwaääh ...
Uuuh!
Zur Strafe ohne Abendessen, das geht doch niiicht!
Ich kann doch nicht leben ohne meine fünf warmen Mahlzeiten am Tag!
Zu dieser Zeit waren zwei Mahlzeiten am Tag die Regel.
UAAAAAAH
Ist ja gut ...
Wenn du magst, kannst du gern meine Portion haben.
TADAAA
Auch wenn es natürlich nicht viel ist ...
Asagiri ...
Du bist so lieb zu mir!
Prinzessin!
Ihr redet ja schon wieder mit diesem Gespenst!
Asagiri ist meine Freundin!
Nenn sie also nicht »Gespenst«!
Prinzessin ... Ich komme doch damit klar.

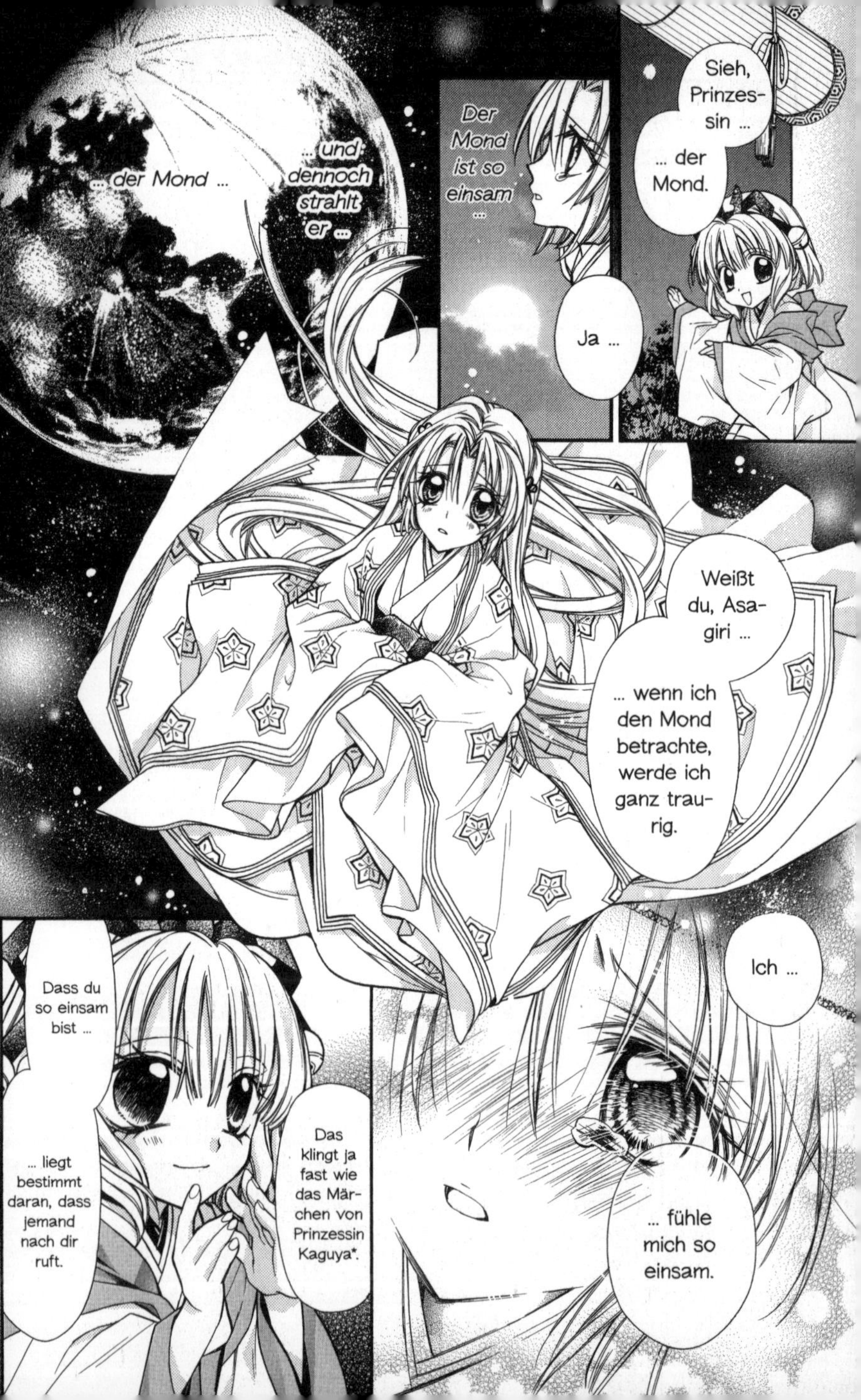

*Altes Volksmärchen, das von einer Prinzessin aus dem Reich des Mondes handelt.

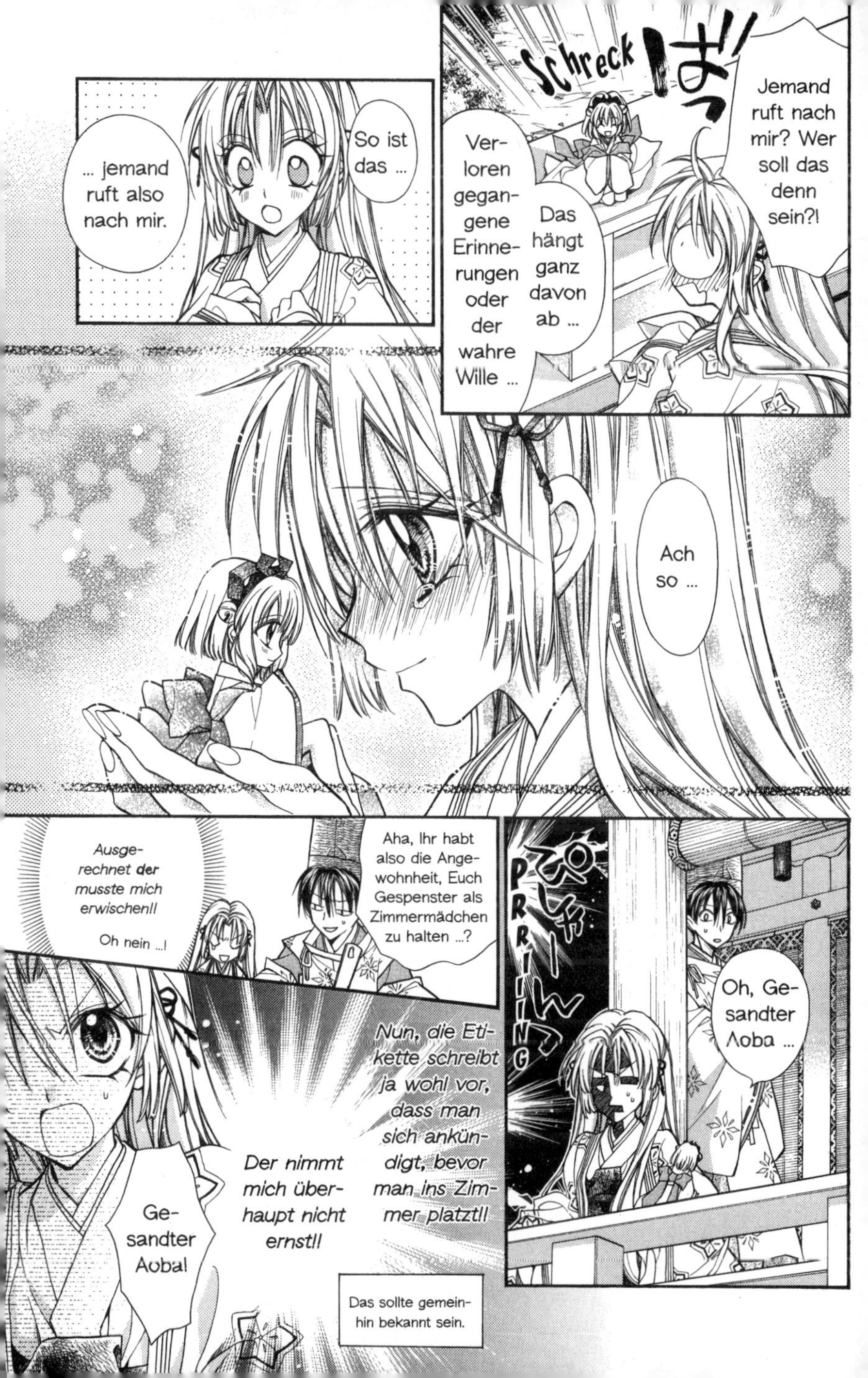
Schreck
Jemand ruft nach mir? Wer soll das denn sein?!
Das hängt ganz davon ab ...
Verloren gegangene Erinnerungen oder der wahre Wille ...
So ist das ...
... jemand ruft also nach mir.
Ach so ...
PRRING
Oh, Gesandter Aoba ...
Aha, Ihr habt also die Angewohnheit, Euch Gespenster als Zimmermädchen zu halten ...?
Ausgerechnet der musste mich erwischen!!
Oh nein ...!
Nun, die Etikette schreibt ja wohl vor, dass man sich ankündigt, bevor man ins Zimmer platzt!!
Der nimmt mich überhaupt nicht ernst!!
Gesandter Aoba!
Das sollte gemeinhin bekannt sein.

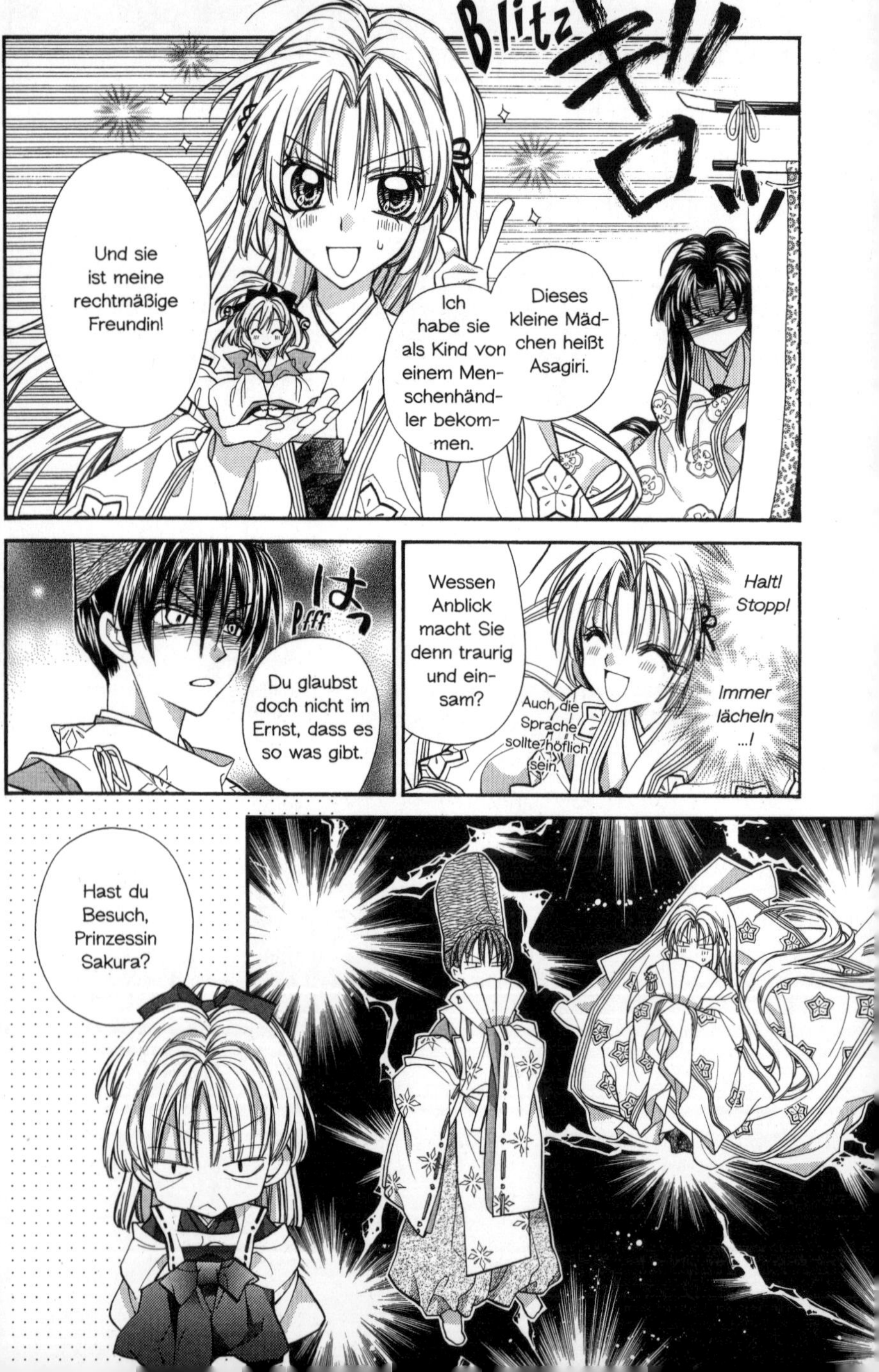

Blitz
キリロッ
Dieses kleine Mädchen heißt Asagiri.
Ich habe sie als Kind von einem Menschenhändler bekommen.
Und sie ist meine rechtmäßige Freundin!
Halt! Stopp!
Immer lächeln ...!
Wessen Anblick macht Sie denn traurig und einsam?
Auch die Sprache sollte höflich sein.
はっ
Pfff
Du glaubst doch nicht im Ernst, dass es so was gibt.
Hast du Besuch, Prinzessin Sakura?

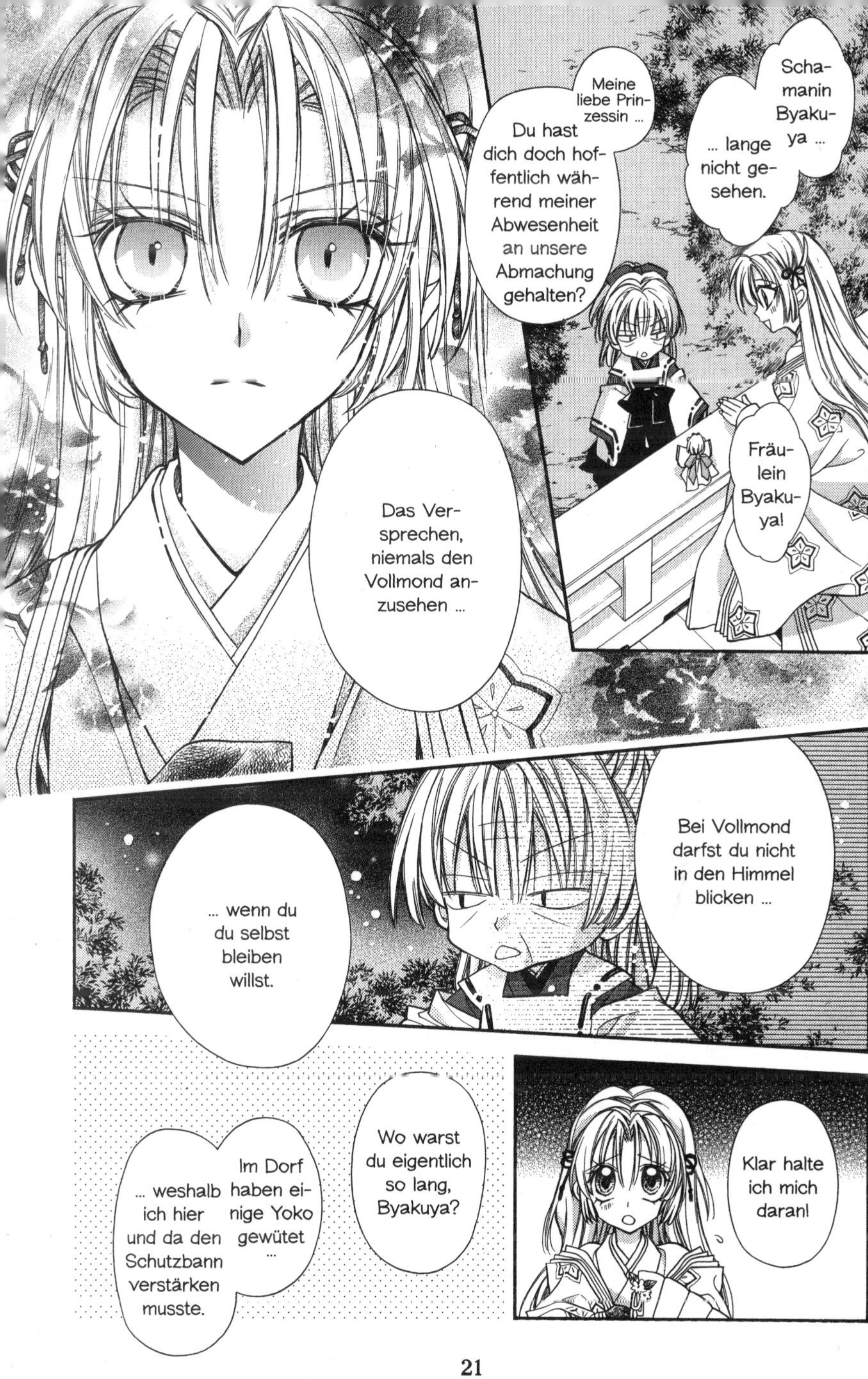
Fräulein Byakuya!
Schamanin Byakuya ...
... lange nicht gesehen.
Meine liebe Prinzessin ...
Du hast dich doch hoffentlich während meiner Abwesenheit an unsere Abmachung gehalten?
Das Versprechen, niemals den Vollmond anzusehen ...
Bei Vollmond darfst du nicht in den Himmel blicken ...
... wenn du du selbst bleiben willst.
Klar halte ich mich daran!
Wo warst du eigentlich so lang, Byakuya?
Im Dorf haben einige Yoko gewütet ...
... weshalb ich hier und da den Schutzbann verstärken musste.

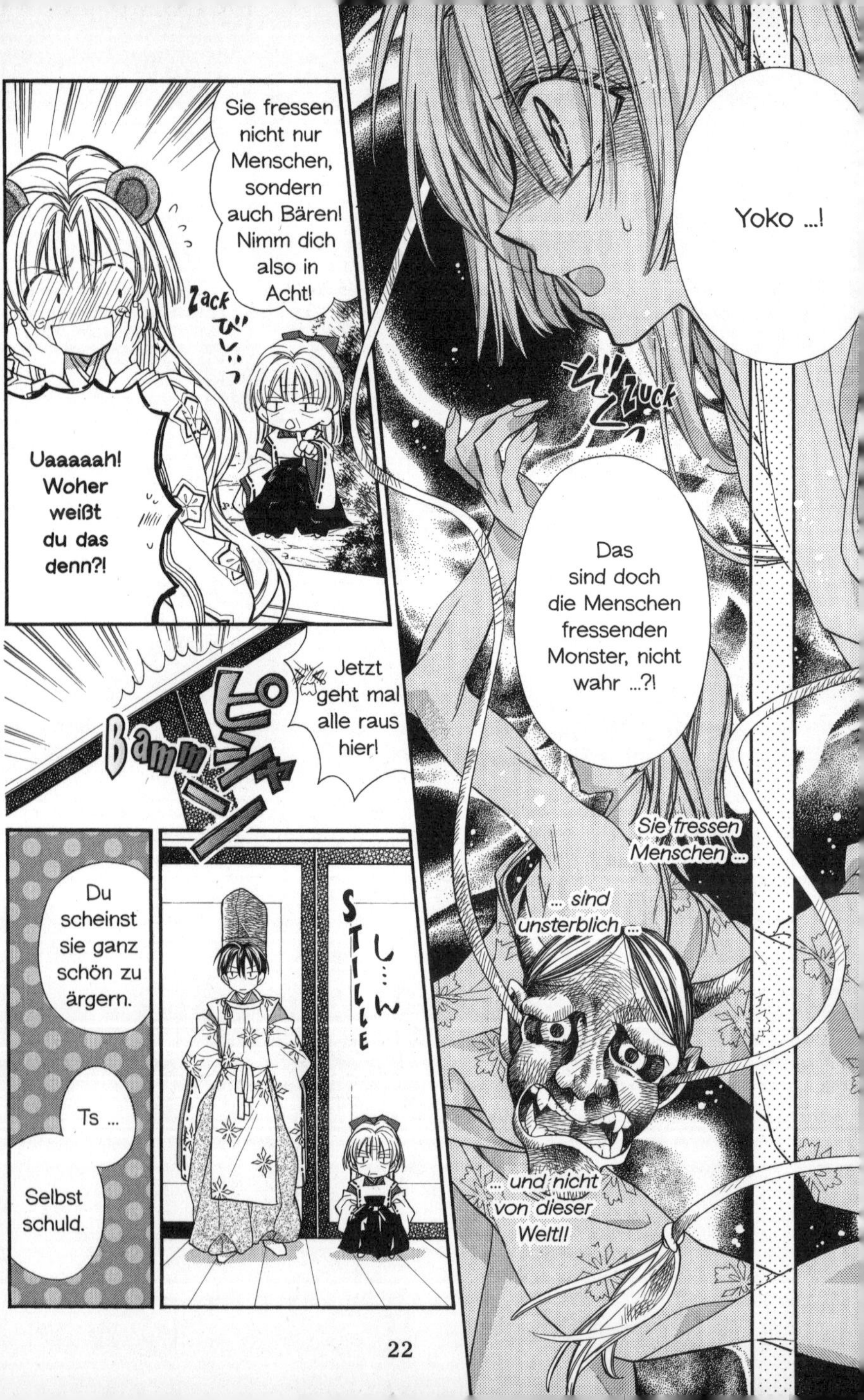

Yoko ...!
Zuck
Das sind doch die Menschen fressenden Monster, nicht wahr ...?!
Sie fressen Menschen ...
... sind unsterblich ...
... und nicht von dieser Welt!!
Sie fressen nicht nur Menschen, sondern auch Bären! Nimm dich also in Acht!
Zack
Uaaaaah! Woher weißt du das denn?!
Jetzt geht mal alle raus hier!
Bamm
Stille
Du scheinst sie ganz schön zu ärgern.
Ts ...
Selbst schuld.

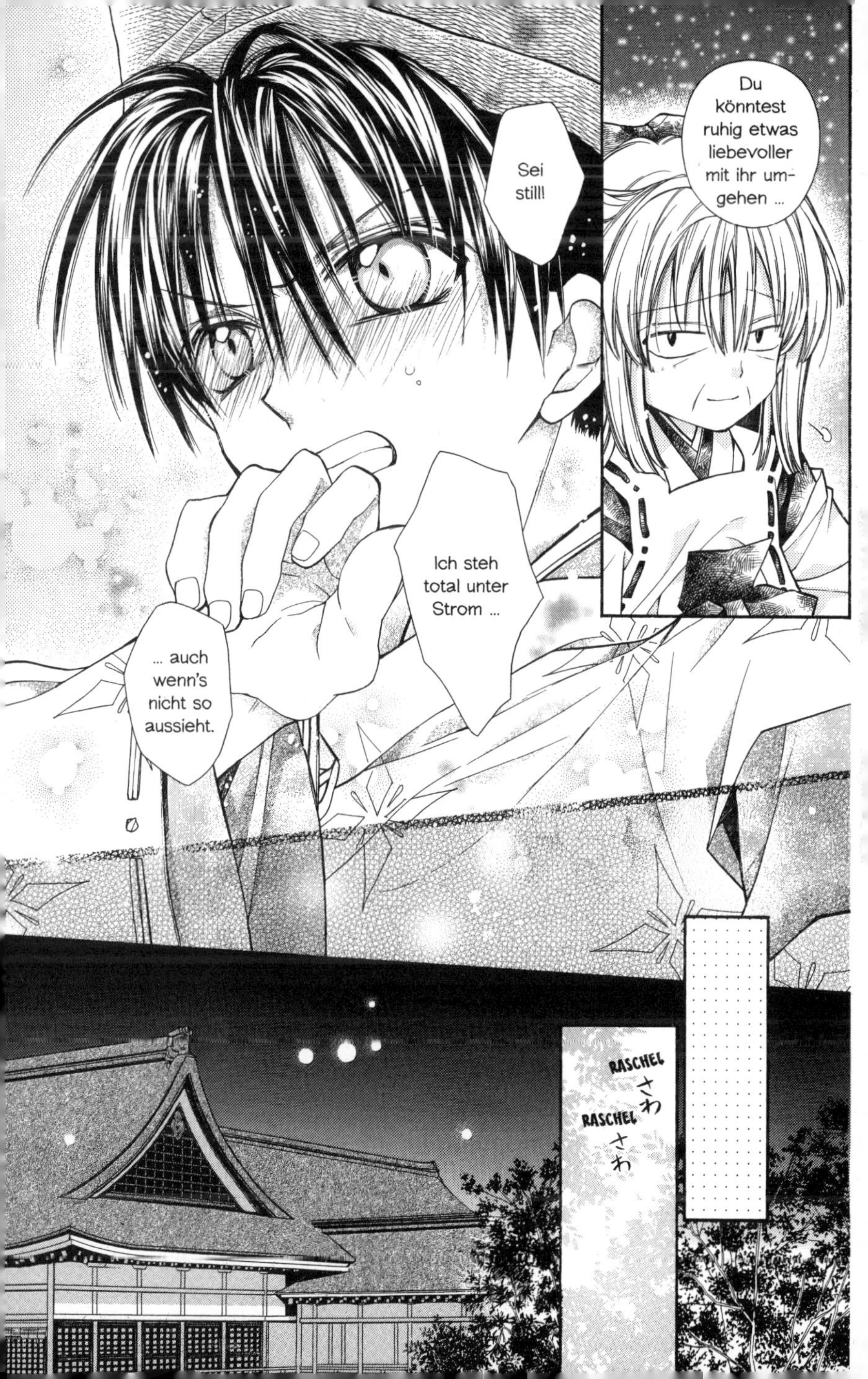
Du könntest ruhig etwas liebevoller mit ihr umgehen ...
Sei still!
Ich steh total unter Strom ...
... auch wenn's nicht so aussieht.
RASCHEL さわ
RASCHEL さわ

Der Brief ...

Verzeihen Sie mir bitte, Gesandter Aoba.

Ich werde auf keinen Fall Prinz Ora heiraten.

Falls Sie ihm keinen Bericht erstatten können, weil ich ein wilder Teddybär bin ...

... können Sie ihm gern diesen Brief überreichen und alles so erzählen, wie es nun einmal ist.

♡♡

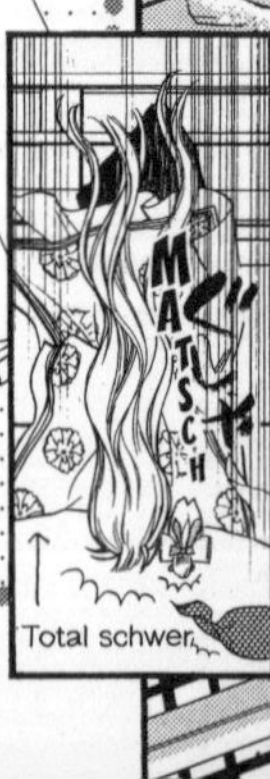

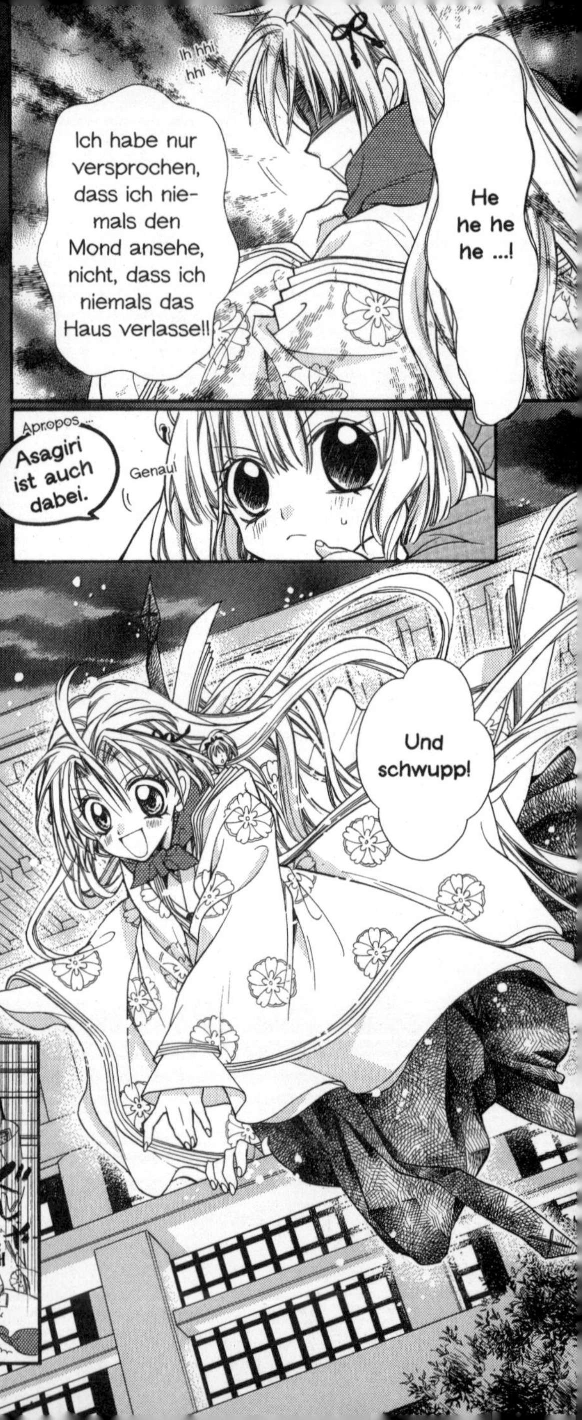

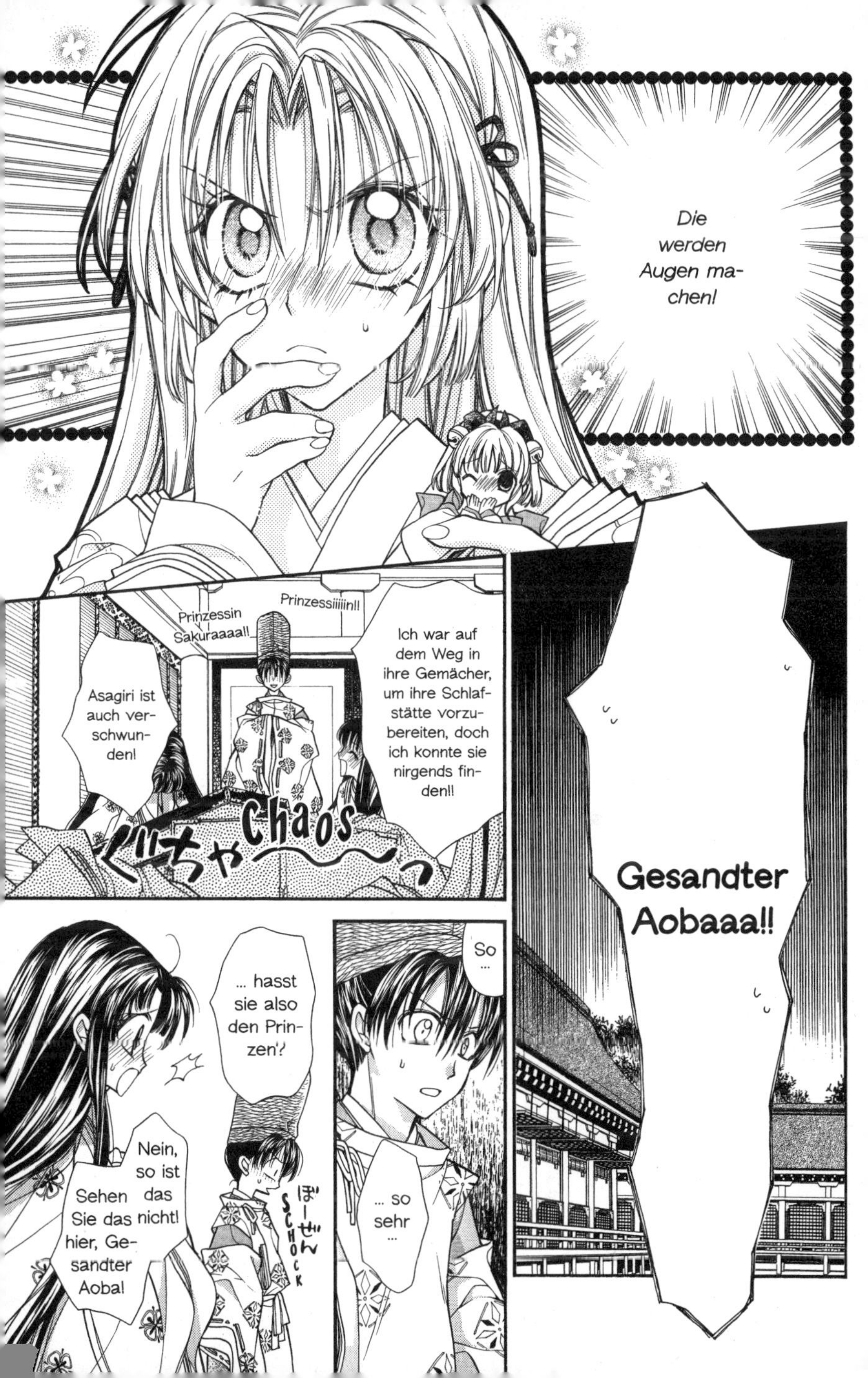
Die werden Augen machen!
Gesandter Aobaaa!!
Prinzessiiiiin!!
Prinzessin Sakuraaaa!!
Ich war auf dem Weg in ihre Gemächer, um ihre Schlafstätte vorzubereiten, doch ich konnte sie nirgends finden!!
Asagiri ist auch verschwunden!
ぐりちゃ〜〜っ
Chaos
So ...
... hasst sie also den Prinzen?
... so sehr ...
Nein, so ist das nicht!
Sehen Sie das hier, Gesandter Aoba!
ぼーぜん
SCHOCK

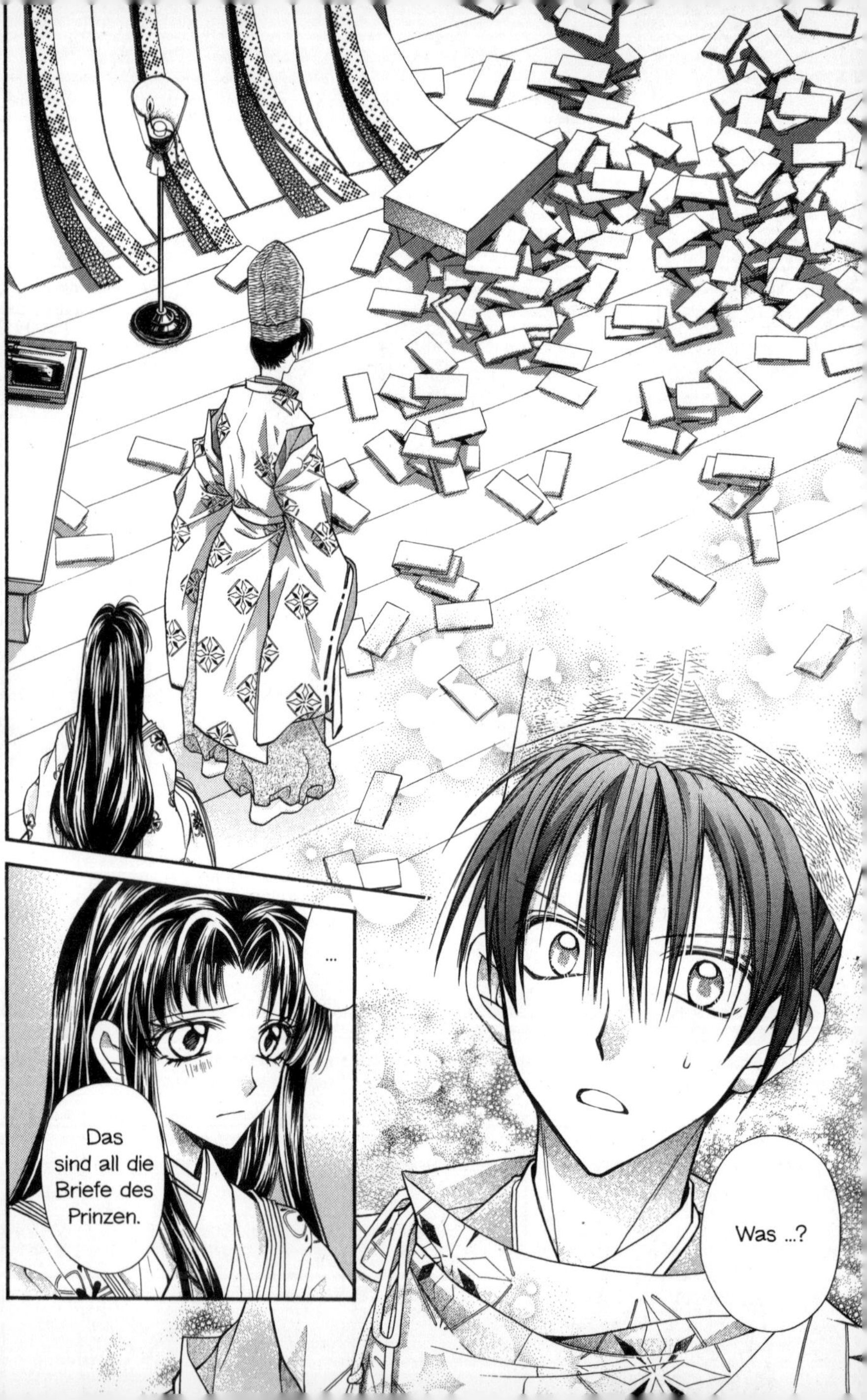

...
Was ...?
Das sind all die Briefe des Prinzen.

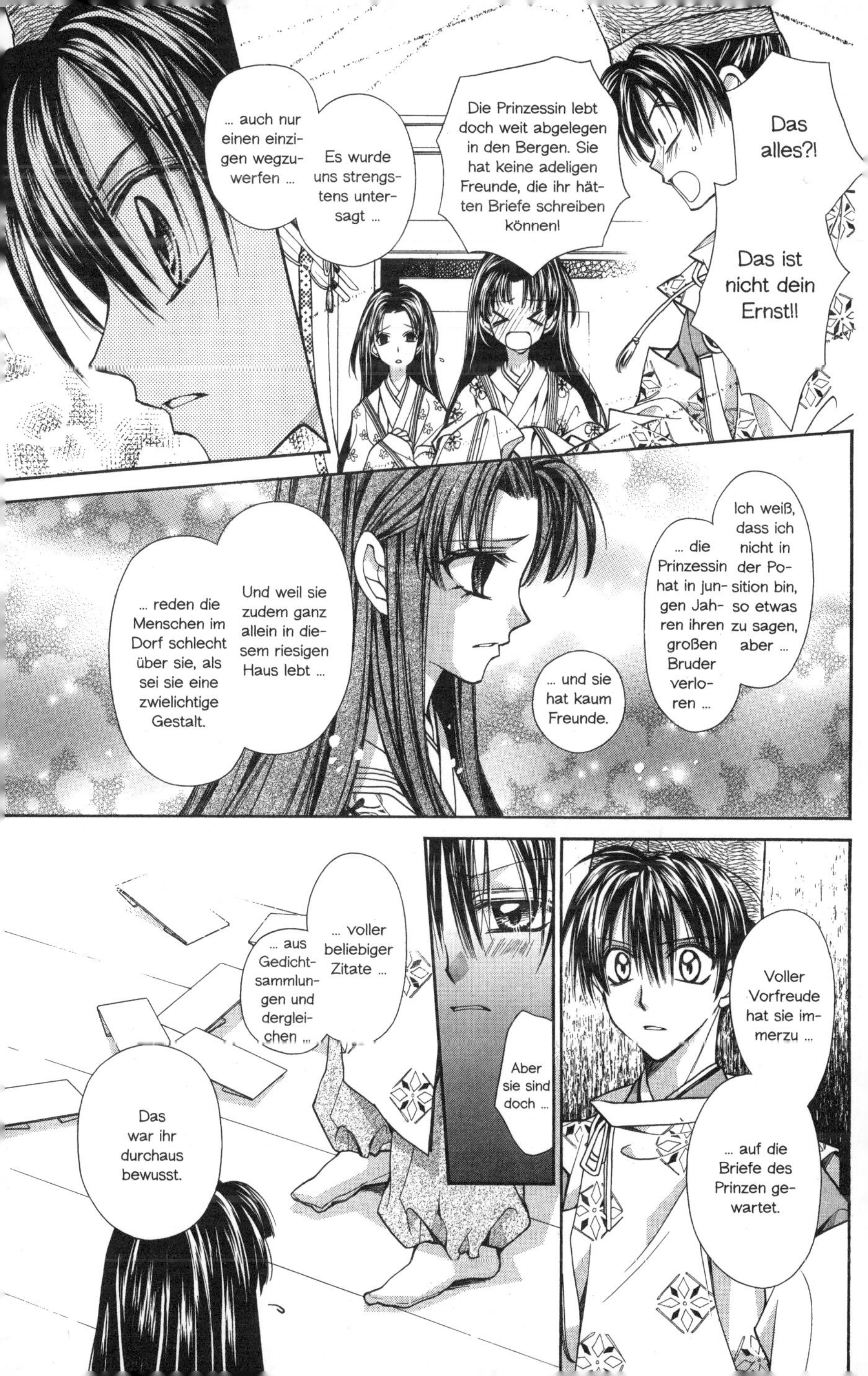
Das alles?!
Das ist nicht dein Ernst!!
Die Prinzessin lebt doch weit abgelegen in den Bergen. Sie hat keine adeligen Freunde, die ihr hätten Briefe schreiben können!
Es wurde uns strengstens untersagt …
… auch nur einen einzigen wegzuwerfen …
Ich weiß, dass ich nicht in der Position bin, so etwas zu sagen, aber …
… die Prinzessin hat in jungen Jahren ihren großen Bruder verloren …
… und sie hat kaum Freunde.
Und weil sie zudem ganz allein in diesem riesigen Haus lebt …
… reden die Menschen im Dorf schlecht über sie, als sei sie eine zwielichtige Gestalt.
Voller Vorfreude hat sie immerzu …
… auf die Briefe des Prinzen gewartet.
Aber sie sind doch …
… voller beliebiger Zitate …
… aus Gedichtsammlungen und dergleichen …
Das war ihr durchaus bewusst.

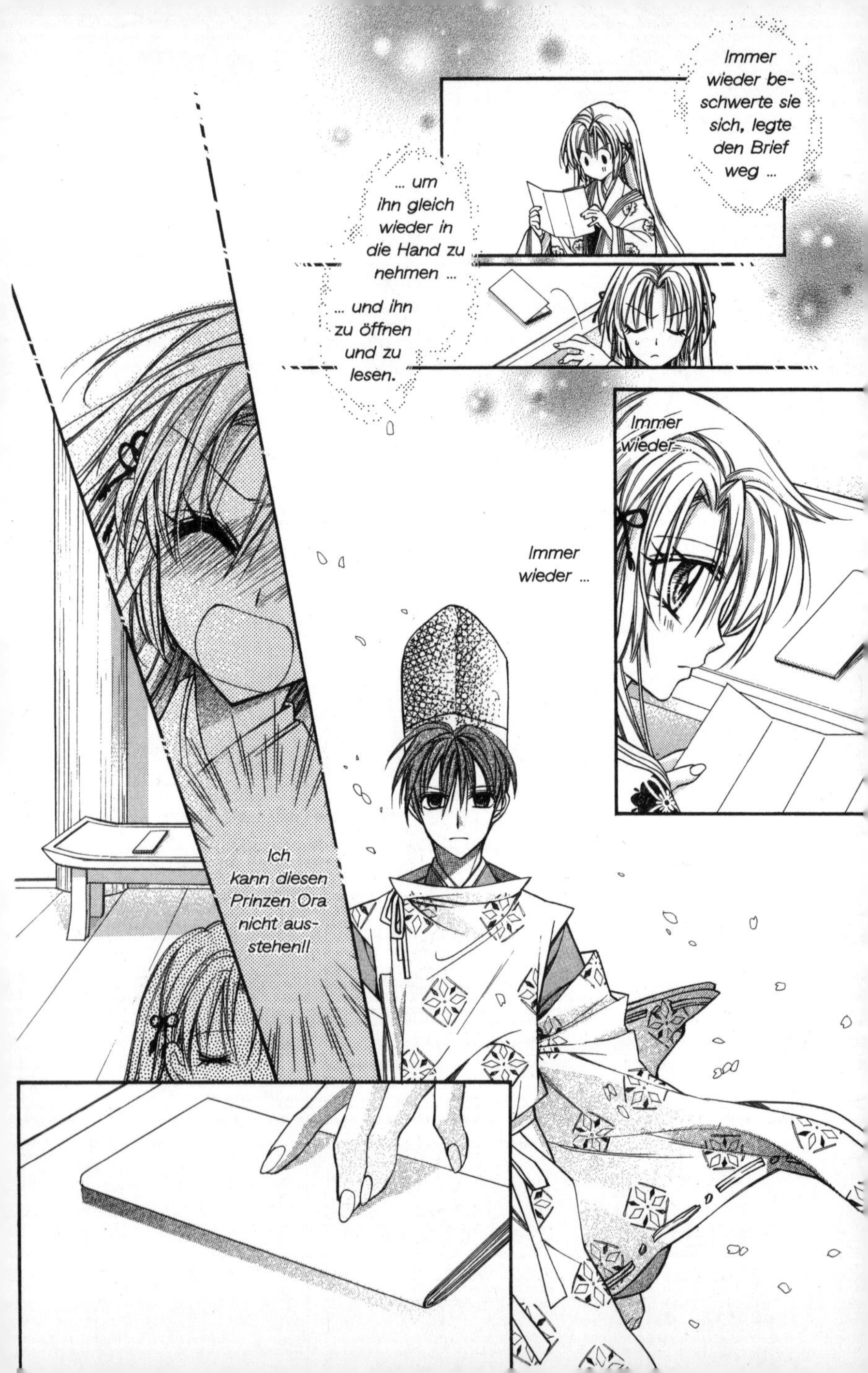
Immer wieder beschwerte sie sich, legte den Brief weg ...
... um ihn gleich wieder in die Hand zu nehmen ...
... und ihn zu öffnen und zu lesen.
Immer wieder ...
Immer wieder ...
Ich kann diesen Prinzen Ora nicht ausstehen!!

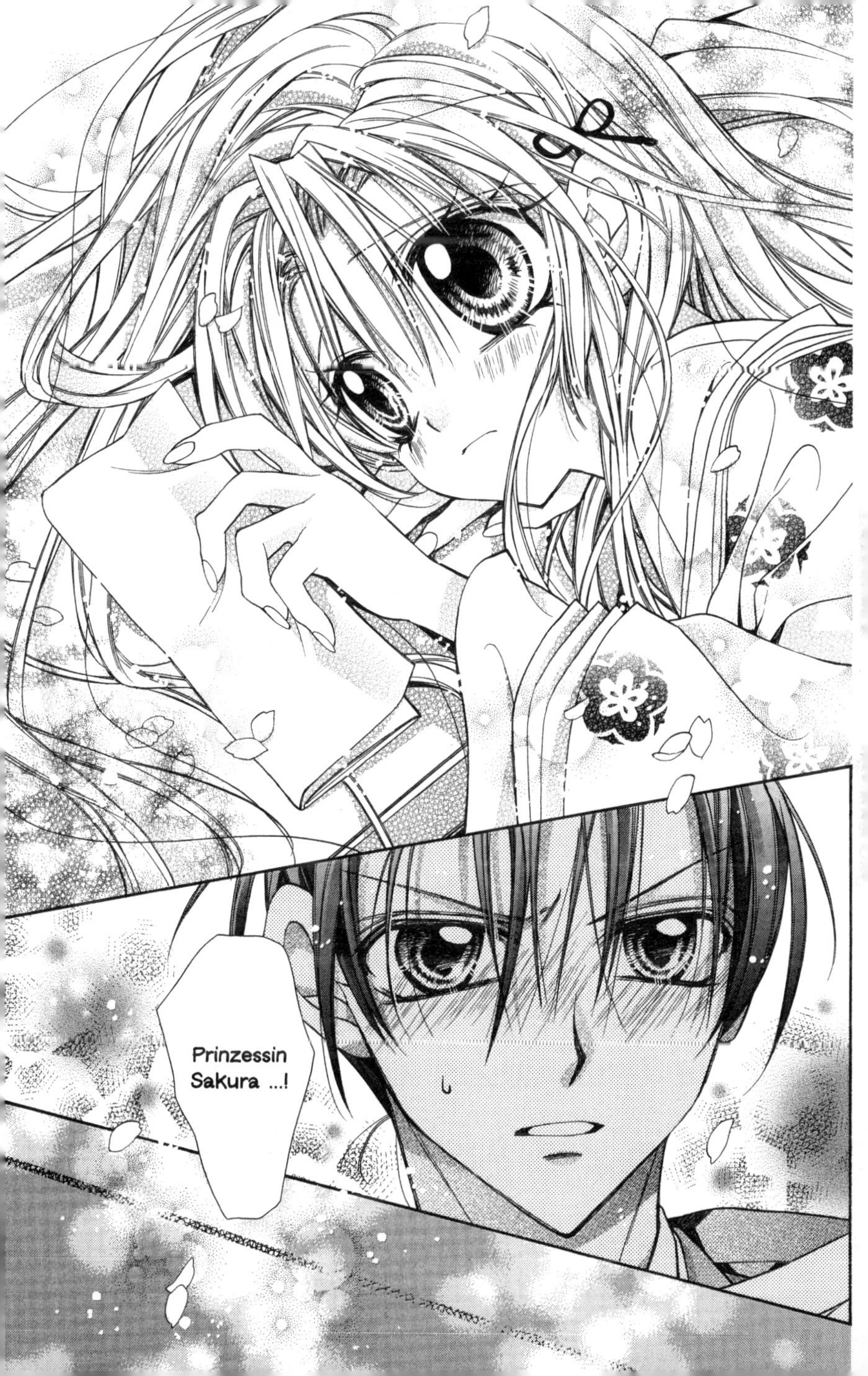
Prinzessin Sakura ...!

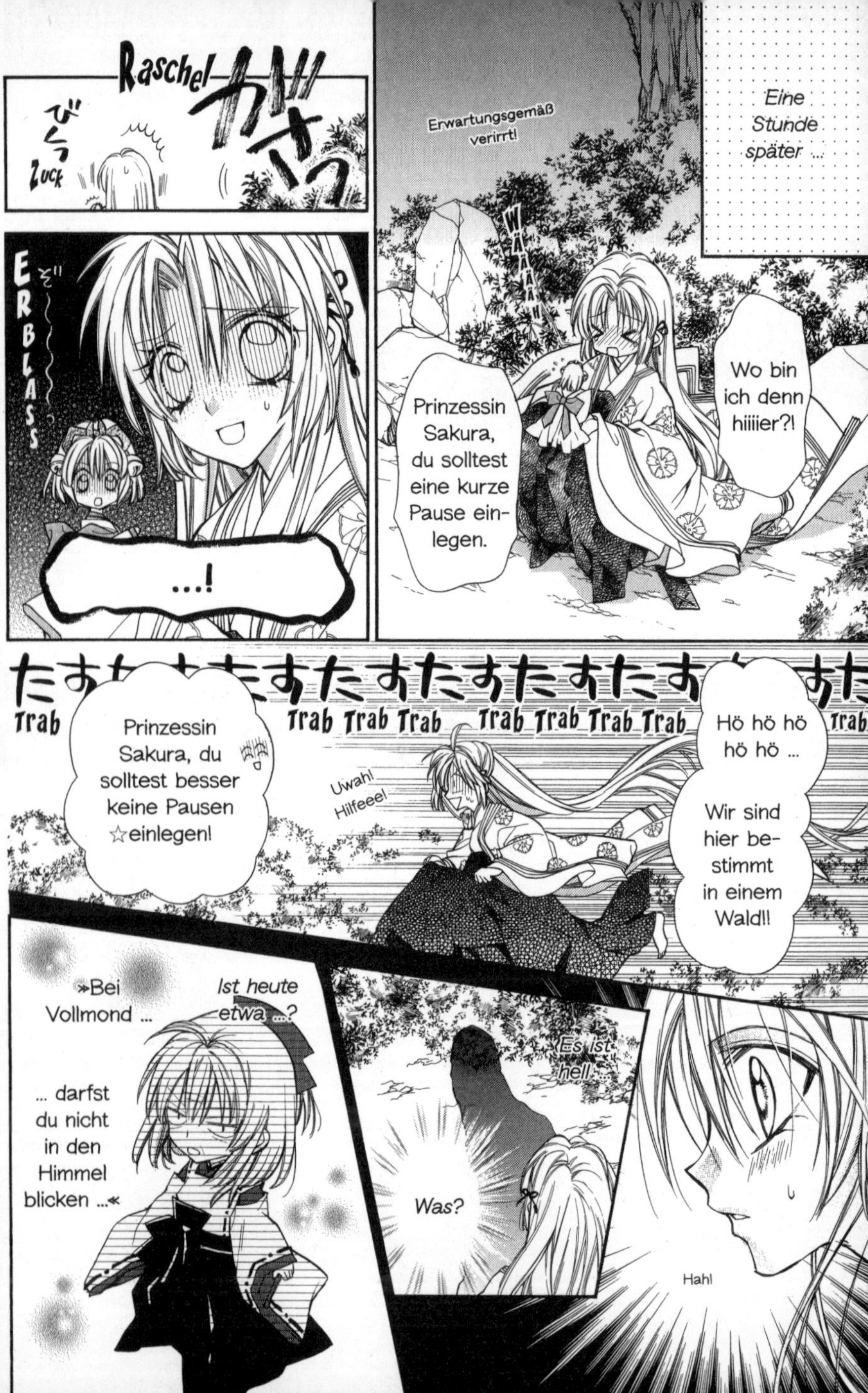
Eine Stunde später ...
Erwartungsgemäß verirrt!
WÄÄÄÄÄH
Wo bin ich denn hiiiier?!
Prinzessin Sakura, du solltest eine kurze Pause einlegen.
Raschel
Zuck
Erblass
...!
Trab Trab Trab Trab Trab Trab Trab Trab Trab
Hö hö hö hö hö ...
Wir sind hier bestimmt in einem Wald!!
Uwah! Hilfeee!
Prinzessin Sakura, du solltest besser keine Pausen ☆einlegen!
Hah!
Es ist hell ...
Was?
Ist heute etwa ...?
»Bei Vollmond ...
... darfst du nicht in den Himmel blicken ...«

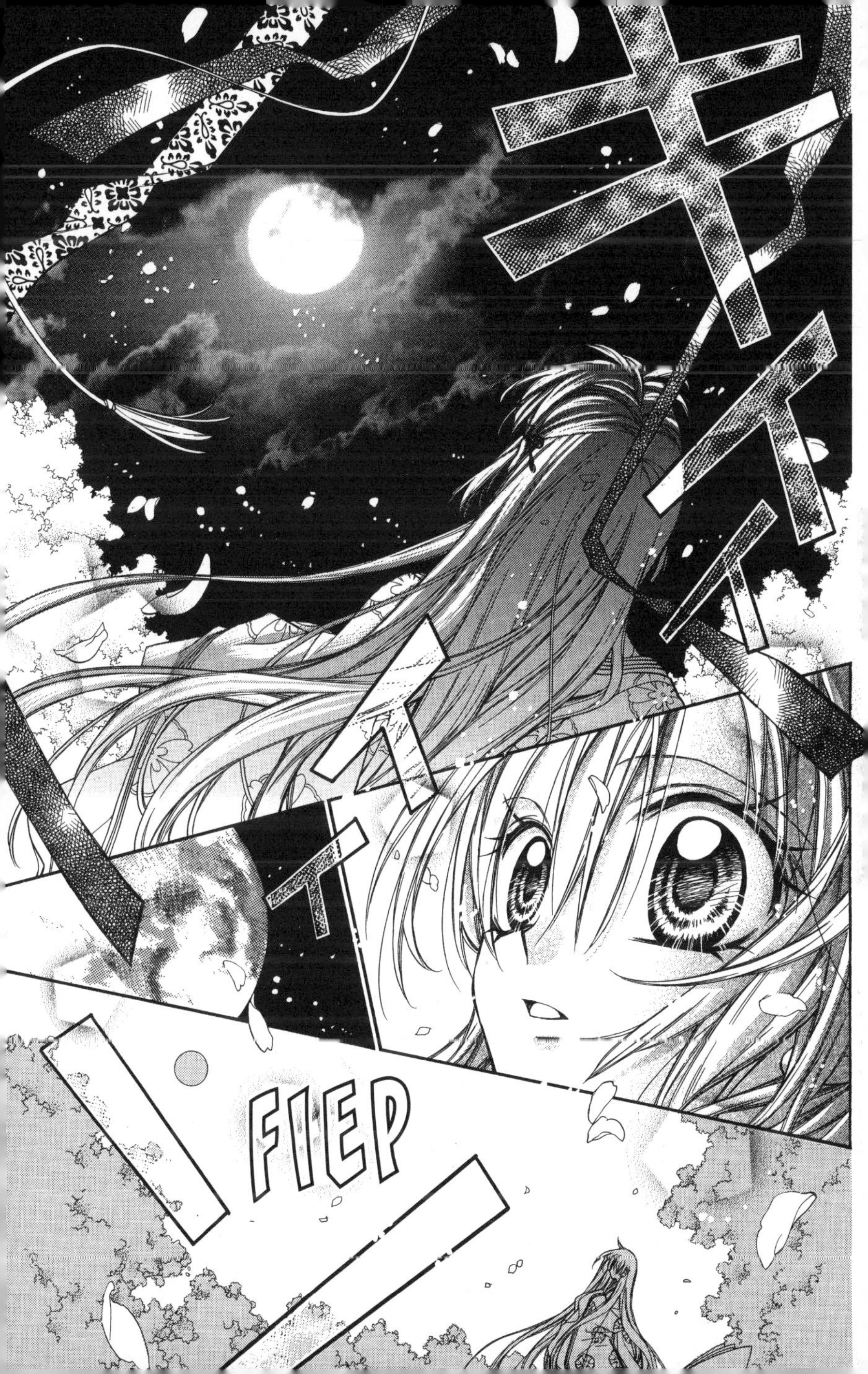
FIEP

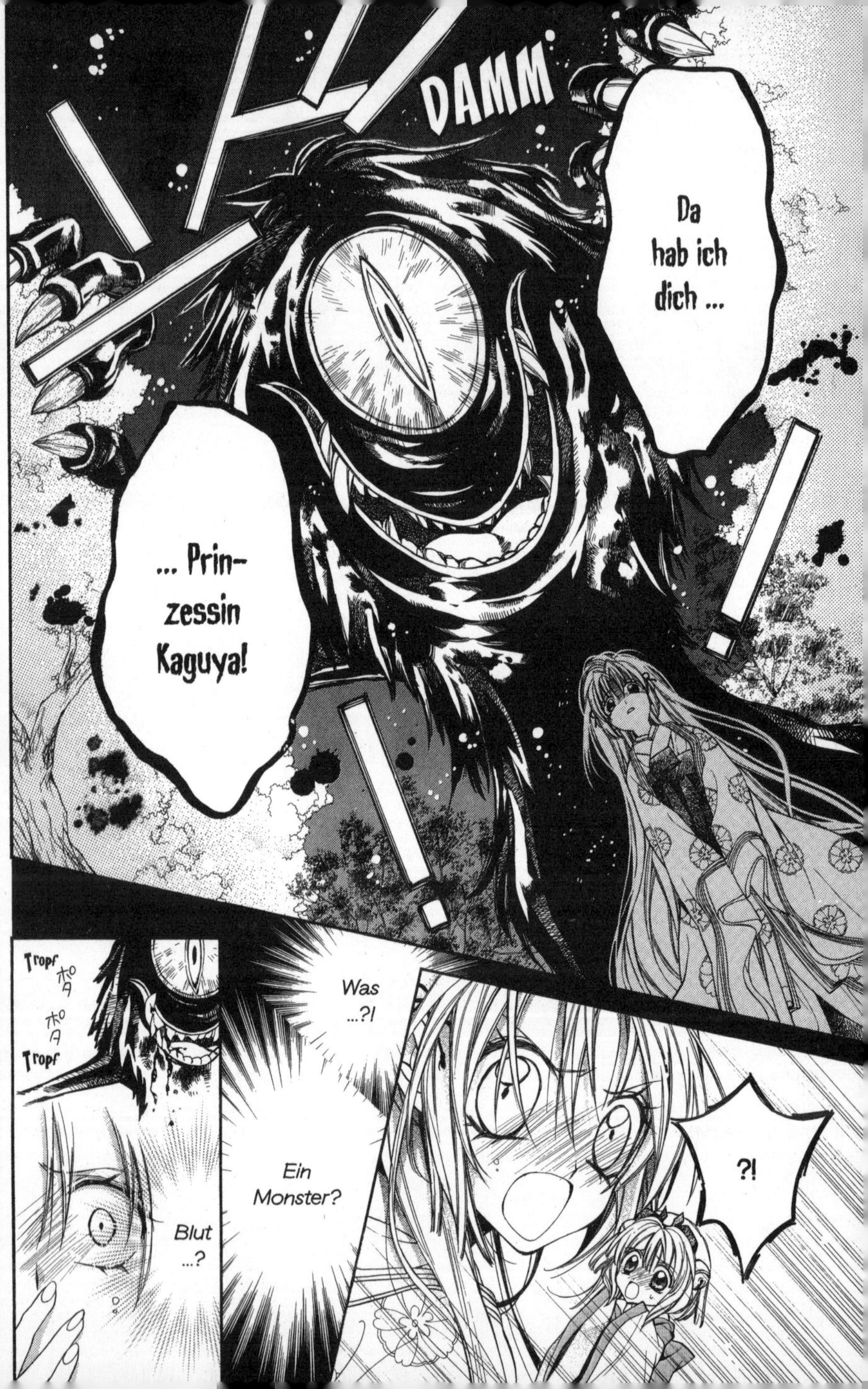
DAMM
Da hab ich dich ...
... Prin- zessin Kaguya!
?!
Was ...?!
Ein Monster?
Tropf ポタ
ポタ Tropf
Blut ...?

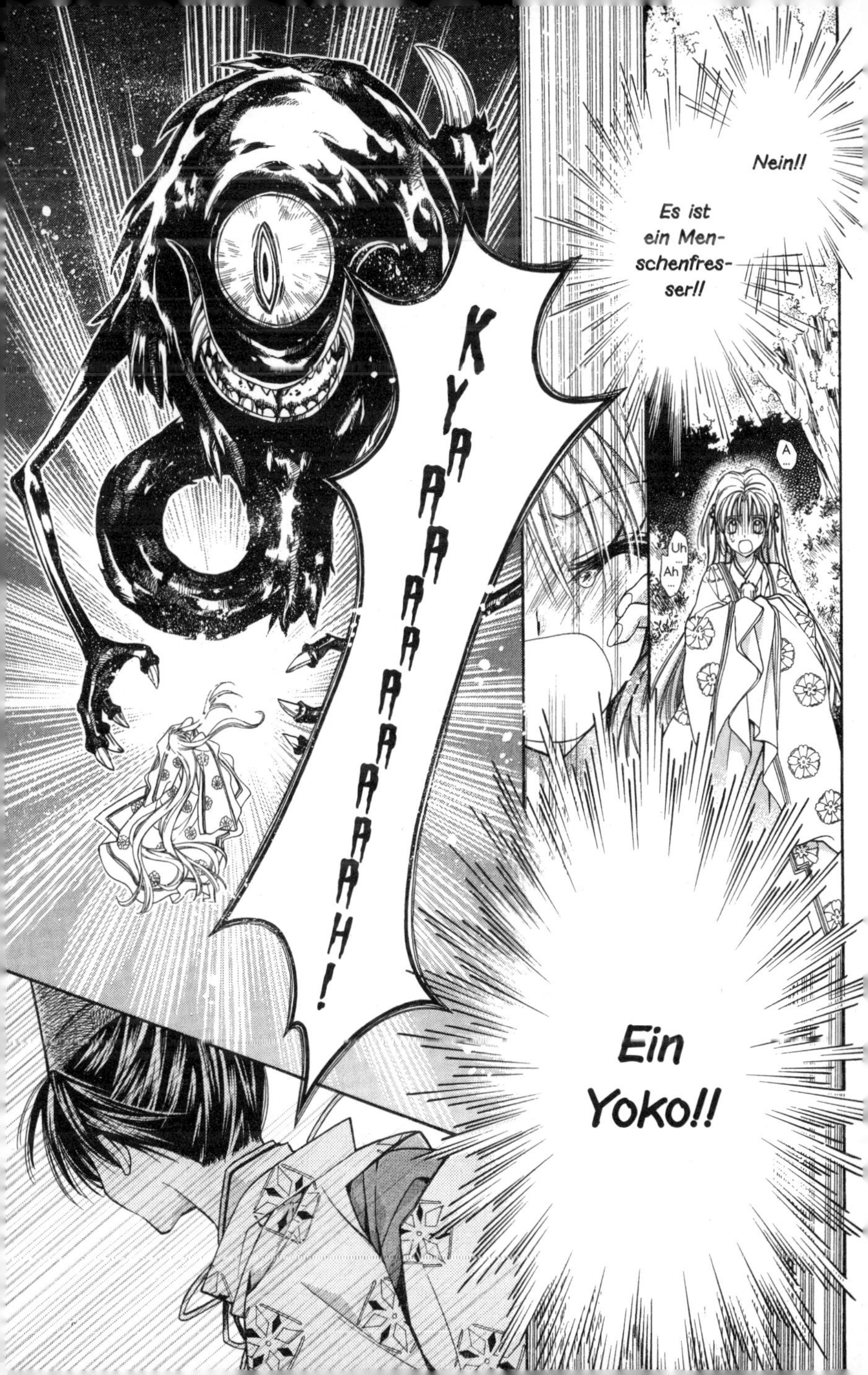
Nein!!
Es ist ein Menschenfresser!!
A...
Uh... Ah...
KYAAAAAAAAAAAAAH!
Ein Yoko!!

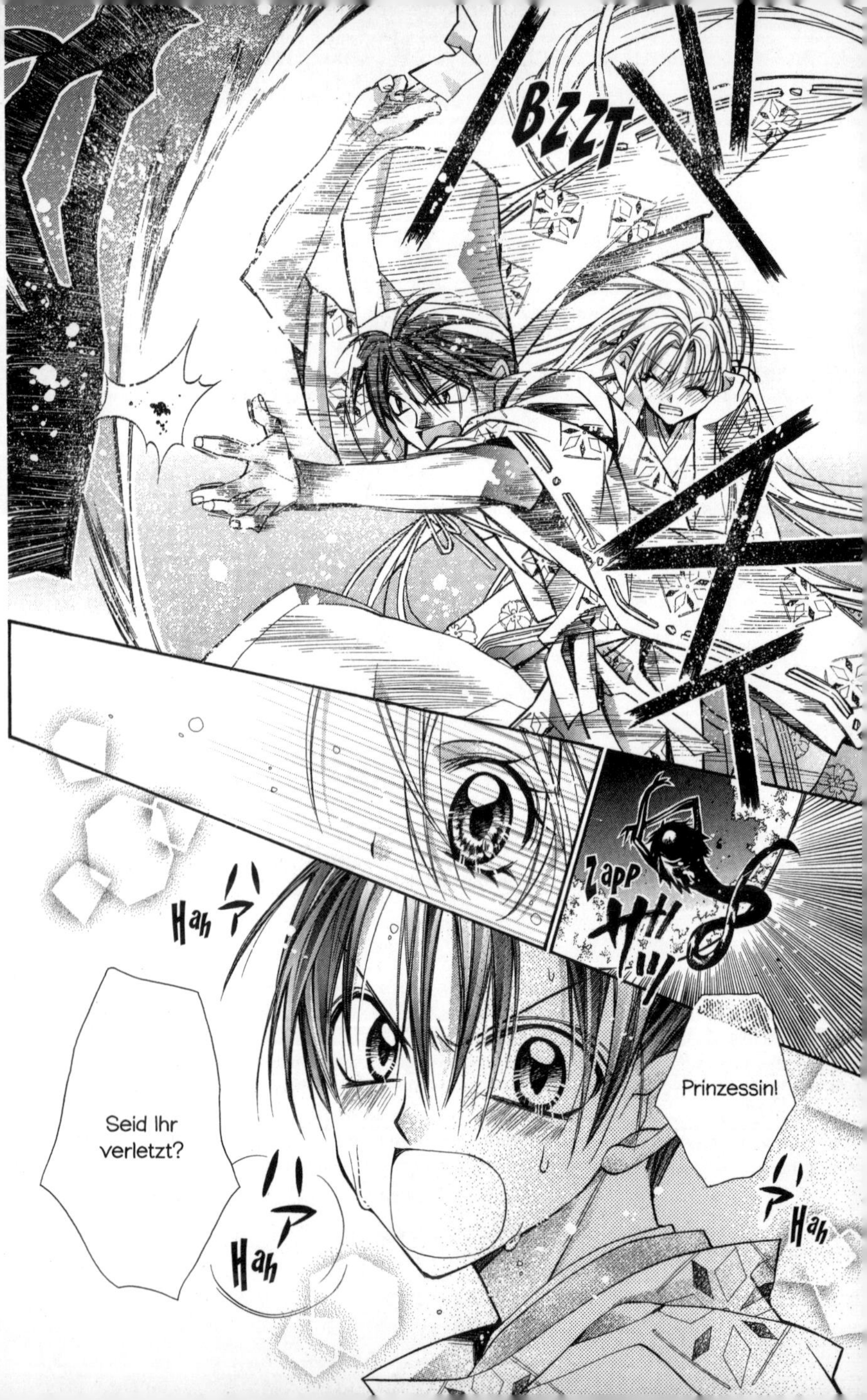

BZZT
Zapp
Hah
Prinzessin!
Hah
Seid Ihr verletzt?
Hah

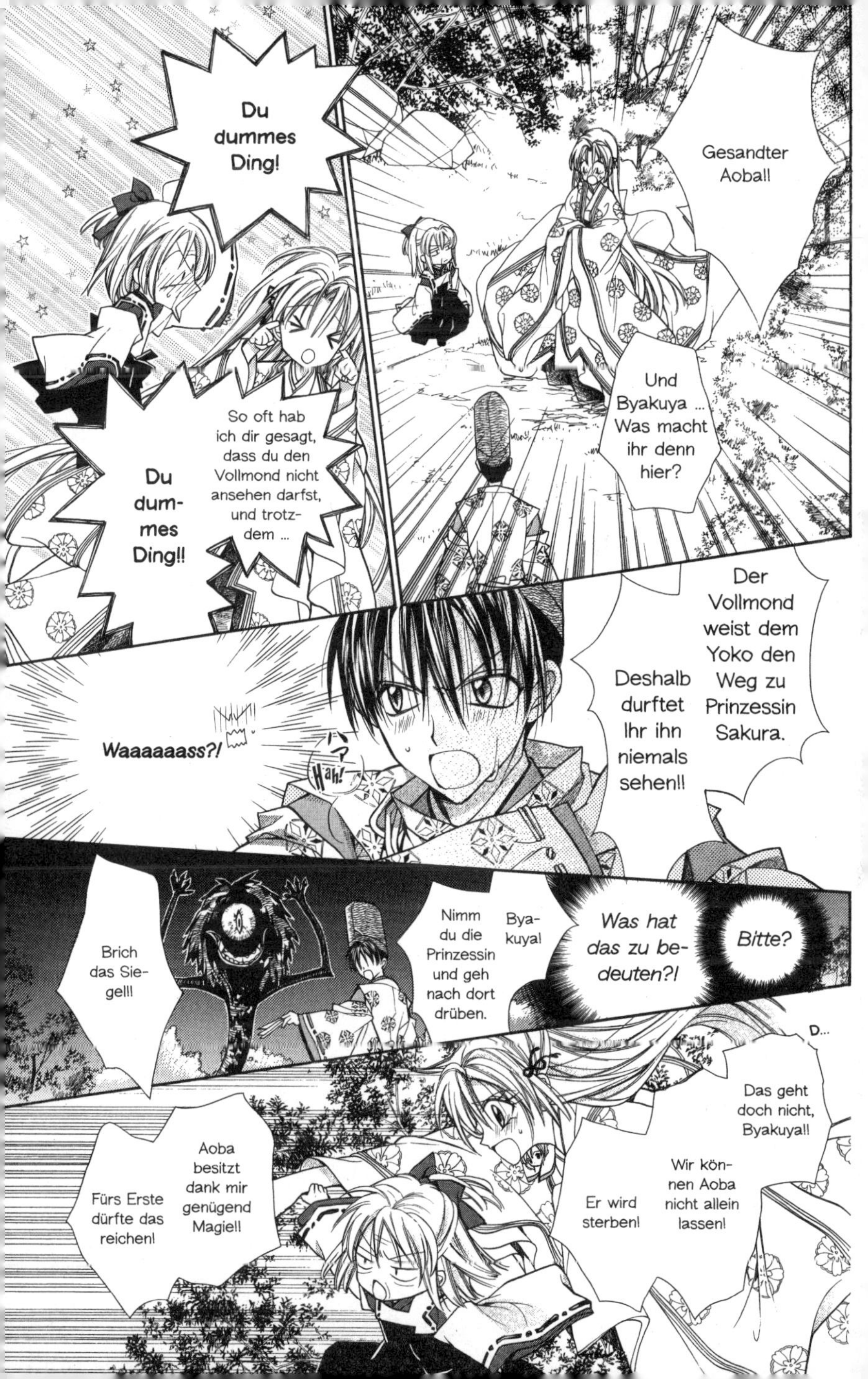
Gesandter Aoba!!
Und Byakuya ... Was macht ihr denn hier?
Du dummes Ding!
So oft hab ich dir gesagt, dass du den Vollmond nicht ansehen darfst, und trotzdem ...
Du dummes Ding!!
Der Vollmond weist dem Yoko den Weg zu Prinzessin Sakura.
Deshalb durftet Ihr ihn niemals sehen!!
Hah!
Waaaaaass?!
Bitte?
Was hat das zu bedeuten?!
Byakuya!
Nimm du die Prinzessin und geh nach dort drüben.
Brich das Siegel!!
D...
Das geht doch nicht, Byakuya!!
Wir können Aoba nicht allein lassen!
Er wird sterben!
Aoba besitzt dank mir genügend Magie!!
Fürs Erste dürfte das reichen!

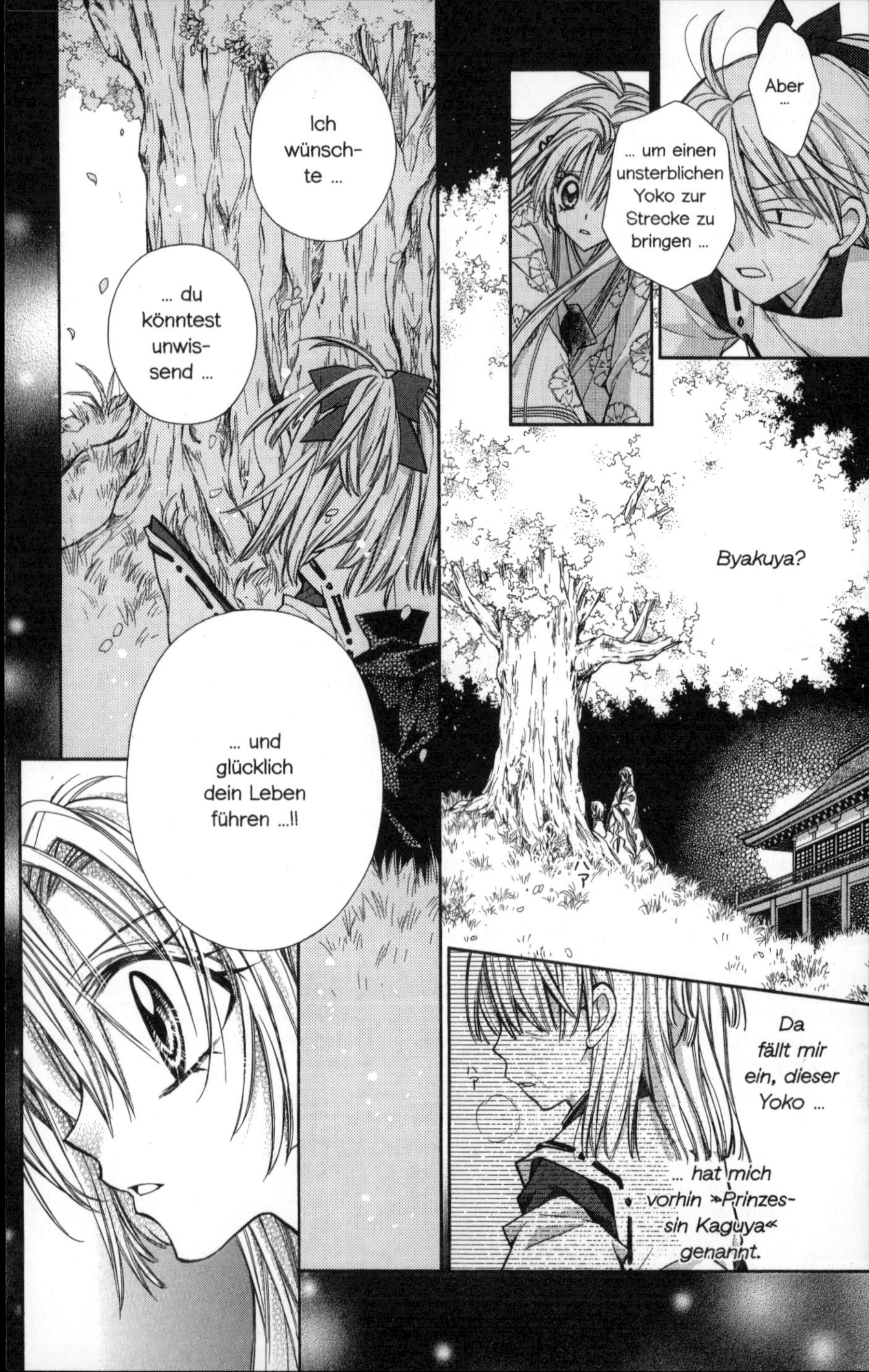
Aber ...
... um einen unsterblichen Yoko zur Strecke zu bringen ...
Byakuya?
Ich wünschte ...
... du könntest unwissend ...
... und glücklich dein Leben führen ...!!
Da fällt mir ein, dieser Yoko ...
... hat mich vorhin »Prinzessin Kaguya« genannt.

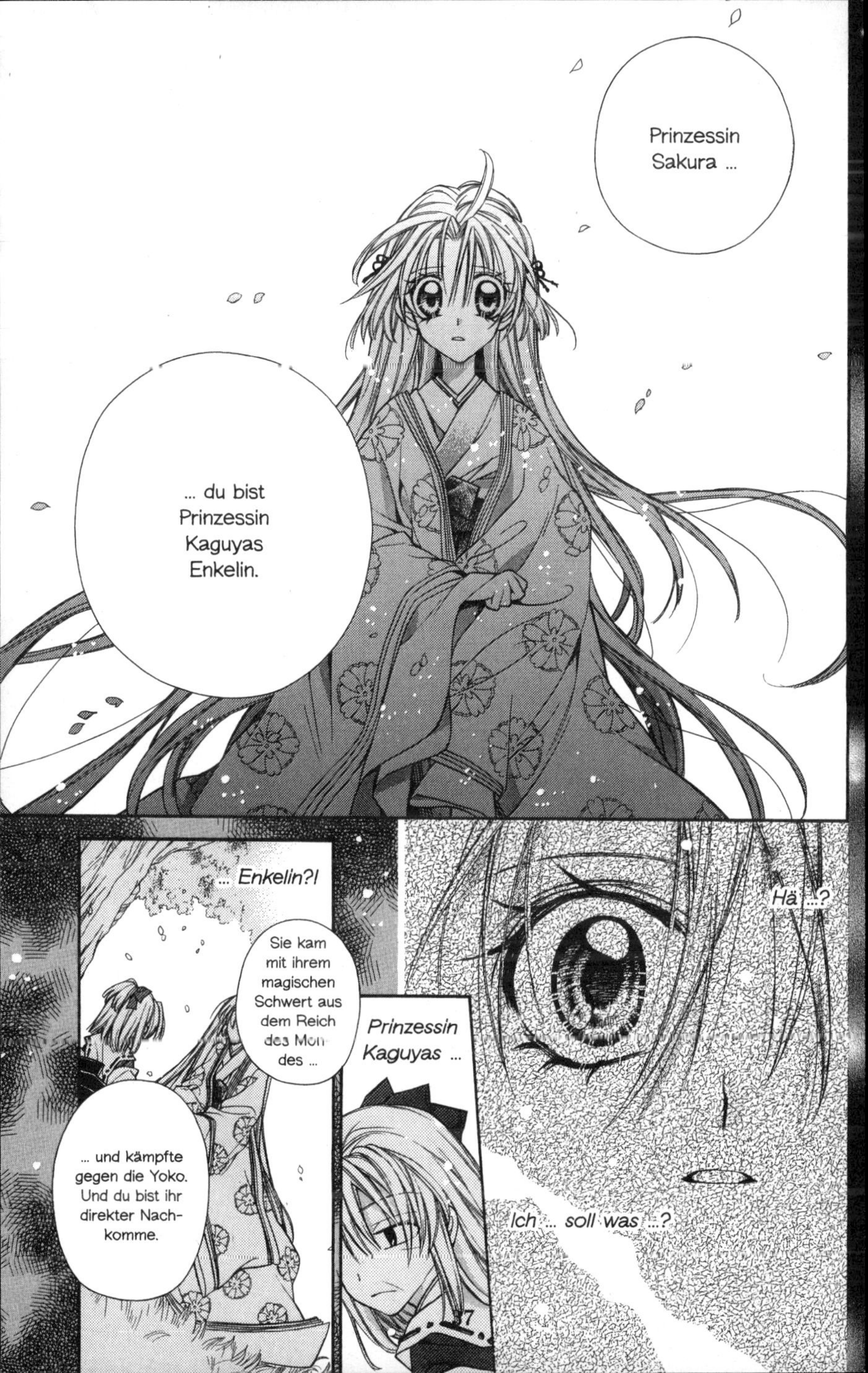
Prinzessin Sakura ...
... du bist Prinzessin Kaguyas Enkelin.
Hä ...?
Ich ... soll was ...?
Prinzessin Kaguyas ...
... Enkelin?!
Sie kam mit ihrem magischen Schwert aus dem Reich des Mondes ...
... und kämpfte gegen die Yoko. Und du bist ihr direkter Nachkomme.

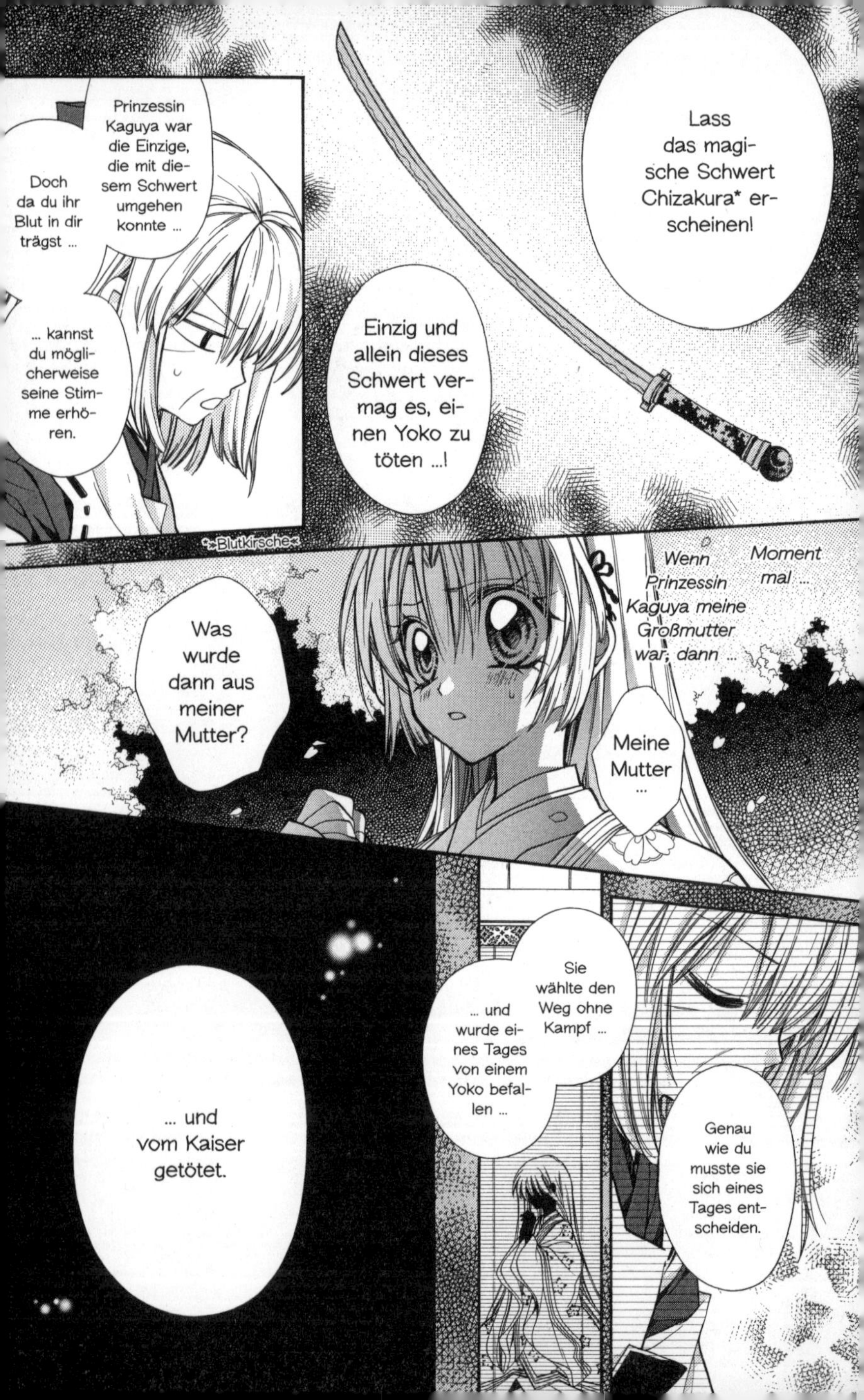
Lass das magische Schwert Chizakura* erscheinen!
Einzig und allein dieses Schwert vermag es, einen Yoko zu töten ...!
Prinzessin Kaguya war die Einzige, die mit diesem Schwert umgehen konnte ...
Doch da du ihr Blut in dir trägst ...
... kannst du möglicherweise seine Stimme erhören.
*»Blutkirsche«
Moment mal ...
Wenn Prinzessin Kaguya meine Großmutter war, dann ...
Meine Mutter ...
Was wurde dann aus meiner Mutter?
Sie wählte den Weg ohne Kampf ...
... und wurde eines Tages von einem Yoko befallen ...
... und vom Kaiser getötet.
Genau wie du musste sie sich eines Tages entscheiden.

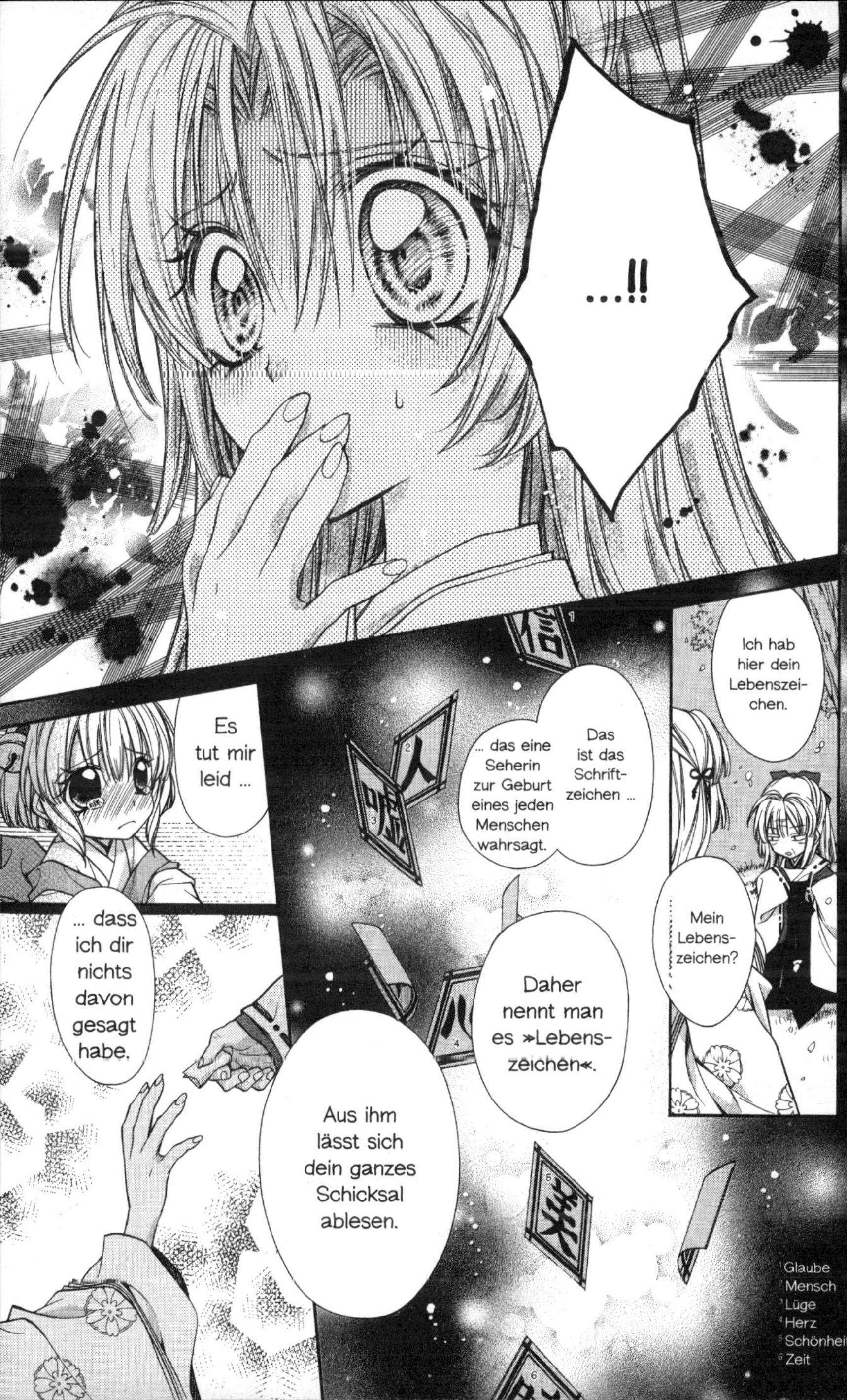

[1] Glaube
[2] Mensch
[3] Lüge
[4] Herz
[5] Schönheit
[6] Zeit

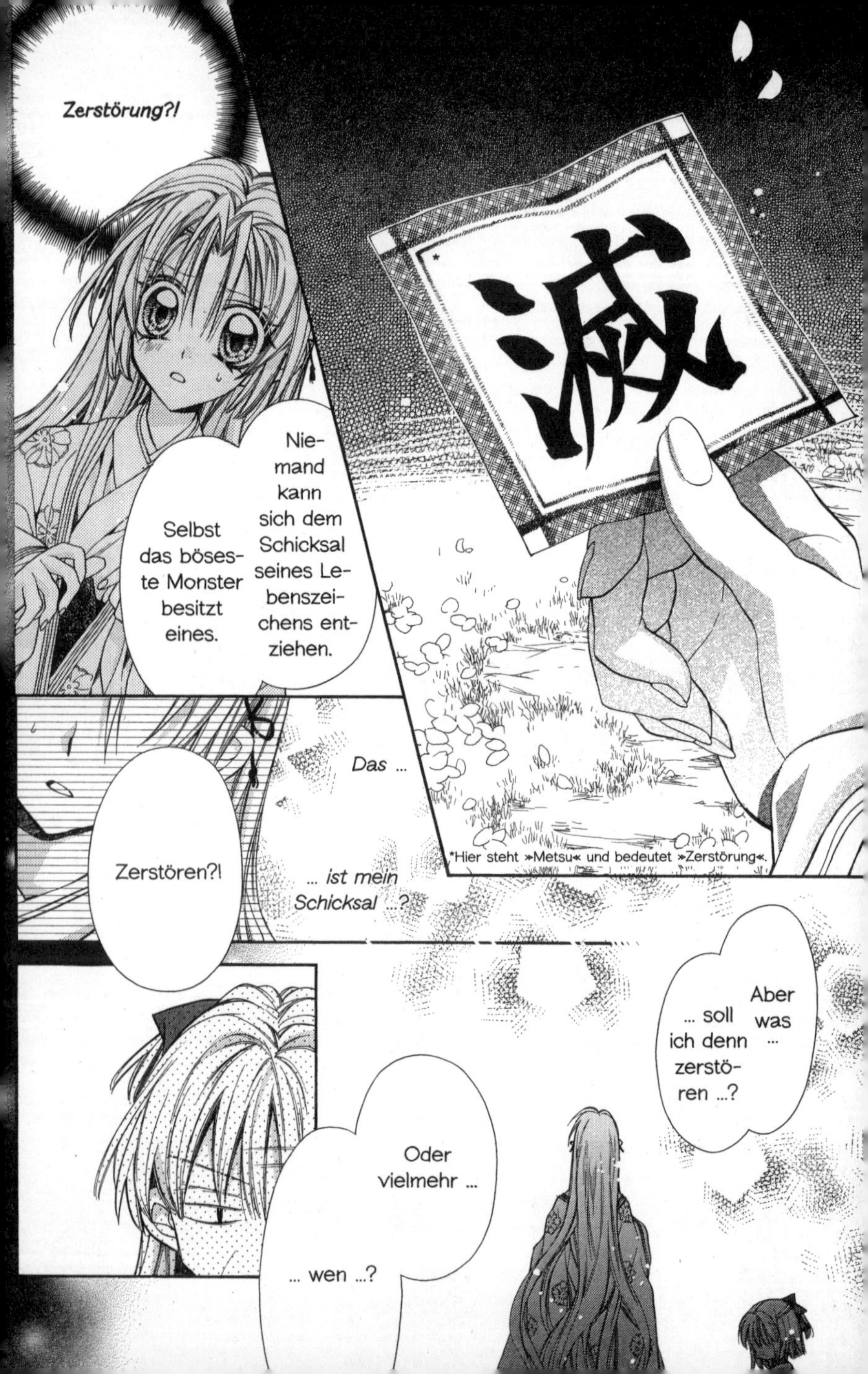
滅
*Hier steht »Metsu« und bedeutet »Zerstörung«.
Zerstörung?!
Niemand kann sich dem Schicksal seines Lebenszeichens entziehen.
Selbst das böseste Monster besitzt eines.
Das ...
... ist mein Schicksal ...?
Zerstören?!
Aber was ...
... soll ich denn zerstören ...?
Oder vielmehr ...
... wen ...?

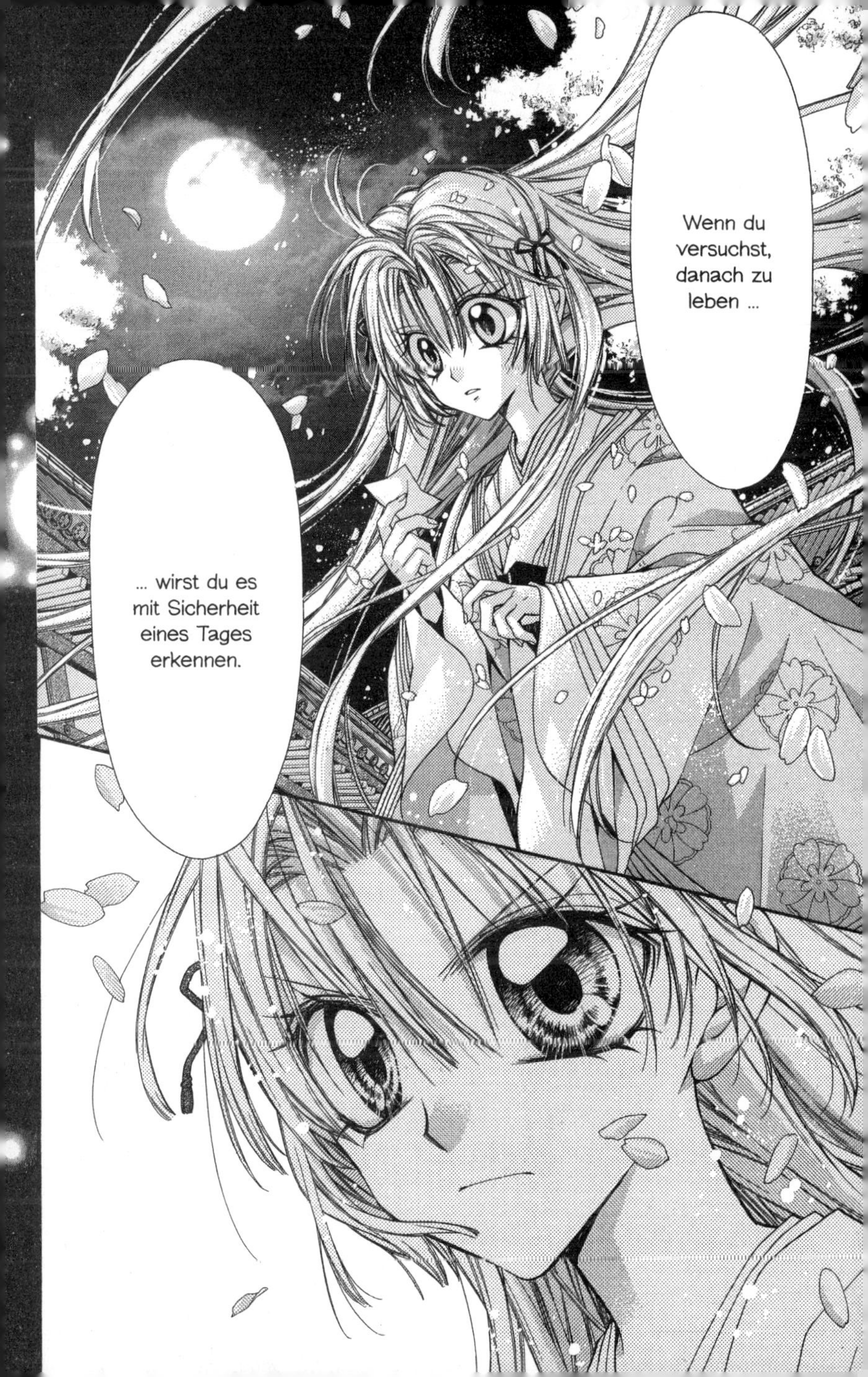
Wenn du versuchst, danach zu leben ...
... wirst du es mit Sicherheit eines Tages erkennen.

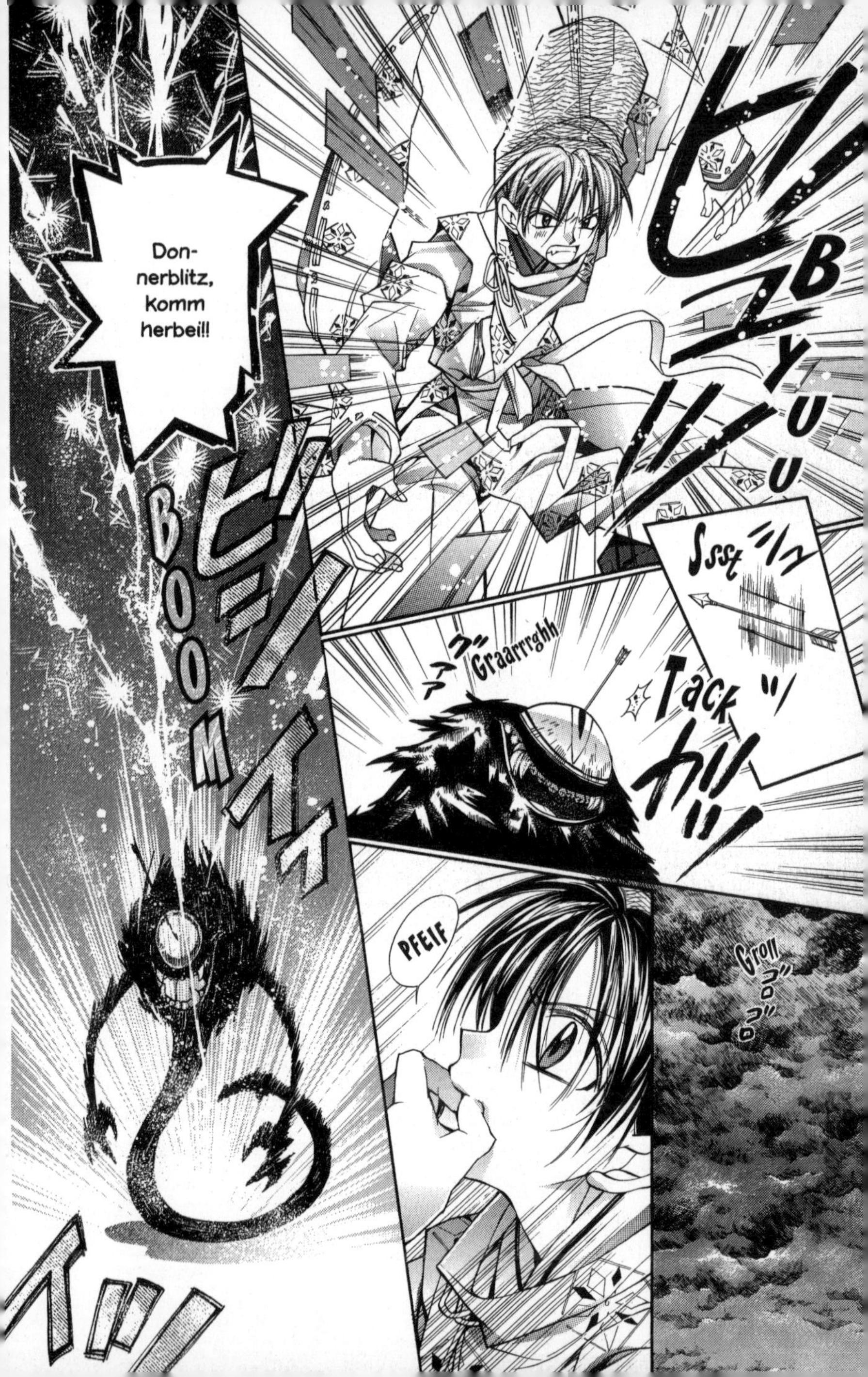

BYUUU
Ssst
Tack
Graarrrghh
Don-
nerblitz,
komm
herbei!!
BOOOM
PFEIF
Groll

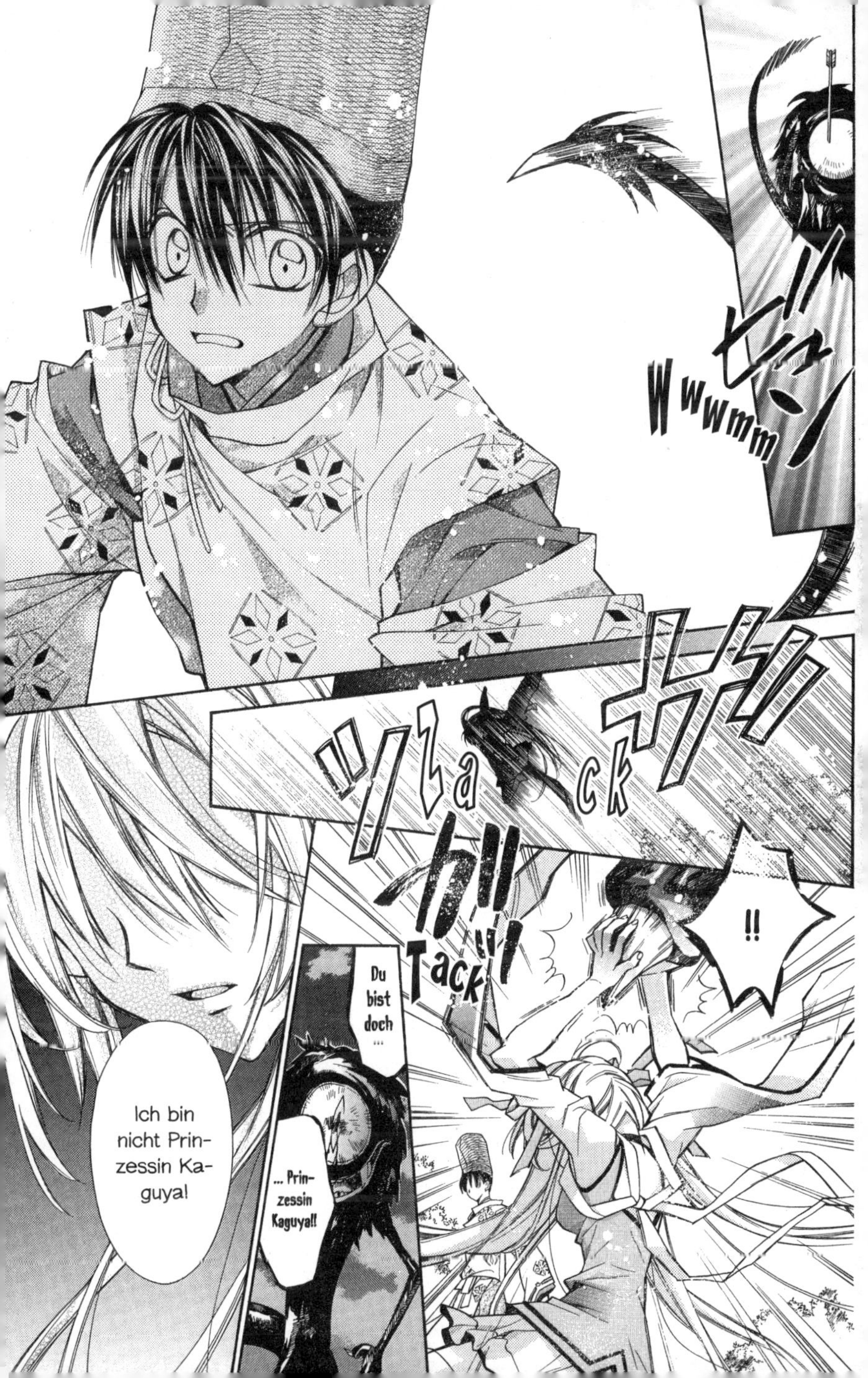

Wwwmm
Zack
Tack
!!
Du bist doch ...
... Prinzessin Kaguya!!
Ich bin nicht Prinzessin Kaguya!

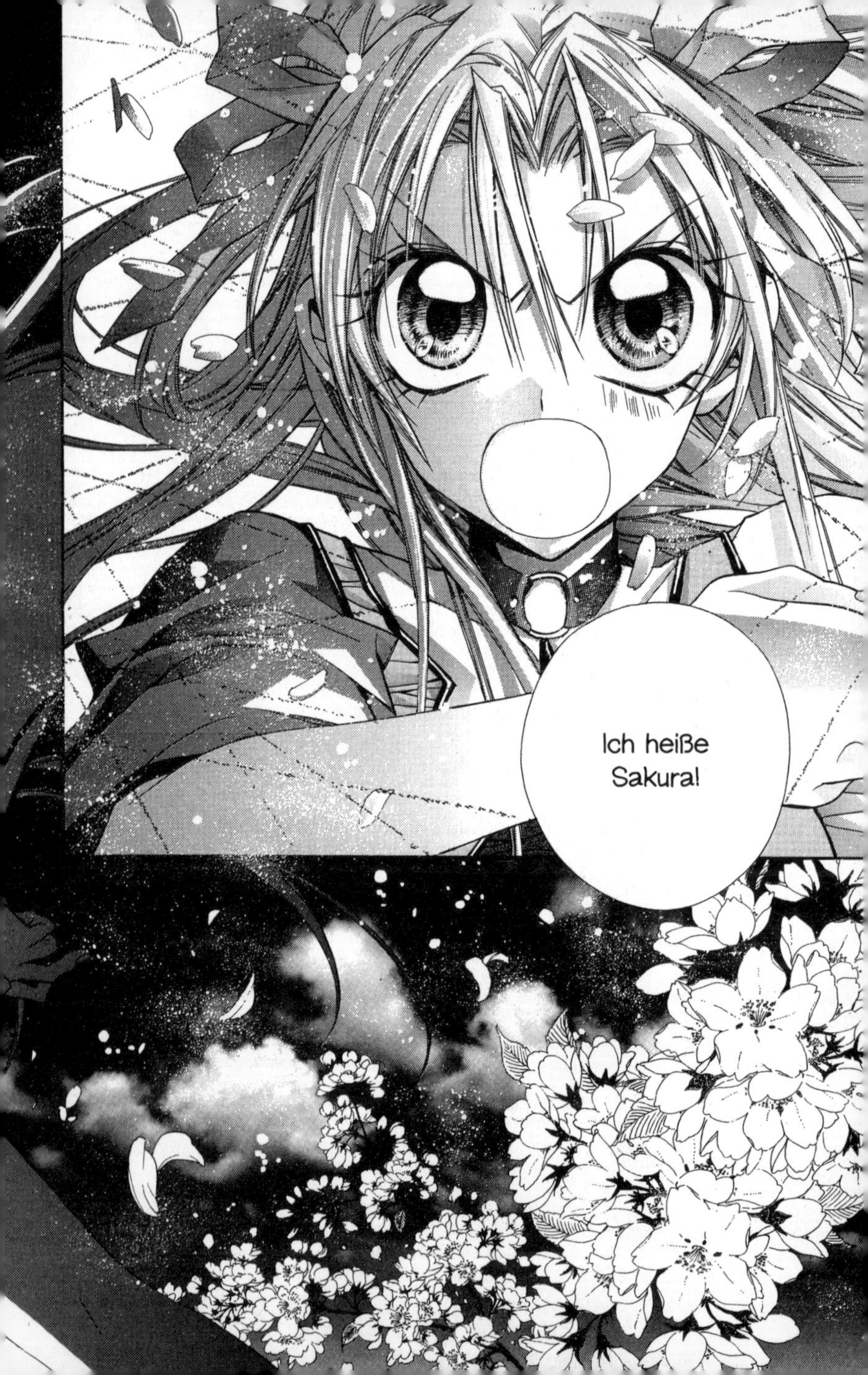
Ich heiße Sakura!

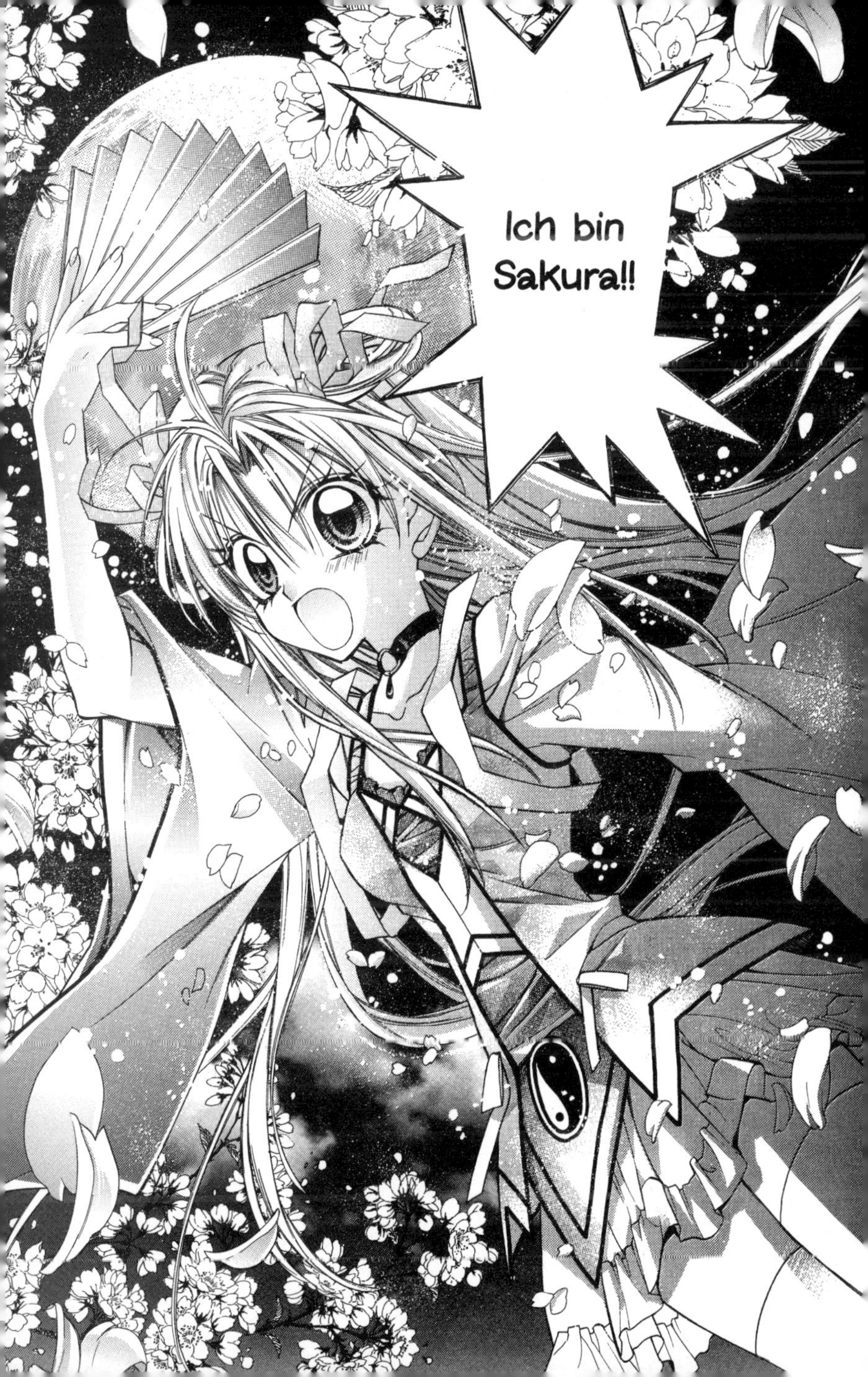
Ich bin Sakura!!

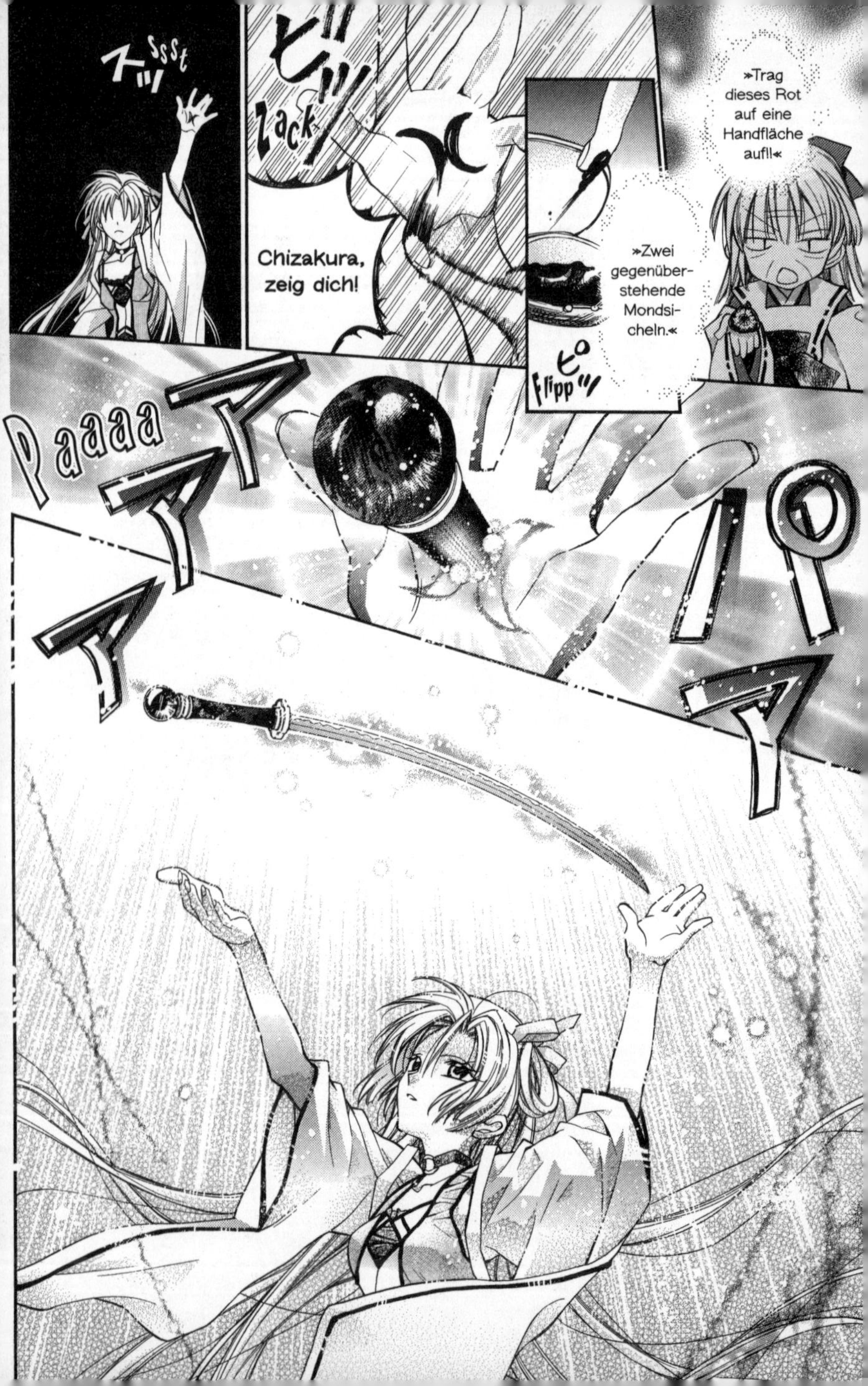

»Trag dieses Rot auf eine Handfläche auf!«
»Zwei gegenüber-stehende Mondsi-cheln.«
Flipp
Zack
Chizakura, zeig dich!
Ssst
Paaaa

Prinzessin Sakura

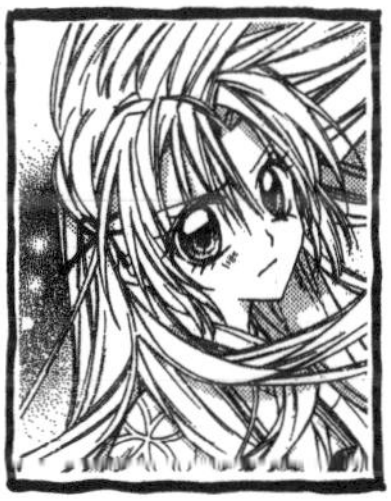

Sie ist 14 Jahre alt. Die Verlobte des kaiserlichen Prinzen Ora und die Enkelin von Prinzessin Kaguya. Ihr Lebenszeichen bedeutet »Zerstörung«.

Bezüglich des Charakterdesigns habe ich das Image »Heian-Zeit = auf jeden Fall alle schwarzhaarig« mal umgekrempelt und neu interpretiert. Außerdem ist sie eine Prinzessin vom Mond ... (Ich wollte, dass sie ein wenig zum Fremdkörper unter all den anderen wird.)

Ich habe mich, wie so oft, nicht wirklich festgelegt, was ihre konkreten (?) Charakterzüge angeht. Sie kommt ziemlich leichtfüßig daher. Was sie von anderen Protagonistinnen unterscheidet: Sie hat kein Trauma und keine Komplexe. Sie ist ein Kind der Zukunft.

Aber im Grunde ist sie sehr stark. Vielleicht ist sie sogar die Stärkste von all meinen Charakteren.

Sie hat noch nichts, das ihr ein und alles ist, und kein Ego, das sie beschützen muss, deshalb ...

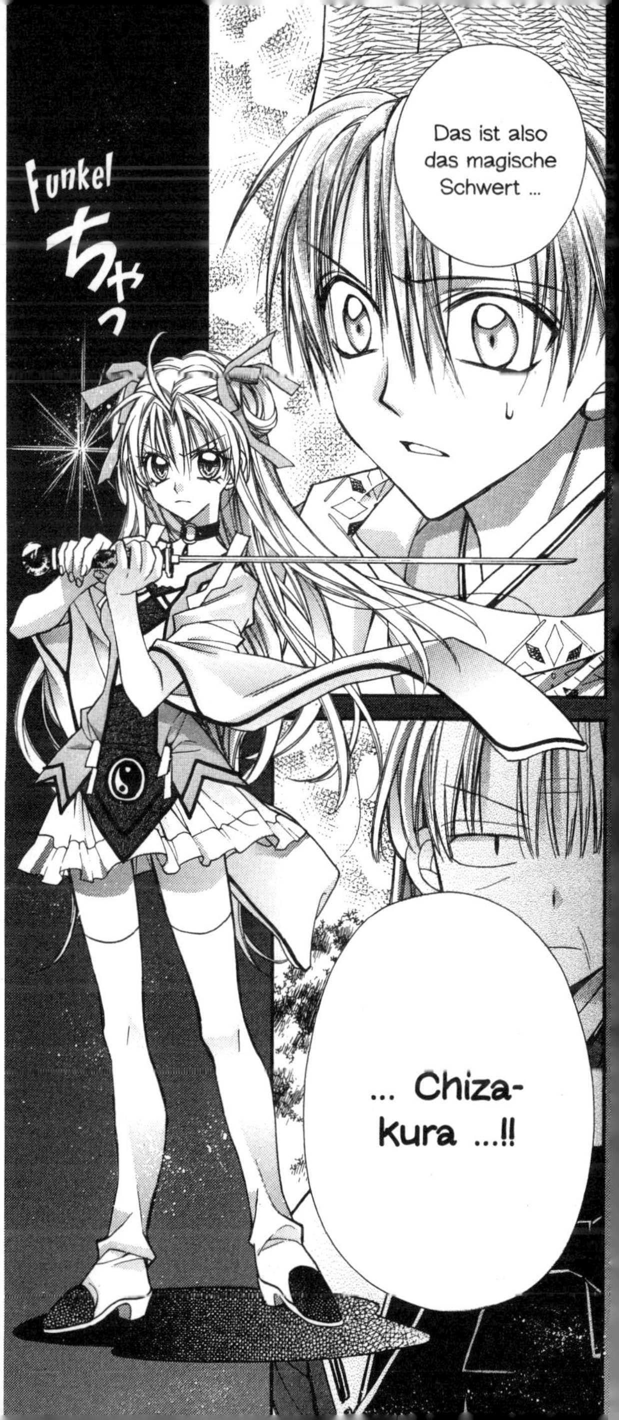

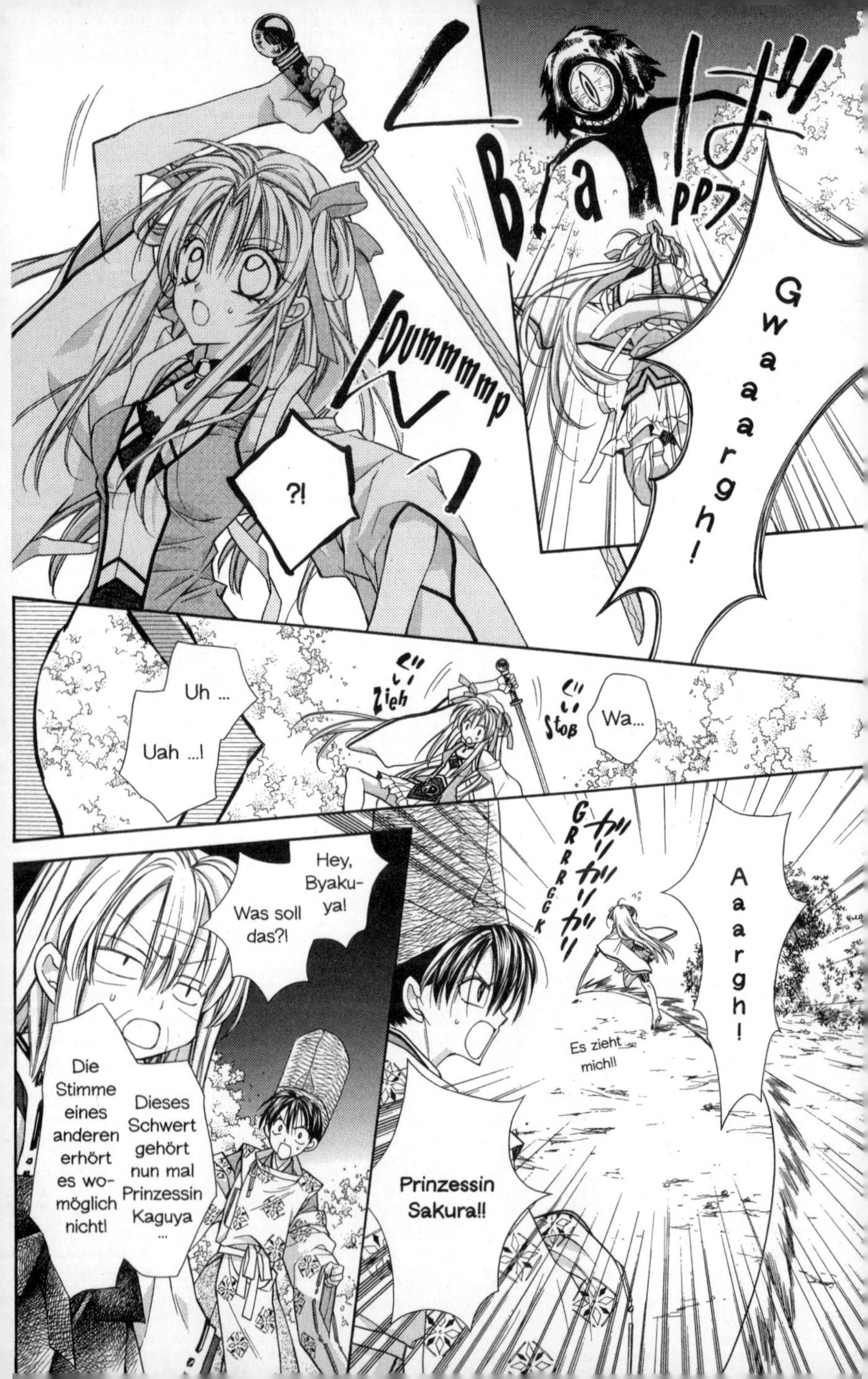

Blapp
Gwaaargh!
Dummmmp
?!
Wa...
Stoß
Zieh
Uh ...
Uah ...!
Grrrrgk
Aaargh!
Es zieht mich!!
Prinzessin Sakura!!
Hey, Byakuya!
Was soll das?!
Dieses Schwert gehört nun mal Prinzessin Kaguya ...
Die Stimme eines anderen erhört es womöglich nicht!

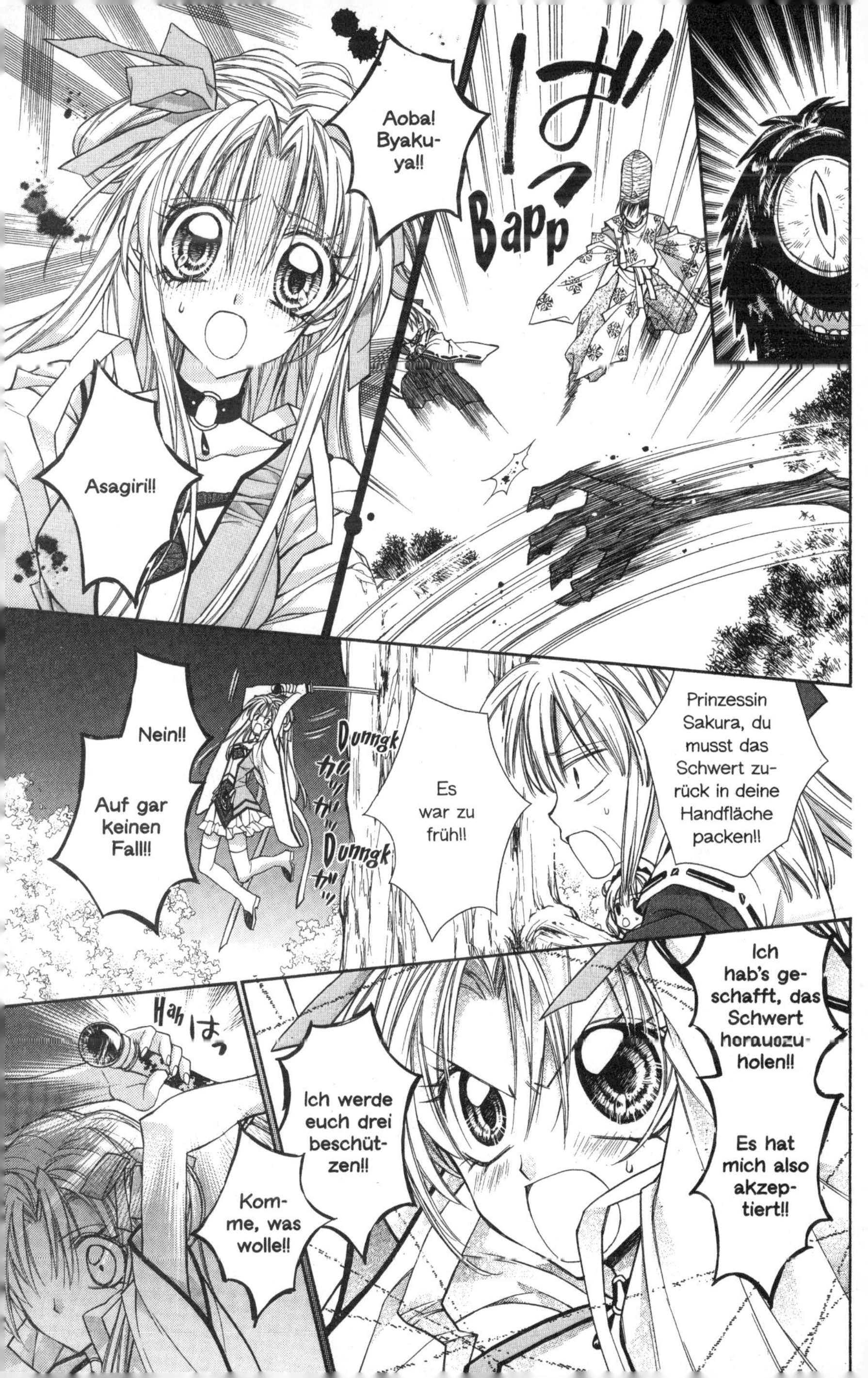
ばっ
Bapp
Aoba! Byaku-ya!!
Asagiri!!
Prinzessin Sakura, du musst das Schwert zu-rück in deine Handfläche packen!!
Es war zu früh!!
Dunngk
Dunngk
Nein!!
Auf gar keinen Fall!!
Ich hab's ge-schafft, das Schwert horauozu-holen!!
Es hat mich also akzep-tiert!!
Ich werde euch drei beschüt-zen!!
Kom-me, was wolle!!
Hah はっ

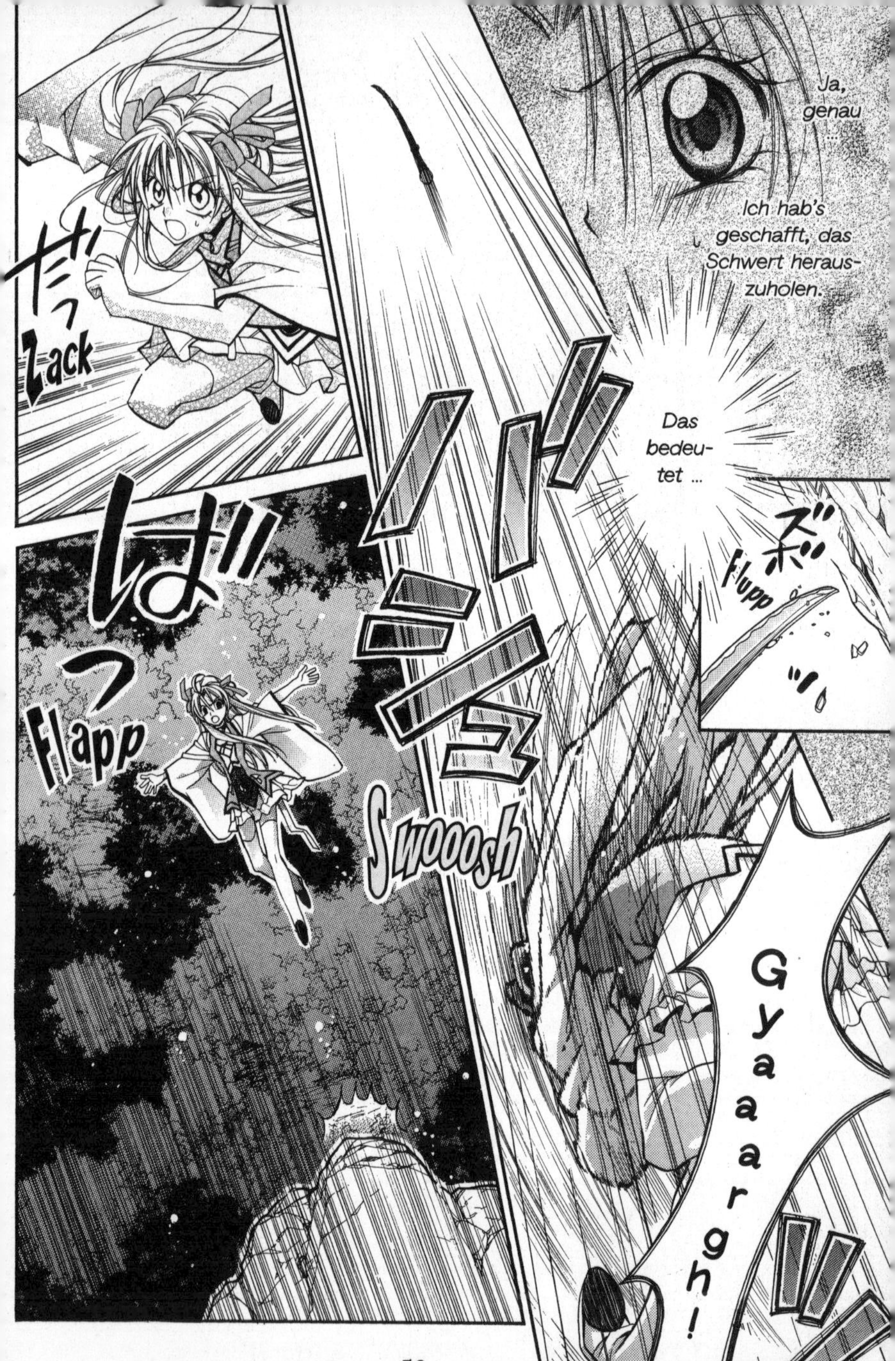
Ja, genau ...
Ich hab's geschafft, das Schwert herauszuholen.
だっ
Zack
Das bedeutet ...
バシュ
Swooosh
ばっ
Flapp
ズボ
Flupp
Gyaaaargh!!

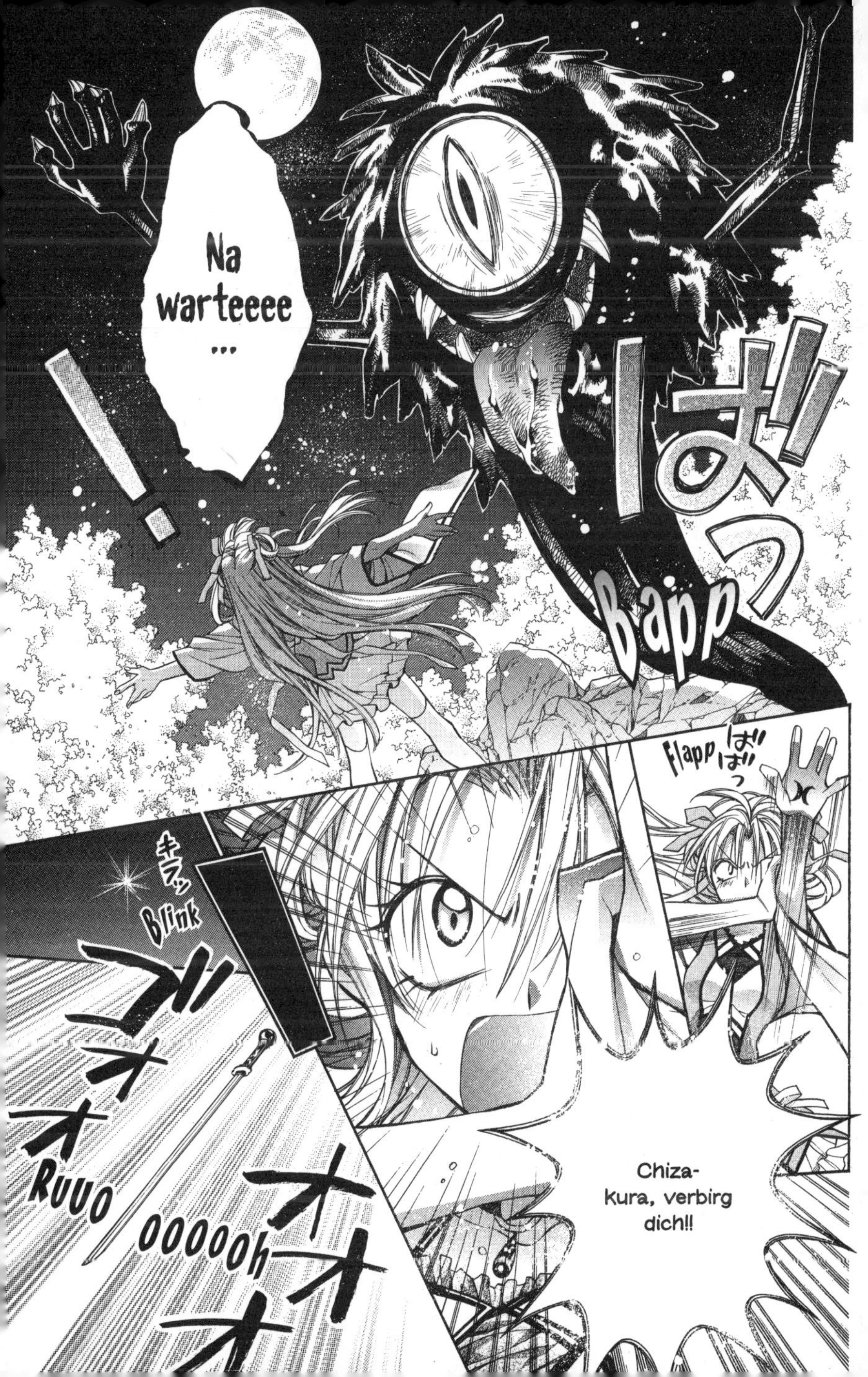
Na warteeee ...
ばっ
Bapp
Flapp ばばっ
キラッ
Blink
ゴオオオオ
RUUO
OOOOOh
Chiza-kura, verbirg dich!!

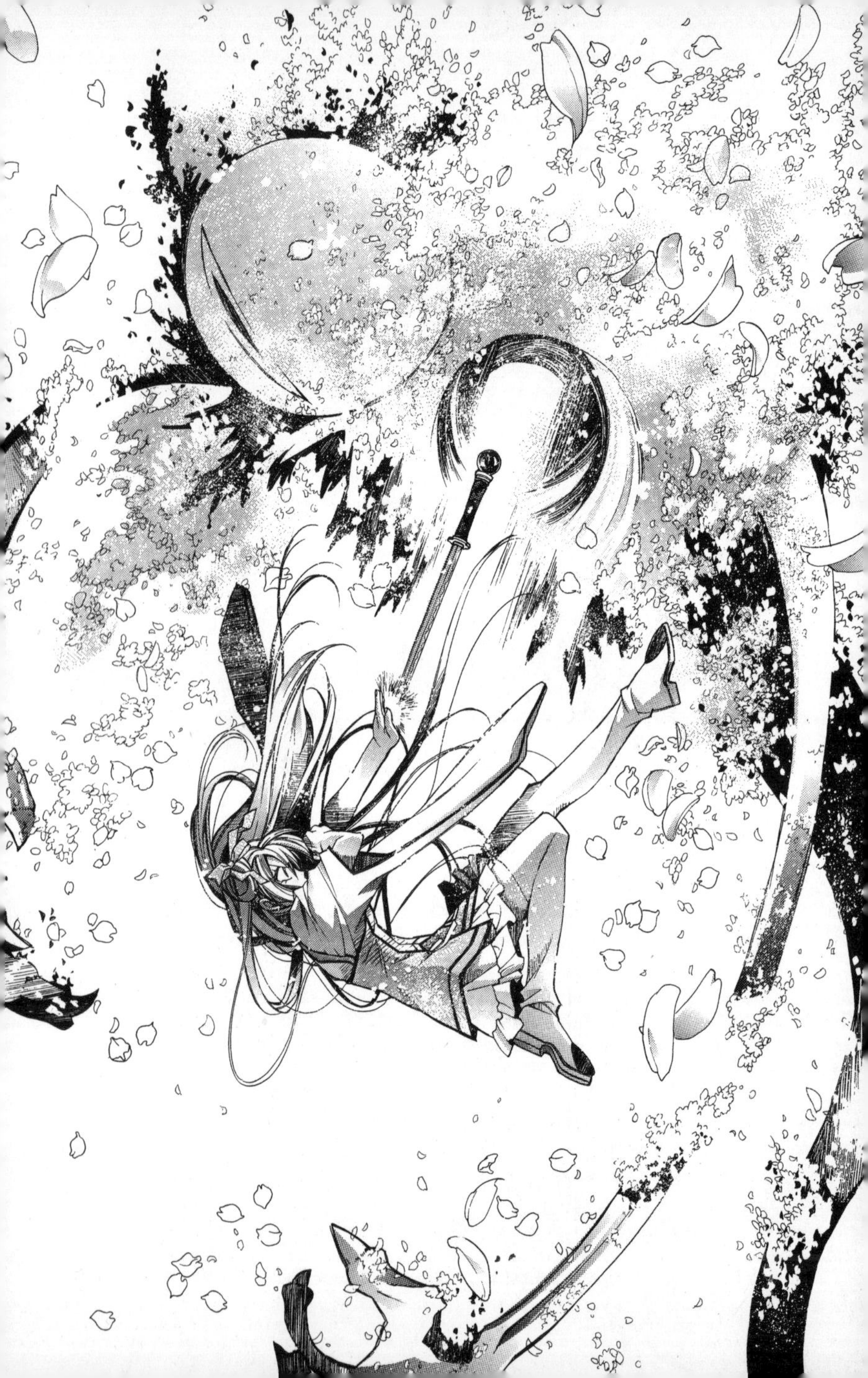

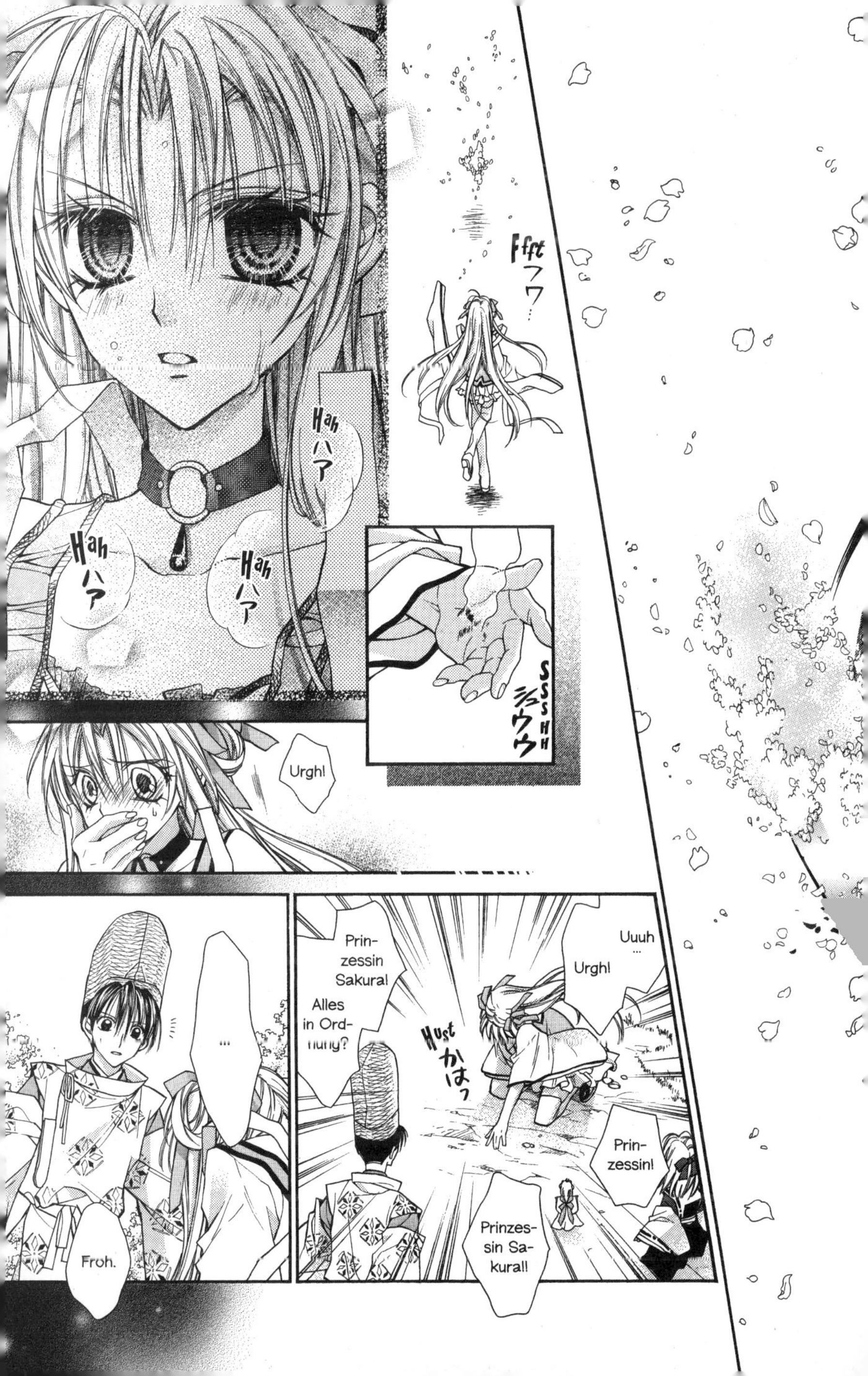

Ffft
フワ…
Hah
ハア
Hah
ハア
Hah
ハア
SSSHH
シュウウ
Urgh!
Uuuh …
Urgh!
Prinzessin Sakura!
Alles in Ordnung?
Hust
かはっ
Prinzessin!
Prinzessin Sakura!!
…
Froh.

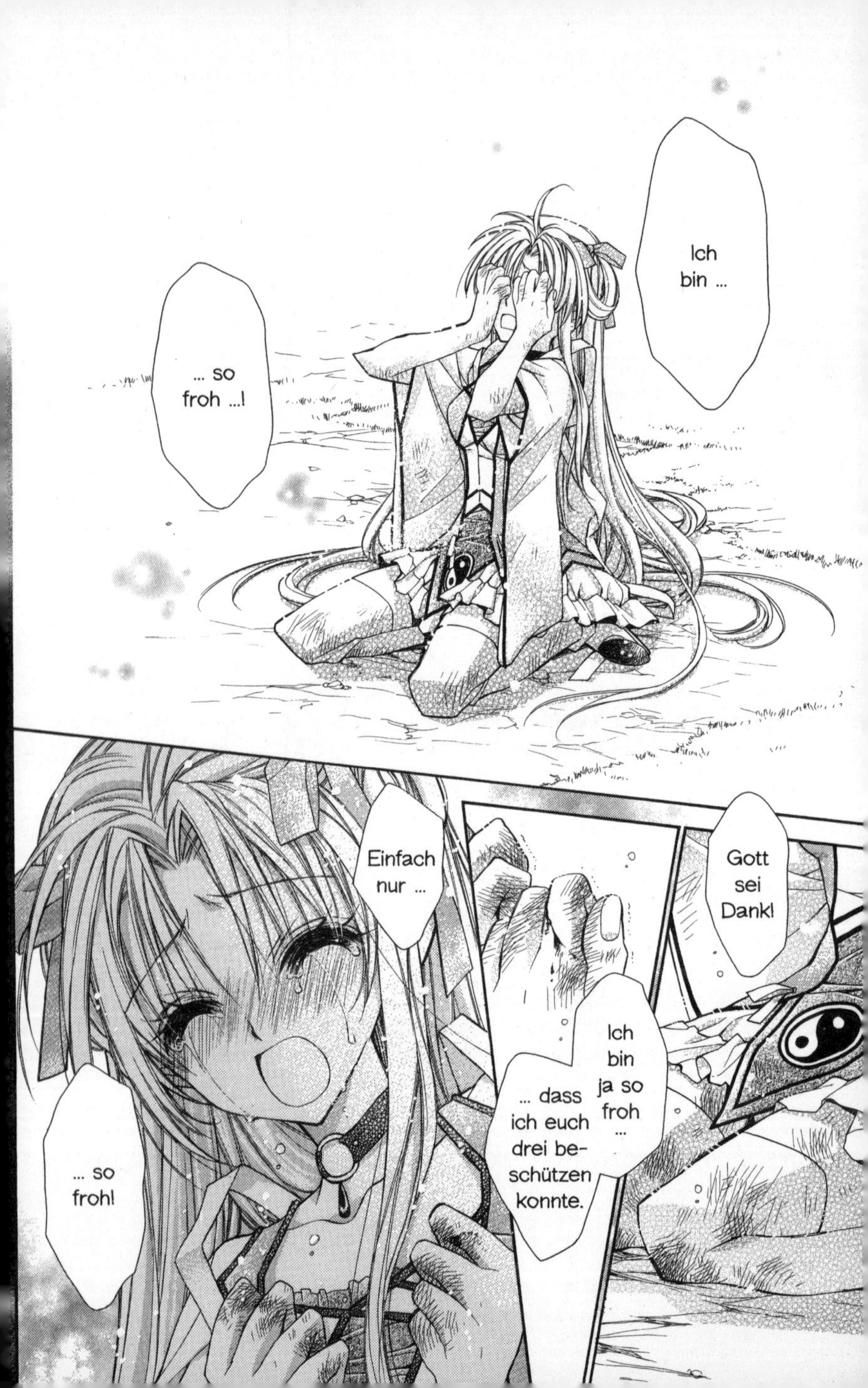

Ich bin ...
... so froh ...!
Gott sei Dank!
Ich bin ja so froh ...
... dass ich euch drei beschützen konnte.
Einfach nur ...
... so froh!

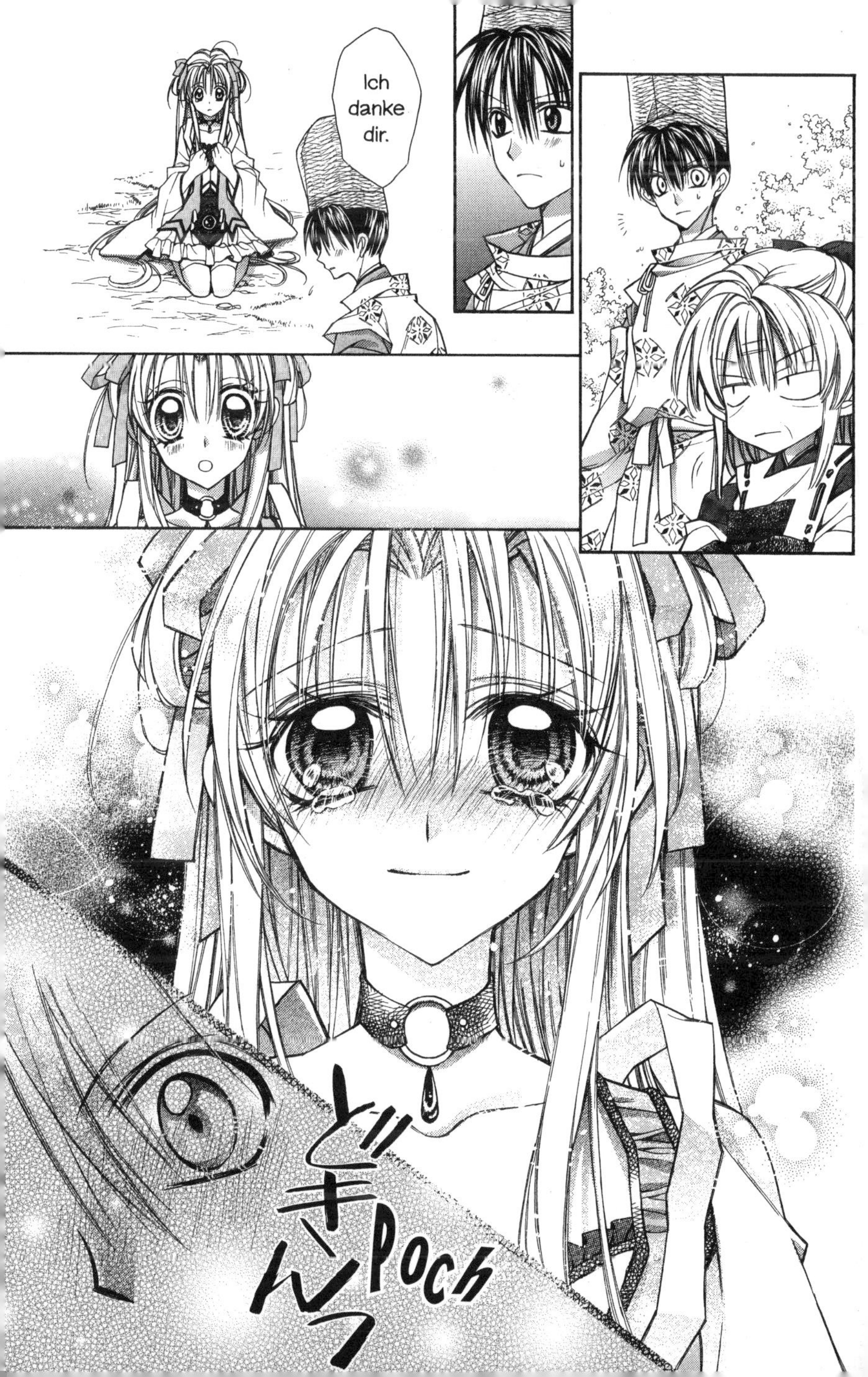
Ich danke dir.
どきんっ
Poch

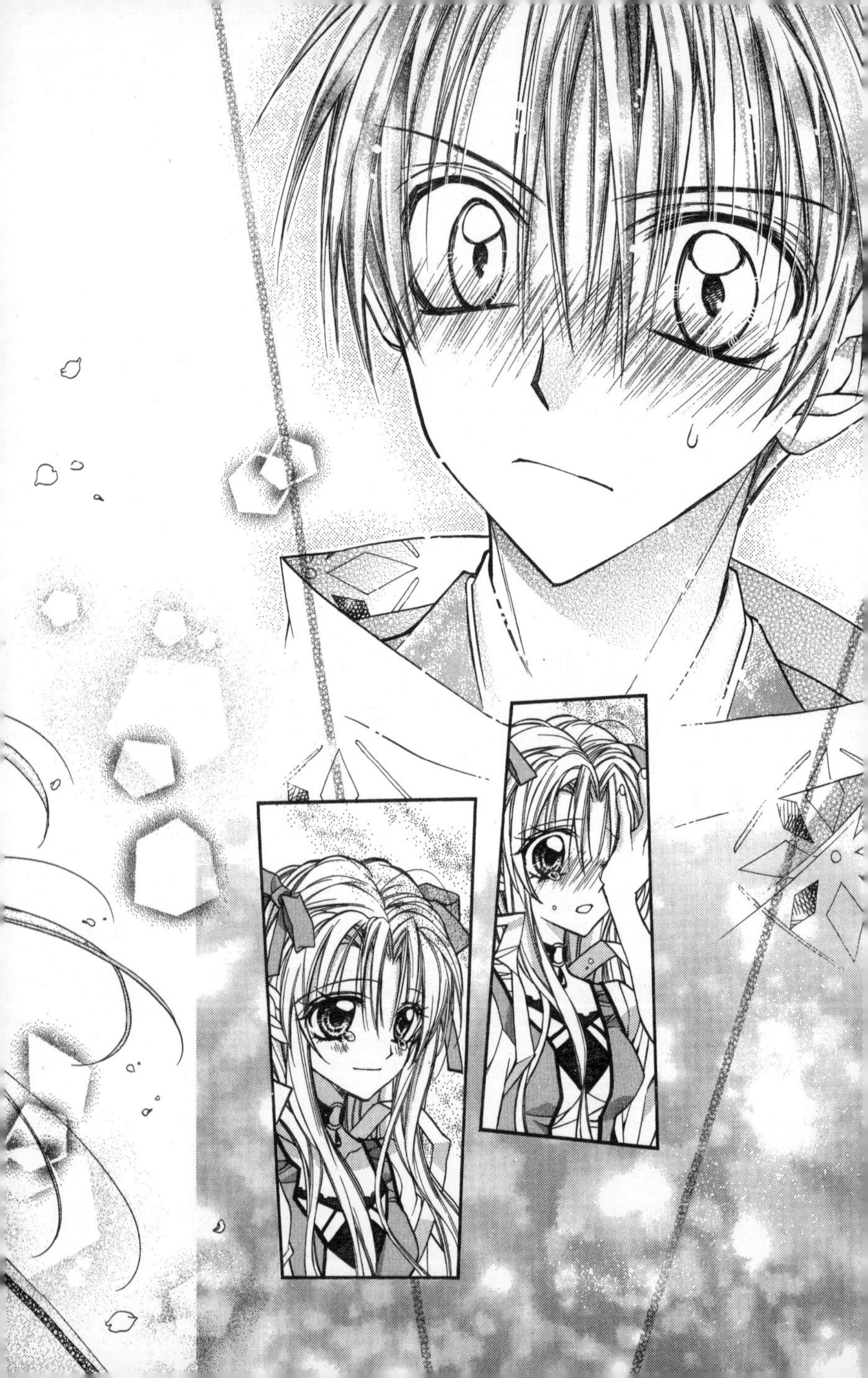

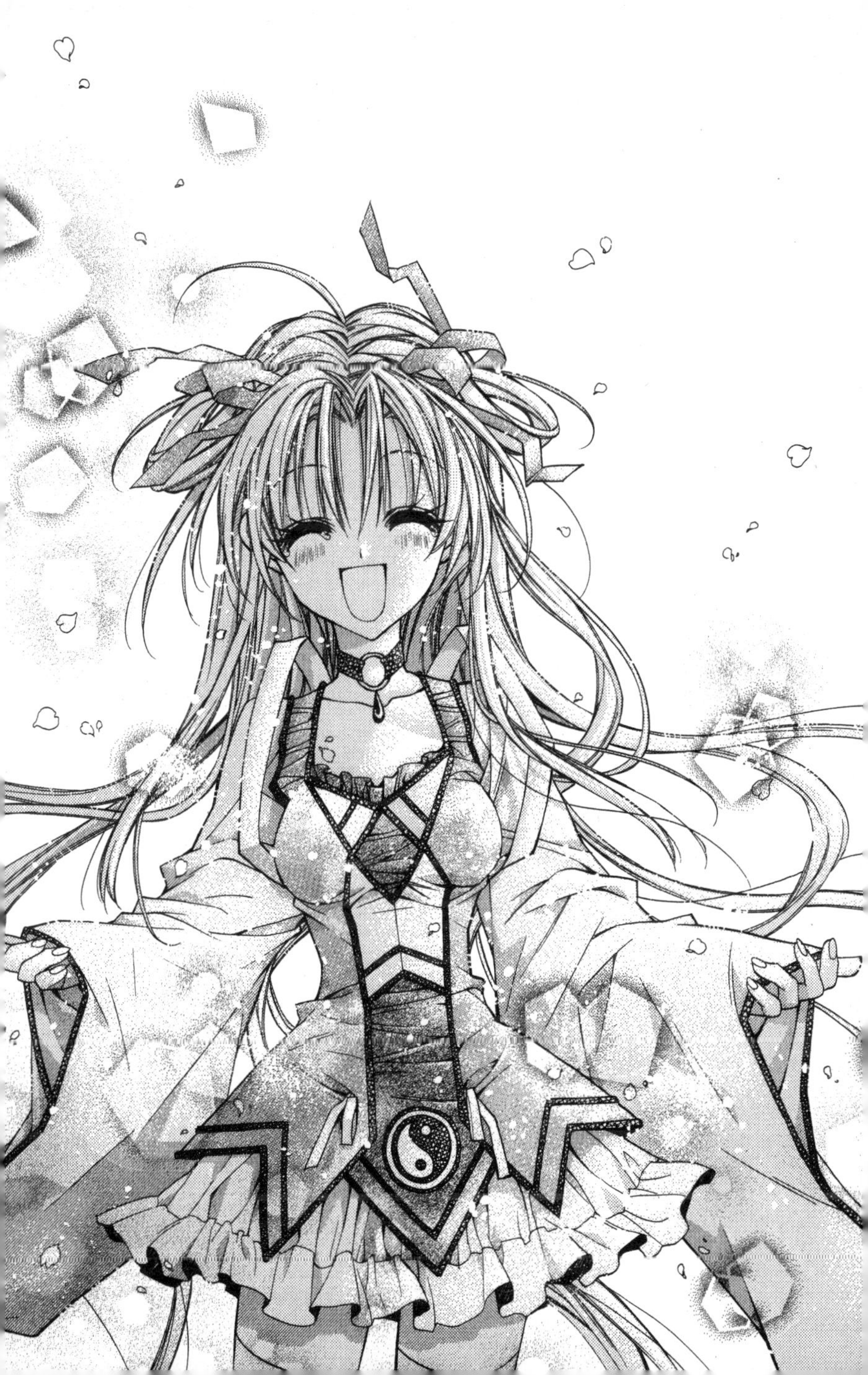

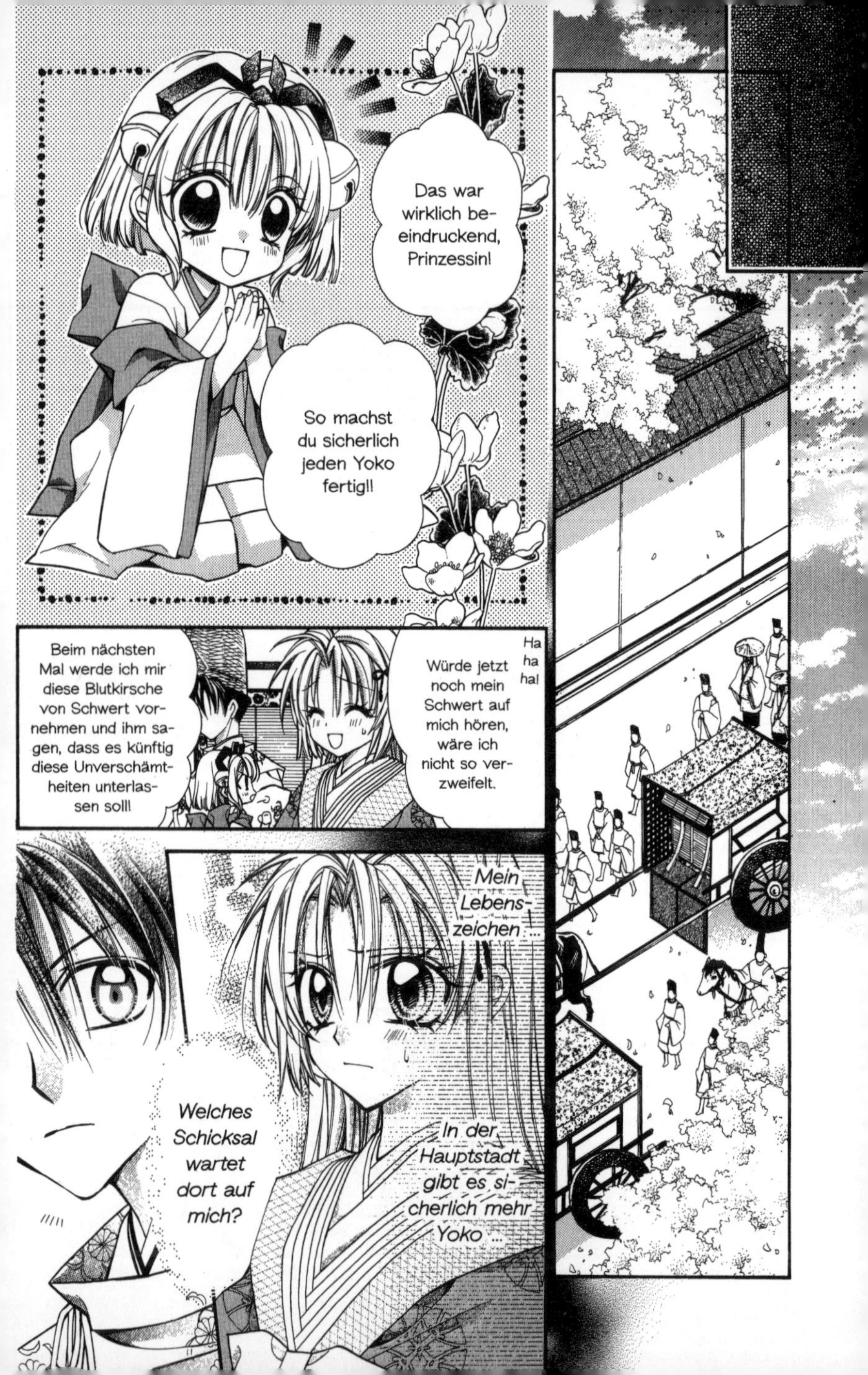

Das war wirklich beeindruckend, Prinzessin!
So machst du sicherlich jeden Yoko fertig!!
Würde jetzt noch mein Schwert auf mich hören, wäre ich nicht so verzweifelt.
Ha ha ha!
Beim nächsten Mal werde ich mir diese Blutkirsche von Schwert vornehmen und ihm sagen, dass es künftig diese Unverschämtheiten unterlassen soll!
Mein Lebenszeichen …
In der Hauptstadt gibt es sicherlich mehr Yoko …
Welches Schicksal wartet dort auf mich?

Prinzessin Sakura

Guten Tag, ☺ hier ist Arina Tanemura. Ich überbringe euch hiermit Band 1 meiner brandneuen Serie Prinzessin Sakura. ♪

Die Stimmen: »Bitte mach eine Fortsetzung von Mistress Fortune«, werden immer lauter, seit das Taschenbuch erschienen ist. Aber nun ja, jetzt ist erst mal Pause und ihr müsst bitte Prinzessin Sakura tatkräftig unterstützen, ja?

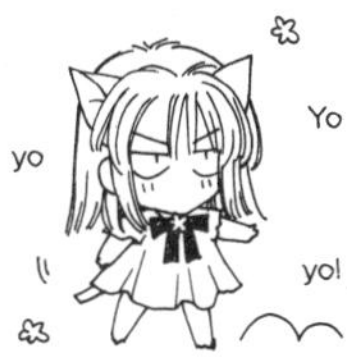

Übrigens enthält Band 1* nur drei Kapitel, allerdings hat ein Kapitel 56 Seiten (und nicht 32 Seiten wie sonst üblich – jedenfalls bei Ribon).

Ein Kapitel ist fast so lang wie zwei, also nehmt mir das bitte nicht übel.

✿

✿

✿

*bezogen auf die frühere Einzelband-Ausgabe

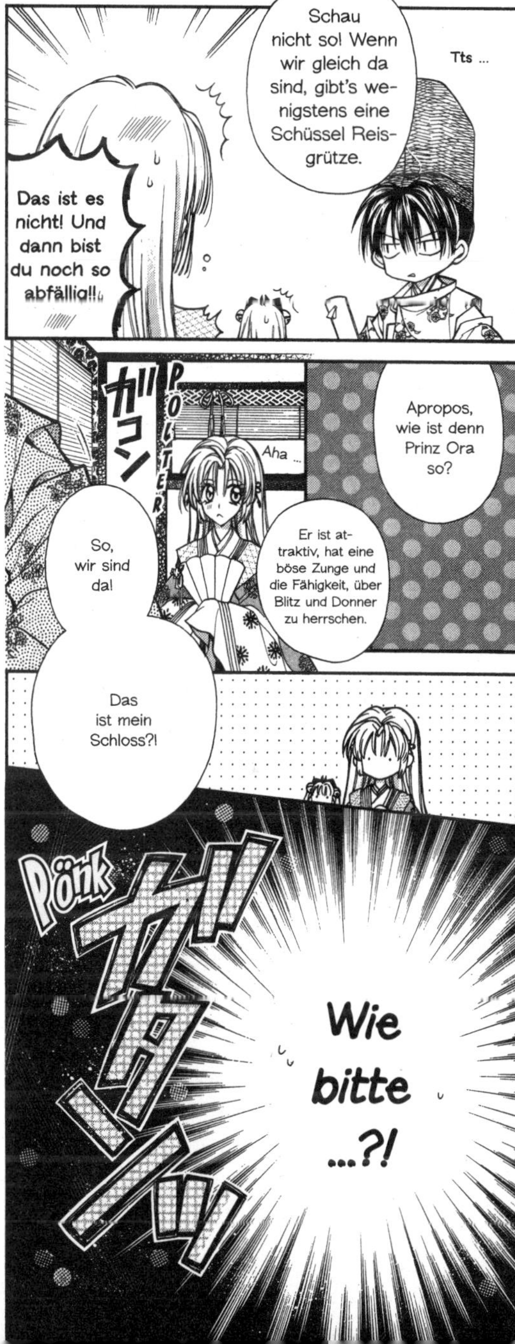

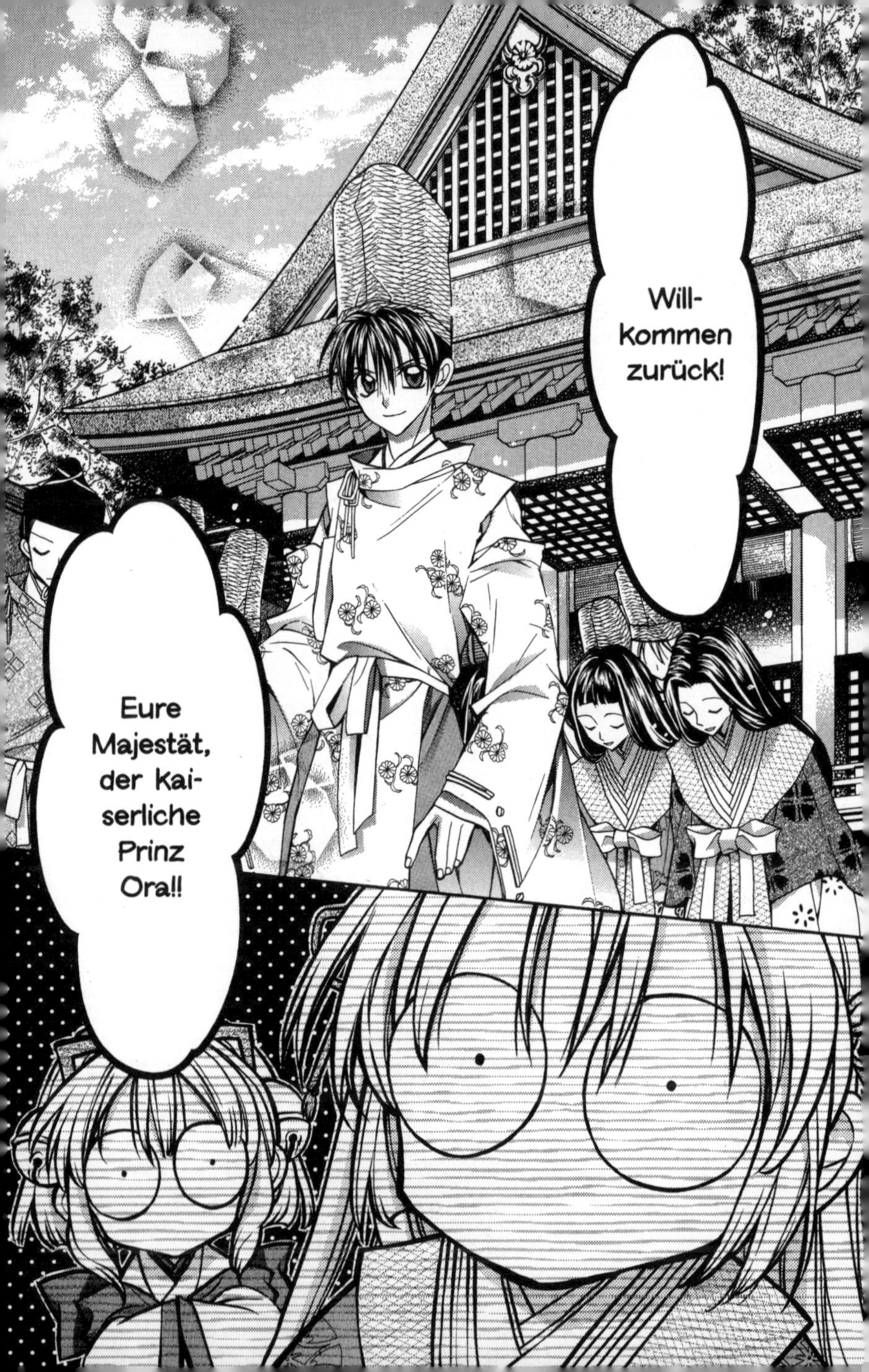
Will-kommen zurück!
Eure Majestät, der kai-serliche Prinz Ora!!

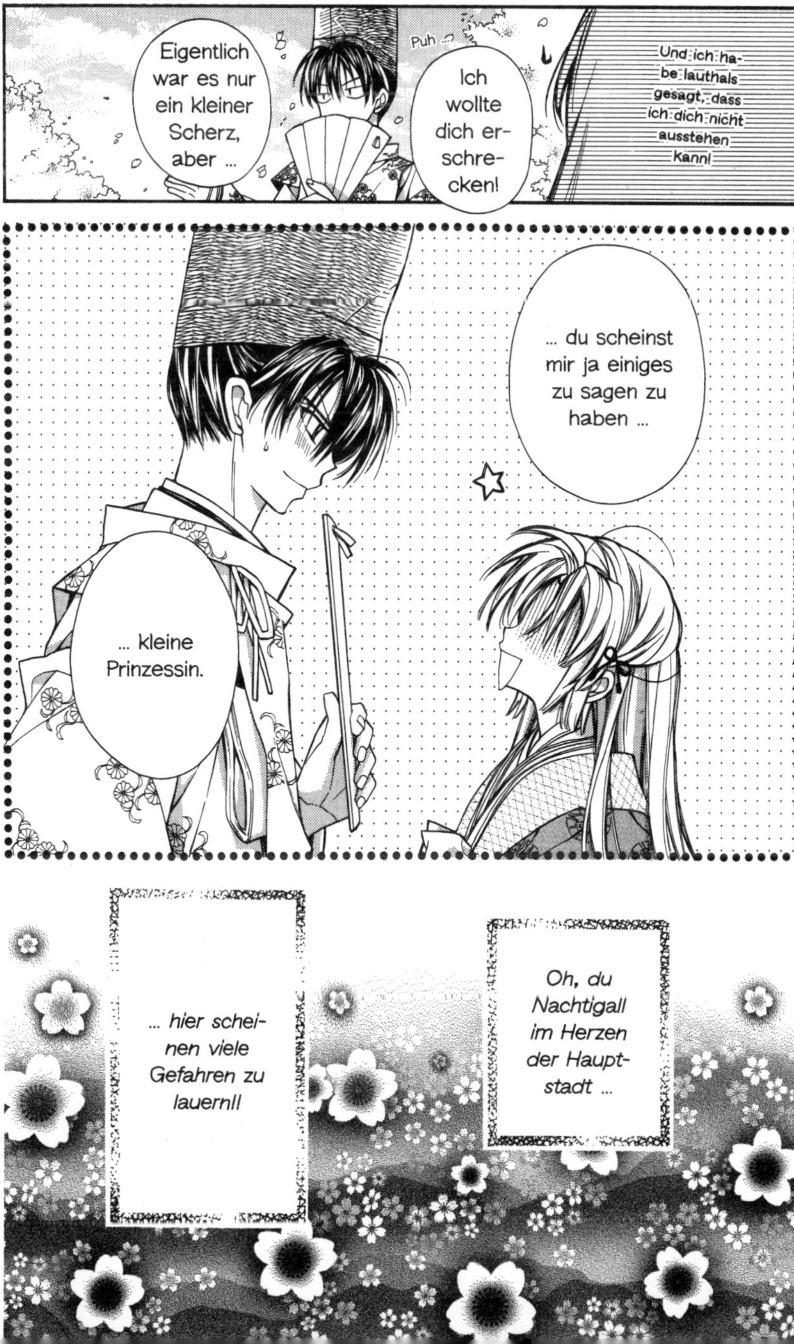
Und ich habe lauthals gesagt, dass ich dich nicht ausstehen kann!
Puh ...
Ich wollte dich erschrecken!
Eigentlich war es nur ein kleiner Scherz, aber ...
... du scheinst mir ja einiges zu sagen zu haben ...
... kleine Prinzessin.
Oh, du Nachtigall im Herzen der Hauptstadt ...
... hier scheinen viele Gefahren zu lauern!!

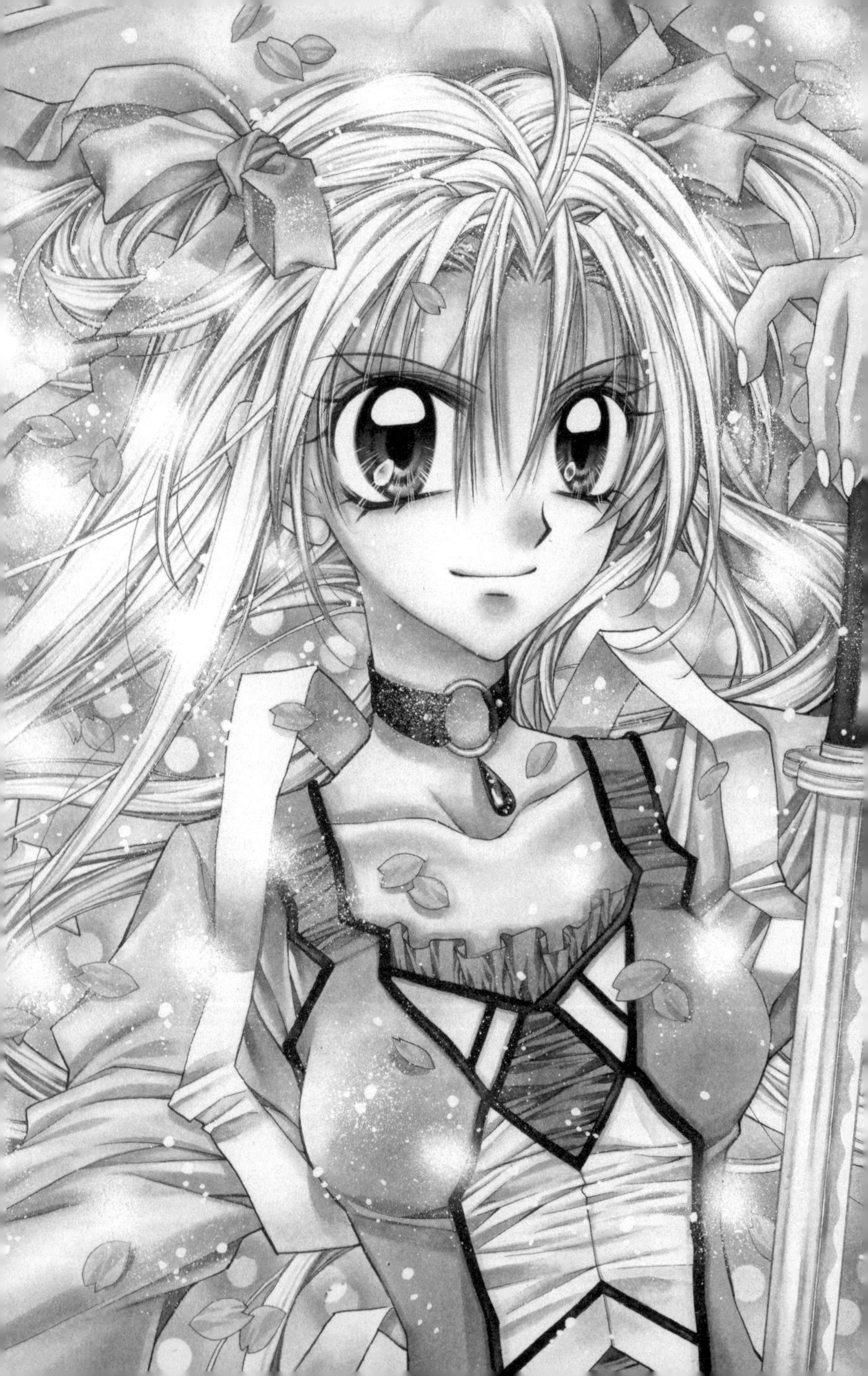

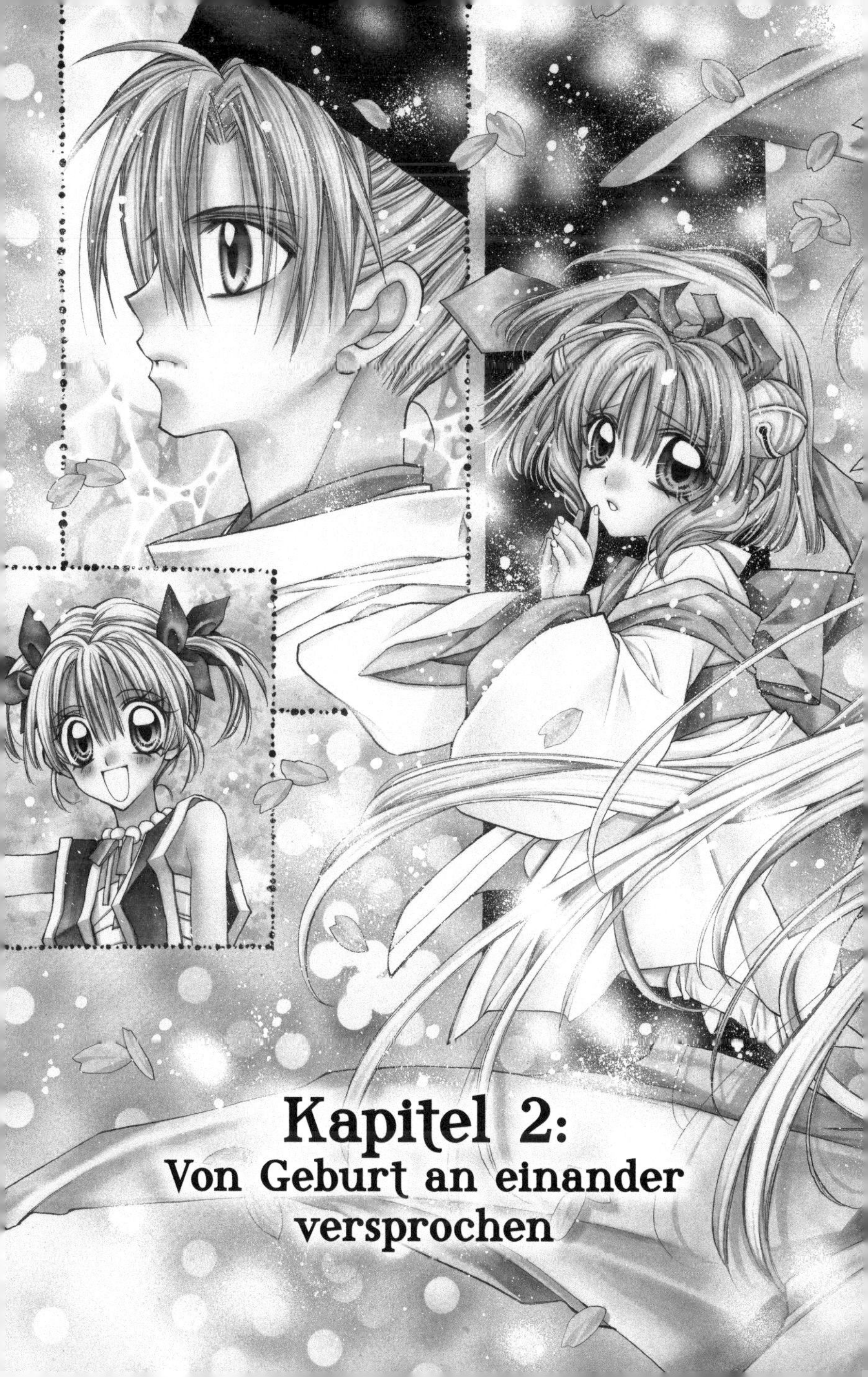
Kapitel 2:
Von Geburt an einander versprochen

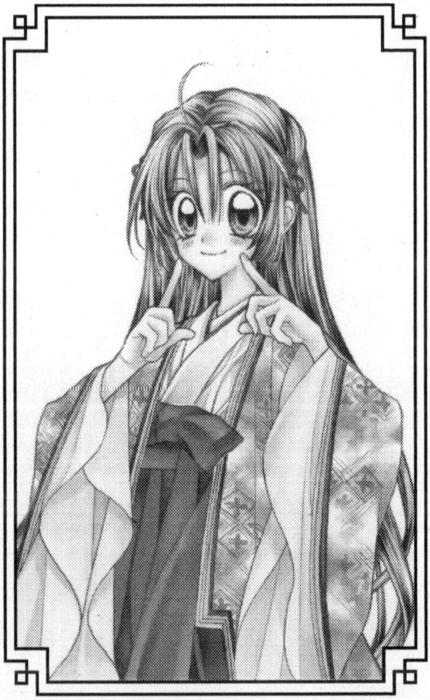

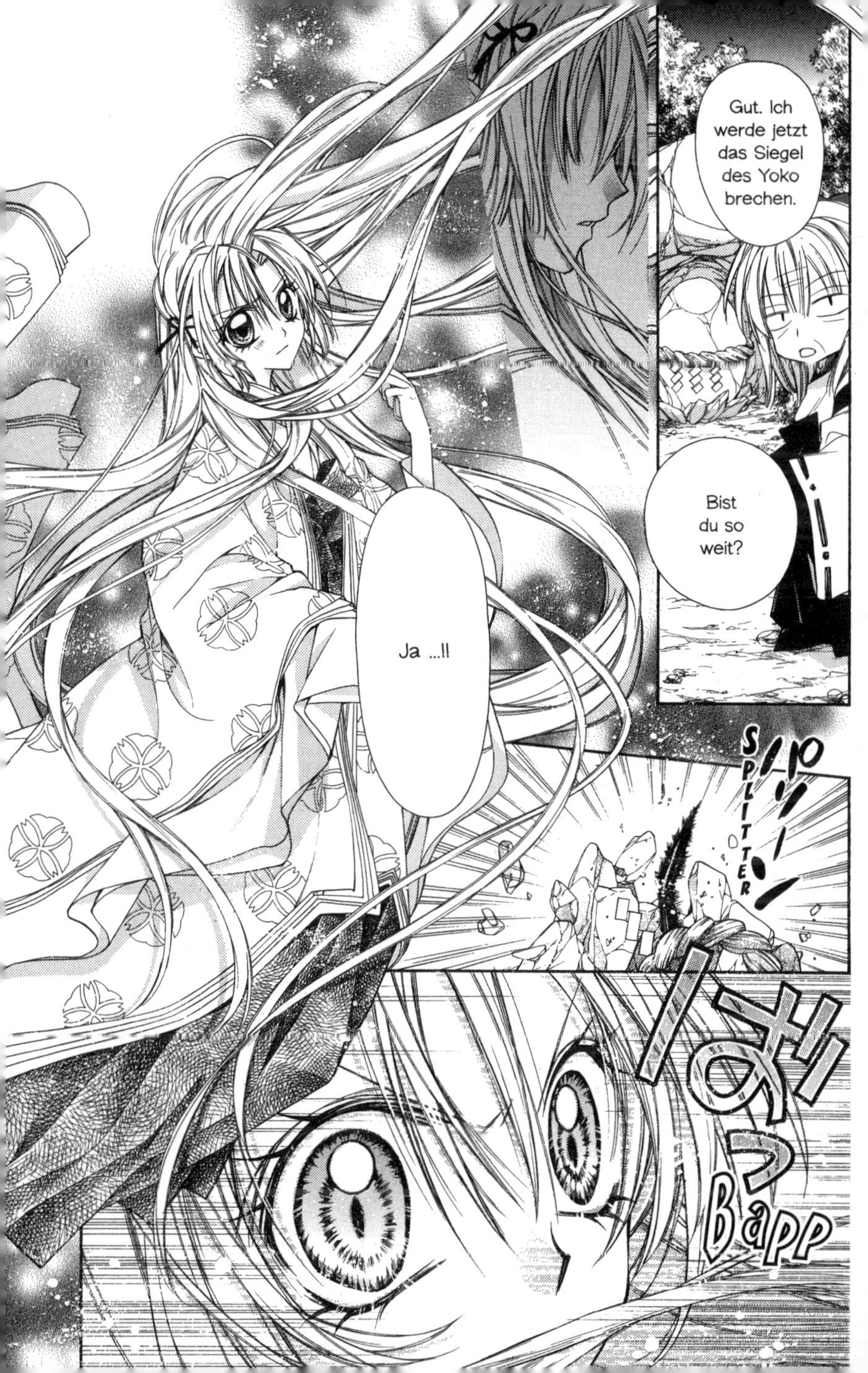
Gut. Ich werde jetzt das Siegel des Yoko brechen.
Bist du so weit?
Ja ...!!
SPLITTER
Bapp

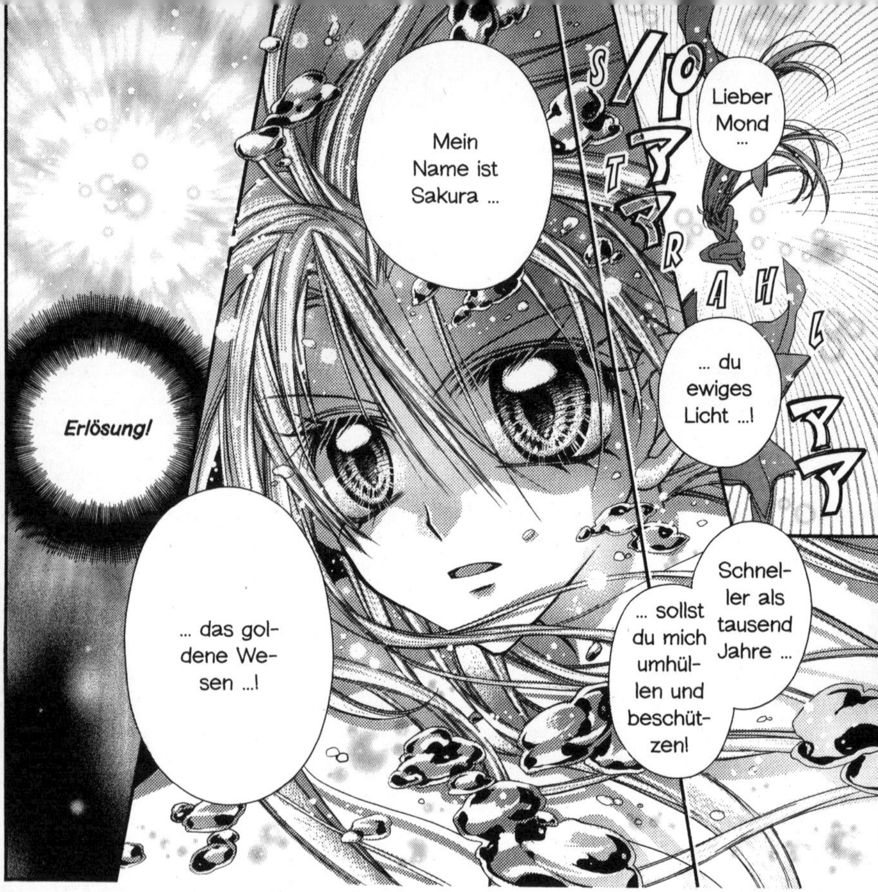

Kapitel 1 – Erscheinung im Mondlicht

Das war der Serienstart. Ich hatte damals zum ersten Mal seit einigen Jahren ein Formtief, sodass mir beim Scribblen partout nichts einfallen wollte. Ich erinnere mich, dass ich den Chefredakteur an den Rand eines Nervenzusammenbruchs gebracht habe ... (In den letzten acht Jahren wurden meine Scribbles grundsätzlich sofort abgenommen und ich habe auch immer nur einen Tag dafür gebraucht ...) Aber ich habe eine halbe Ewigkeit bloß gegrübelt! Schließlich hab ich alles in meinem Kopf vereinfacht und heraus kam das hier. Ich bin einfach nicht darauf gekommen, wie ich Sakura einen Grund zum Kämpfen geben könnte. Doch dann habe ich mich mit einem Fan (genau genommen mit einer Studentin, die ich kürzlich kennengelernt habe und mit der ich mich privat sehr gut verstehe) ganz lang darüber unterhalten und plötzlich war alles klar! So habe ich die Scribbles in einer Nacht fertig bekommen. Ich bin ja inzwischen schon ziemlich lange Mangaka, aber mir fallen einfache, schlichtweg spannende Geschichten nach wie vor schwer, wohingegen mir komplizierte Plots recht einfach von der Hand gehen. Ich bin ein Sturkopf und auch ziemlich stolz ... Hmmm. Na ja, aber dank der Qualen und dem vielen Hin und Her gefällt mir das Ergebnis ziemlich gut.
Ist es wirklich ein »Promo-Video der Hauptfigur« geworden, wie es mein Chefredakteur von mir verlangt hat? Hm ... Ich habe jedenfalls alles daran gesetzt, alle Facetten und jeden Ausdruck aus Sakura herauszuholen. Deshalb hab ich meine ganze Aufmerksamkeit darauf gelegt.
Dank der Mühen ist Sakura in Kapitel 1 mit Abstand die beliebteste Figur. Auf Platz zwei ... liegt überraschenderweise Asagiri. Krass!

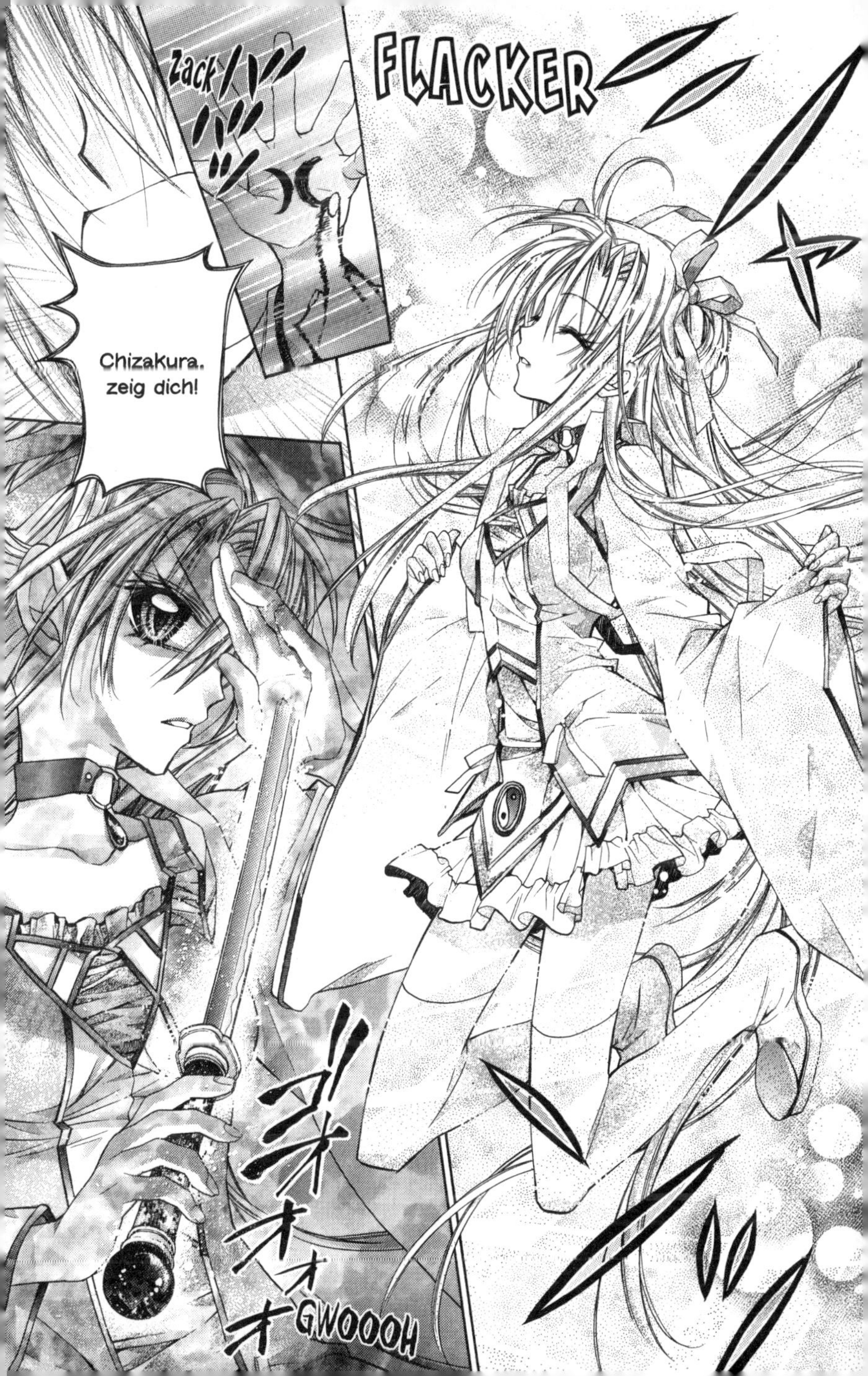
FLACKER
Zack!
Chizakura, zeig dich!
GWOOOH

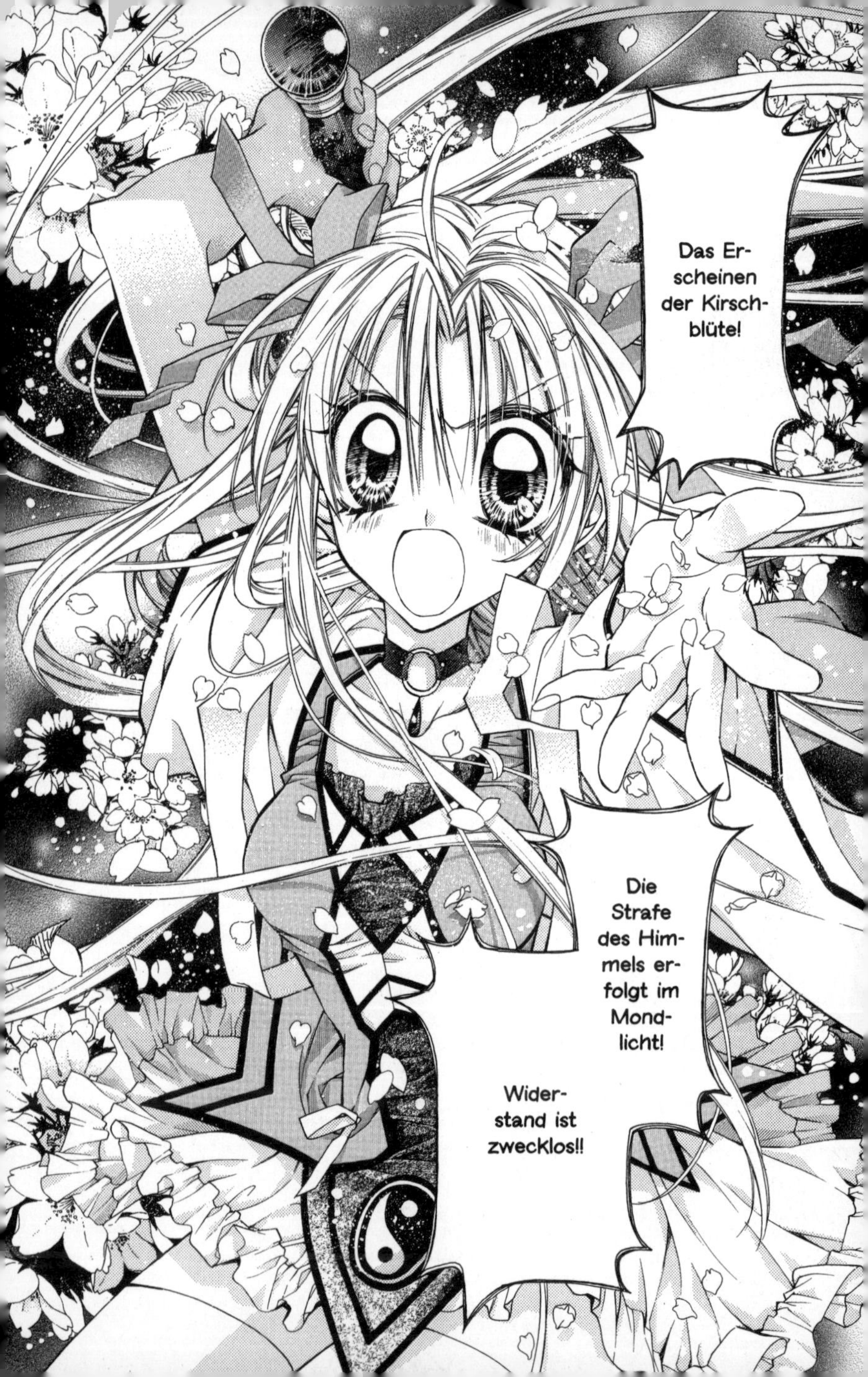
Das Erscheinen der Kirschblüte!
Die Strafe des Himmels erfolgt im Mondlicht!
Widerstand ist zwecklos!!

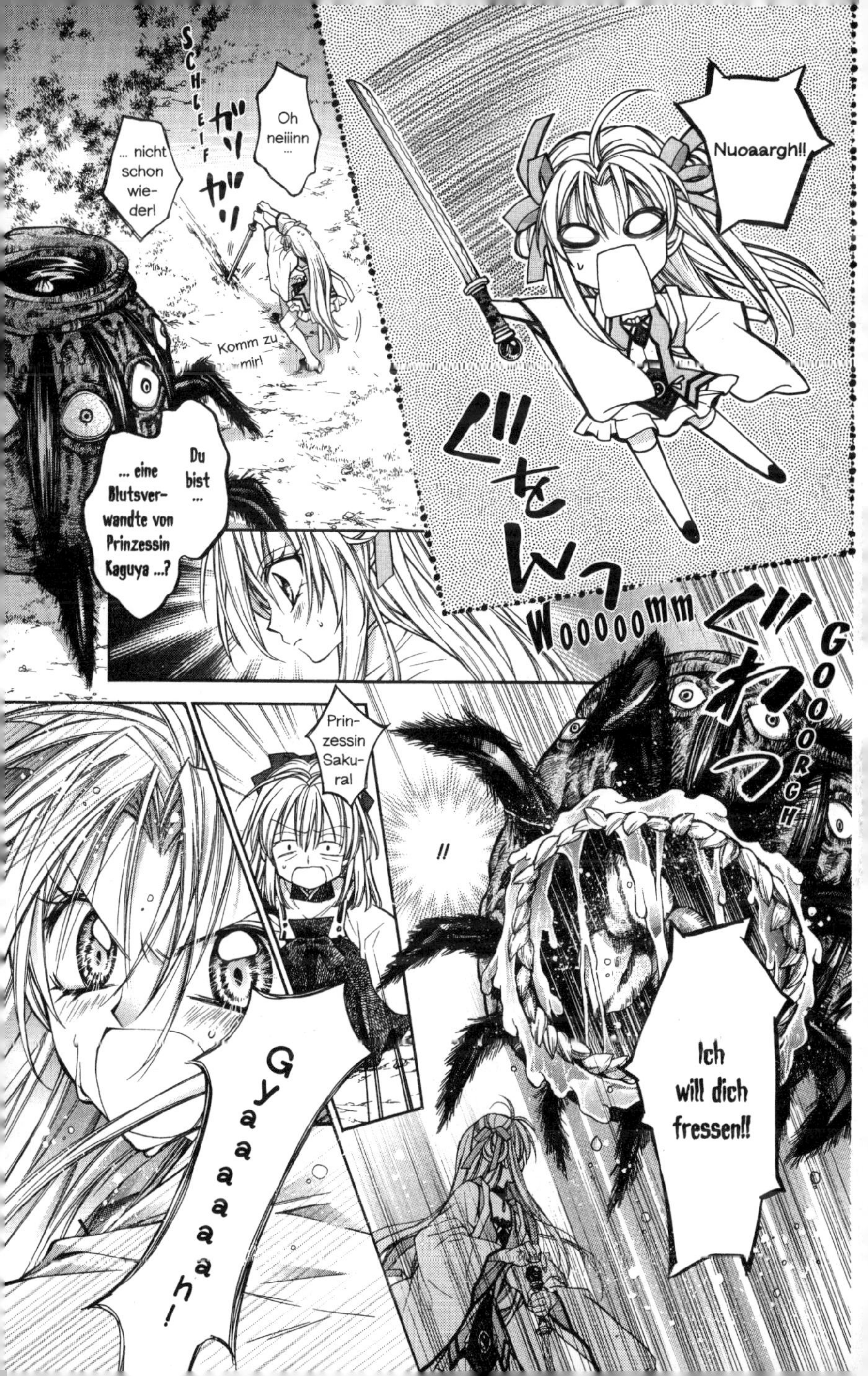
Nuoaargh!!
ぐをんっ
Woooooomm
Oh neiiinn ...
... nicht schon wieder!
ガリガリ
SCHLEIF
Komm zu mir!
Du bist ...
... eine Blutsverwandte von Prinzessin Kaguya ...?
ぐわっ
GOOOORGH
Ich will dich fressen!!
!!
Prinzessin Sakura!
Gyaaaaaaaah!

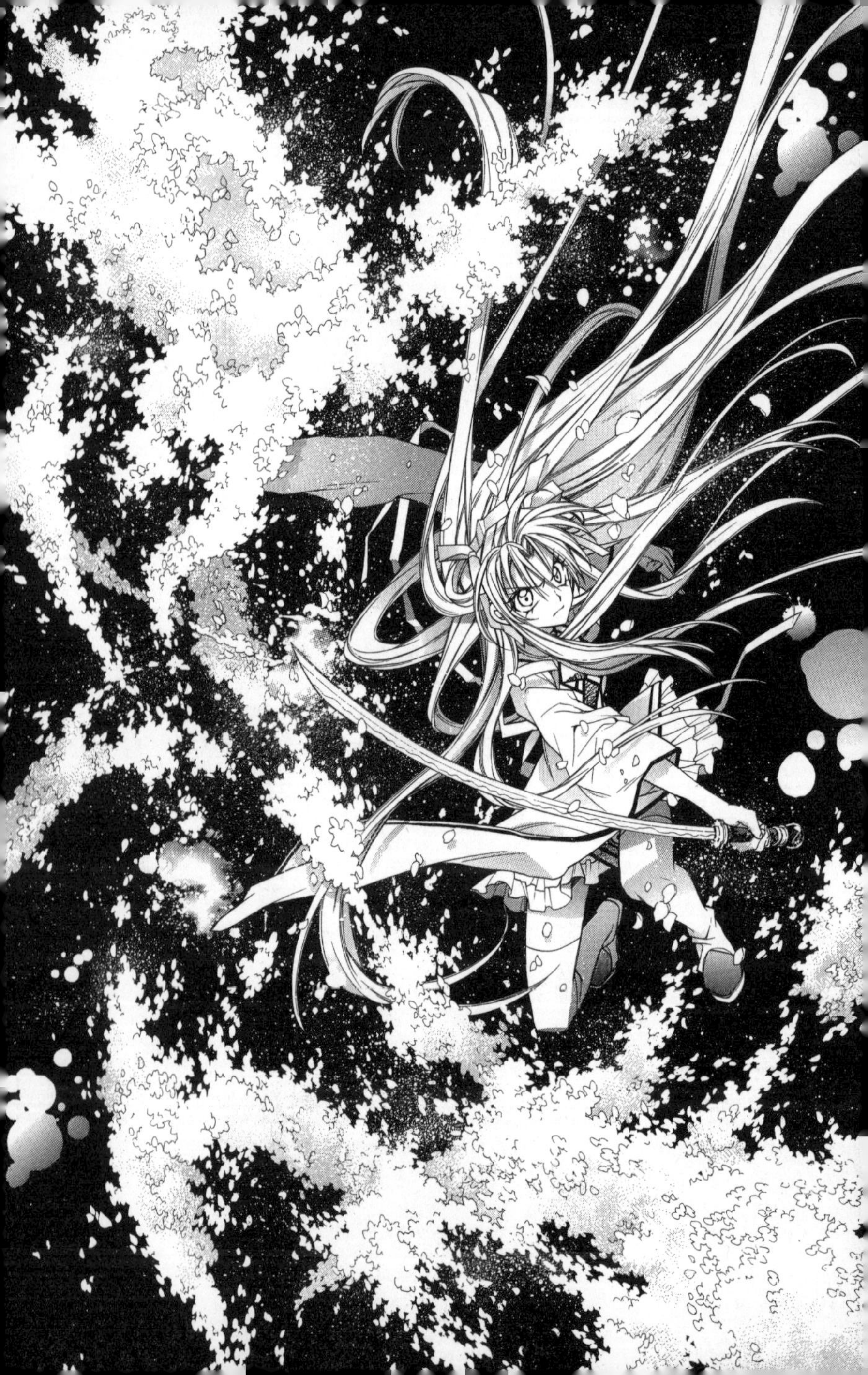

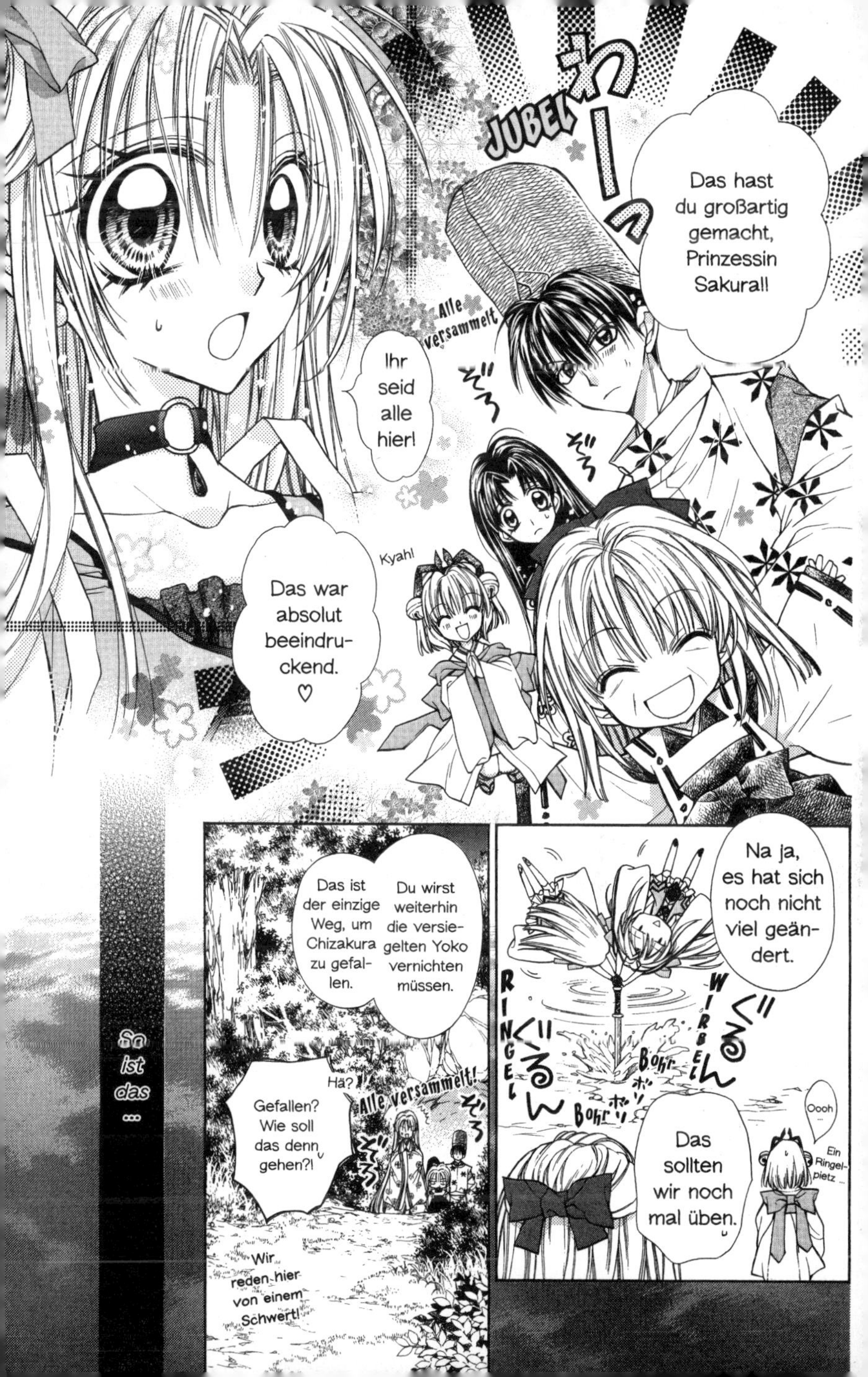
JUBEL
わーっ
Das hast du großartig gemacht, Prinzessin Sakura!!
Alle versammelt
ぞろ
ぞろ
Ihr seid alle hier!
Kyah!
Das war absolut beeindruckend. ♡
Na ja, es hat sich noch nicht viel geändert.
WIRBEL
ぐるん
RINGEL
ぐるん
Bohr
Bohr
Oooh ...
Ein Ringelpietz ...
Das sollten wir noch mal üben.
Du wirst weiterhin die versiegelten Yoko vernichten müssen.
Das ist der einzige Weg, um Chizakura zu gefallen.
Hä?
Alle versammelt!
ぞろ
ぞろ
Gefallen? Wie soll das denn gehen?!
Wir reden hier von einem Schwert!
So ist das ...

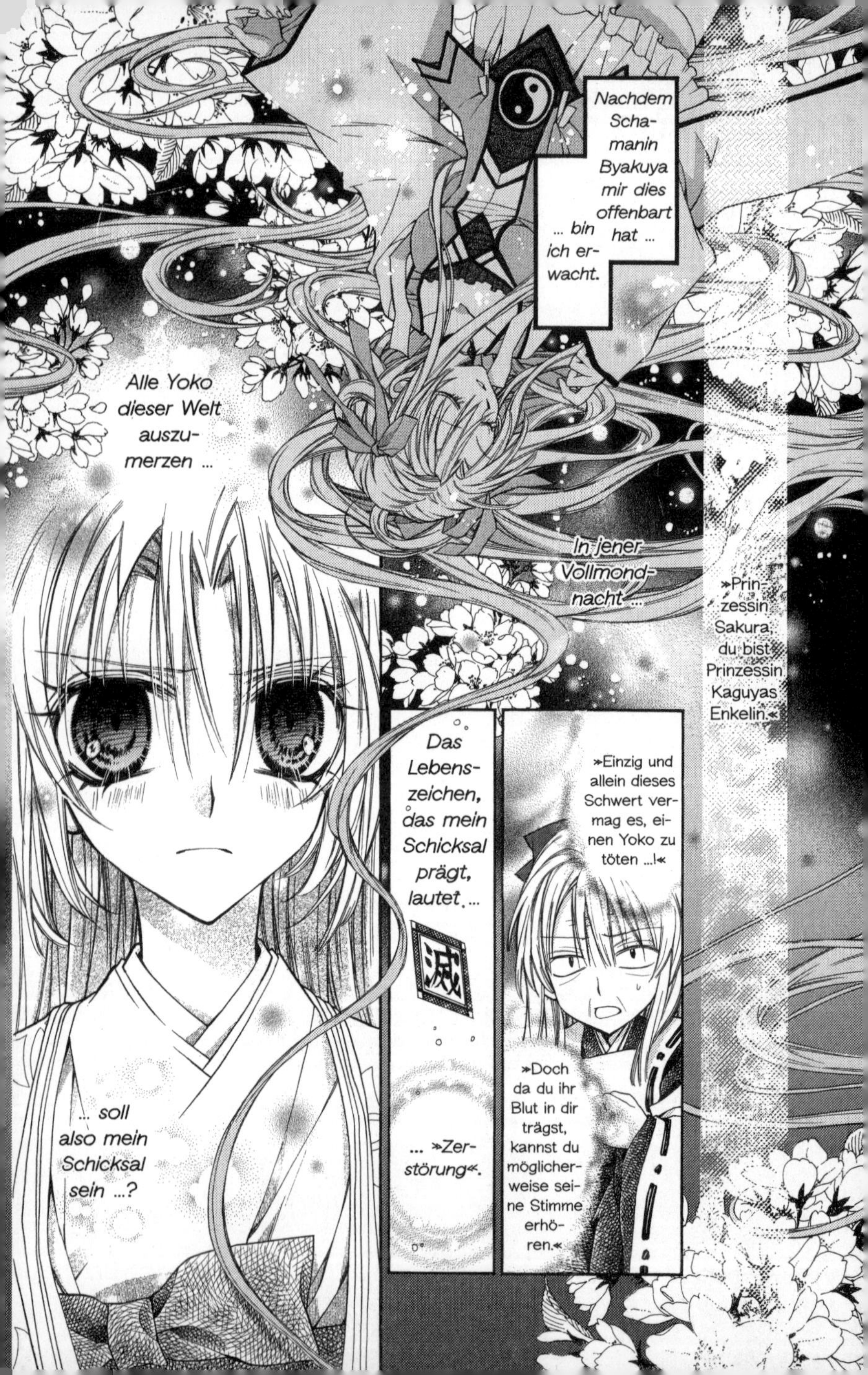
Nachdem Schamanin Byakuya mir dies offenbart hat ...
... bin ich erwacht.
In jener Vollmondnacht ...
»Prinzessin Sakura, du bist Prinzessin Kaguyas Enkelin.«
»Einzig und allein dieses Schwert vermag es, einen Yoko zu töten ...!«
»Doch da du ihr Blut in dir trägst, kannst du möglicherweise seine Stimme erhören.«
Das Lebenszeichen, das mein Schicksal prägt, lautet ...
滅
... »Zerstörung«.
Alle Yoko dieser Welt auszumerzen ...
... soll also mein Schicksal sein ...?

Seit diese Serie gestartet ist ...

Die Qualen einer Heian-Fantasy-Serie ...

✿ Sakuras Verwandlungsoutfit

Von Anfang an hatte ich geplant, dass sie nach ihrer Verwandlung ein neues Outfit tragen soll. Die Kimonos jener Zeit sind ja viel zu schwer. (Obwohl sie gezeichnet bestimmt cool aussehen.) Aber wenn ich sage, sie braucht Bewegungsfreiheit, bedeutet das automatisch: kurzer Rock, was ja wiederum überhaupt nicht in diese Zeit passt ... Nach vielem Hin- und Her und Diskussionen mit meinem (damaligen) Redakteur haben wir beschlossen, dass dieser Aufzug »ein Outfit aus dem Reich des Mondes« sein soll, dessen Zivilisation einfach viel weiterentwickelt ist ... Also darf es sich vom Rest abheben und ziemlich modern aussehen. So kam ich zu diesem Design.

✿ Anglizismen verboten!!

Ich habe mich nicht zu sehr dem Joch der modernen Sprache unterworfen. Wenn ich auf Worte wie »Berechtigung« verzichte, die es damals nun mal nicht gab, wird das mit den Dialogen wirklich schwierig. Das Einzige, worauf ich verzichte, sind Anglizismen und Fremdwörter. Also (im Japanischen) die Katakana-Wörter wie etwa Kiss, Tempo, Rhythmus, okay und so weiter.

Das ist gar nicht so einfach, kann ich euch sagen!

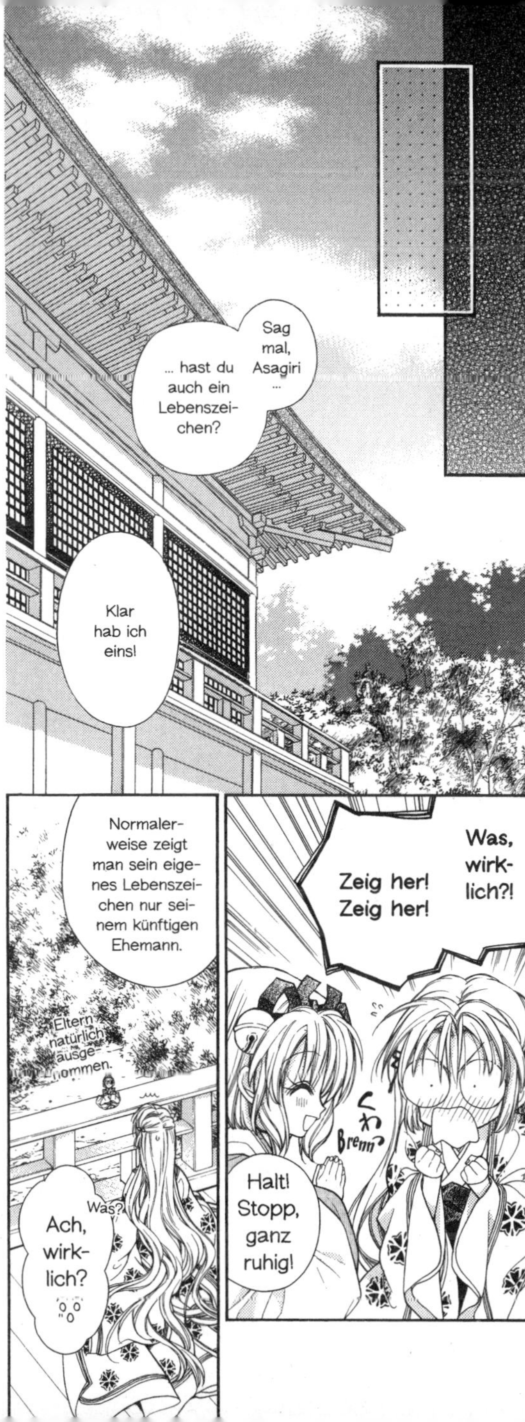

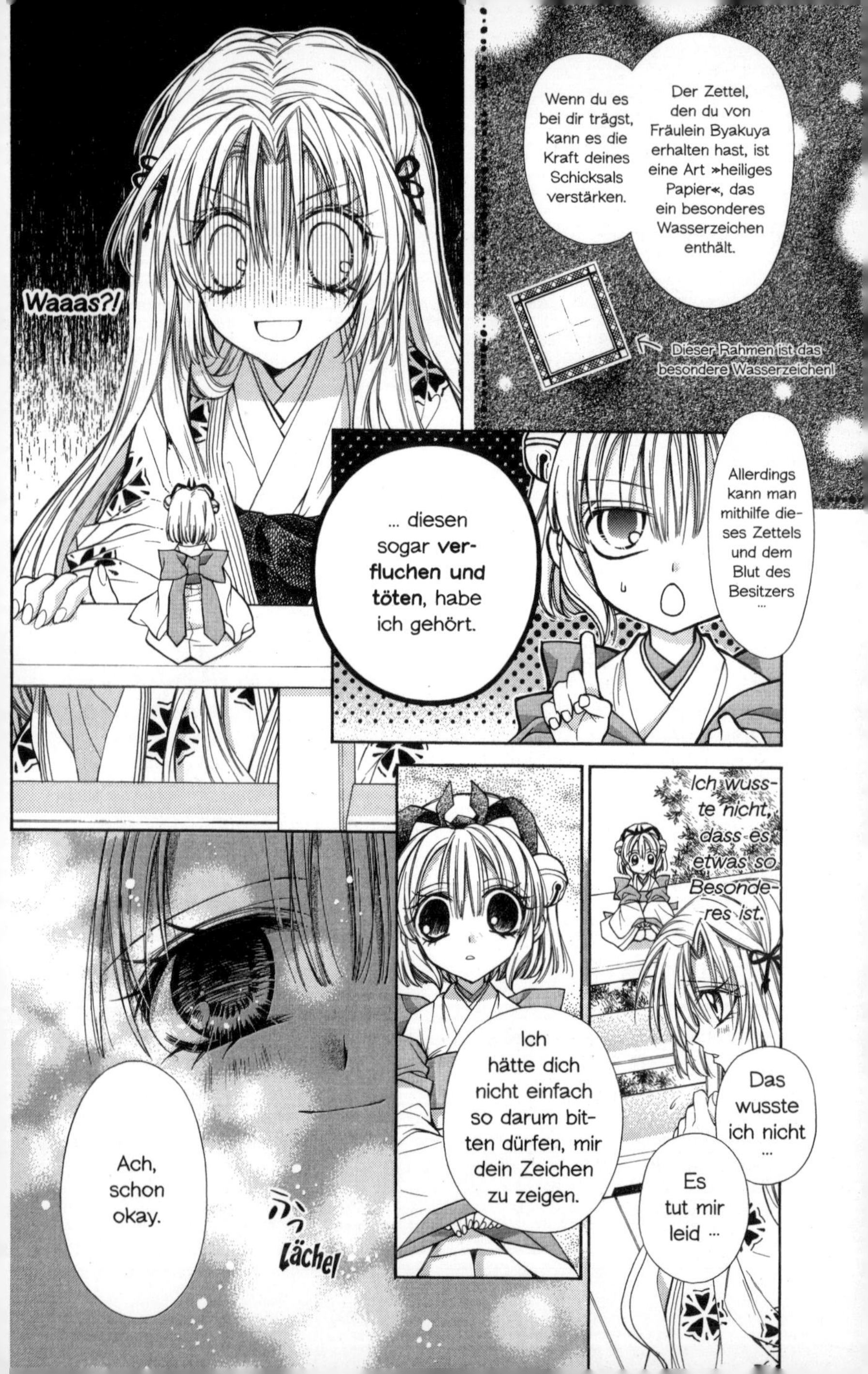
Der Zettel, den du von Fräulein Byakuya erhalten hast, ist eine Art »heiliges Papier«, das ein besonderes Wasserzeichen enthält.
Wenn du es bei dir trägst, kann es die Kraft deines Schicksals verstärken.
Dieser Rahmen ist das besondere Wasserzeichen!
Waaas?!
Allerdings kann man mithilfe dieses Zettels und dem Blut des Besitzers …
… diesen sogar verfluchen und töten, habe ich gehört.
Ich wusste nicht, dass es etwas so Besonderes ist.
Das wusste ich nicht …
Es tut mir leid …
Ich hätte dich nicht einfach so darum bitten dürfen, mir dein Zeichen zu zeigen.
Lächel
Ach, schon okay.

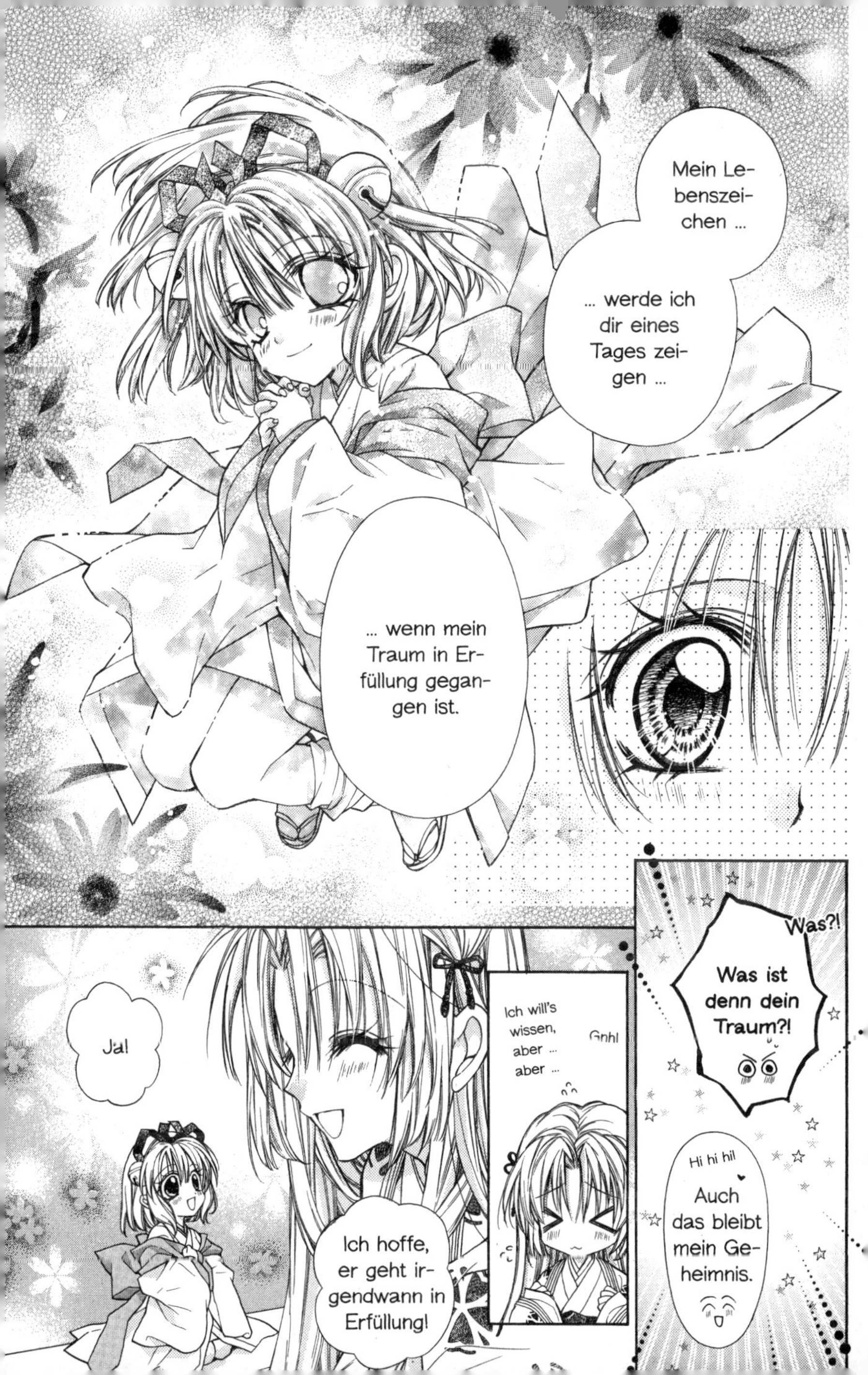
Mein Lebenszeichen ...
... werde ich dir eines Tages zeigen ...
... wenn mein Traum in Erfüllung gegangen ist.
Was?!
Was ist denn dein Traum?!
Hi hi hi!
Auch das bleibt mein Geheimnis.
Ich will's wissen, aber ... aber ...
Gnhl
Ja!
Ich hoffe, er geht irgendwann in Erfüllung!

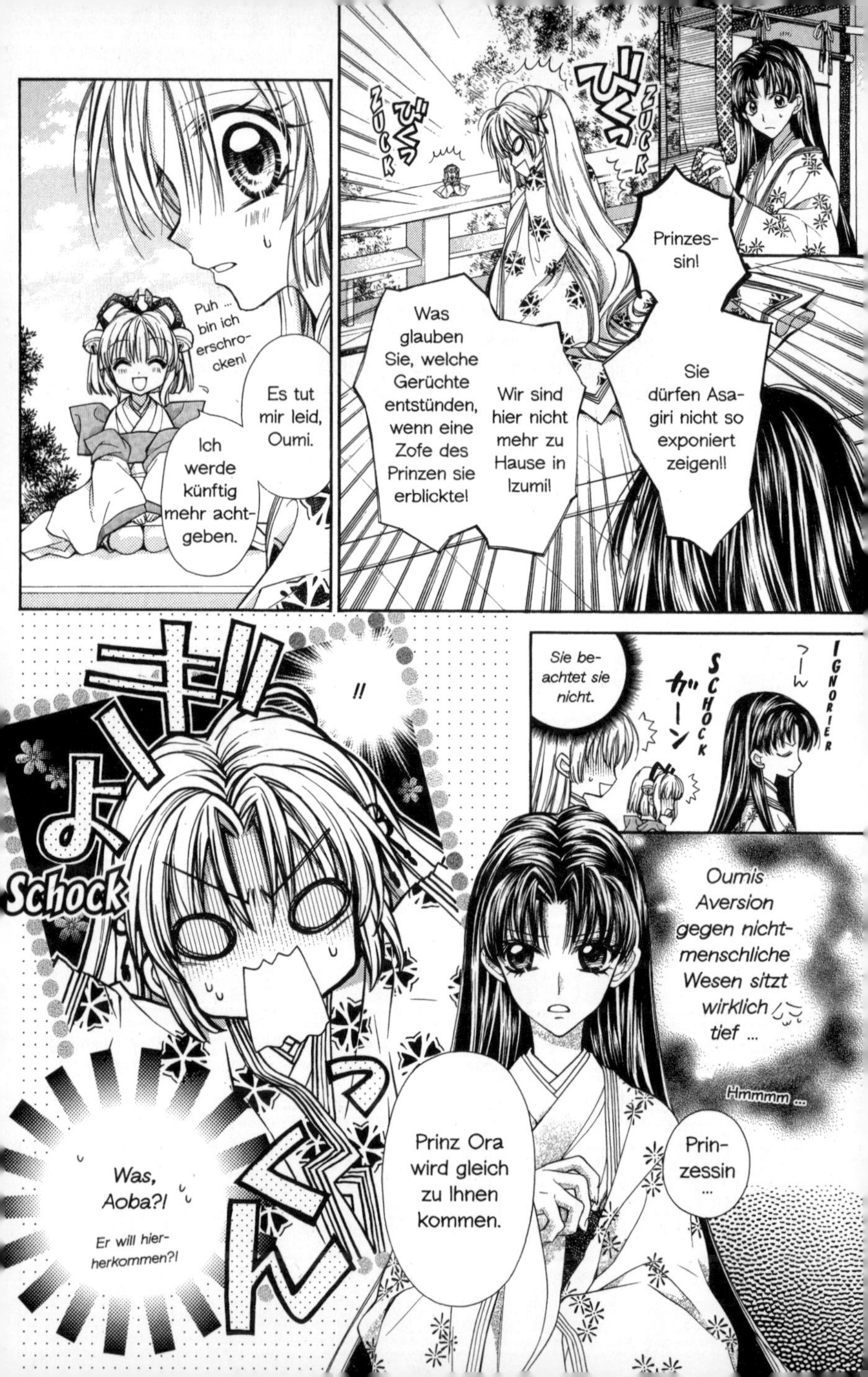
ZUCK
ZUCK
Prinzessin!
Sie dürfen Asagiri nicht so exponiert zeigen!!
Wir sind hier nicht mehr zu Hause in Izumi!
Was glauben Sie, welche Gerüchte entstünden, wenn eine Zofe des Prinzen sie erblickte!
Puh ... bin ich erschrocken!
Es tut mir leid, Oumi.
Ich werde künftig mehr achtgeben.
IGNORIER
SCHOCK
Sie beachtet sie nicht.
!!
Schock
Oumis Aversion gegen nichtmenschliche Wesen sitzt wirklich tief ...
Hmmmm ...
Prinzessin ...
Prinz Ora wird gleich zu Ihnen kommen.
Was, Aoba?!
Er will hierherkommen?!

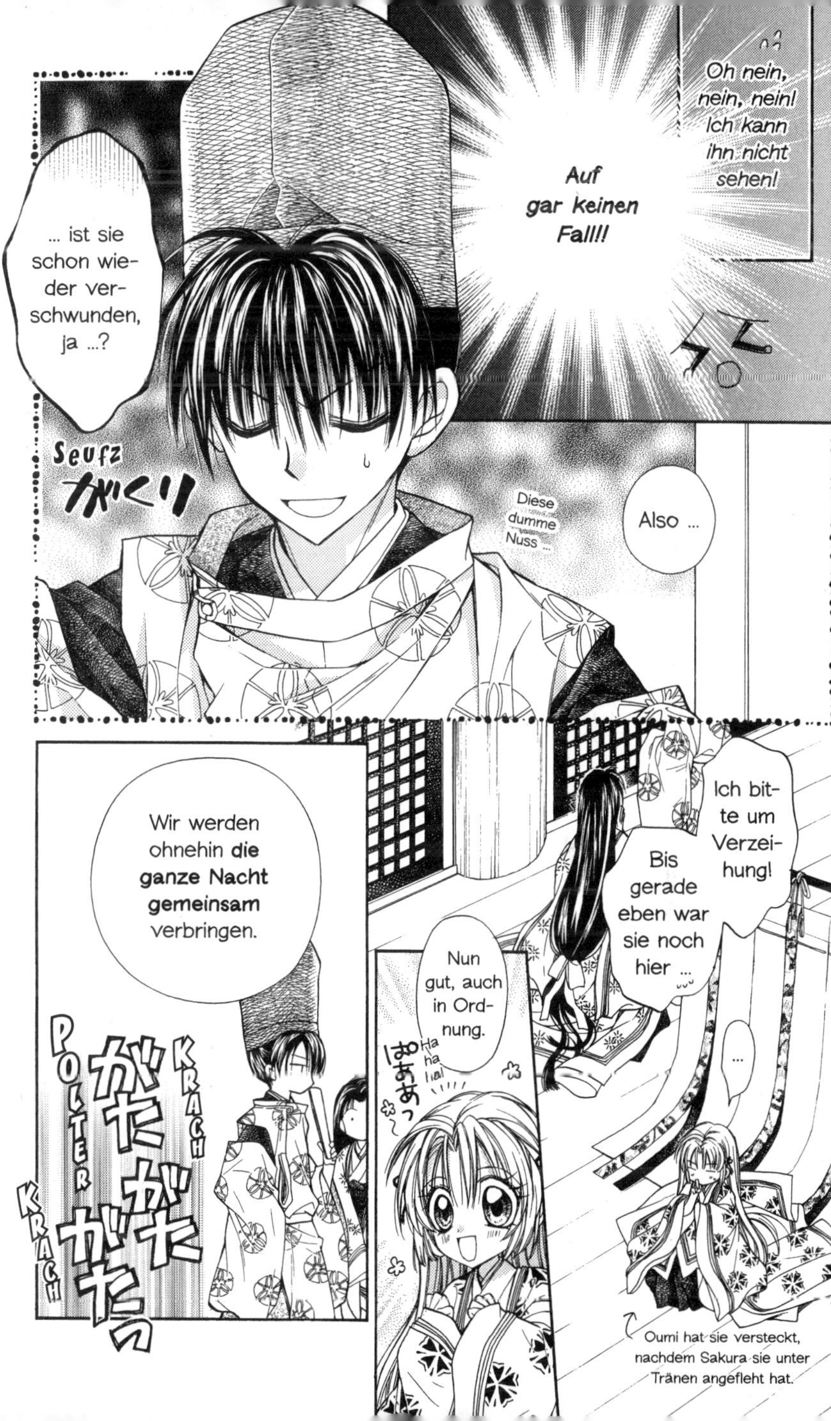

Oh nein, nein, nein! Ich kann ihn nicht sehen!
Auf gar keinen Fall!!
Also ...
Diese dumme Nuss ...
... ist sie schon wieder verschwunden, ja ...?
Seufz
がくり
Ich bitte um Verzeihung!
Bis gerade eben war sie noch hier ...
...
Nun gut, auch in Ordnung.
Ha ha ha!
ぱあっ
Wir werden ohnehin die ganze Nacht gemeinsam verbringen.
KRACH
POLTER
KRACH
がたがたがたっ
Oumi hat sie versteckt, nachdem Sakura sie unter Tränen angefleht hat.

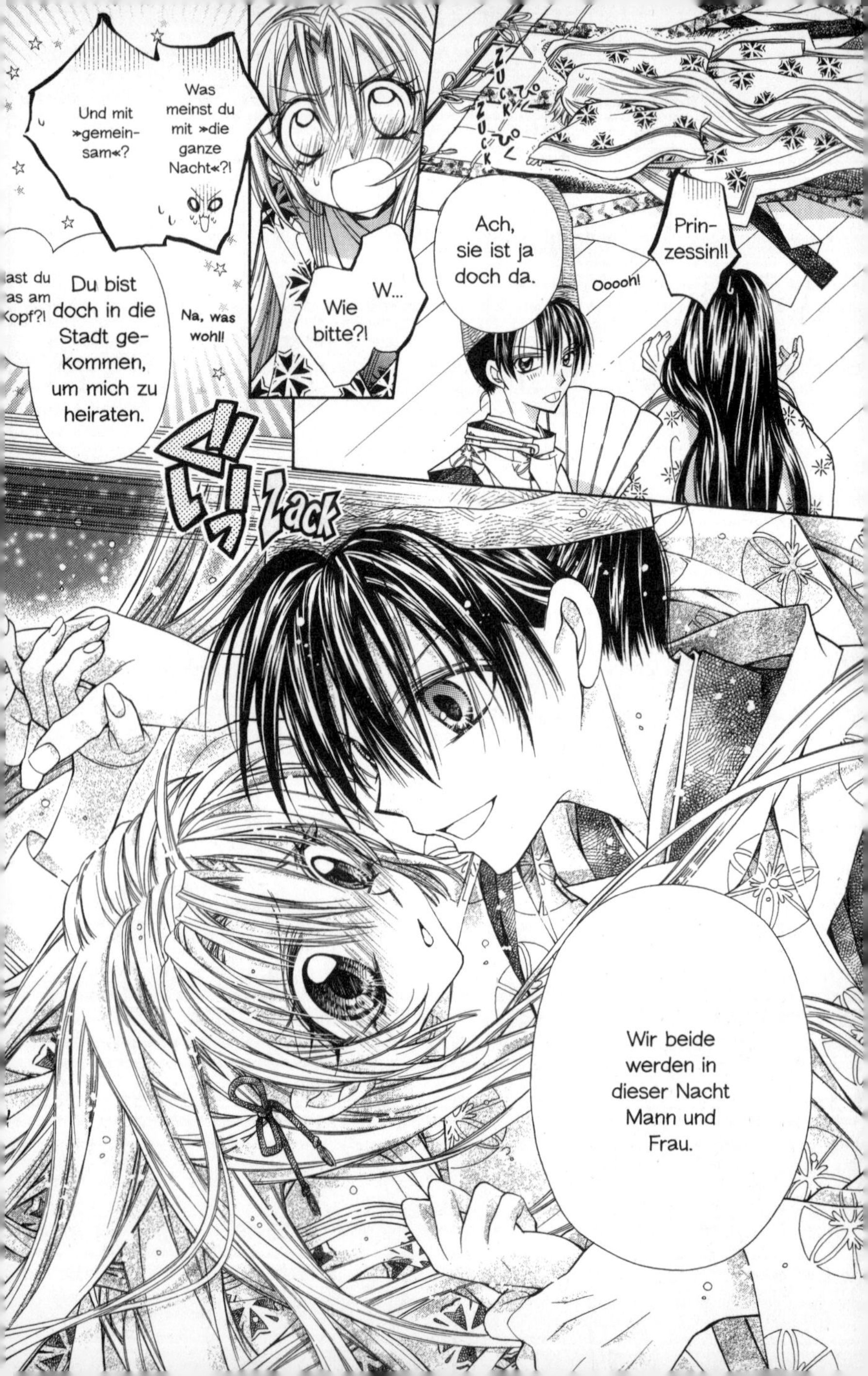

ZUCK ZUCK
Prin-zessin!!
Ooooh!
Ach, sie ist ja doch da.
W... Wie bitte?!
Was meinst du mit »die ganze Nacht«?!
Und mit »gemein-sam«?
Na, was wohl!
Du bist doch in die Stadt ge-kommen, um mich zu heiraten.
ast du as am Kopf?!
Zack
Wir beide werden in dieser Nacht Mann und Frau.

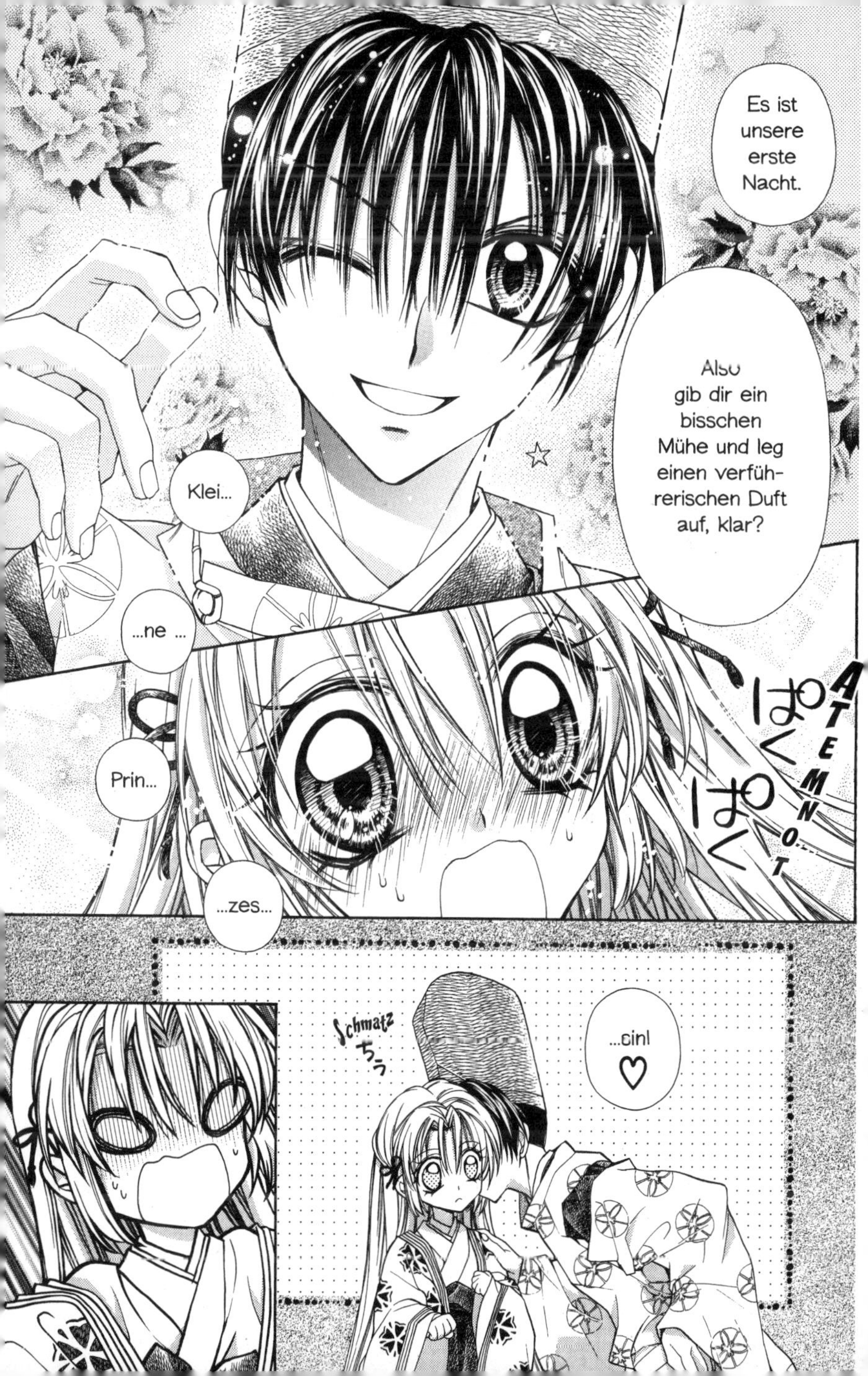

Es ist unsere erste Nacht.
Also gib dir ein bisschen Mühe und leg einen verführerischen Duft auf, klar?
Klei...
...ne ...
ATEMNOT
ぱく ぱく
Prin...
...zes...
...cin! ♡
Schmatz
ちぅ

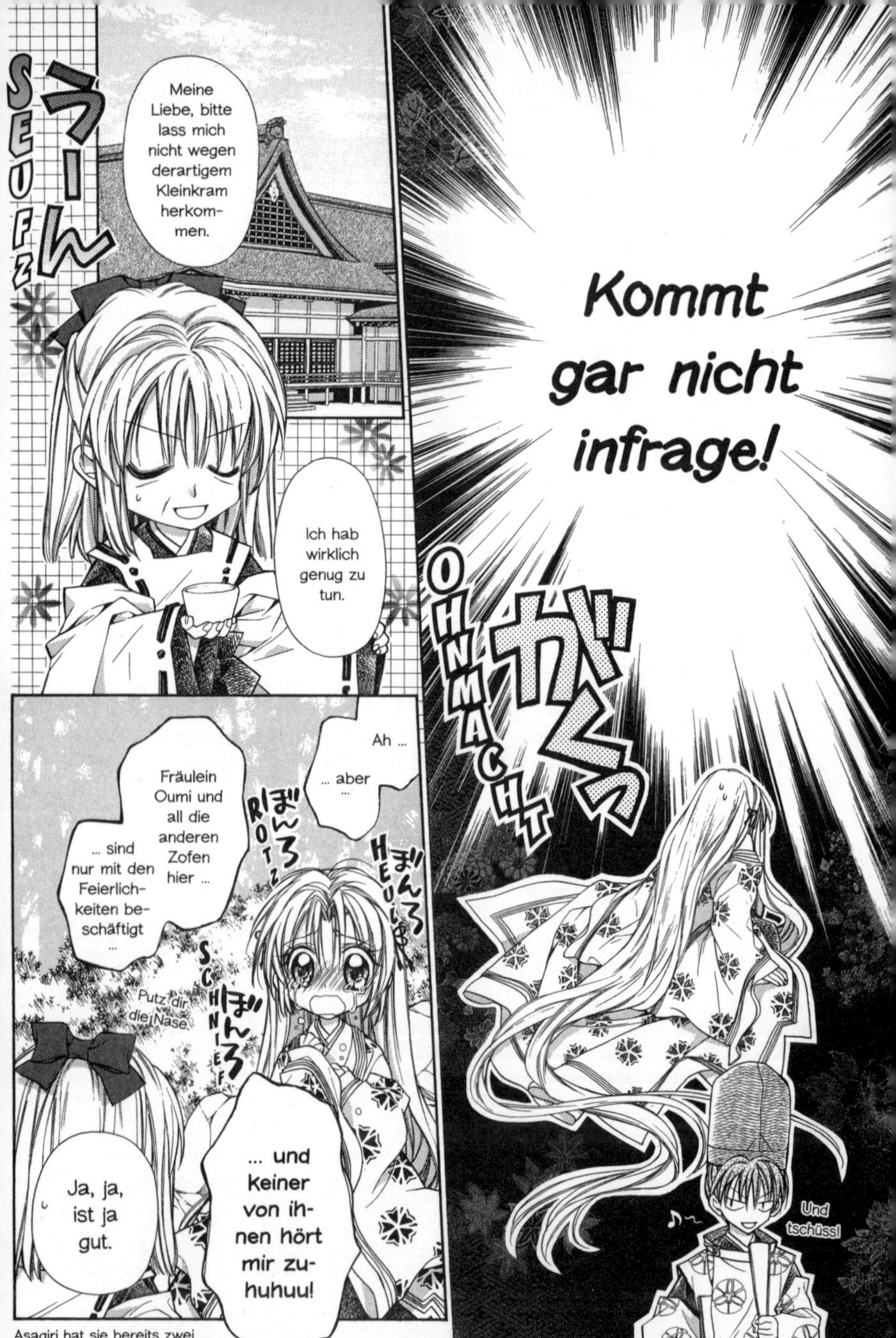

Asagiri hat sie bereits zwei Stunden lang vollgeheult.

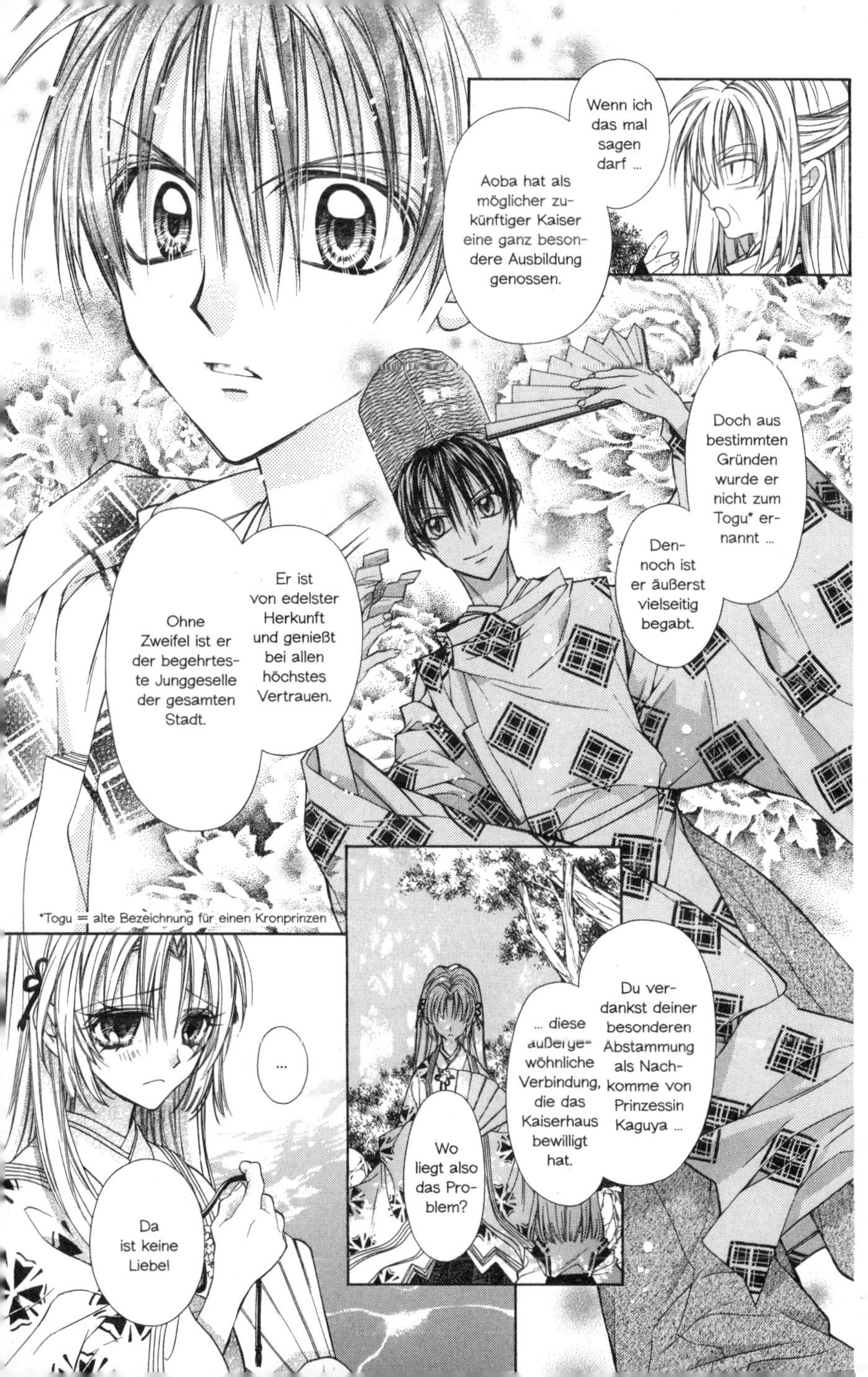

*Togu = alte Bezeichnung für einen Kronprinzen

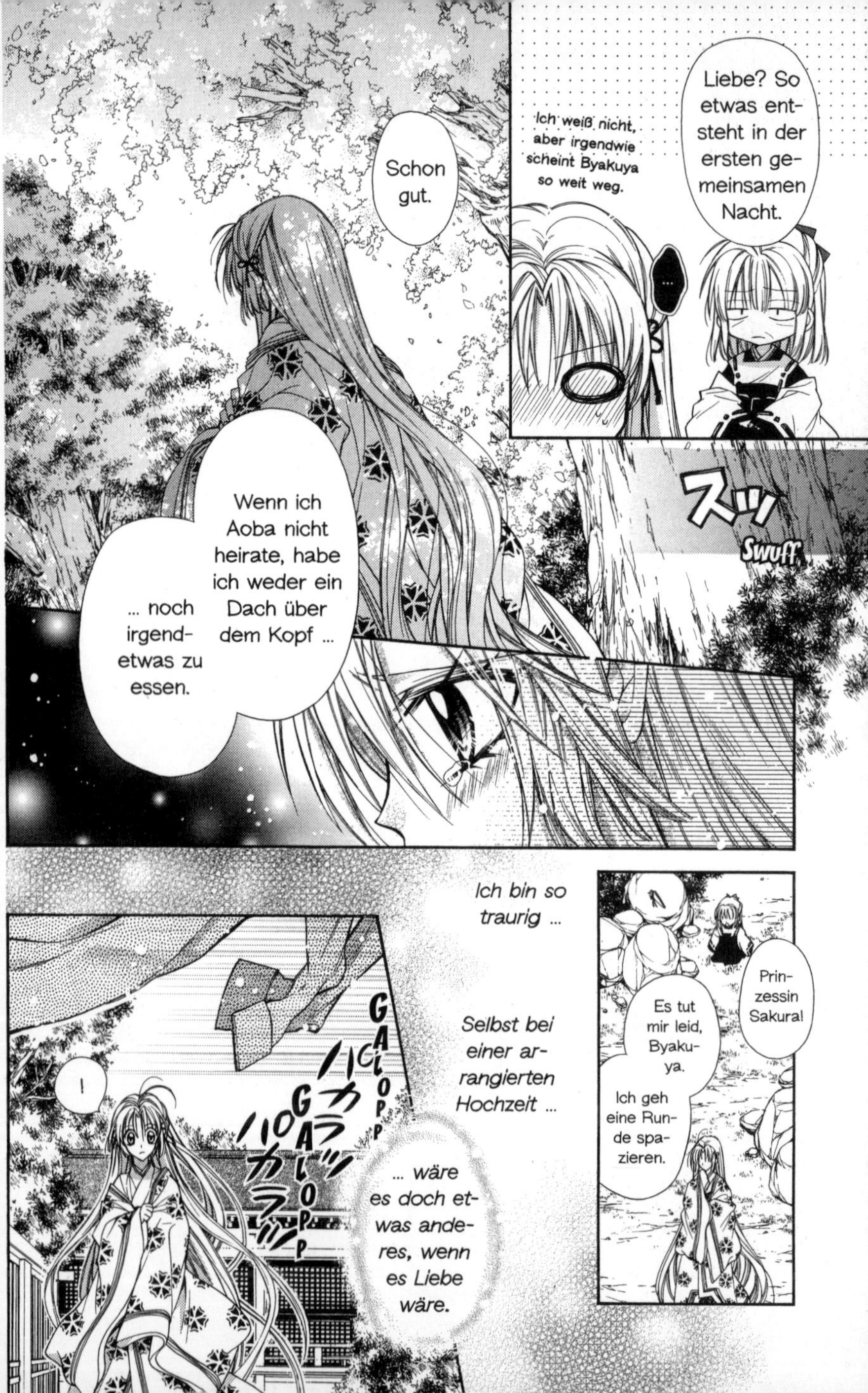
Liebe? So etwas entsteht in der ersten gemeinsamen Nacht.
Ich weiß nicht, aber irgendwie scheint Byakuya so weit weg.
Schon gut.
Swuff
Wenn ich Aoba nicht heirate, habe ich weder ein Dach über dem Kopf ...
... noch irgendetwas zu essen.
Prinzessin Sakura!
Es tut mir leid, Byakuya.
Ich geh eine Runde spazieren.
Ich bin so traurig ...
Selbst bei einer arrangierten Hochzeit ...
... wäre es doch etwas anderes, wenn es Liebe wäre.
GALOPP
GALOPP
!

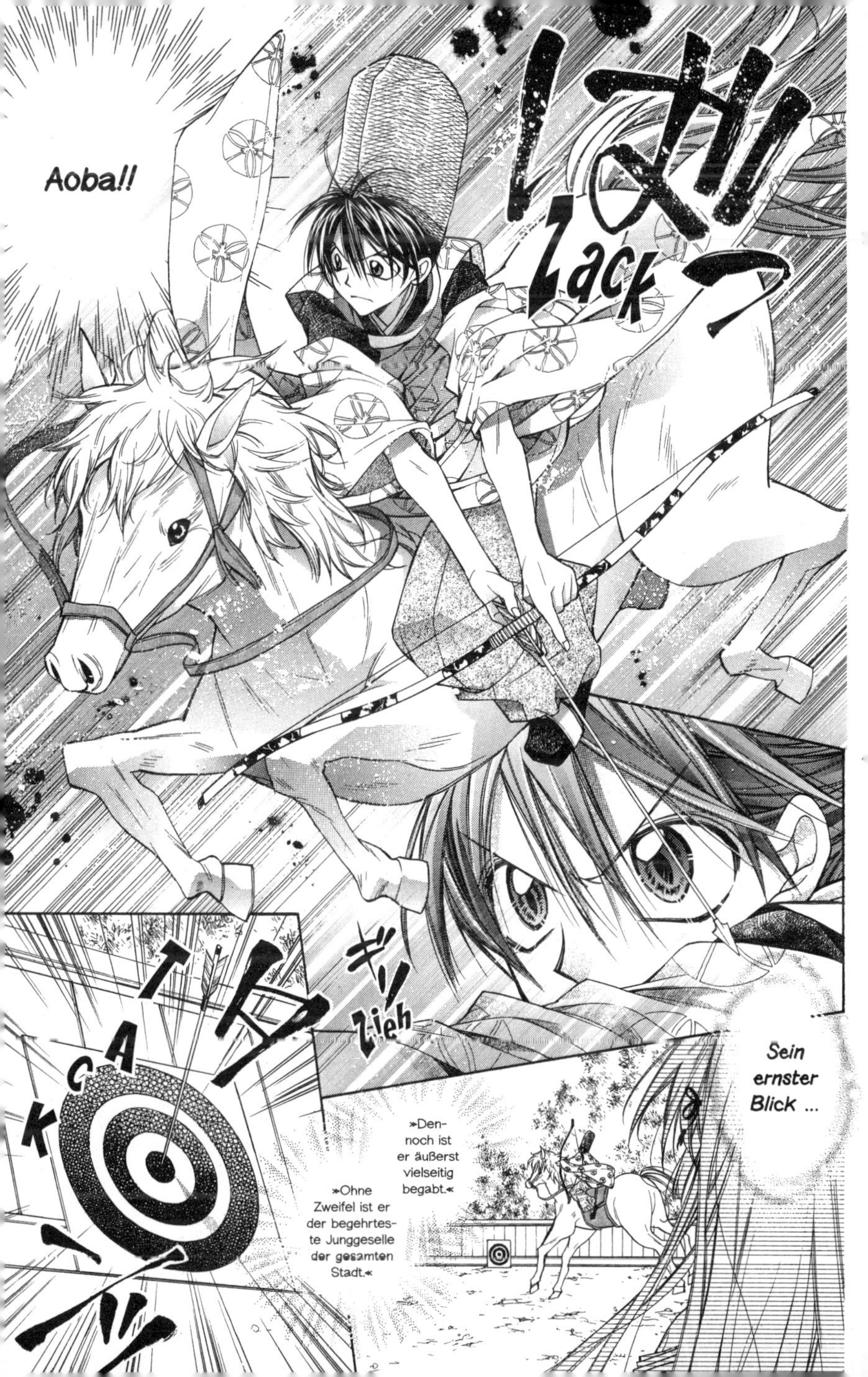
Zack
Aoba!!
Zieh
TACK
Sein ernster Blick ...
»Dennoch ist er äußerst vielseitig begabt.«
»Ohne Zweifel ist er der begehrteste Junggeselle der gesamten Stadt.«

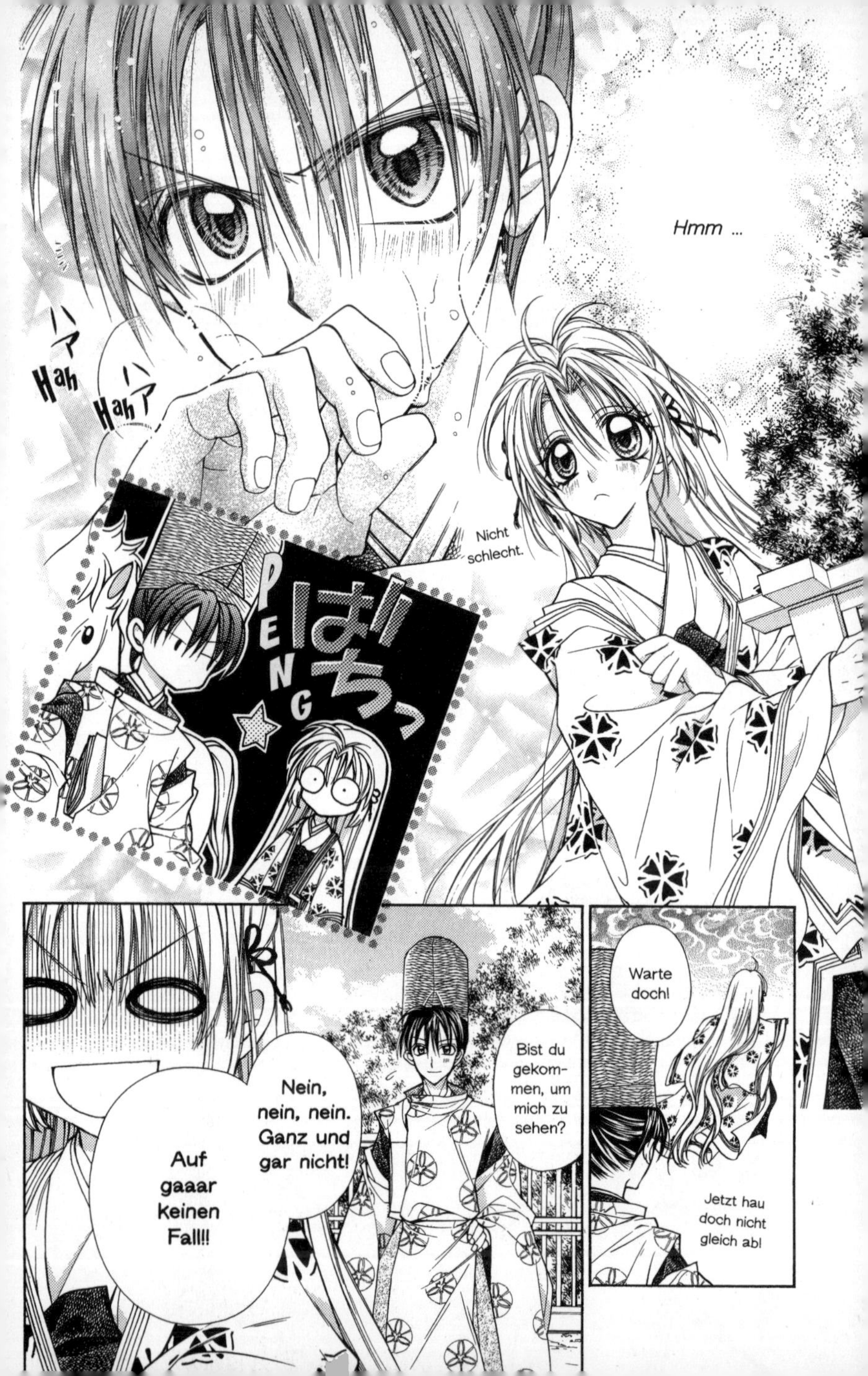

Hmm ...
Hah ハア
Hah ハア
Nicht schlecht.
PENG ぱちっ
Warte doch!
Jetzt hau doch nicht gleich ab!
Bist du gekommen, um mich zu sehen?
Nein, nein, nein. Ganz und gar nicht!
Auf gaaar keinen Fall!!

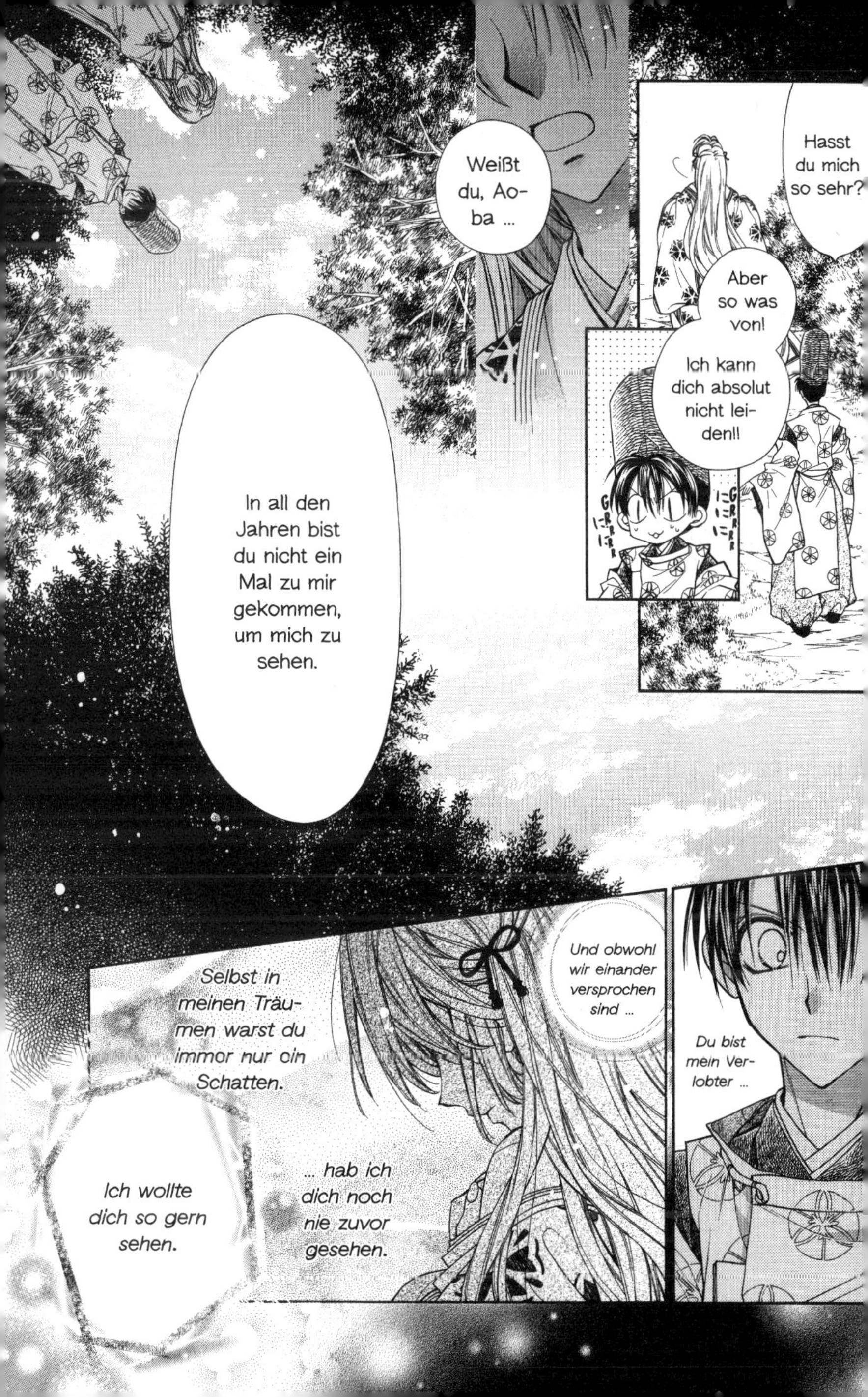
Hasst du mich so sehr?
Aber so was von!
Ich kann dich absolut nicht leiden!!
Weißt du, Ao-ba ...
In all den Jahren bist du nicht ein Mal zu mir gekommen, um mich zu sehen.
Du bist mein Verlobter ...
Und obwohl wir einander versprochen sind ...
... hab ich dich noch nie zuvor gesehen.
Selbst in meinen Träumen warst du immer nur ein Schatten.
Ich wollte dich so gern sehen.

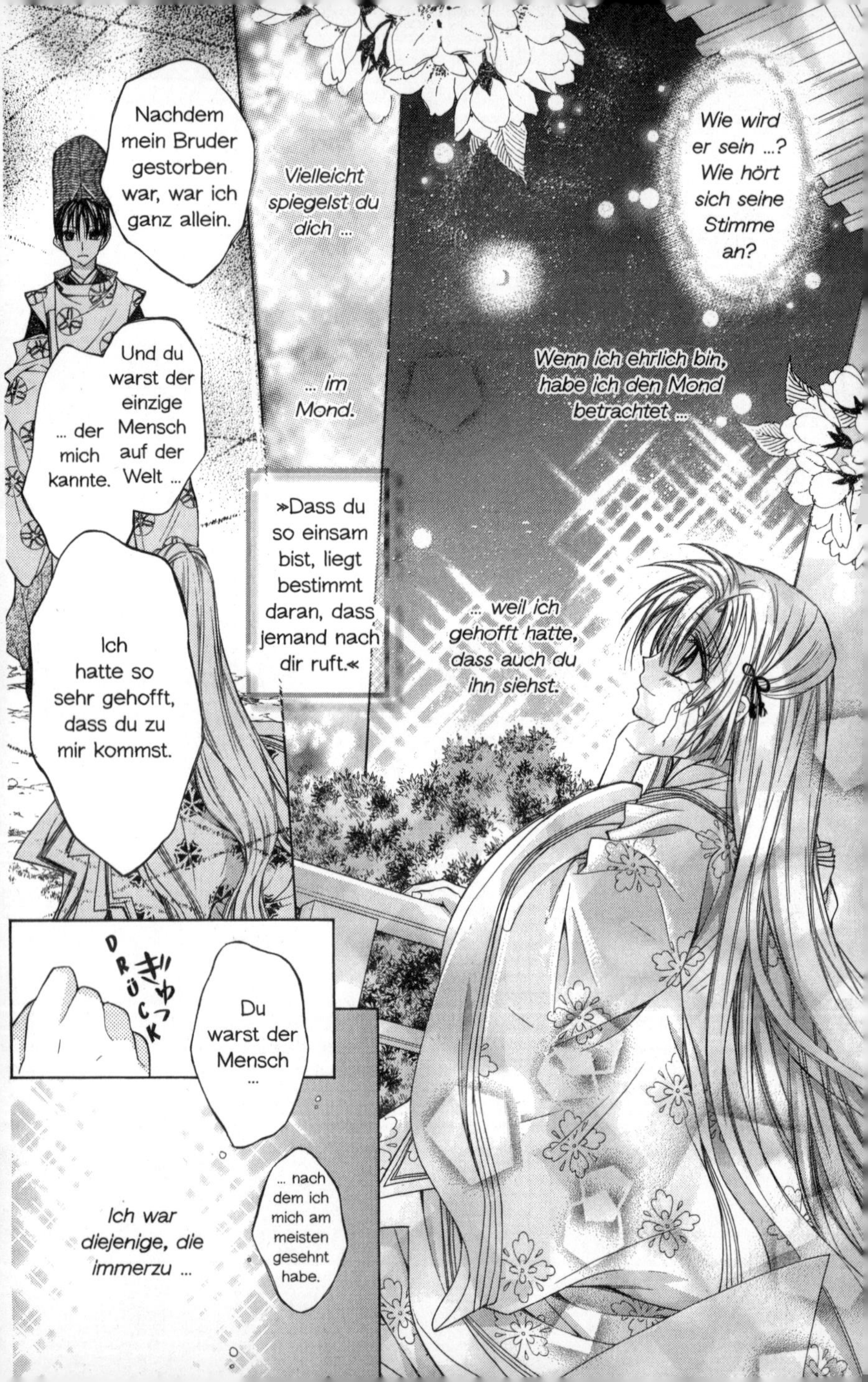
Wie wird er sein ...? Wie hört sich seine Stimme an?
Wenn ich ehrlich bin, habe ich den Mond betrachtet ...
... weil ich gehofft hatte, dass auch du ihn siehst.
Vielleicht spiegelst du dich ...
... im Mond.
»Dass du so einsam bist, liegt bestimmt daran, dass jemand nach dir ruft.«
Nachdem mein Bruder gestorben war, war ich ganz allein.
Und du warst der einzige Mensch auf der Welt ...
... der mich kannte.
Ich hatte so sehr gehofft, dass du zu mir kommst.
DRÜCK
ぎゅっ
Du warst der Mensch ...
... nach dem ich mich am meisten gesehnt habe.
Ich war diejenige, die immerzu ...

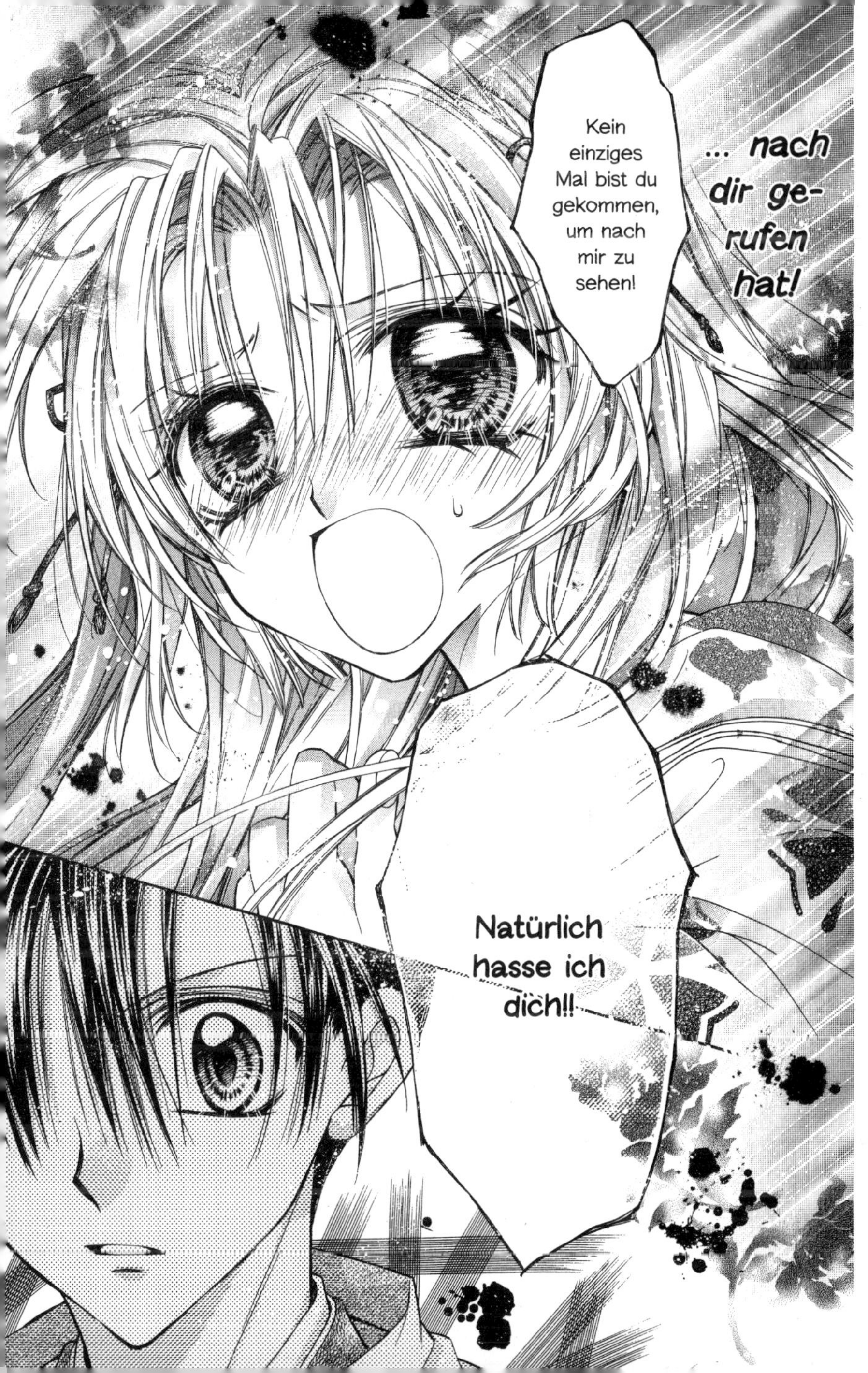
... nach dir gerufen hat!
Kein einziges Mal bist du gekommen, um nach mir zu sehen!
Natürlich hasse ich dich!!

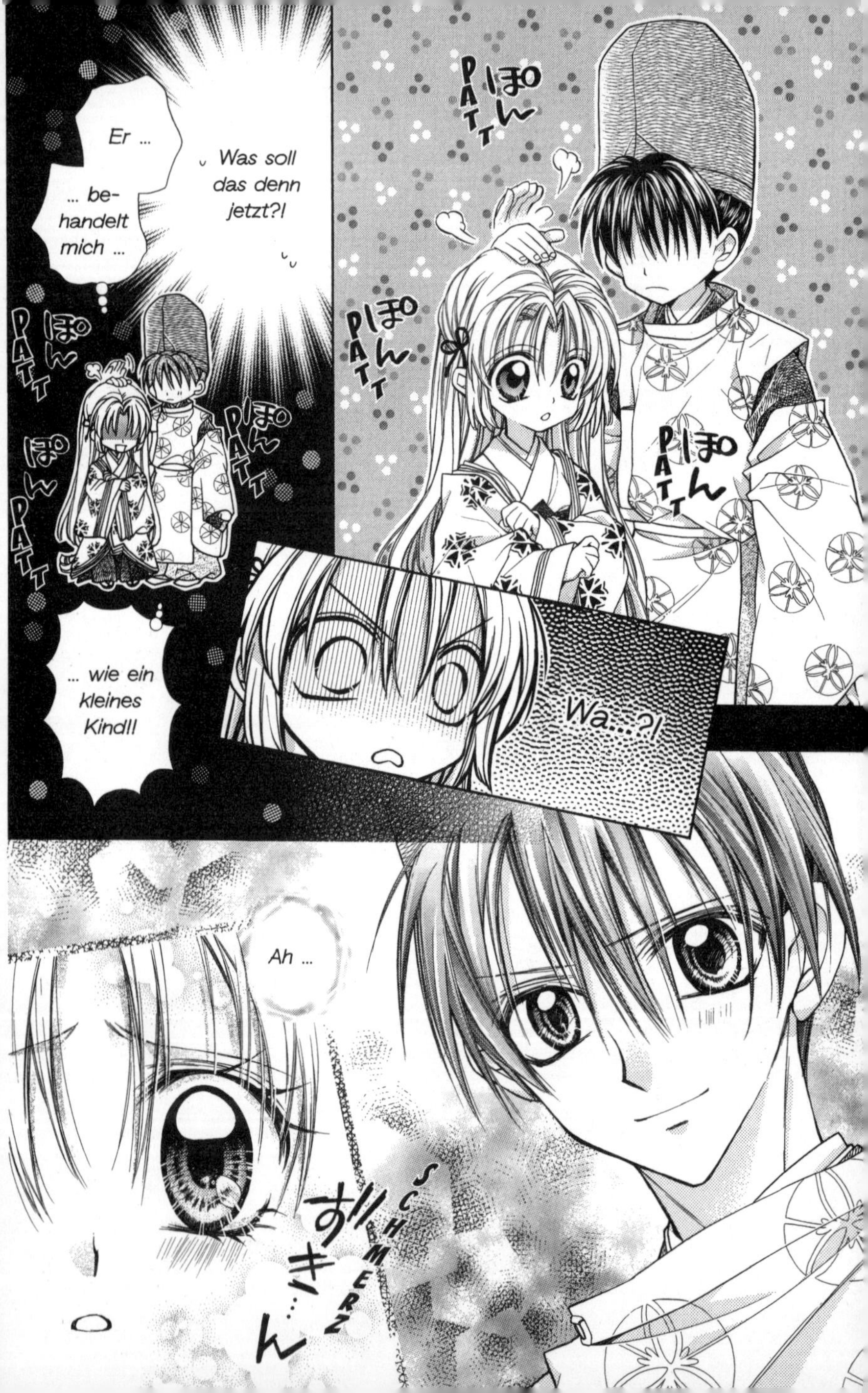

ぽん PATT
ぽん PATT
ぽん PATT
Was soll das denn jetzt?!
Er ...
... be- handelt mich ...
ぽん PATT
ぽん PATT
ぽん PATT
... wie ein kleines Kind!!
Wa...?!
Ah ...
すき…ん SCHMERZ

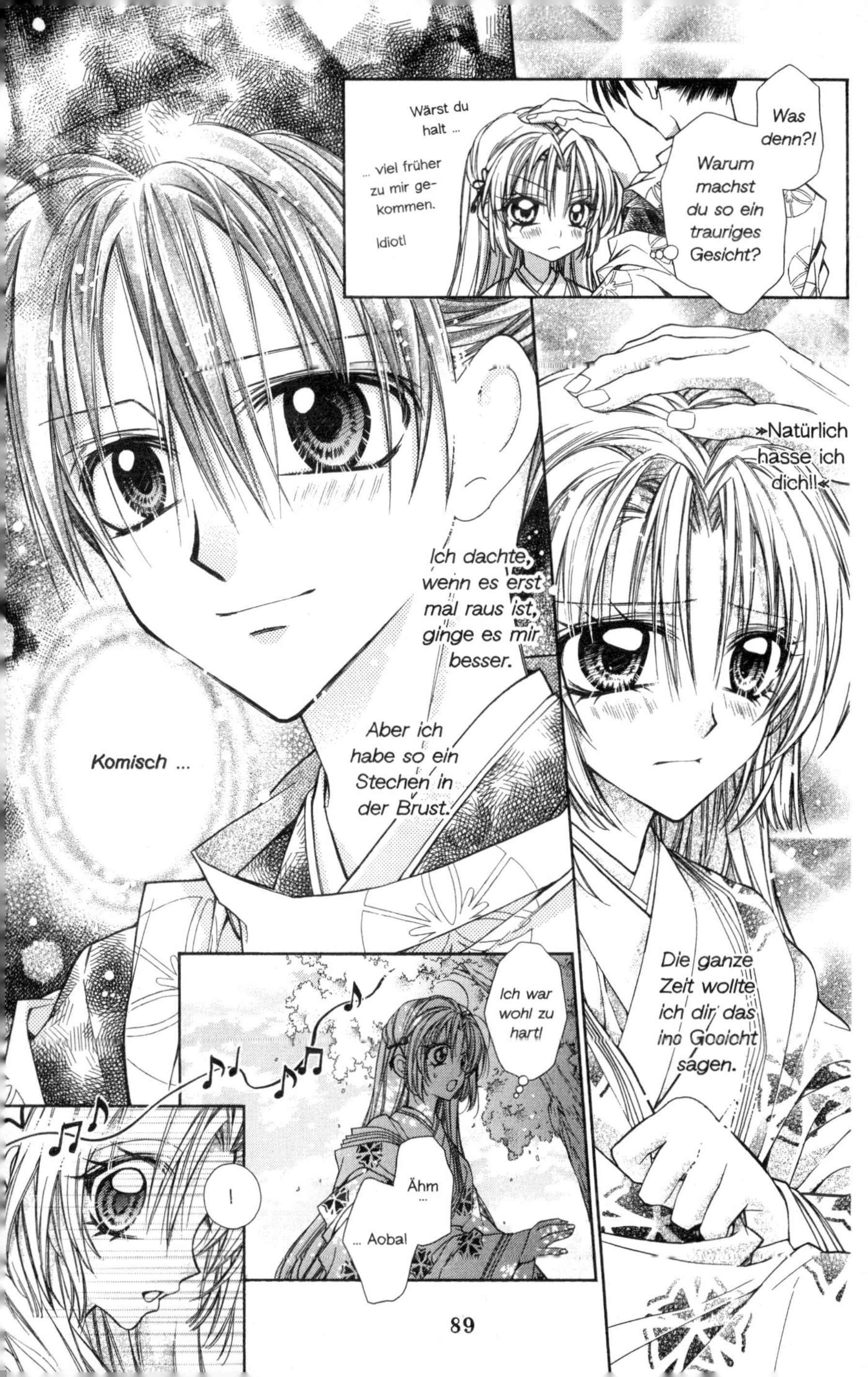
Was denn?!
Warum machst du so ein trauriges Gesicht?
Wärst du halt ...
... viel früher zu mir gekommen.
Idiot!
»Natürlich hasse ich dich!!«
Ich dachte, wenn es erst mal raus ist, ginge es mir besser.
Aber ich habe so ein Stechen in der Brust.
Komisch ...
Die ganze Zeit wollte ich dir das ins Gesicht sagen.
Ich war wohl zu hart!
Ähm ...
... Aoba!
!

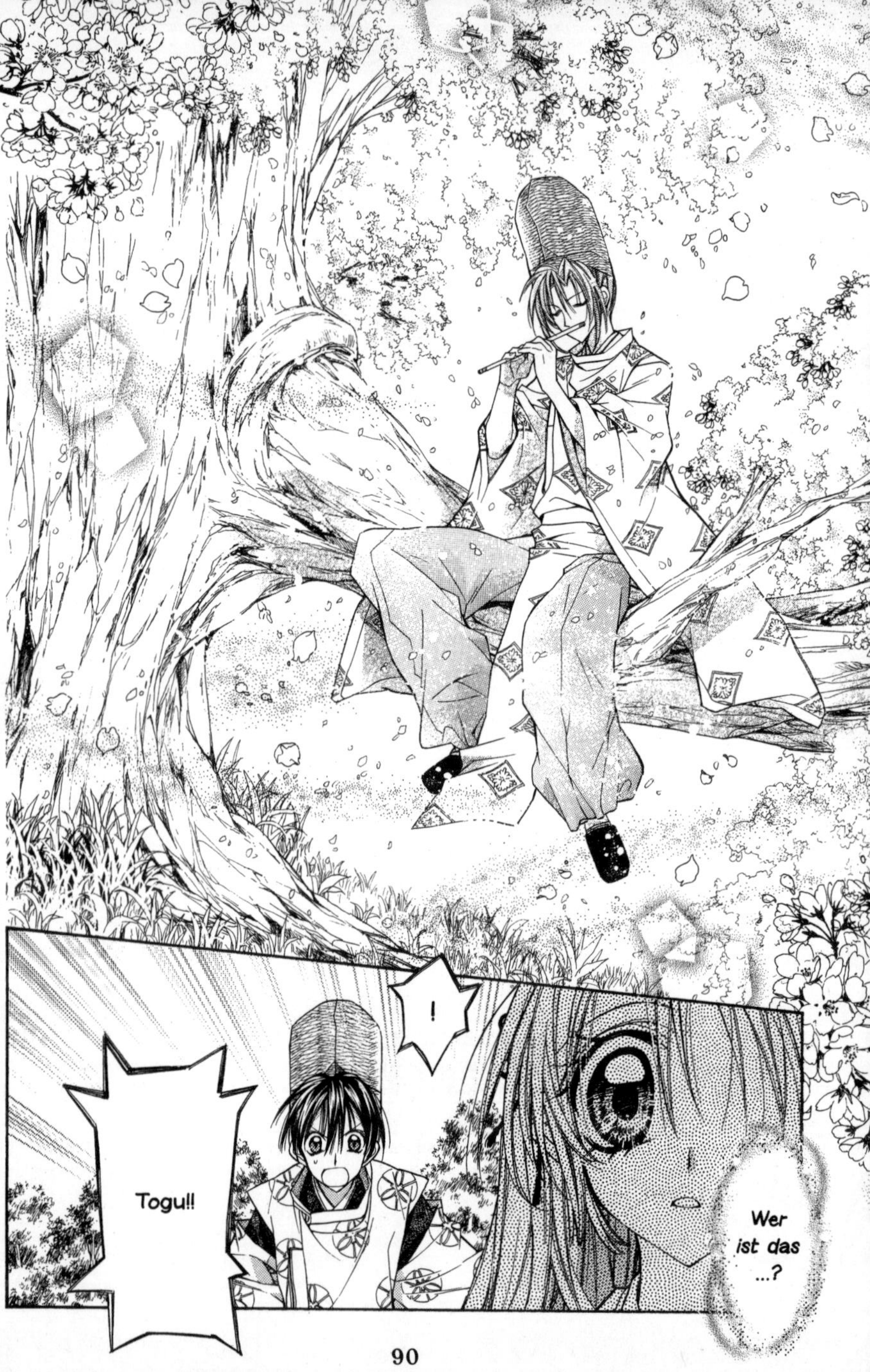
Wer ist das ...?
!
Togu!!

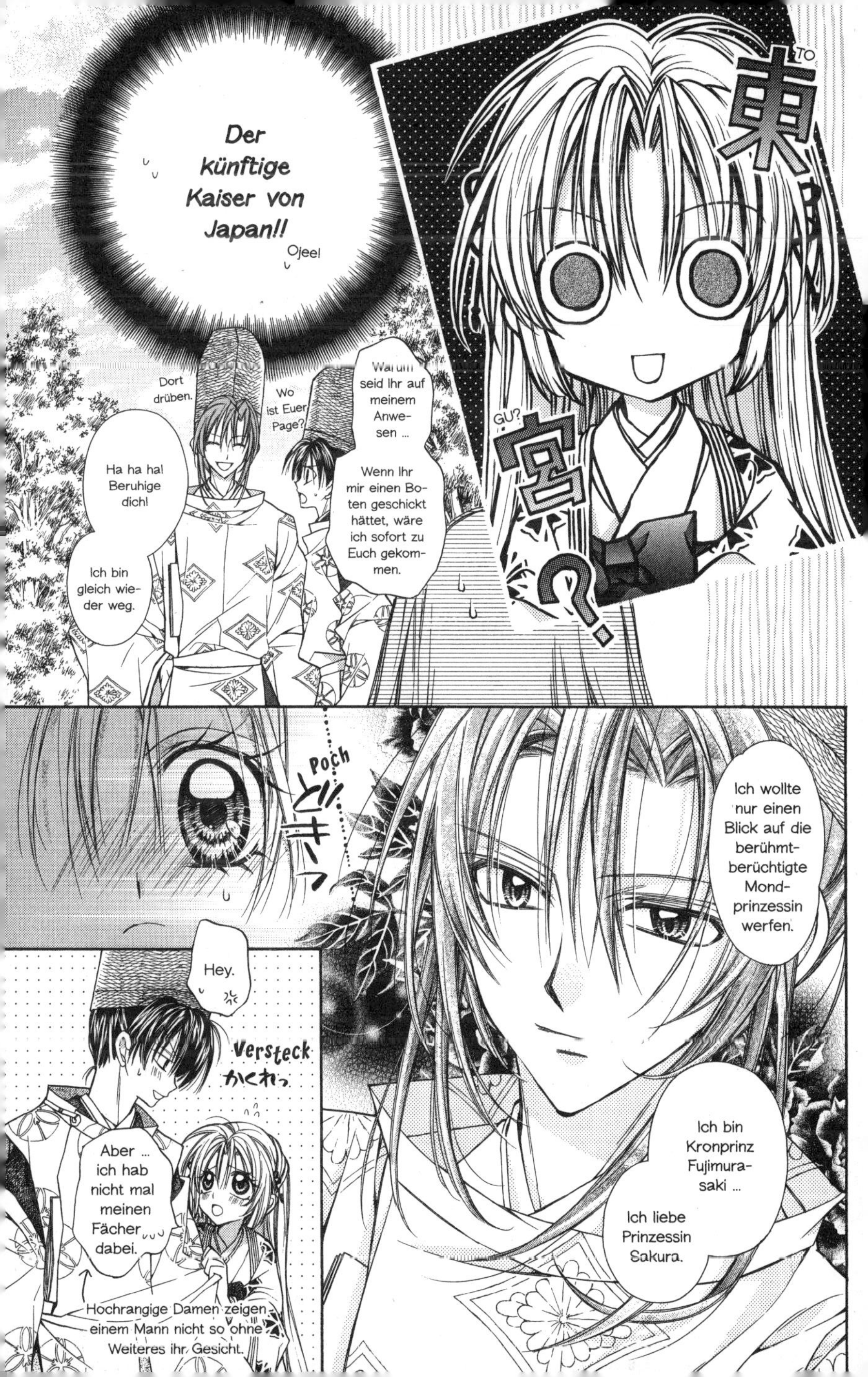

TO
東
GU?
宮
?
Der künftige Kaiser von Japan!!
Ojee!
Warum seid Ihr auf meinem Anwesen ...
Wenn Ihr mir einen Boten geschickt hättet, wäre ich sofort zu Euch gekommen.
Wo ist Euer Page?
Dort drüben.
Ha ha ha! Beruhige dich!
Ich bin gleich wieder weg.
Ich wollte nur einen Blick auf die berühmt-berüchtigte Mondprinzessin werfen.
Poch
どきっ
Ich bin Kronprinz Fujimurasaki ...
Ich liebe Prinzessin Sakura.
Hey.
Versteck
かくれっ
Aber ... ich hab nicht mal meinen Fächer dabei.
Hochrangige Damen zeigen einem Mann nicht so ohne Weiteres ihr Gesicht.

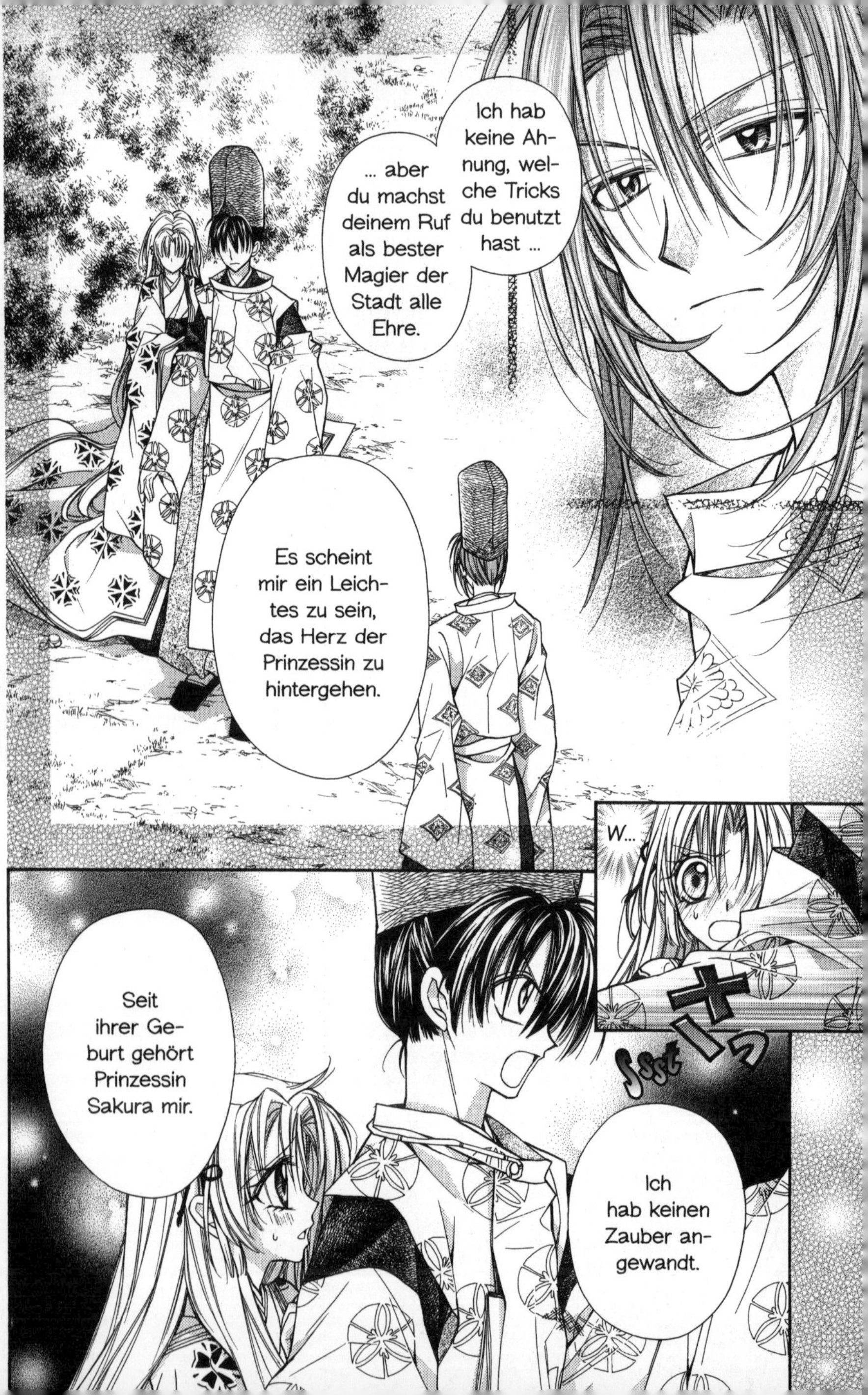
Ich hab keine Ahnung, welche Tricks du benutzt hast ...
... aber du machst deinem Ruf als bester Magier der Stadt alle Ehre.
Es scheint mir ein Leichtes zu sein, das Herz der Prinzessin zu hintergehen.
W...
Ssst
Ich hab keinen Zauber angewandt.
Seit ihrer Geburt gehört Prinzessin Sakura mir.

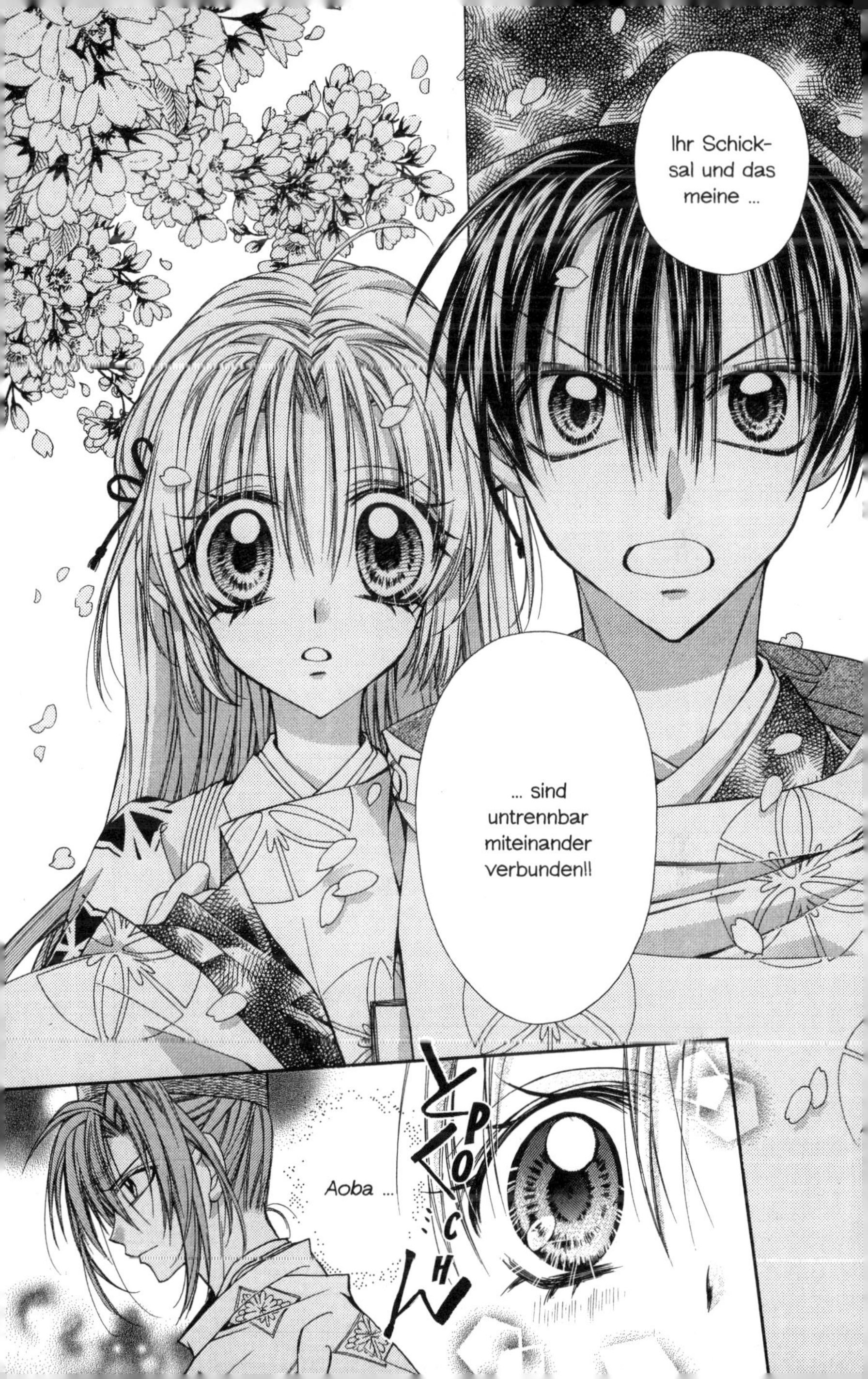
Ihr Schick-
sal und das
meine ...
... sind
untrennbar
miteinander
verbunden!!
Aoba ...
POCH

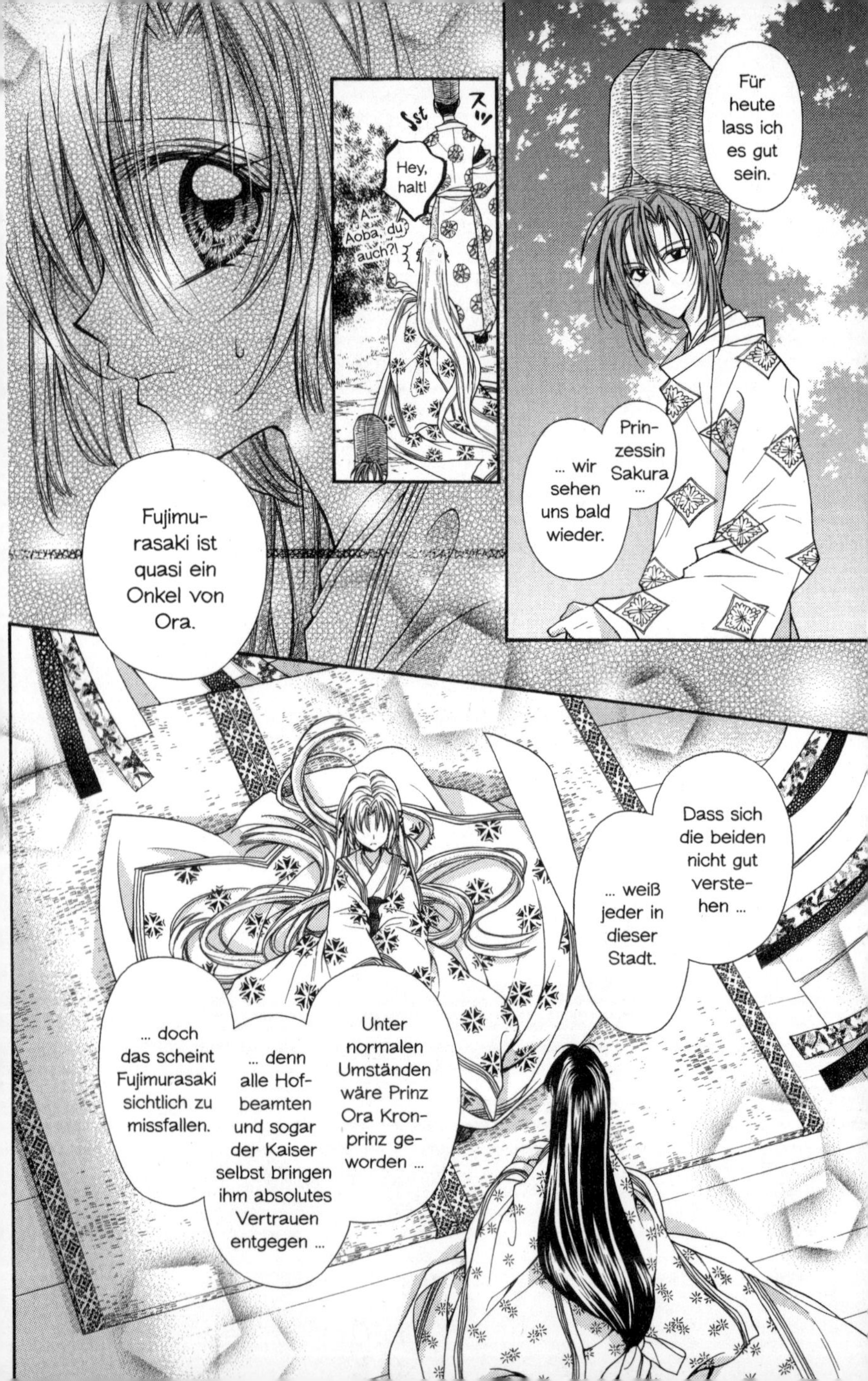
Für heute lass ich es gut sein.
Prinzessin Sakura ...
... wir sehen uns bald wieder.
Sst
スッ
Hey, halt!
A... Aoba, du auch?!
Fujimurasaki ist quasi ein Onkel von Ora.
Dass sich die beiden nicht gut verstehen ...
... weiß jeder in dieser Stadt.
Unter normalen Umständen wäre Prinz Ora Kronprinz geworden ...
... denn alle Hofbeamten und sogar der Kaiser selbst bringen ihm absolutes Vertrauen entgegen ...
... doch das scheint Fujimurasaki sichtlich zu missfallen.

Macross Frontier (bzw. seine Musik)

Ich habe mir die DVDs der Anime-Serie gekauft, aber noch fehlen mir die letzten Folgen. Deshalb habe ich noch nicht reingeguckt, aber die Musik höre ich rauf und runter!! Mein Lieblingssong ist »Northern Cross«. Ich werde hier mal meine Eindrücke ausbreiten. ☆

»Triangular« liebe ich natürlich auch! Vor allem die Version von Maaya Sakamoto!!! Die Duett-Version hat andere Lyrics, was ich echt schade finde. Warum haben sie sie ... für einen Live-Auftritt ... geändert? Aber dann hätte ich es beeindruckender gefunden, im Refrain immer wieder kurz die zweite Stimme einzublenden. Na ja, wer weiß, welche Befindlichkeiten dahinterstecken.

»Der Diamant im Vakuum«: Diese Version finde ich super! Ich habe den Song die ganze Zeit auf den Malediven unter dem Wahnsinns-Sternenhimmel gehört, da taucht man richtig in den Song ein.

»Sternzeichen Schütze ☆ 21 Uhr, Don't be late!«: Diesen Song höre und singe ich gern. Er war der Grund, warum ich mir die CD geholt habe – er lief ja in der TV-Werbung. Ab der Textstelle: »Unendlich ...«, wird's sooo schwer zu singen! Ich bekomme meine Stimme nicht so schön runter. Maayas Stimme im Refrain der zweiten Strophe ist sensationell. Da krieg ich Gänsehaut!

»Sternenfahrt«: Hiervon habe ich auch die Single (weil das Cover einfach zu süß ist). Der Beat geht total ab! Allerdings ist »Kira « ☆ ziemlich schwierig zu singen ... Die Lyrics sind auch toll ... Bitterkeit ... ach, ja ...

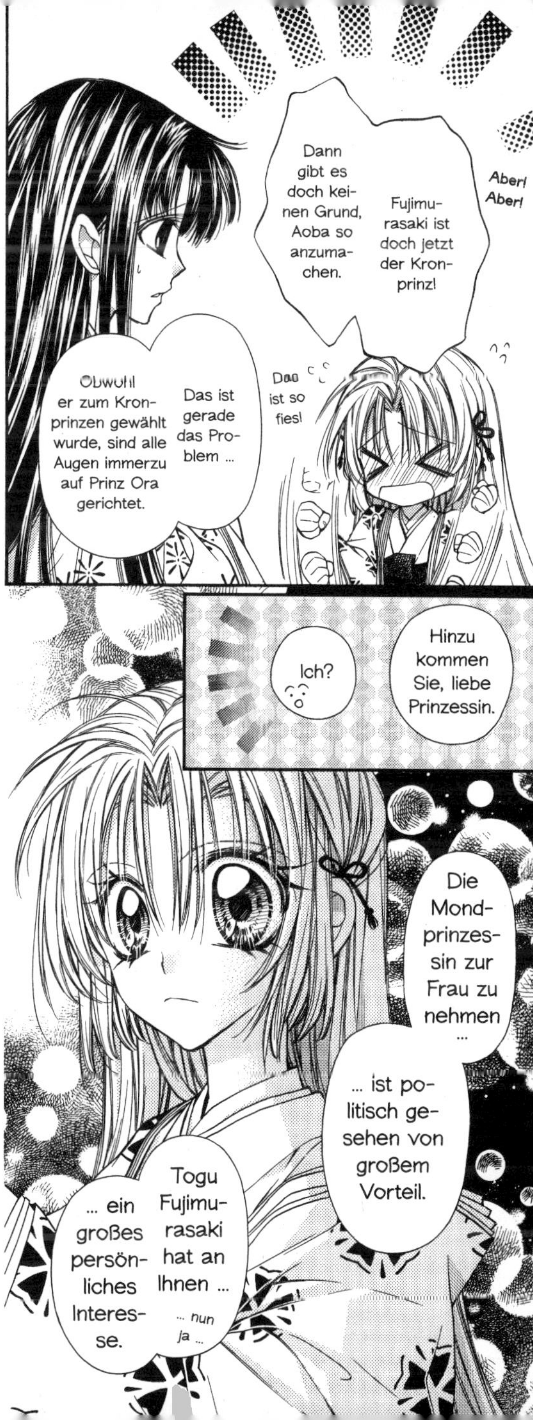

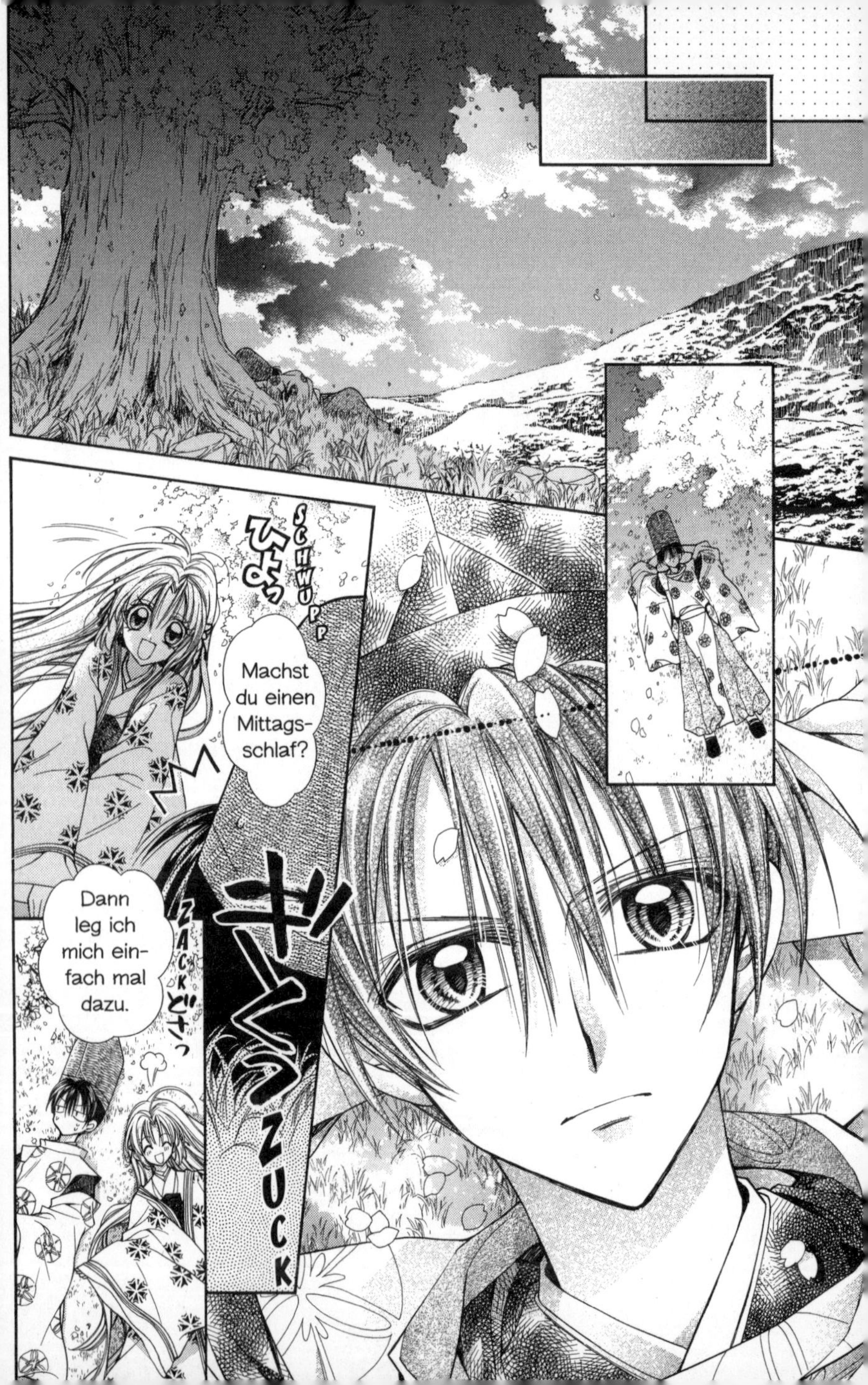
SCHWUPP
Machst du einen Mittags-schlaf?
ZUCK
Dann leg ich mich ein-fach mal dazu.
ZACK

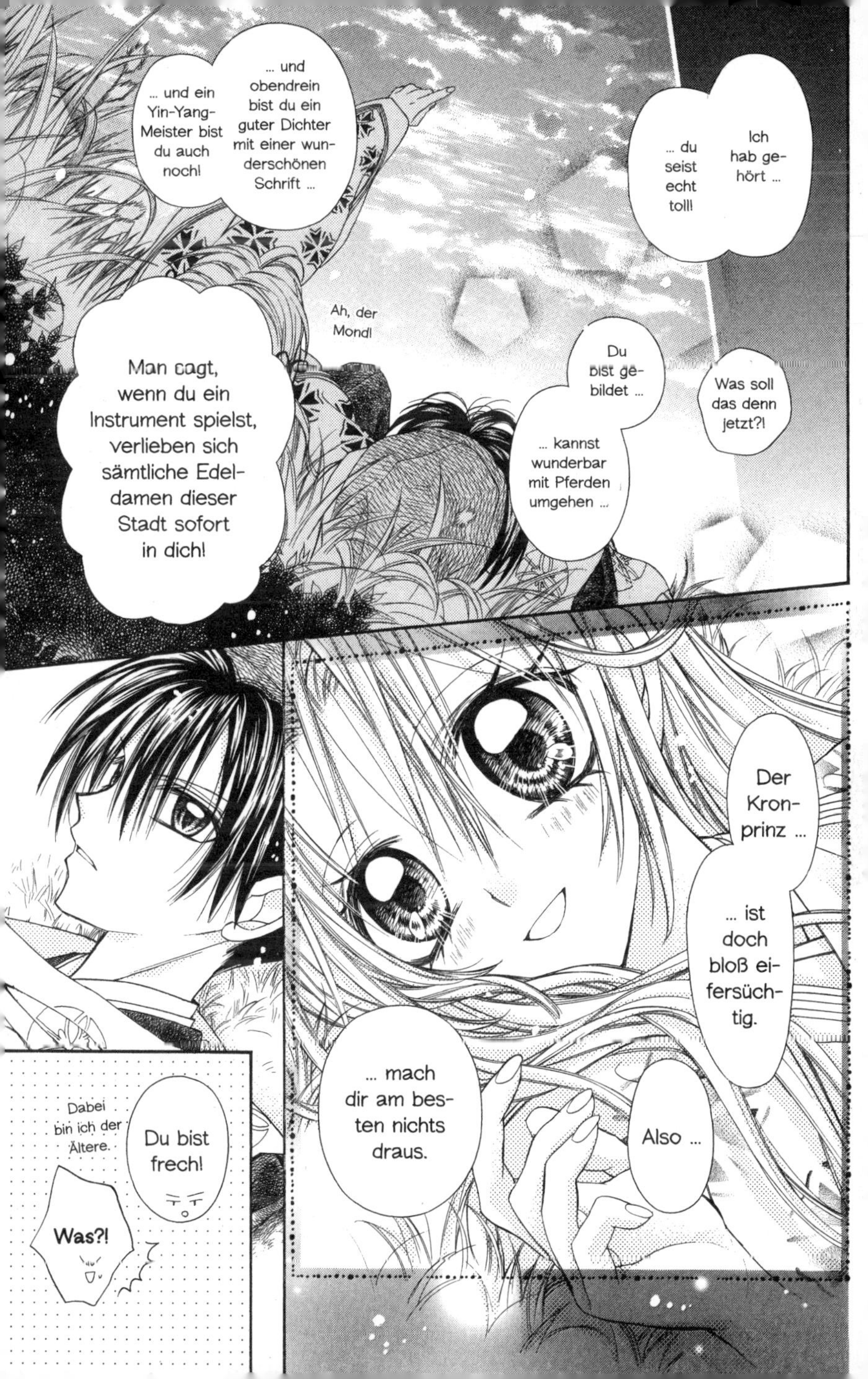
Ich hab gehört ...
... du seist echt toll!
... und obendrein bist du ein guter Dichter mit einer wunderschönen Schrift ...
... und ein Yin-Yang-Meister bist du auch noch!
Ah, der Mond!
Was soll das denn jetzt?!
Du bist gebildet ...
... kannst wunderbar mit Pferden umgehen ...
Man sagt, wenn du ein Instrument spielst, verlieben sich sämtliche Edeldamen dieser Stadt sofort in dich!
Der Kronprinz ...
... ist doch bloß eifersüchtig.
Also ...
... mach dir am besten nichts draus.
Du bist frech!
Dabei bin ich der Ältere.
Was?!

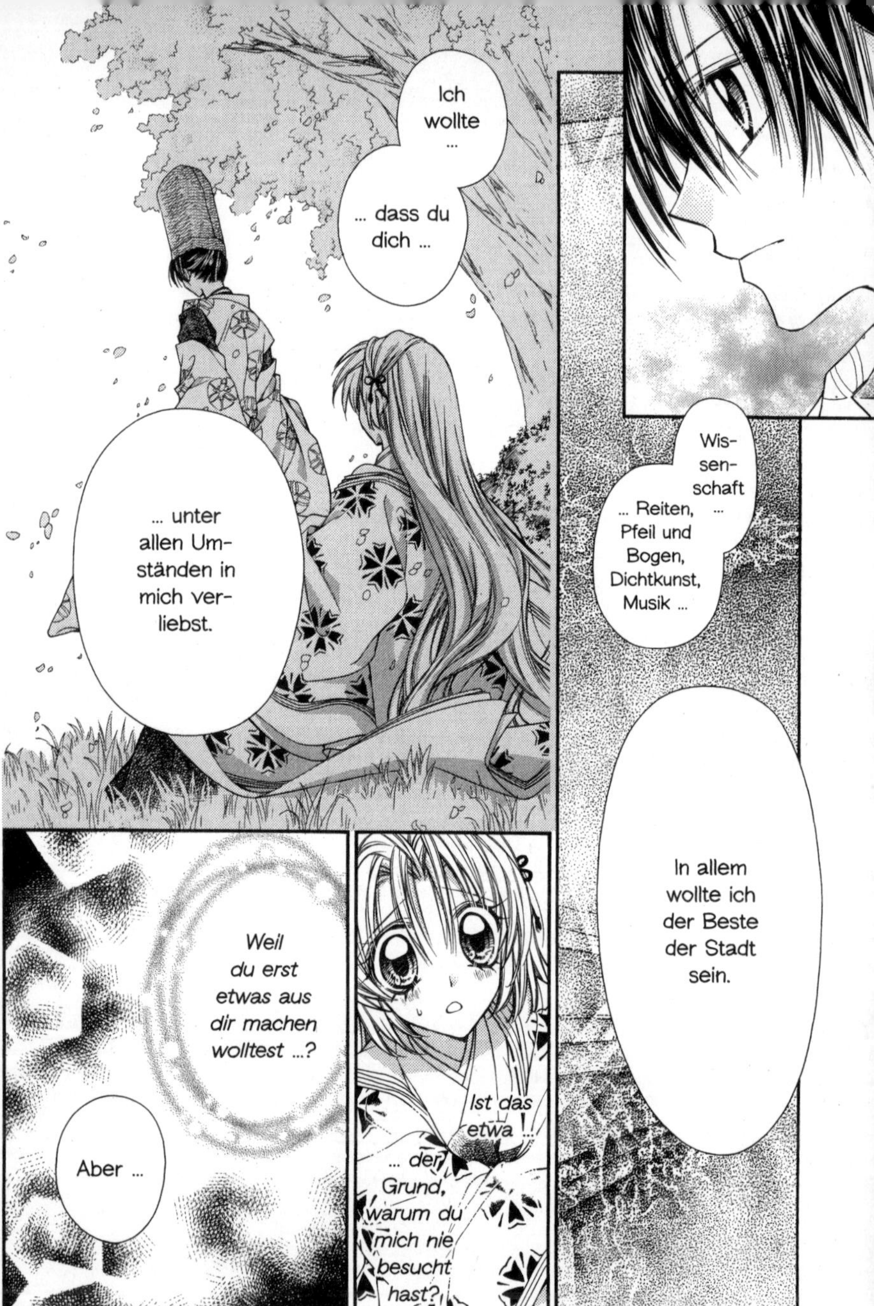
Wissenschaft ... Reiten, Pfeil und Bogen, Dichtkunst, Musik ...
In allem wollte ich der Beste der Stadt sein.
Ich wollte ...
... dass du dich ...
... unter allen Umständen in mich verliebst.
Ist das etwa ...
... der Grund, warum du mich nie besucht hast?
Weil du erst etwas aus dir machen wolltest ...?
Aber ...

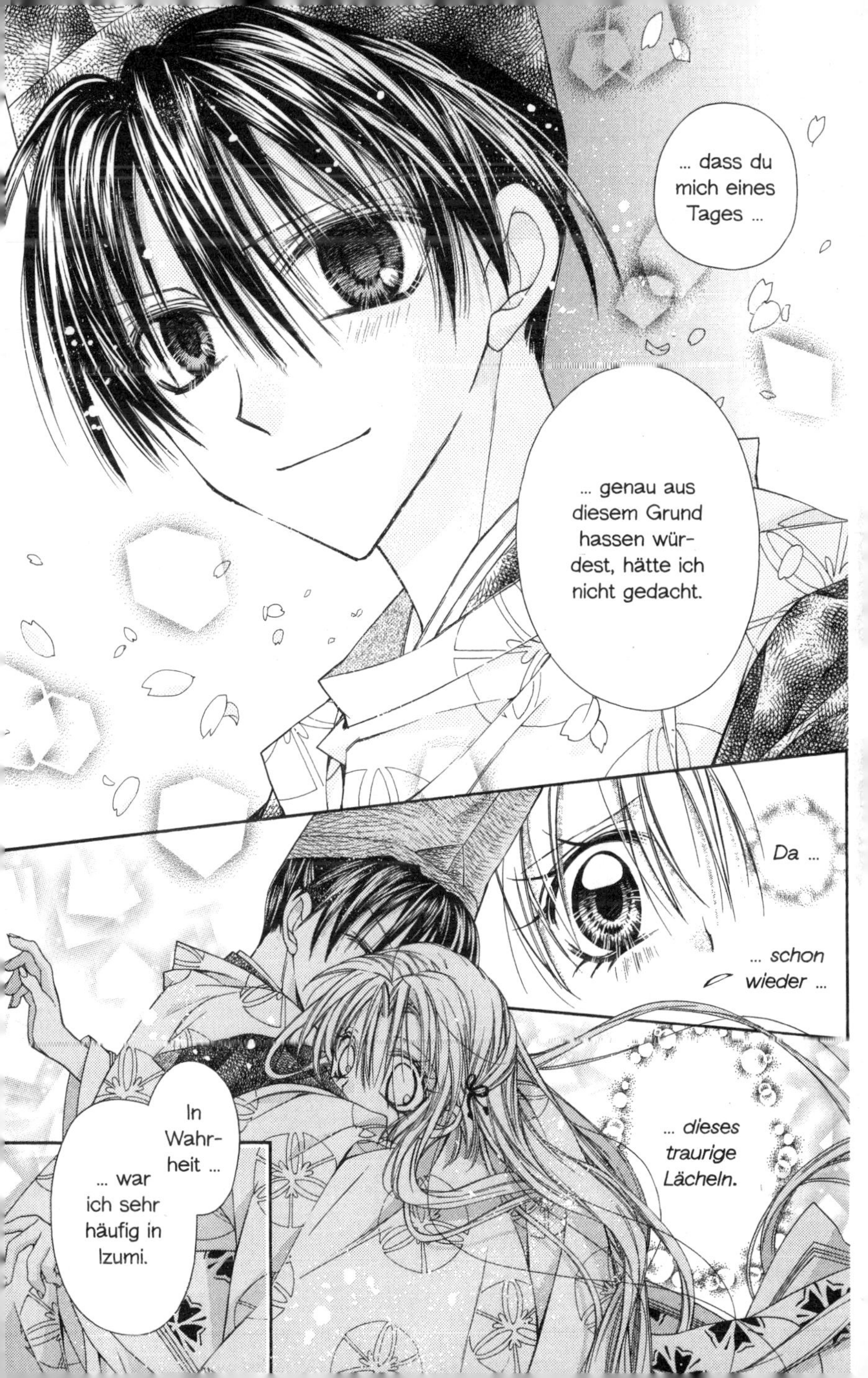
... dass du mich eines Tages ...
... genau aus diesem Grund hassen wür-dest, hätte ich nicht gedacht.
Da ...
... schon wieder ...
... dieses traurige Lächeln.
In Wahr-heit ...
... war ich sehr häufig in Izumi.

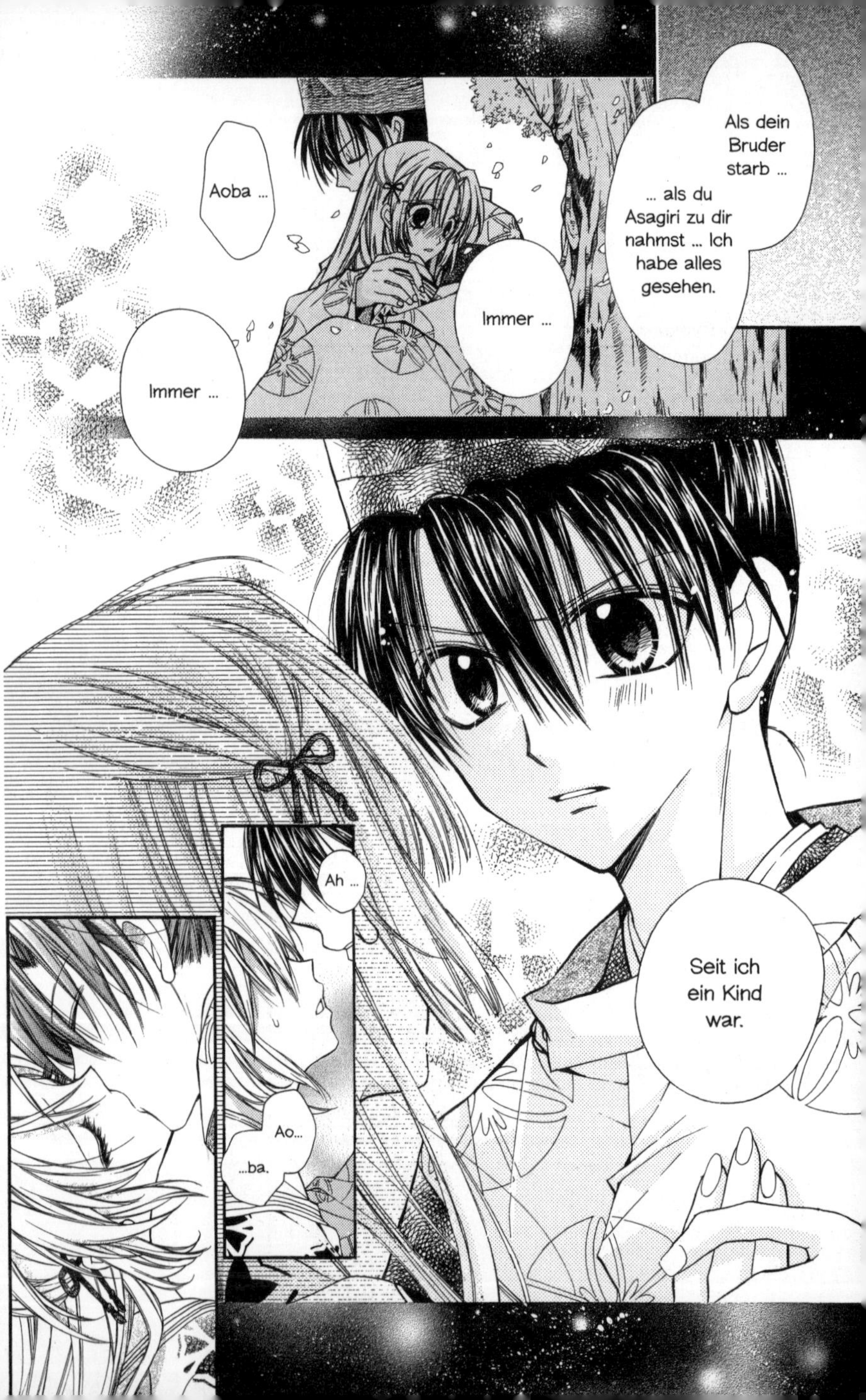
Als dein Bruder starb ...
... als du Asagiri zu dir nahmst ... Ich habe alles gesehen.
Aoba ...
Immer ...
Immer ...
Seit ich ein Kind war.
Ah ...
Ao...
...ba.

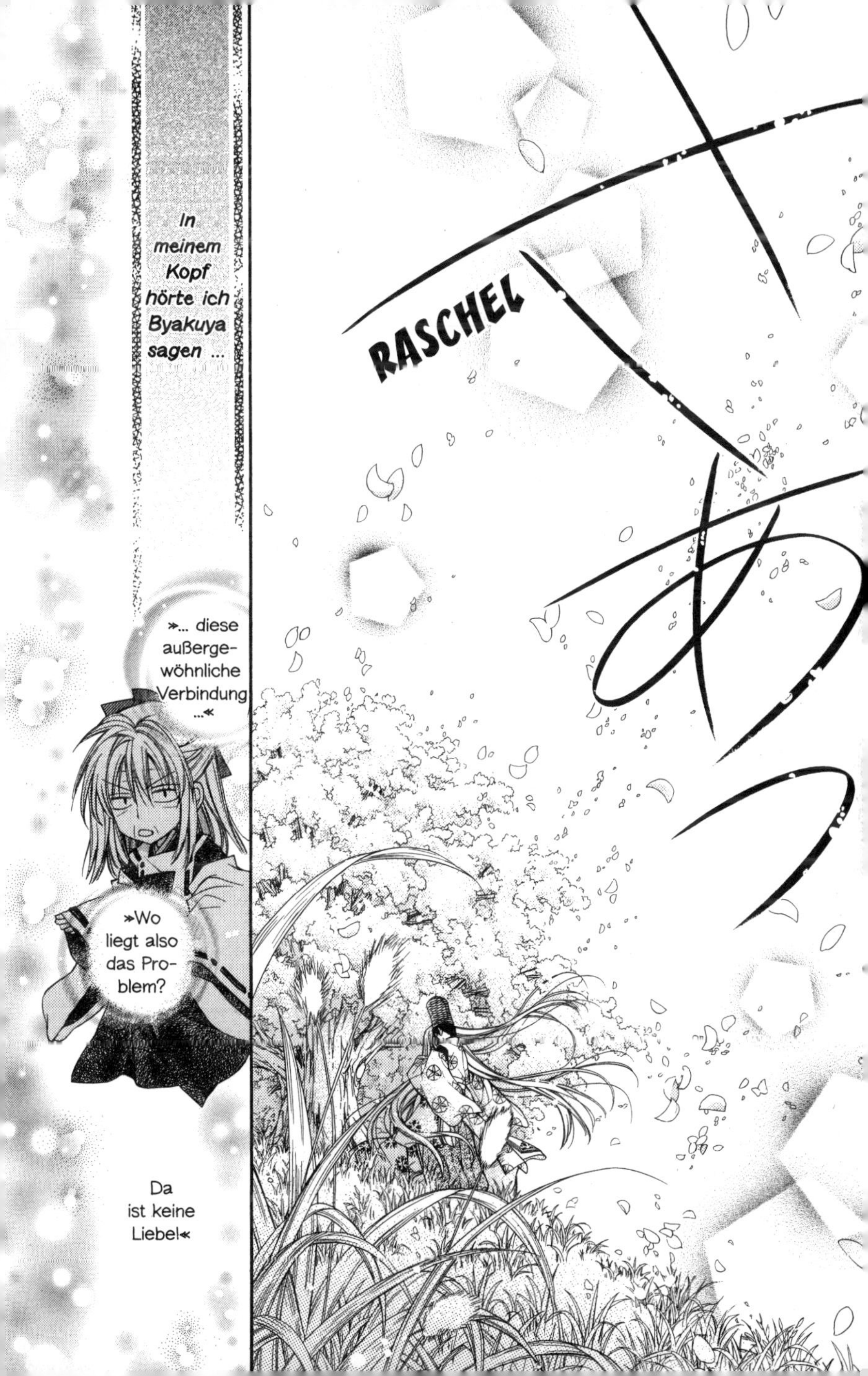

RASCHEL
In meinem Kopf hörte ich Byakuya sagen ...
»... diese außerge-wöhnliche Verbindung ...«
»Wo liegt also das Pro-blem?
Da ist keine Liebe!«

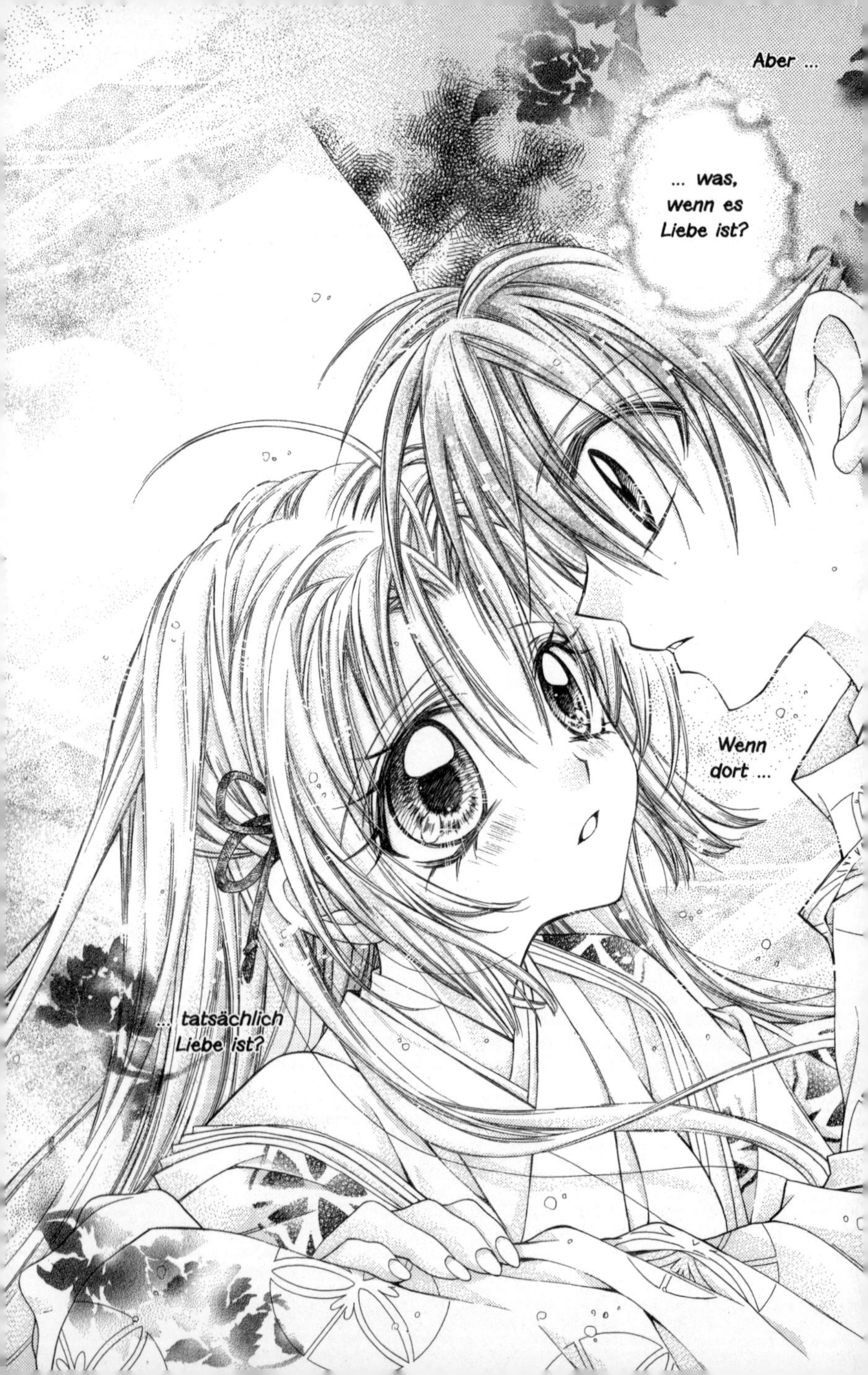

Aber ...
... was, wenn es Liebe ist?
Wenn dort ...
... tatsächlich Liebe ist?

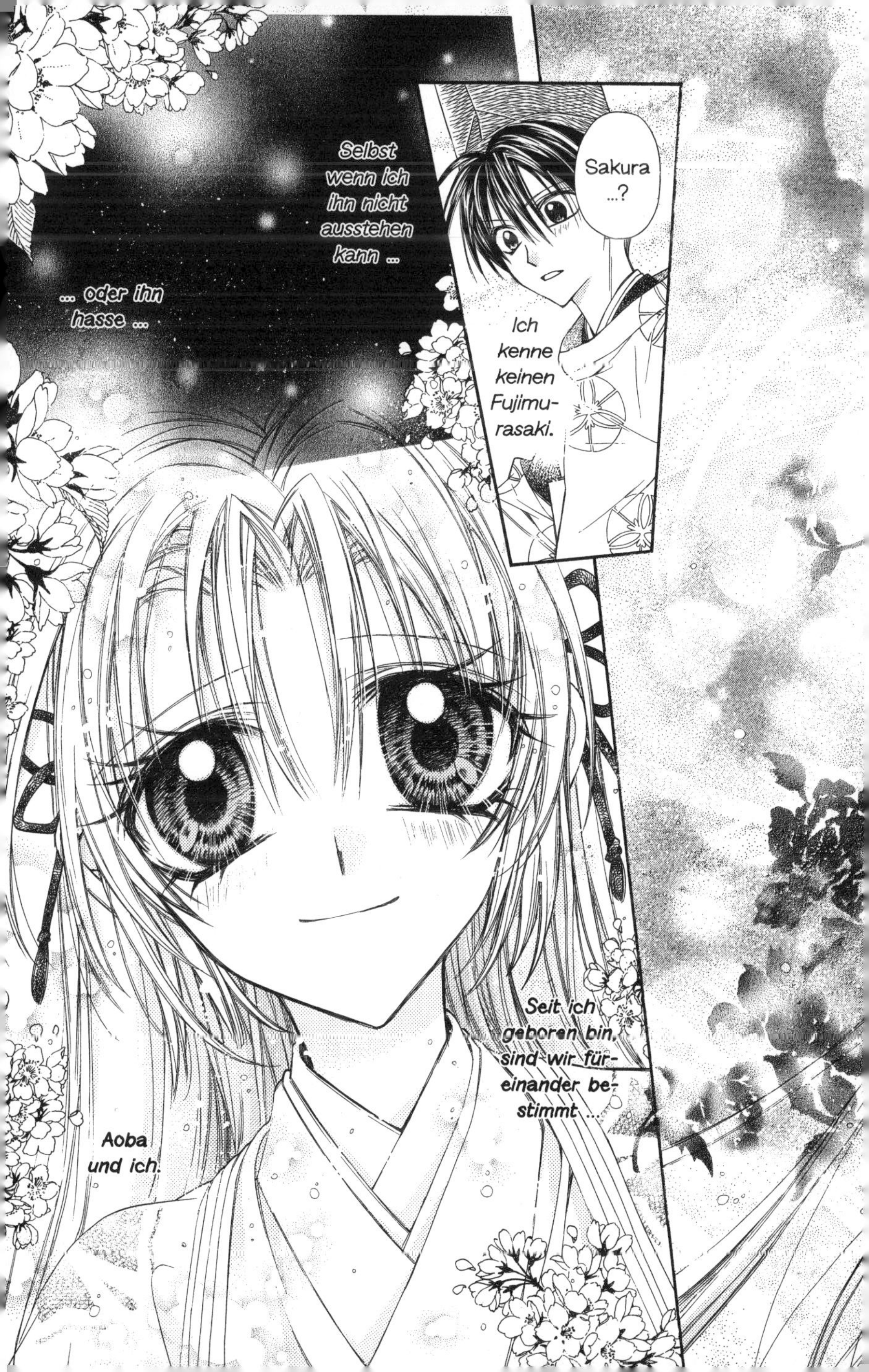
Sakura ...?
Ich kenne keinen Fujimurasaki.
Selbst wenn ich ihn nicht ausstehen kann ...
... oder ihn hasse ...
Seit ich geboren bin, sind wir füreinander bestimmt ...
Aoba und ich.

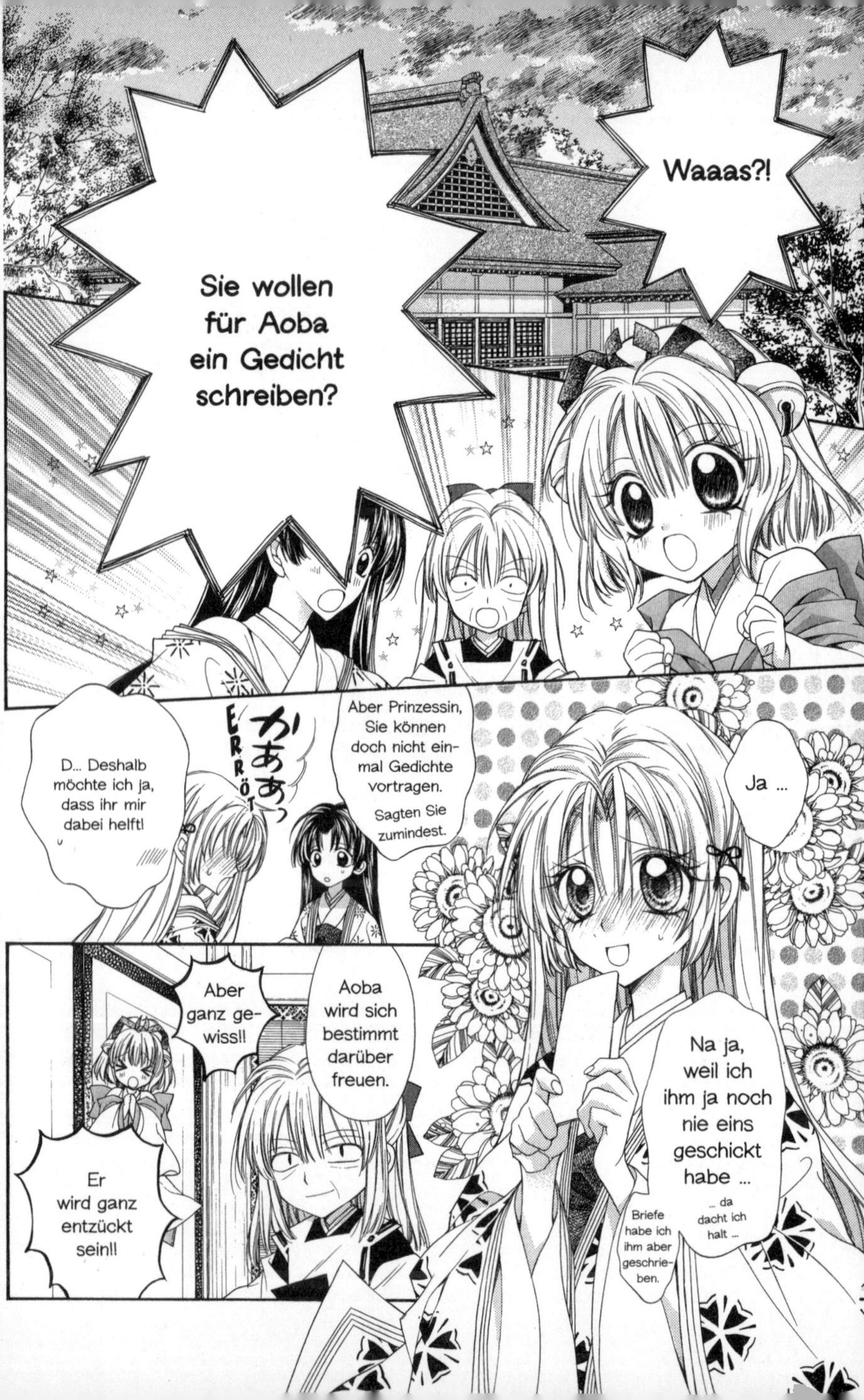
Waaas?!
Sie wollen für Aoba ein Gedicht schreiben?
Ja ...
Aber Prinzessin, Sie können doch nicht einmal Gedichte vortragen.
Sagten Sie zumindest.
ERRÖT
かあああっ
D... Deshalb möchte ich ja, dass ihr mir dabei helft!
Na ja, weil ich ihm ja noch nie eins geschickt habe ...
... da dacht ich halt ...
Briefe habe ich ihm aber geschrieben.
Aoba wird sich bestimmt darüber freuen.
Aber ganz gewiss!!
Er wird ganz entzückt sein!!

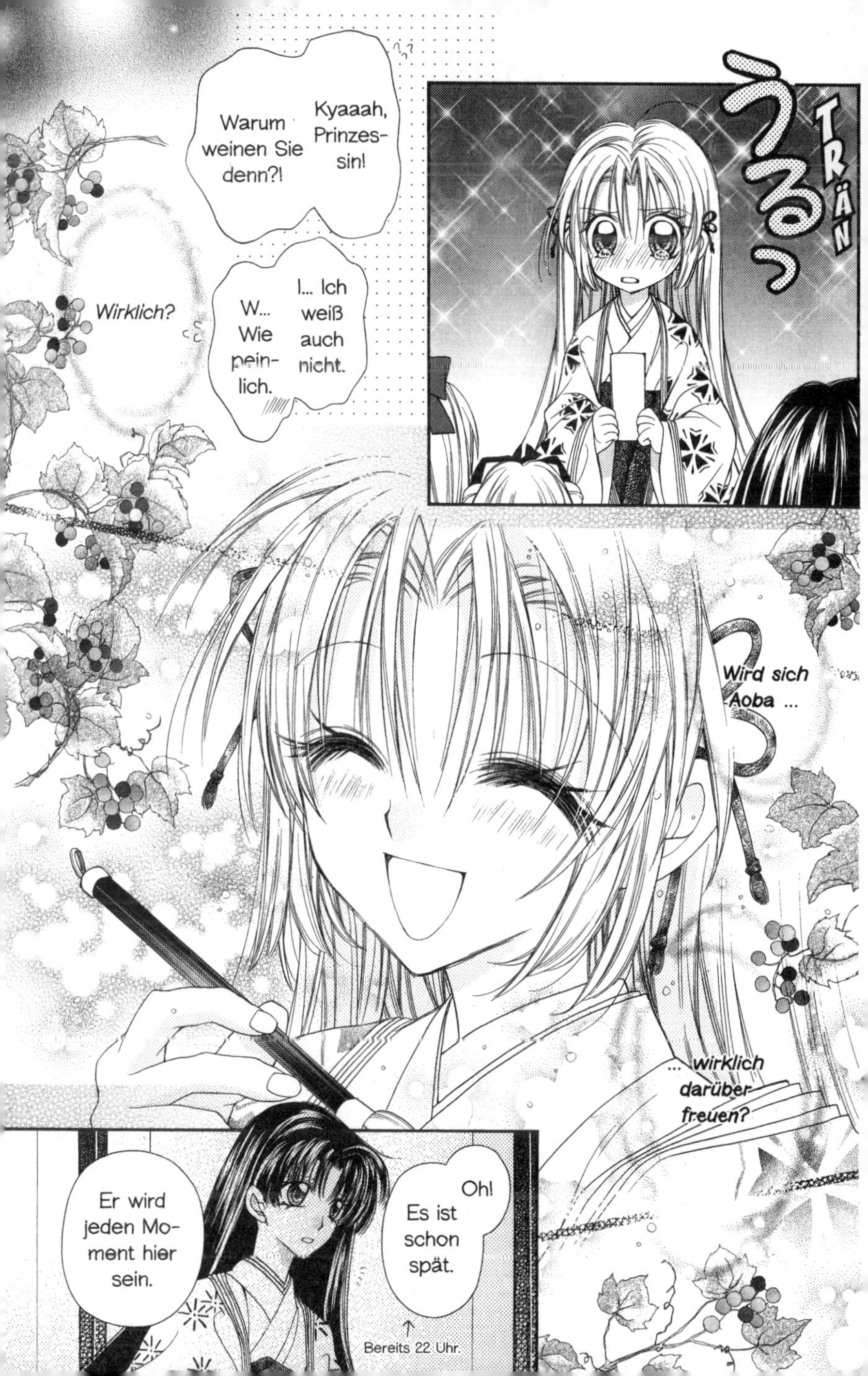

うるっ
TRÄN
Kyaaah, Prinzessin!
Warum weinen Sie denn?!
I... Ich weiß auch nicht.
W... Wie peinlich.
Wirklich?
Wird sich Aoba ...
... wirklich darüber freuen?
Oh! Es ist schon spät.
Bereits 22 Uhr.
Er wird jeden Moment hier sein.

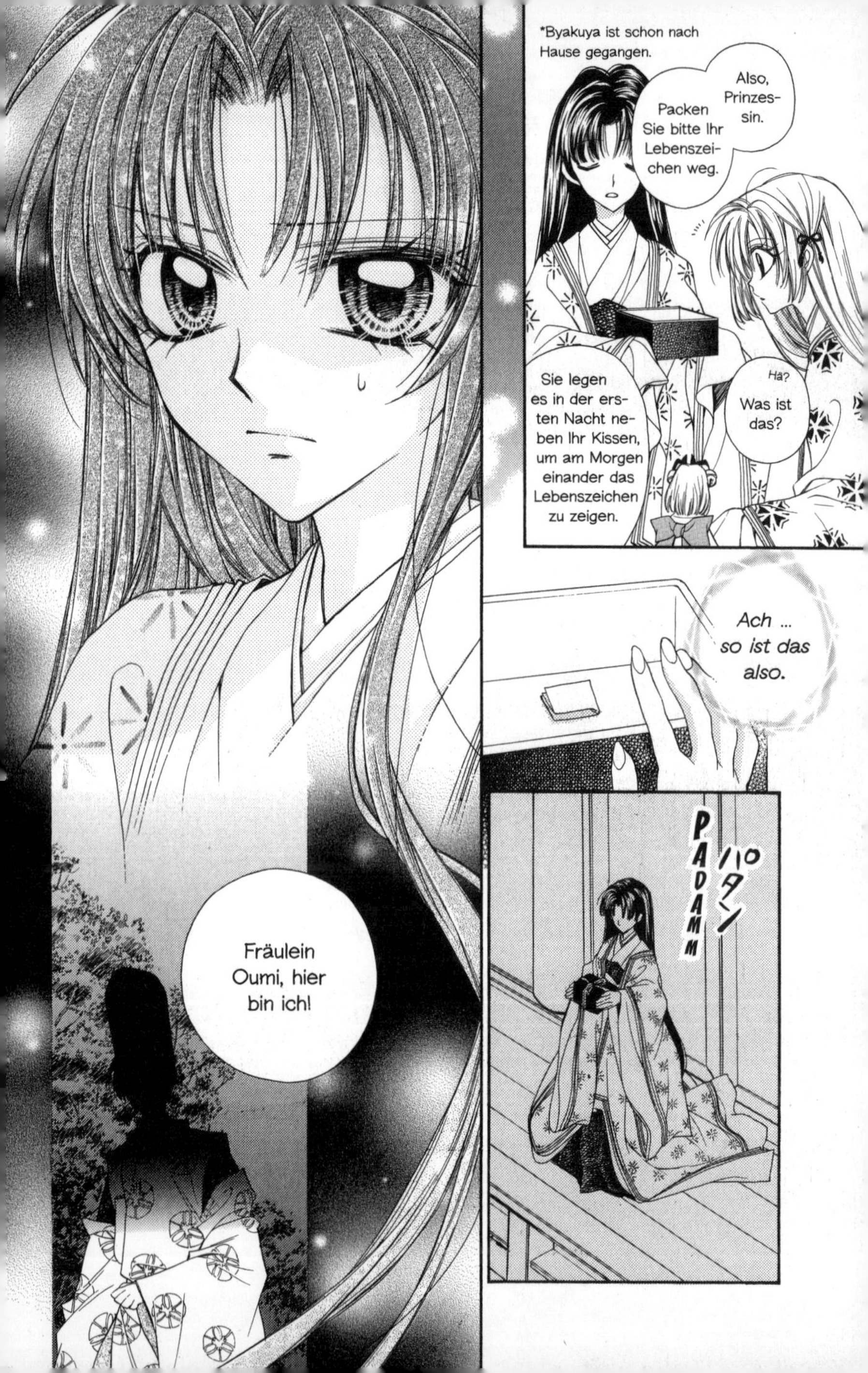

*Byakuya ist schon nach Hause gegangen.
Also, Prinzessin.
Packen Sie bitte Ihr Lebenszeichen weg.
Hä? Was ist das?
Sie legen es in der ersten Nacht neben Ihr Kissen, um am Morgen einander das Lebenszeichen zu zeigen.
Ach ... so ist das also.
PADAMM
パタン
Fräulein Oumi, hier bin ich!

Asagiri

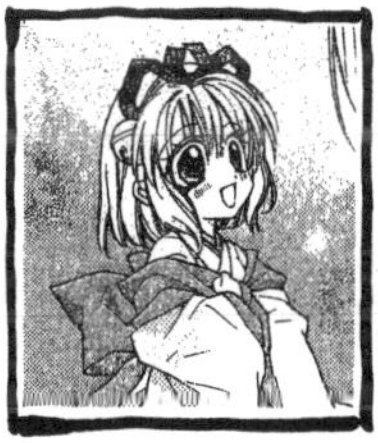

Alter unbekannt. Sakura hat sie von einem Menschenhändler erhalten, als sie noch klein war.

Weil Prinzessinnen und Zofen gewöhnlich das Haar lang tragen, habe ich ihr einen Pagenkopf verpasst. Für Sakura ist sie eine Freundin, doch Asagiri selbst sieht sich als Dienerin.

Im Gegensatz zu Sakura hält sie ihr Herz doppelt und dreifach verschlossen. Sie hat auch unzählige Traumata und Komplexe, denke ich.

Als ich für die Serie Shinshi Doumei Cross – Allianz der Gentlemen den Charakter Ushio kreiert habe, wusste ich in dem Moment noch nicht, ob die Serie funktionieren würde. Diesmal ging mir das so bei Asagiri. Von ihr kann ich immer wieder einen Nachschlag vertragen (welch Ausdrucksweise ...).

Von den Nebencharakteren ist sie Beliebteste. In ihr steckt am meisten von mir drin.

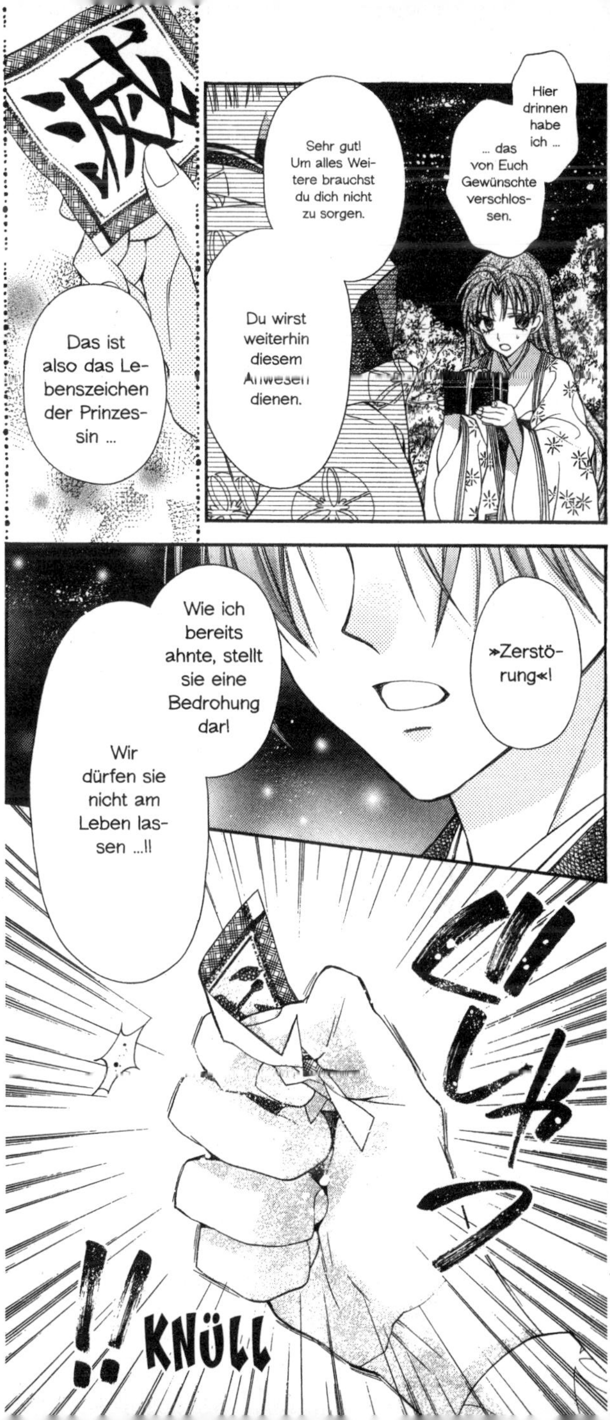

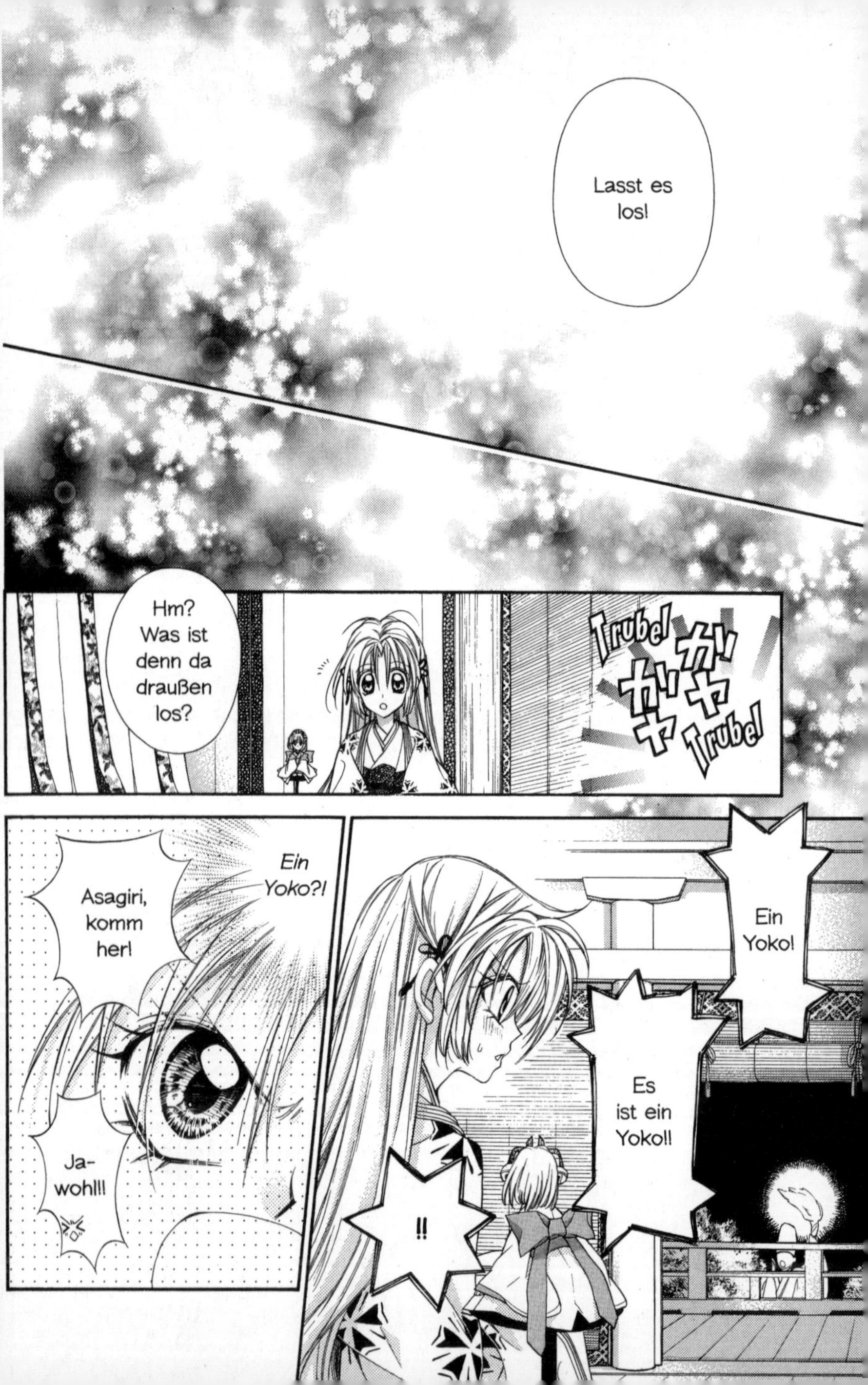
Lasst es los!
Trubel
Trubel
Hm? Was ist denn da draußen los?
Ein Yoko!
Es ist ein Yoko!!
!!
Ein Yoko?!
Asagiri, komm her!
Ja-wohl!!

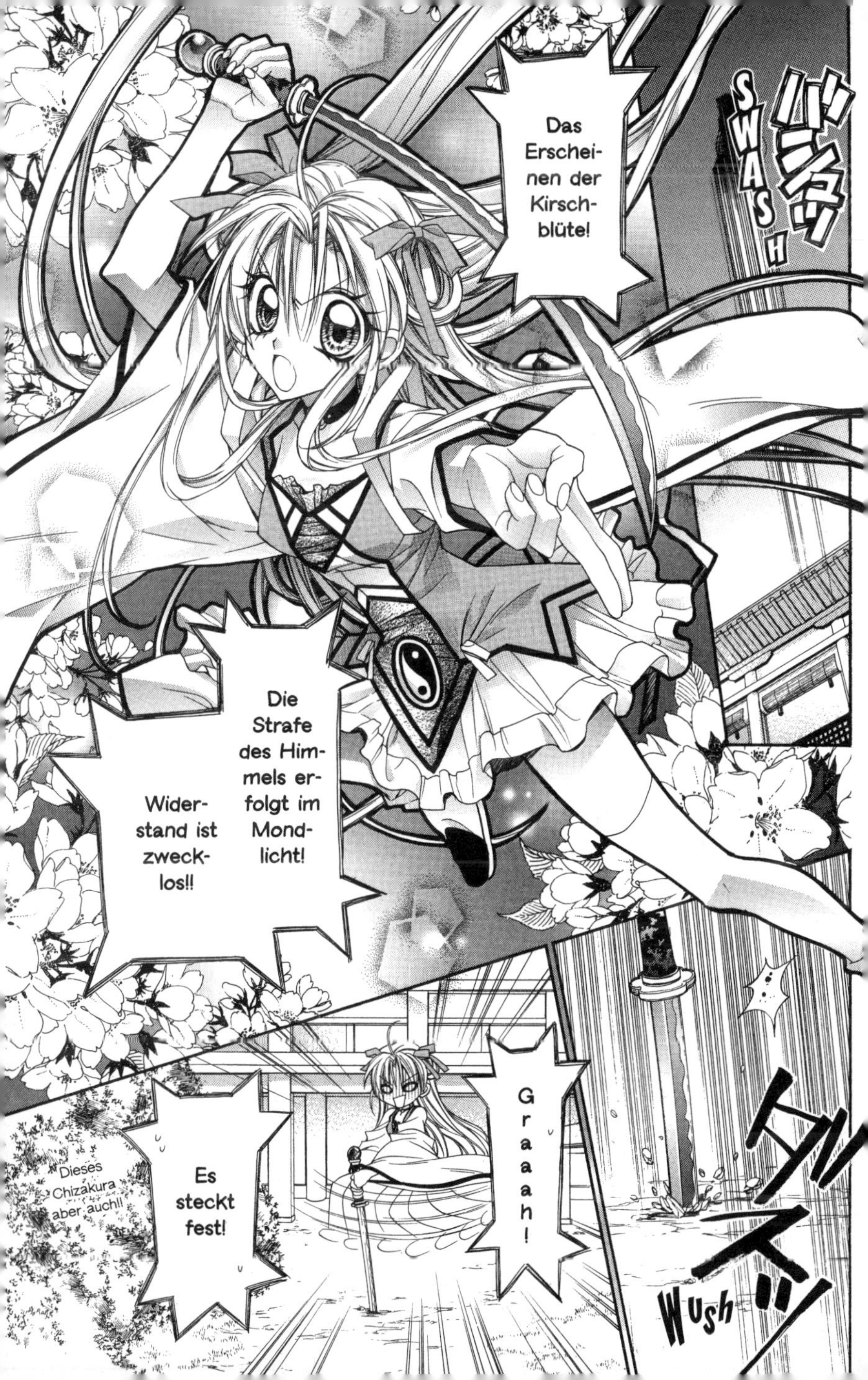
SWASH
Das Erschei-nen der Kirsch-blüte!
Die Strafe des Him-mels er-folgt im Mond-licht!
Wider-stand ist zweck-los!!
WUSH
Graaah!
Es steckt fest!
Dieses Chizakura aber auch!!

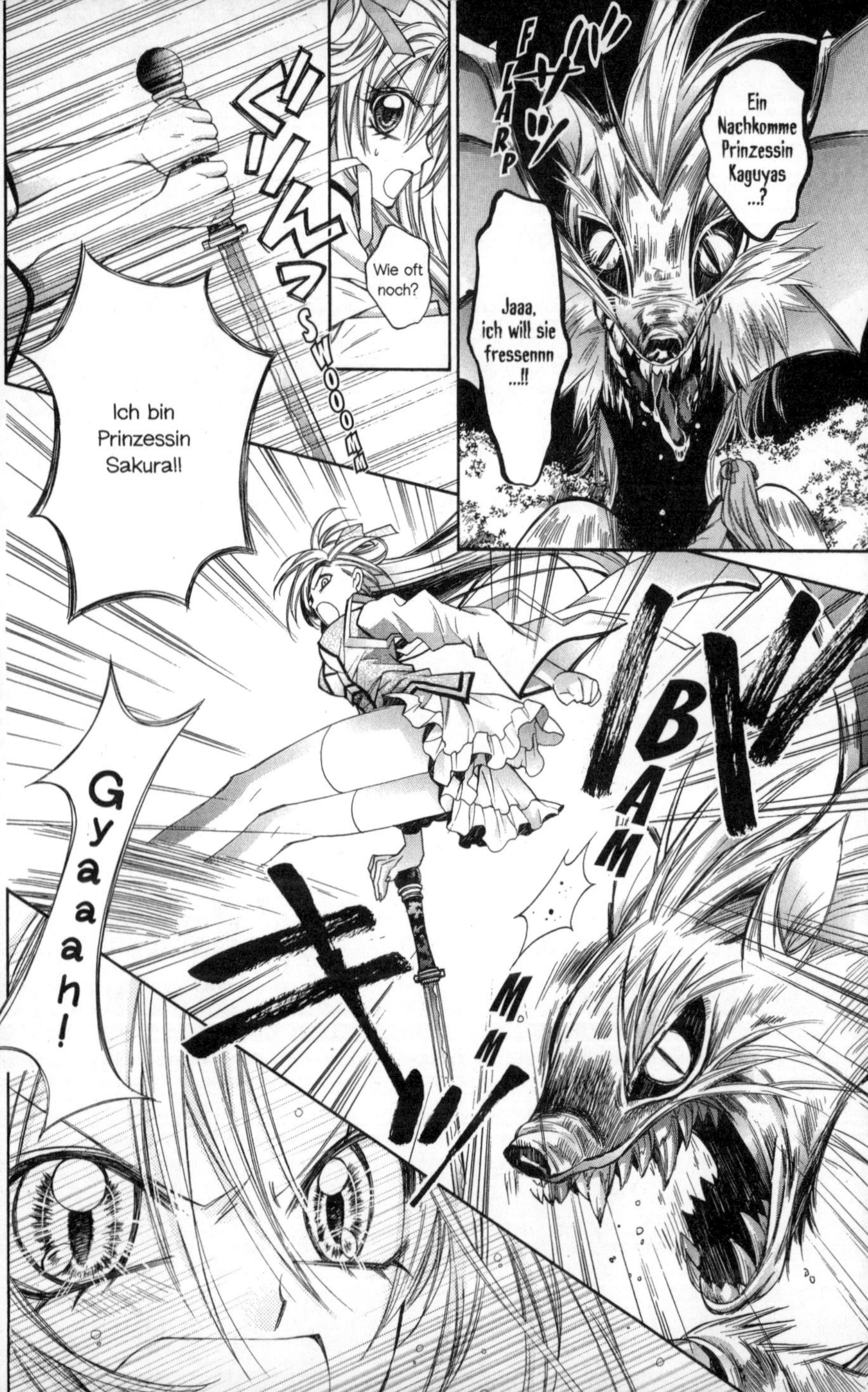
FLARP
Ein Nachkomme Prinzessin Kaguyas ...?
Jaaa, ich will sie fressennn ...!!
Wie oft noch?
SWOOOMM
Ich bin Prinzessin Sakura!!
BAMMMM
Gyaaaah!

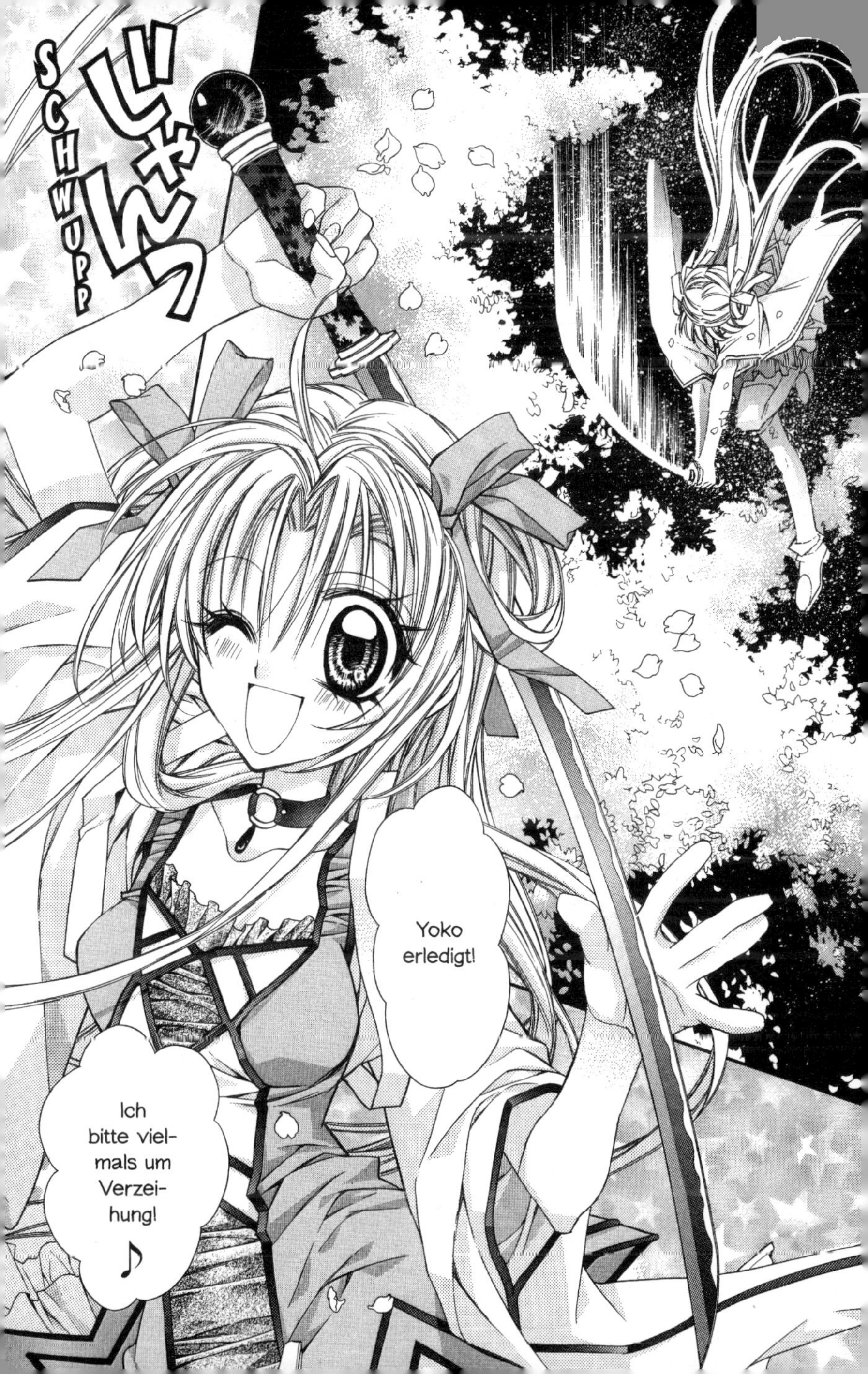
じゃんっ
SCHWUPP
Yoko erledigt!
Ich bitte vielmals um Verzeihung! ♪

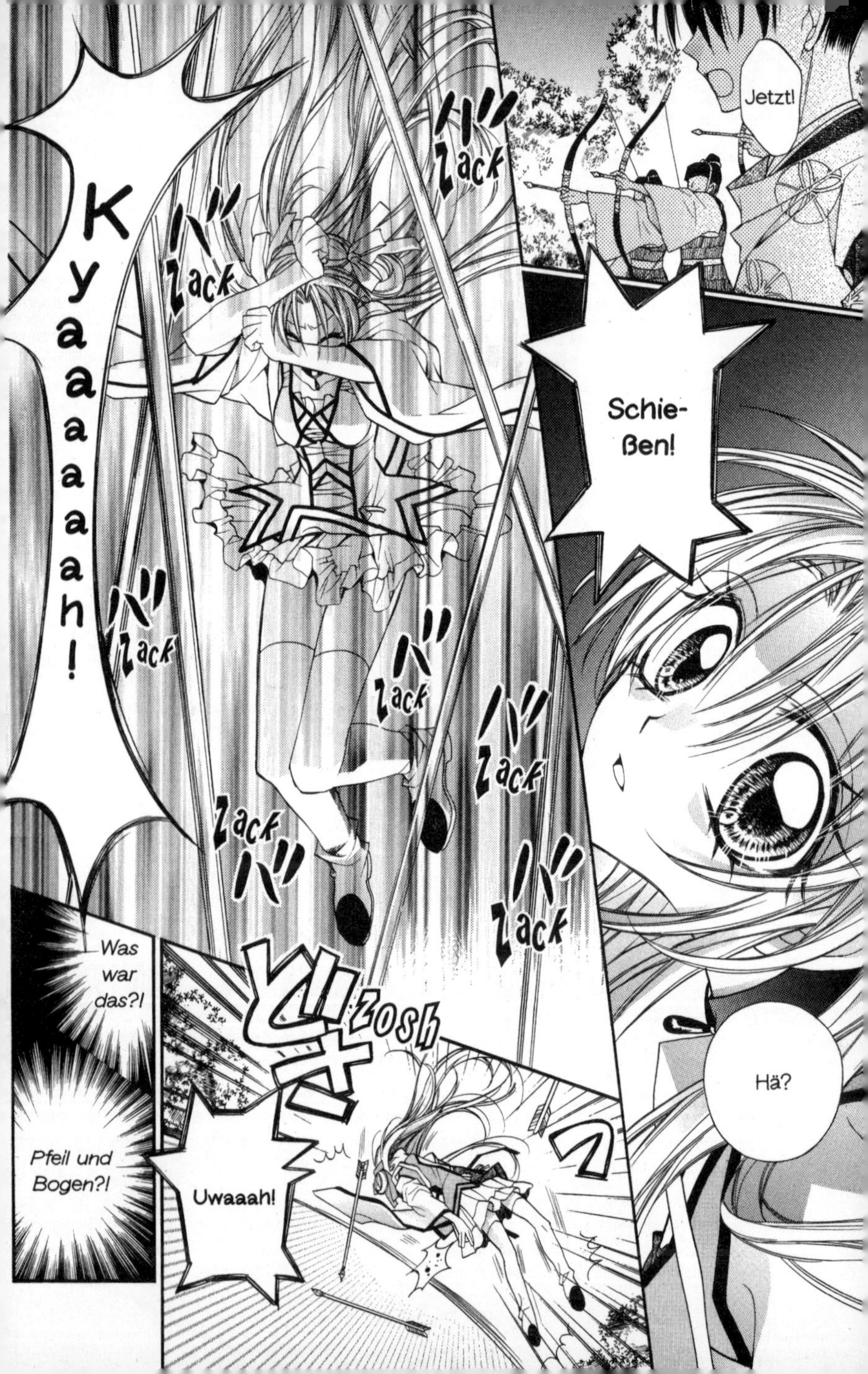
Jetzt!
Schie-
ßen!
Zack
Zack
Kyaaaaaaah!
Zack
Zack
Zack
Zack
Zack
Hä?
Was war das?!
Pfeil und Bogen?!
Zosh
Uwaaah!

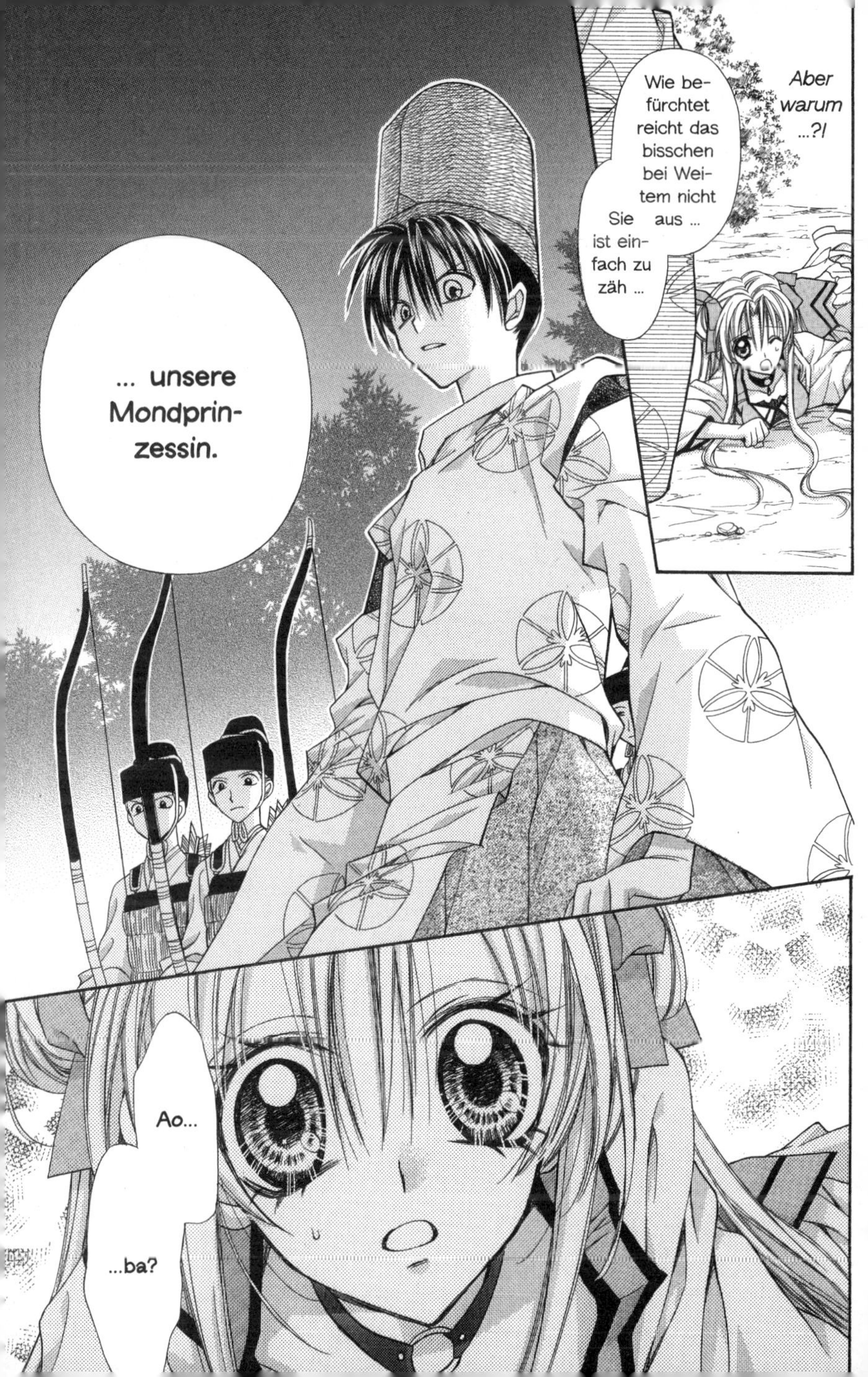
Aber warum ...?!
Wie befürchtet reicht das bisschen bei Weitem nicht aus ...
Sie ist einfach zu zäh ...
... unsere Mondprinzessin.
Ao...
...ba?

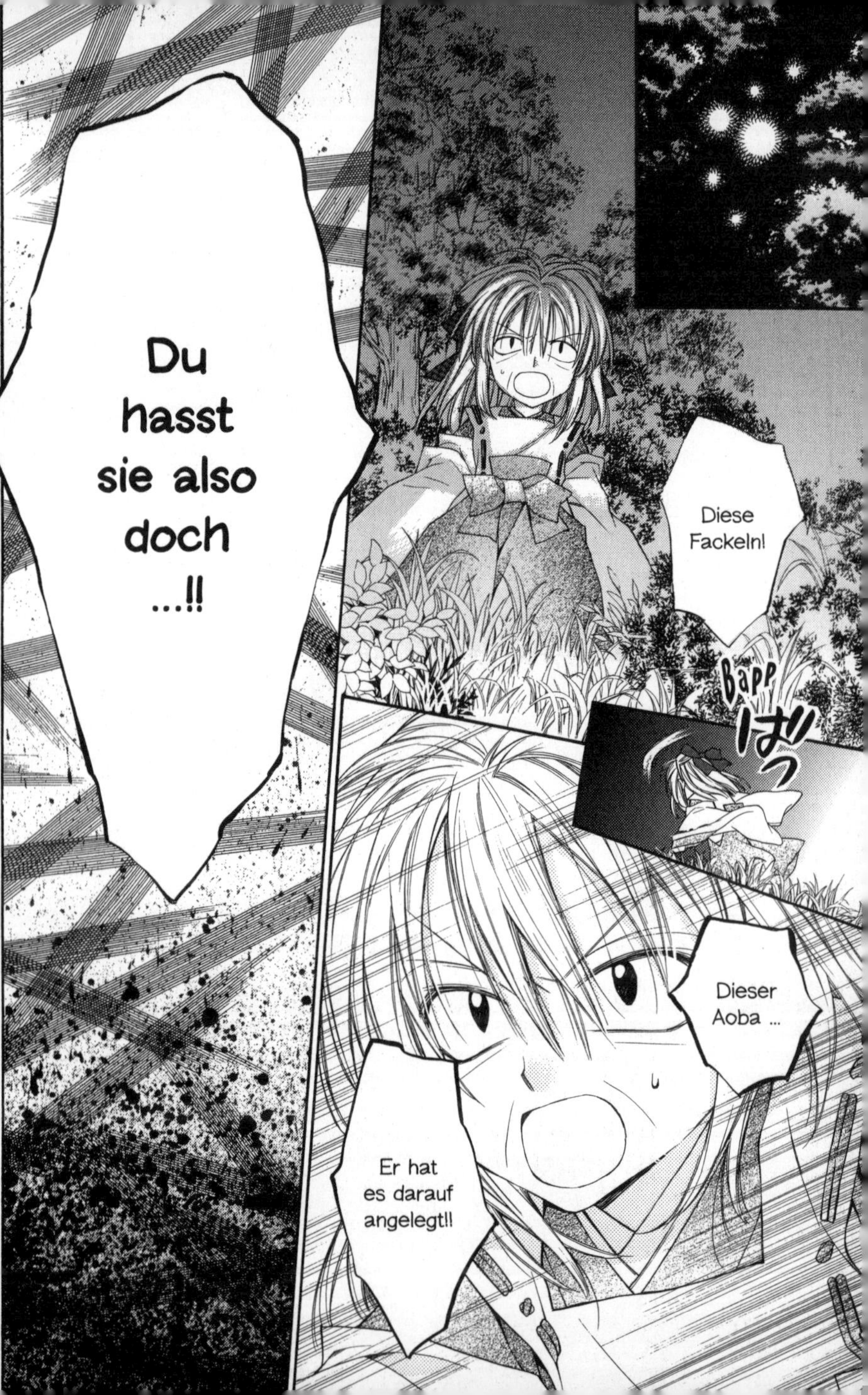

Diese Fackeln!
BAPP
ぱっ
Dieser Aoba ...
Er hat es darauf angelegt!!
Du hasst sie also doch ...!!

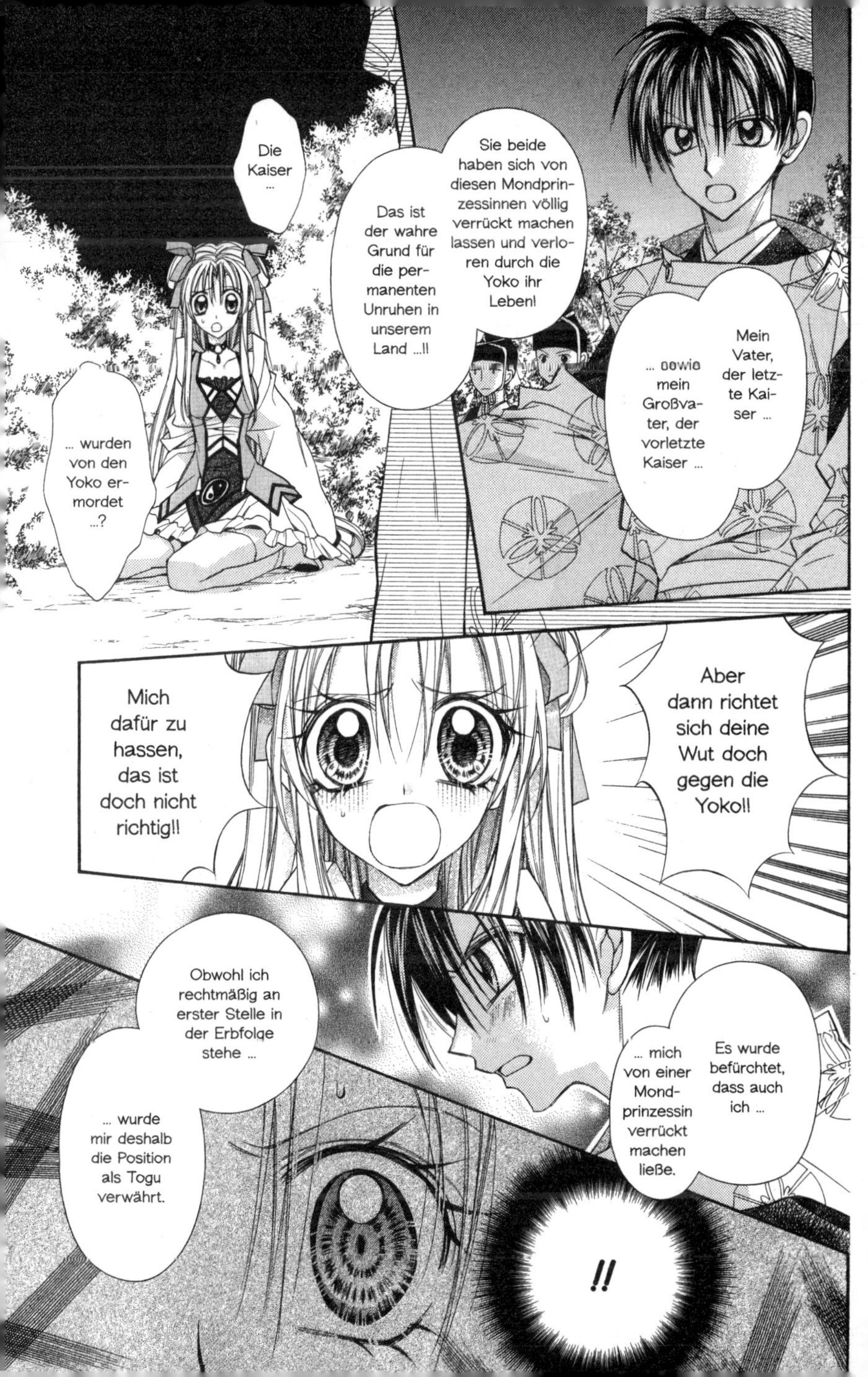
Mein Vater, der letzte Kaiser ...
... sowie mein Großvater, der vorletzte Kaiser ...
Sie beide haben sich von diesen Mondprinzessinnen völlig verrückt machen lassen und verloren durch die Yoko ihr Leben!
Das ist der wahre Grund für die permanenten Unruhen in unserem Land ...!!
Die Kaiser ...
... wurden von den Yoko ermordet ...?
Aber dann richtet sich deine Wut doch gegen die Yoko!!
Mich dafür zu hassen, das ist doch nicht richtig!!
Es wurde befürchtet, dass auch ich ...
... mich von einer Mondprinzessin verrückt machen ließe.
Obwohl ich rechtmäßig an erster Stelle in der Erbfolge stehe ...
... wurde mir deshalb die Position als Togu verwährt.
!!

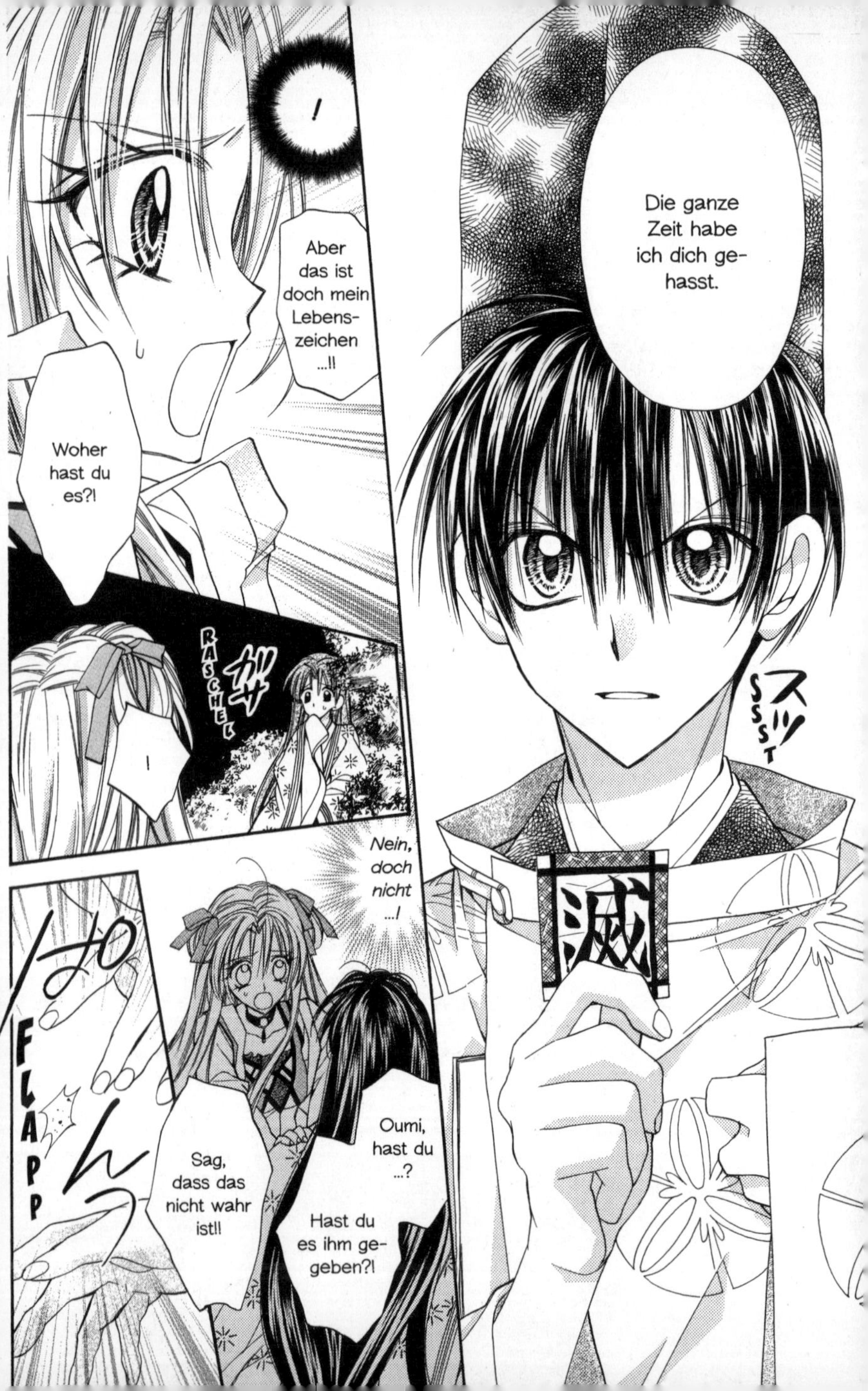

Die ganze Zeit habe ich dich gehasst.
SSST
!
Aber das ist doch mein Lebenszeichen ...!!
Woher hast du es?!
RASCHEL
!
Nein, doch nicht ...!
Oumi, hast du ...?
Hast du es ihm gegeben?!
Sag, dass das nicht wahr ist!!
FLAPP

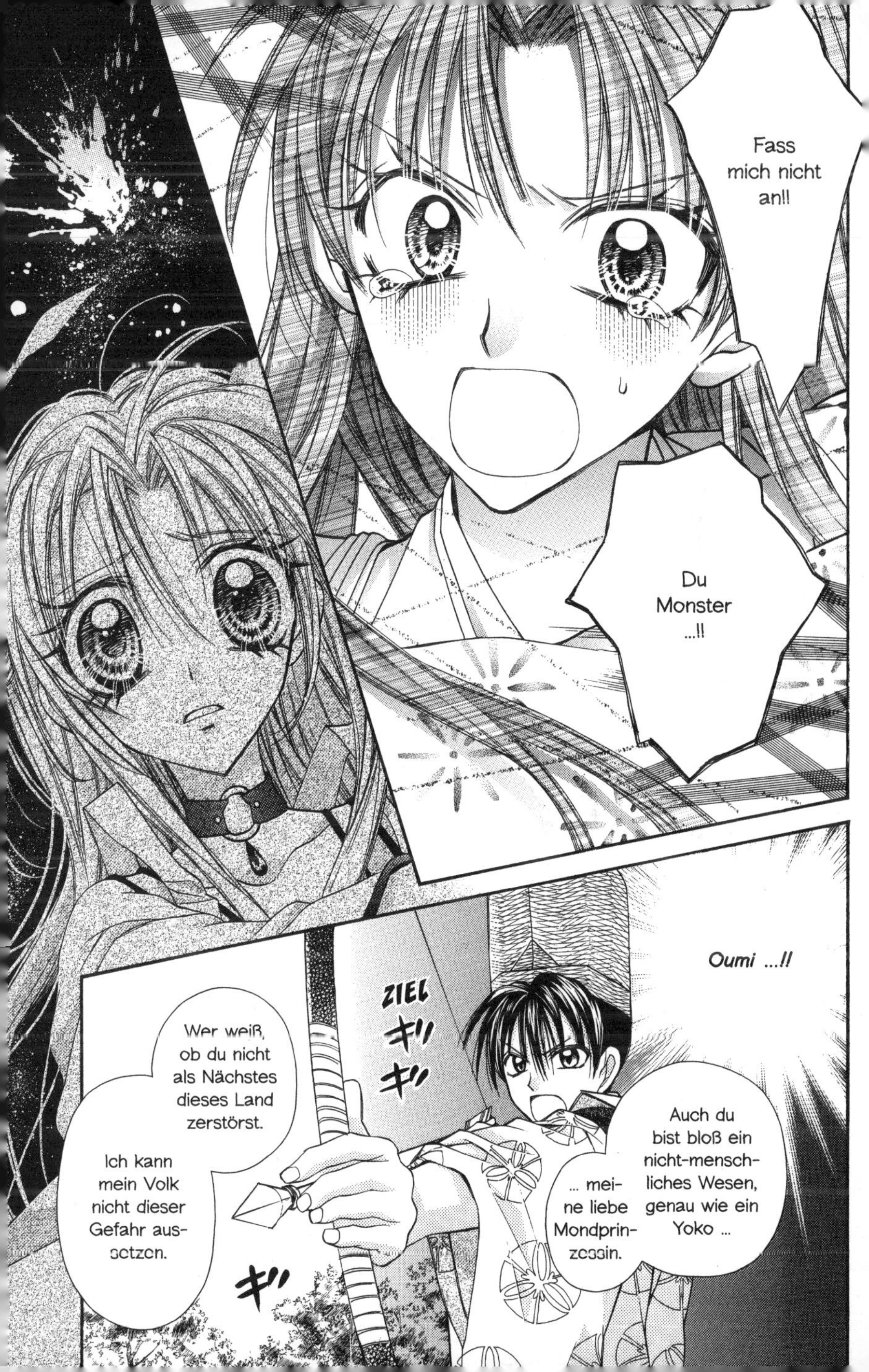
Fass mich nicht an!!
Du Monster ...!!
Oumi ...!!
ZIEL
ギリギリ
Auch du bist bloß ein nicht-mensch-liches Wesen, genau wie ein Yoko ...
... mei-ne liebe Mondprin-zessin.
Wer weiß, ob du nicht als Nächstes dieses Land zerstörst.
Ich kann mein Volk nicht dieser Gefahr aus-setzen.
ギ

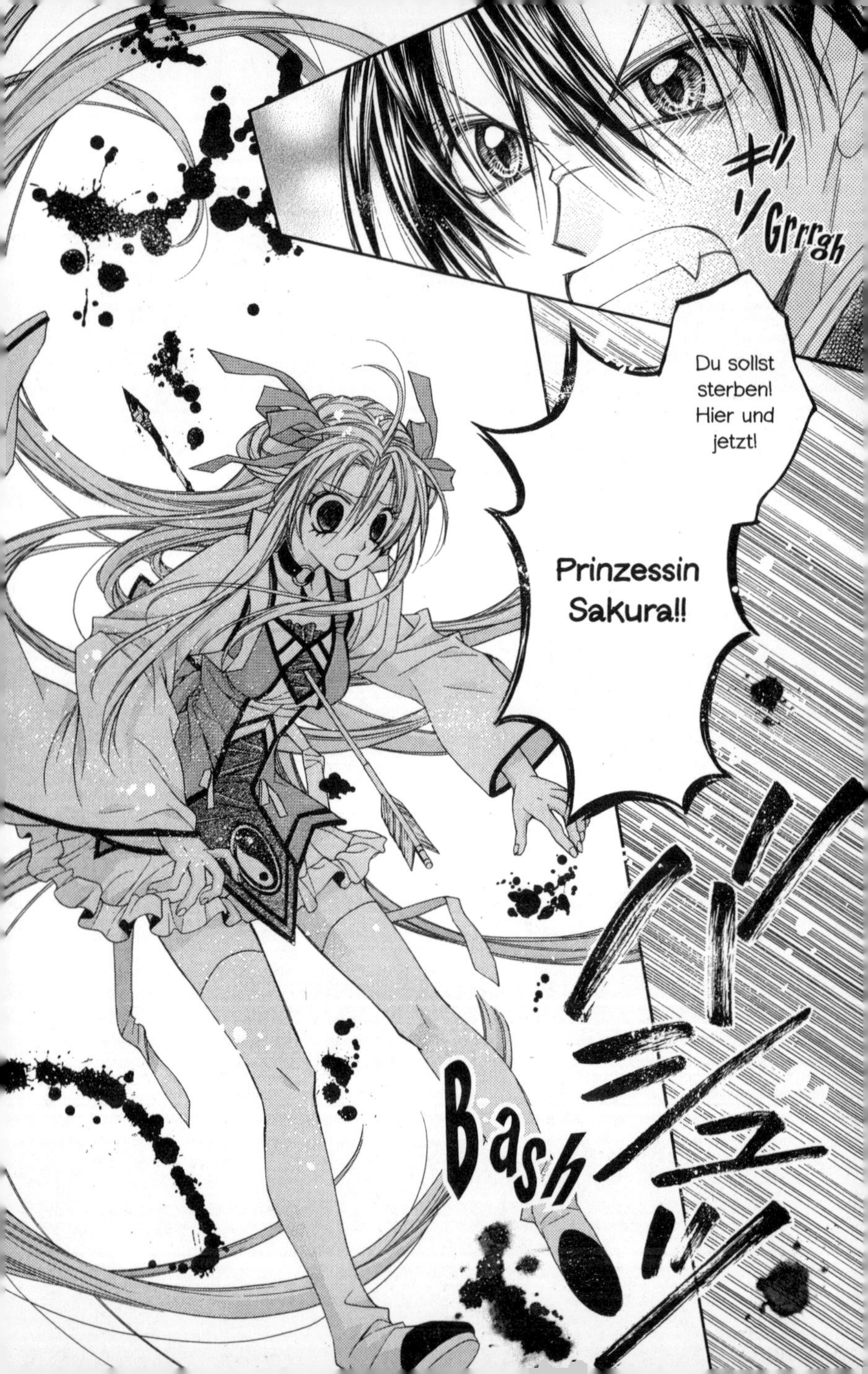
Grrrgh
Du sollst sterben! Hier und jetzt!
Prinzessin Sakura!!
Bash

Prinzessin Sakura

Prinzessin Sakura

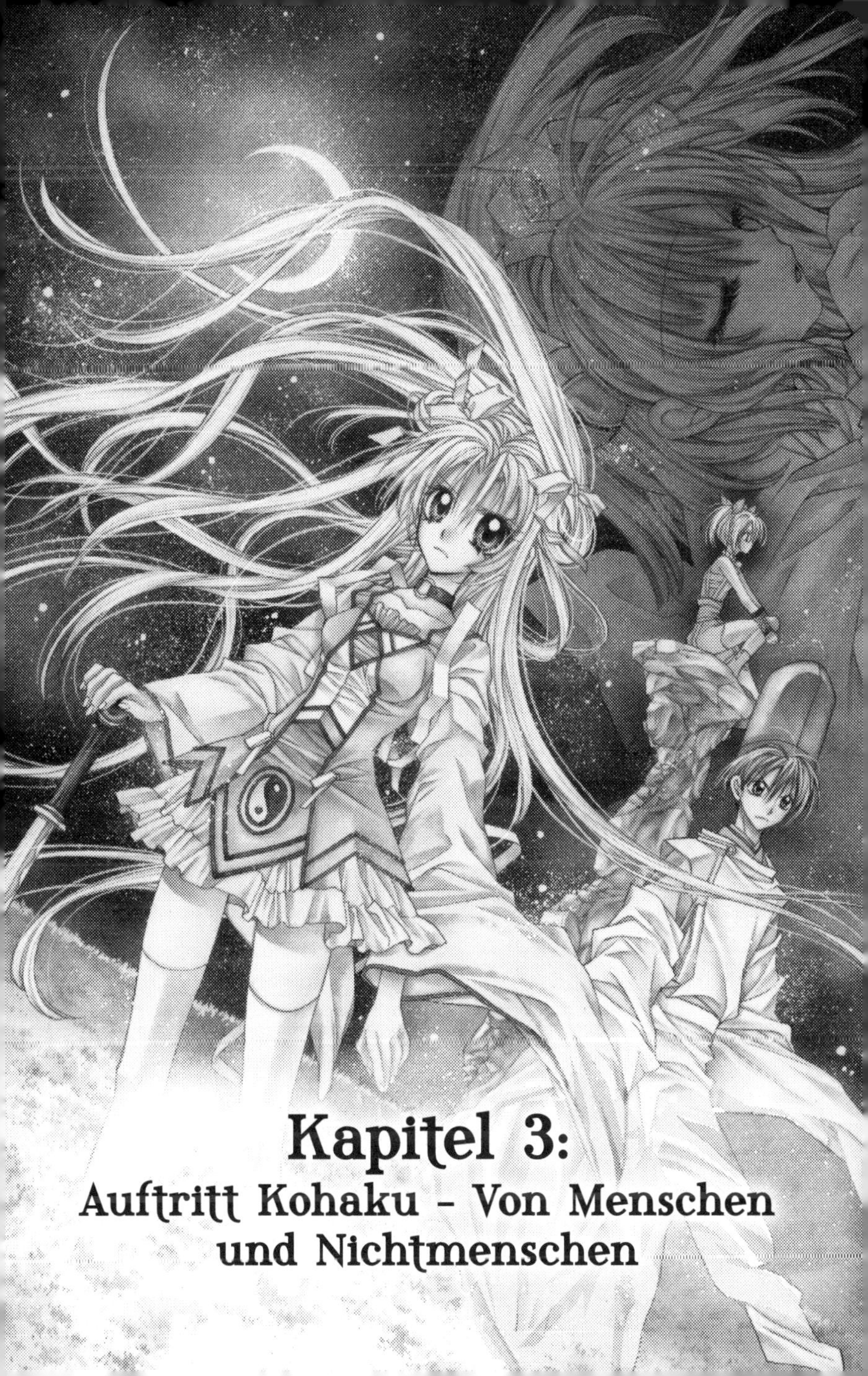

Kapitel 3:
Auftritt Kohaku - Von Menschen und Nichtmenschen

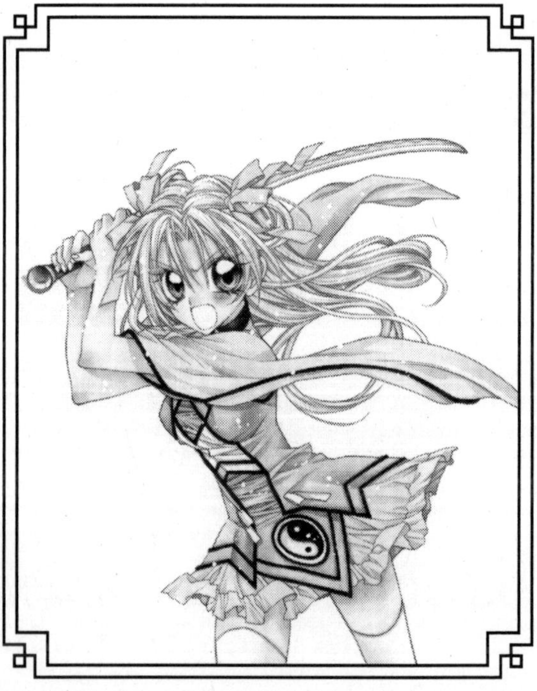

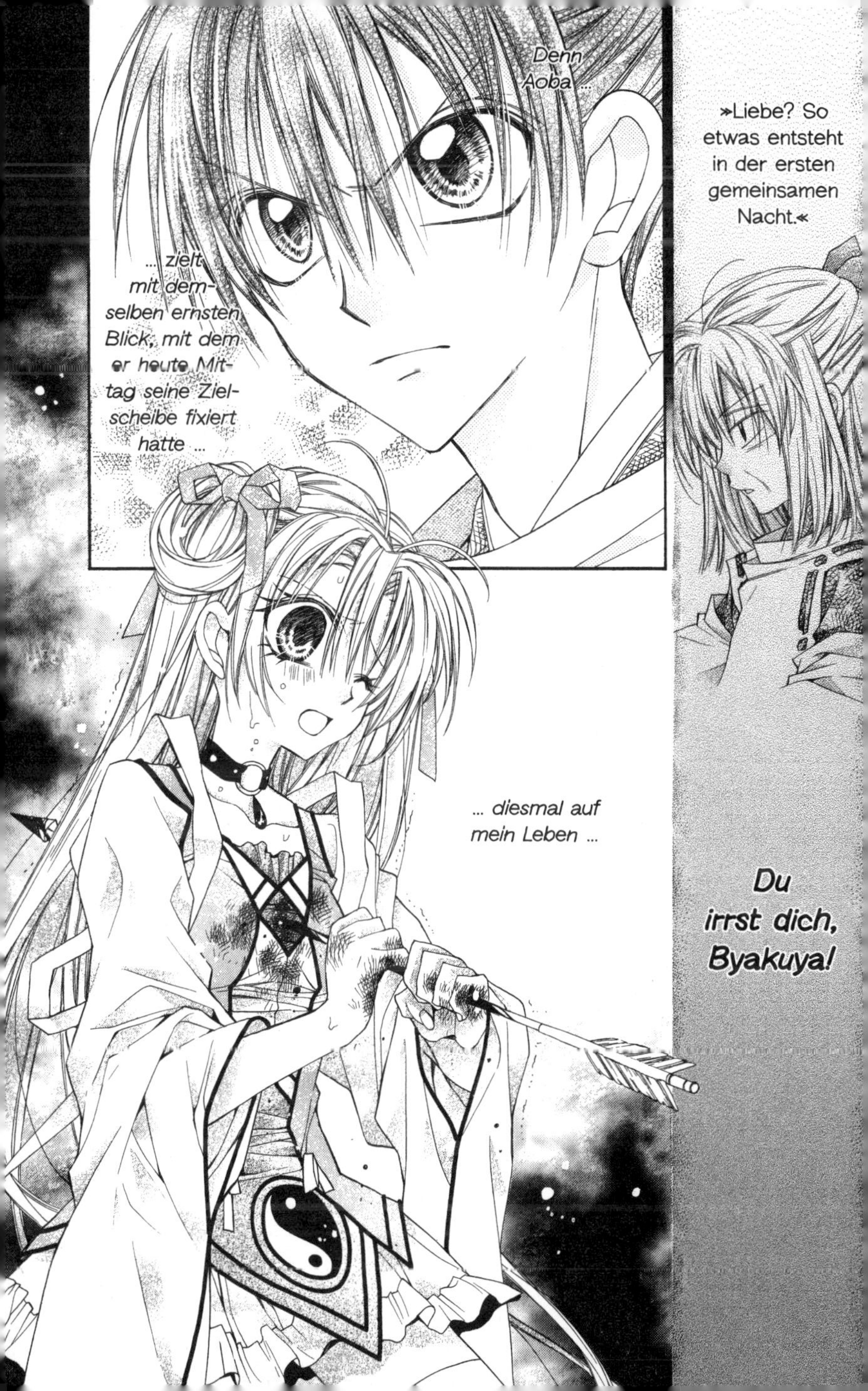
»Liebe? So etwas entsteht in der ersten gemeinsamen Nacht.«
Denn Aoba ...
... zielt mit demselben ernsten Blick, mit dem er heute Mittag seine Zielscheibe fixiert hatte ...
... diesmal auf mein Leben ...
Du irrst dich, Byakuya!

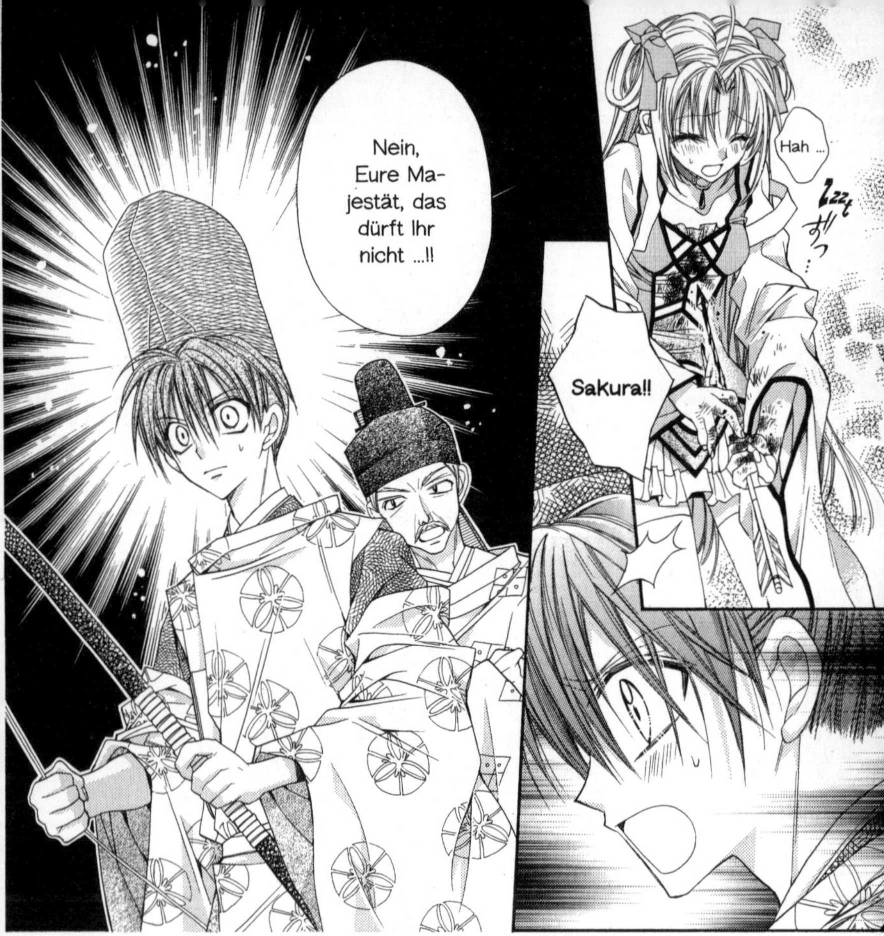

Kapitel 2: Von Geburt an einander versprochen

Untertitel: Erhebt euch gegen euer Schicksal!

Vorsicht Spoiler! Lest diese Kolumne am besten nach der Geschichte.
Ich fasse beim Zeichnen bestimmte Kapitel immer gedanklich zusammen, um drei bis fünf Kapitel unter ein Thema stellen zu können. Erst dann wird eine Serie zu einem Ganzen - dramaturgisch muss es innerhalb einer Serie Storys mit einem Anfang und einem Ende geben, sonst kommt keine Spannung auf! Ab Kapitel 2 befinden wir uns im »Aoba-Teil«. Und der ist ziemlich lang. Ihr seid bestimmt erschrocken, dass die Geschichte so schnell vorangeht, aber seid unbesorgt. Wenn wir erst mal beim letzten Kapitel sind, werdet ihr bestimmt merken: »Ach, deshalb musste es in Kapitel 2 so sein.« Bis dahin ist es noch ein langer Weg ...

Kapitel 3: Auftritt Kohaku – Von Menschen und Nichtmenschen

Untertitel: Jeder Mensch hat Gefühle, die er nicht auslöschen kann. Aber sie sind bestimmt irgendwo miteinander verbunden ...

Da ist sie endlich, Klein-Kohaku. Zuständig für sämtliche »Energiebündel und Schussel«-Einlagen bei Prinzessin Sakura. Mir gefällt, dass ihr Kostüm gerade nicht besonders süß ist. Als ich mit meinem Redakteur O. über die Planung gesprochen habe und wir beim Dialog zwischen Sakura und Kohaku waren, sagte er: »Am Ende sind doch beide nur von Haus aus verpeilt, oder?« Ich erklärte sofort, dass Sakura weitaus erwachsener sei als Haine ... Und dabei fiel mir dann zum ersten Mal auf, dass ich Sakura tatsächlich für reifer halte als Haine. (Haine ist übrigens die Hauptfigur von Shinshi Doumei Cross – Allianz der Gentlemen).

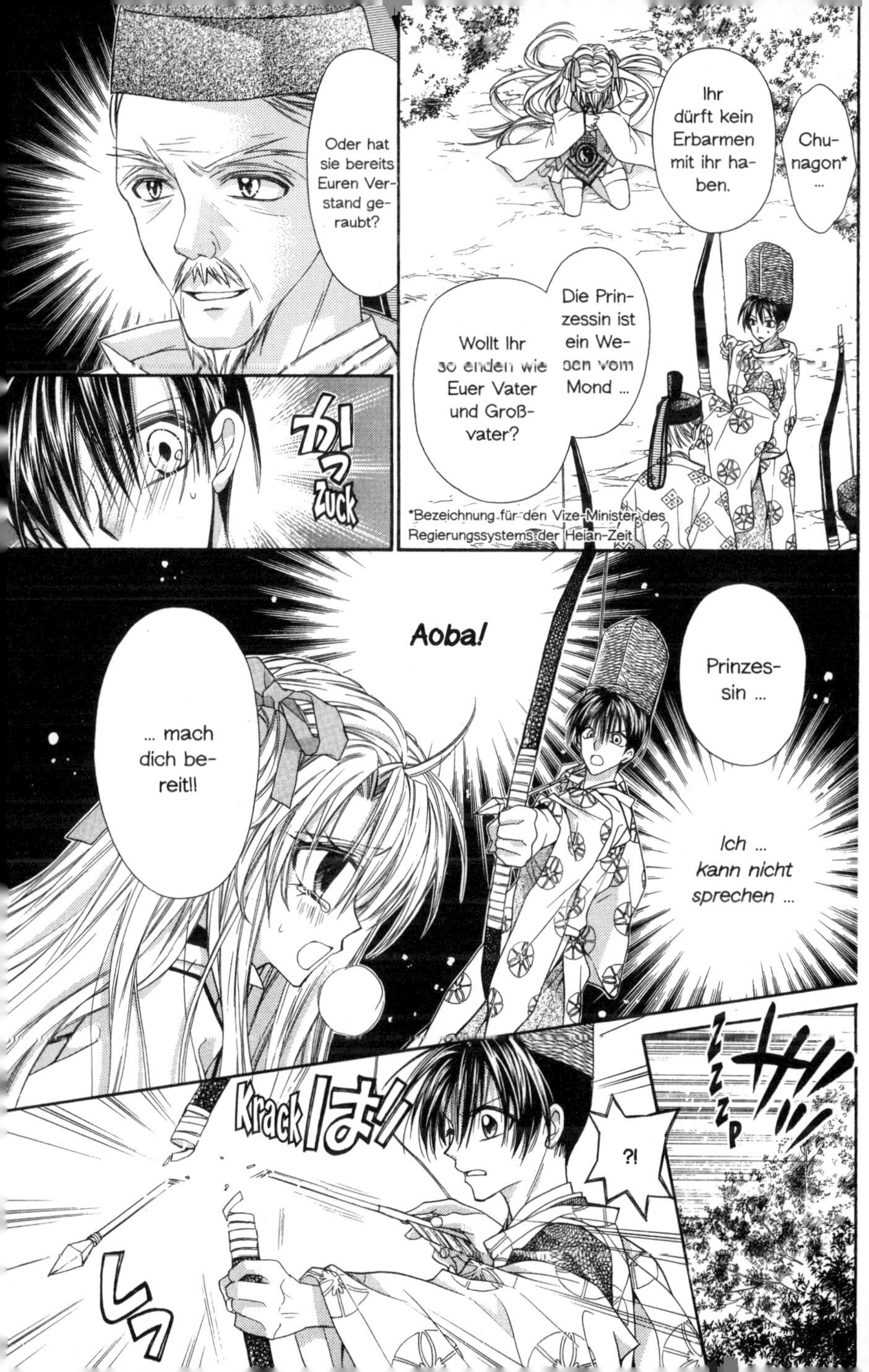
Chu-nagon* ...
Ihr dürft kein Erbarmen mit ihr haben.
Die Prinzessin ist ein Wesen vom Mond ...
Wollt Ihr so enden wie Euer Vater und Großvater?
*Bezeichnung für den Vize-Minister des Regierungssystems der Heian-Zeit
Oder hat sie bereits Euren Verstand geraubt?
zuck
Prinzessin ...
Aoba!
... mach dich bereit!!
Ich ... kann nicht sprechen ...
?!
Krack

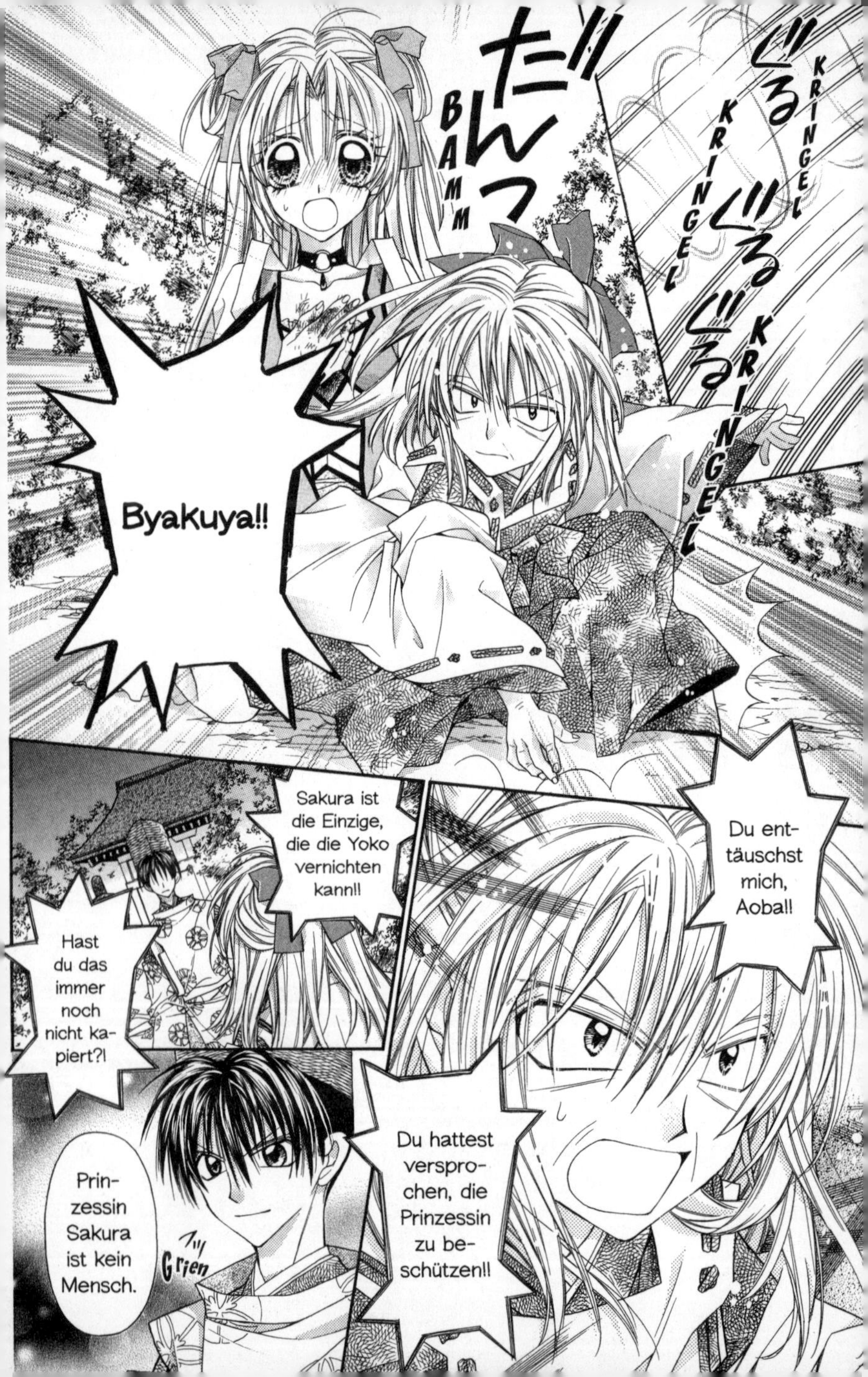

KRINGEL KRINGEL
KRINGEL KRINGEL
BAMM
Byakuya!!
Du enttäuschst mich, Aoba!!
Sakura ist die Einzige, die die Yoko vernichten kann!!
Hast du das immer noch nicht kapiert?!
Du hattest versprochen, die Prinzessin zu beschützen!!
Prinzessin Sakura ist kein Mensch.
Grien

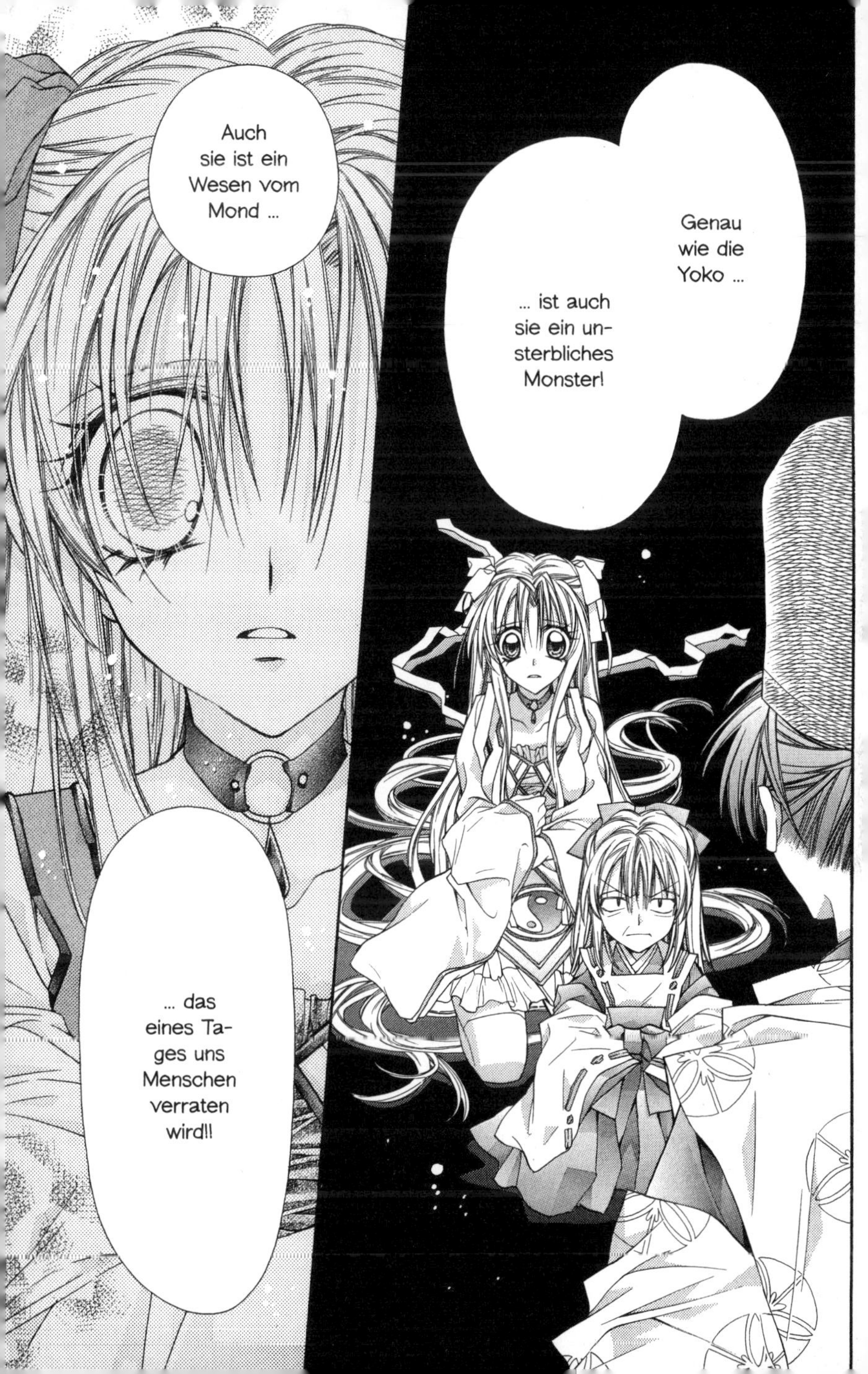
Genau wie die Yoko ...
... ist auch sie ein unsterbliches Monster!
Auch sie ist ein Wesen vom Mond ...
... das eines Tages uns Menschen verraten wird!!

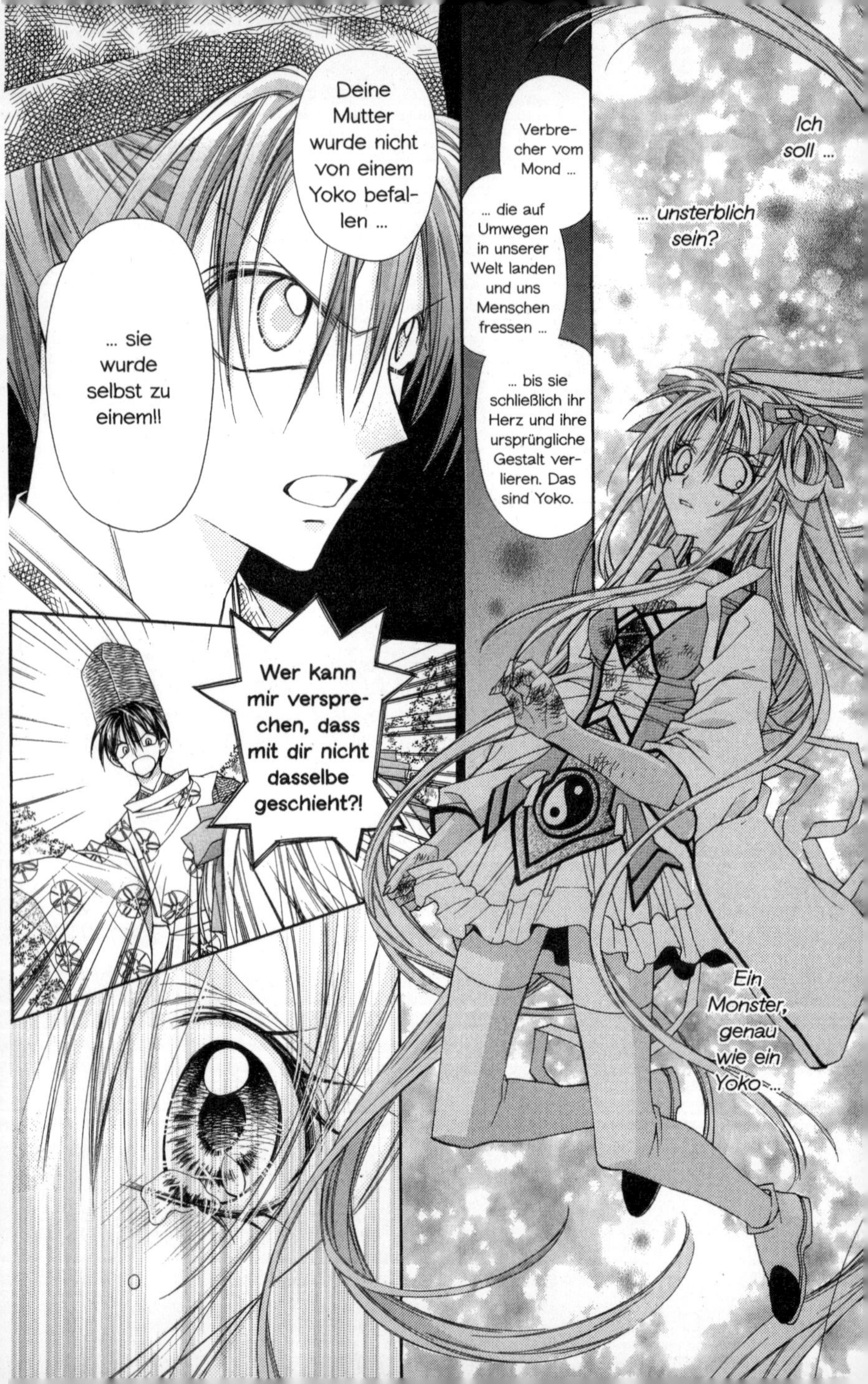
Ich soll ...
... unsterblich sein?
Verbrecher vom Mond ...
... die auf Umwegen in unserer Welt landen und uns Menschen fressen ...
... bis sie schließlich ihr Herz und ihre ursprüngliche Gestalt verlieren. Das sind Yoko.
Deine Mutter wurde nicht von einem Yoko befallen ...
... sie wurde selbst zu einem!!
Wer kann mir versprechen, dass mit dir nicht dasselbe geschieht?!
Ein Monster, genau wie ein Yoko ...

Fortsetzung von: Alles über die Songs von Macross F

»Ai – oboetemasuka«
(Liebe – erinnerst du dich?)
Diesen Song besitze ich auch noch als Single, allerdings gesungen von Iijima. Die Version von Nakashima hat mir ein bisschen zu viel Tiefgang. Man sollte ihn liebevoll und mit einem Lächeln singen, ohne zu viel darüber nachzudenken. Vielleicht liegt es an den Szenen im Anime, dass der Song so schwer daherkommt (allerdings habe ich die Szenen noch gar nicht gesehen, also sorry, falls ich was total Peinliches sage). Dieser Song wird erst dann ganz groß, wenn man ihn fröhlich und voller Liebe interpretiert, sozusagen an der Grenze zur Unschuld ... denke ich jedenfalls. Es tut mir leid, vermutlich ist es einfach Geschmackssache.

»Koibito wa pairotto«
(Mein Freund ist Pilot)
Dieser Song! Seit Ewigkeiten suche ich ihn auf allen möglichen CDs. Ich bin überglücklich, dass ich nun auch eine Version von Lanka in meinen Händen halte! Dieser Song passt total zu Lanka. Total süüüß! Und Ming-mei ... zum Heulen ...

»Lion«
Diesen Song habe ich mir ebenfalls als Single besorgt, weil das Cover einfach so cool ist! Und das Video beim Karaoke ist so toll, dass ich den Song immer wieder singen muss (ich glaube bei Joy-Clip ... oder?). Ich finde die Stimmen von Lanka und Cheryl so toll, dass ich immer völlig erschlagen bin von ihrem Temperament.

»Northern Cross«
Wenn ich diesen Song selbst singe, merke ich, wie genial May'n singen kann. Die Stimme und die Lyrics berühren mein Herz so tief, dass der Song immer wieder als Inspiration für mein Schaffen dient. Als ich erzählte, dass es mein Lieblingssong auf der CD ist, sagte Mizuse: »Typisch Arinacchi!« Hm ... ist das so?

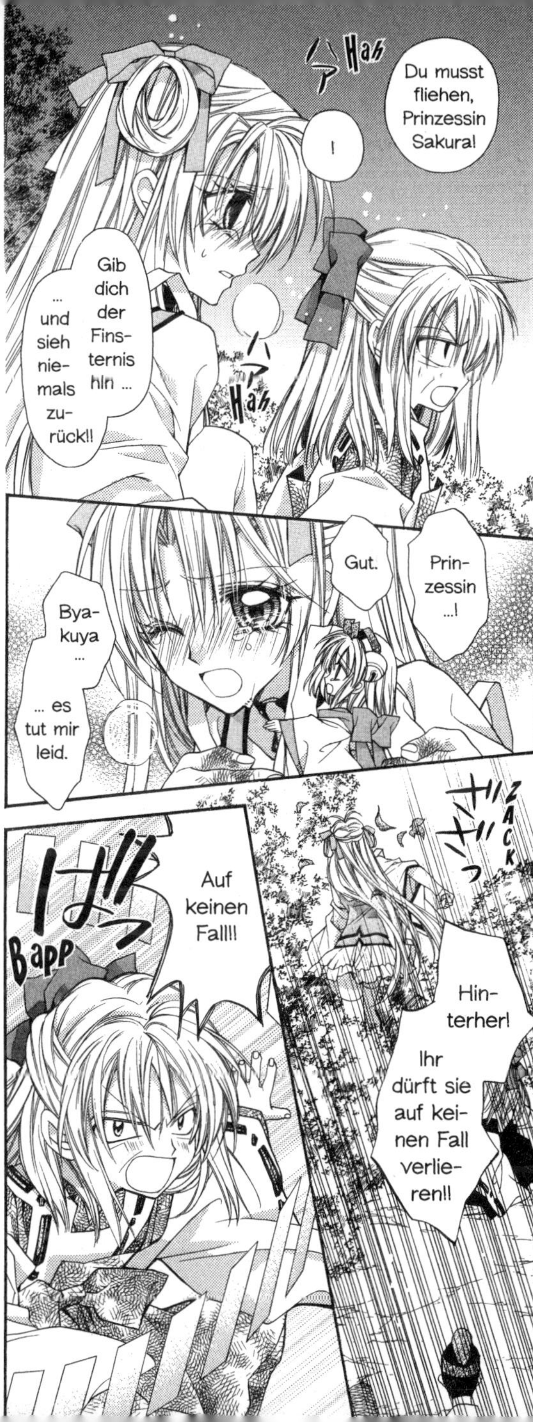

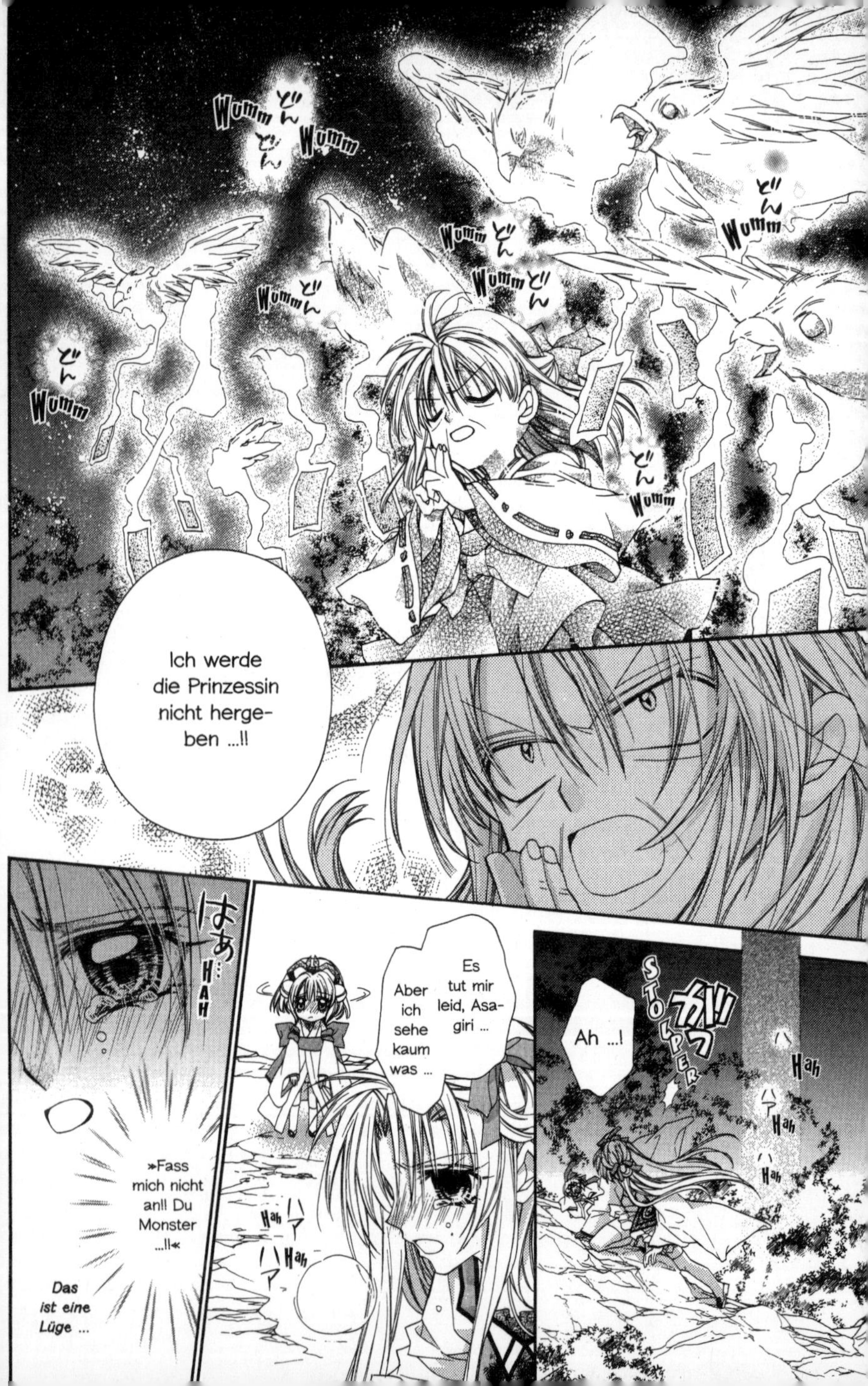

Wumm どん
どん Wumm
どん Wumm
Wumm どん
Wumm どん
Wumm どん
どん Wumm
どん Wumm
どん Wumm
Ich werde die Prinzessin nicht hergeben ...!!
Ah ...!
STOLPER
Hah
Hah
Hah
Es tut mir leid, Asagiri ...
Aber ich sehe kaum was ...
Hah
Hah
HAH
»Fass mich nicht an!! Du Monster ...!!«
Das ist eine Lüge ...

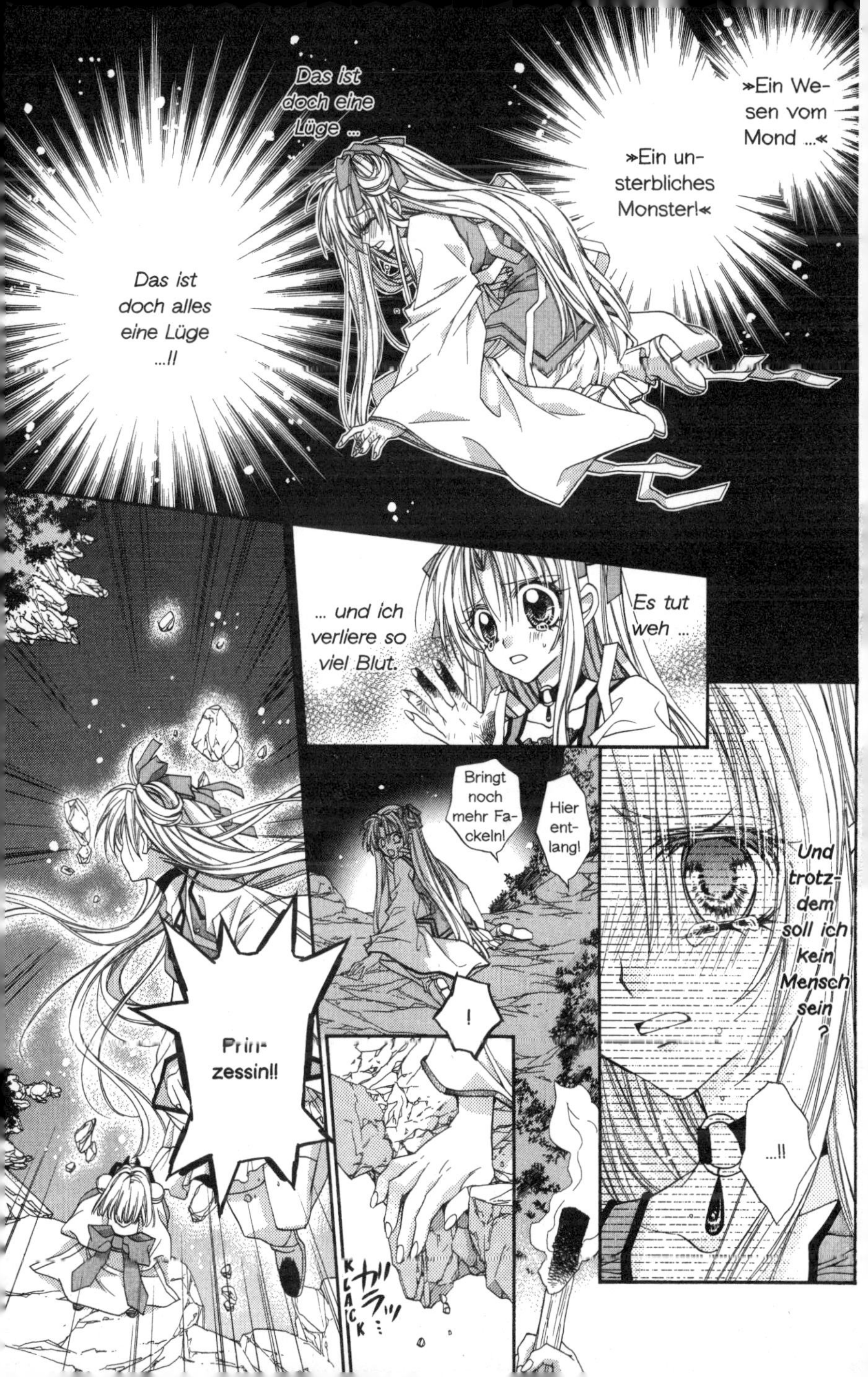
»Ein Wesen vom Mond ...«
»Ein unsterbliches Monster!«
Das ist doch eine Lüge ...
Das ist doch alles eine Lüge ...!!
Es tut weh ...
... und ich verliere so viel Blut.
Und trotzdem soll ich kein Mensch sein?
Hier entlang!
Bringt noch mehr Fackeln!
...!!
!
Prinzessin!!
KLACK

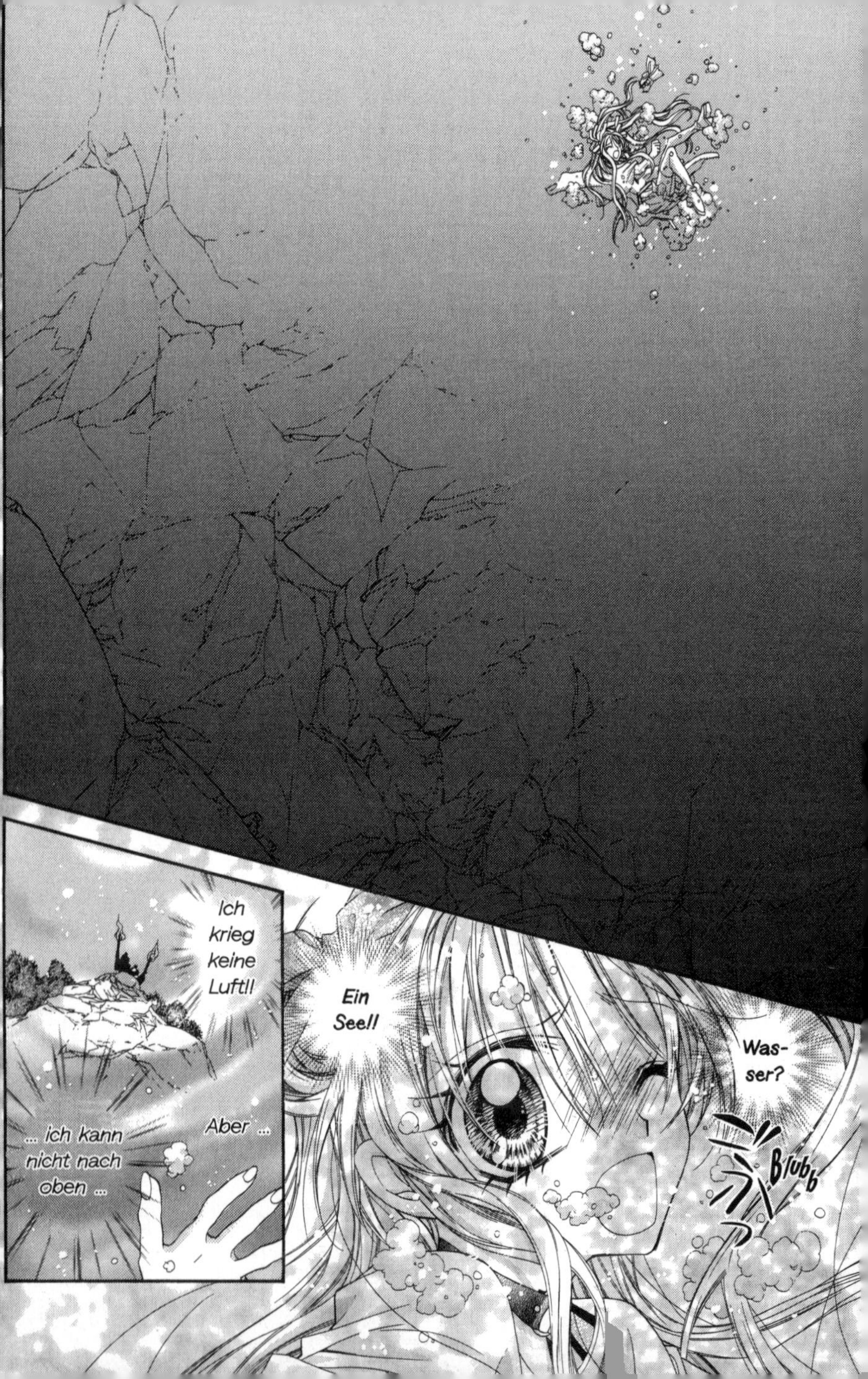
Was-
ser?
Blubb
Ein
See!!
Ich
krieg
keine
Luft!!
Aber ...
... ich kann
nicht nach
oben ...

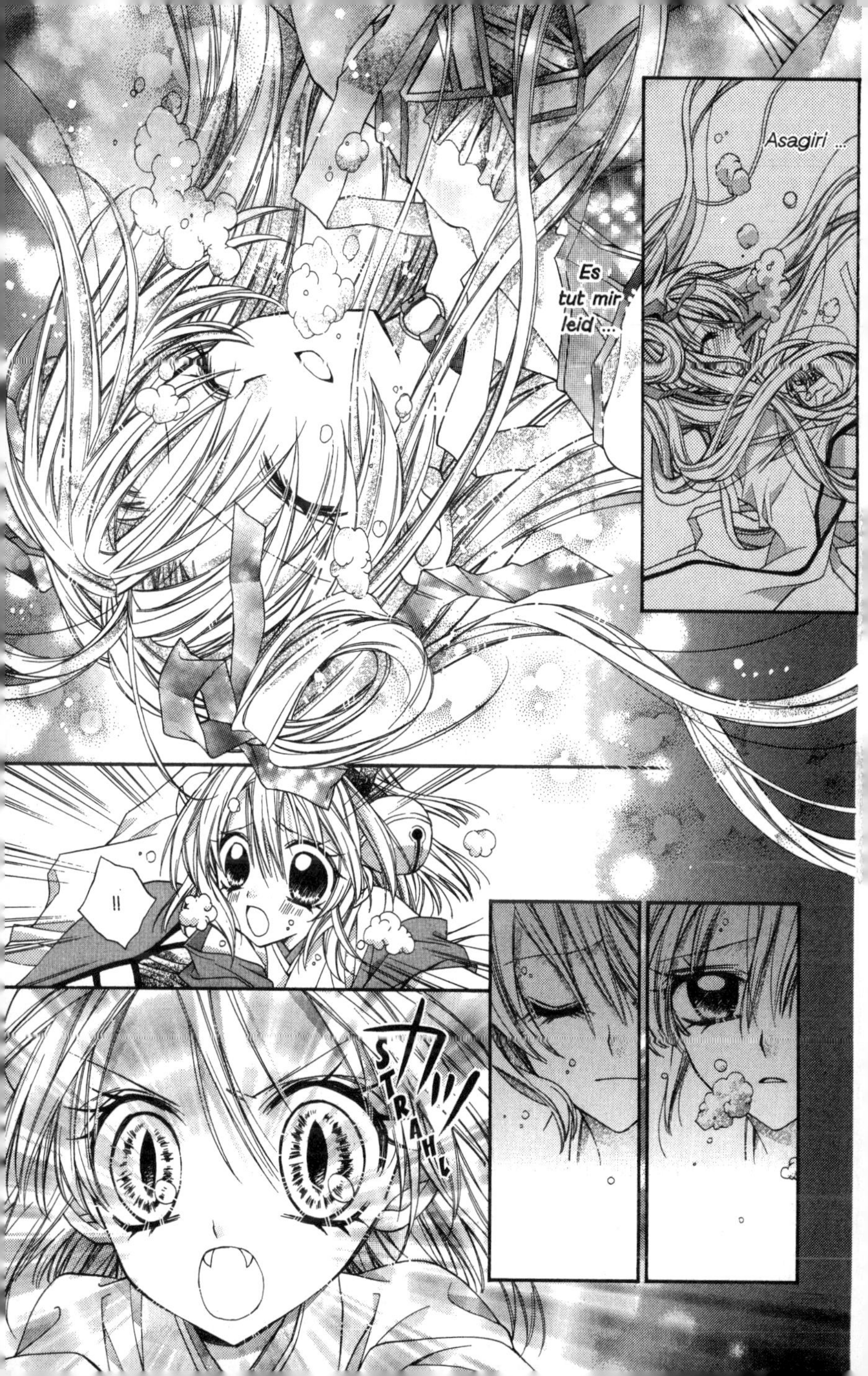

Asagiri ...
Es tut mir leid ...
!!
STRAHL

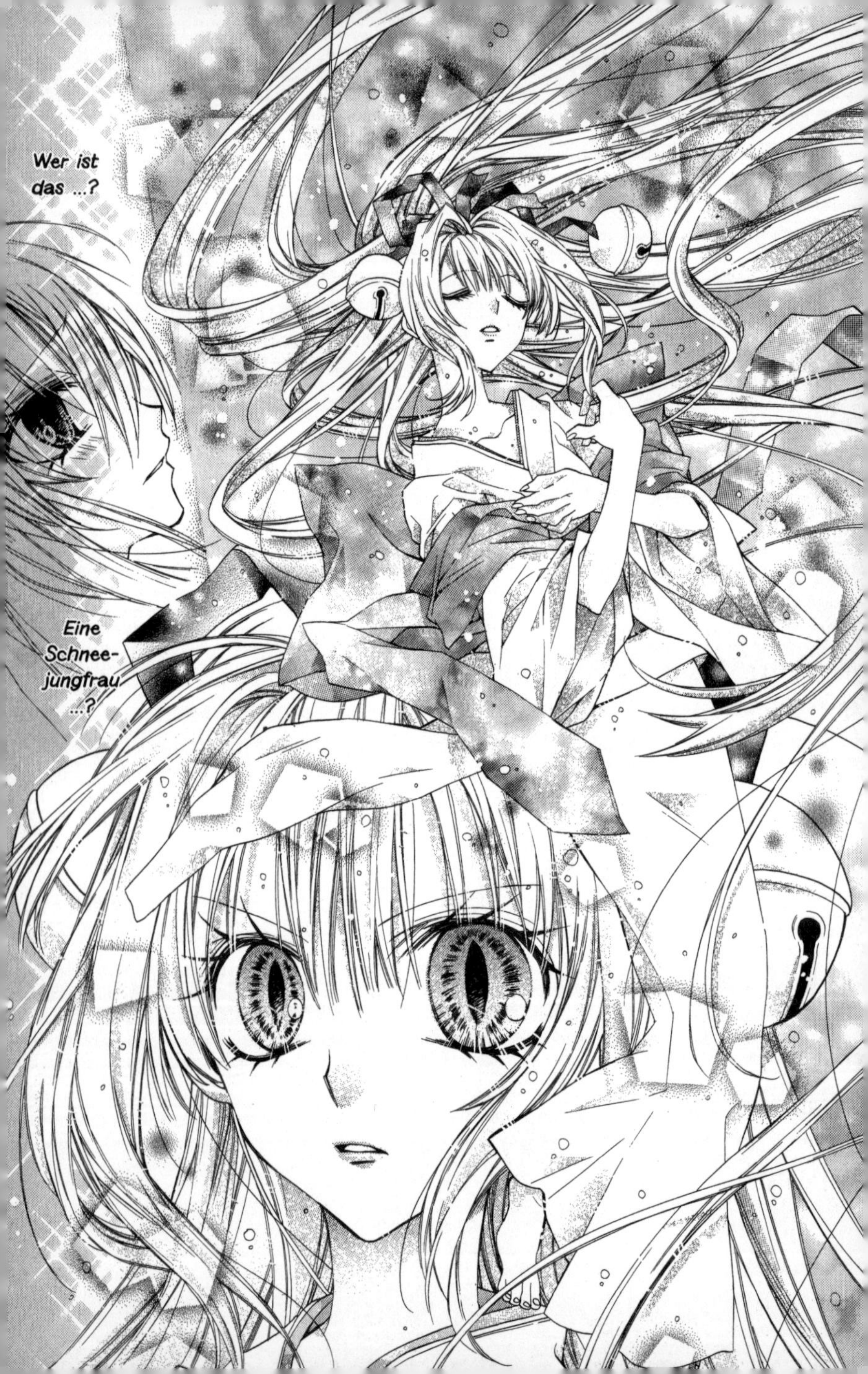
Wer ist das ...?
Eine Schnee-jungfrau ...?

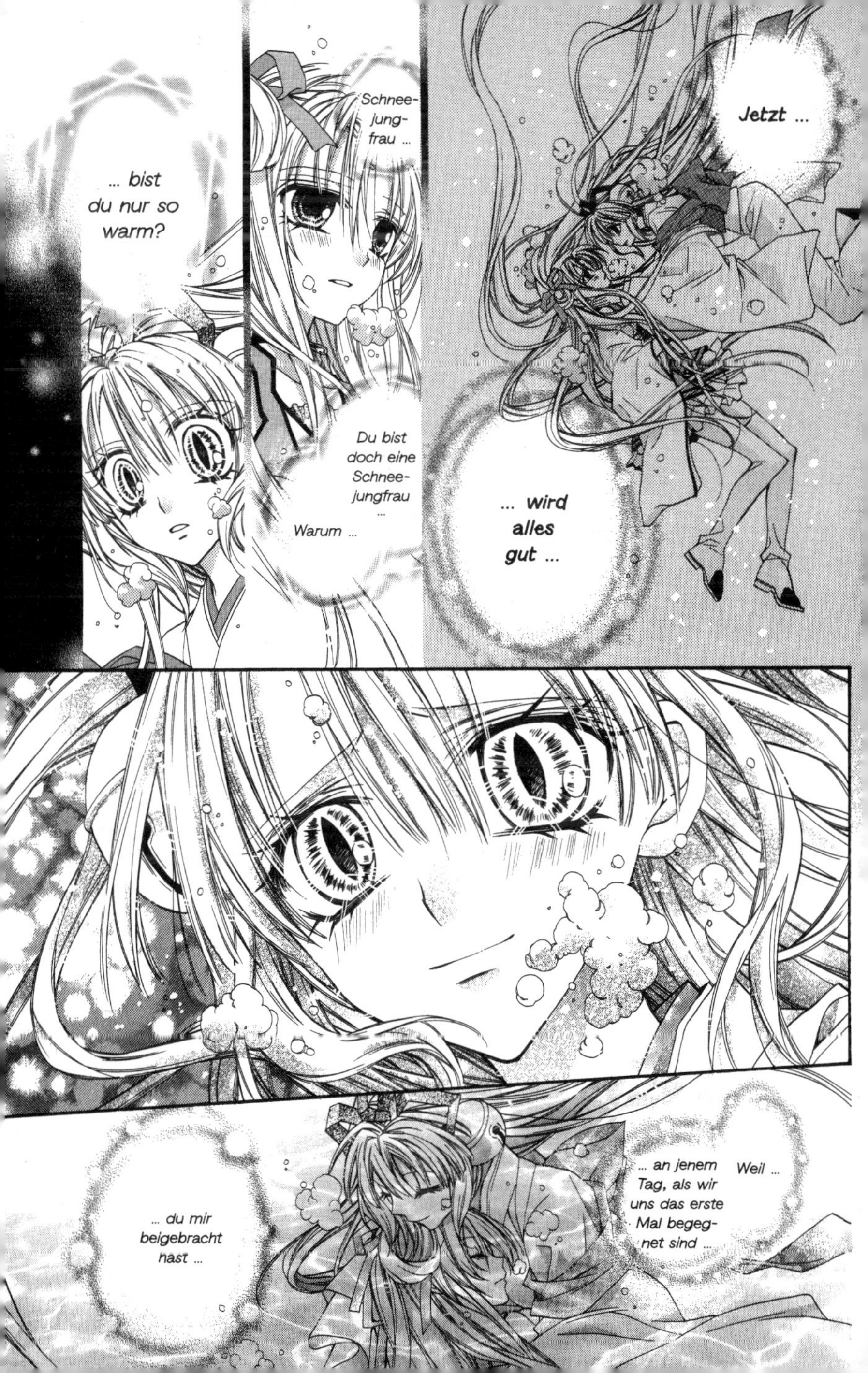
Jetzt ...
... wird alles gut ...
Schnee-jungfrau ...
Du bist doch eine Schnee-jungfrau ...
Warum ...
... bist du nur so warm?
Weil ...
... an jenem Tag, als wir uns das erste Mal begeg-net sind ...
... du mir beigebracht hast ...

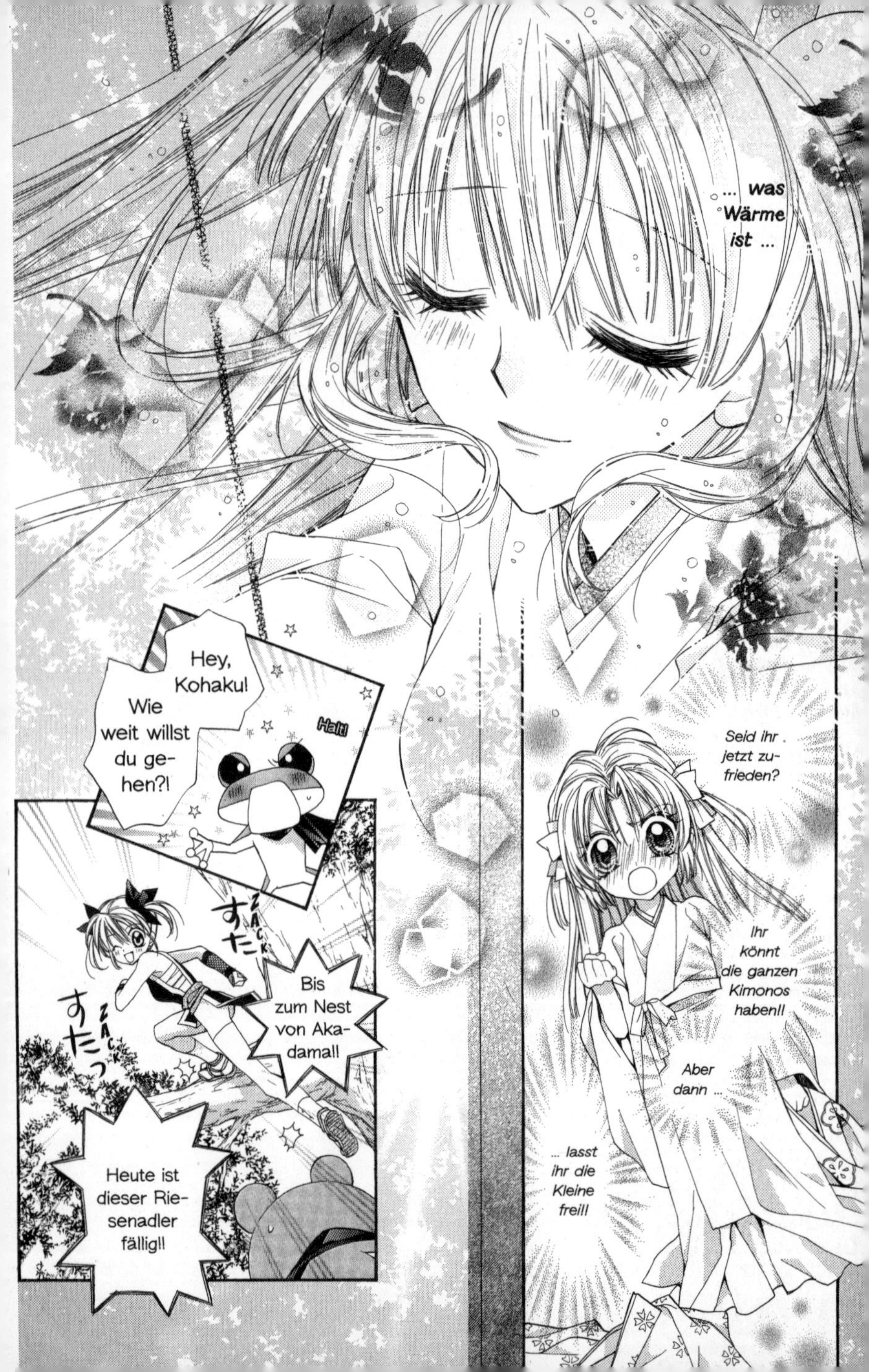
... was Wärme ist ...
Seid ihr jetzt zufrieden?
Ihr könnt die ganzen Kimonos haben!!
Aber dann ...
... lasst ihr die Kleine frei!!
Hey, Kohaku! Wie weit willst du gehen?!
Halt!
すたっ ZACK
Bis zum Nest von Akadama!!
すたっ ZACK
Heute ist dieser Riesenadler fällig!!

Fortsetzung von: Alles über die Songs von Macross F

»Ao no eeteru« (Äther aus Blau)
Dieser Song ist für mich etwas Besonderes, weil Maaya die Lyrics selbst geschrieben hat. Von all ihren Songs ist dieser so ziemlich der Beste, was diesen Musikstil betrifft (ob sie angeleitet wurde oder sich ihn selbst erarbeitet hat, weiß ich allerdings nicht). Man erkennt sofort, dass sie sehr viel über den Song nachgedacht hat und ihr Gesang die Antwort darauf ist. Eine enorme Ausdruckskraft! Ihre Stimme und ihre Art, zu singen, passen perfekt zusammen und klingen bis gaaanz tief ins Herz hinein. Und ich finde den Songtitel gut.

»Anata no oto« (Dein Sound)
Diesen Song kann ganz klar nur Lanka singen. (Bei Macross F sind's ja hauptsächlich gecoverte Songs.) Lankas Stimme klingt hier ein bisschen erwachsener als sonst, was bei mir Herzklopfen verursacht …

»Special Medley«
Die Version auf dem Soundtrack hat auch ziemlich viel Tempo, aber diese Version mit ihrem Live-Feeling finde ich auch richtig gut! Ich suche noch jemanden, der den Song mit mir beim Karaoke singt. Der Refrain braucht doch einen Chor …

»What 'bout my star?«
Anfangs habe ich mir permanent auf die Zunge gebissen, und ich konnte mir den Text kaum merken, aber inzwischen finde ich, es gibt kaum ein Lied, das so viel Spaß macht, zu singen! Je nachdem, wer den Song singt, bekommt er eine ganz andere Ausstrahlung. Die Lyrics sind etwas provokant und je nach Version kommen die ganz anders rüber – echt cool.

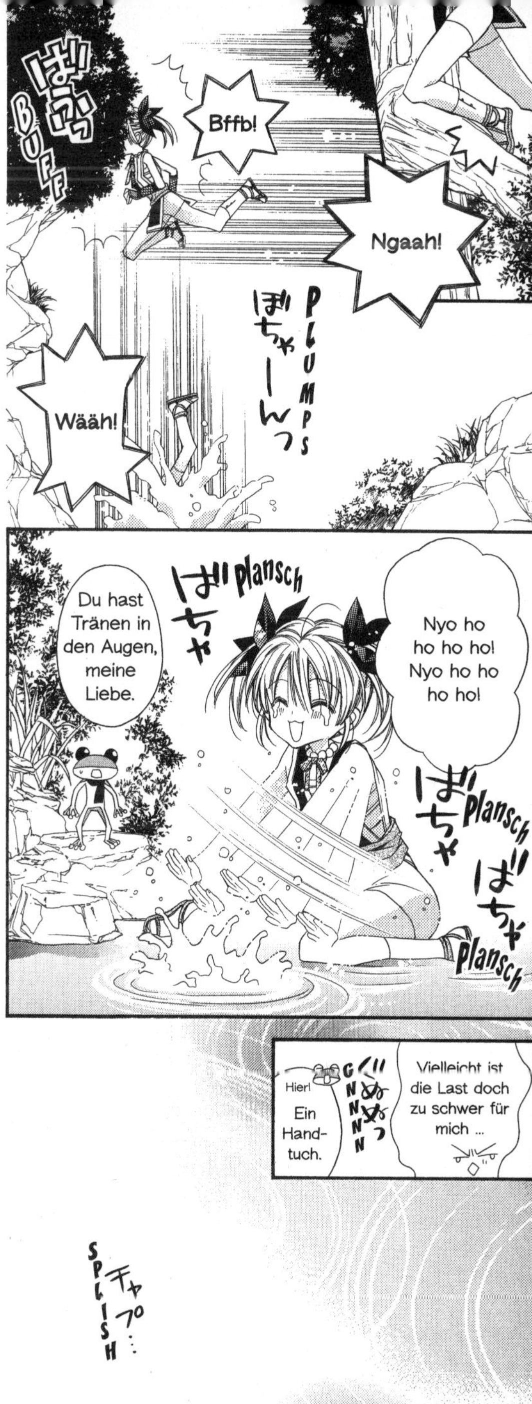

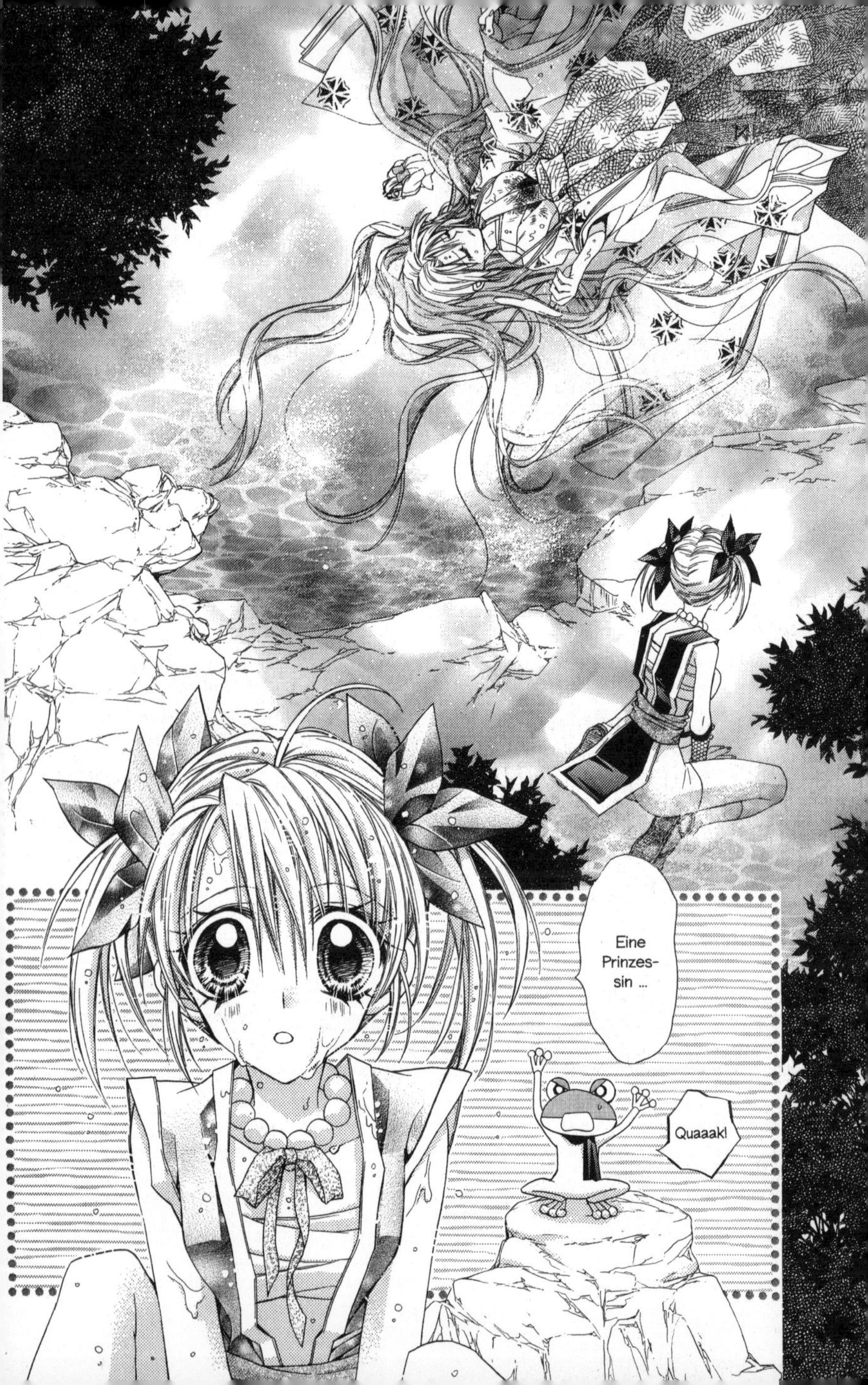
Eine Prinzes-sin ...
Quaaak!

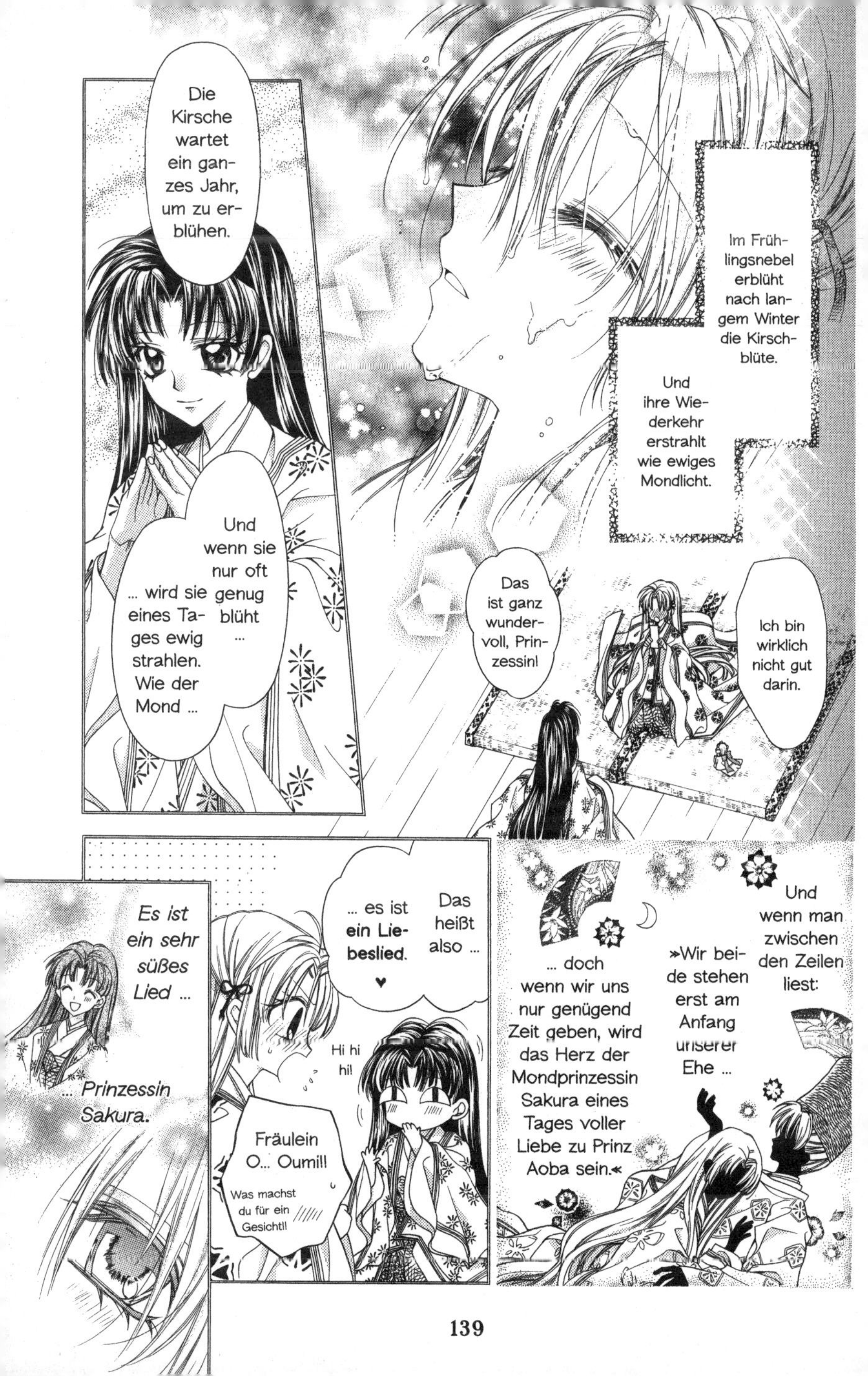

Im Frühlingsnebel erblüht nach langem Winter die Kirschblüte.
Und ihre Wiederkehr erstrahlt wie ewiges Mondlicht.
Die Kirsche wartet ein ganzes Jahr, um zu erblühen.
Und wenn sie nur oft genug blüht ...
... wird sie eines Tages ewig strahlen. Wie der Mond ...
Ich bin wirklich nicht gut darin.
Das ist ganz wundervoll, Prinzessin!
Und wenn man zwischen den Zeilen liest:
»Wir beide stehen erst am Anfang unserer Ehe ...
... doch wenn wir uns nur genügend Zeit geben, wird das Herz der Mondprinzessin Sakura eines Tages voller Liebe zu Prinz Aoba sein.«
Das heißt also ...
... es ist **ein Liebeslied**. ♥
Hi hi hi!
Fräulein O... Oumi!!
Was machst du für ein Gesicht!!
Es ist ein sehr süßes Lied ...
... Prinzessin Sakura.

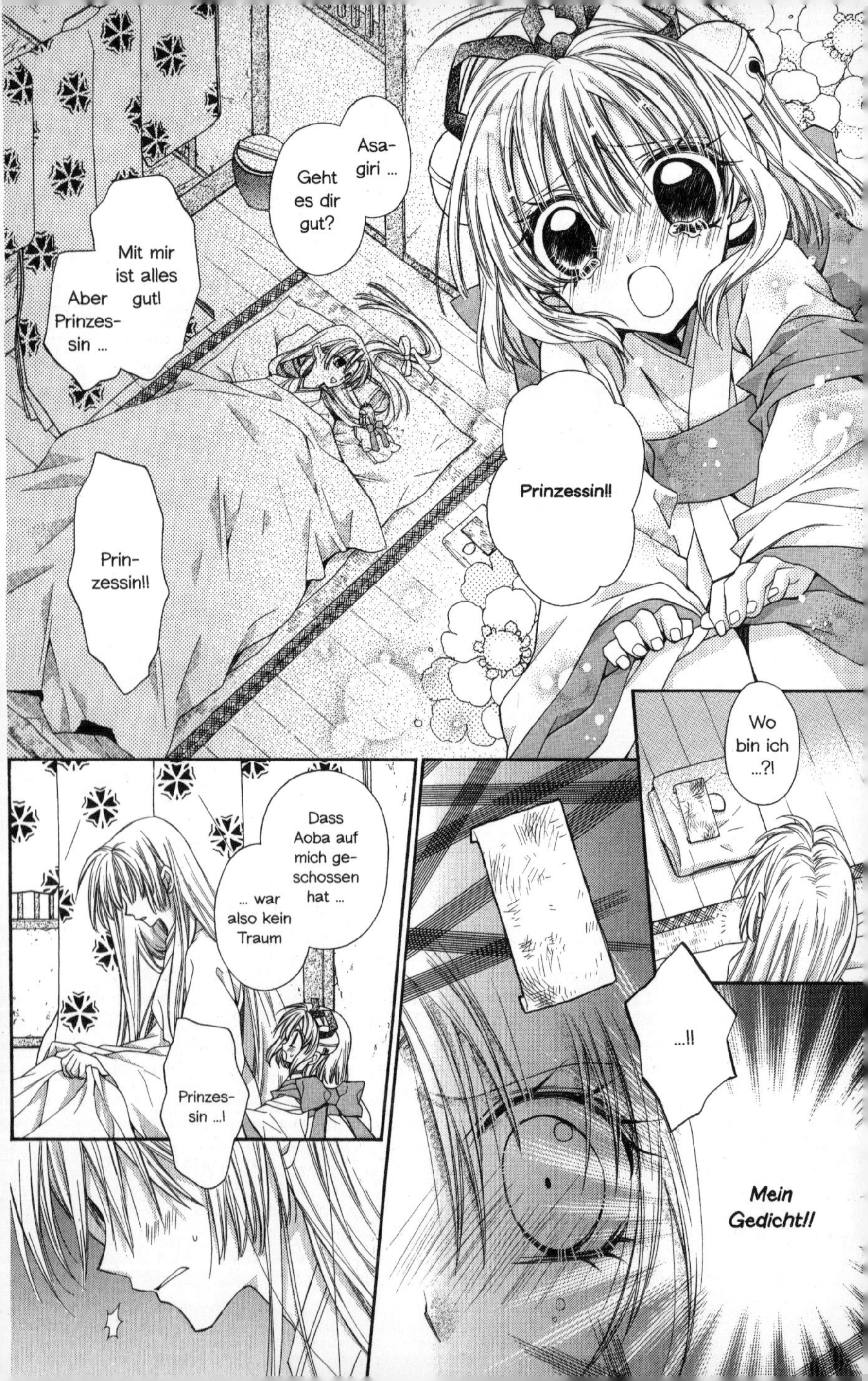
Asa-
giri ...
Geht
es dir
gut?
Mit mir
ist alles
gut!
Aber
Prinzes-
sin ...
Prinzessin!!
Prin-
zessin!!
Wo
bin ich
...?!
Dass
Aoba auf
mich ge-
schossen
hat ...
... war
also kein
Traum
Prinzes-
sin ...!
...!!
Mein
Gedicht!!

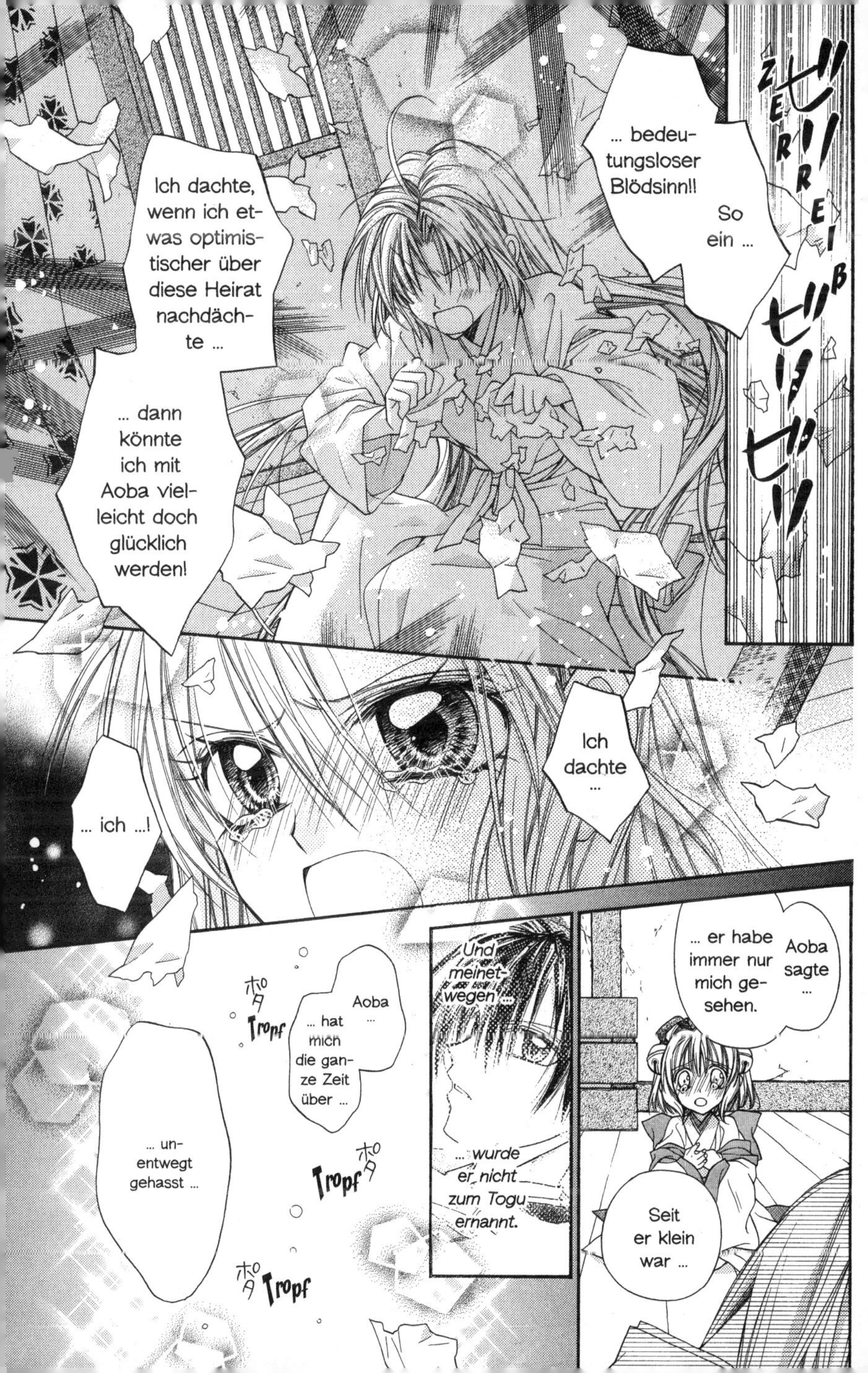
ZERREIB
So ein ...
... bedeutungsloser Blödsinn!!
Ich dachte, wenn ich etwas optimistischer über diese Heirat nachdächte ...
... dann könnte ich mit Aoba vielleicht doch glücklich werden!
Ich dachte ...
... ich ...!
Aoba sagte ...
... er habe immer nur mich gesehen.
Seit er klein war ...
Und meinetwegen ...
... wurde er nicht zum Togu ernannt.
Tropf
Aoba ...
... hat mich die ganze Zeit über ...
... unentwegt gehasst ...
Tropf
Tropf

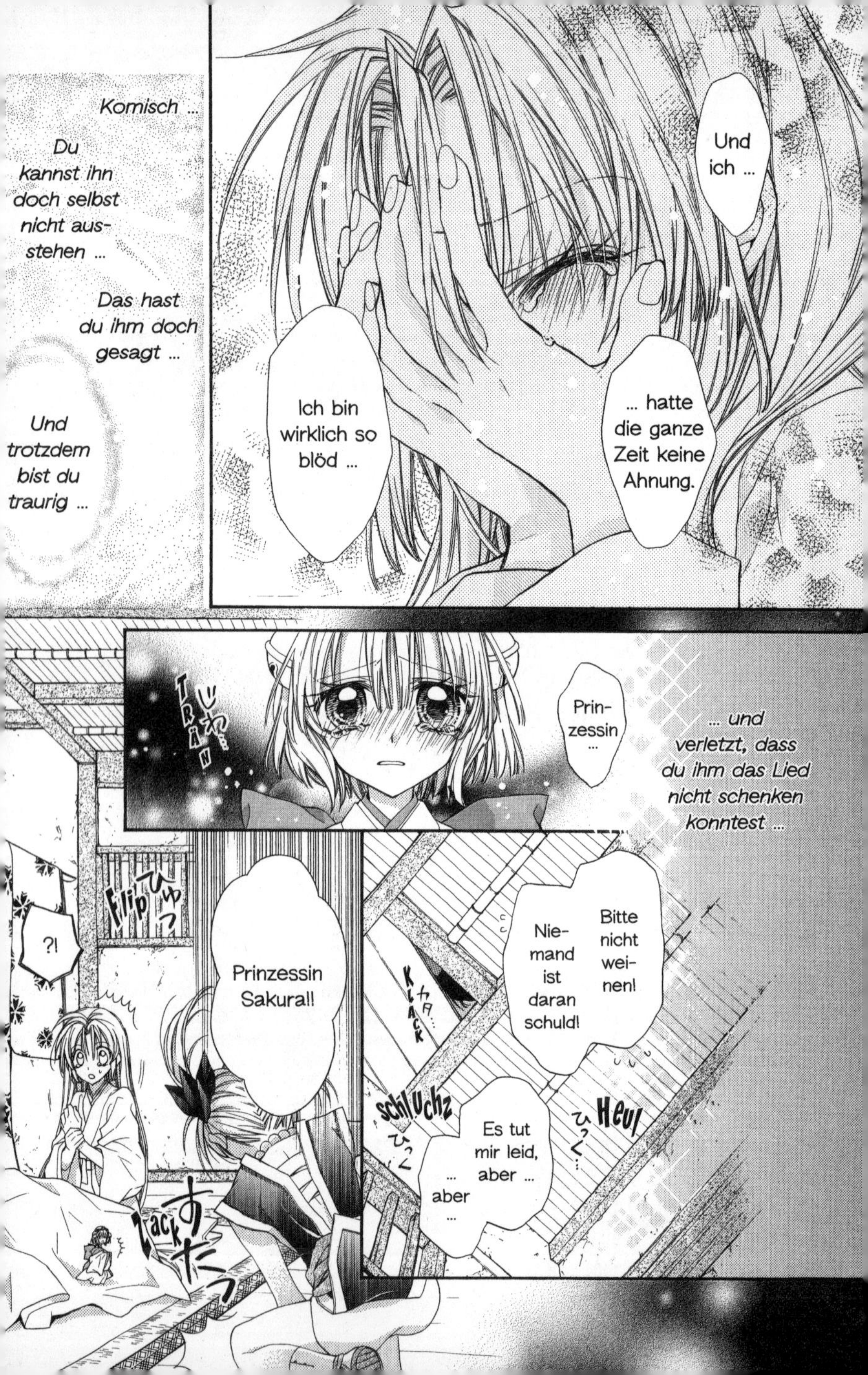

Und ich ...
... hatte die ganze Zeit keine Ahnung.
Ich bin wirklich so blöd ...
Komisch ...
Du kannst ihn doch selbst nicht ausstehen ...
Das hast du ihm doch gesagt ...
Und trotzdem bist du traurig ...
... und verletzt, dass du ihm das Lied nicht schenken konntest ...
Prinzessin ...
Trän
Bitte nicht weinen!
Niemand ist daran schuld!
Klack
Heul
Es tut mir leid, aber ...
... aber ...
Schluchz
Prinzessin Sakura!!
Flip
?!
Zack

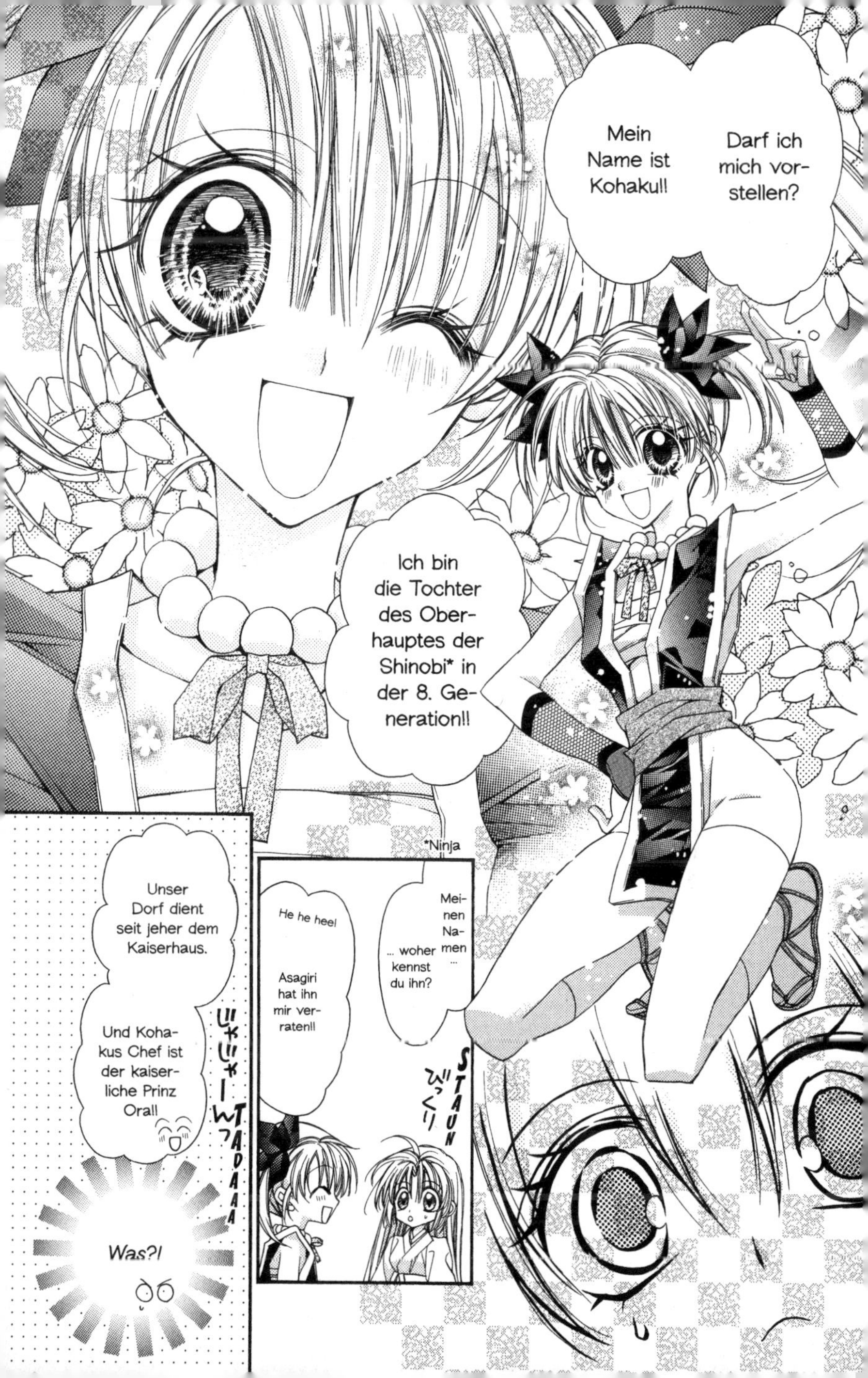
Darf ich mich vorstellen?
Mein Name ist Kohaku!!
Ich bin die Tochter des Oberhauptes der Shinobi* in der 8. Generation!!
*Ninja
Meinen Namen ...
... woher kennst du ihn?
STAUN
He he hee!
Asagiri hat ihn mir verraten!!
Unser Dorf dient seit jeher dem Kaiserhaus.
Und Kohakus Chef ist der kaiserliche Prinz Ora!!
TADAAA
Was?!

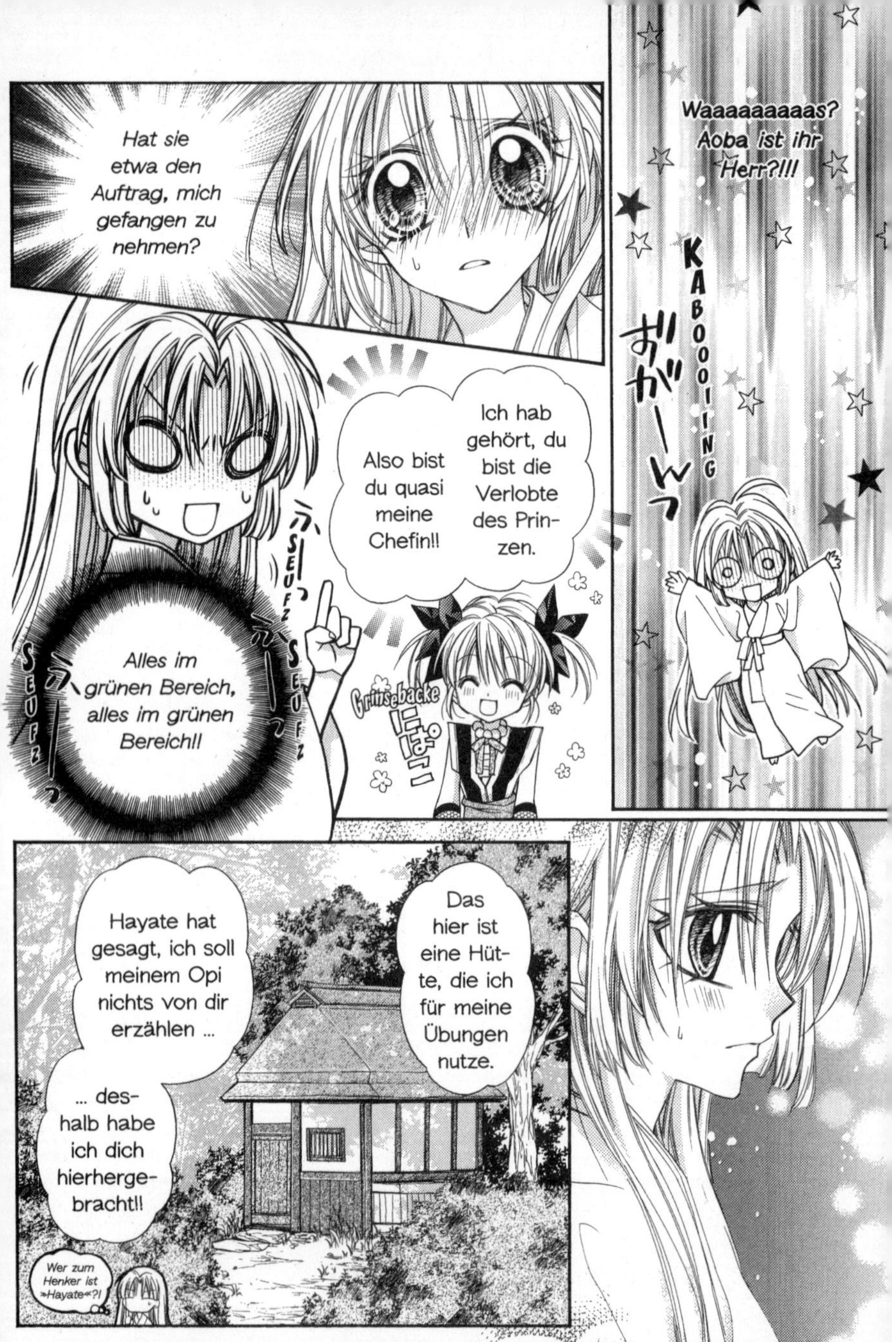
Waaaaaaaaas? Aoba ist ihr Herr?!!!
KABOOOOIING
おがーんっ
Hat sie etwa den Auftrag, mich gefangen zu nehmen?
Ich hab gehört, du bist die Verlobte des Prinzen.
Also bist du quasi meine Chefin!!
Grinsebacke
にぱっ
SEUFZ
SEUFZ
SEUFZ
Alles im grünen Bereich, alles im grünen Bereich!!
Das hier ist eine Hütte, die ich für meine Übungen nutze.
Hayate hat gesagt, ich soll meinem Opi nichts von dir erzählen ...
... deshalb habe ich dich hierhergebracht!!
Wer zum Henker ist »Hayate«?!

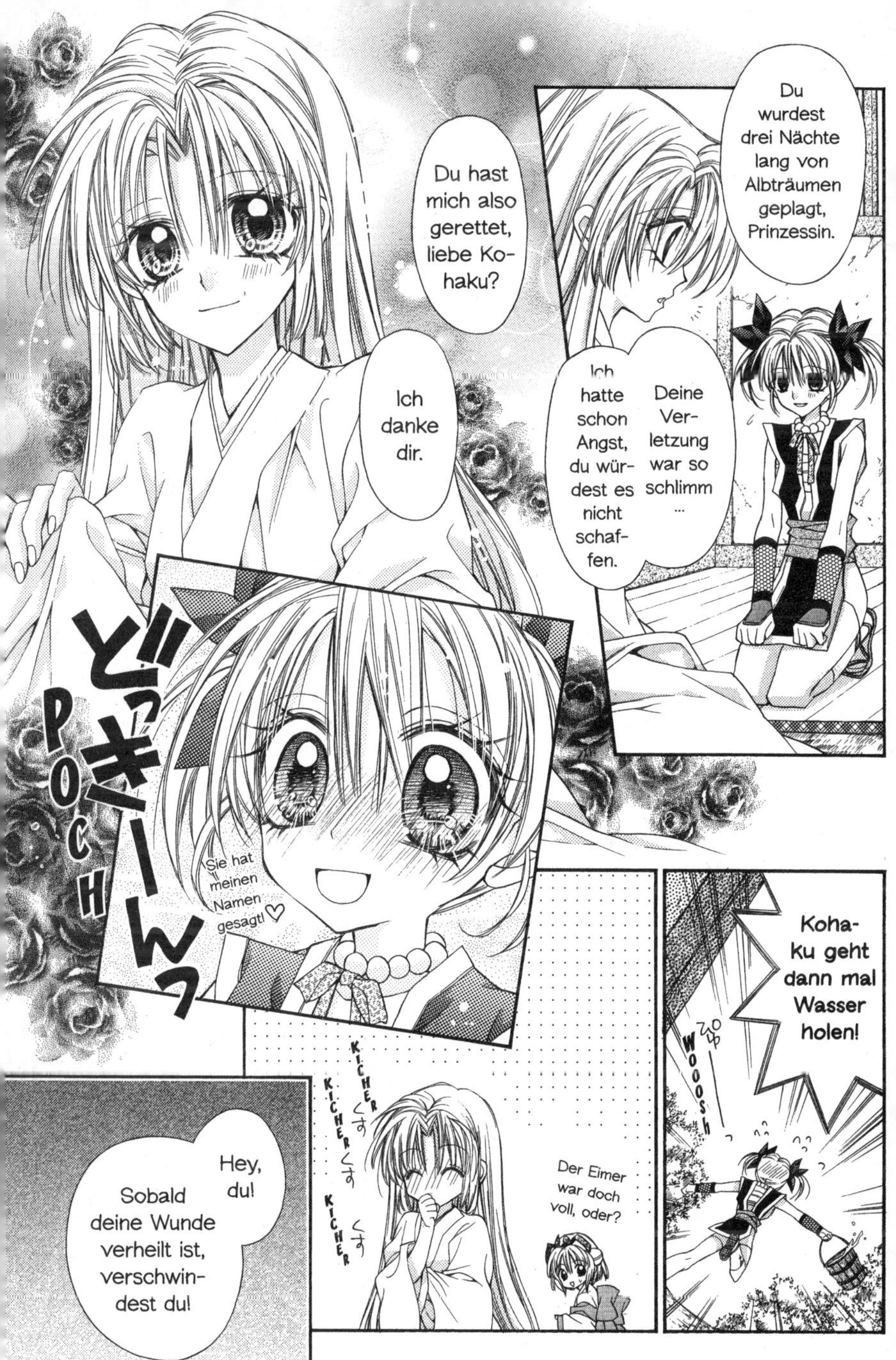
Du wurdest drei Nächte lang von Albträumen geplagt, Prinzessin.
Deine Verletzung war so schlimm ...
Ich hatte schon Angst, du würdest es nicht schaffen.
Du hast mich also gerettet, liebe Kohaku?
Ich danke dir.
POCH
Sie hat meinen Namen gesagt! ♡
Koha-ku geht dann mal Wasser holen!
WOOOSH
Der Eimer war doch voll, oder?
KICHER
KICHER
KICHER
Hey, du!
Sobald deine Wunde verheilt ist, verschwindest du!

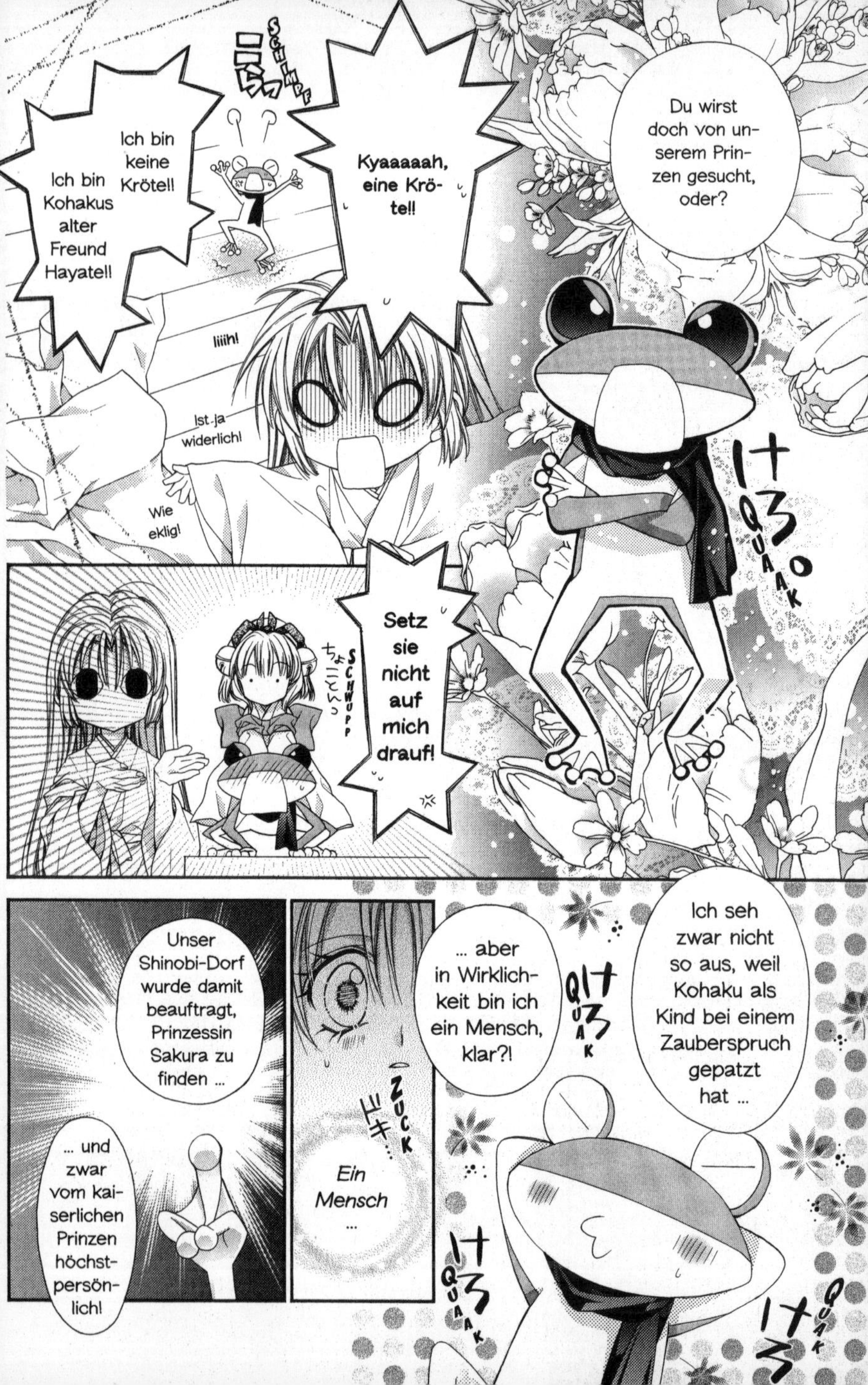
Du wirst doch von unserem Prinzen gesucht, oder?
QUAAAK
Kyaaaaah, eine Kröte!!
SCHIMPF
Ich bin keine Kröte!!
Ich bin Kohakus alter Freund Hayate!!
Iiiih!
Ist ja widerlich!
Wie eklig!
Setz sie nicht auf mich drauf!
SCHWUPP
Ich seh zwar nicht so aus, weil Kohaku als Kind bei einem Zauberspruch gepatzt hat ...
... aber in Wirklichkeit bin ich ein Mensch, klar?!
QUAK
QUAAK
QUAK
ZUCK
Ein Mensch ...
Unser Shinobi-Dorf wurde damit beauftragt, Prinzessin Sakura zu finden ...
... und zwar vom kaiserlichen Prinzen höchstpersönlich!

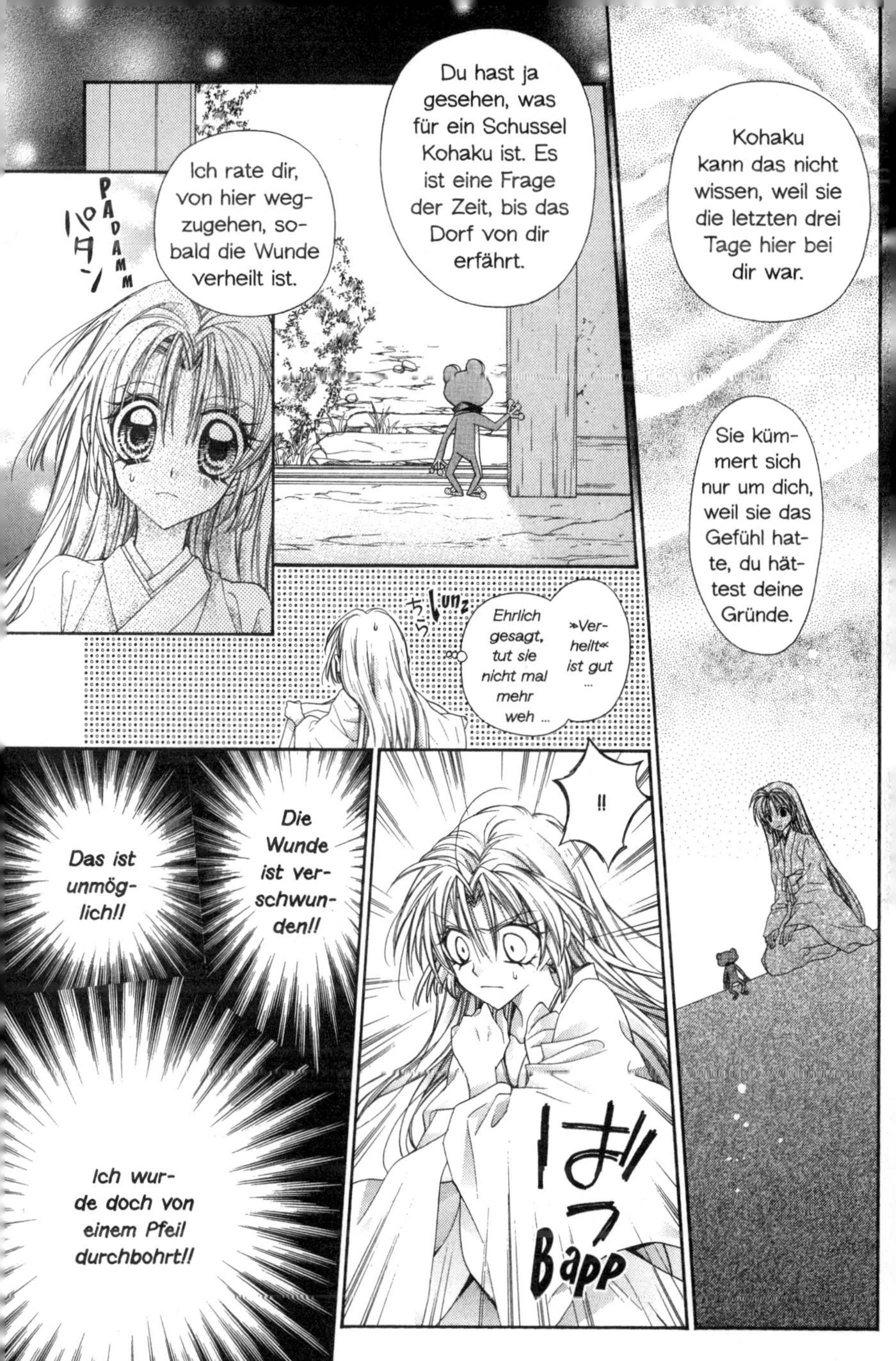

Kohaku kann das nicht wissen, weil sie die letzten drei Tage hier bei dir war.
Sie kümmert sich nur um dich, weil sie das Gefühl hatte, du hättest deine Gründe.
Du hast ja gesehen, was für ein Schussel Kohaku ist. Es ist eine Frage der Zeit, bis das Dorf von dir erfährt.
Ich rate dir, von hier wegzugehen, sobald die Wunde verheilt ist.
PADAMM
»Verheilt« ist gut ...
Ehrlich gesagt, tut sie nicht mal mehr weh ...
!!
Bapp
Die Wunde ist verschwunden!!
Das ist unmöglich!!
Ich wurde doch von einem Pfeil durchbohrt!!

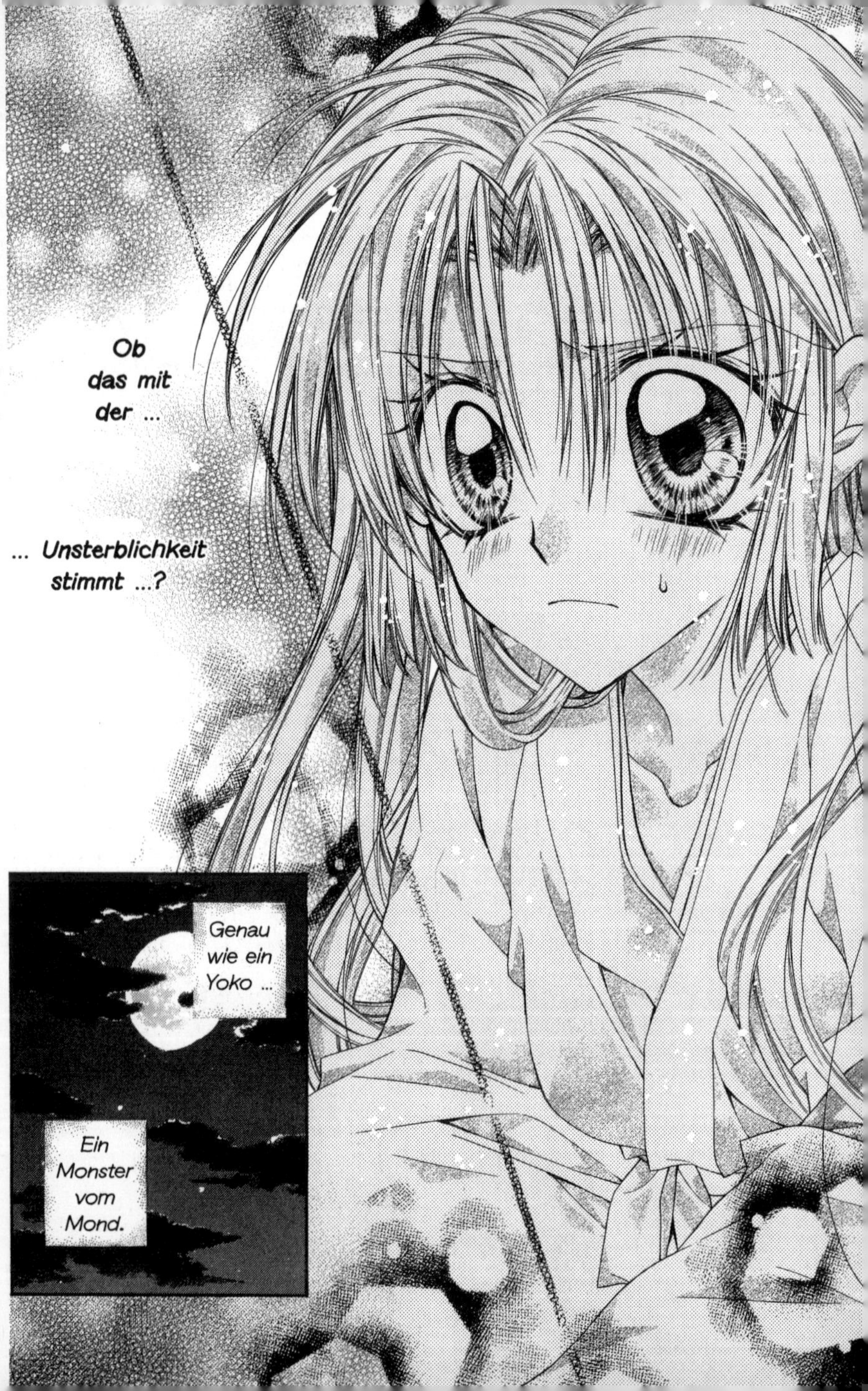
Genau wie ein Yoko ...
Ein Monster vom Mond.
Ob das mit der ...
... Unsterblichkeit stimmt ...?

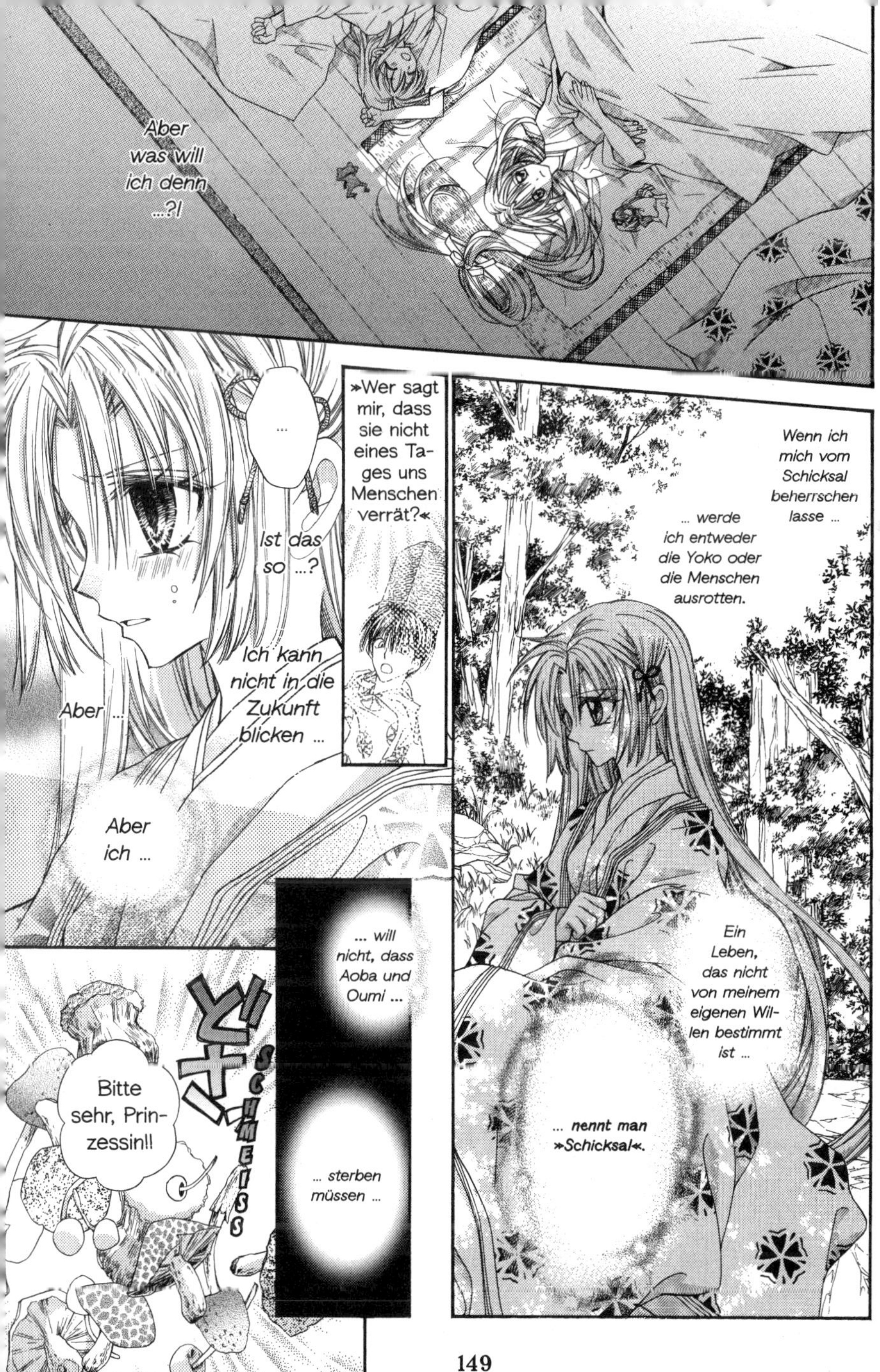

Aber was will ich denn ...?!
Wenn ich mich vom Schicksal beherrschen lasse ...
... werde ich entweder die Yoko oder die Menschen ausrotten.
Ein Leben, das nicht von meinem eigenen Willen bestimmt ist ...
... nennt man »Schicksal«.
»Wer sagt mir, dass sie nicht eines Tages uns Menschen verrät?«
...
Ist das so ...?
Ich kann nicht in die Zukunft blicken ...
Aber ...
Aber ich ...
... will nicht, dass Aoba und Oumi ...
... sterben müssen ...
SCHMEISS
Bitte sehr, Prinzessin!!

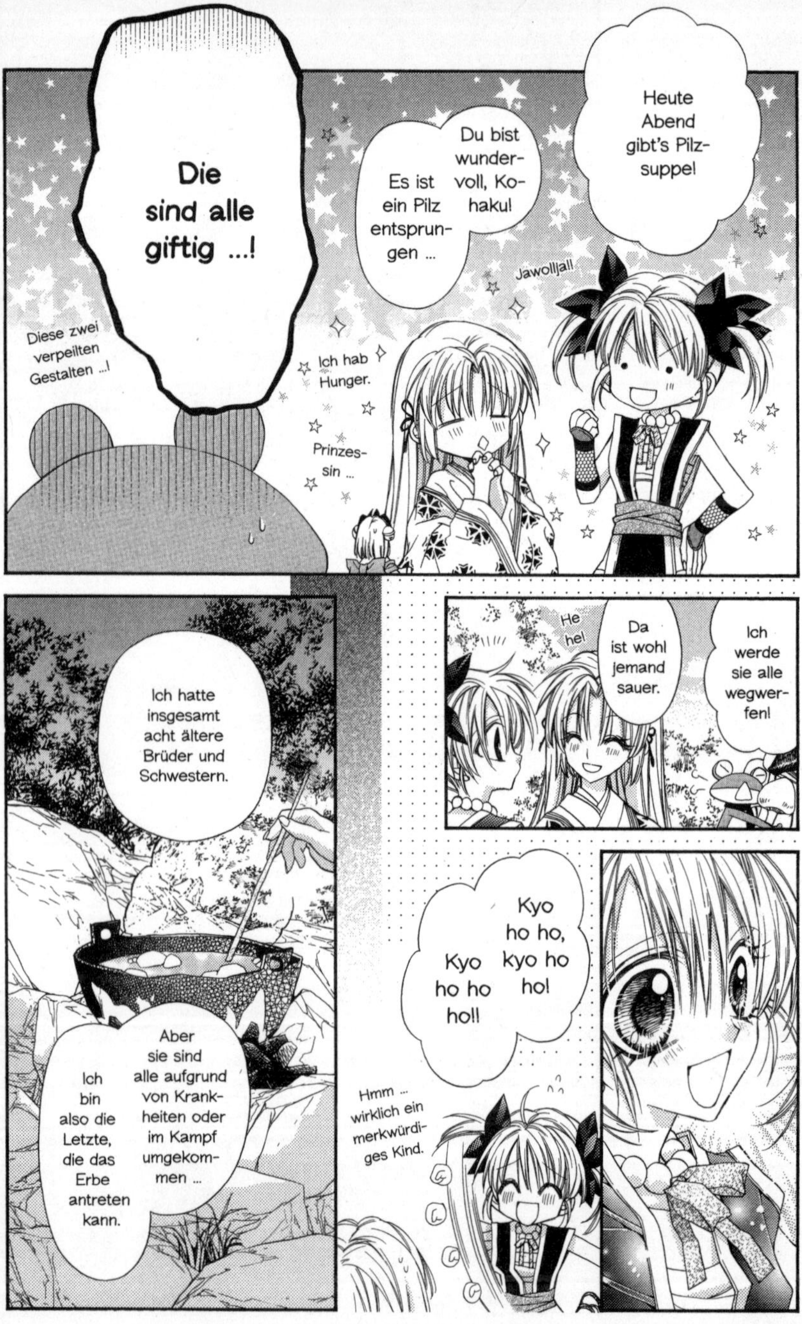
Heute Abend gibt's Pilzsuppe!
Du bist wundervoll, Kohaku!
Es ist ein Pilz entsprungen ...
Jawolljal!
Ich hab Hunger.
Prinzessin ...
Die sind alle giftig ...!
Diese zwei verpeilten Gestalten ...!
Ich werde sie alle wegwerfen!
Da ist wohl jemand sauer.
He he!
Kyo ho ho, kyo ho ho!
Kyo ho ho ho!!
Hmm ... wirklich ein merkwürdiges Kind.
Ich hatte insgesamt acht ältere Brüder und Schwestern.
Aber sie sind alle aufgrund von Krankheiten oder im Kampf umgekommen ...
Ich bin also die Letzte, die das Erbe antreten kann.

Aoba

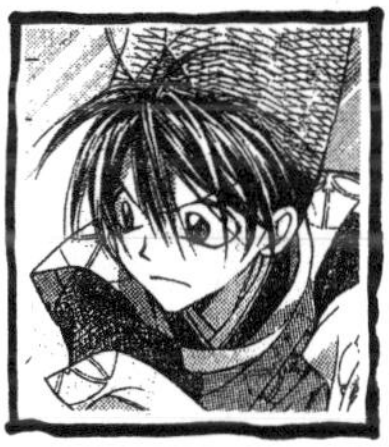

17 Jahre alt. Der Kaiserliche Prinz Ora. Aoba ist sein Jugendname. (Sakura nennt ihn seit ihrer ersten Begegnung immer noch so.)

Sein Charakterdesign sah keine besonderen Merkmale vor. Von meinen anderen Charakteren kann ich ihn ja dank der Kleidung gut unterscheiden, und ich steh nun mal auf schwarze Haare ... (Er hat immerhin langes Haar!)

Er besitzt einen unbändigen Stolz, aber hinter seinem Willen, unbedingt Togu werden zu wollen, steckt eine überdurchschnittlich große Liebe zu seinem Land.

Er ist ungeschickt und kann mit seinen Kräften nicht haushalten. Seine Gefühle gegenüber Sakura sind kompliziert und verworren, aber nicht eines davon kann er ihr ehrlich mitteilen.

Den momentanen Togu Fujimurasaki kann er natürlich (?) nicht ausstehen. Auch in Zukunft wird er vieles aus verschiedenen Gründen nicht mögen.

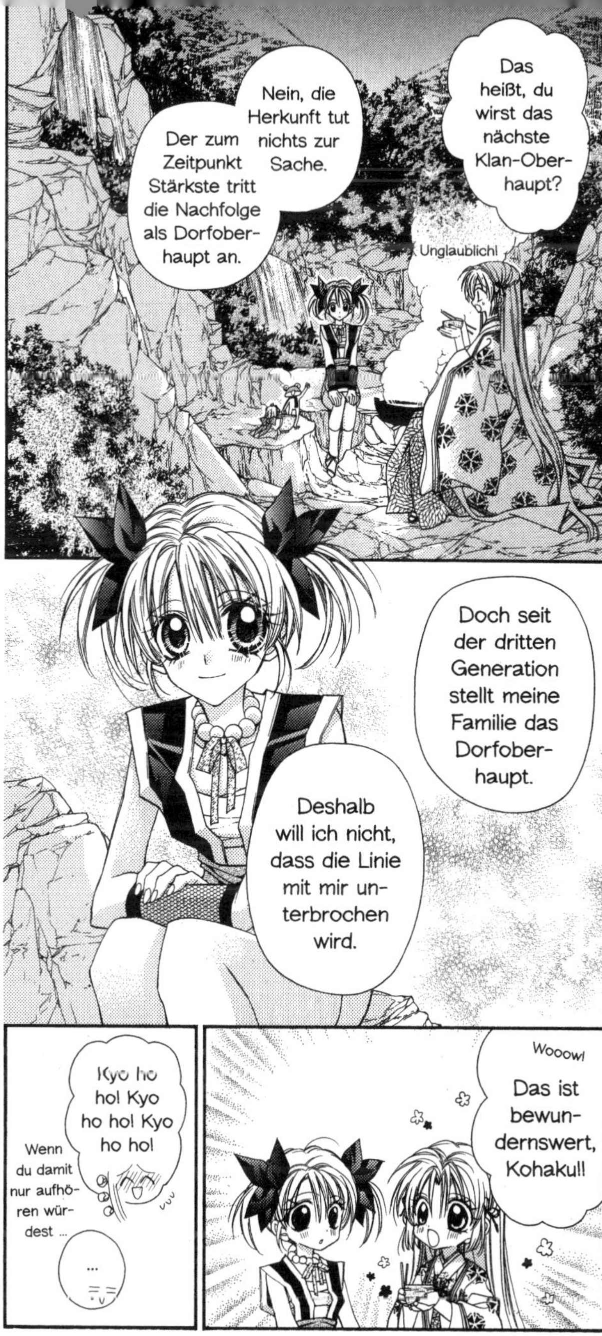

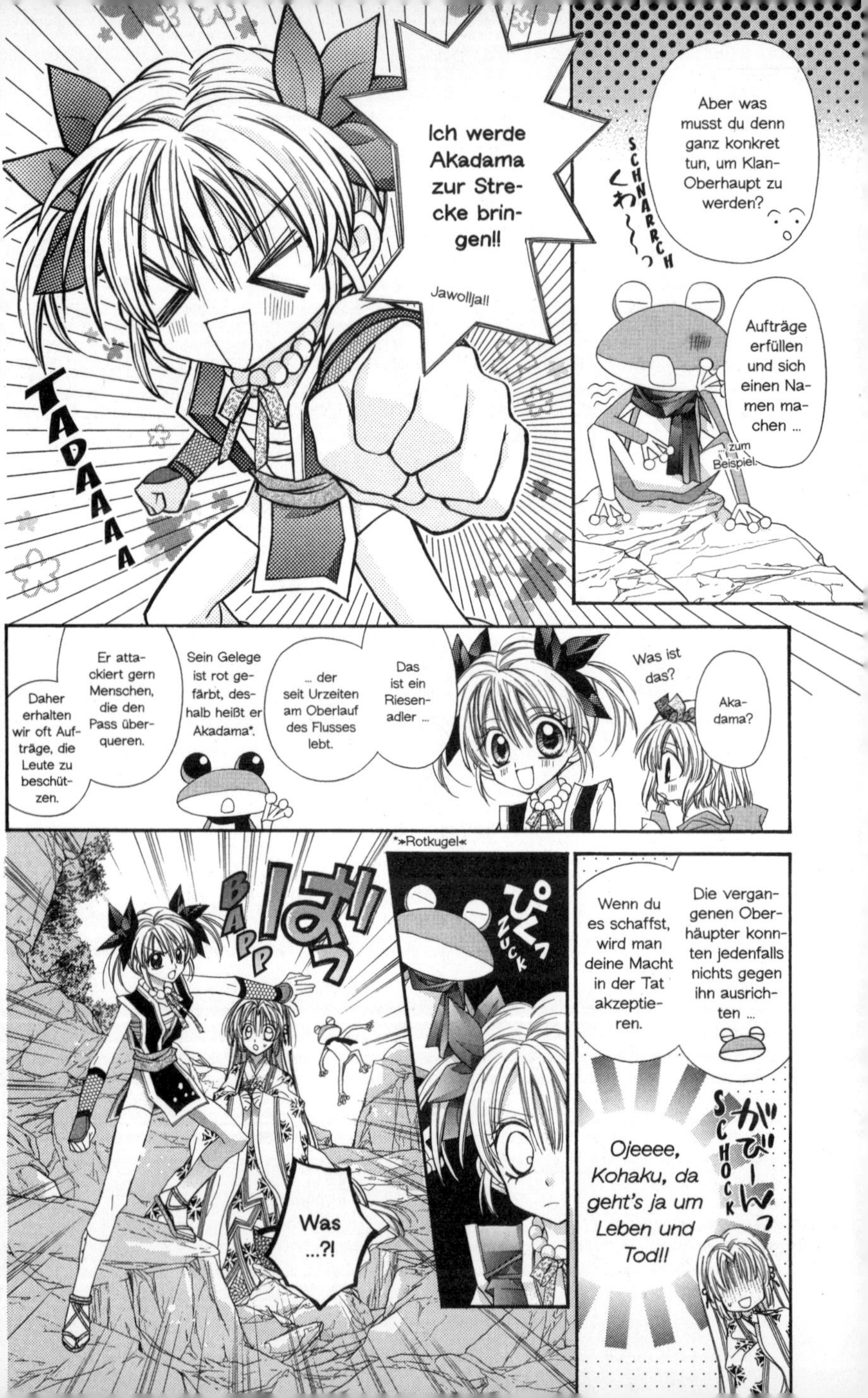
Aber was musst du denn ganz konkret tun, um Klan-Oberhaupt zu werden?
SCHNARRCH くわ～～っ
Aufträge erfüllen und sich einen Namen machen ...
... zum Beispiel.
Ich werde Akadama zur Strecke bringen!!
Jawolljal!
TADAAAA
Was ist das?
Akadama?
Das ist ein Riesenadler ...
... der seit Urzeiten am Oberlauf des Flusses lebt.
Sein Gelege ist rot gefärbt, deshalb heißt er Akadama*.
Er attackiert gern Menschen, die den Pass überqueren.
Daher erhalten wir oft Aufträge, die Leute zu beschützen.
Die vergangenen Oberhäupter konnten jedenfalls nichts gegen ihn ausrichten ...
Wenn du es schaffst, wird man deine Macht in der Tat akzeptieren.
Ojeeee, Kohaku, da geht's ja um Leben und Tod!!
SCHOCK がびーんっ
ぴくっ ZUCK
BAPP ばっ
Was ...?!

*»Rotkugel«

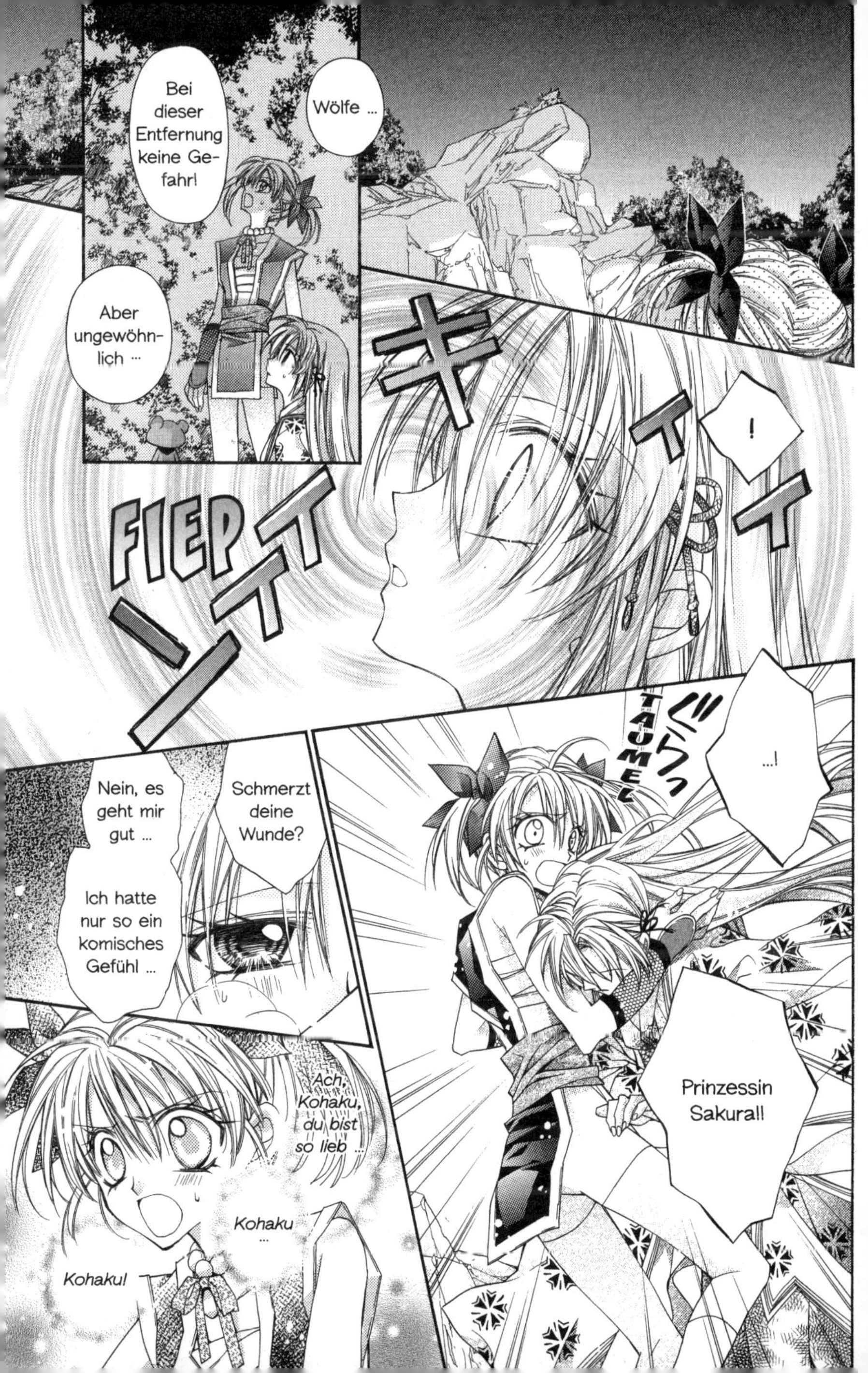
Wölfe ...
Bei dieser Entfernung keine Gefahr!
Aber ungewöhnlich ...
!
FIEP
TAUMEL
...!
Prinzessin Sakura!!
Schmerzt deine Wunde?
Nein, es geht mir gut ...
Ich hatte nur so ein komisches Gefühl ...
Ach, Kohaku, du bist so lieb ...
Kohaku ...
Kohaku!

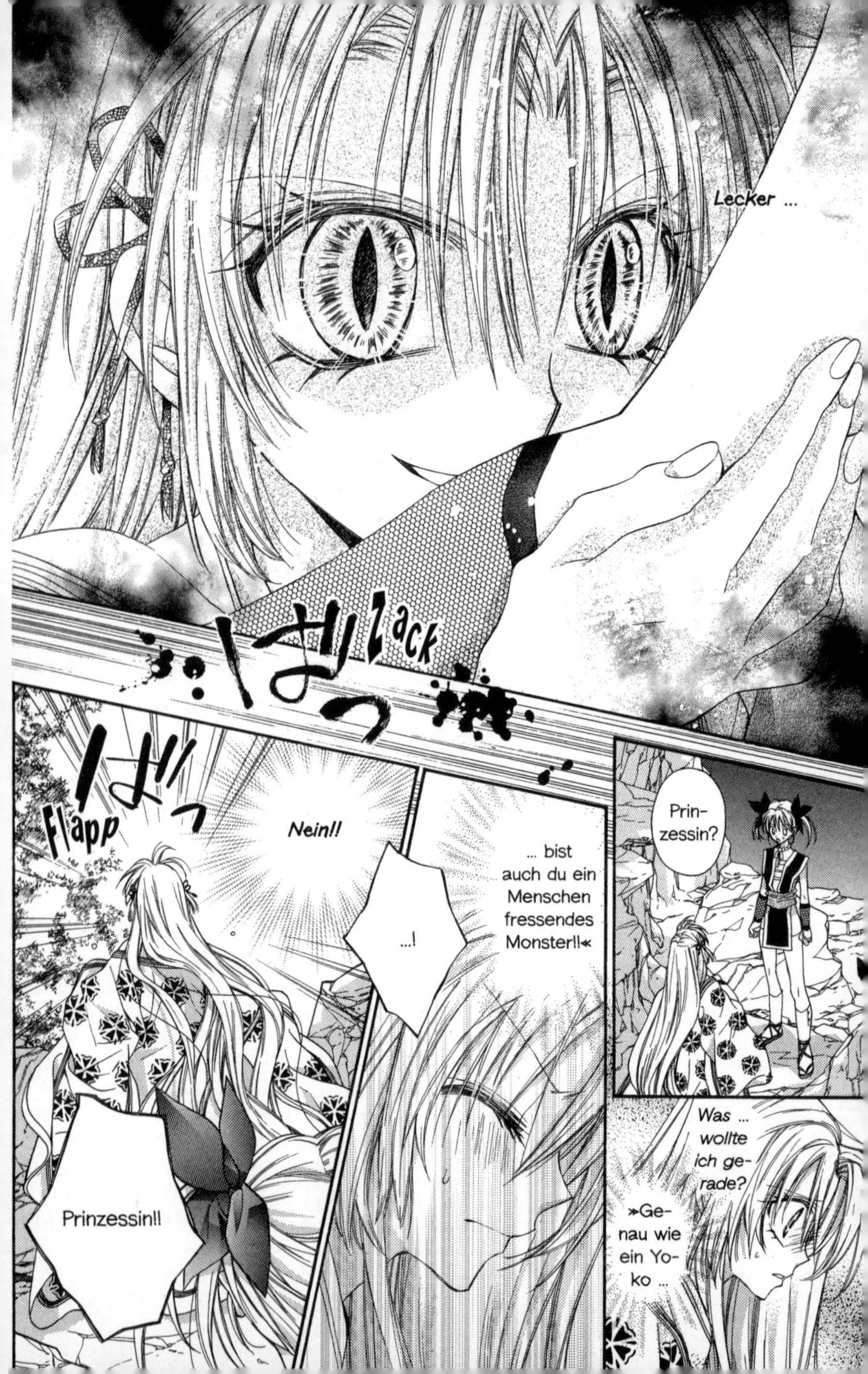
Lecker ...
Zack
Prinzessin?
Was ... wollte ich gerade?
»Genau wie ein Yoko ...
... bist auch du ein Menschen fressendes Monster!!«
...!
Nein!!
Flapp
Prinzessin!!

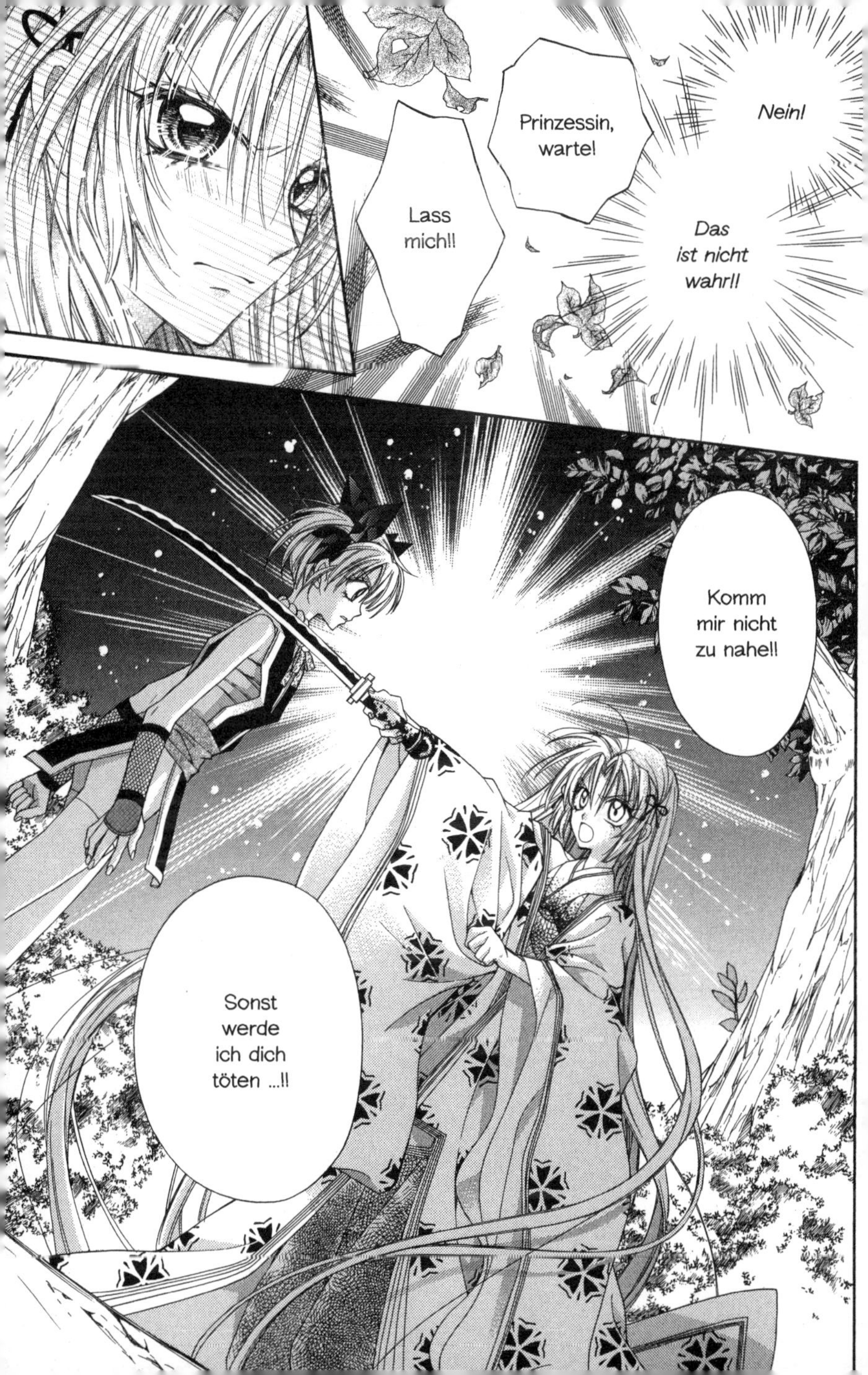
Nein!
Das ist nicht wahr!!
Prinzessin, warte!
Lass mich!!
Komm mir nicht zu nahe!!
Sonst werde ich dich töten ...!!

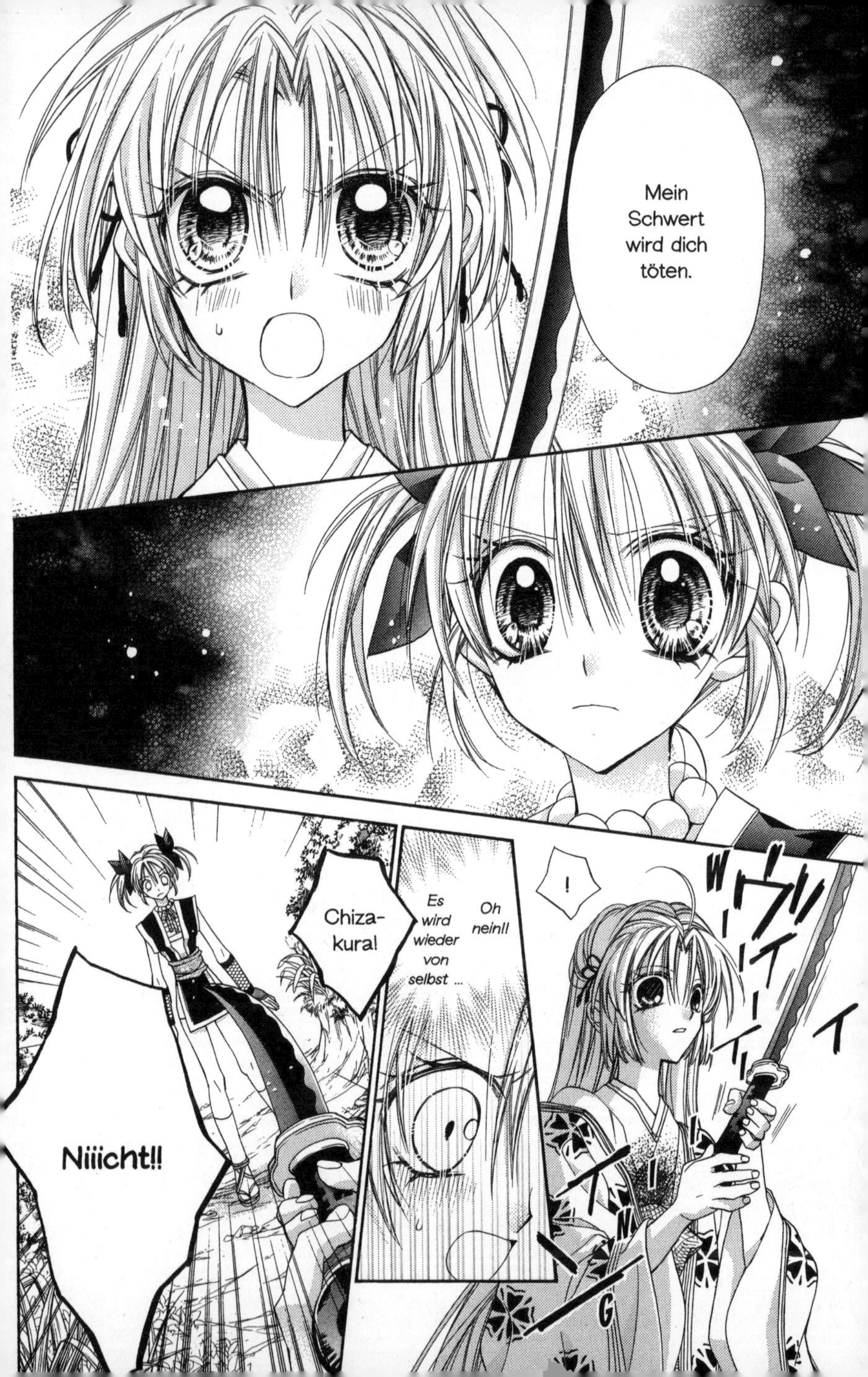

Mein Schwert wird dich töten.
!
Oh nein!!
Es wird wieder von selbst ...
Chiza-kura!
Niiicht!!

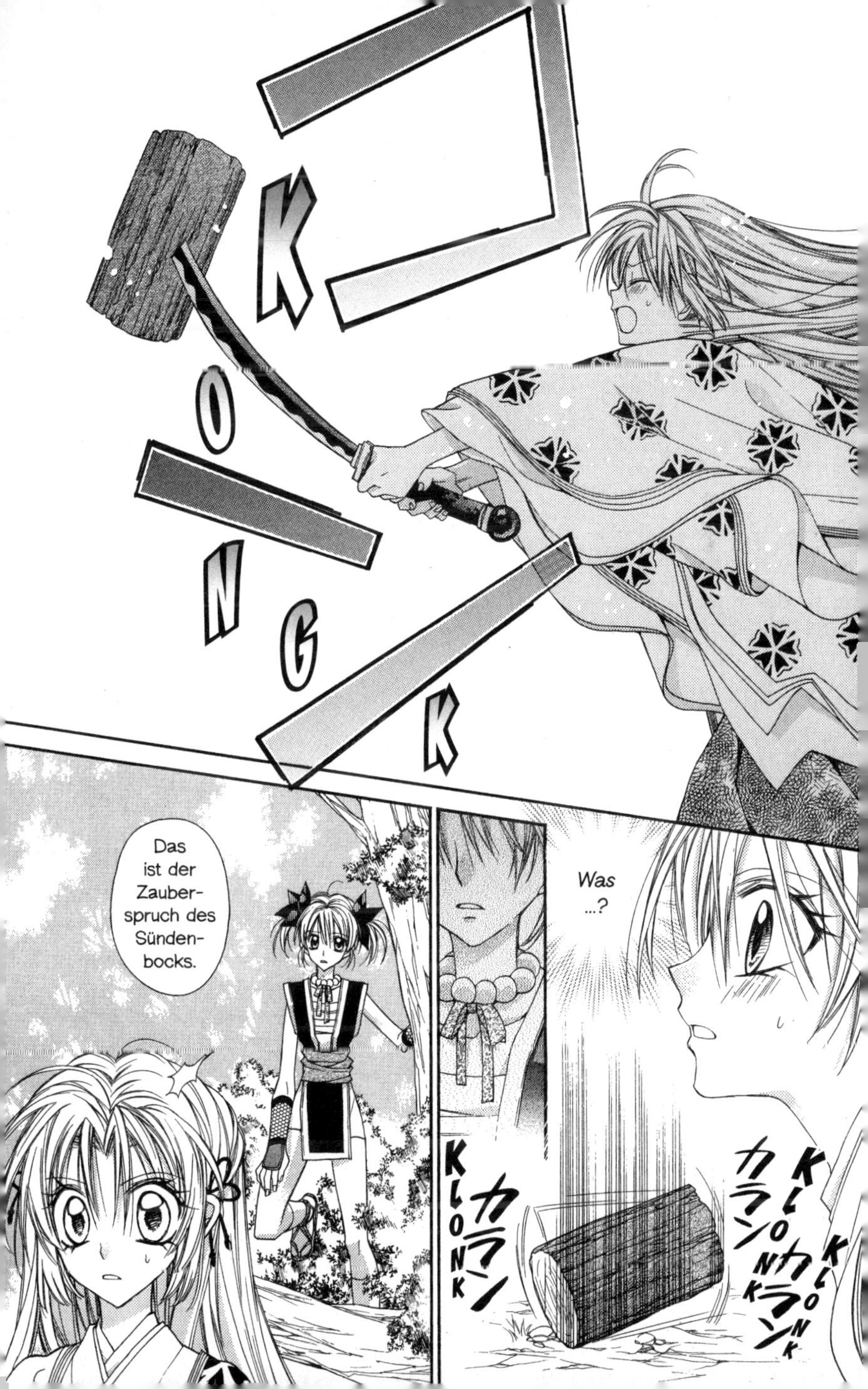
KONGK
Was ...?
Das ist der Zauberspruch des Sündenbocks.
KLONK カラン
KLONK カラン
KLONK

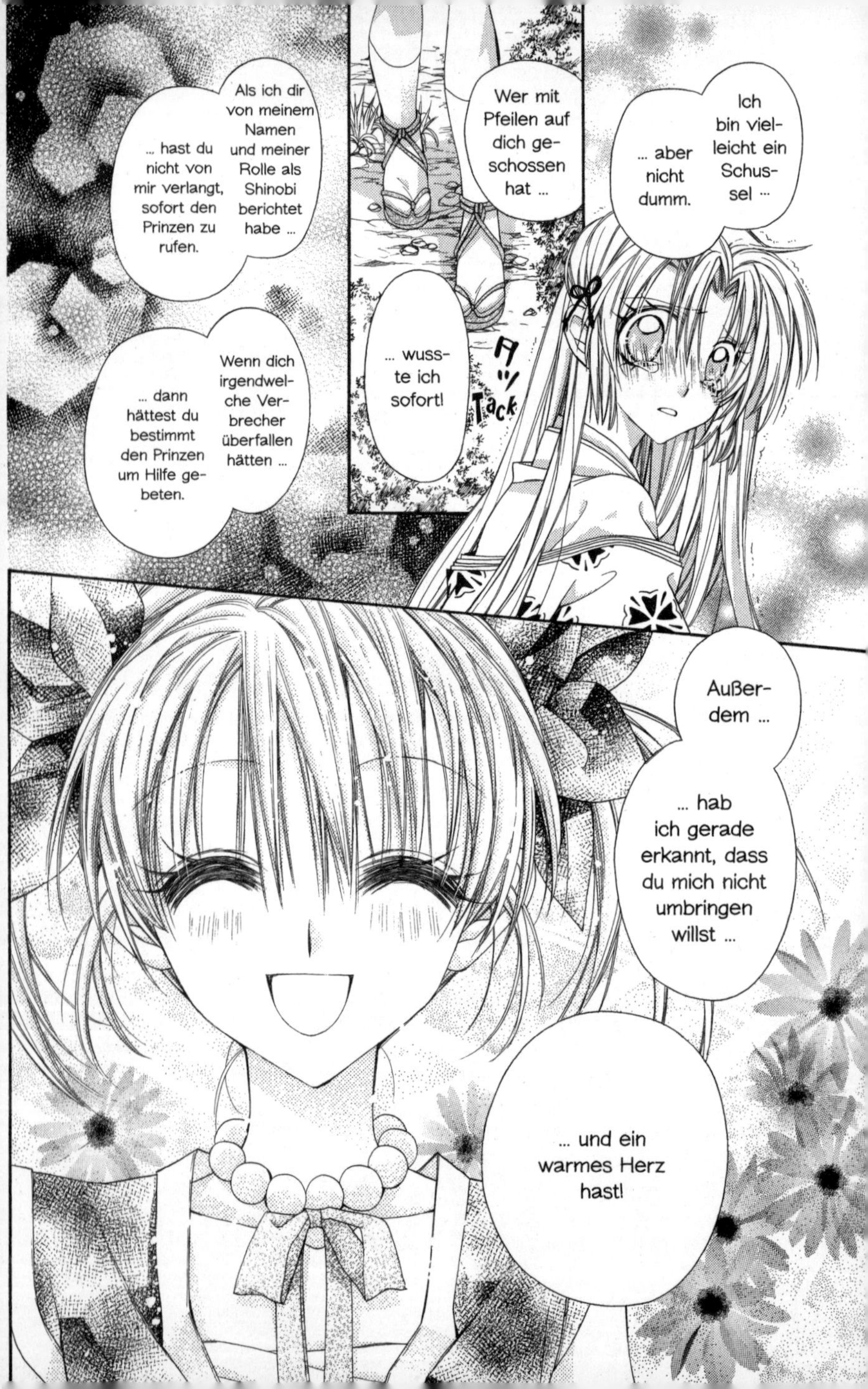
Ich bin vielleicht ein Schussel ...
... aber nicht dumm.
Wer mit Pfeilen auf dich geschossen hat ...
... wusste ich sofort!
Tack
Als ich dir von meinem Namen und meiner Rolle als Shinobi berichtet habe ...
... hast du nicht von mir verlangt, sofort den Prinzen zu rufen.
Wenn dich irgendwelche Verbrecher überfallen hätten ...
... dann hättest du bestimmt den Prinzen um Hilfe gebeten.
Außerdem ...
... hab ich gerade erkannt, dass du mich nicht umbringen willst ...
... und ein warmes Herz hast!

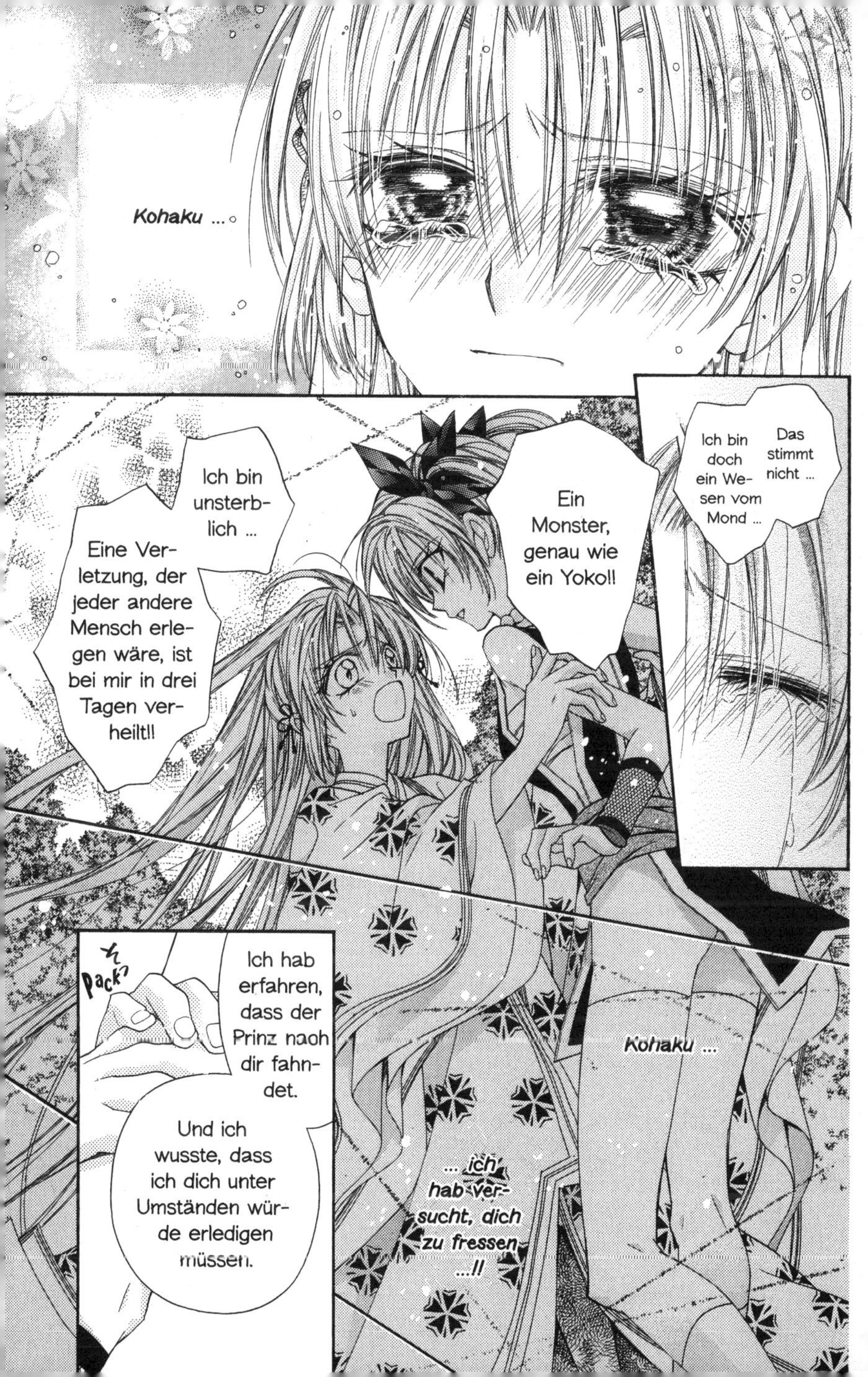

Kohaku ...
Das stimmt nicht ...
Ich bin doch ein Wesen vom Mond ...
Ein Monster, genau wie ein Yoko!!
Ich bin unsterblich ...
Eine Verletzung, der jeder andere Mensch erlegen wäre, ist bei mir in drei Tagen verheilt!!
Kohaku ...
... ich hab versucht, dich zu fressen ...!!
Ich hab erfahren, dass der Prinz nach dir fahndet.
Pack
Und ich wusste, dass ich dich unter Umständen würde erledigen müssen.

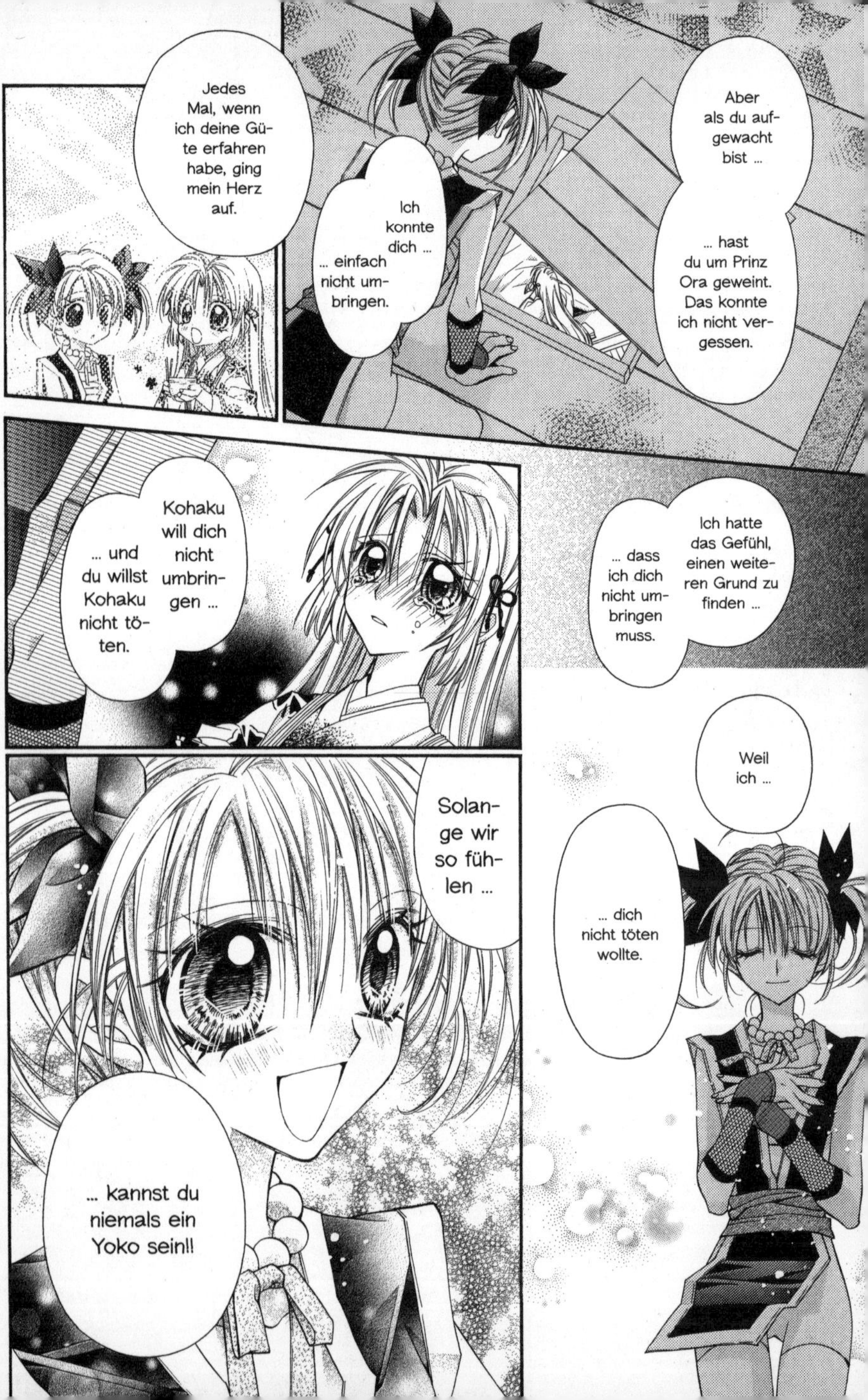
Aber als du aufgewacht bist ...
... hast du um Prinz Ora geweint. Das konnte ich nicht vergessen.
Ich konnte dich ...
... einfach nicht umbringen.
Jedes Mal, wenn ich deine Güte erfahren habe, ging mein Herz auf.
Ich hatte das Gefühl, einen weiteren Grund zu finden ...
... dass ich dich nicht umbringen muss.
Kohaku will dich nicht umbringen ...
... und du willst Kohaku nicht töten.
Weil ich ...
... dich nicht töten wollte.
Solange wir so fühlen ...
... kannst du niemals ein Yoko sein!!

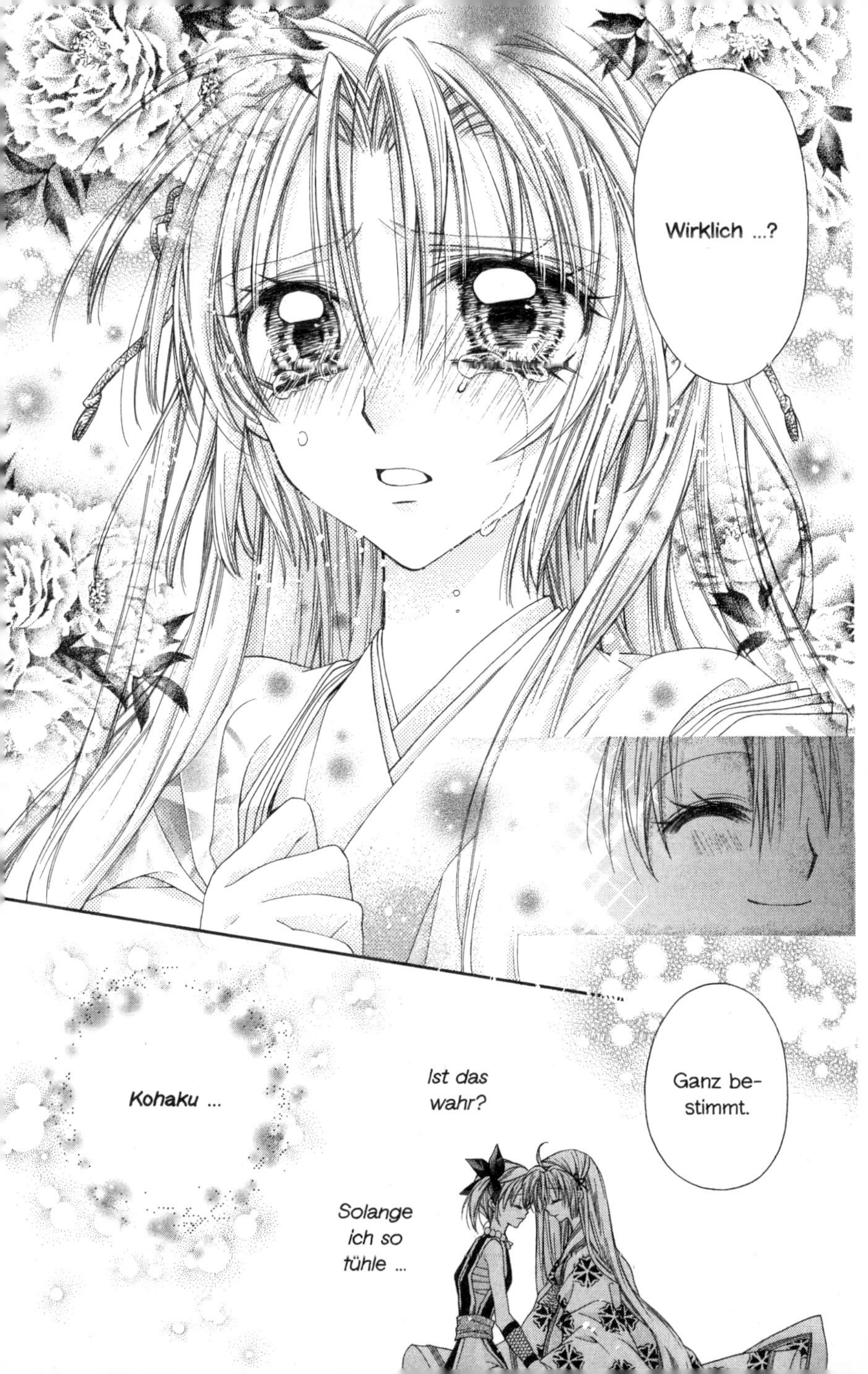
Wirklich ...?
Ganz be-
stimmt.
Ist das
wahr?
Kohaku ...
Solange
ich so
fühle ...

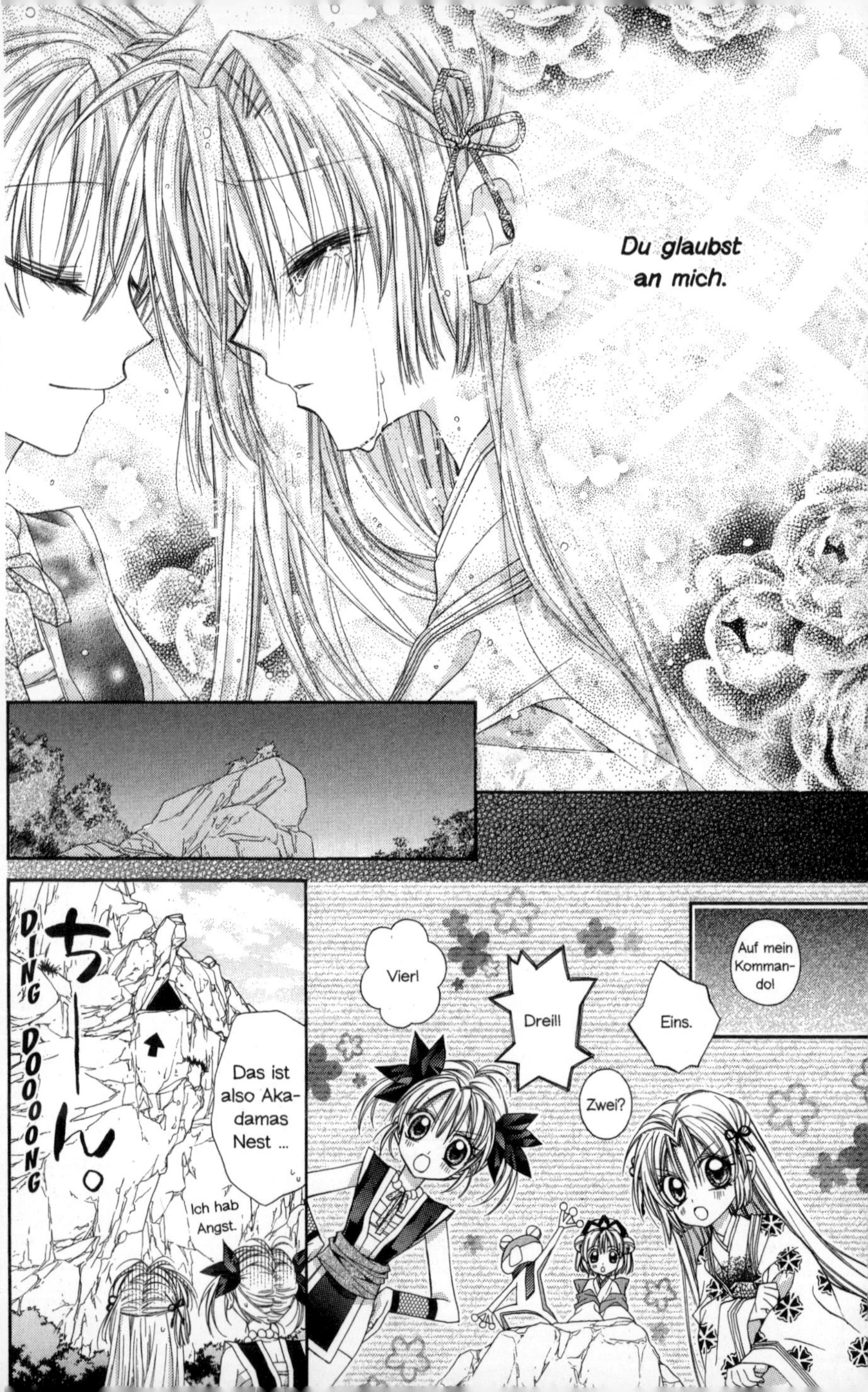
Du glaubst an mich.
Auf mein Kommando!
Eins.
Zwei?
Drei!!
Vier!
ちーん。
DING DOOOOONG
Das ist also Akadamas Nest ...
Ich hab Angst.

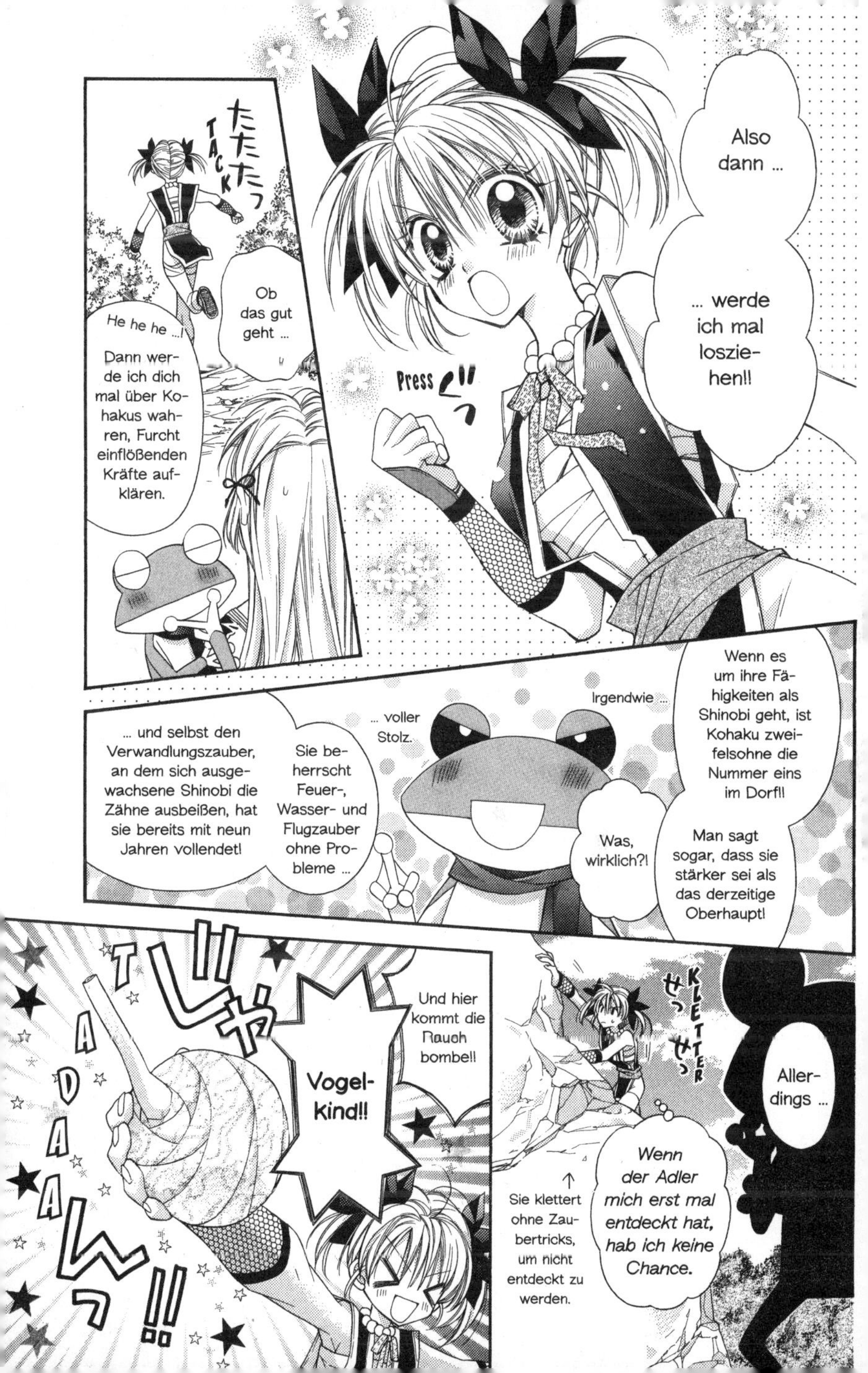

Also dann ...
... werde ich mal losziehen!!
Press ぐっ
たたたっ TACK
Ob das gut geht ...
He he he ...!
Dann werde ich dich mal über Kohakus wahren, Furcht einflößenden Kräfte aufklären.
Irgendwie ...
Wenn es um ihre Fähigkeiten als Shinobi geht, ist Kohaku zweifelsohne die Nummer eins im Dorf!!
Man sagt sogar, dass sie stärker sei als das derzeitige Oberhaupt!
Was, wirklich?!
... voller Stolz.
Sie beherrscht Feuer-, Wasser- und Flugzauber ohne Probleme ...
... und selbst den Verwandlungszauber, an dem sich ausgewachsene Shinobi die Zähne ausbeißen, hat sie bereits mit neun Jahren vollendet!
Allerdings ...
Wenn der Adler mich erst mal entdeckt hat, hab ich keine Chance.
KLETTER せっせっ
Sie klettert ohne Zaubertricks, um nicht entdeckt zu werden.
Und hier kommt die Rauch bombe!!
Vogel-kind!!
TADAAA じゃーんっ!!

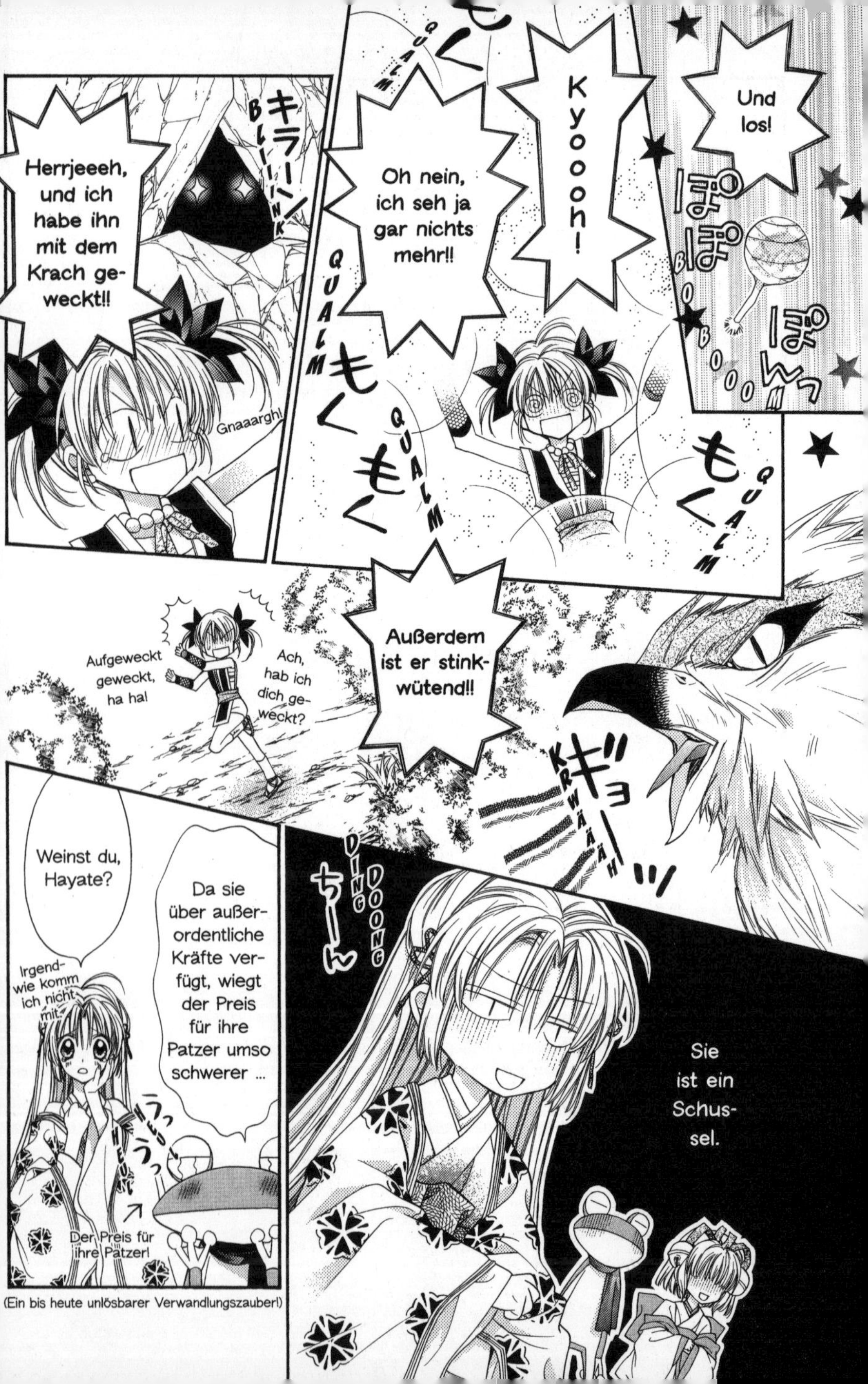

(Ein bis heute unlösbarer Verwandlungszauber!)

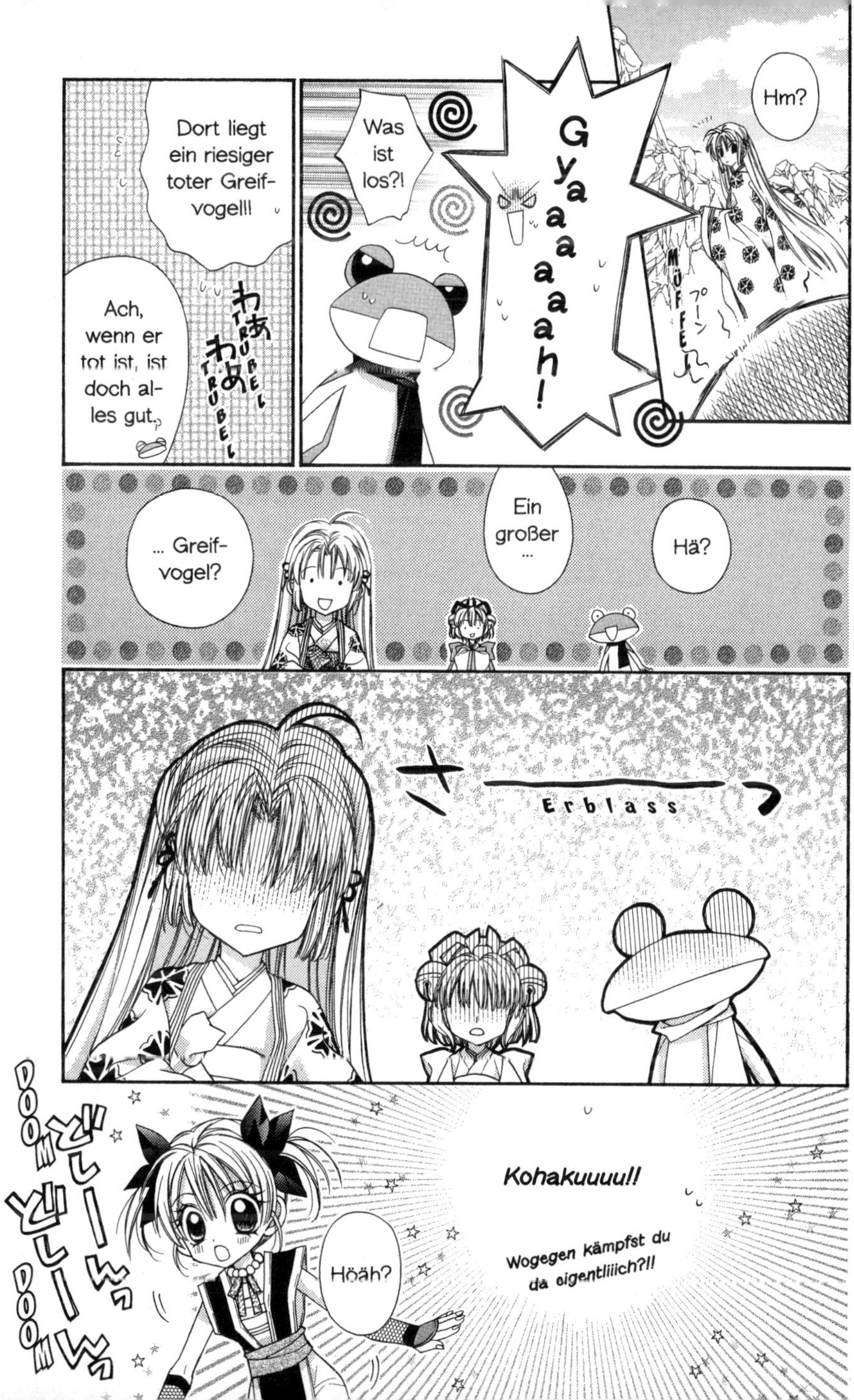

Hm?
MÜFFEL
Gyaaaaaah!
Was ist los?!
Dort liegt ein riesiger toter Greif-vogel!!
TRUBEL TRUBEL
Ach, wenn er tot ist, ist doch al-les gut.
Hä?
Ein großer ...
... Greif-vogel?
Erblass
Kohakuuuu!!
Wogegen kämpfst du da eigentliiich?!!
Höäh?
DOOM DOOM

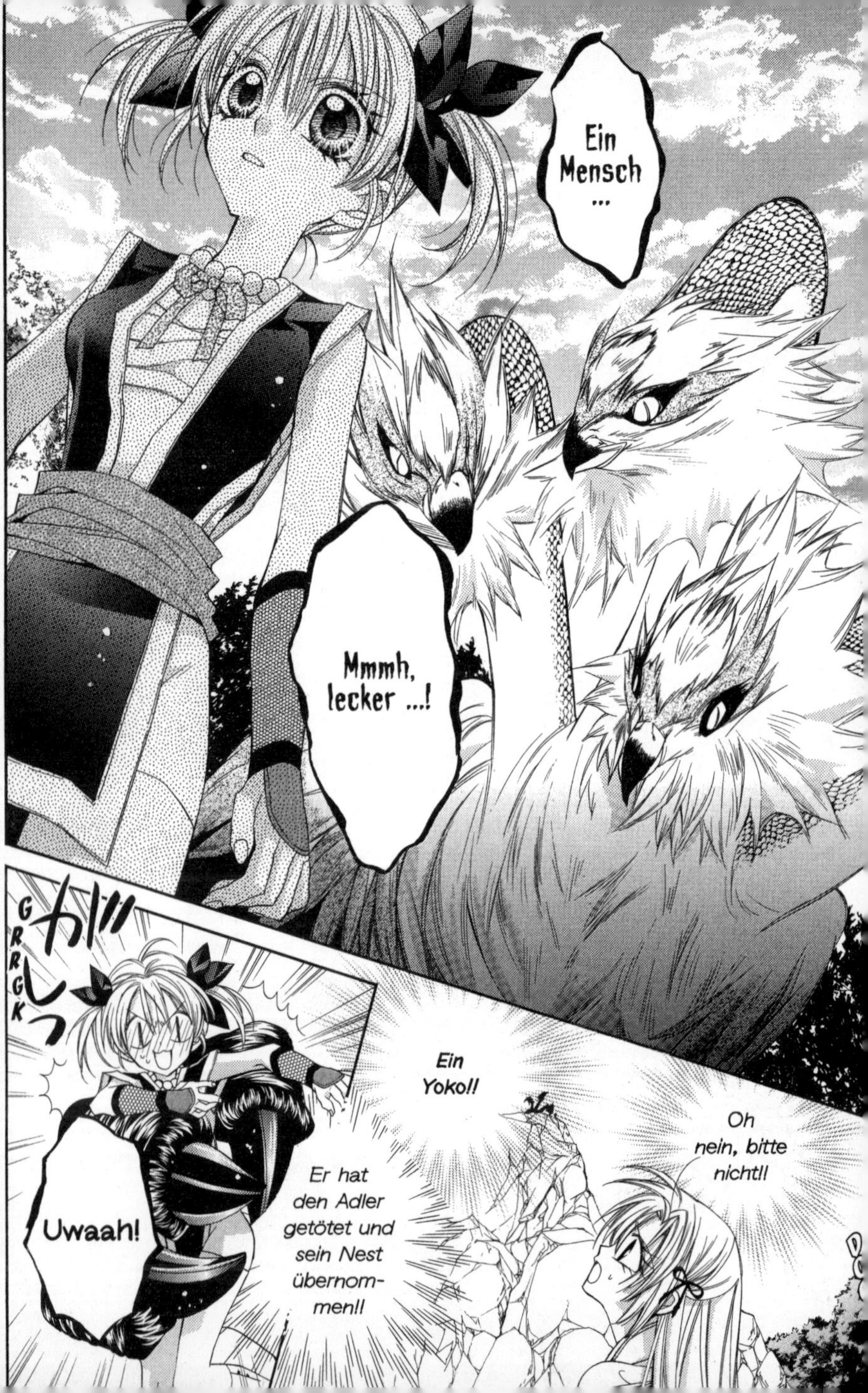
Ein Mensch ...
Mmmh, lecker ...!
GRRRGK
Ein Yoko!!
Oh nein, bitte nicht!!
Er hat den Adler getötet und sein Nest übernommen!!
Uwaah!

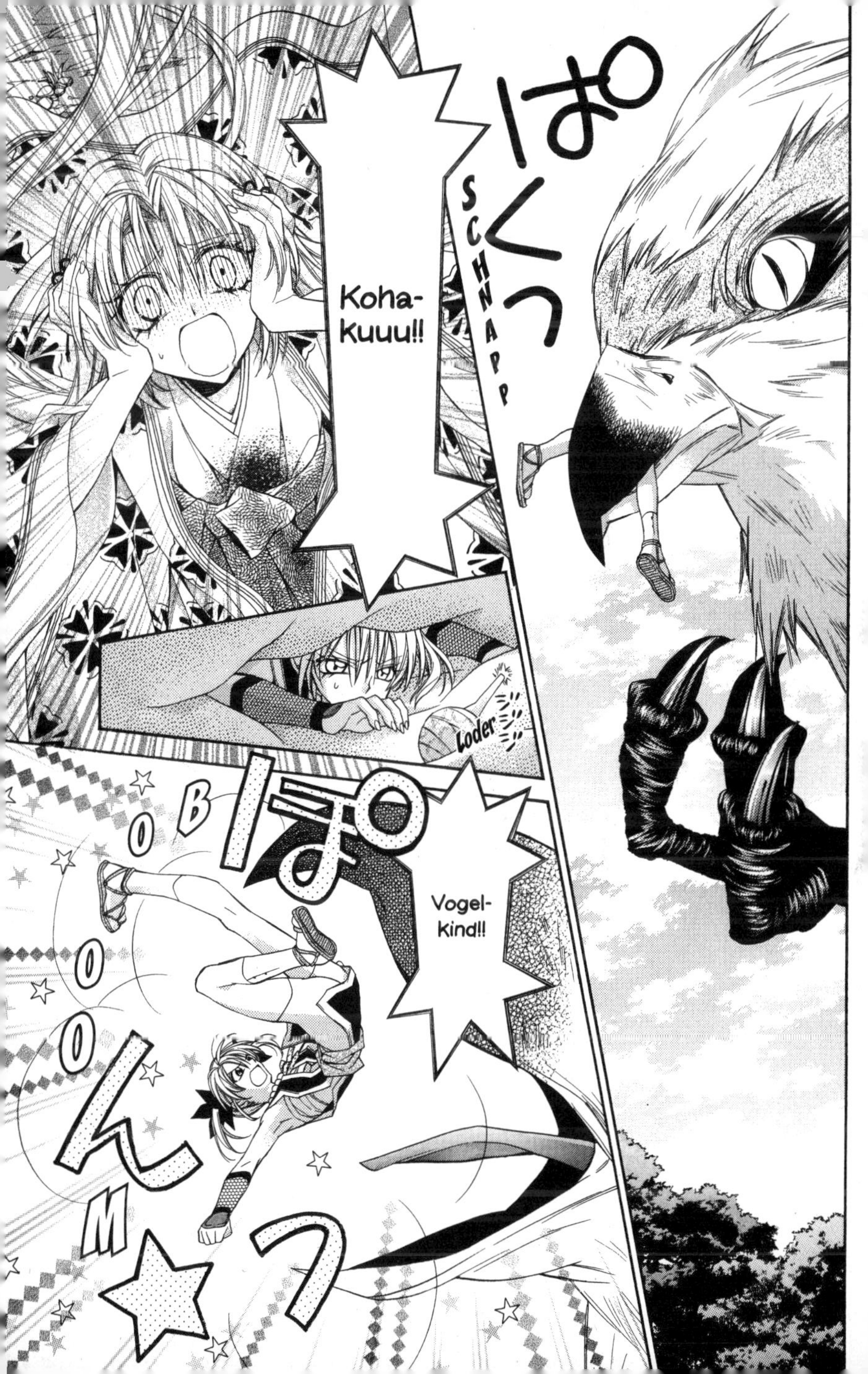
ぱくっ
SCHNAPP
Koha-
kuuu!!
Loder
ぽ
BOOOM
んっ
Vogel-
kind!!

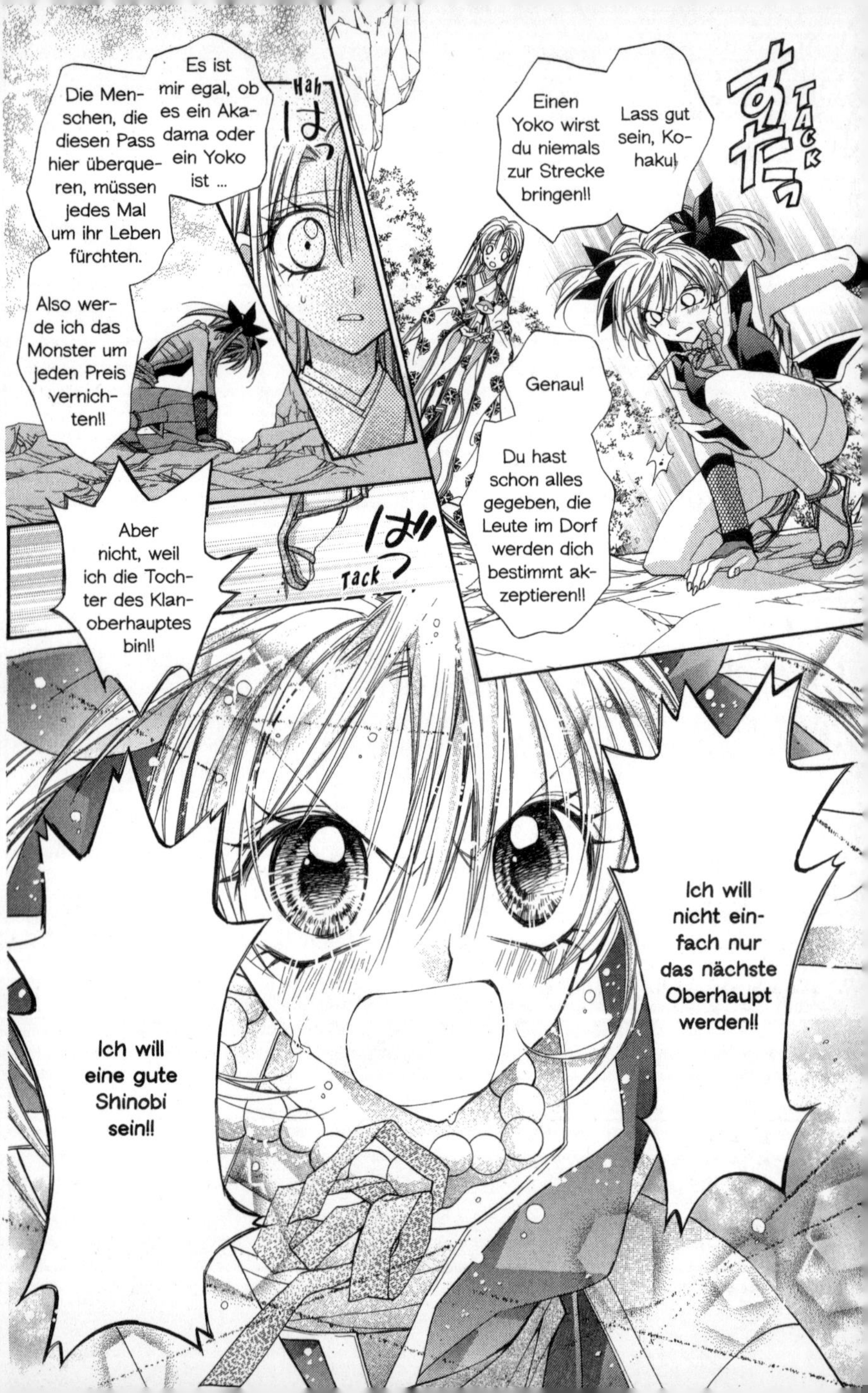

TACK
Lass gut sein, Kohaku!
Einen Yoko wirst du niemals zur Strecke bringen!!
Genau!
Du hast schon alles gegeben, die Leute im Dorf werden dich bestimmt akzeptieren!!
Hah
Es ist mir egal, ob es ein Akadama oder ein Yoko ist ...
Die Menschen, die diesen Pass hier überqueren, müssen jedes Mal um ihr Leben fürchten.
Also werde ich das Monster um jeden Preis vernichten!!
TACK
Aber nicht, weil ich die Tochter des Klanoberhauptes bin!!
Ich will nicht einfach nur das nächste Oberhaupt werden!!
Ich will eine gute Shinobi sein!!

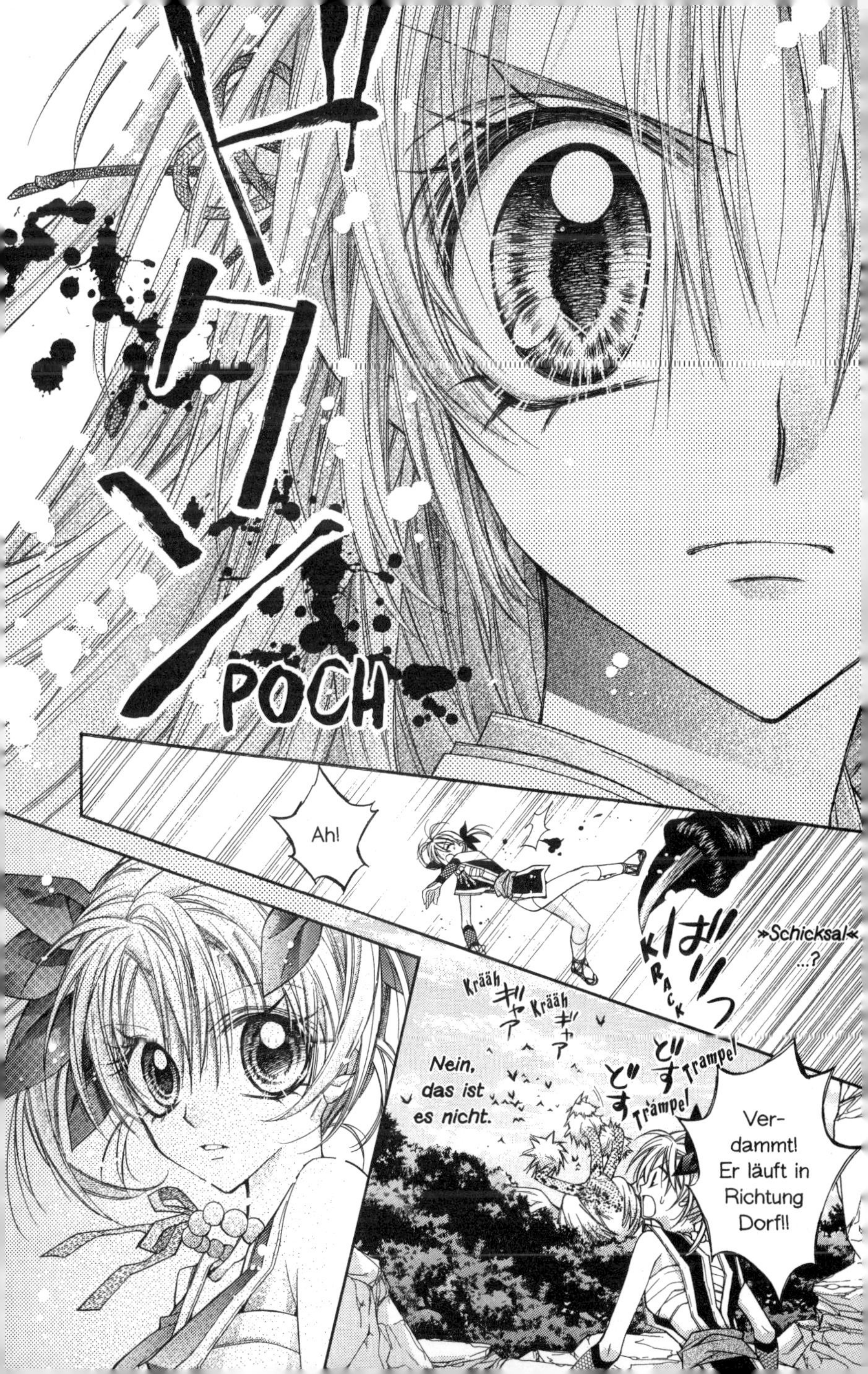
ドキン
POCH
Ah!
ばリっ
KRACK
»Schicksal«
...?
ギャア
Krääh
ギャア
Krääh
どす
Trampel
どす
Trampel
Verdammt! Er läuft in Richtung Dorf!!
Nein, das ist es nicht.

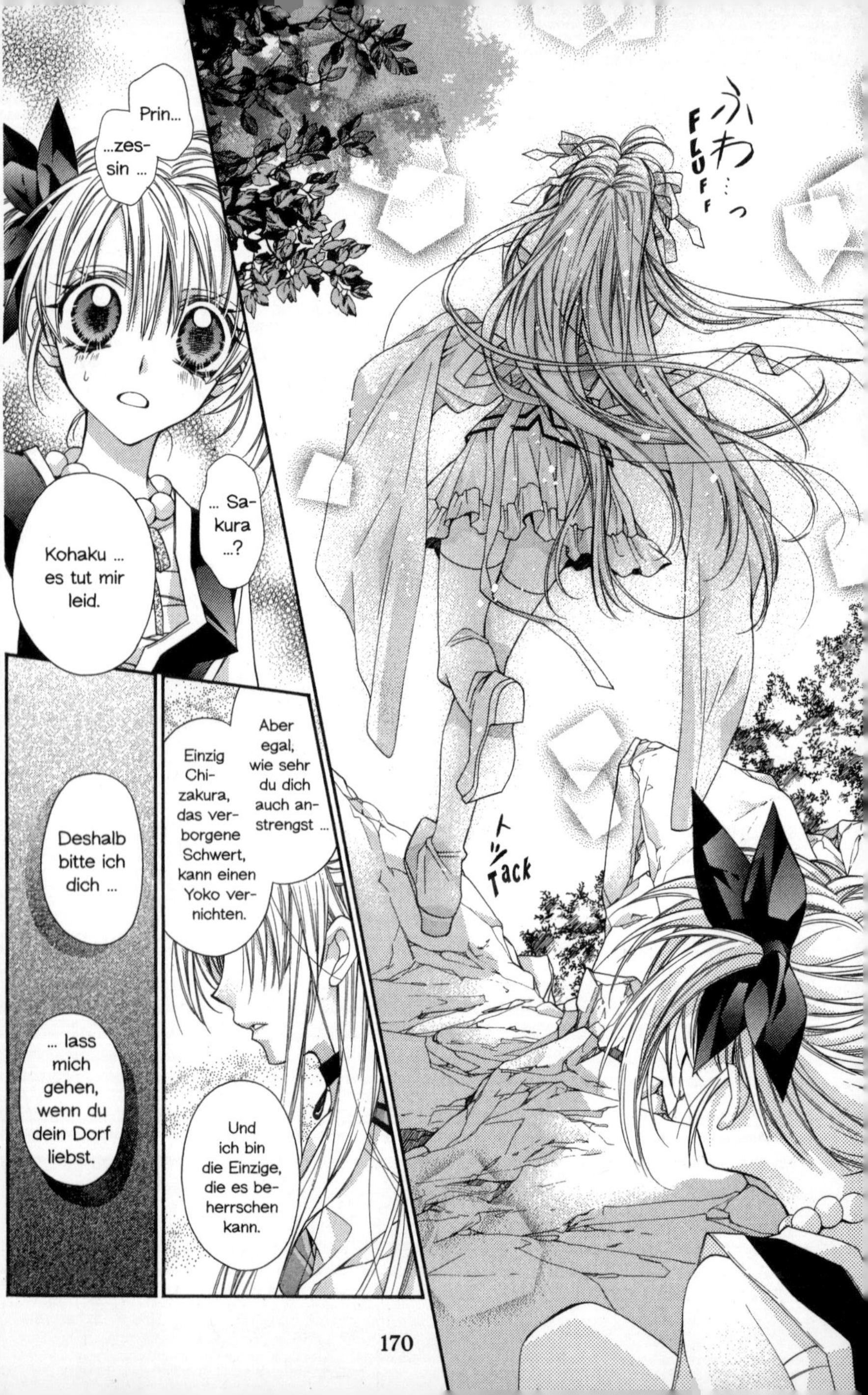
ふわっ
FLUFF
Prin... ...zes-sin ...
... Sakura ...?
Kohaku ... es tut mir leid.
トッ
TACK
Aber egal, wie sehr du dich auch anstrengst ...
Einzig Chizakura, das verborgene Schwert, kann einen Yoko vernichten.
Und ich bin die Einzige, die es beherrschen kann.
Deshalb bitte ich dich ...
... lass mich gehen, wenn du dein Dorf liebst.

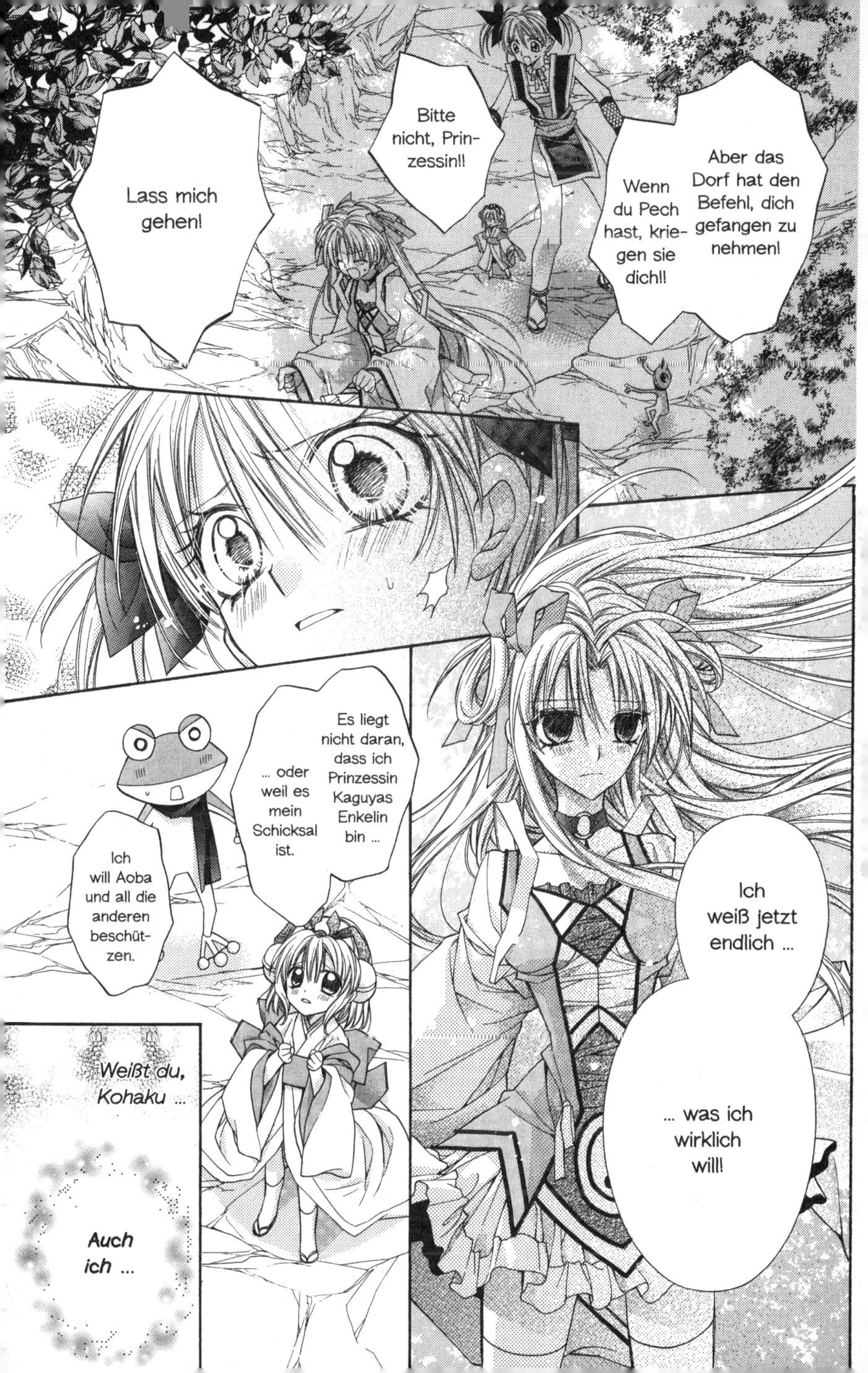
Aber das Dorf hat den Befehl, dich gefangen zu nehmen!
Wenn du Pech hast, kriegen sie dich!!
Bitte nicht, Prinzessin!!
Lass mich gehen!
Ich weiß jetzt endlich ...
... was ich wirklich will!
Es liegt nicht daran, dass ich Prinzessin Kaguyas Enkelin bin ...
... oder weil es mein Schicksal ist.
Ich will Aoba und all die anderen beschützen.
Weißt du, Kohaku ...
Auch ich ...

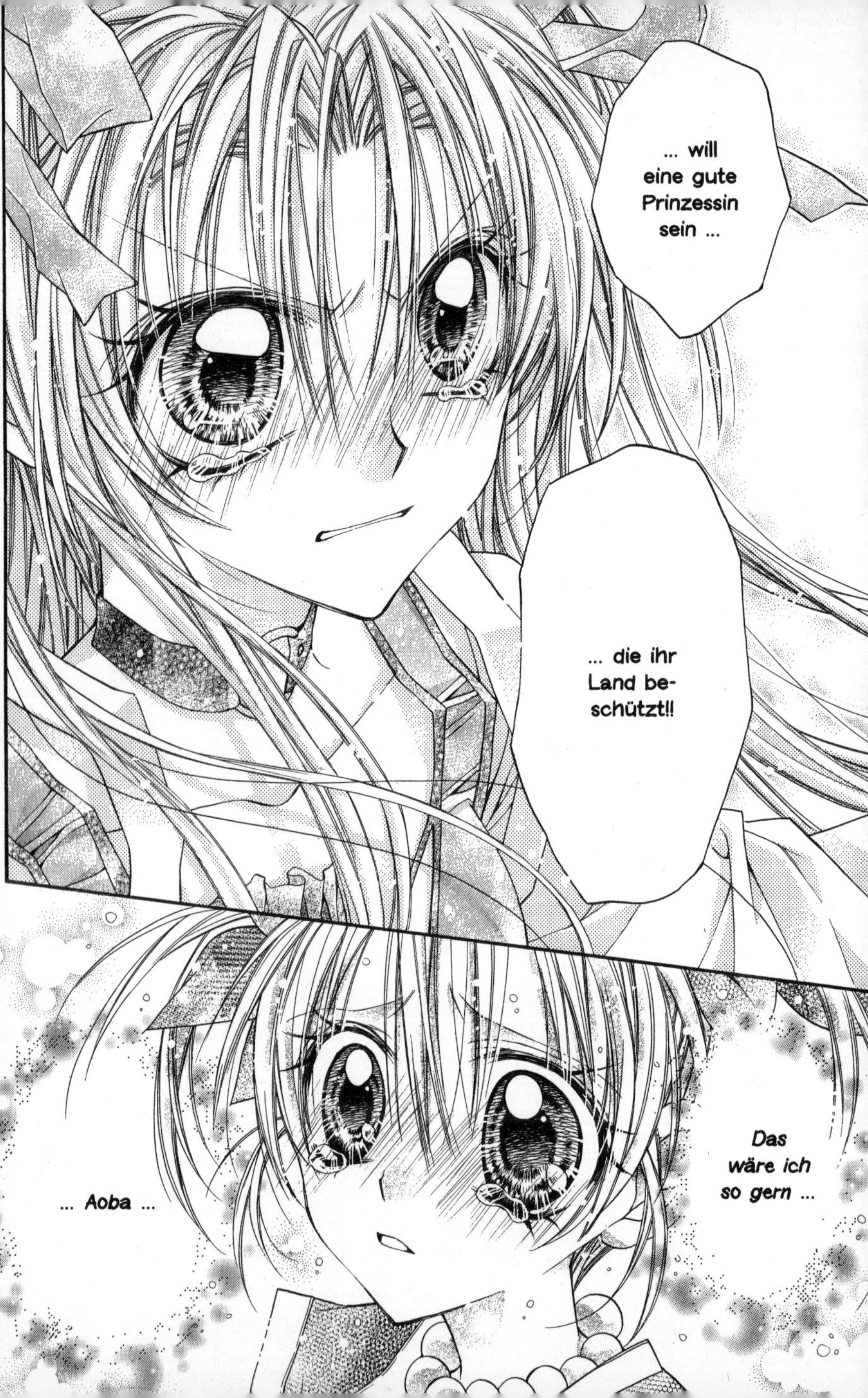
... will eine gute Prinzessin sein ...
... die ihr Land beschützt!!
Das wäre ich so gern ...
... Aoba ...

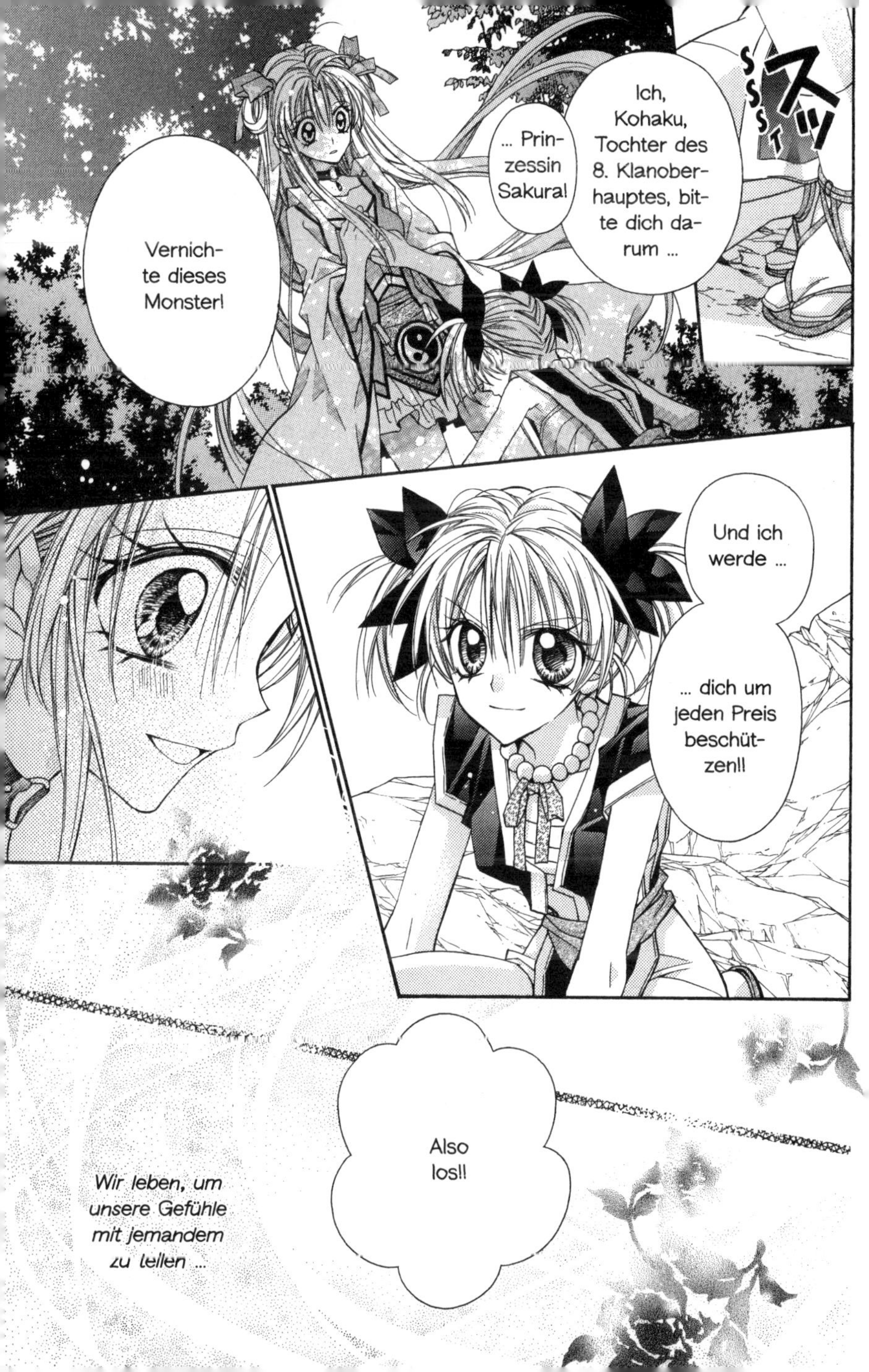

SSST
スッ
Ich, Kohaku, Tochter des 8. Klanoberhauptes, bitte dich darum ...
... Prinzessin Sakura!
Vernichte dieses Monster!
Und ich werde ...
... dich um jeden Preis beschützen!!
Also los!!
Wir leben, um unsere Gefühle mit jemandem zu teilen ...

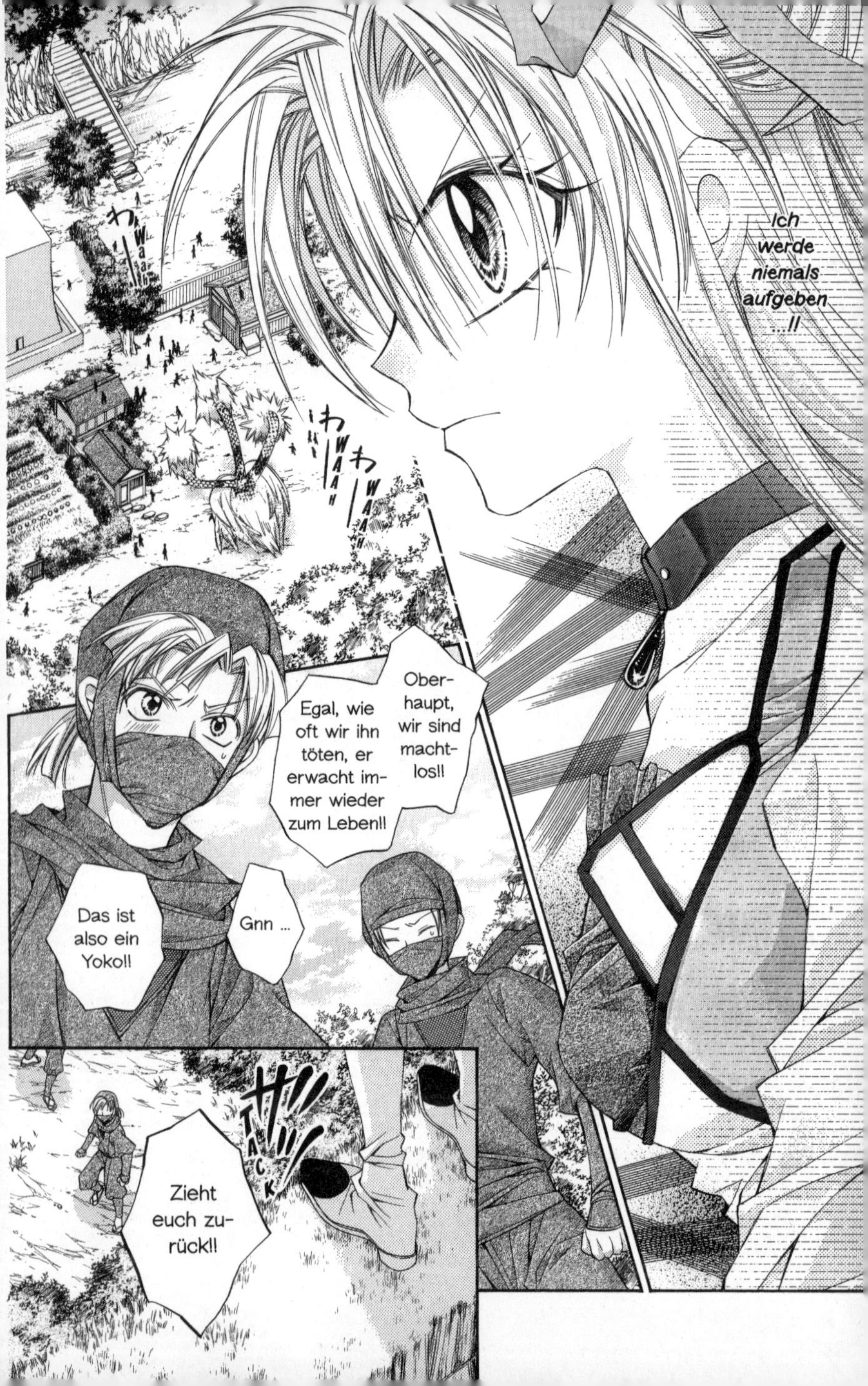

Ich werde niemals aufgeben ...!!
わ WAAAH
わ WAAAH
わ WAAAH
Oberhaupt, wir sind machtlos!!
Egal, wie oft wir ihn töten, er erwacht immer wieder zum Leben!!
Gnn ...
Das ist also ein Yoko!!
TACK
Zieht euch zurück!!

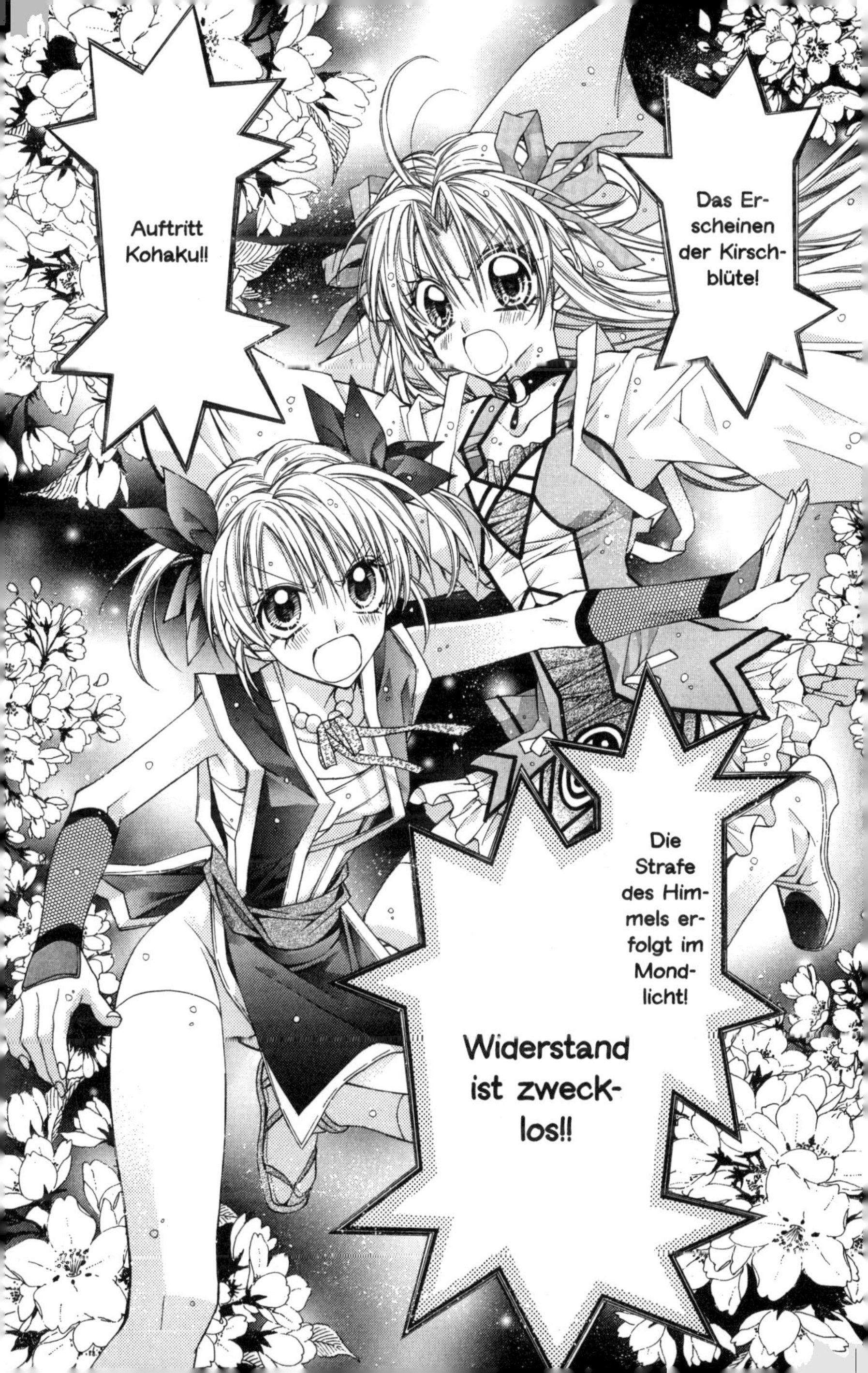
Das Erscheinen der Kirschblüte!
Auftritt Kohaku!!
Die Strafe des Himmels erfolgt im Mondlicht!
Widerstand ist zwecklos!!

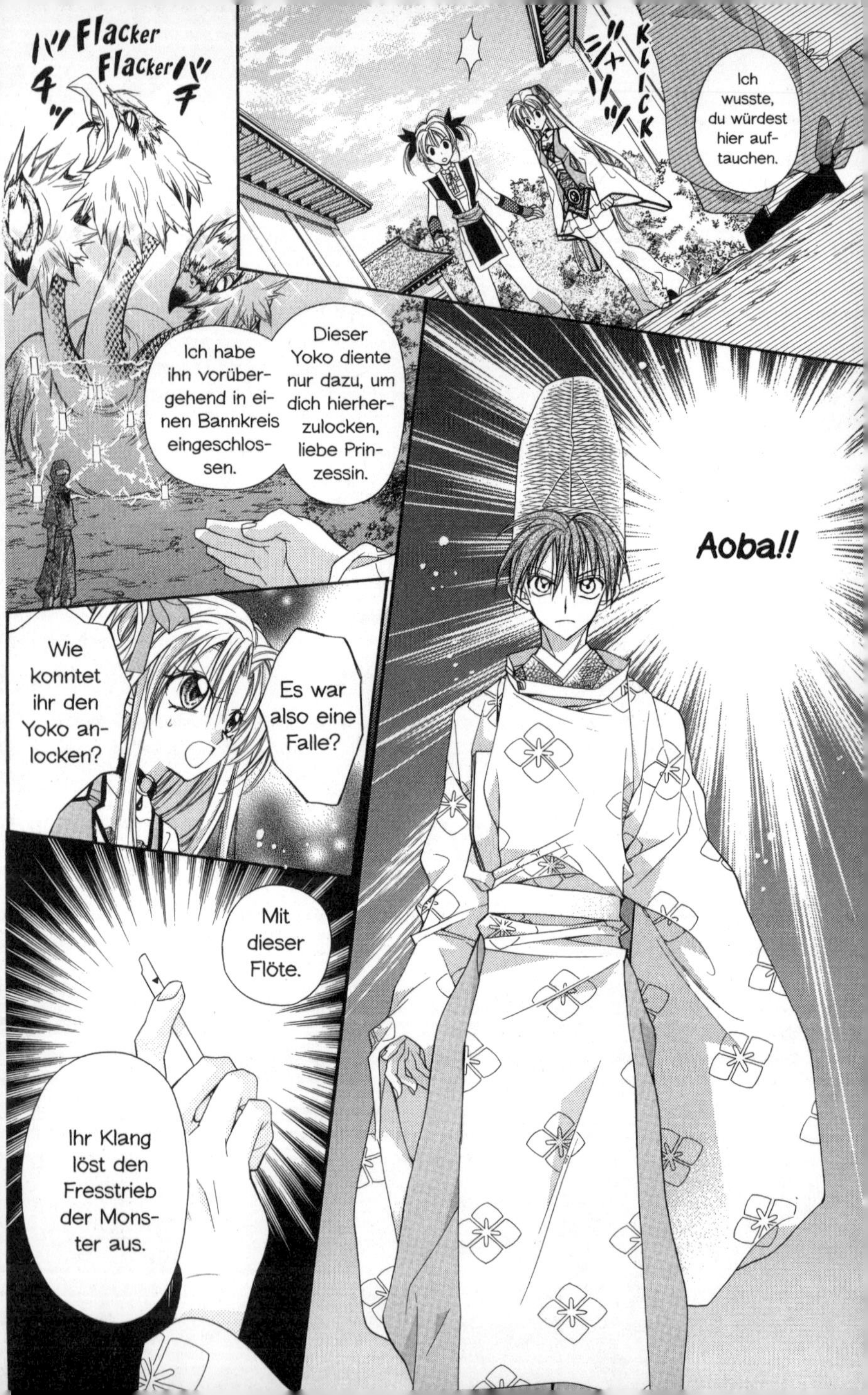
KLICK
Ich wusste, du würdest hier auftauchen.
Flacker Flacker
Aoba!!
Dieser Yoko diente nur dazu, um dich hierherzulocken, liebe Prinzessin.
Ich habe ihn vorübergehend in einen Bannkreis eingeschlossen.
Es war also eine Falle?
Wie konntet ihr den Yoko anlocken?
Mit dieser Flöte.
Ihr Klang löst den Fresstrieb der Monster aus.

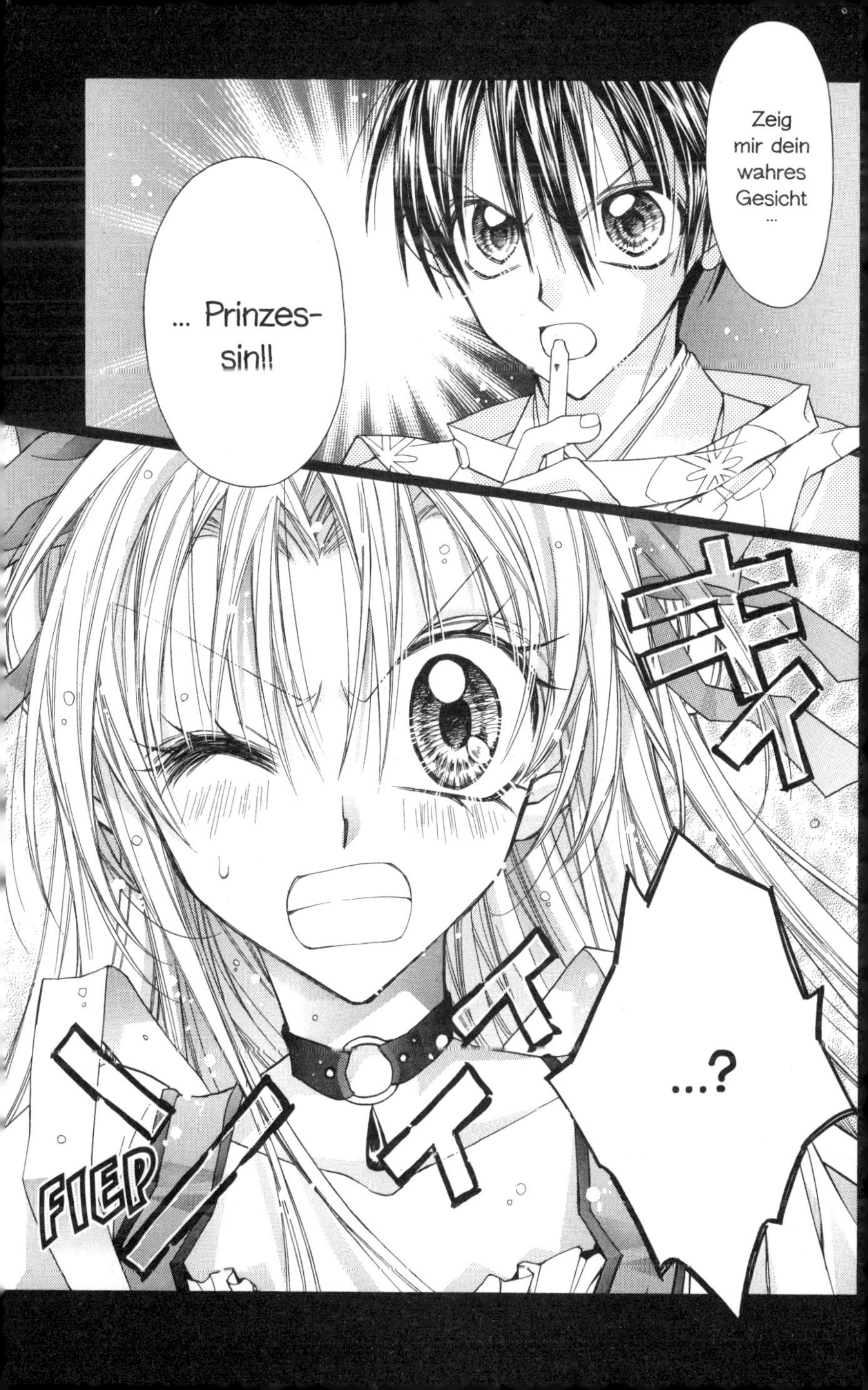

Zeig mir dein wahres Gesicht ...
... Prinzes-sin!!
...?
FIEP

Prinzessin
Sakura

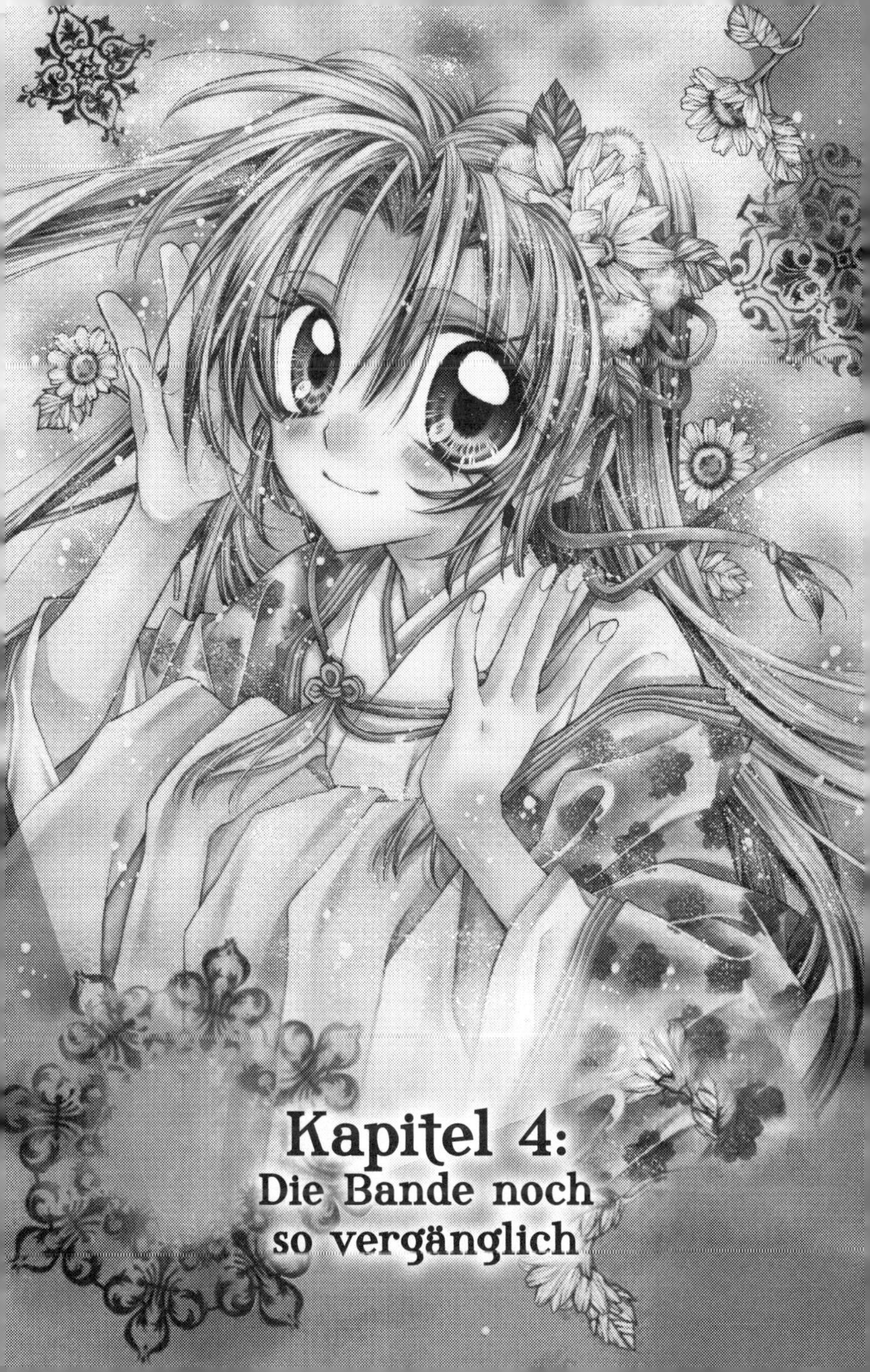
Kapitel 4:
Die Bande noch
so vergänglich

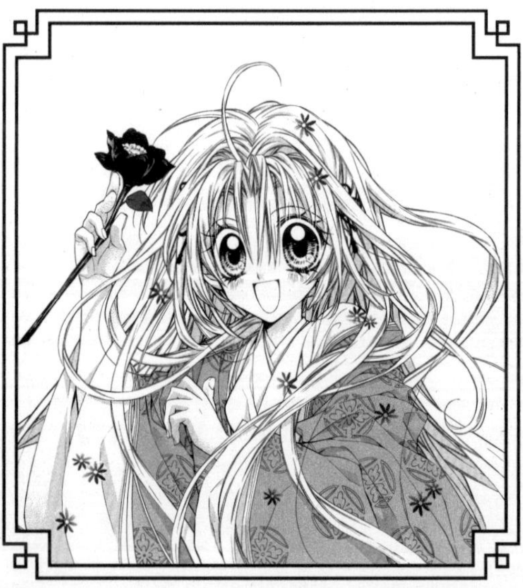

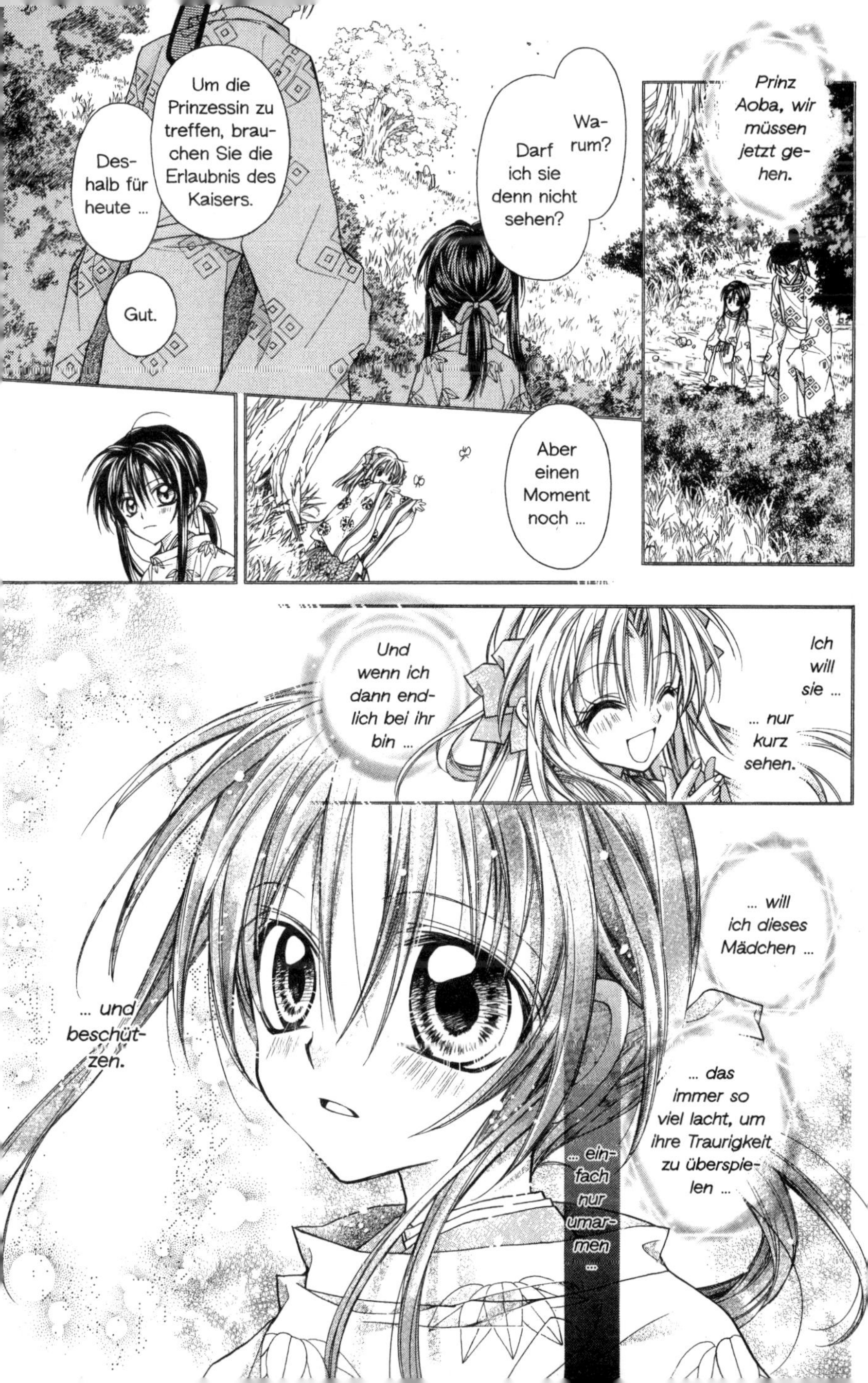

Prinz Aoba, wir müssen jetzt gehen.
Warum? Darf ich sie denn nicht sehen?
Um die Prinzessin zu treffen, brauchen Sie die Erlaubnis des Kaisers.
Deshalb für heute ...
Gut.
Aber einen Moment noch ...
Ich will sie ...
... nur kurz sehen.
Und wenn ich dann endlich bei ihr bin ...
... will ich dieses Mädchen ...
... das immer so viel lacht, um ihre Traurigkeit zu überspielen ...
... einfach nur umarmen ...
... und beschützen.

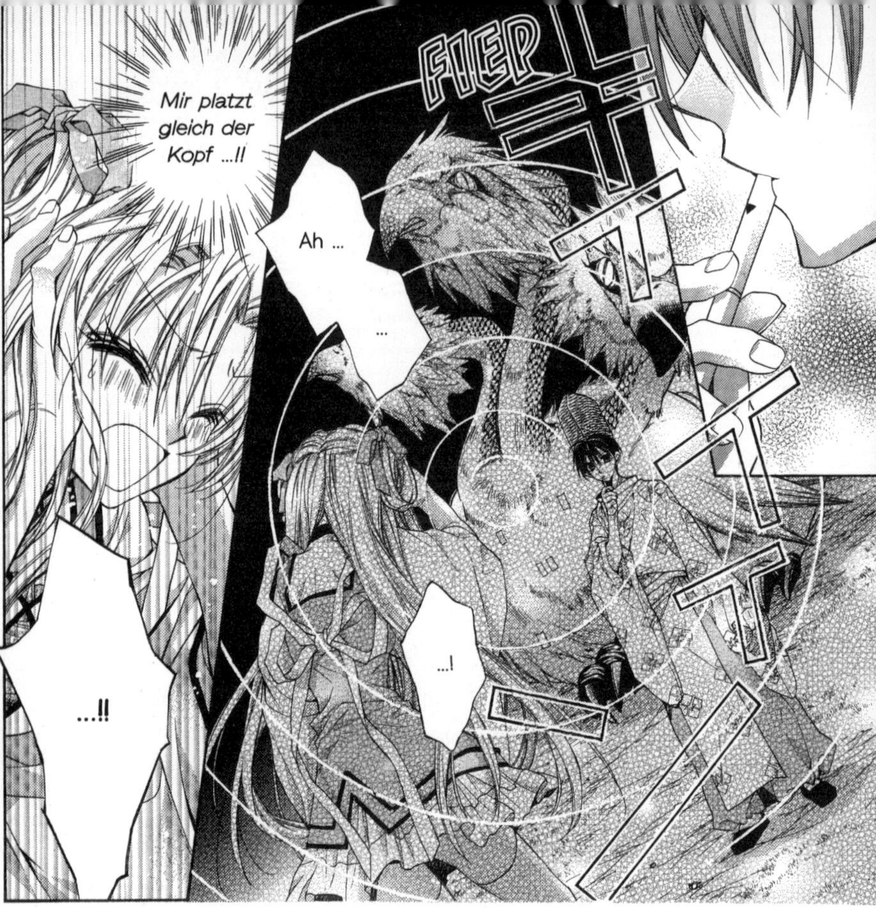

Kapitel 4: Die Bande noch so vergänglich

Da mein Talk an dieser Stelle immer Spoiler beinhaltet, lest diese Kolumnen bitte erst zum Schluss. In diesem Kapitel erreicht Prinzessin Sakura auf ihrer Flucht zumindest ein vorübergehendes Ziel. Das Wichtigste ist die Sache mit Chizakura. Die Kapitelüberschrift verweist einerseits auf die Bande zwischen Sakura und Aoba, aber auch jene zwischen ihr und dem Schwert Chizakura. Ich finde Aobas Wolf-Variante ganz toll, aber weder mein Redakteur noch meine Leser/-innen werden mit ihm warm. Ab jetzt werde ich das Tempo übrigens ein wenig drosseln.

Kapitel 5: Wenn ich's dir sage, wirst du doch nur sauer!

Dieses Kapitel erschien in *Ribon* zum neuen Schuljahr, und da es ab hier eine neue Entwicklung gibt, habe ich ausnahmsweise die Zusammenfassung selbst geschrieben. (Unter meinen Assistentinnen war der zwinkernde Hayate das Top-Thema!) Hier wurden, glaube ich, die Charaktere von Aoba und Fujimurasaki zum ersten Mal richtig klar. Fujimurasakis Lebenszeichen ist sehr ungewöhnlich. Ich weiß noch nicht, wann ich es bringen kann, aber vermutlich wird das Debüt des Zeichens ebenso schräg. In diesem Kapitel tauchen ziemlich viele Schlangen auf ... Ich habe in der einen Hand das Reptilienbuch, in der anderen den Stift gehalten und gezeichnet, bis mir dann irgendwann schlecht wurde. In *Prinzessin Sakura* tauchen sehr viele Tiere auf – dabei habe ich bislang nicht so häufig Tiere gezeichnet. Deshalb zeichne ich hier (fast) zum ersten Mal Pferde oder Wölfe und muss mir richtig viel Mühe geben. Ein einzelnes Bild ist ja kein Problem, aber in einem Manga müssen sich die Wesen ja bewegen, das macht die Sache echt aufwendig. Bei meinen Assistentinnen war der Herr Minister sehr beliebt, was ich echt merkwürdig finde.

Begrüßung

Hallo, hier spricht Arina Tanemura. Hiermit überreiche ich euch Band 2 von *Prinzessin Sakura*!

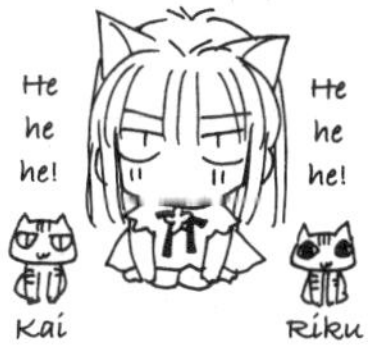

Ähm, die neusten News … Ich habe eine Essay-Serie beim Magazin Cobalt gestartet. (Erscheint jeden ungeraden Monat.) Sie heißt *Arinas Kern**, und ich habe mir vorgenommen, über alles Mögliche zu schreiben. (Ab der dritten Folge steigere ich mich von drei auf vier Seiten!) Die Essays beinhalten, ehrlich gesagt, eine Art verstecktes Thema, nämlich: »Ich schreibe die Geschichten, die Redakteur H. gern lesen würde.« Momentan schreibe ich über die Zeit vor meinem Leben als Mangaka, weil Redakteur H. genau das unbedingt haben wollte (dauert auch noch ein Weilchen an).

Ich wollte schon immer mal einen Essay Manga schreiben, weil ich sie selbst gern lese, aber ich muss zugeben, dass es eine ziemlich knifflige Sache ist …

Aber ich werde mir Mühe geben und mich Schritt für Schritt steigern!

*Das Schriftzeichen »Tane« im Namen von Arina Tanemura bedeutet »Kern« oder auch »Samenkorn«.

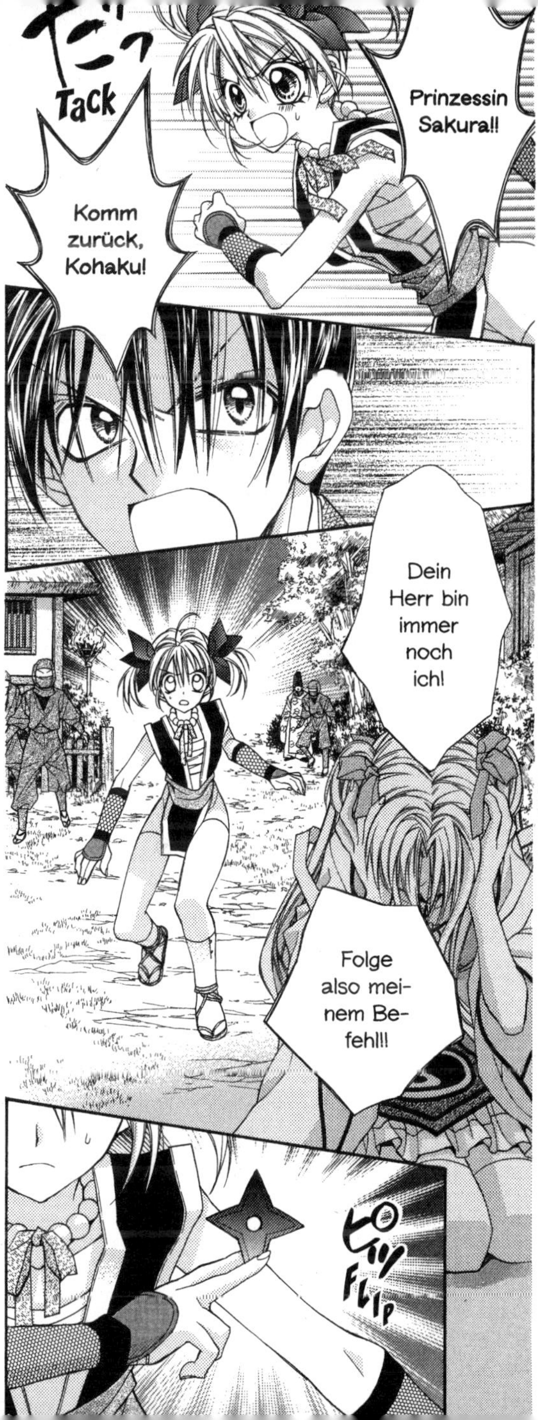

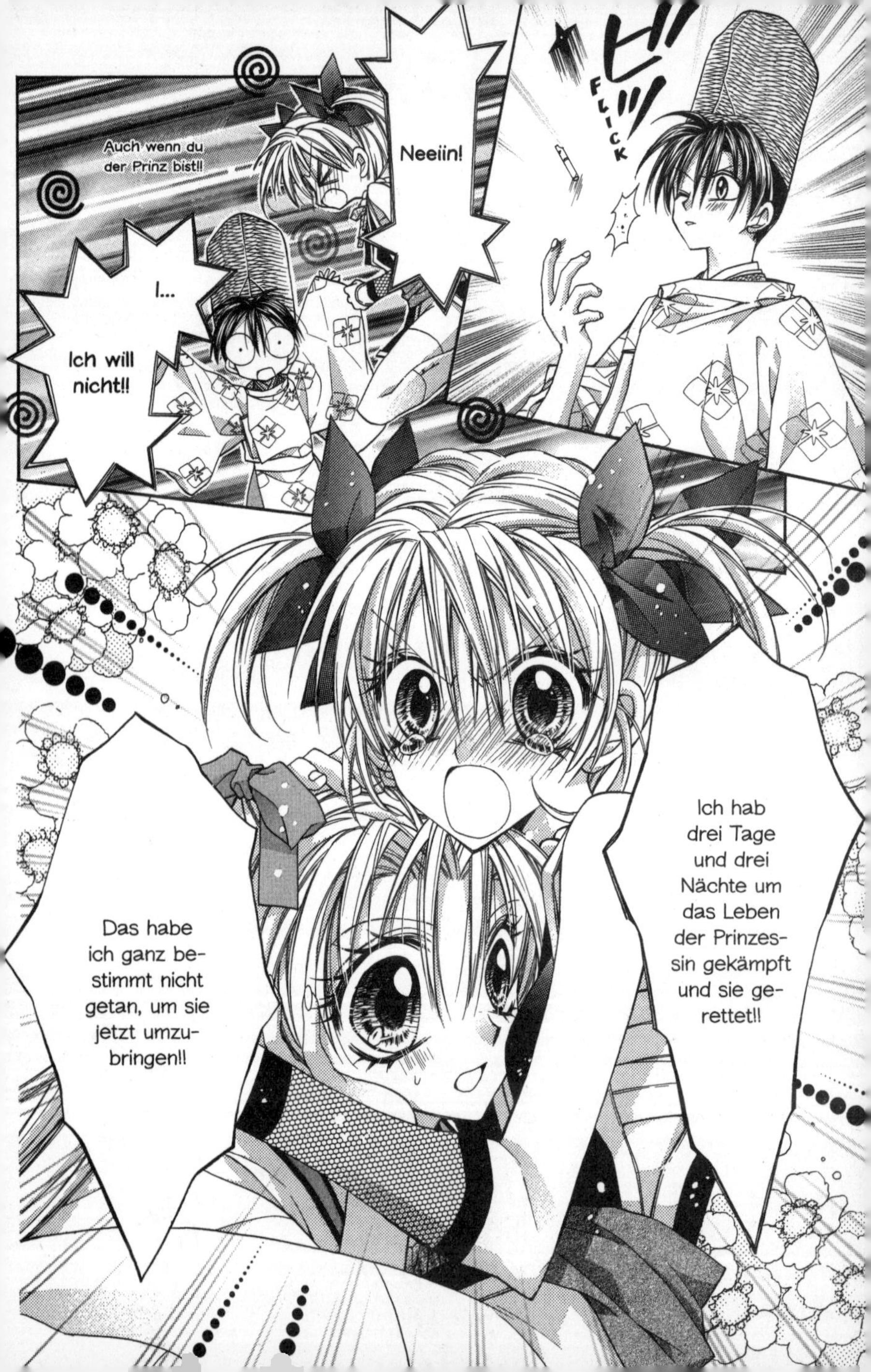
FLICK
Neeiin!
Auch wenn du der Prinz bist!!
I...
Ich will nicht!!
Ich hab drei Tage und drei Nächte um das Leben der Prinzessin gekämpft und sie gerettet!!
Das habe ich ganz bestimmt nicht getan, um sie jetzt umzubringen!!

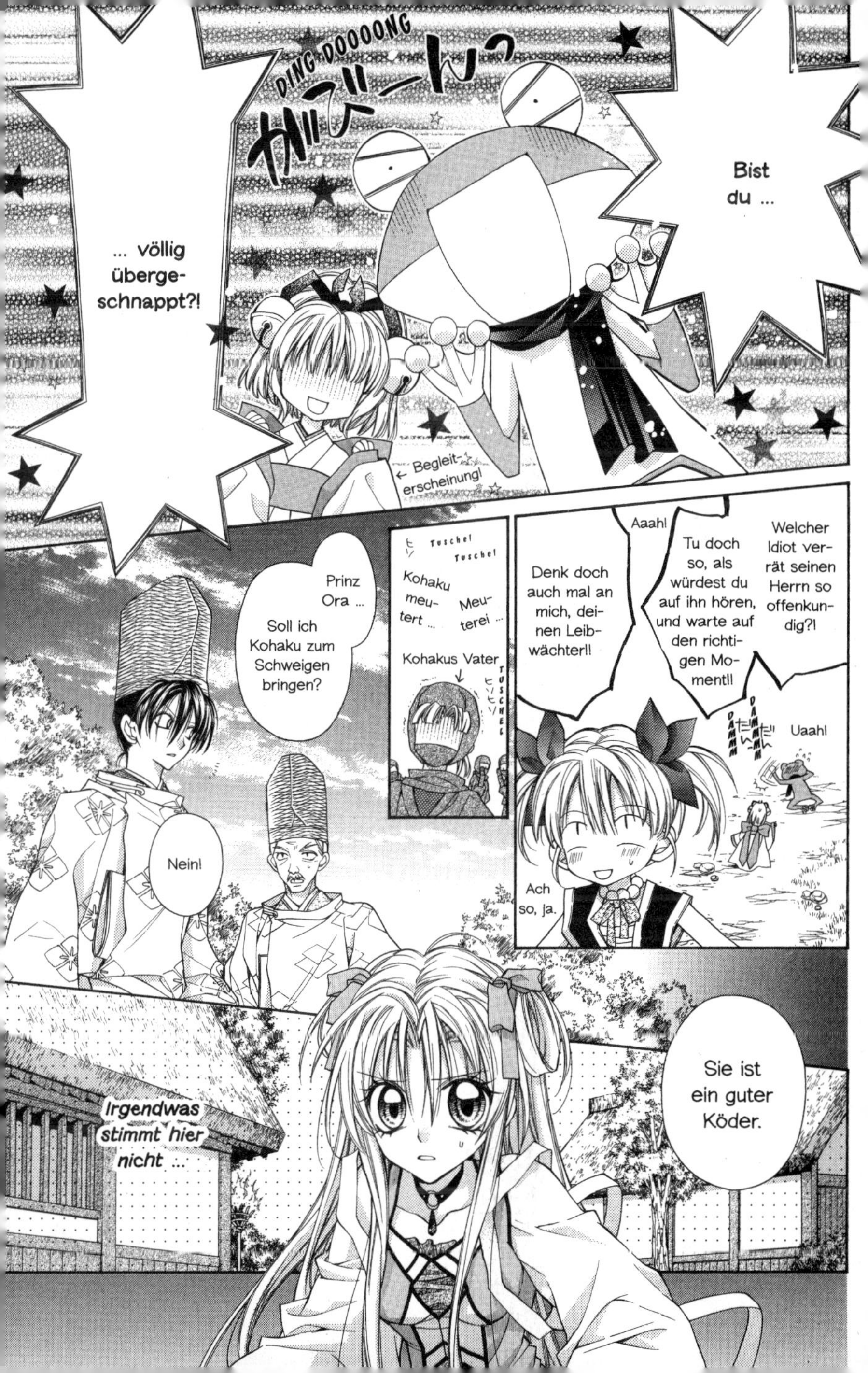
DING DOOOONG
Bist du ...
... völlig übergeschnappt?!
← Begleiterscheinung!
Welcher Idiot verrät seinen Herrn so offenkundig?!
Tu doch so, als würdest du auf ihn hören, und warte auf den richtigen Moment!!
Aaah!
Denk doch auch mal an mich, deinen Leibwächter!!
DAMMM DAMMM
Uaah!
Ach so, ja.
Tuschel Tuschel
Kohaku meutert ...
Meuterei ...
Kohakus Vater
TUSCHEL
Prinz Ora ...
Soll ich Kohaku zum Schweigen bringen?
Nein!
Sie ist ein guter Köder.
Irgendwas stimmt hier nicht ...

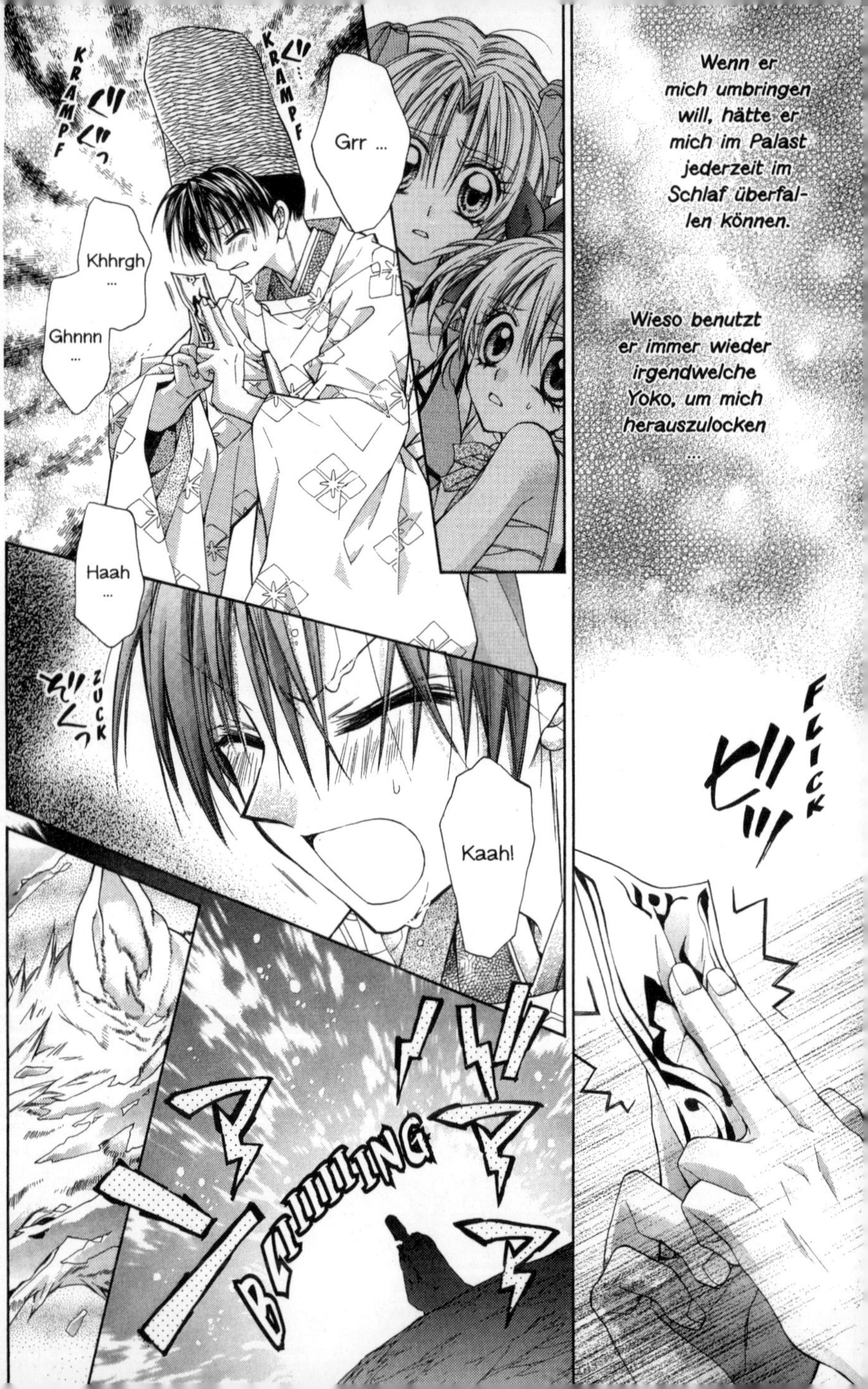

Wenn er mich umbringen will, hätte er mich im Palast jederzeit im Schlaf überfallen können.
Wieso benutzt er immer wieder irgendwelche Yoko, um mich herauszulocken ...
Grr ...
KRAMPF
KRAMPF
Khhrgh ...
Ghnnn ...
Haah ...
ZUCK
FLICK
Kaah!
BAIIIIING

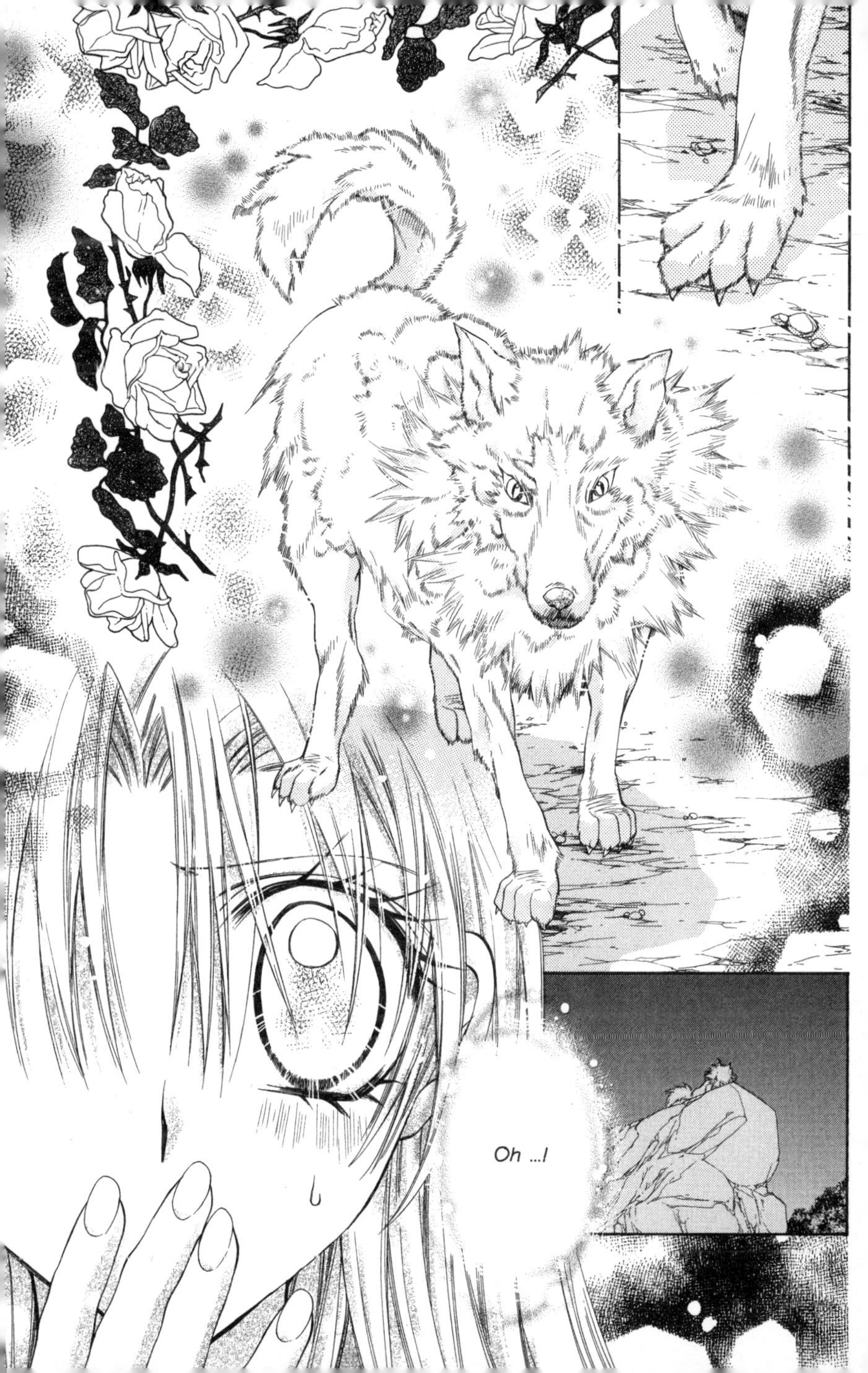
Oh ...!

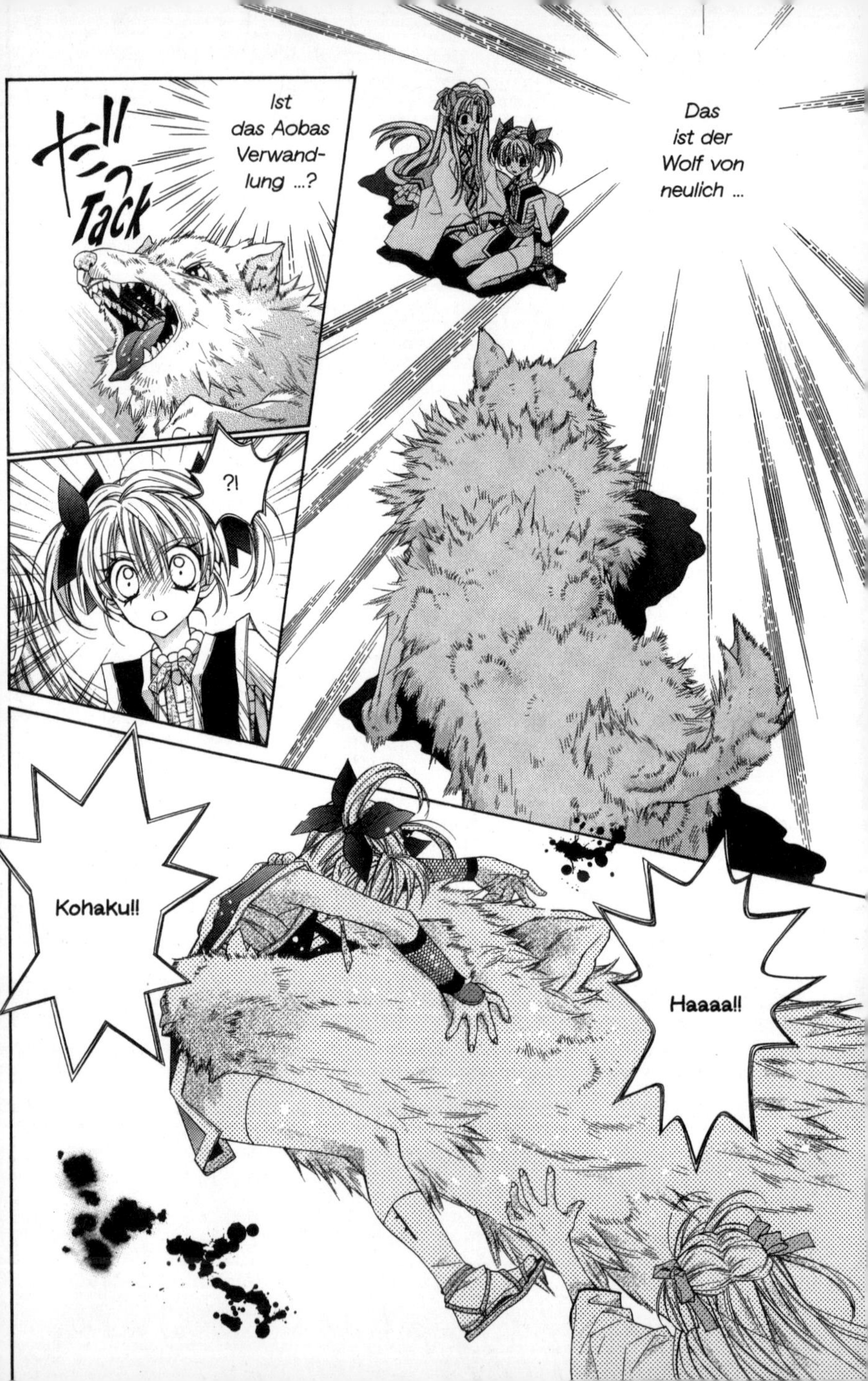
Das ist der Wolf von neulich ...
Ist das Aobas Verwandlung ...?
Tack
?!
Haaaa!!
Kohaku!!

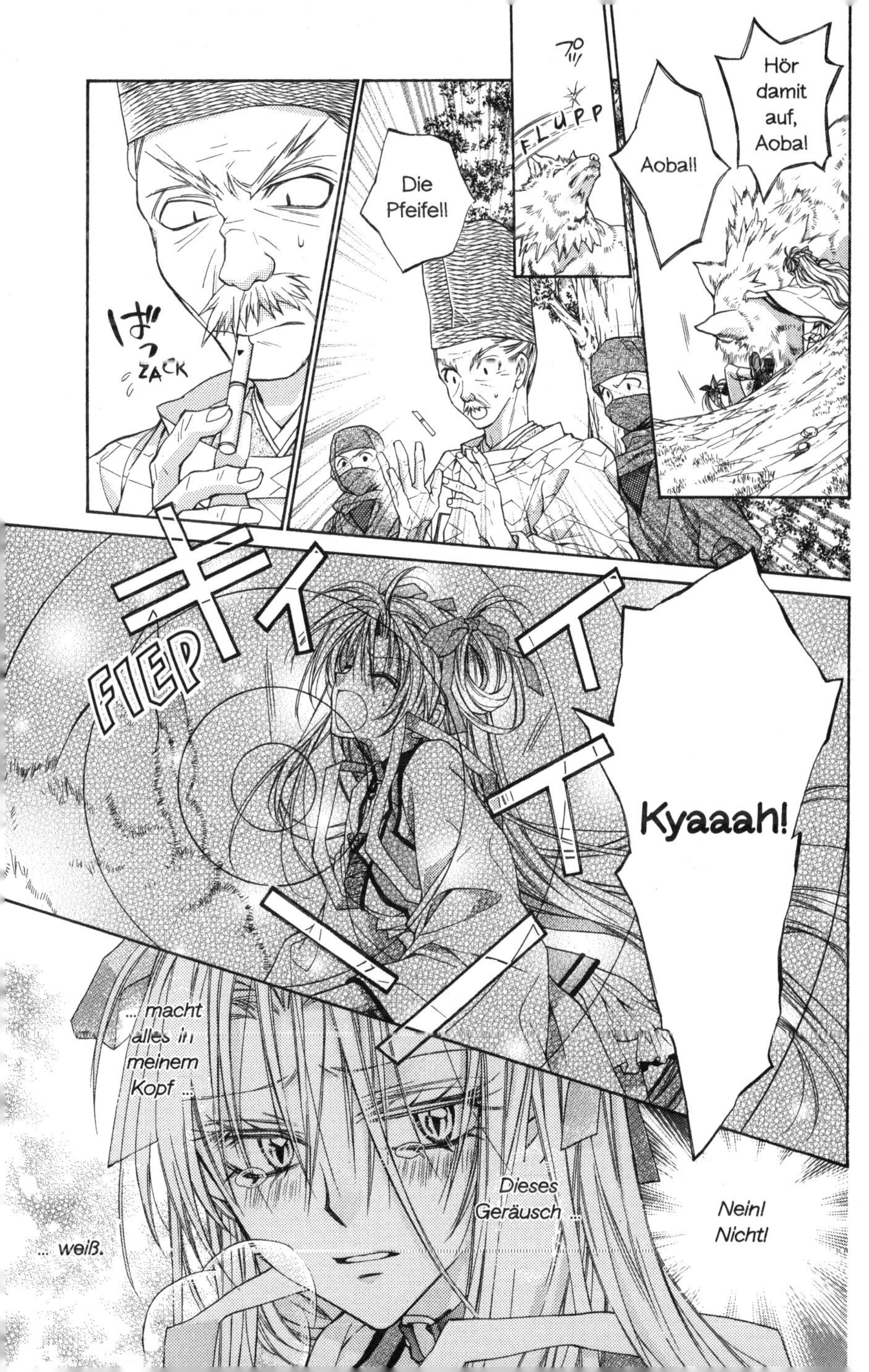

Hör damit auf, Aoba!
Aoba!
プ
FLUPP
Die Pfeife!!
ばっ
ZACK
キィィィィ
FIEP
Kyaaah!
Nein! Nicht!
Dieses Geräusch ...
... macht alles in meinem Kopf ...
... weiß.

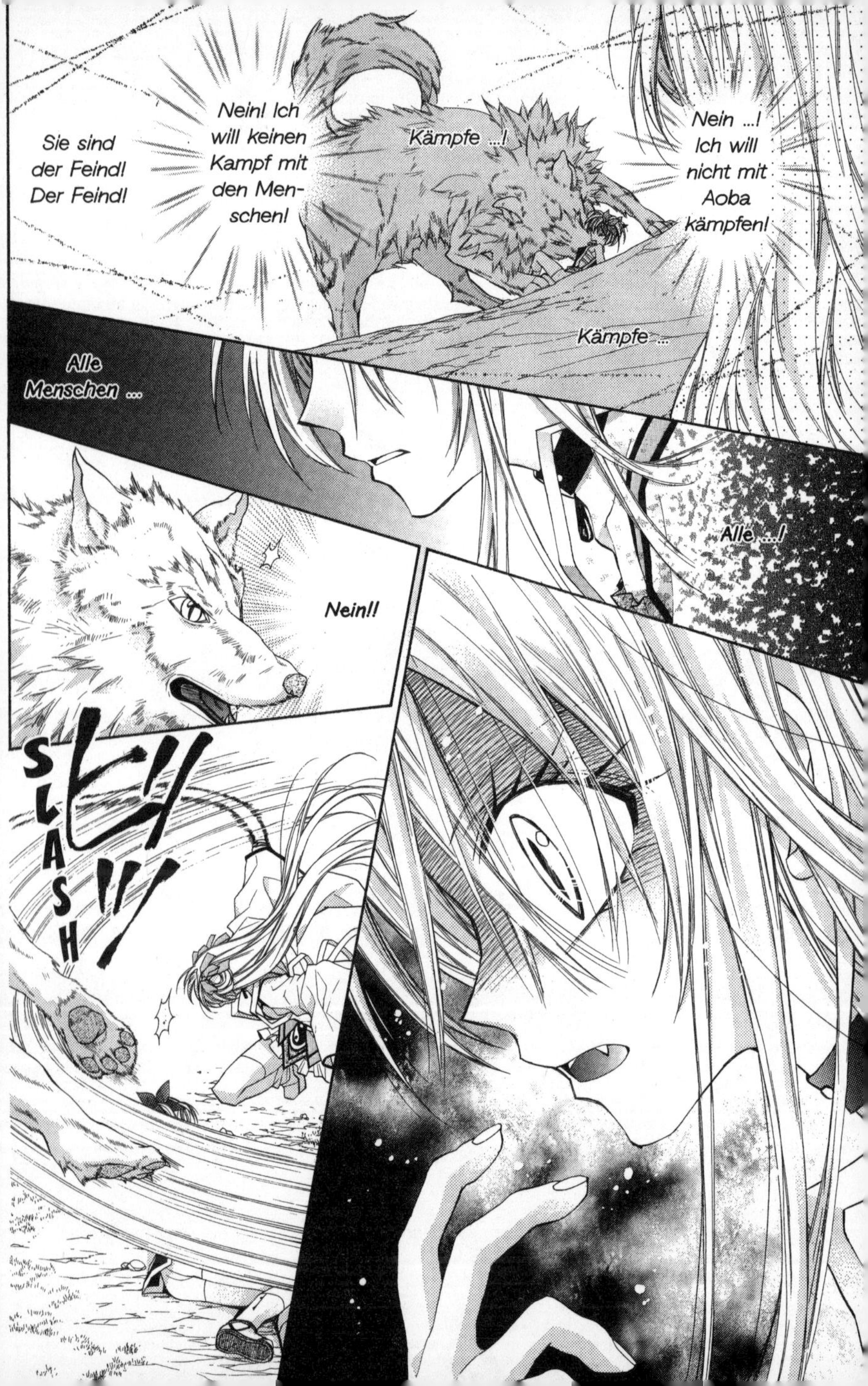
Nein ...! Ich will nicht mit Aoba kämpfen!
Kämpfe ...!
Nein! Ich will keinen Kampf mit den Menschen!
Sie sind der Feind! Der Feind!
Kämpfe ...
Alle Menschen ...
Alle ...!
Nein!!
SLASH

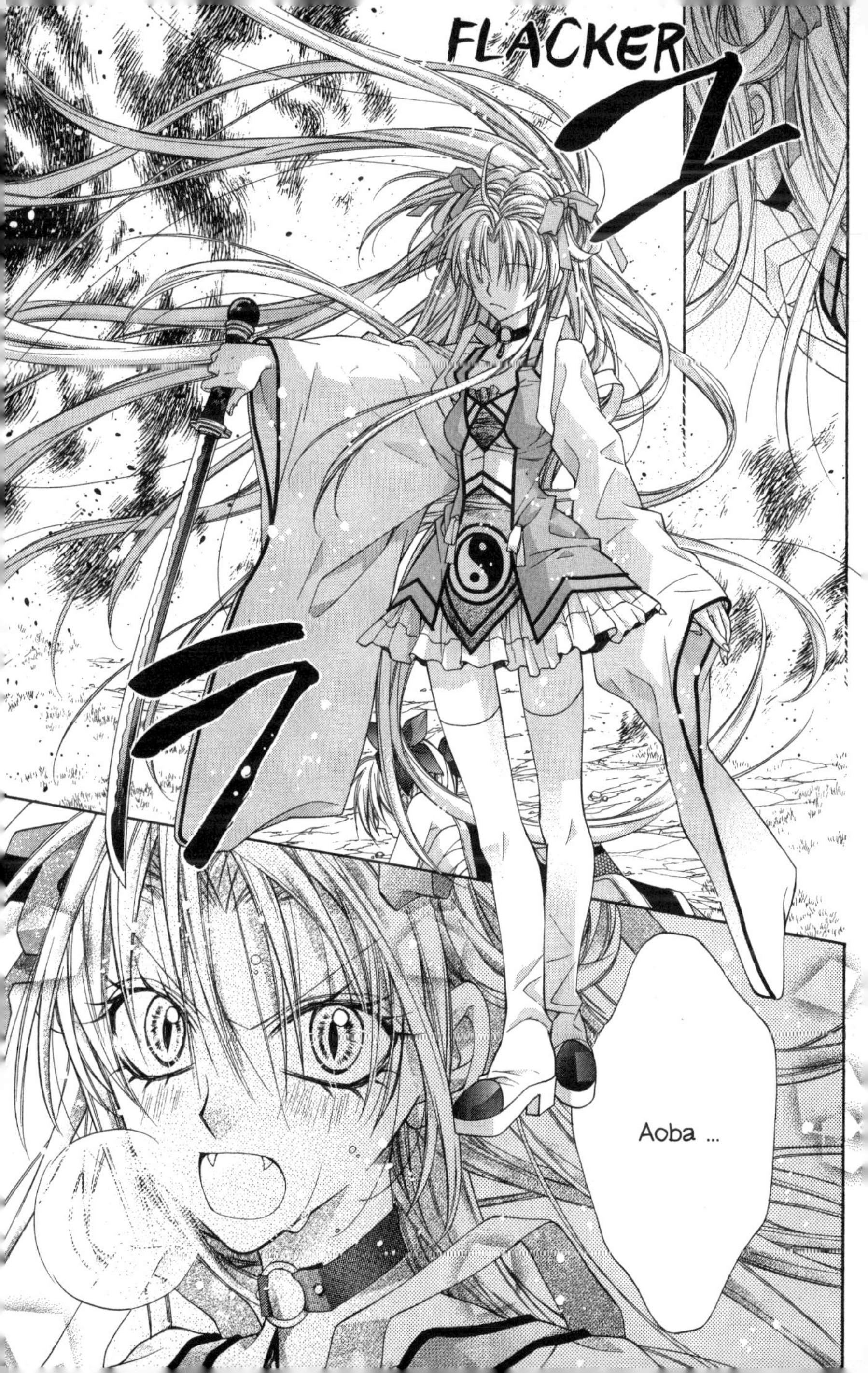
FLACKER
Aoba ...

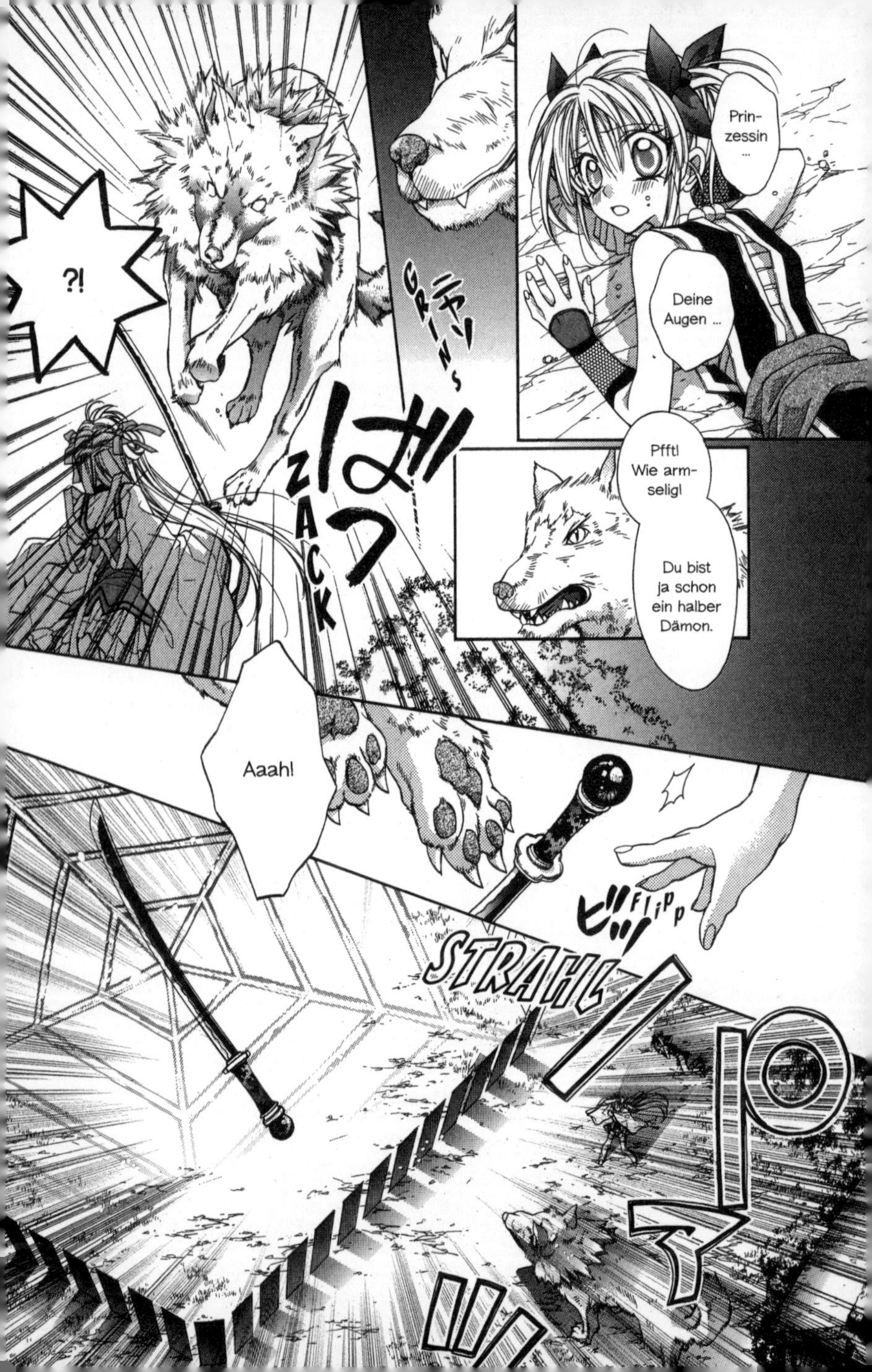
Prin-
zessin
...
Deine
Augen ...
GRINS
?!
Pfft!
Wie arm-
selig!
Du bist
ja schon
ein halber
Dämon.
ZACK
Aaah!
Flipp
STRAHL

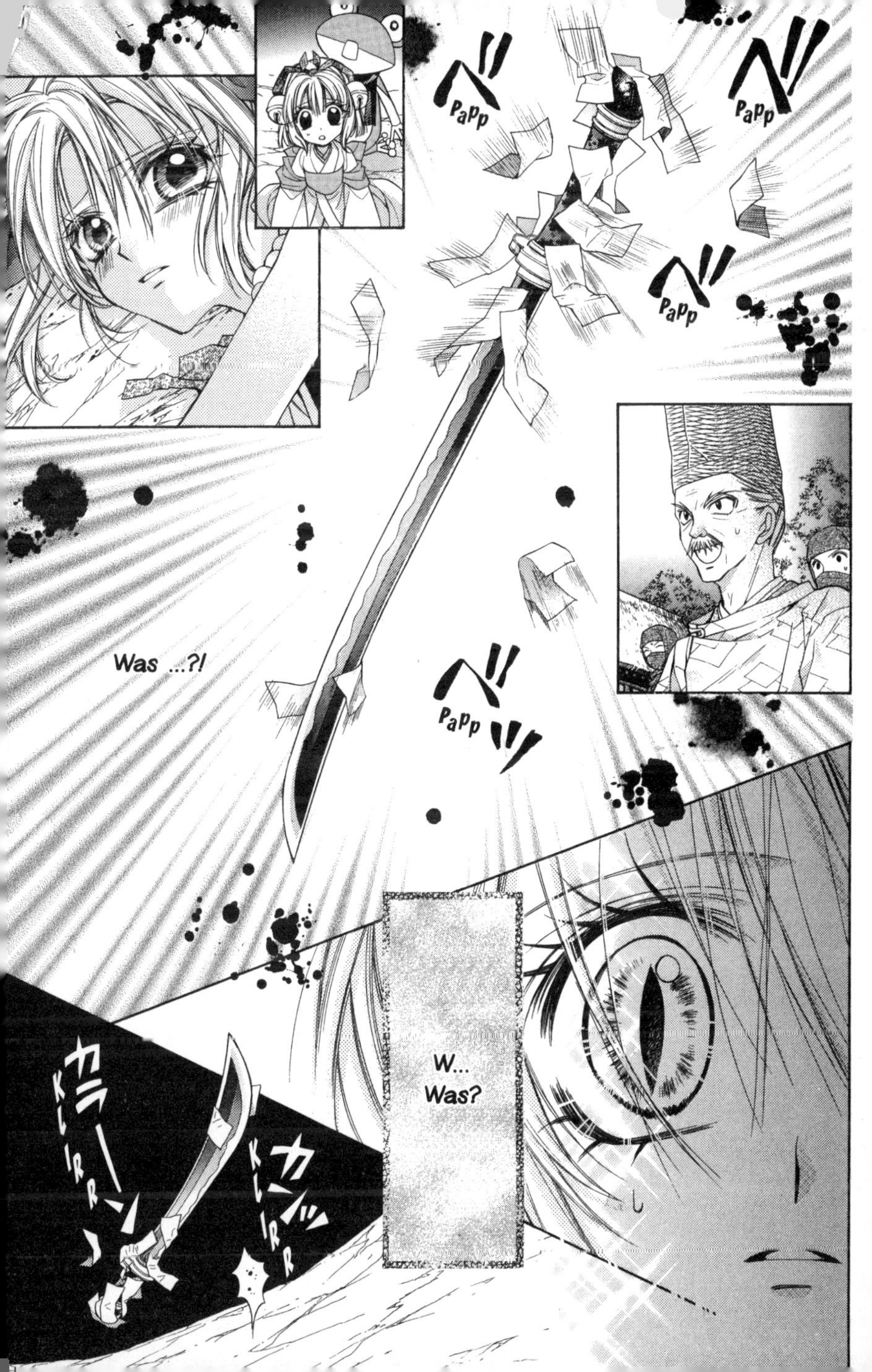

ペ
Papp
ペ
Papp
ペ
Papp
Was ...?!
ペ
Papp
W...
Was?
カラ-ン
KLIRR
カッ
KLIRR

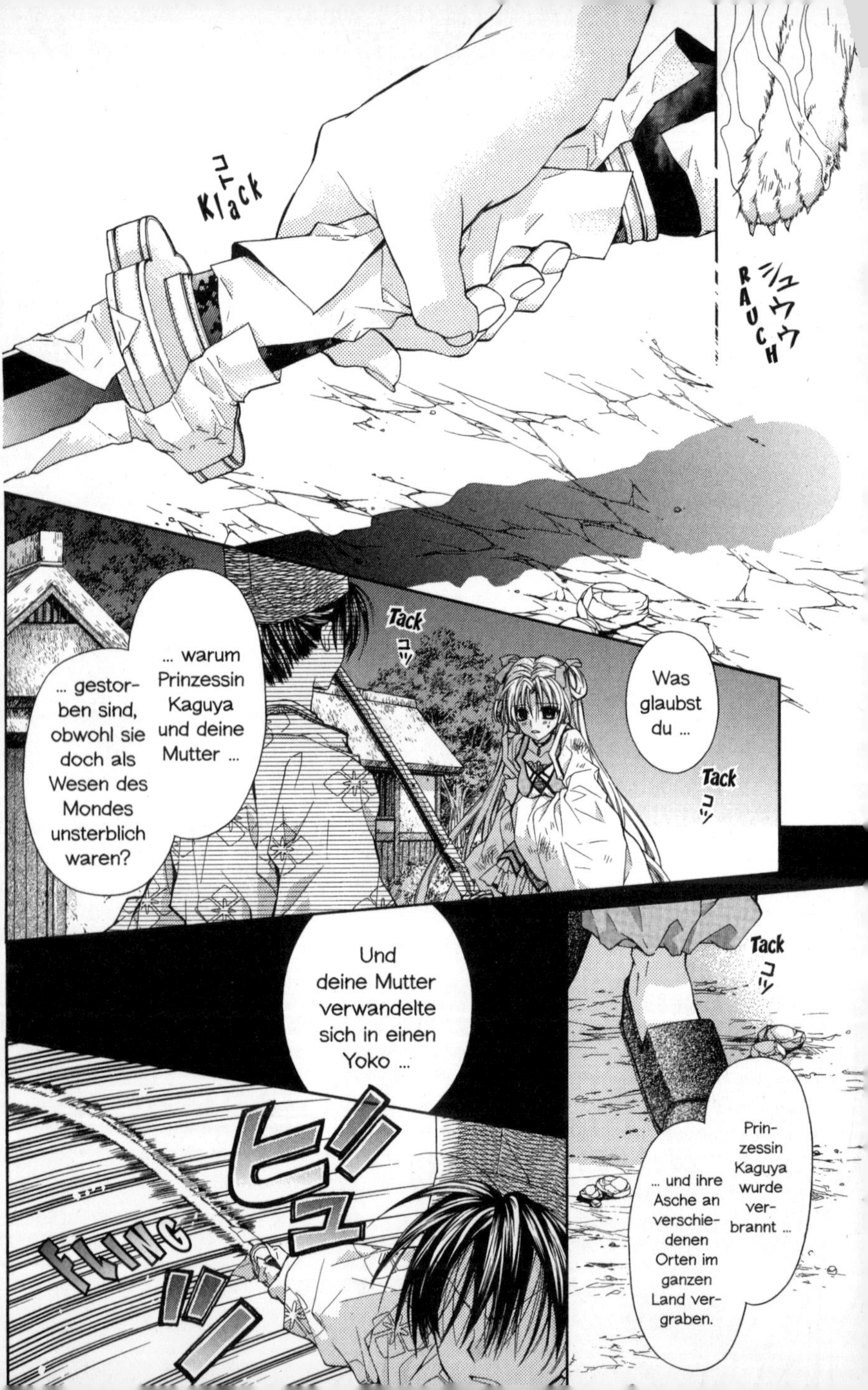

RAUCH
Klack
Tack
Was glaubst du ...
Tack
... warum Prinzessin Kaguya und deine Mutter ...
... gestorben sind, obwohl sie doch als Wesen des Mondes unsterblich waren?
Tack
Prinzessin Kaguya wurde verbrannt ...
... und ihre Asche an verschiedenen Orten im ganzen Land vergraben.
Und deine Mutter verwandelte sich in einen Yoko ...
FLING

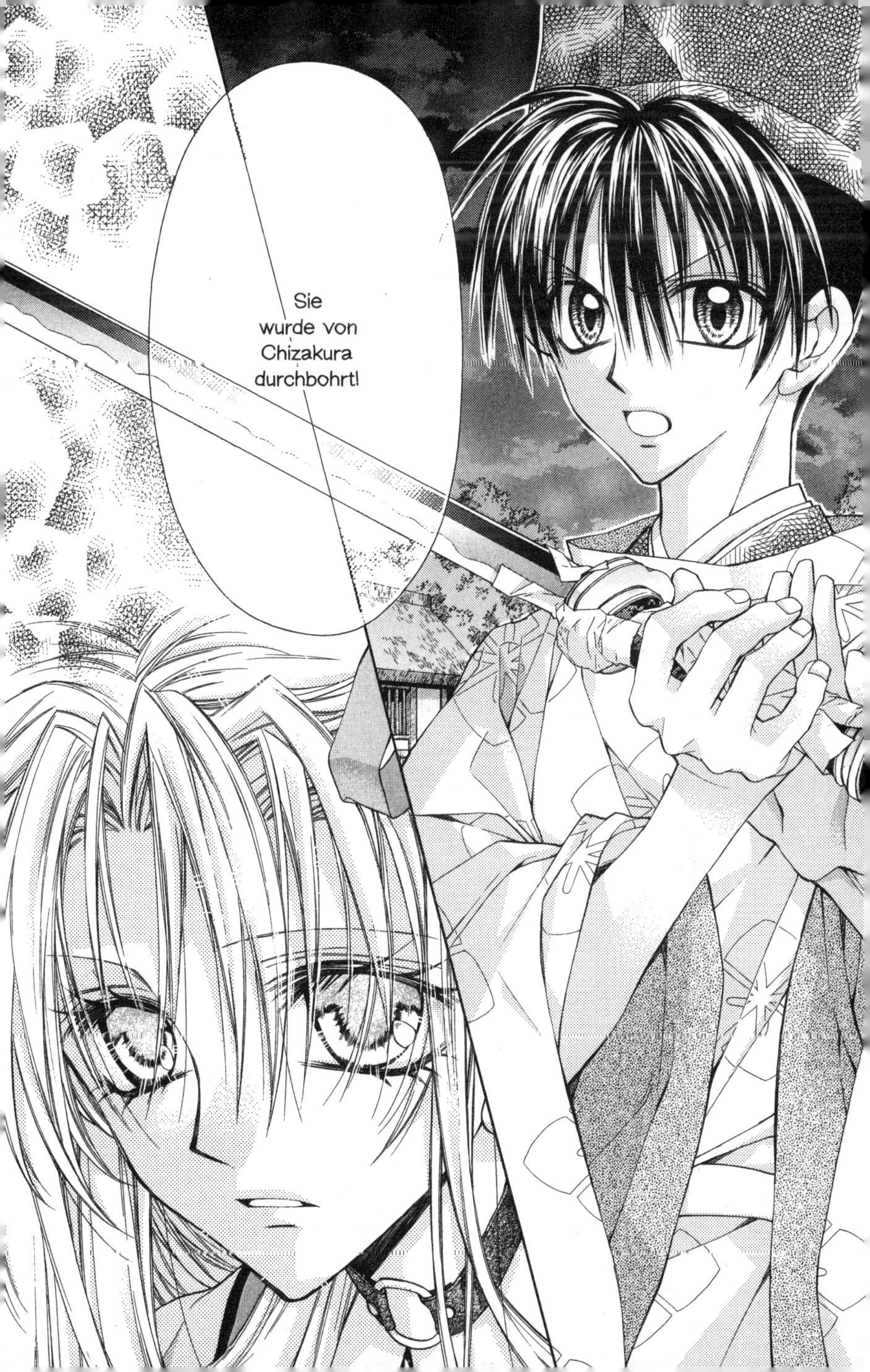
Sie wurde von Chizakura durchbohrt!

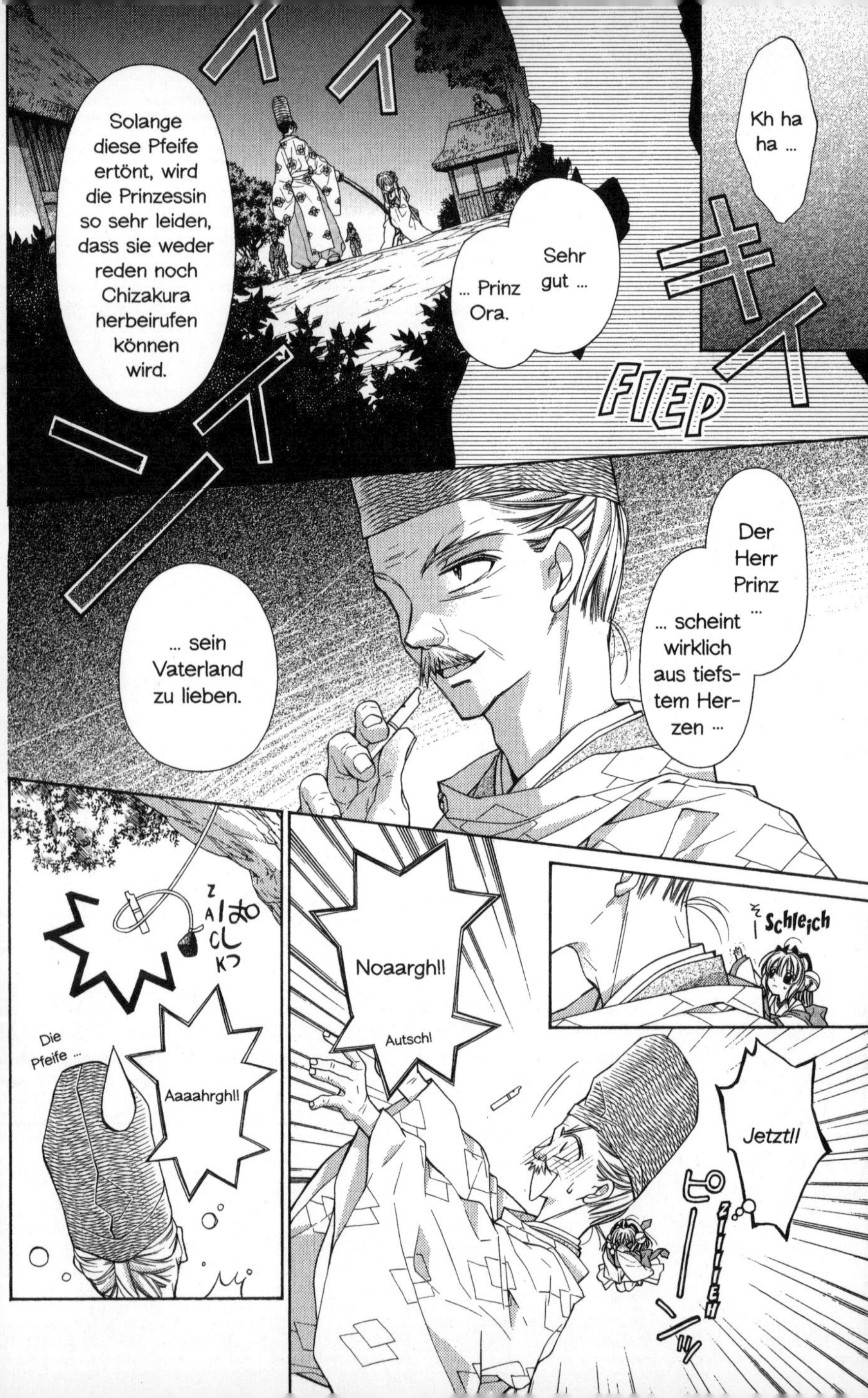
Kh ha ha …
Sehr gut …
… Prinz Ora.
Solange diese Pfeife ertönt, wird die Prinzessin so sehr leiden, dass sie weder reden noch Chizakura herbeirufen können wird.
FIEP
Der Herr Prinz … … scheint wirklich aus tiefstem Herzen …
… sein Vaterland zu lieben.
Schleich
Jetzt!!
Noaargh!!
Autsch!
ZACK
Die Pfeife …
Aaaahrgh!!

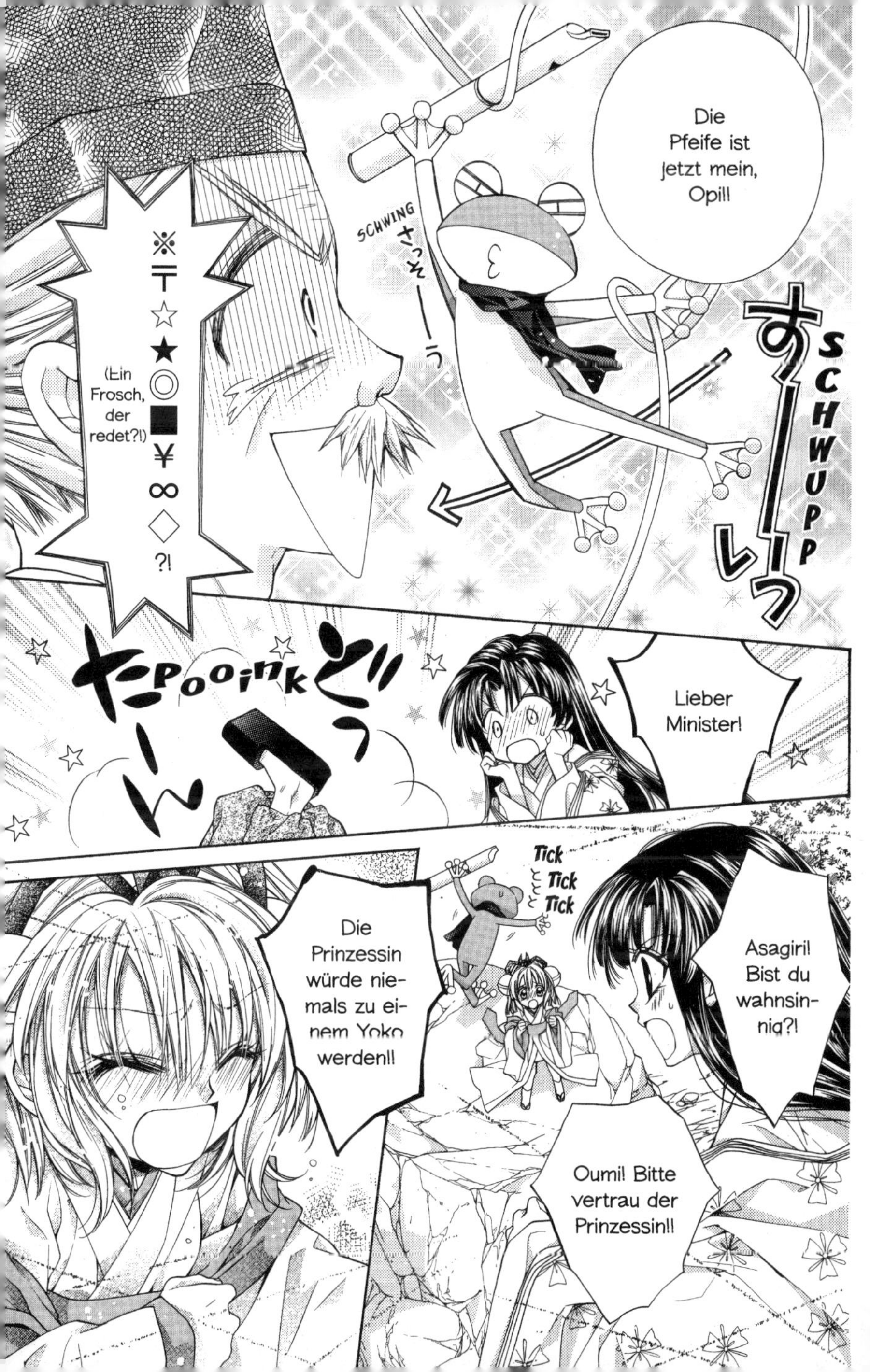

Die Pfeife ist jetzt mein, Opi!!
SCHWUPP
SCHWING
※〒☆★◎■¥∞◇?!
(Ein Frosch, der redet?!)
Lieber Minister!
Pooink
Asagiri! Bist du wahnsin-nig?!
Tick Tick Tick
Die Prinzessin würde nie-mals zu ei-nem Yoko werden!!
Oumi! Bitte vertrau der Prinzessin!!

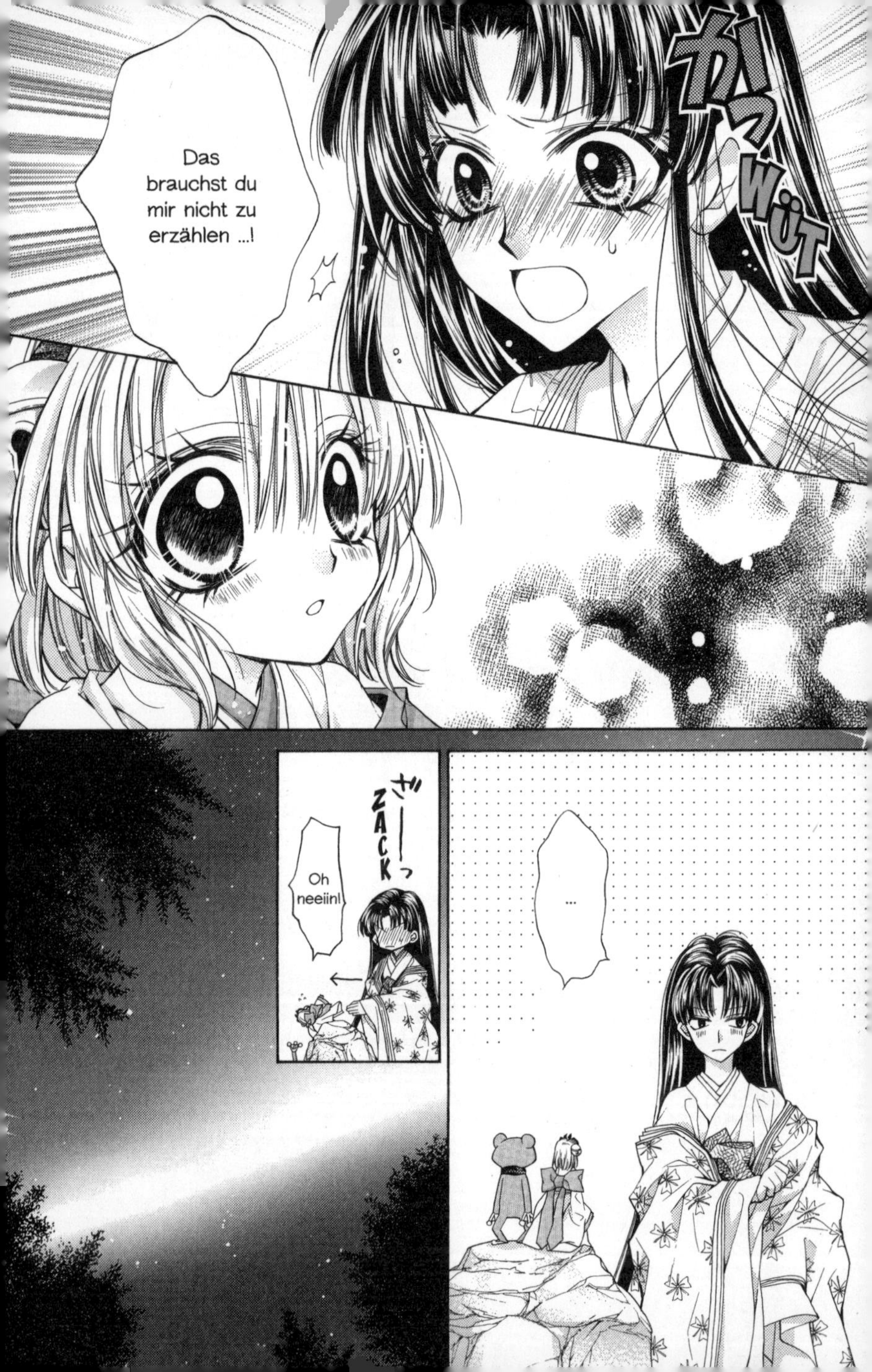

わっ
WÜT
Das brauchst du mir nicht zu erzählen ...!
...
ざーっ
ZACK
Oh neeiin!

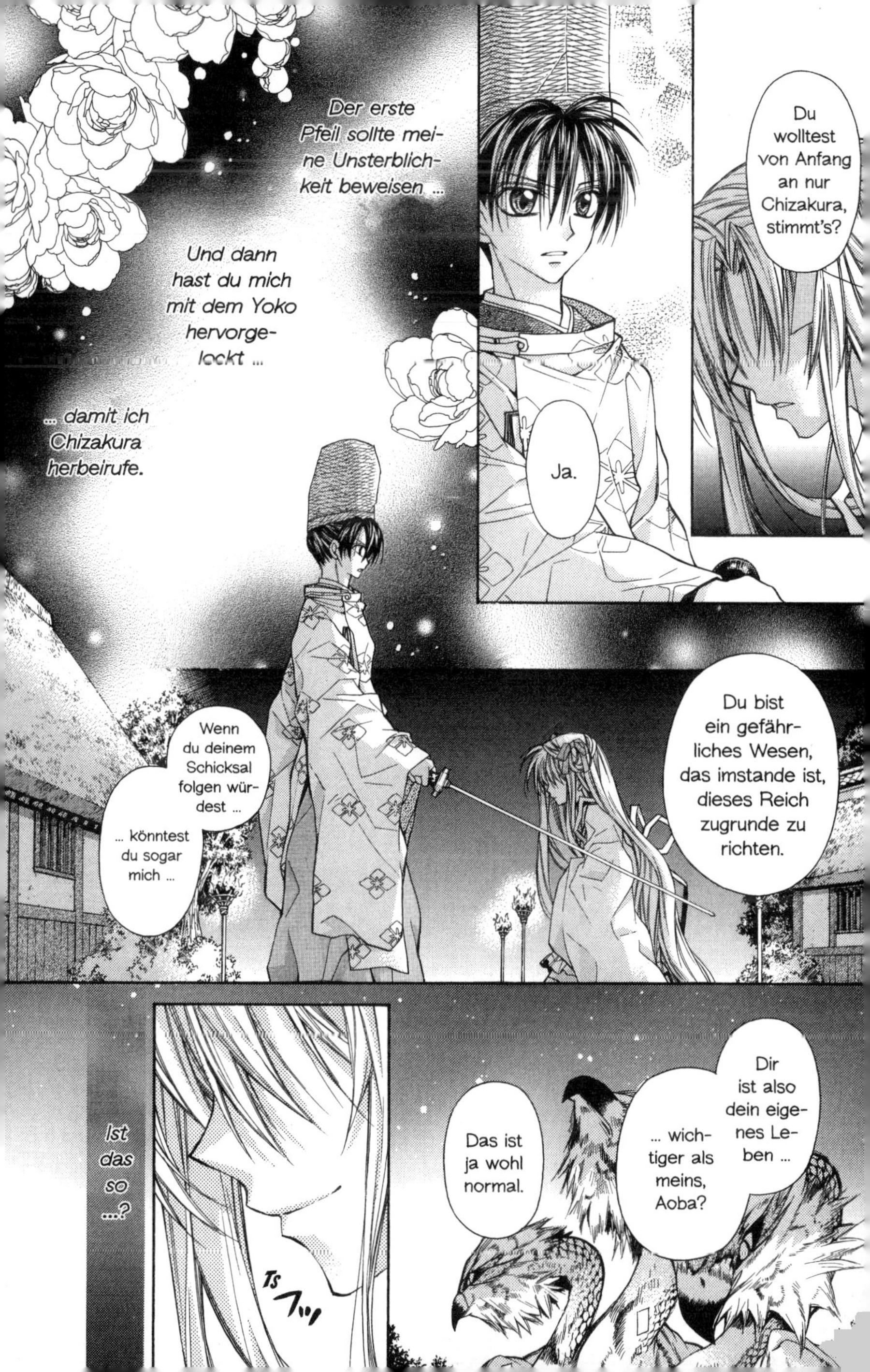
Du wolltest von Anfang an nur Chizakura, stimmt's?
Ja.
Der erste Pfeil sollte meine Unsterblichkeit beweisen ...
Und dann hast du mich mit dem Yoko hervorgelockt ...
... damit ich Chizakura herbeirufe.
Du bist ein gefährliches Wesen, das imstande ist, dieses Reich zugrunde zu richten.
Wenn du deinem Schicksal folgen würdest ...
... könntest du sogar mich ...
Dir ist also dein eigenes Leben ...
... wichtiger als meins, Aoba?
Das ist ja wohl normal.
Ist das so ...?
Ts

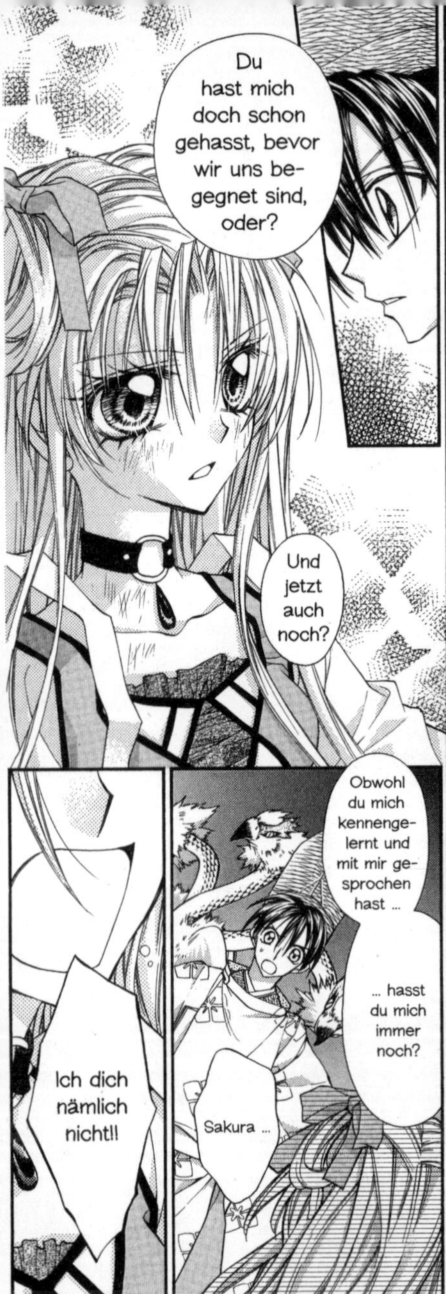
Du hast mich doch schon gehasst, bevor wir uns be-gegnet sind, oder?
Und jetzt auch noch?
Obwohl du mich kennenge-lernt und mit mir ge-sprochen hast ...
... hasst du mich immer noch?
Sakura ...
Ich dich nämlich nicht!!

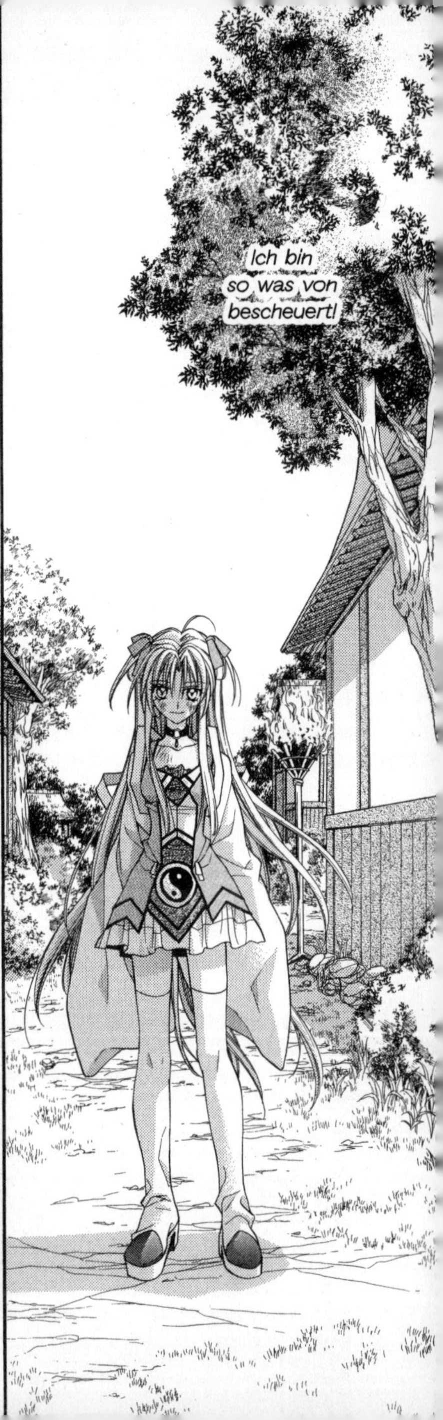
Ich bin so was von bescheuert!

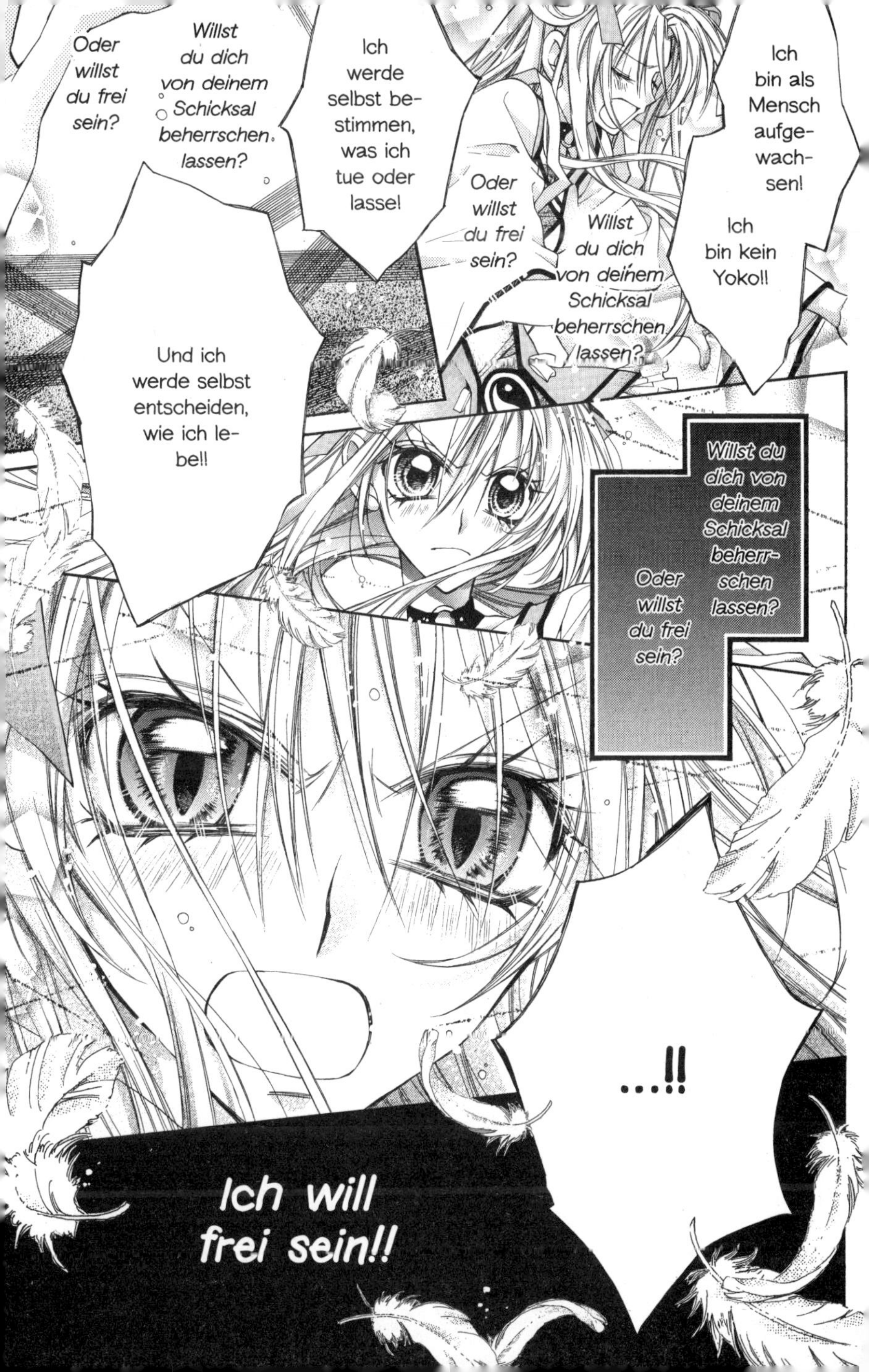

Ich bin als Mensch aufgewachsen!
Ich bin kein Yoko!!
Willst du dich von deinem Schicksal beherrschen lassen?
Oder willst du frei sein?
Ich werde selbst bestimmen, was ich tue oder lasse!
Willst du dich von deinem Schicksal beherrschen lassen?
Oder willst du frei sein?
Und ich werde selbst entscheiden, wie ich lebe!!
Willst du dich von deinem Schicksal beherrschen lassen?
Oder willst du frei sein?
...!!
Ich will frei sein!!

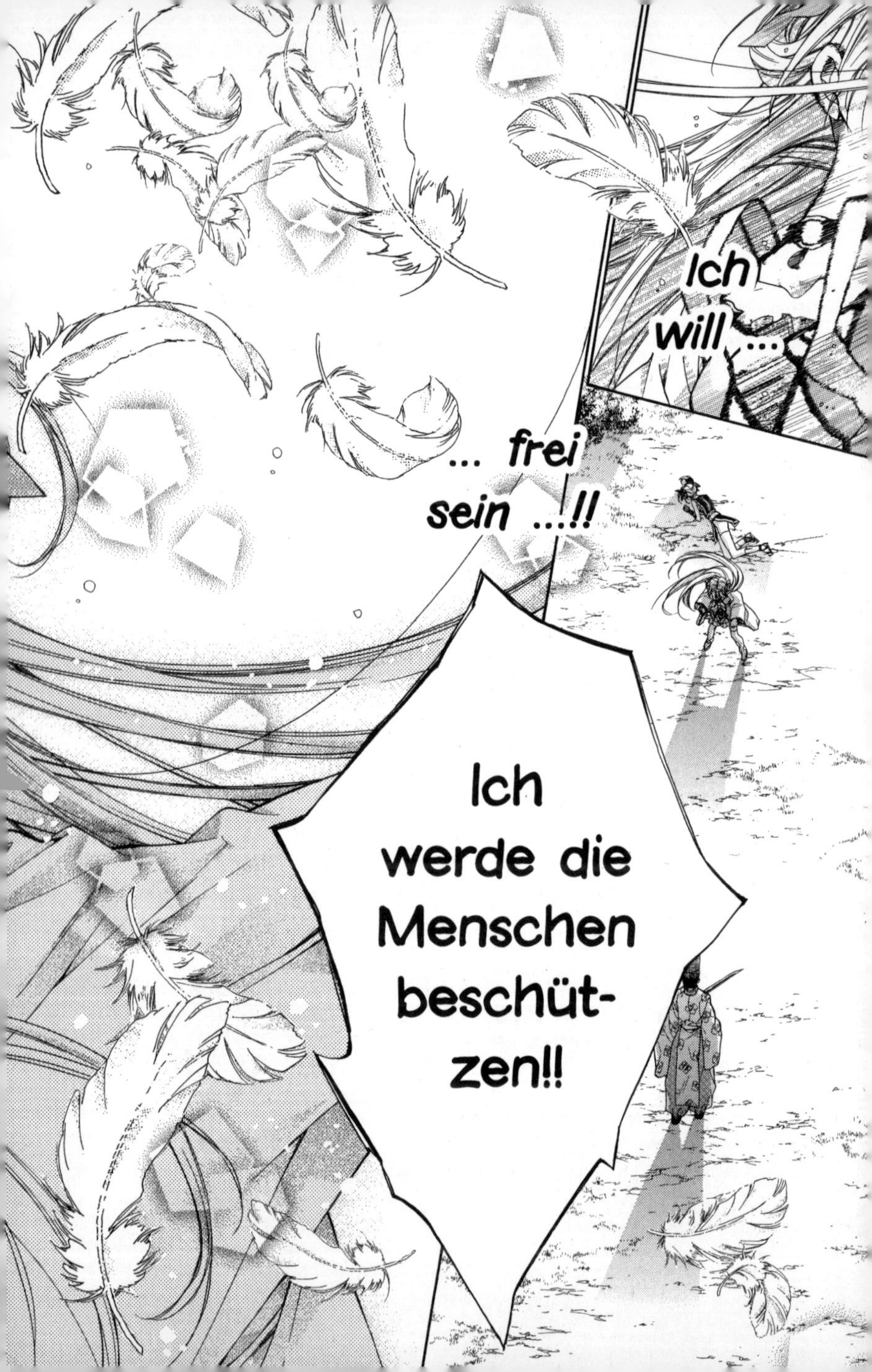
Ich will ...
... frei sein ...!!
Ich werde die Menschen beschüt- zen!!

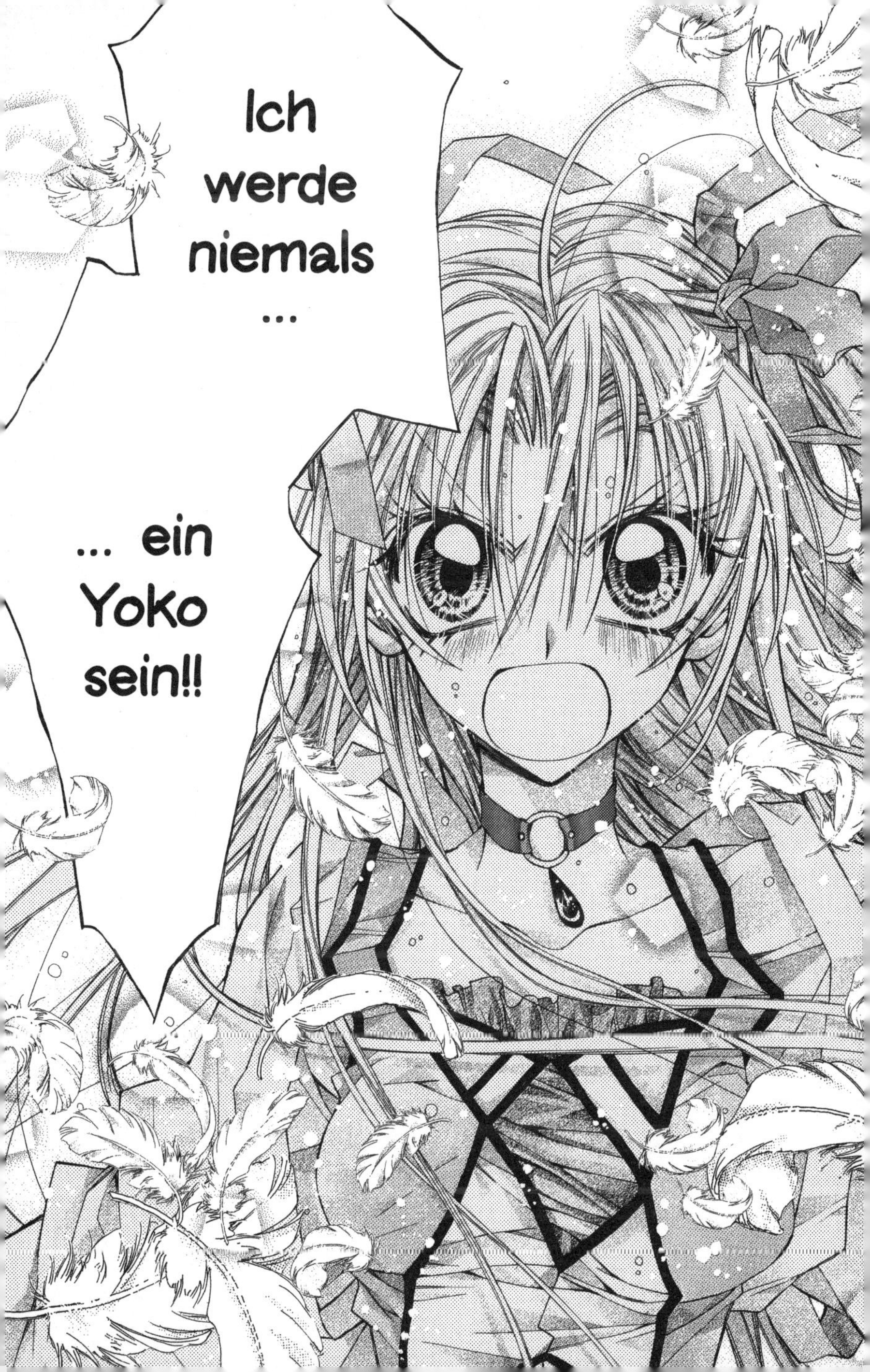
Ich werde niemals ...
... ein Yoko sein!!

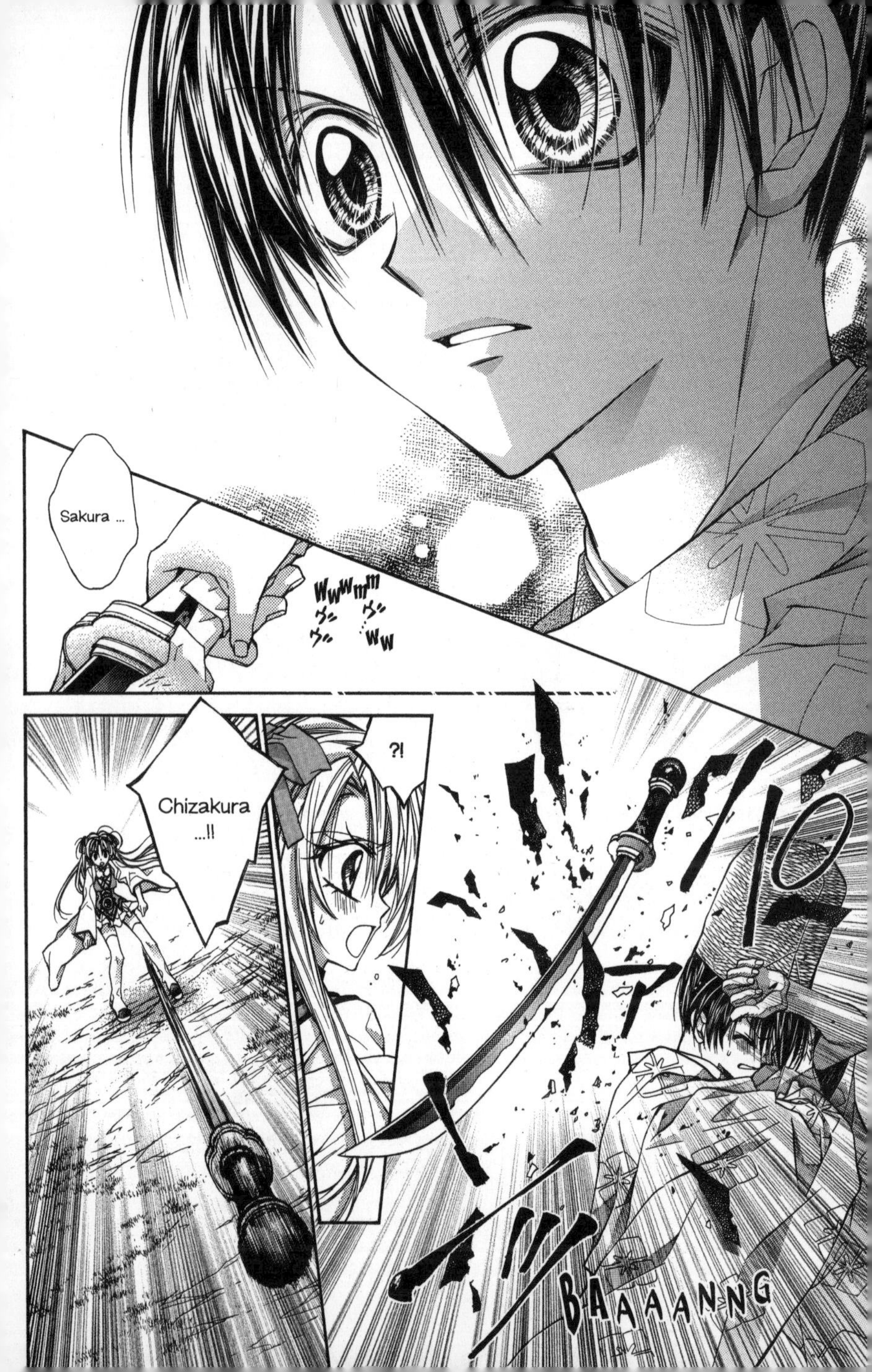
Sakura ...
?!
Chizakura ...!!
BAAAANNG

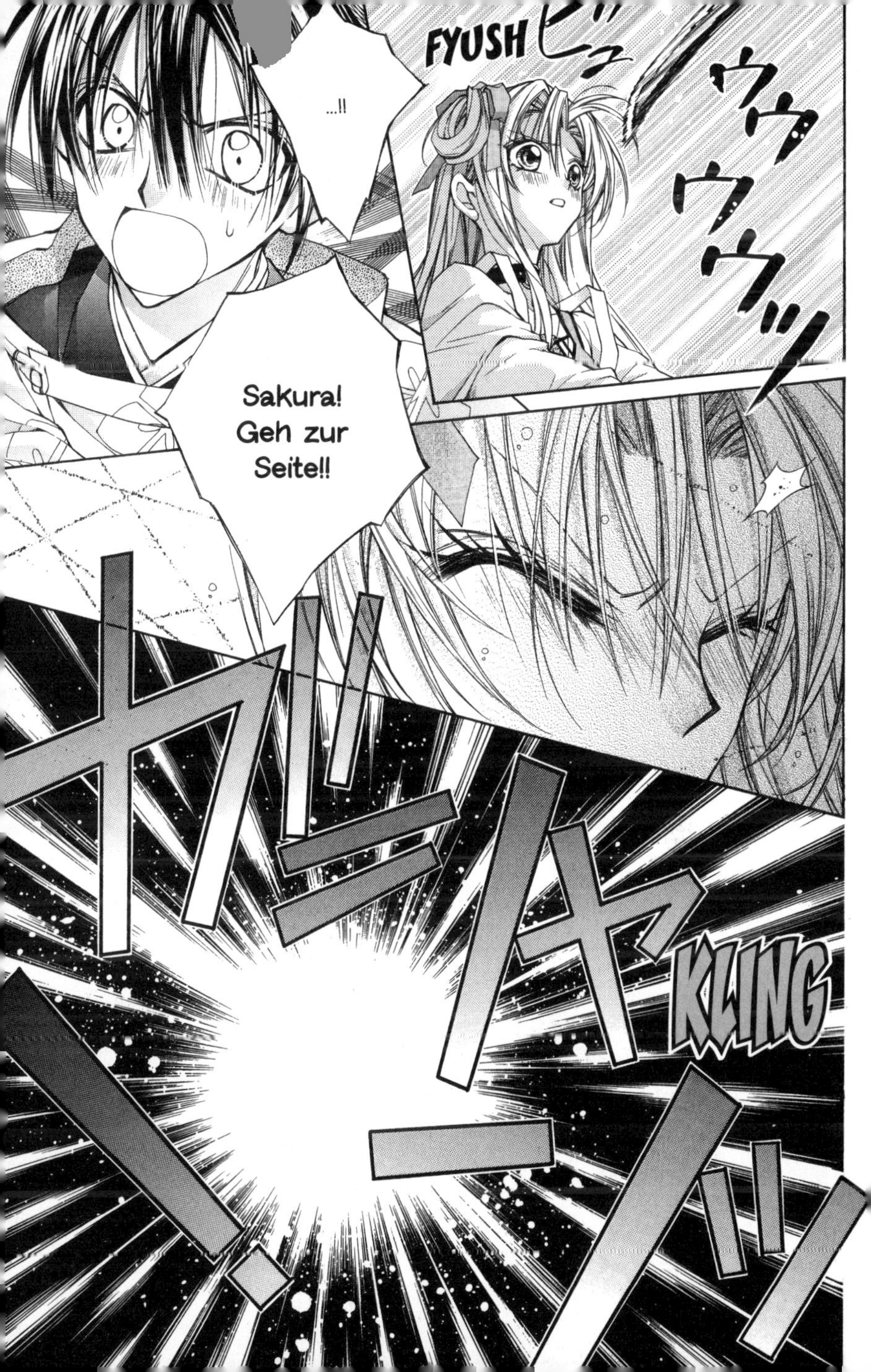
FYUSH
...!!
Sakura!
Geh zur
Seite!!
KLING

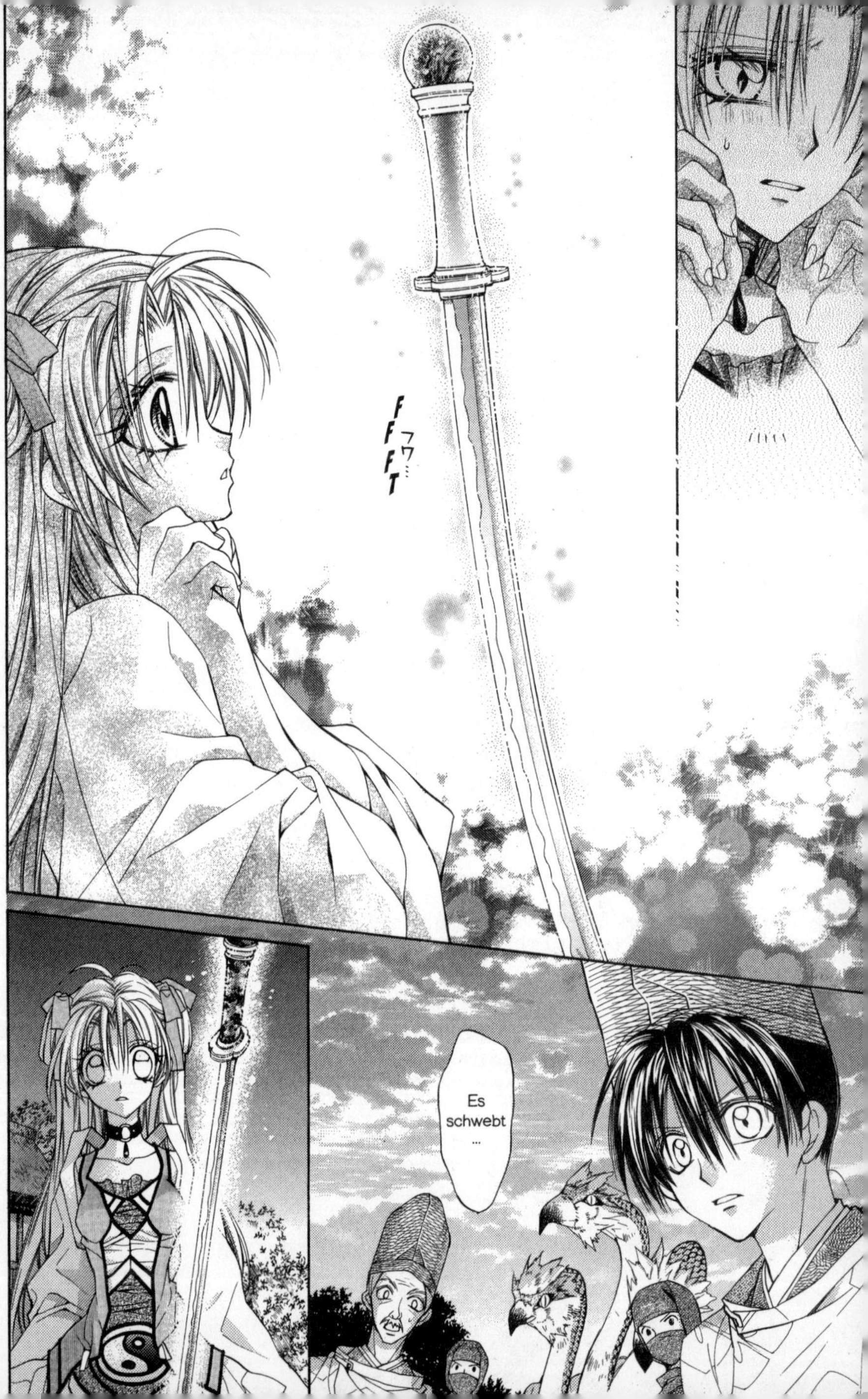
FFFFT
フワ…
Es schwebt …

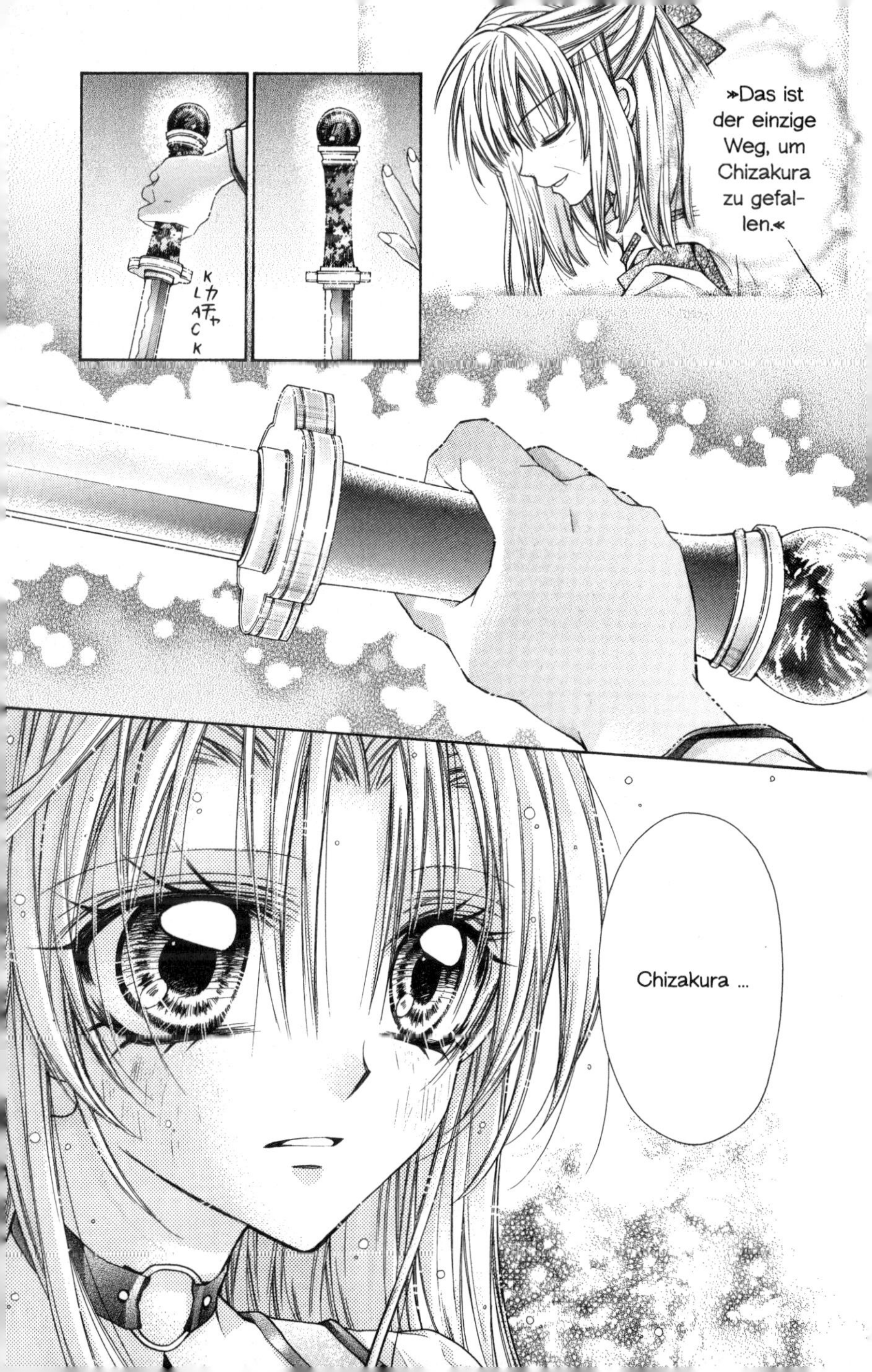
»Das ist der einzige Weg, um Chizakura zu gefallen.«
KLACK
Chizakura ...

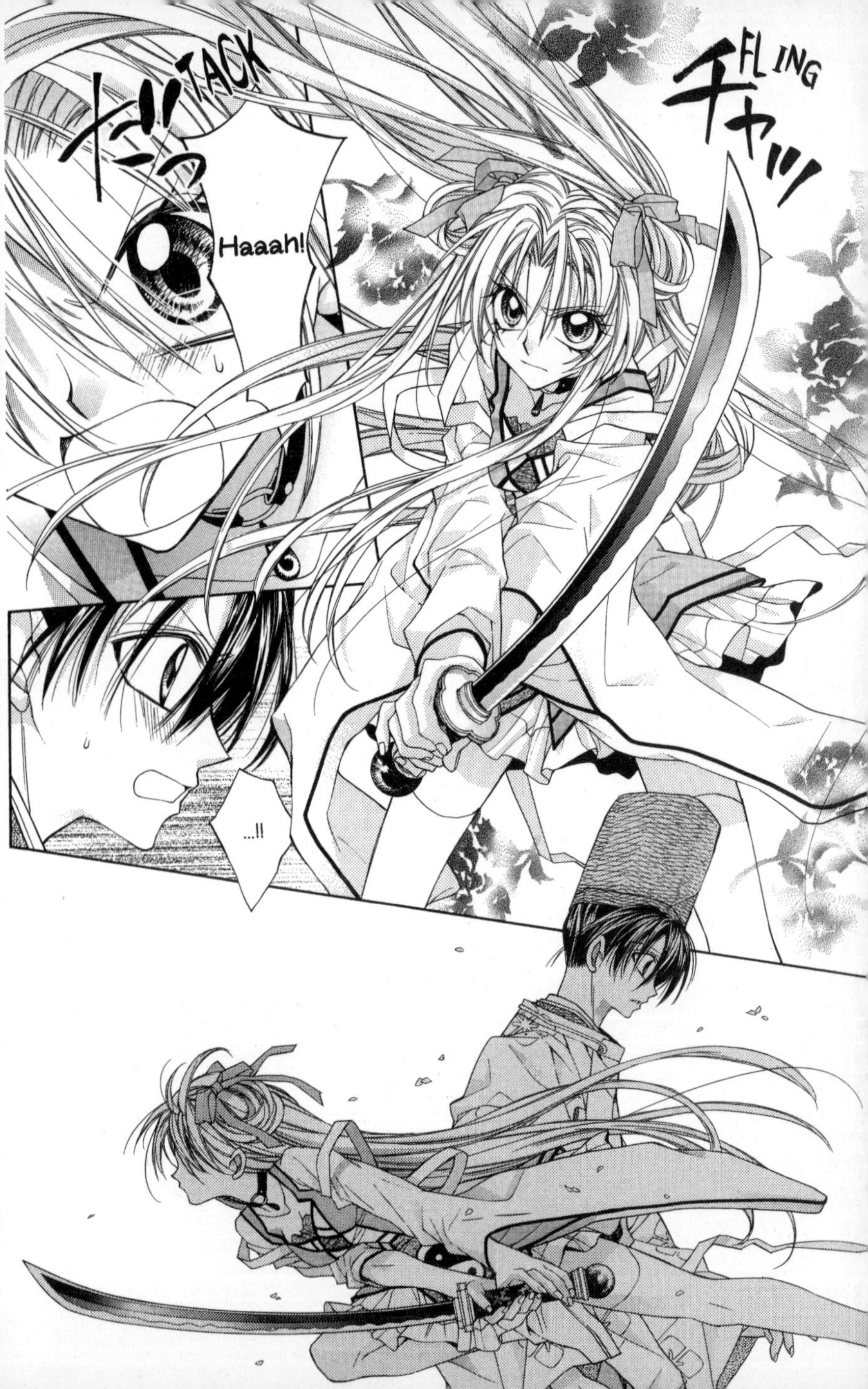
FLING
TACK
Haaah!
...!!

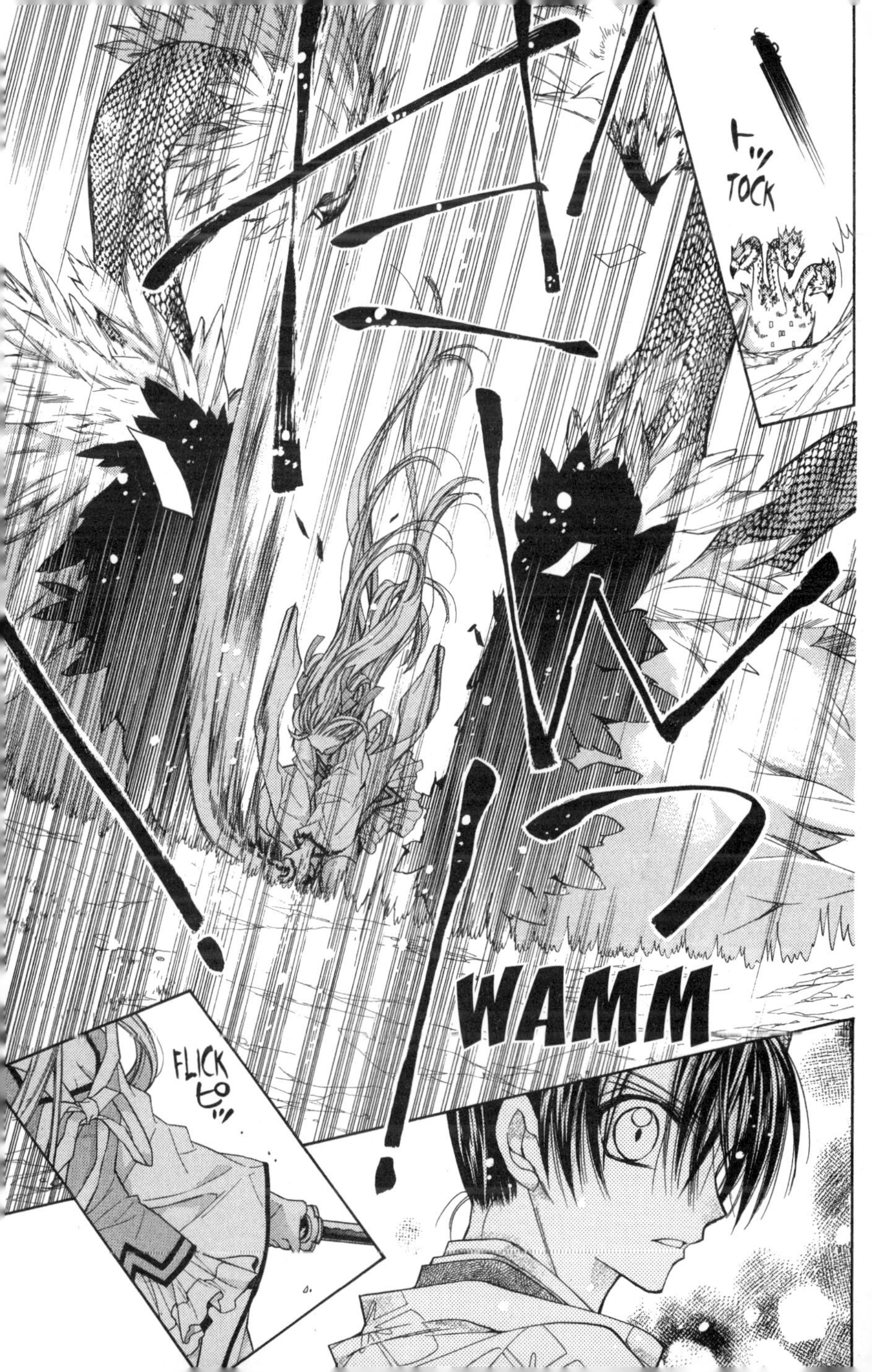
トッ
TOCK
WAMM
FLICK
ピッ

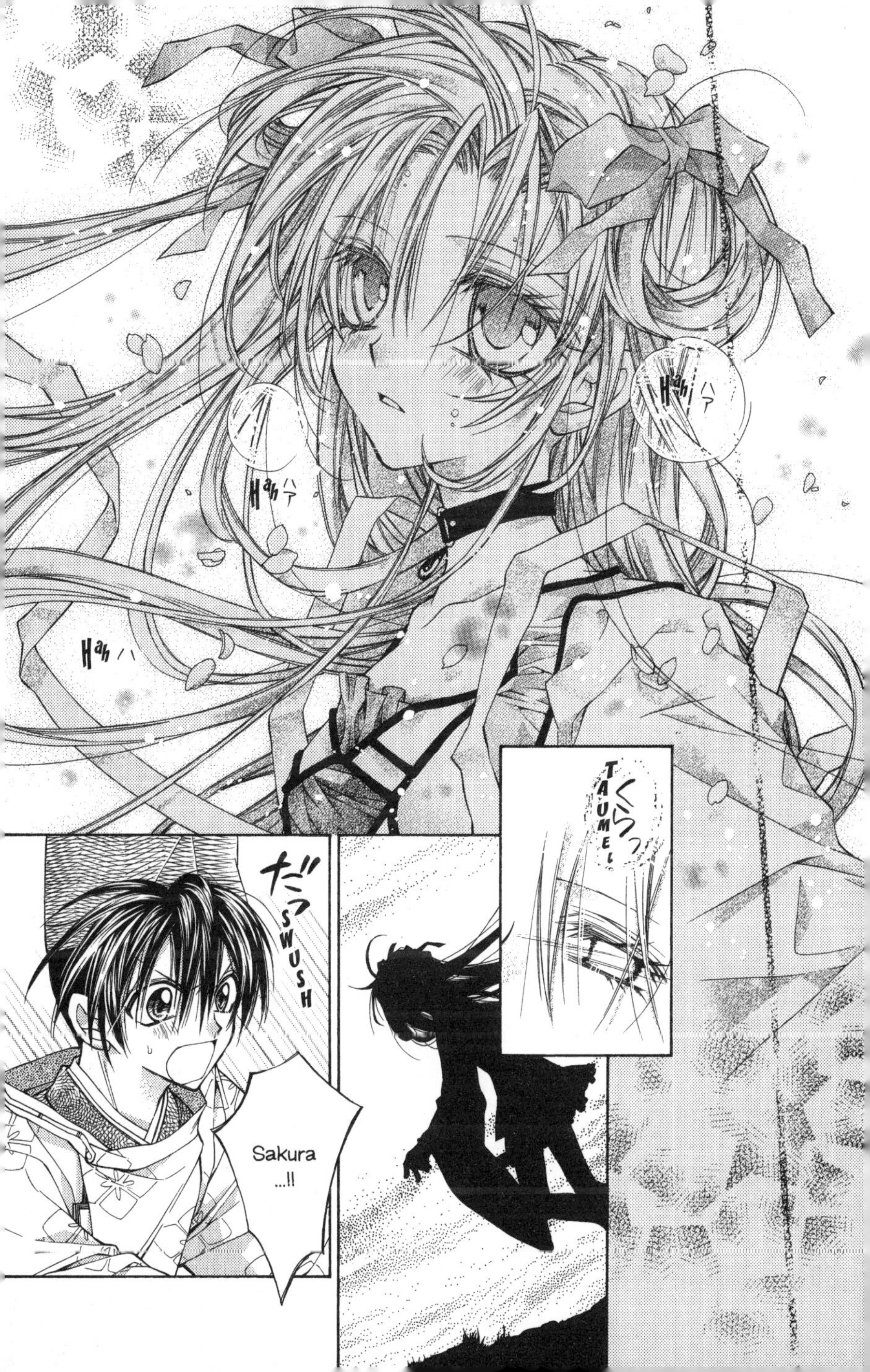
Hah ハァ
Hah ハァ
Hah ハ
くらっ TAUMEL
だっ SWUSH
Sakura ...!!

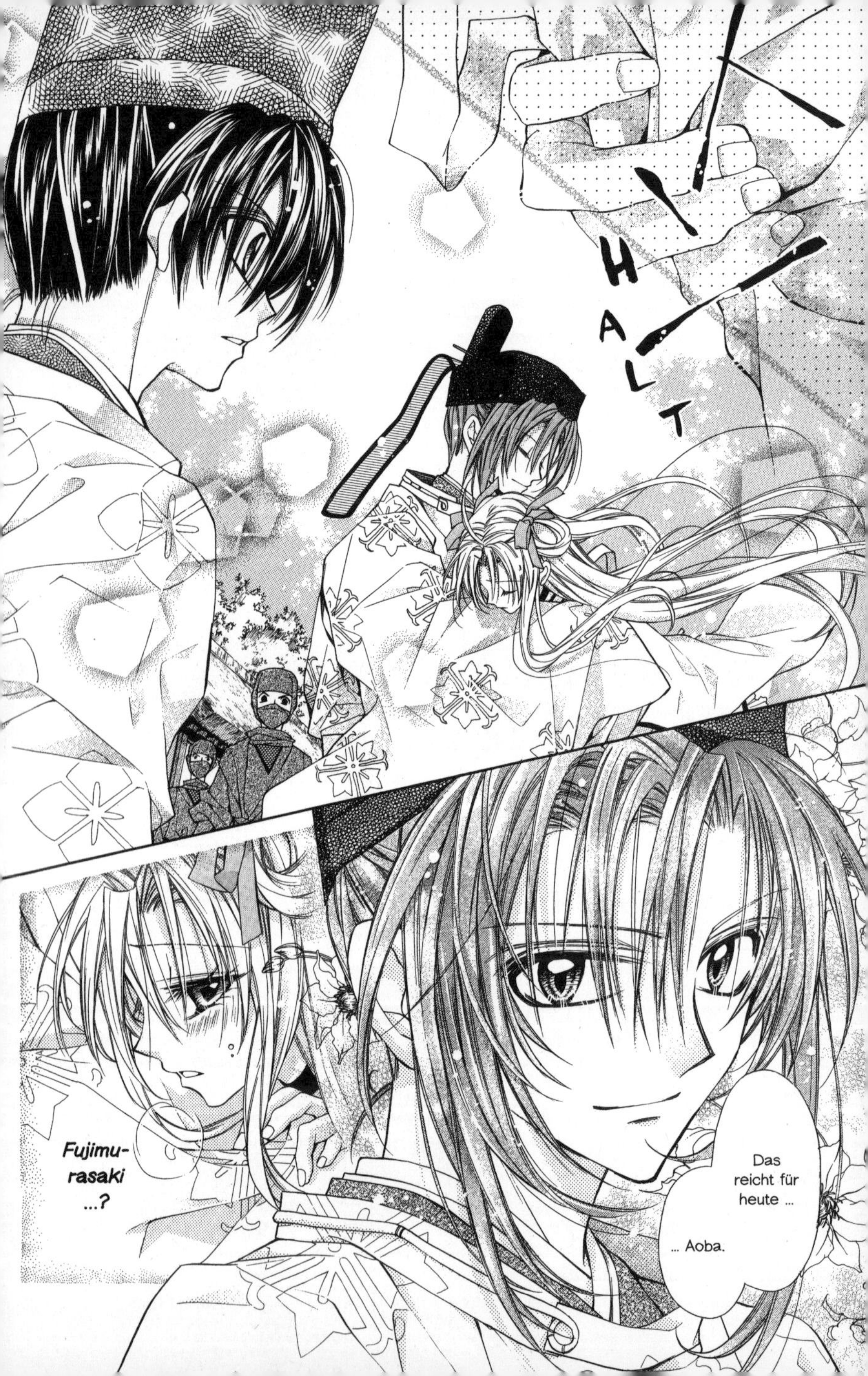
HALT
Das reicht für heute ...
... Aoba.
Fujimu-rasaki ...?

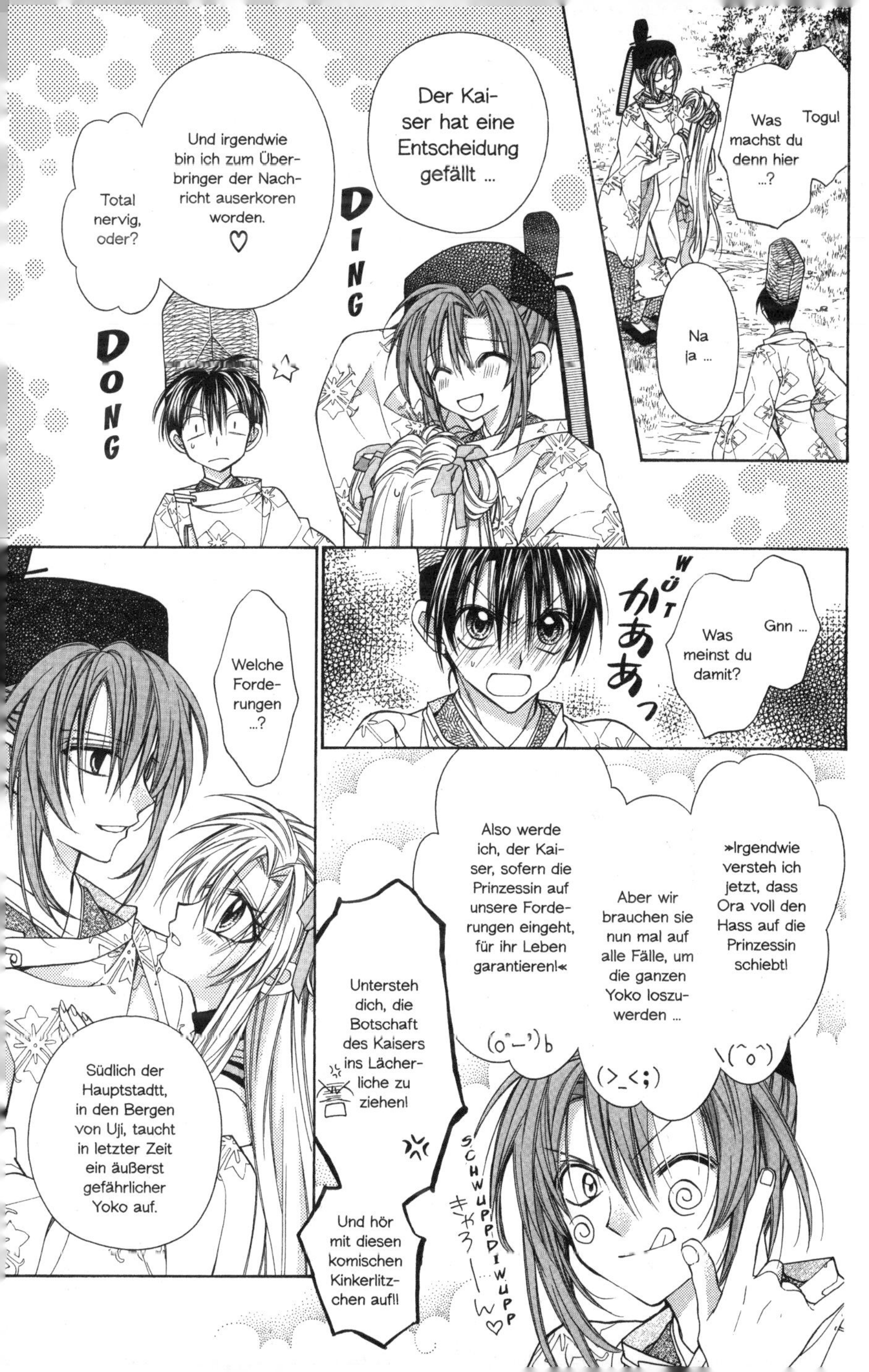
Togu!
Was machst du denn hier ...?
Na ja ...
Der Kaiser hat eine Entscheidung gefällt ...
DING
Und irgendwie bin ich zum Überbringer der Nachricht auserkoren worden. ♡
Total nervig, oder?
DONG
WÜT
Gnn ...
Was meinst du damit?
Welche Forderungen ...?
Südlich der Hauptstadtt, in den Bergen von Uji, taucht in letzter Zeit ein äußerst gefährlicher Yoko auf.
»Irgendwie versteh ich jetzt, dass Ora voll den Hass auf die Prinzessin schiebt!
Aber wir brauchen sie nun mal auf alle Fälle, um die ganzen Yoko loszuwerden ...
Also werde ich, der Kaiser, sofern die Prinzessin auf unsere Forderungen eingeht, für ihr Leben garantieren!«
\(^o^)
(>_<;)
(o^-')b
Untersteh dich, die Botschaft des Kaisers ins Lächerliche zu ziehen!
Und hör mit diesen komischen Kinkerlitzchen auf!!
SCHWUPPDIWUPP

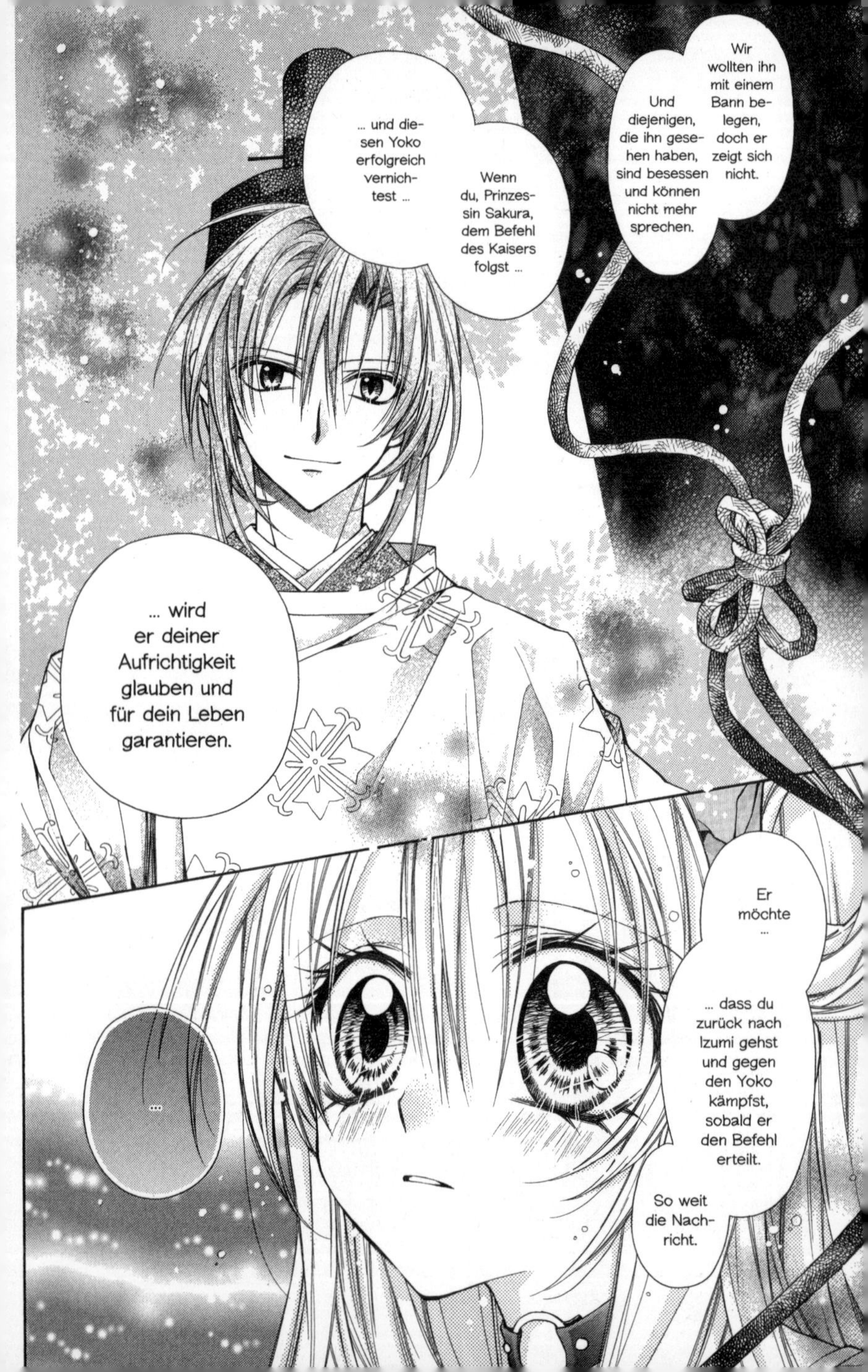
Wir wollten ihn mit einem Bann belegen, doch er zeigt sich nicht.
Und diejenigen, die ihn gesehen haben, sind besessen und können nicht mehr sprechen.
Wenn du, Prinzessin Sakura, dem Befehl des Kaisers folgst …
… und diesen Yoko erfolgreich vernichtest …
… wird er deiner Aufrichtigkeit glauben und für dein Leben garantieren.
Er möchte …
… dass du zurück nach Izumi gehst und gegen den Yoko kämpfst, sobald er den Befehl erteilt.
So weit die Nachricht.
…

Wieder da!

Pench de shakin! ☆

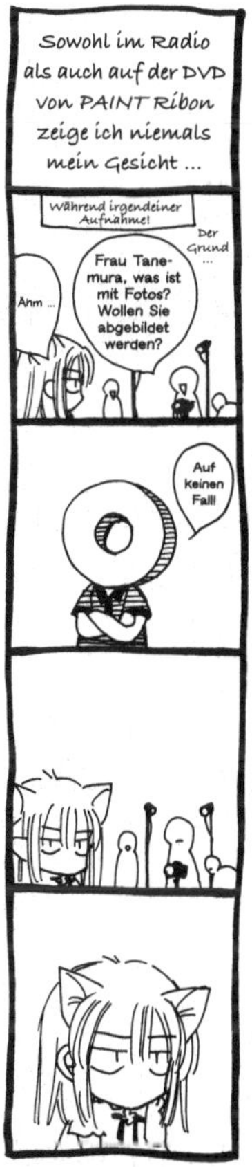

Wenn ich es selbst vorschlage, ist es okay, aber wenn mir jemand vorgreift, finde ich das irgendwie blöd. Ich bin echt kompliziert!

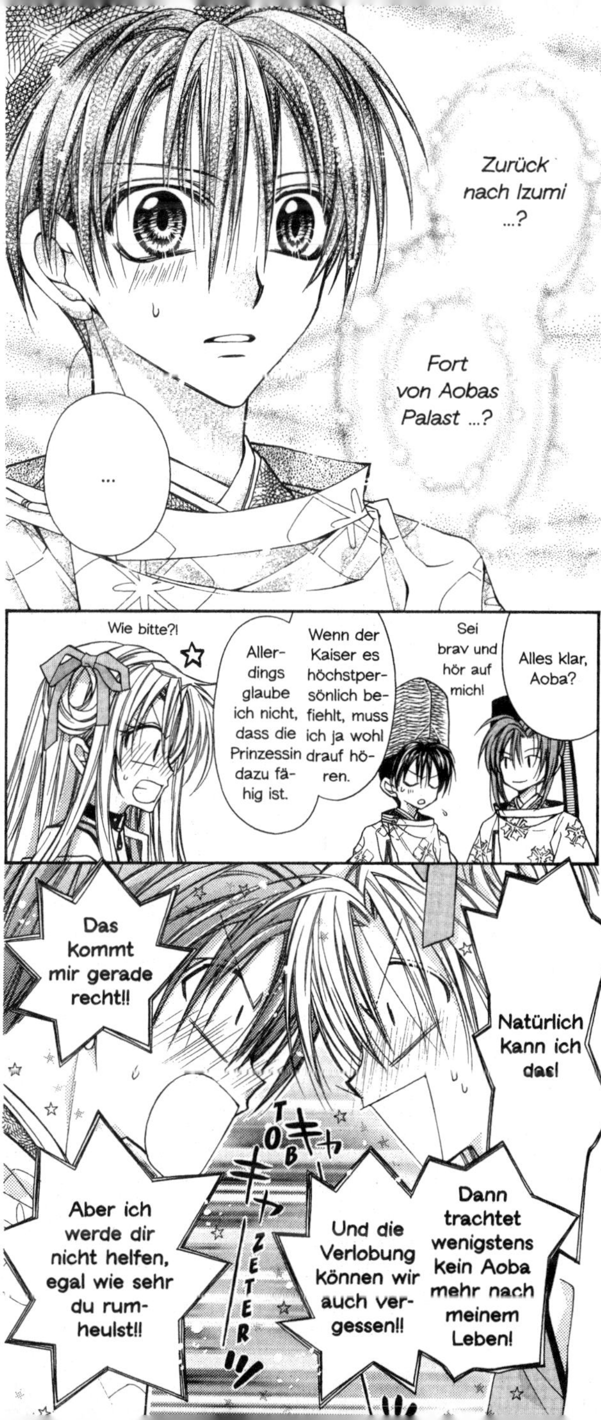

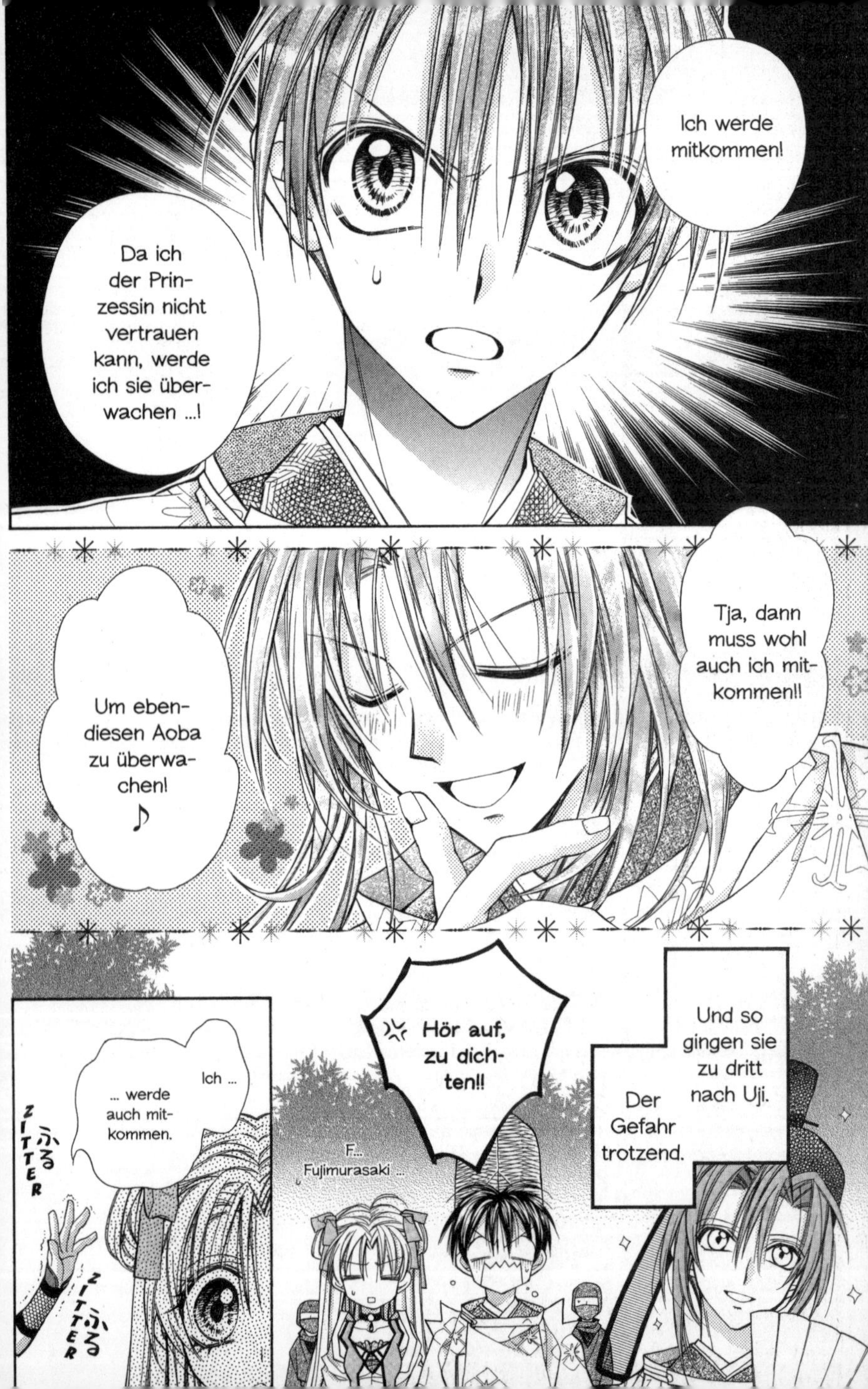
Ich werde mitkommen!
Da ich der Prinzessin nicht vertrauen kann, werde ich sie überwachen ...!
Tja, dann muss wohl auch ich mitkommen!!
Um ebendiesen Aoba zu überwachen! ♪
Und so gingen sie zu dritt nach Uji.
Der Gefahr trotzend.
Hör auf, zu dichten!!
F... Fujimurasaki ...
Ich ...
... werde auch mitkommen.
ZITTER ふる
ZITTER ふる

Ach, der Mon-Han-Klub.

In letzter Zeit habe ich angefangen, Monster Hunter - portable second G (kurz: Mon-Han) zu spielen, nachdem mir Shokotan es empfohlen hatte. Ich liebe es, mich bei RPGs von einem Level zum nächsten zu kämpfen, weshalb ich echt süchtig geworden bin. >_<

Und so treffe ich mich oft mit den Synchronsprechern Mitsuki Saiga sowie meg rock und auch mit Ayana Tsubakihime, Chiaki Kiyabu und Chihiro zum Mon-Han-Klub. (Shokotan hatte gerade eine extrem stressige Zeit, sodass wir es noch kein einziges Mal geschafft haben, uns zu treffen! >_<;).

Dank ihrer Hilfe bin ich als Hunter schon bei Level 9. Aber trotzdem bin ich immer noch oft Game over.

Meine Lieblingsmonster sind Iancook und Leoleus. Worin ich richtig gut bin, ist Guerilla-Schatzjagd im Urwald!

(Hab schon mal allein 40.000 Punkte geschafft!)

Ich benutze am liebsten Großes Schwert. (?!)

Weil Saiga mir immer wieder neue Leute vorstellt, ist mein Alltag zurzeit äußerst erfrischend.

Demnächst macht der Mon-Han-Klub bei mir eine Crêpe-Party!

Yippieh!

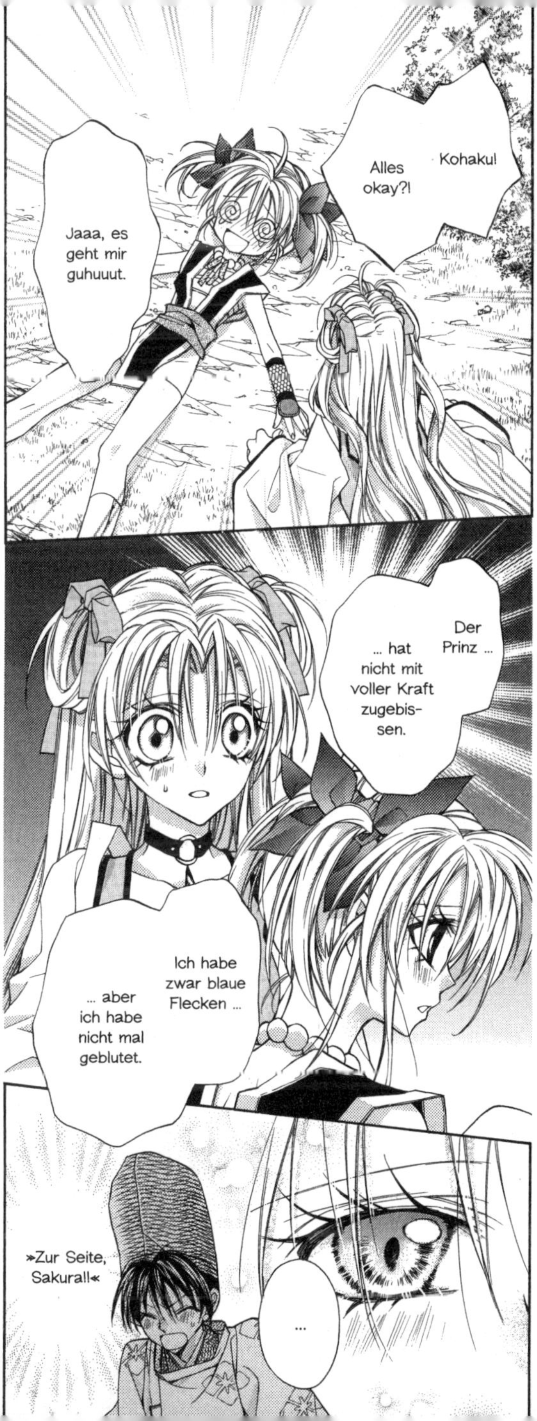

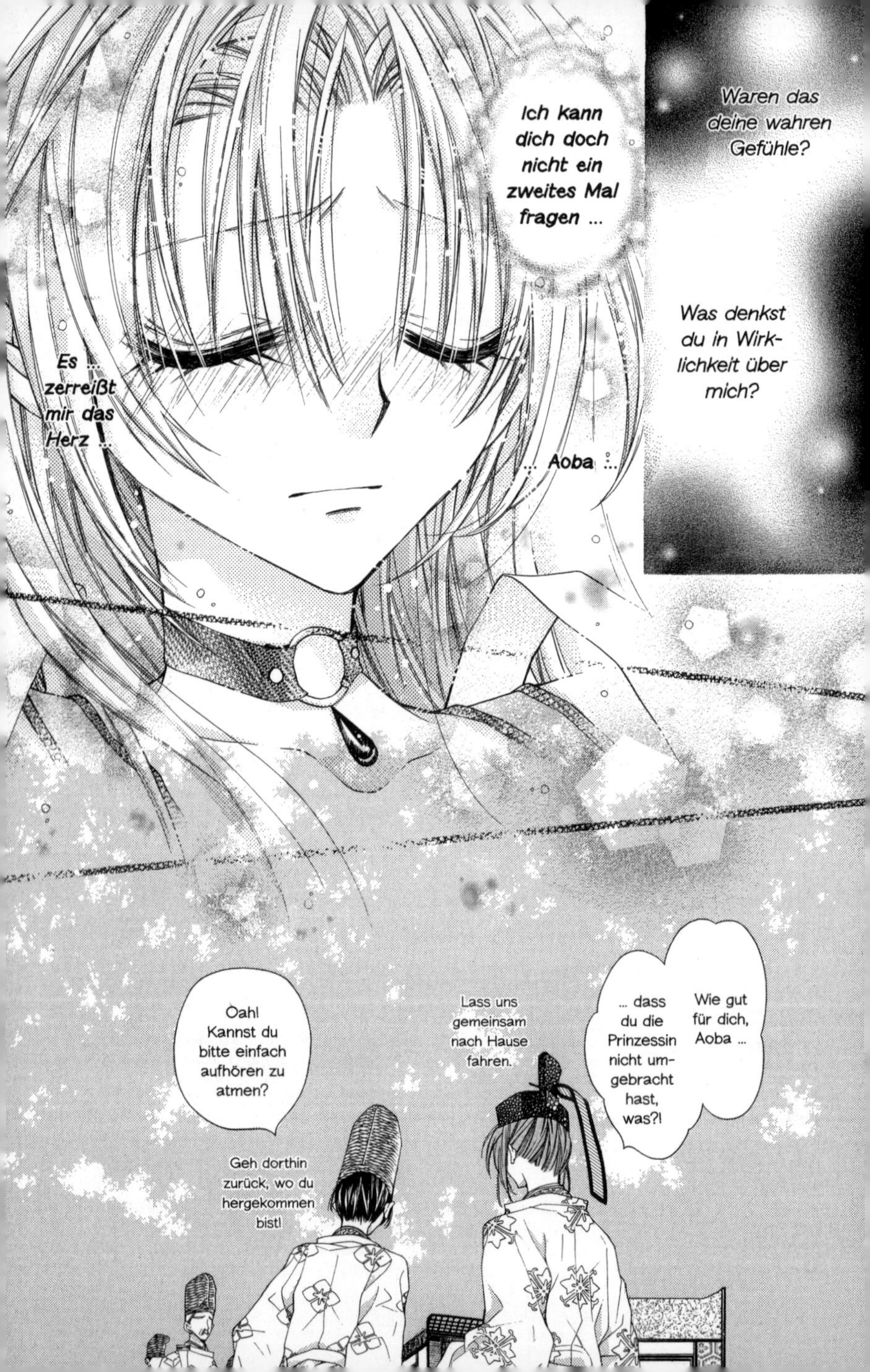
Waren das deine wahren Gefühle?
Was denkst du in Wirklichkeit über mich?
Ich kann dich doch nicht ein zweites Mal fragen ...
... Aoba ...
Es ... zerreißt mir das Herz ...
Wie gut für dich, Aoba ...
... dass du die Prinzessin nicht umgebracht hast, was?!
Lass uns gemeinsam nach Hause fahren.
Oah! Kannst du bitte einfach aufhören zu atmen?
Geh dorthin zurück, wo du hergekommen bist!

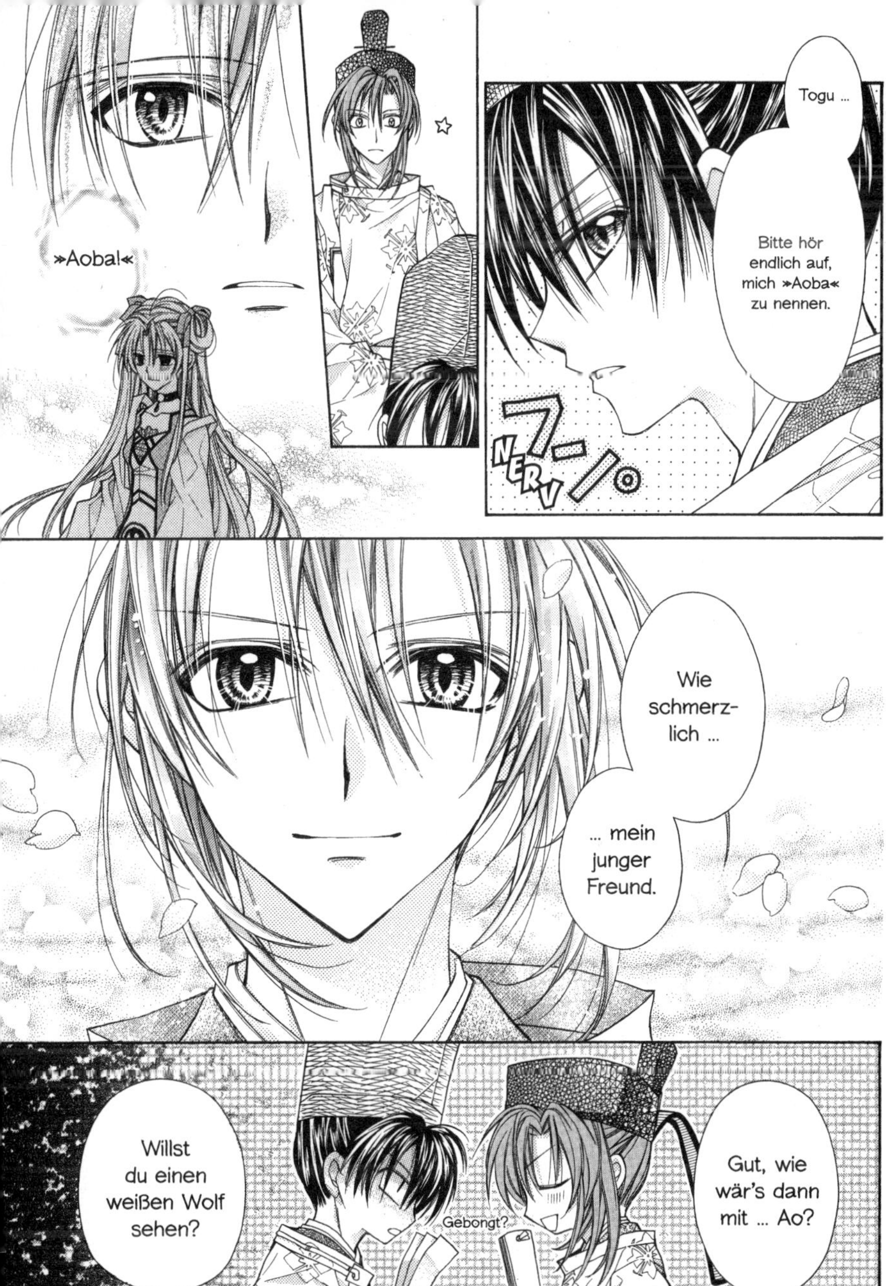
Togu ...
Bitte hör endlich auf, mich »Aoba« zu nennen.
NERV
»Aoba!«
Wie schmerzlich ...
... mein junger Freund.
Gut, wie wär's dann mit ... Ao?
Gebongt?
Willst du einen weißen Wolf sehen?

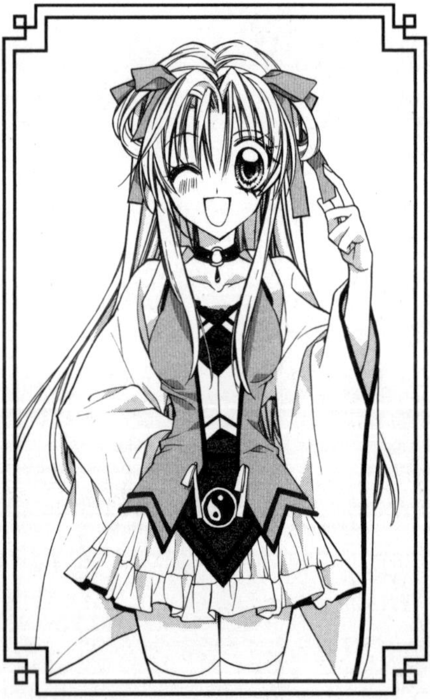

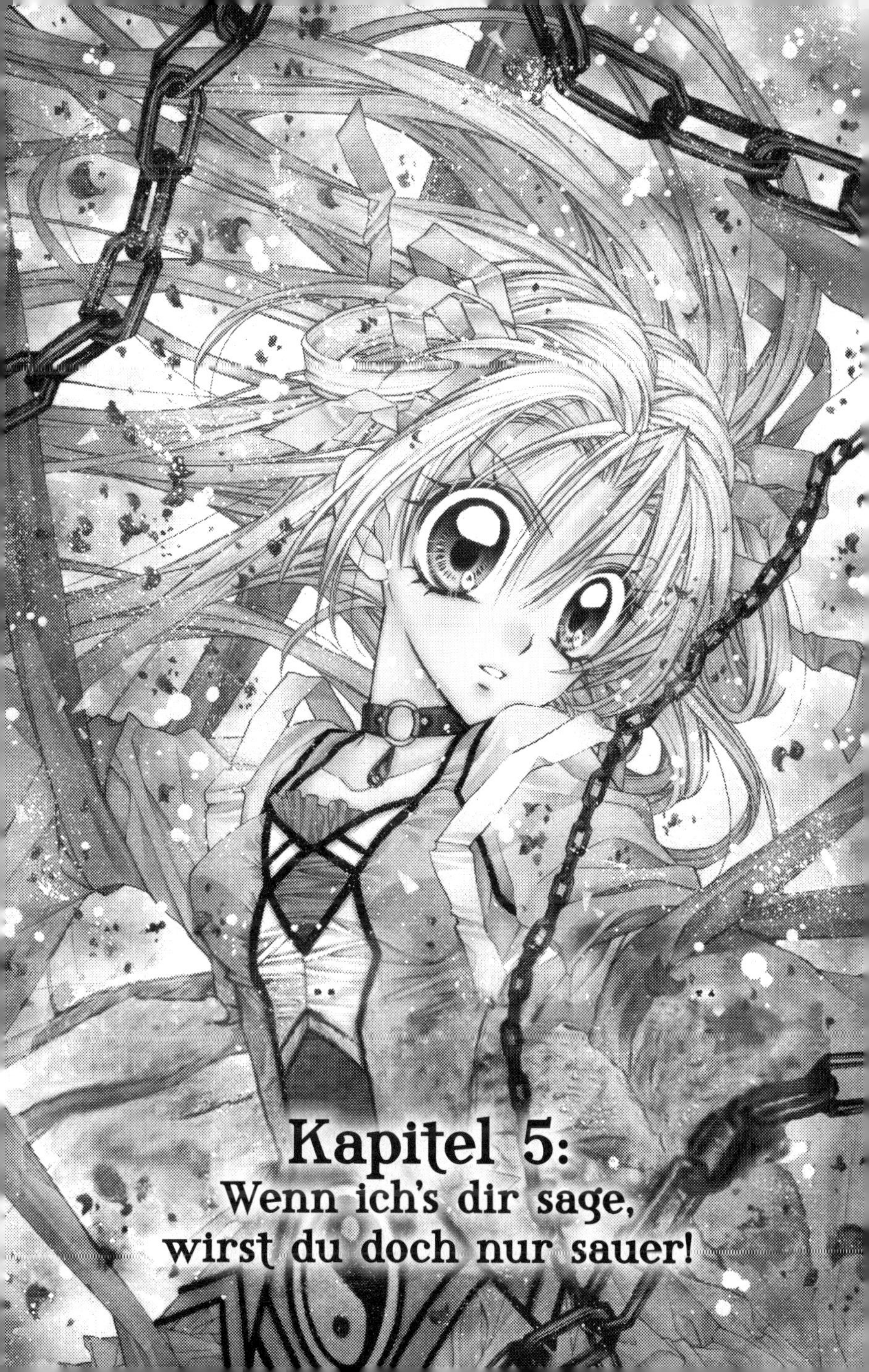

Kapitel 5:
Wenn ich's dir sage, wirst du doch nur sauer!

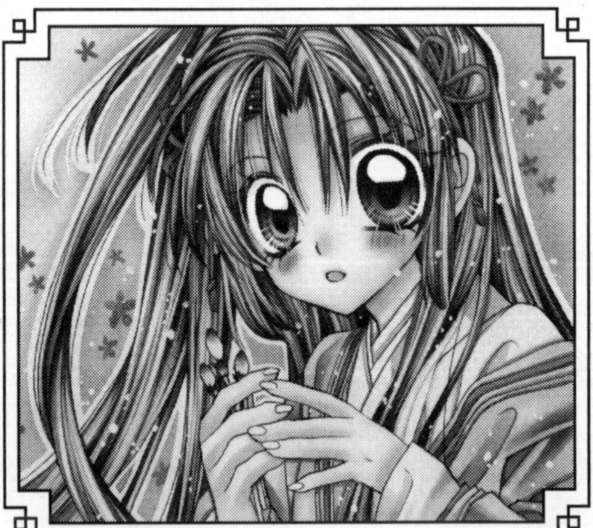

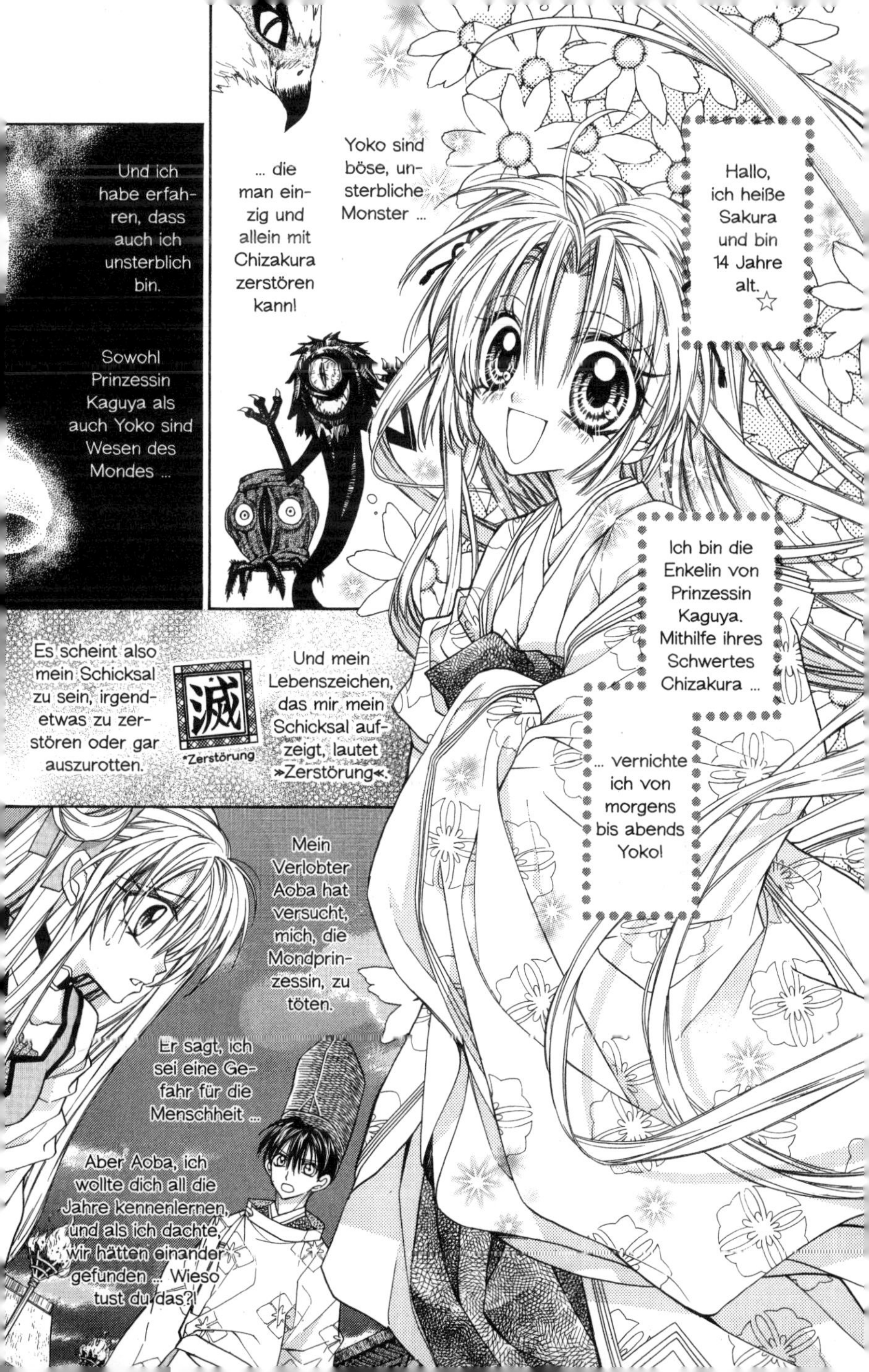

Hallo, ich heiße Sakura und bin 14 Jahre alt. ☆
Ich bin die Enkelin von Prinzessin Kaguya. Mithilfe ihres Schwertes Chizakura …
… vernichte ich von morgens bis abends Yoko!
Yoko sind böse, unsterbliche Monster …
… die man einzig und allein mit Chizakura zerstören kann!
Und ich habe erfahren, dass auch ich unsterblich bin.
Sowohl Prinzessin Kaguya als auch Yoko sind Wesen des Mondes …
Und mein Lebenszeichen, das mir mein Schicksal aufzeigt, lautet »Zerstörung«.
滅
*Zerstörung
Es scheint also mein Schicksal zu sein, irgendetwas zu zerstören oder gar auszurotten.
Mein Verlobter Aoba hat versucht, mich, die Mondprinzessin, zu töten.
Er sagt, ich sei eine Gefahr für die Menschheit …
Aber Aoba, ich wollte dich all die Jahre kennenlernen, und als ich dachte, wir hätten einander gefunden … Wieso tust du das?!

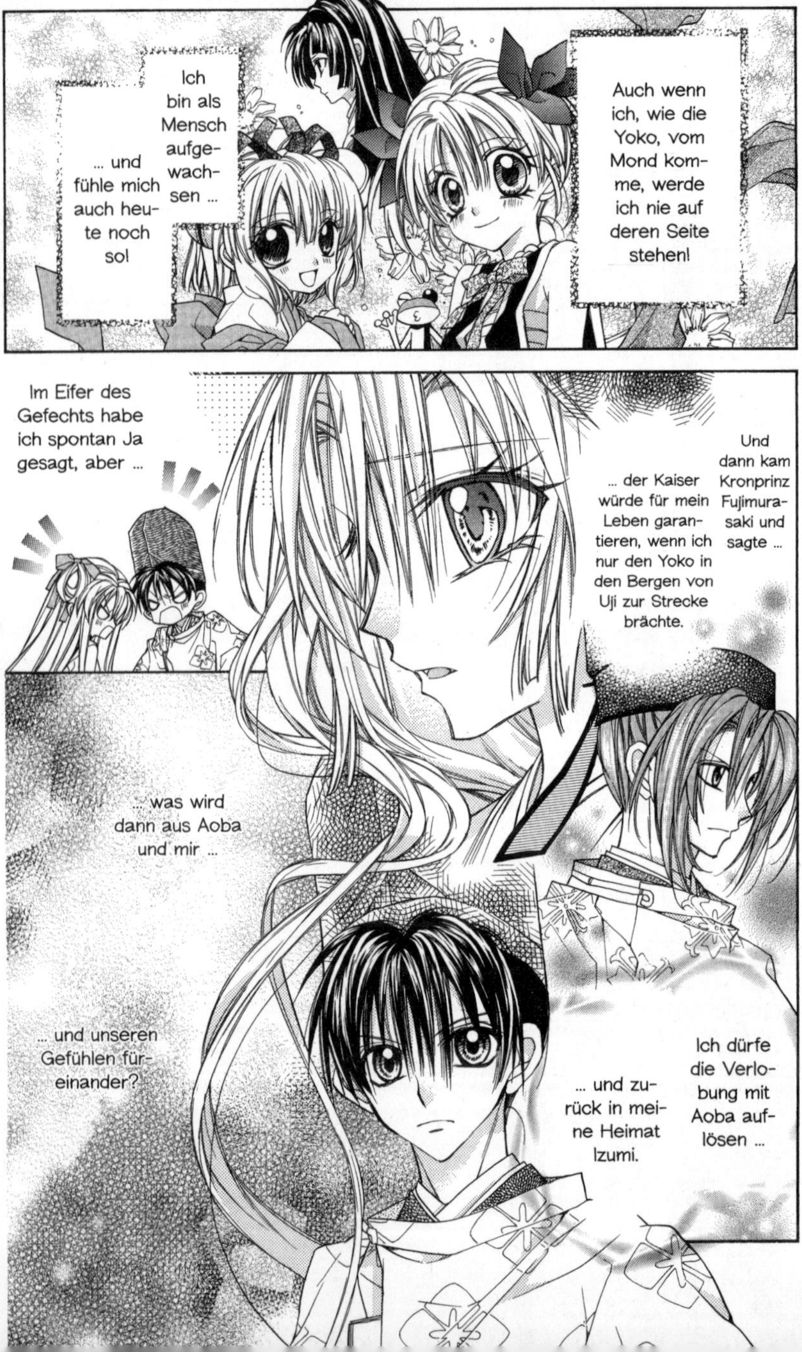
Auch wenn ich, wie die Yoko, vom Mond komme, werde ich nie auf deren Seite stehen!
Ich bin als Mensch aufgewachsen ...
... und fühle mich auch heute noch so!
Und dann kam Kronprinz Fujimurasaki und sagte ...
... der Kaiser würde für mein Leben garantieren, wenn ich nur den Yoko in den Bergen von Uji zur Strecke brächte.
Im Eifer des Gefechts habe ich spontan Ja gesagt, aber ...
Ich dürfe die Verlobung mit Aoba auflösen ...
... und zurück in meine Heimat Izumi.
... was wird dann aus Aoba und mir ...
... und unseren Gefühlen füreinander?

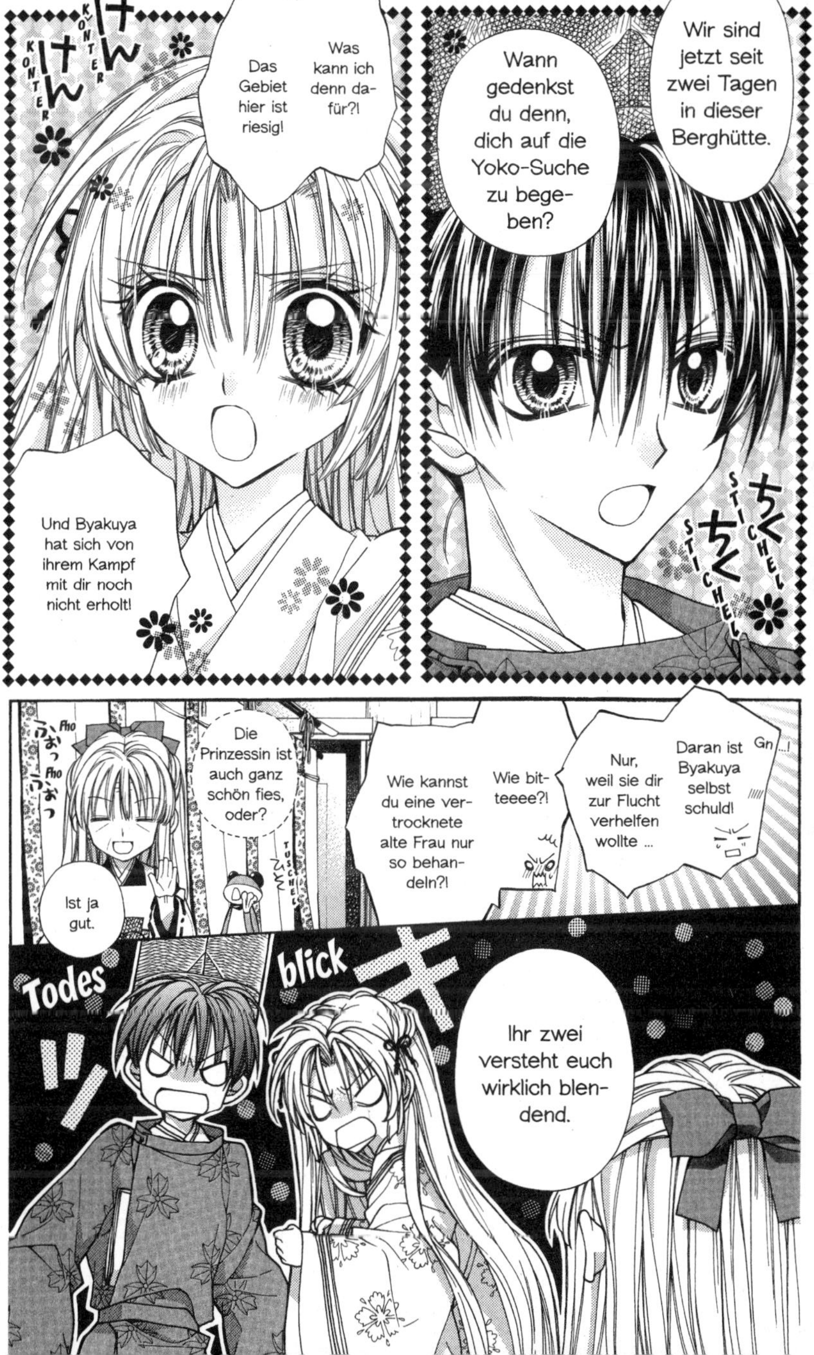
Wir sind jetzt seit zwei Tagen in dieser Berghütte.
Wann gedenkst du denn, dich auf die Yoko-Suche zu begeben?
ちく ちく STICHEL STICHEL
Was kann ich denn dafür?!
Das Gebiet hier ist riesig!
けん けん KONTER KONTER
Und Byakuya hat sich von ihrem Kampf mit dir noch nicht erholt!
Daran ist Byakuya selbst schuld!
Gn ...!
Nur, weil sie dir zur Flucht verhelfen wollte ...
Wie bitteeee?!
Wie kannst du eine vertrocknete alte Frau nur so behandeln?!
Die Prinzessin ist auch ganz schön fies, oder?
TUSCHEL
ふぉっ Fho ふぉっ Fho
Ist ja gut.
Todes blick
Ihr zwei versteht euch wirklich blendend.

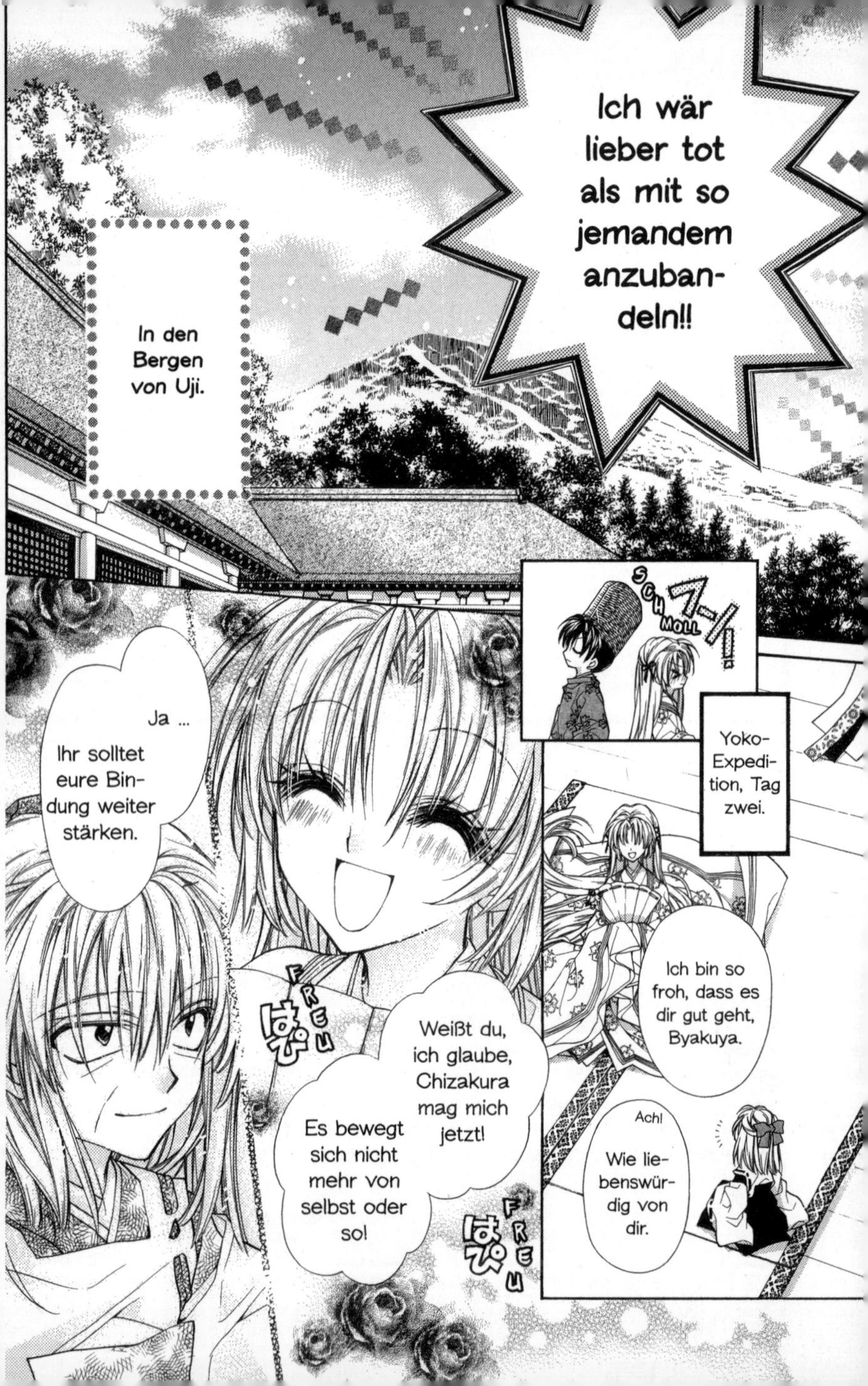
Ich wär lieber tot als mit so jemandem anzuban-deln!!
In den Bergen von Uji.
SCHMOLL
Yoko-Expedi-tion, Tag zwei.
Ich bin so froh, dass es dir gut geht, Byakuya.
Ach!
Wie lie-benswür-dig von dir.
Weißt du, ich glaube, Chizakura mag mich jetzt!
Es bewegt sich nicht mehr von selbst oder so!
FREU
FREU
Ja ...
Ihr solltet eure Bin-dung weiter stärken.

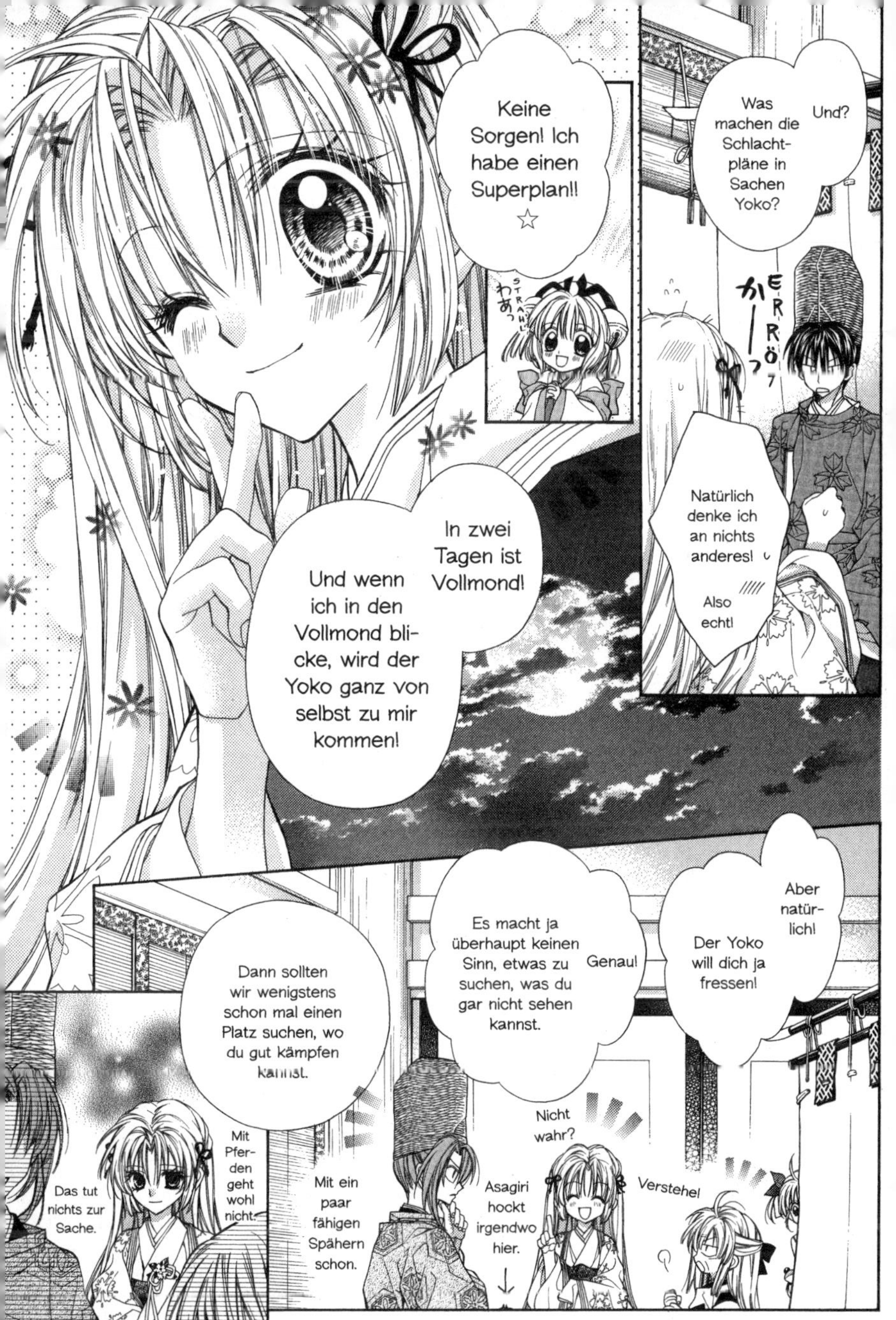
Und?
Was machen die Schlachtpläne in Sachen Yoko?
ERRÖ
Natürlich denke ich an nichts anderes!
Also echt!
Keine Sorgen! Ich habe einen Superplan!! ☆
STRAHL
In zwei Tagen ist Vollmond!
Und wenn ich in den Vollmond blicke, wird der Yoko ganz von selbst zu mir kommen!
Aber natürlich!
Der Yoko will dich ja fressen!
Genau!
Es macht ja überhaupt keinen Sinn, etwas zu suchen, was du gar nicht sehen kannst.
Nicht wahr?
Verstehe!
Asagiri hockt irgendwo hier.
Dann sollten wir wenigstens schon mal einen Platz suchen, wo du gut kämpfen kannst.
Mit ein paar fähigen Spähern schon.
Mit Pferden geht wohl nicht.
Das tut nichts zur Sache.

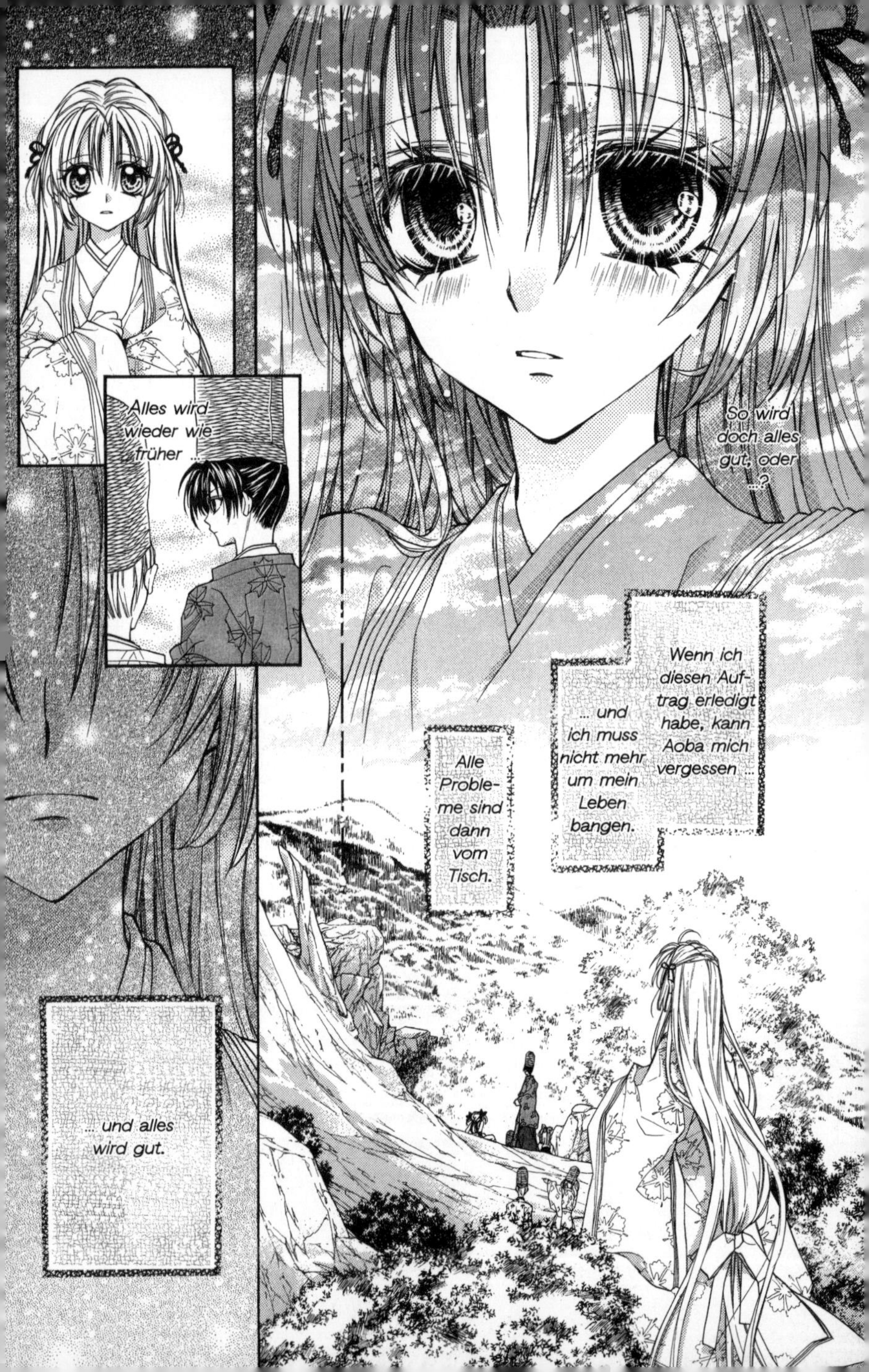
So wird doch alles gut, oder ...?
Alles wird wieder wie früher ...
Wenn ich diesen Auftrag erledigt habe, kann Aoba mich vergessen ...
... und ich muss nicht mehr um mein Leben bangen.
Alle Probleme sind dann vom Tisch.
... und alles wird gut.

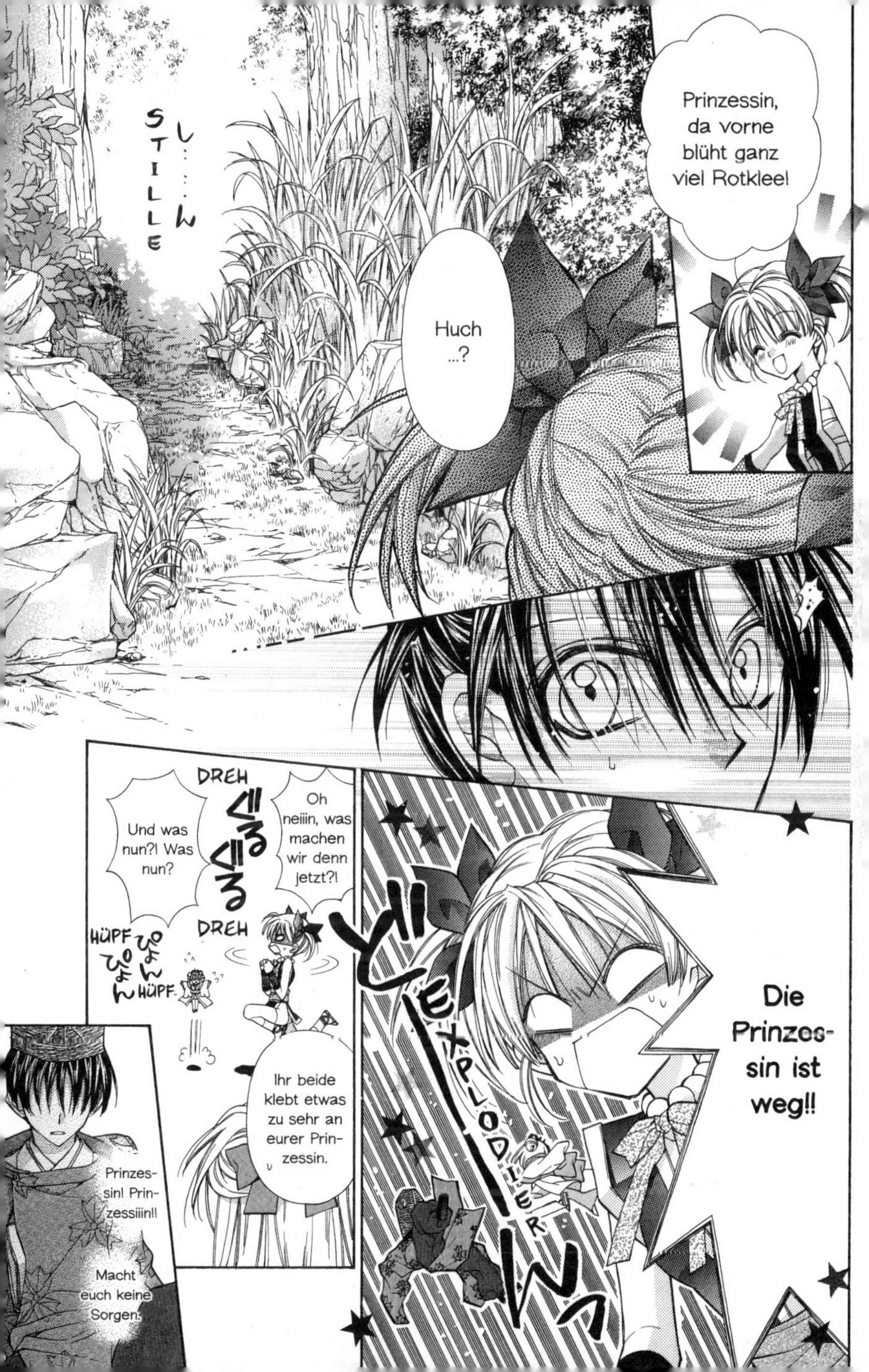
Prinzessin, da vorne blüht ganz viel Rotklee!
Huch ...?
STILLE
Die Prinzessin ist weg!!
EXPLODIER
Oh neiiin, was machen wir denn jetzt?!
DREH ぐるぐる DREH
Und was nun?! Was nun?
HÜPF ぴょんぴょん HÜPF
Ihr beide klebt etwas zu sehr an eurer Prinzessin.
Prinzessin! Prinzessiiin!!
Macht euch keine Sorgen.

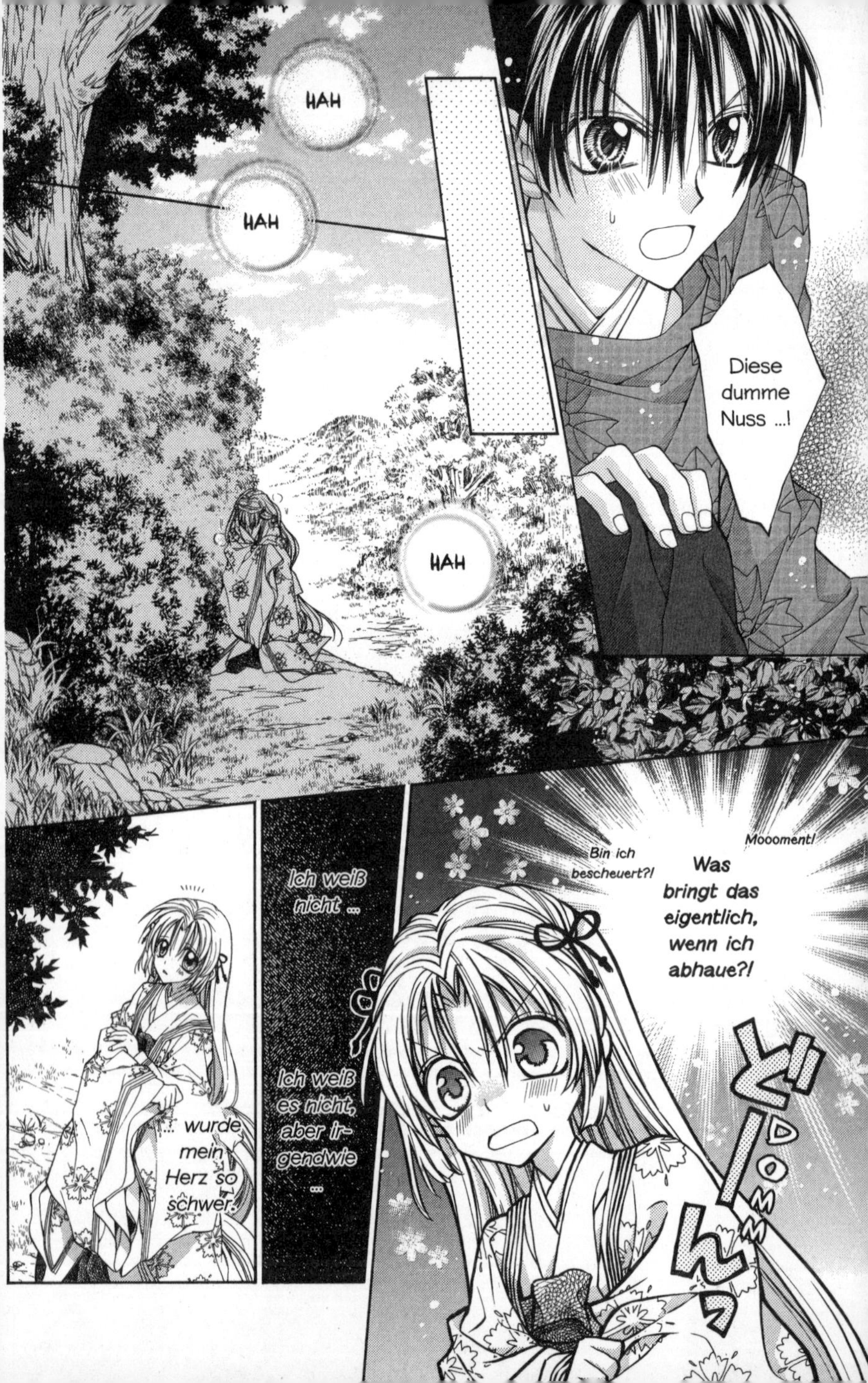
HAH
HAH
HAH
Diese dumme Nuss ...!
Mooooment!
Was bringt das eigentlich, wenn ich abhaue?!
Bin ich bescheuert?!
DOMM
Ich weiß nicht ...
Ich weiß es nicht, aber ir-gendwie ...
... wurde mein Herz so schwer.

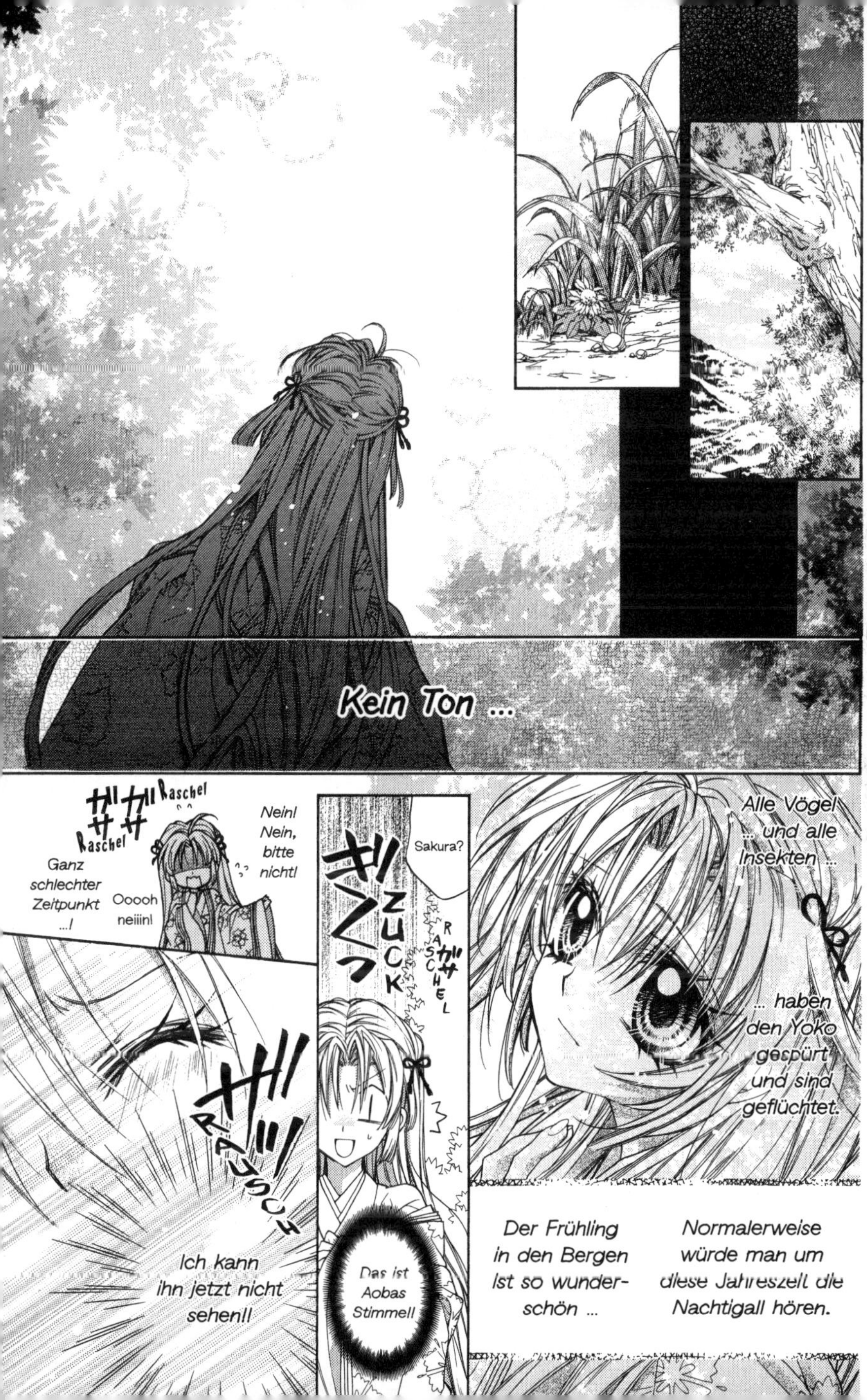
Kein Ton ...
Alle Vögel ... und alle Insekten ...
... haben den Yoko gespürt und sind geflüchtet.
Sakura?
ZUCK
RASCHEL
Neinǃ Nein, bitte nichtǃ
Raschel
Raschel
Ganz schlechter Zeitpunkt ...ǃ
Ooooh neiiinǃ
Normalerweise würde man um diese Jahreszeit die Nachtigall hören.
Der Frühling in den Bergen ist so wunderschön ...
Das ist Aobas Stimme!!
RAUSCH
Ich kann ihn jetzt nicht sehen!!

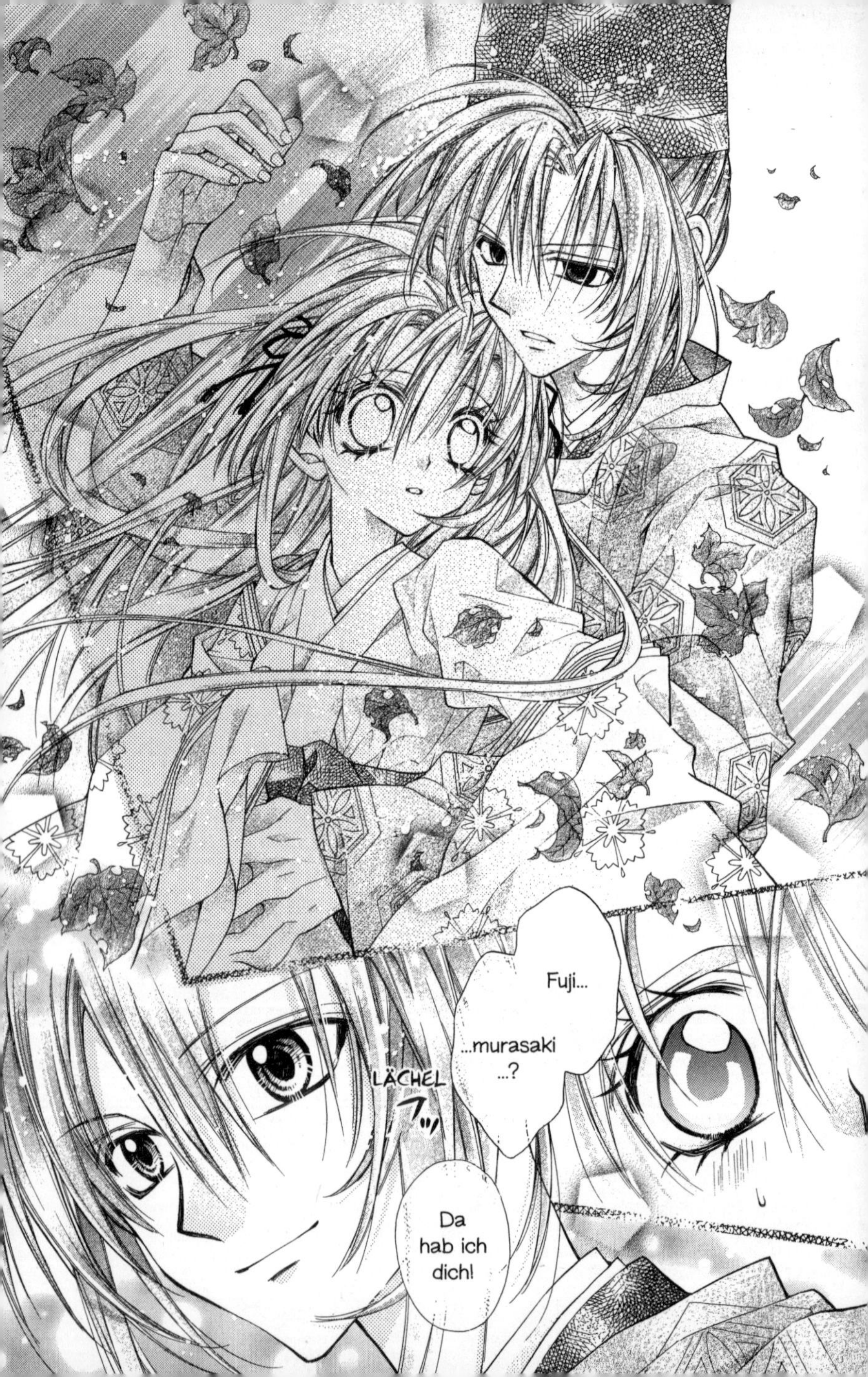
Fuji...
...murasaki
...?
LÄCHEL
Da
hab ich
dich!

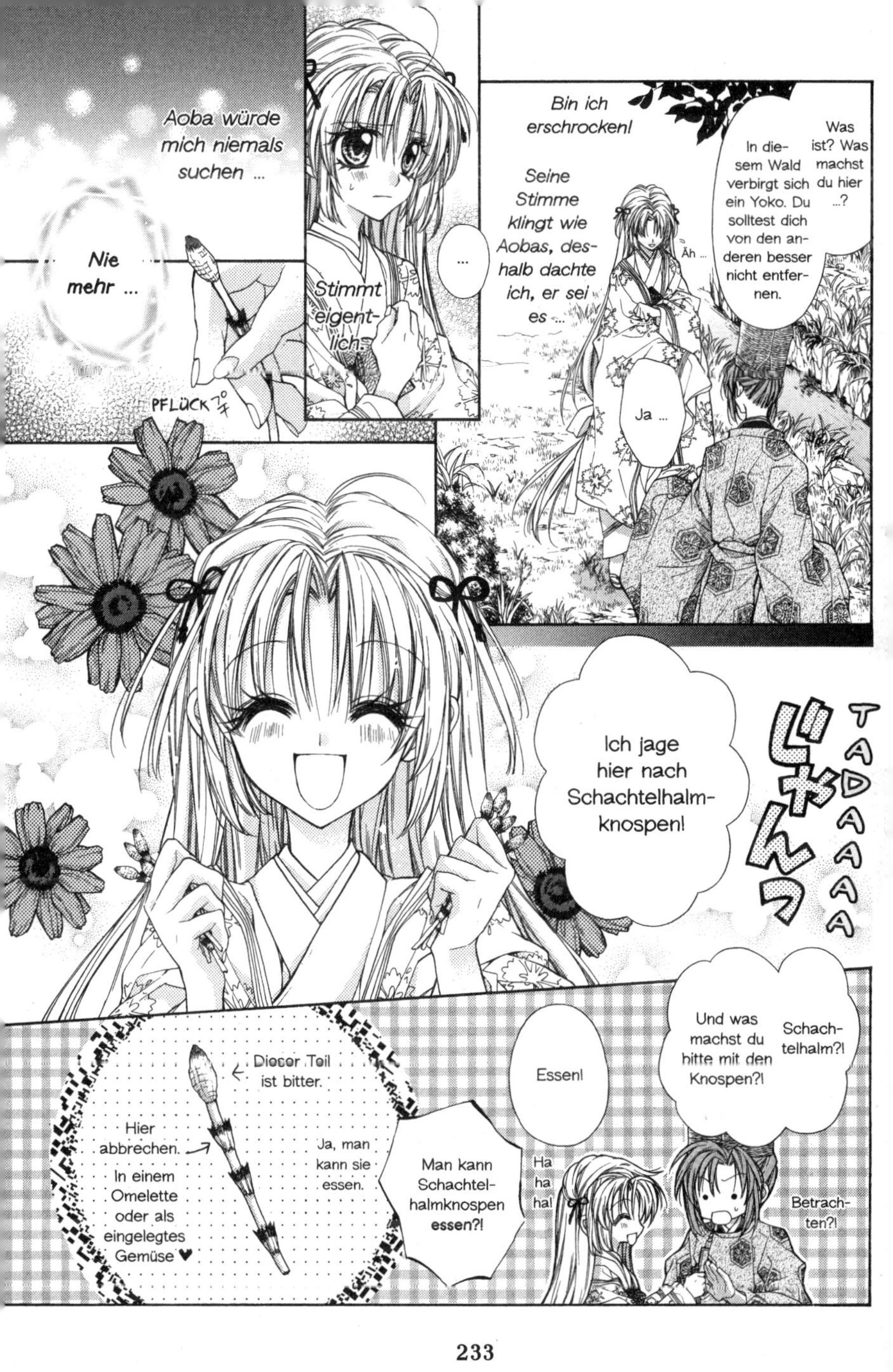
Was ist? Was machst du hier ...?
In diesem Wald verbirgt sich ein Yoko. Du solltest dich von den anderen besser nicht entfernen.
Äh ...
Bin ich erschrocken!
Seine Stimme klingt wie Aobas, deshalb dachte ich, er sei es ...
Ja ...
...
Stimmt eigentlich.
Aoba würde mich niemals suchen ...
Nie mehr ...
PFLÜCK
Ich jage hier nach Schachtelhalmknospen!
TADAAAAA
Schachtelhalm?!
Und was machst du bitte mit den Knospen?!
Essen!
Man kann Schachtelhalmknospen essen?!
Ha ha ha!
Betrachten?!
Dieser Teil ist bitter.
Hier abbrechen.
In einem Omelette oder als eingelegtes Gemüse ♥
Ja, man kann sie essen.

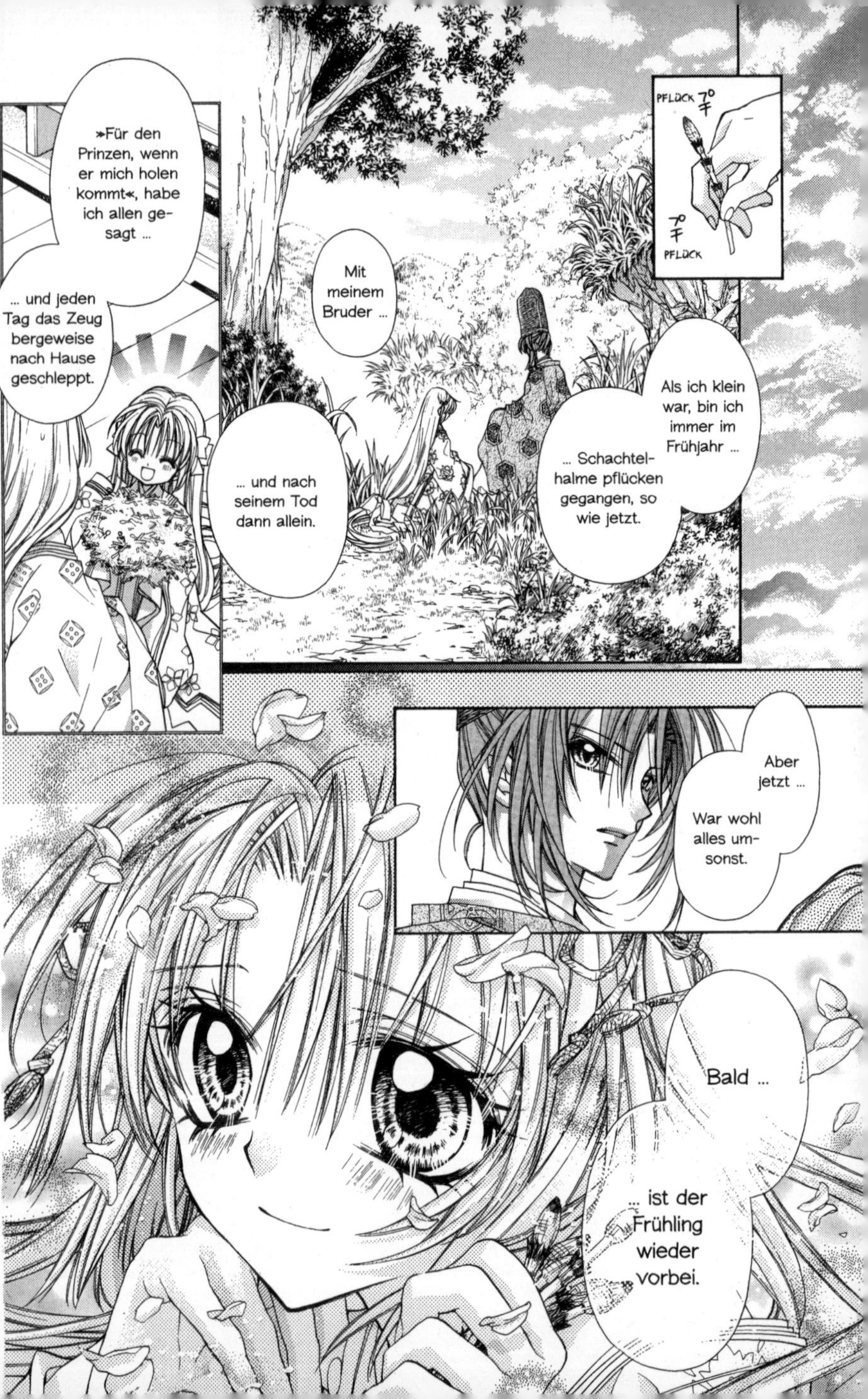

PFLÜCK
PFLÜCK
Als ich klein war, bin ich immer im Frühjahr ...
... Schachtelhalme pflücken gegangen, so wie jetzt.
Mit meinem Bruder ...
... und nach seinem Tod dann allein.
»Für den Prinzen, wenn er mich holen kommt«, habe ich allen gesagt ...
... und jeden Tag das Zeug bergeweise nach Hause geschleppt.
Aber jetzt ...
War wohl alles umsonst.
Bald ...
... ist der Frühling wieder vorbei.

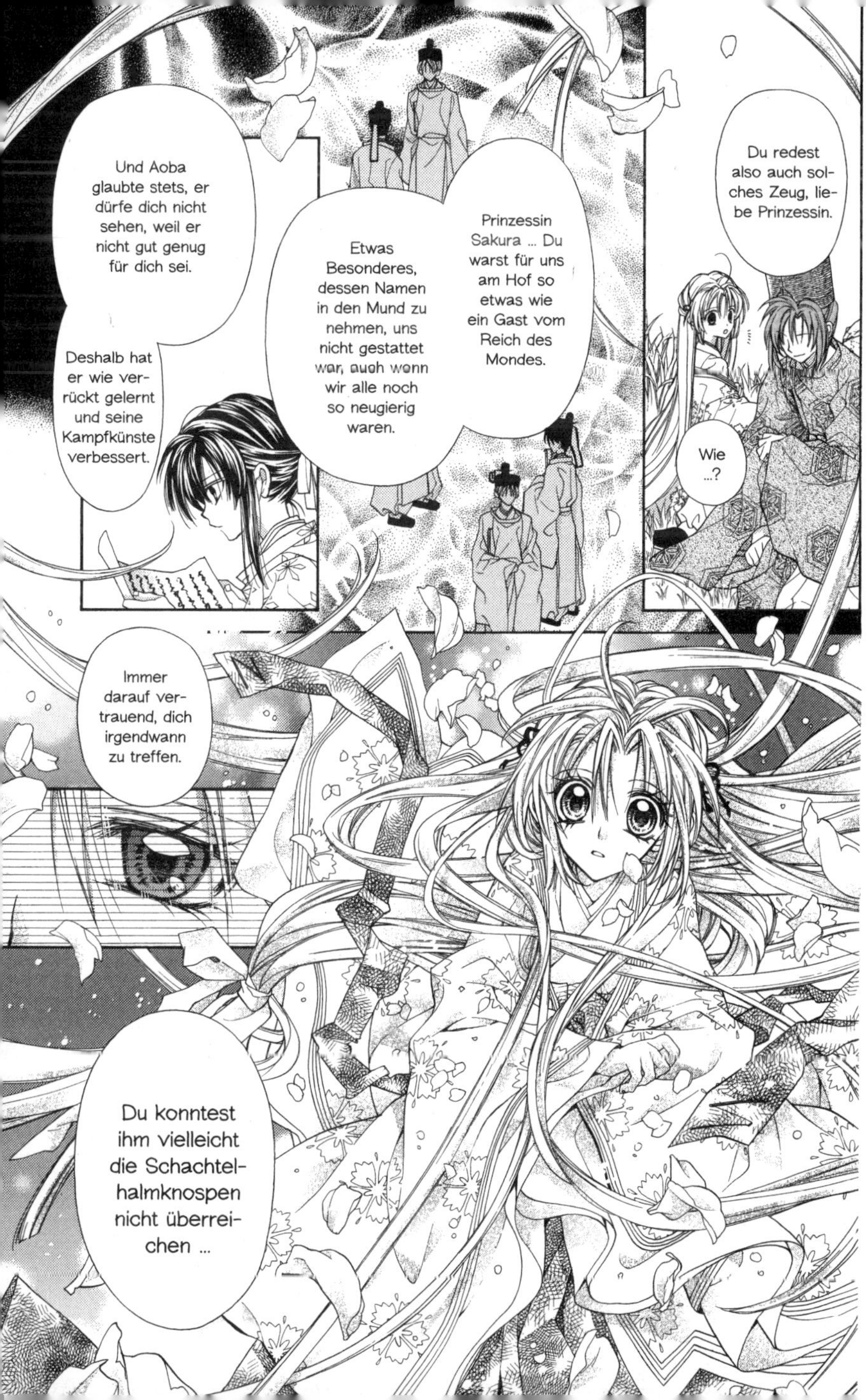

Du redest also auch solches Zeug, liebe Prinzessin.
Wie ...?
Prinzessin Sakura ... Du warst für uns am Hof so etwas wie ein Gast vom Reich des Mondes.
Etwas Besonderes, dessen Namen in den Mund zu nehmen, uns nicht gestattet war, auch wenn wir alle noch so neugierig waren.
Und Aoba glaubte stets, er dürfe dich nicht sehen, weil er nicht gut genug für dich sei.
Deshalb hat er wie verrückt gelernt und seine Kampfkünste verbessert.
Immer darauf vertrauend, dich irgendwann zu treffen.
Du konntest ihm vielleicht die Schachtelhalmknospen nicht überreichen ...

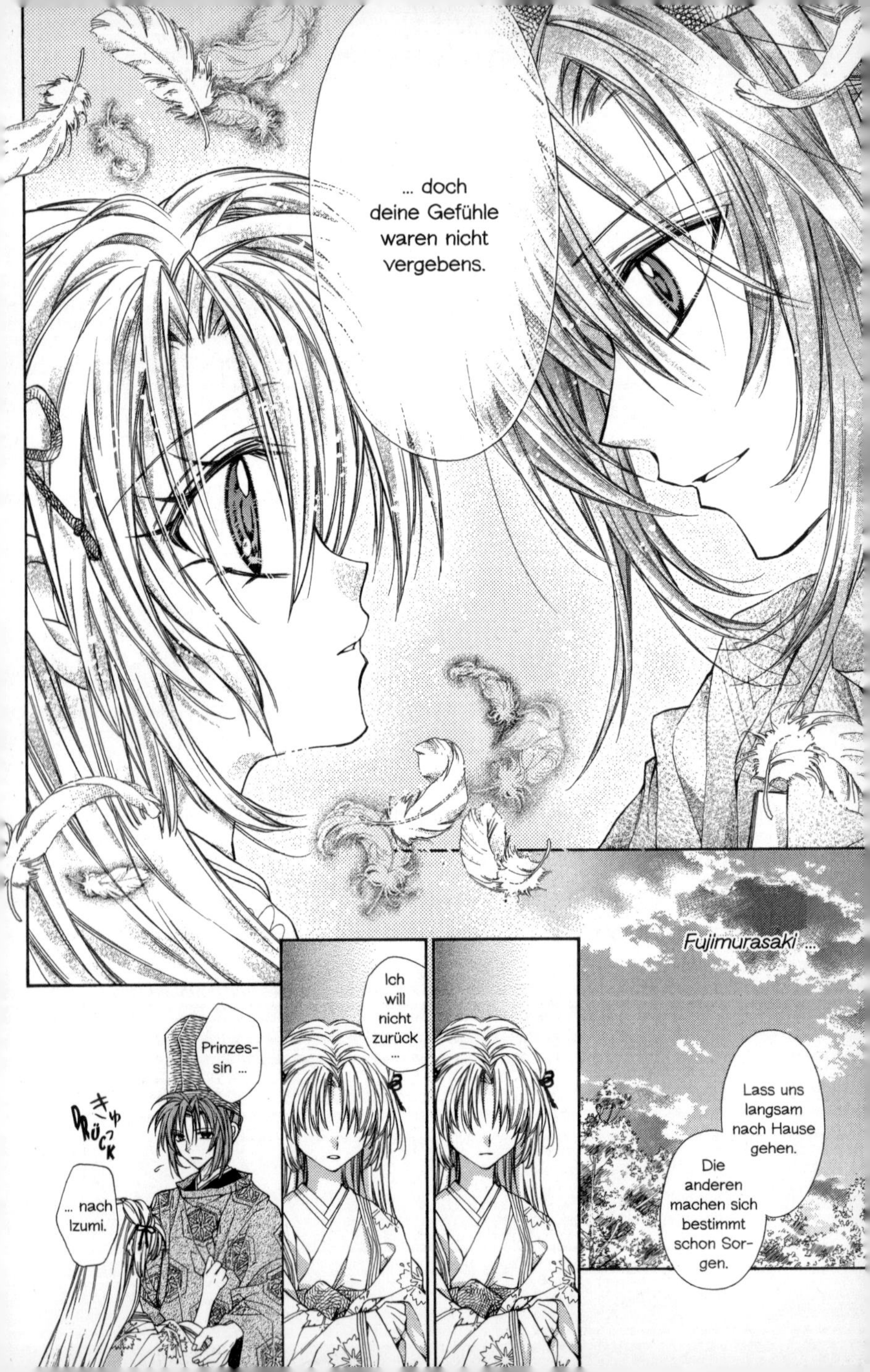
... doch deine Gefühle waren nicht vergebens.
Fujimurasaki ...
Lass uns langsam nach Hause gehen.
Die anderen machen sich bestimmt schon Sorgen.
Ich will nicht zurück ...
Prinzessin ...
DRÜCK
きゅっ
... nach Izumi.

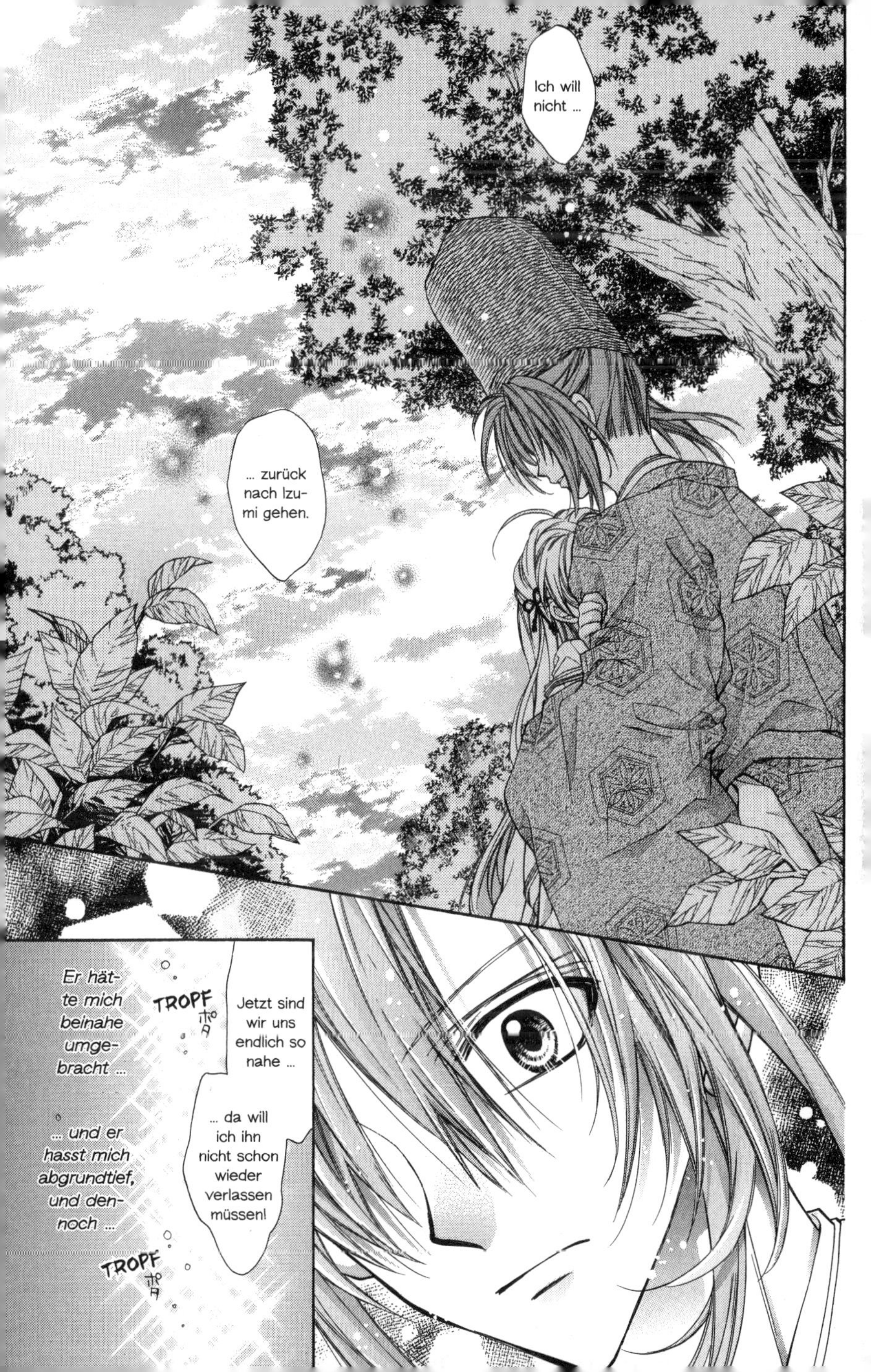

Ich will nicht ...
... zurück nach Izumi gehen.
Jetzt sind wir uns endlich so nahe ...
... da will ich ihn nicht schon wieder verlassen müssen!
TROPF
Er hätte mich beinahe umgebracht ...
... und er hasst mich abgrundtief, und dennoch ...
TROPF

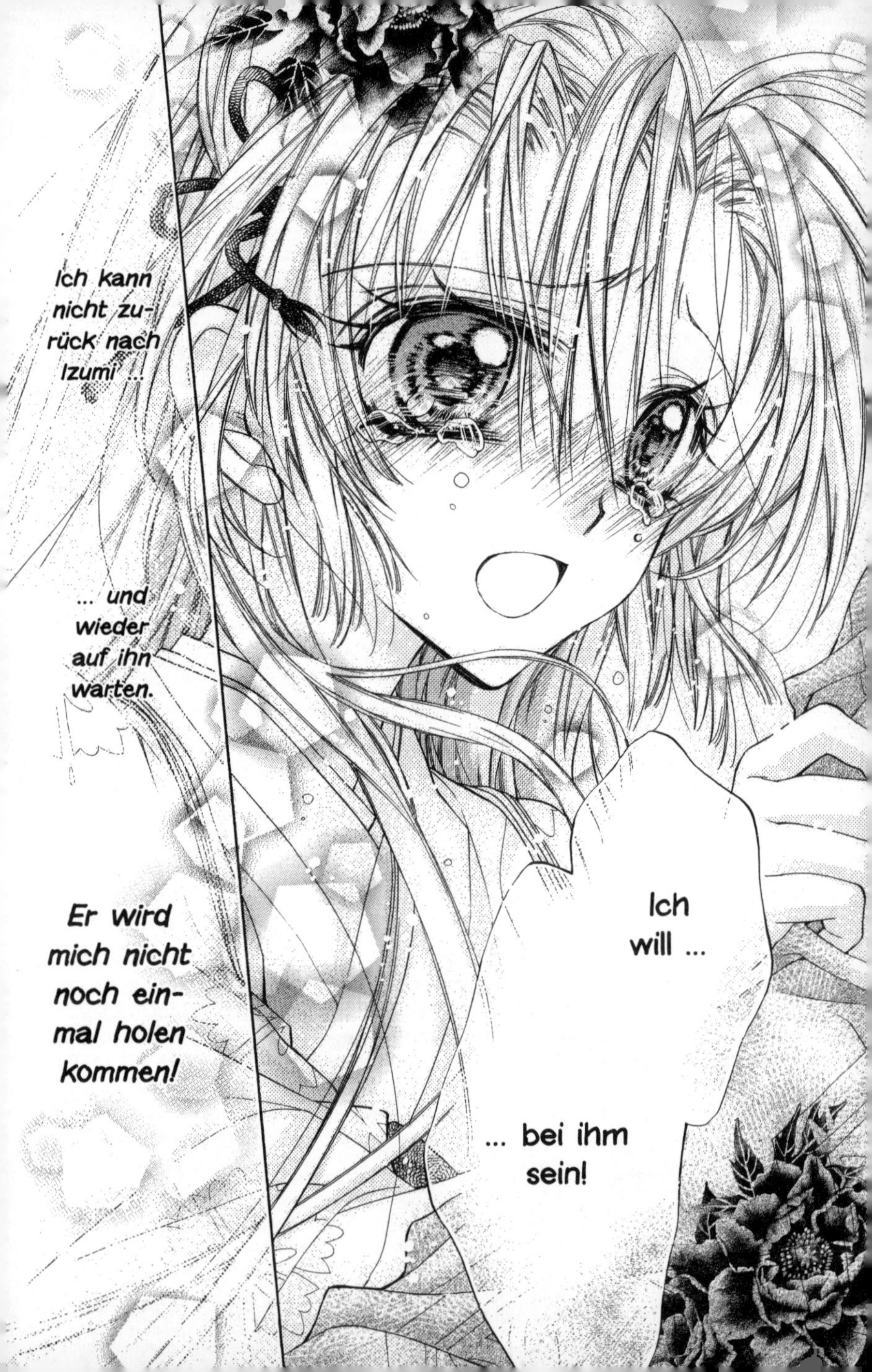
Ich will ...
... bei ihm sein!
Ich kann nicht zu-rück nach Izumi ...
... und wieder auf ihn warten.
Er wird mich nicht noch ein-mal holen kommen!

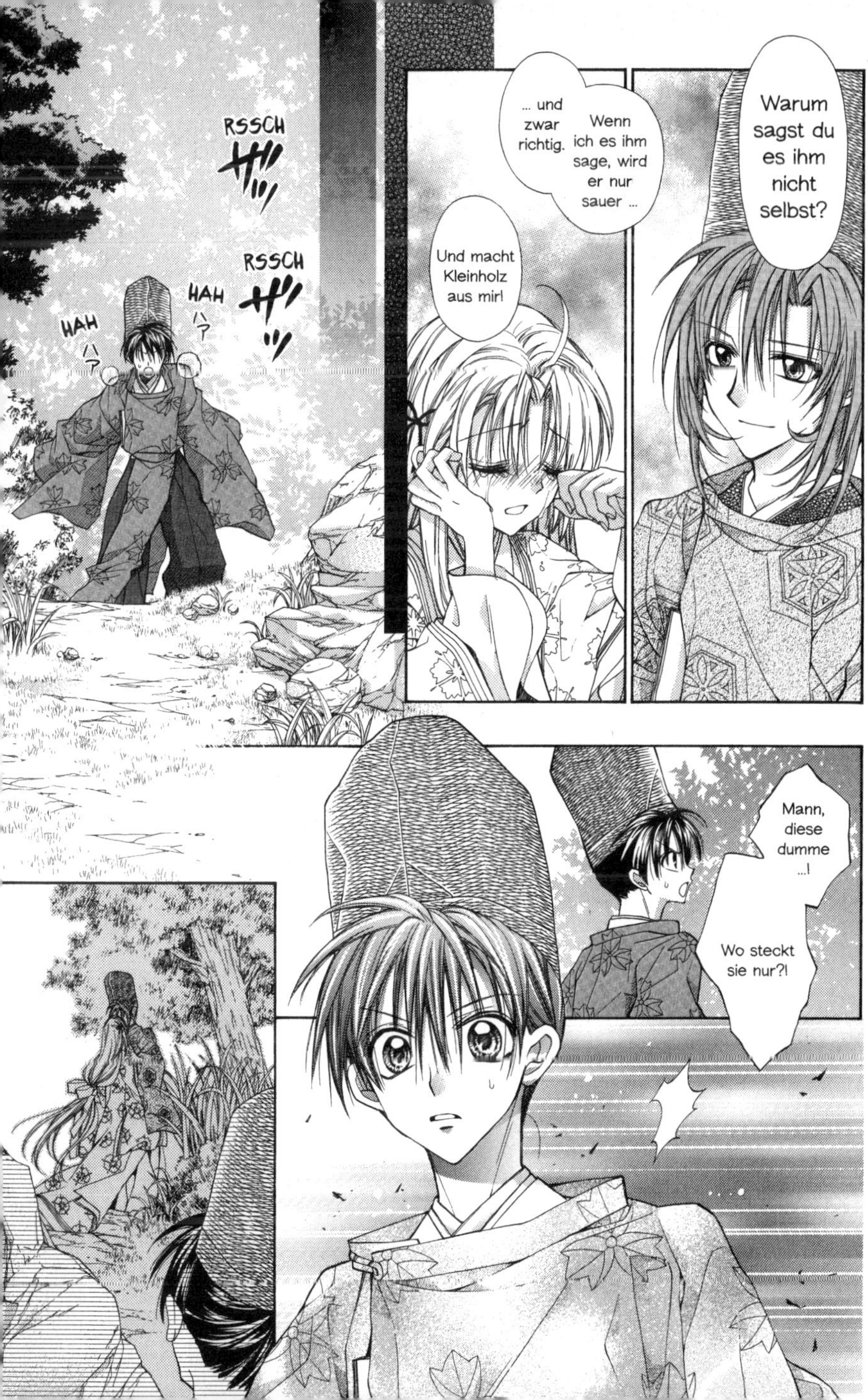

Warum sagst du es ihm nicht selbst?
Wenn ich es ihm sage, wird er nur sauer ...
... und zwar richtig.
Und macht Kleinholz aus mir!
RSSCH
RSSCH
HAH
HAH
Mann, diese dumme ...!
Wo steckt sie nur?!

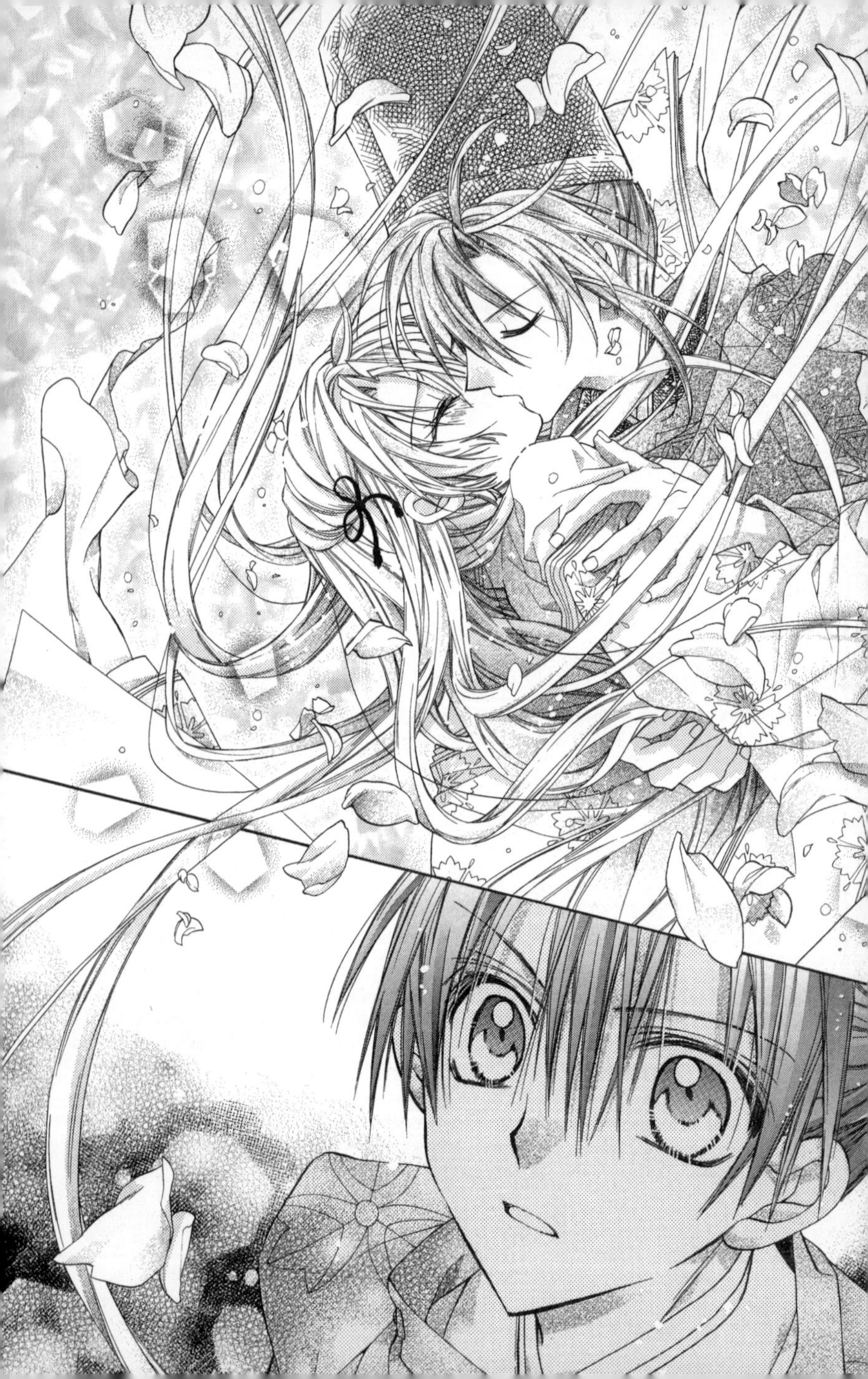

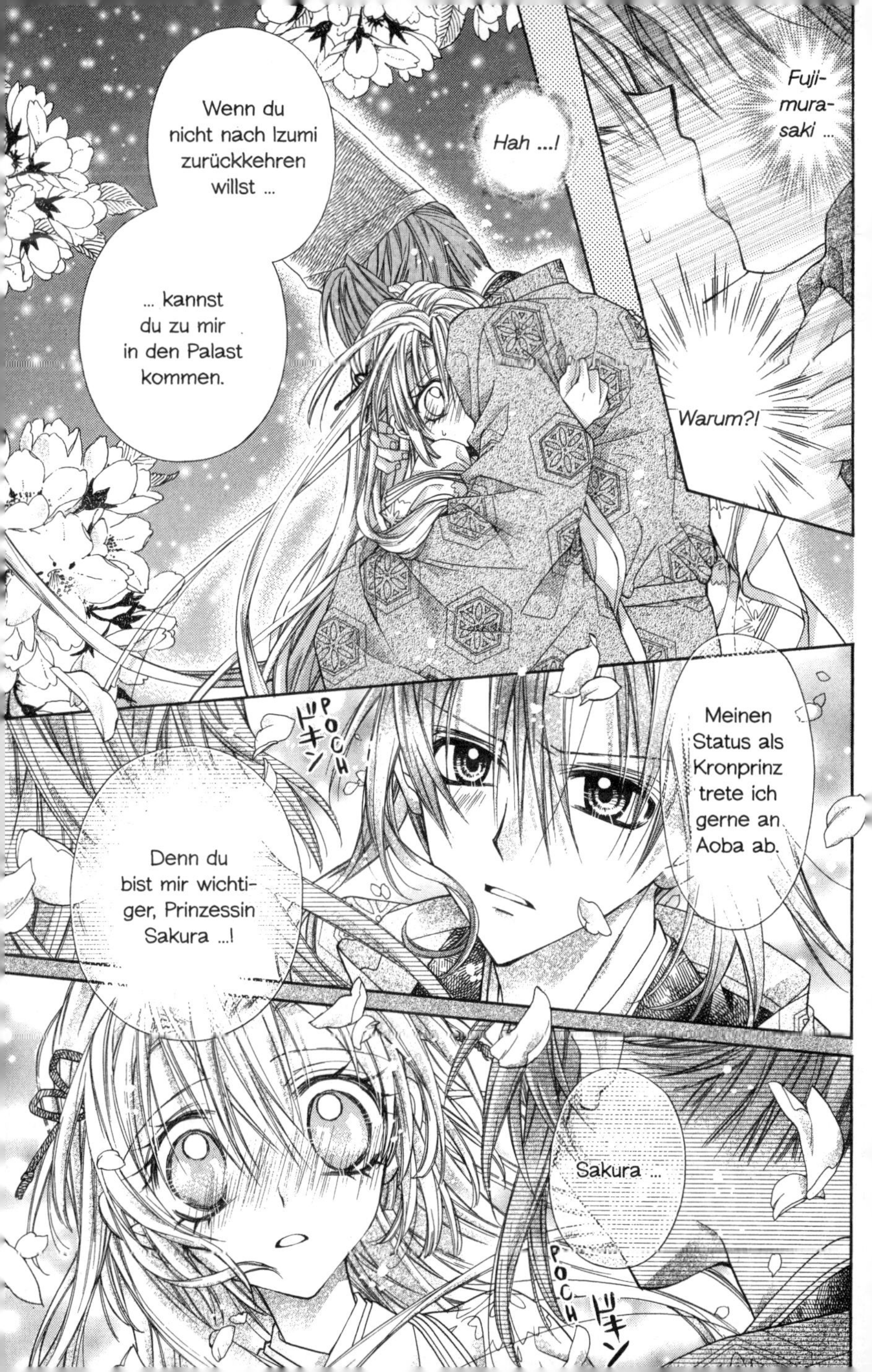
Fuji-
mura-
saki ...
Hah ...!
Wenn du nicht nach Izumi zurückkehren willst ...
... kannst du zu mir in den Palast kommen.
Warum?!
Meinen Status als Kronprinz trete ich gerne an Aoba ab.
POCH
ドキン
Denn du bist mir wichtiger, Prinzessin Sakura ...!
Sakura ...
POCH
ドキン

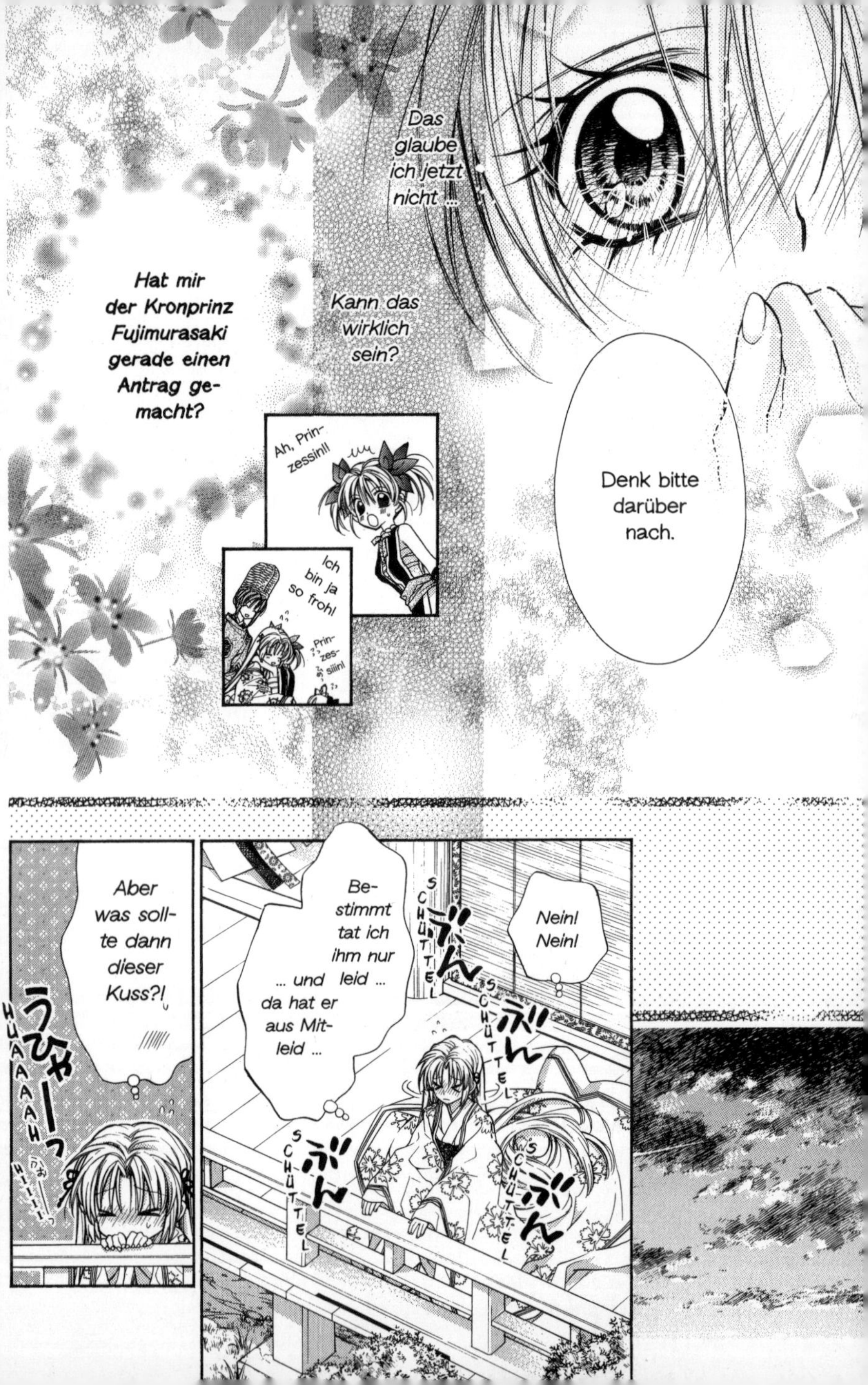
Denk bitte darüber nach.
Das glaube ich jetzt nicht ...
Kann das wirklich sein?
Hat mir der Kronprinz Fujimurasaki gerade einen Antrag gemacht?
Ah, Prinzessin!
Ich bin ja so froh!
Prinzessiiin!
Nein! Nein!
ぶん SCHÜTTEL
ぶん SCHÜTTEL
Bestimmt tat ich ihm nur leid ... ... und da hat er aus Mitleid ...
ぶん SCHÜTTEL
ぶん SCHÜTTEL
Aber was sollte dann dieser Kuss?!
うひゃーっ HUAAAAAAH
HIIIII

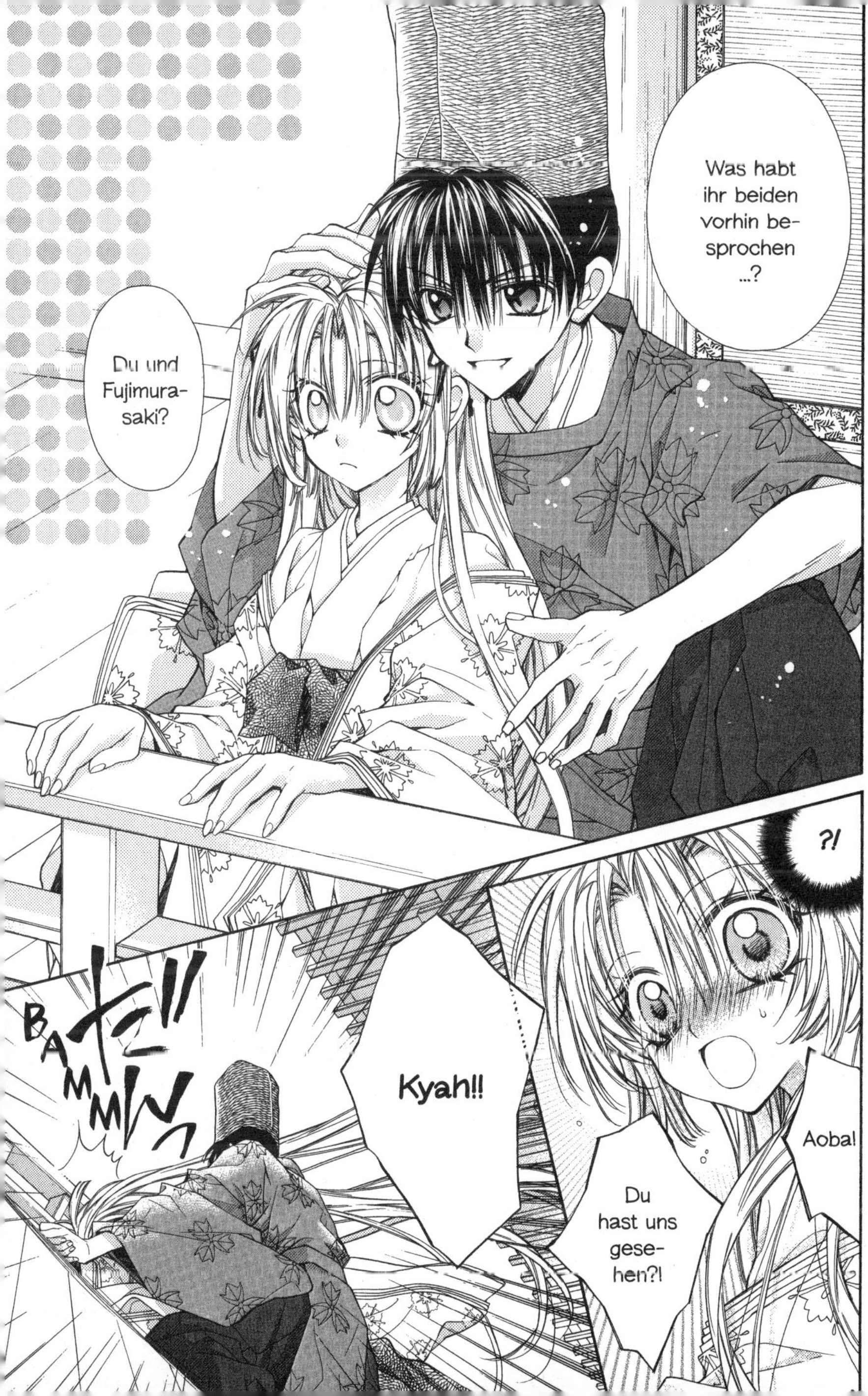
Was habt ihr beiden vorhin be-sprochen ...?
Du und Fujimura-saki?
?!
Aoba!
Du hast uns gese-hen?!
Kyah!!
BAMM

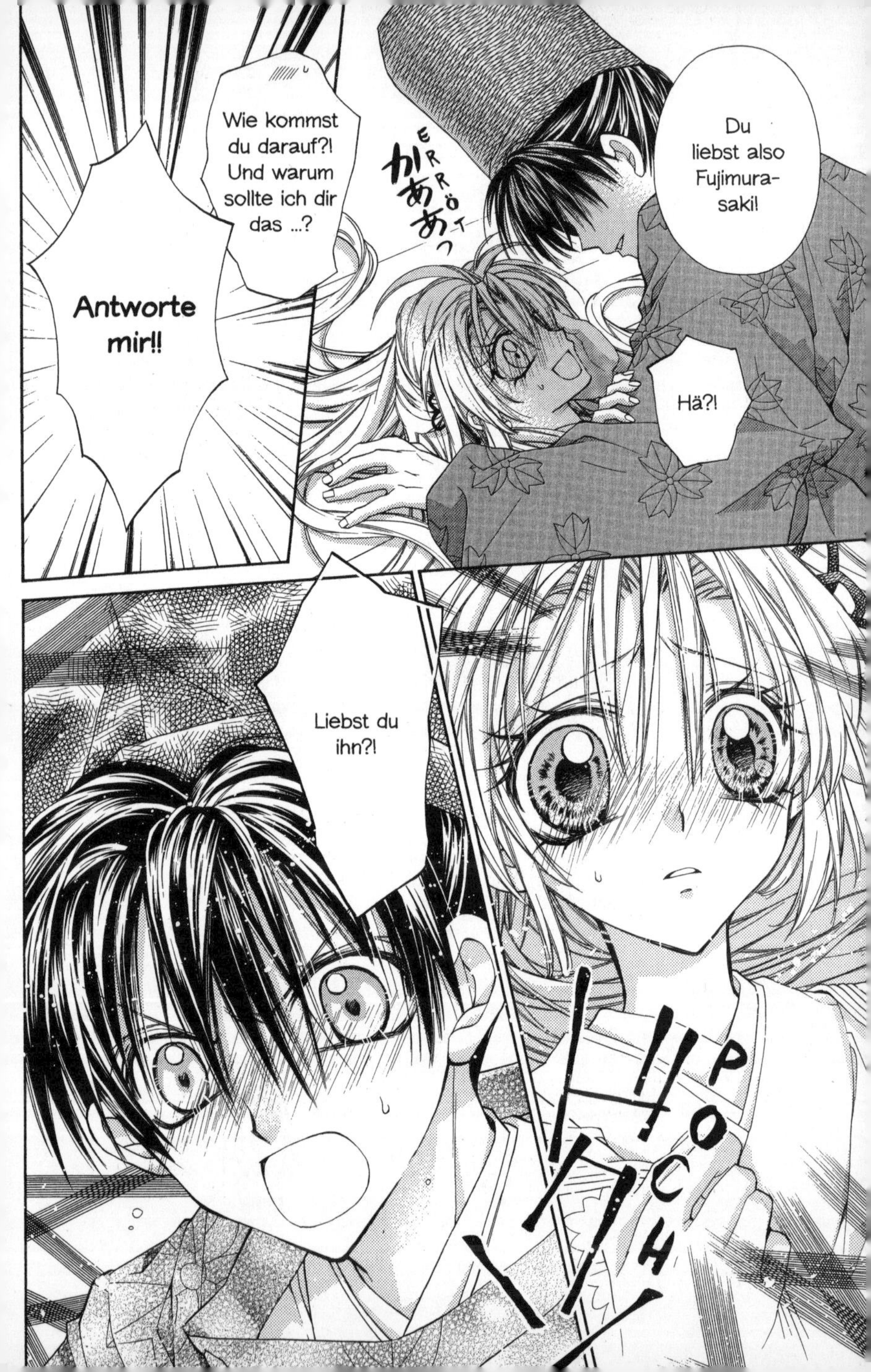
Du liebst also Fujimura-saki!
Hä?!
かあぁっ
ERRÖT
Wie kommst du darauf?! Und warum sollte ich dir das ...?
Antworte mir!!
Liebst du ihn?!
POCH

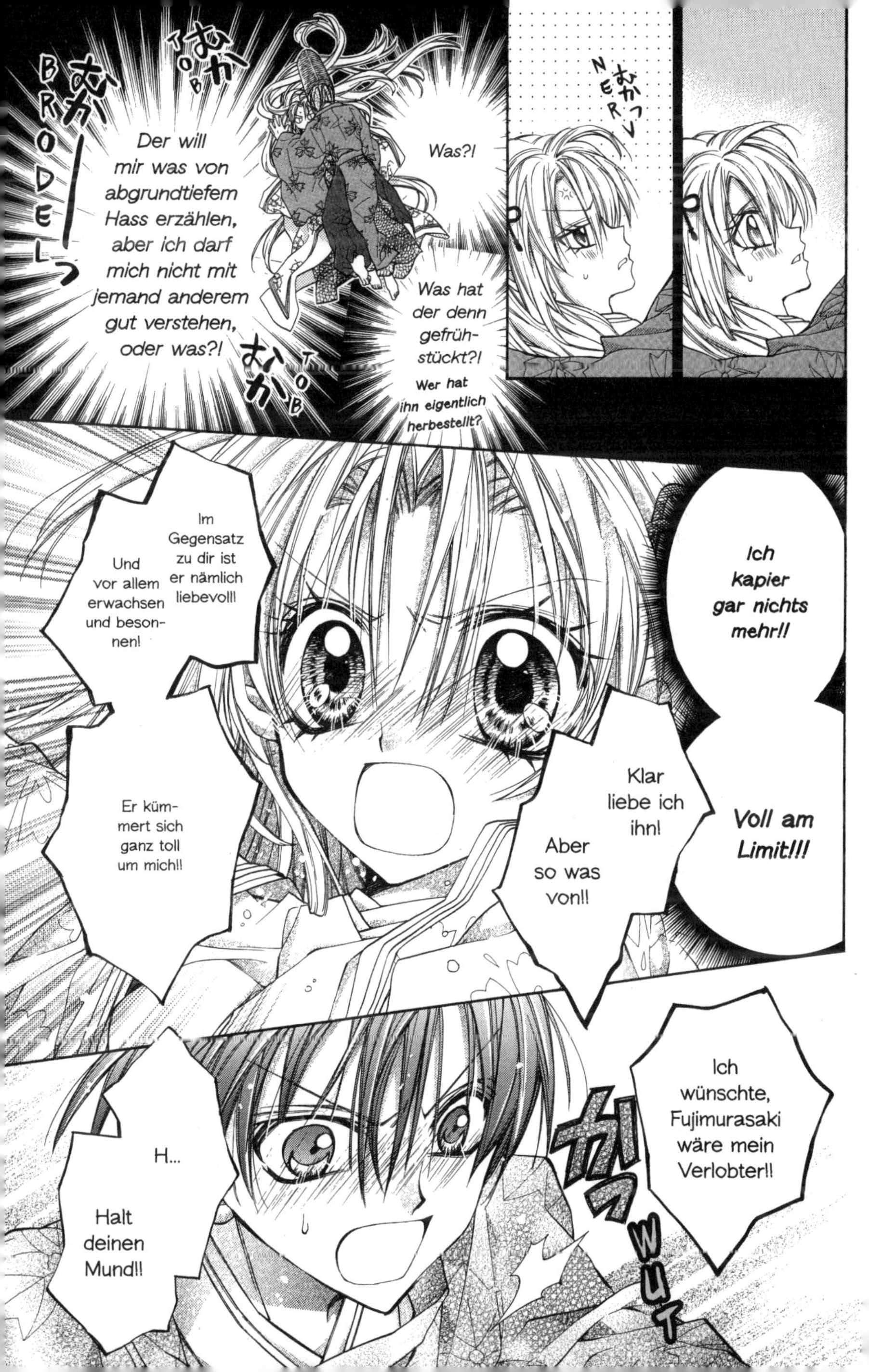

むかっ
NERV
Was?!
Was hat der denn gefrühstückt?!
Wer hat ihn eigentlich herbestellt?
むかむか
BRODEL
Der will mir was von abgrundtiefem Hass erzählen, aber ich darf mich nicht mit jemand anderem gut verstehen, oder was?!
むか
TOB
むか
TOB
Ich kapier gar nichts mehr!!
Voll am Limit!!!
Im Gegensatz zu dir ist er nämlich liebevoll!
Und vor allem erwachsen und besonnen!
Klar liebe ich ihn!
Aber so was von!!
Er kümmert sich ganz toll um mich!!
Ich wünschte, Fujimurasaki wäre mein Verlobter!!
かっ
WUT
H...
Halt deinen Mund!!

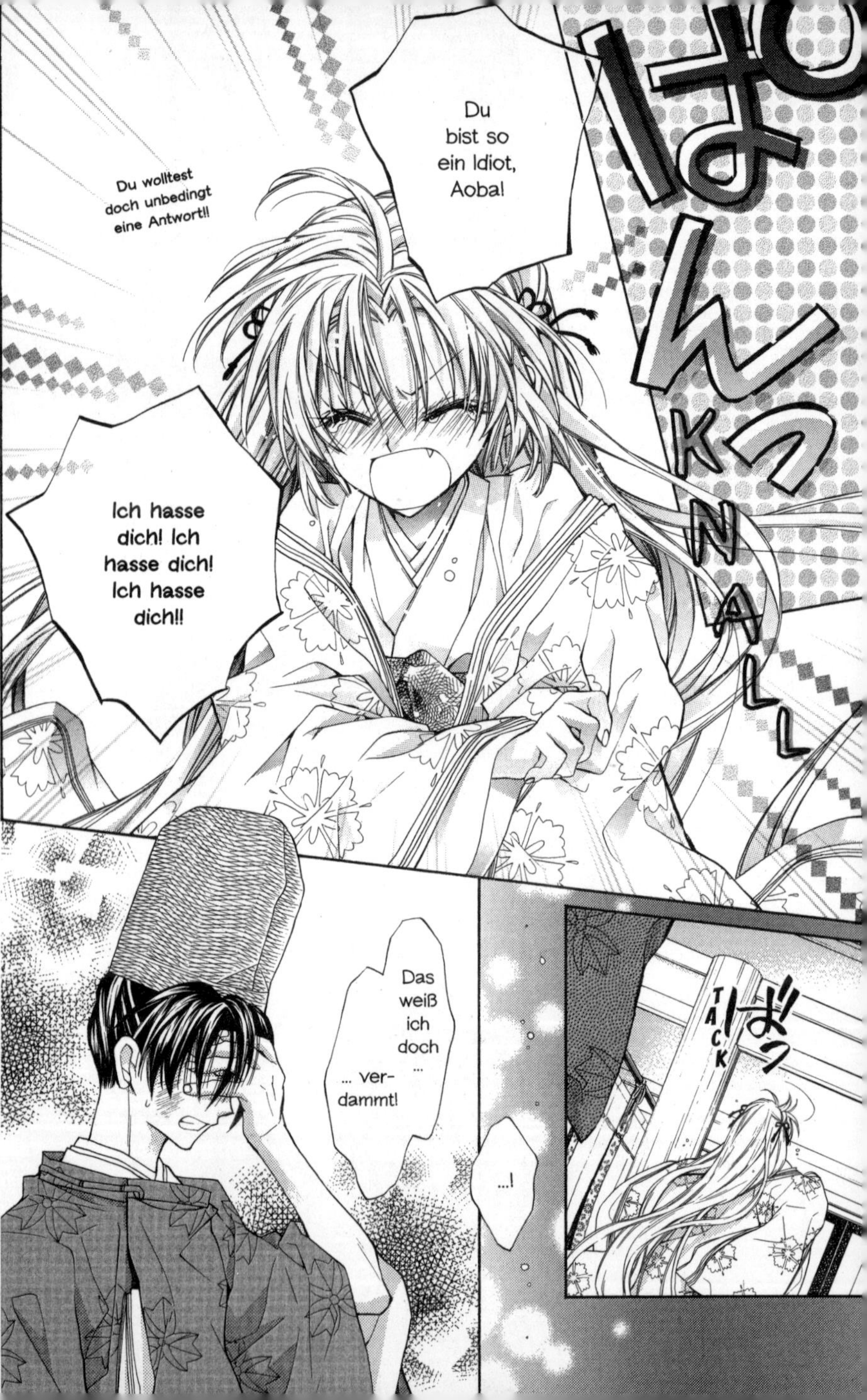

ぱんっ
KNALL
Du bist so ein Idiot, Aoba!
Du wolltest doch unbedingt eine Antwort!!
Ich hasse dich! Ich hasse dich! Ich hasse dich!!
ぱっ
TACK
...!
Das weiß ich doch ... ... ver-dammt!

Schluss mit Radio de Shakin!

Mein Webradioprogramm Radio de Shakin, das bei Shueisha S-Radio lief, wurde beendet.

Und weil mir gesagt wurde: »Beim letzten Mal dürfen Sie etwas tun, was Sie schon immer mal machen wollten«, habe ich beschlossen, die Sendung für alle zugänglich zu machen. (Davon habe ich immer geträumt!)

Als Gast hatte ich die Shojo-Mangaka Ai Mizuse eingeladen. Ich war wirklich superglücklich, von so tollen Menschen umgeben zu sein.

Anschließend haben wir noch in einer Bar namens Zauo im Erdgeschoss des Washington Hotels Shinjuku gefeiert. Diese Kneipe kann ich echt allen sehr empfehlen!!

Hier angelt man die Fische aus dem Aquarium selbst und lässt sie dann vom Koch zubereiten. Der Laden ist echt riesig – unglaublich für das Erdgeschoss eines Hotels!! (*lach*) Ich habe sechs Fische geangelt und war sehr zufrieden.

Drei Tage später hatte ich ein Essen mit meinen Assistentinnen geplant, das ich dann spontan dorthin verlegt habe – so gut hat mir der Laden gefallen!

Ich hätte schon wieder Lust, dorthin zu gehen ...

Und ich würde gern wieder mit denselben Leuten Radio machen ...

↑

Ich dachte, es sei vielleicht wichtig, das an dieser Stelle zu erwähnen.

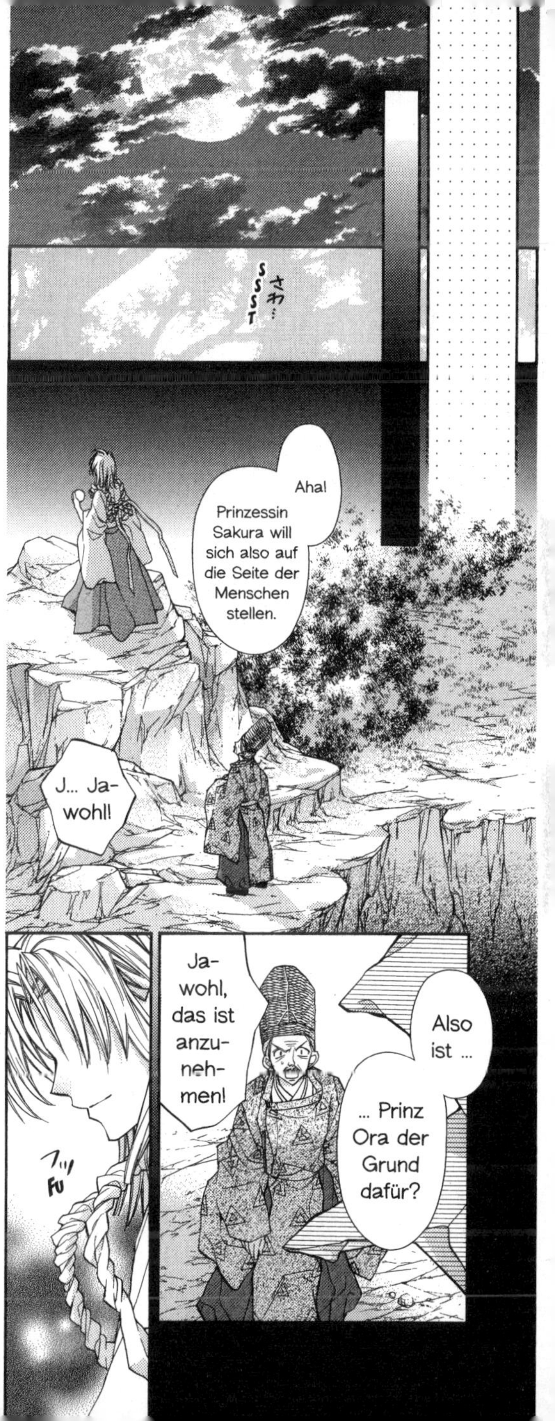

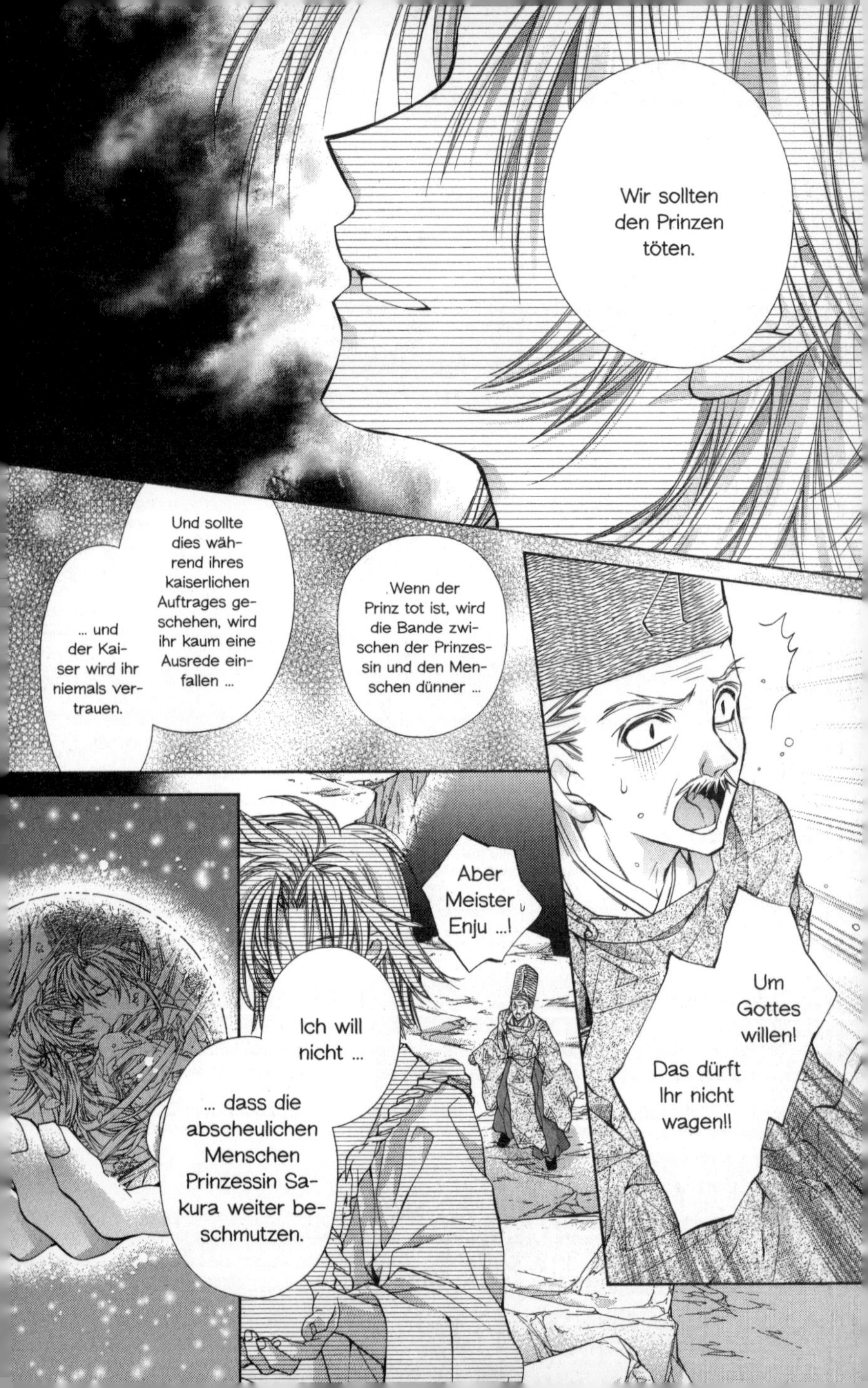
Wir sollten den Prinzen töten.
Wenn der Prinz tot ist, wird die Bande zwischen der Prinzessin und den Menschen dünner ...
Und sollte dies während ihres kaiserlichen Auftrages geschehen, wird ihr kaum eine Ausrede einfallen ...
... und der Kaiser wird ihr niemals vertrauen.
Um Gottes willen!
Das dürft Ihr nicht wagen!!
Aber Meister Enju ...!
Ich will nicht ...
... dass die abscheulichen Menschen Prinzessin Sakura weiter beschmutzen.

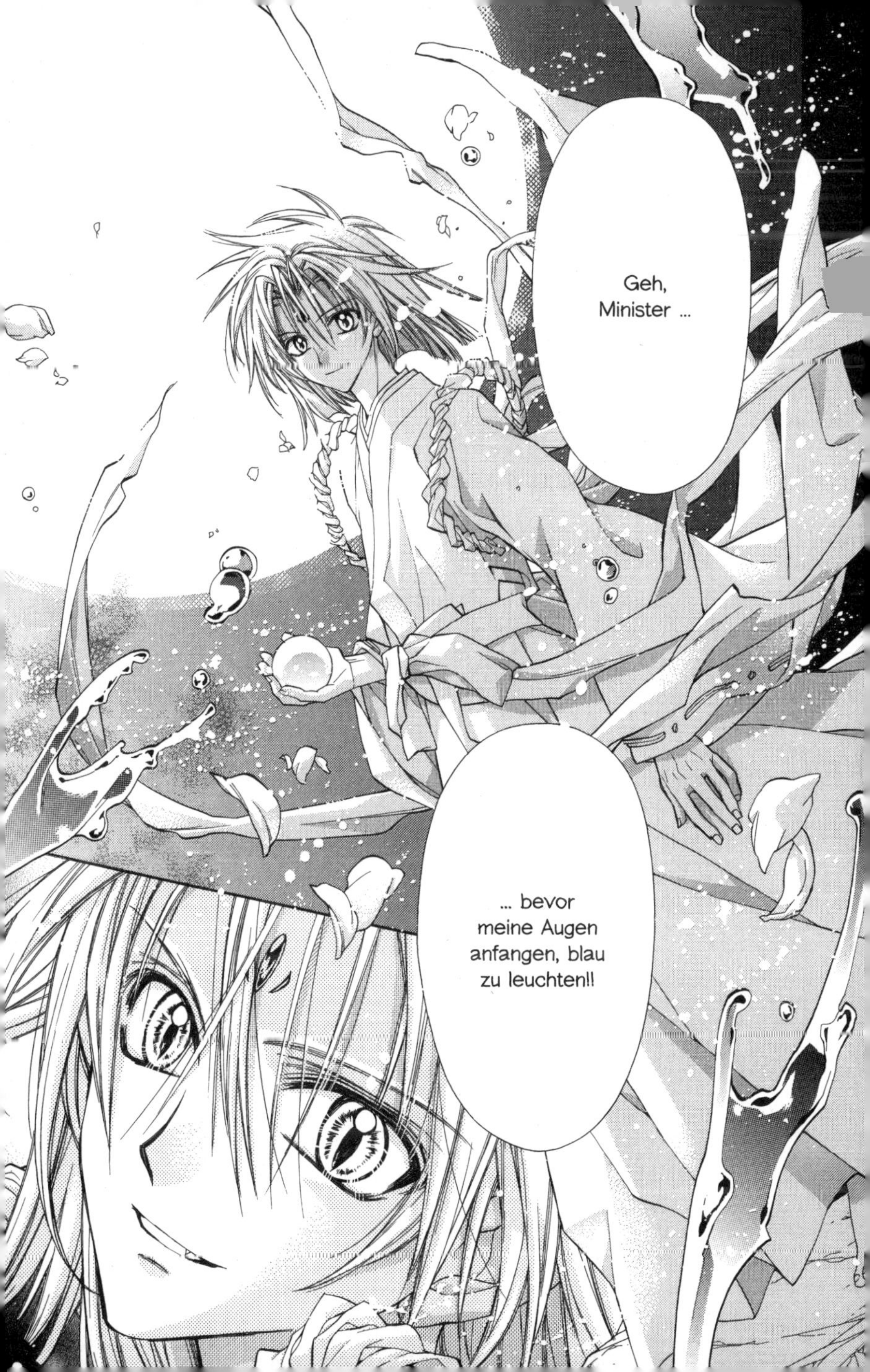
Geh, Minister ...
... bevor meine Augen anfangen, blau zu leuchten!!

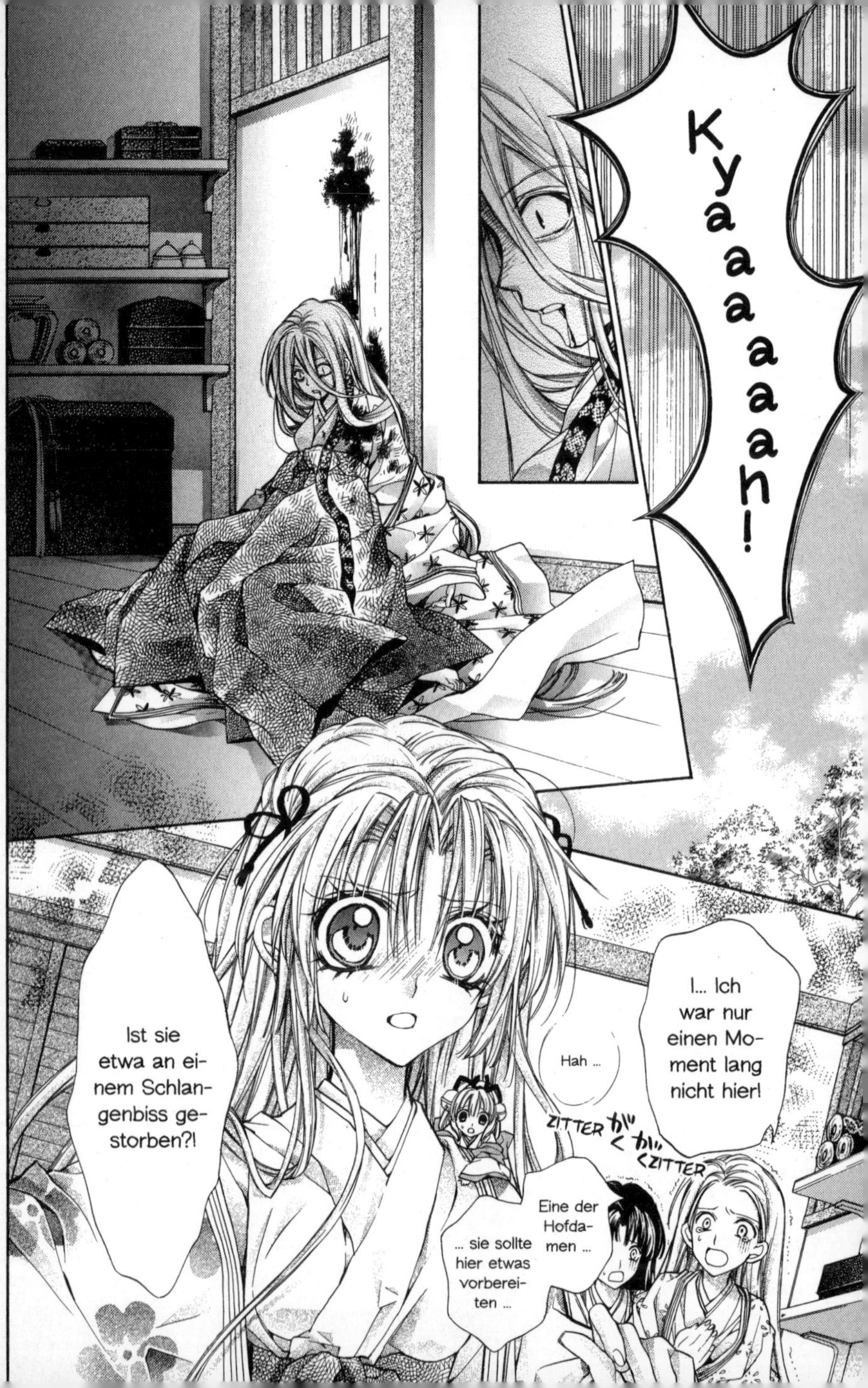

Kyaaaaaaah!
I... Ich war nur einen Moment lang nicht hier!
Hah ...
Ist sie etwa an einem Schlangenbiss gestorben?!
ZITTER ZITTER
Eine der Hofdamen ...
... sie sollte hier etwas vorbereiten ...

Über Prinzessin Sakura

Nachdem ich zuletzt dauernd über *Macross F* geschrieben habe, kamen lauter Beschwerden, ich solle doch bitte über *Prinzessin Sakura* schreiben … Also tu ich das, wenigstens kurz. Hm … Aber eigentlich wollte ich ab dem Kapitel »Auf der Suche nach dem Vollmond« nicht mehr so viel erzählen … Aber ein bisschen was kann ich ja schreiben.

Die Idee zu den Lebenszeichen hatte ich, als ich zu Neujahr mit der Mangaka Ai Mizuse versucht hatte, unsere Ziele für das Jahr in Form eines einzigen Kanji auszudrücken. Und Worte wie »Schicksal« haben viel Charisma. Es war einfach zu verlockend, um es nicht zu benutzen. Und da ich meine Manga ja quasi selbst erschaffe, kenne ich natürlich das Schicksal all meiner Charaktere ganz genau … Deshalb dachte ich mir, dann kann ich jedem von ihnen ein Schriftzeichen verpassen.

Außerdem habe ich vor, alle möglichen Themen einzubauen, von denen ich immer dachte: ›Das wird niemals bei *Ribon* funktionieren.‹ Es wimmelt nur so von solchen Sachen!

Aber der jetzige *Ribon*-Chefredakteur (Herr Kunta) entspricht dem Typ: »Daumen hoch, wenn's spannend ist!«, also kann ich mich total frei entfalten. (Viele Leute sagen, ich würde immer nur machen, was ich will, und die Redakteure hätten mich nicht im Griff, aber das stimmt nicht – es ist eher umgekehrt! (*lach*) Die Redakteure wollen immer noch mehr, und ich bin diejenige, die jedes Mal das Ganze rettet. (Das ist eigentlich nicht gut.) Ich sollte mutiger werden!

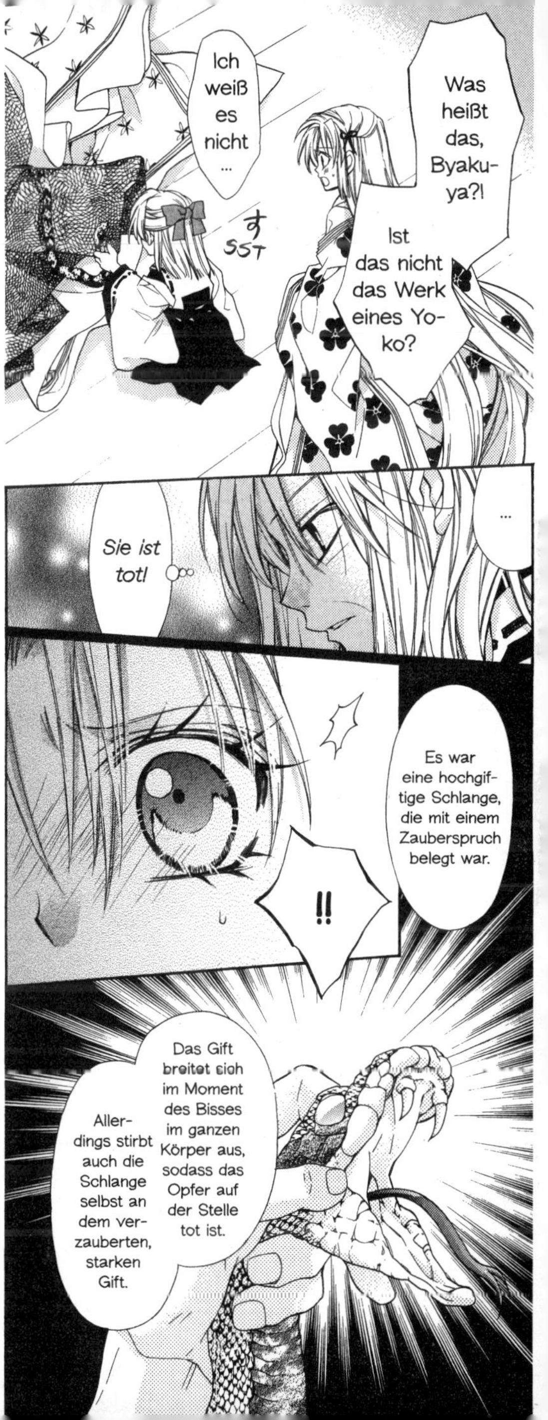

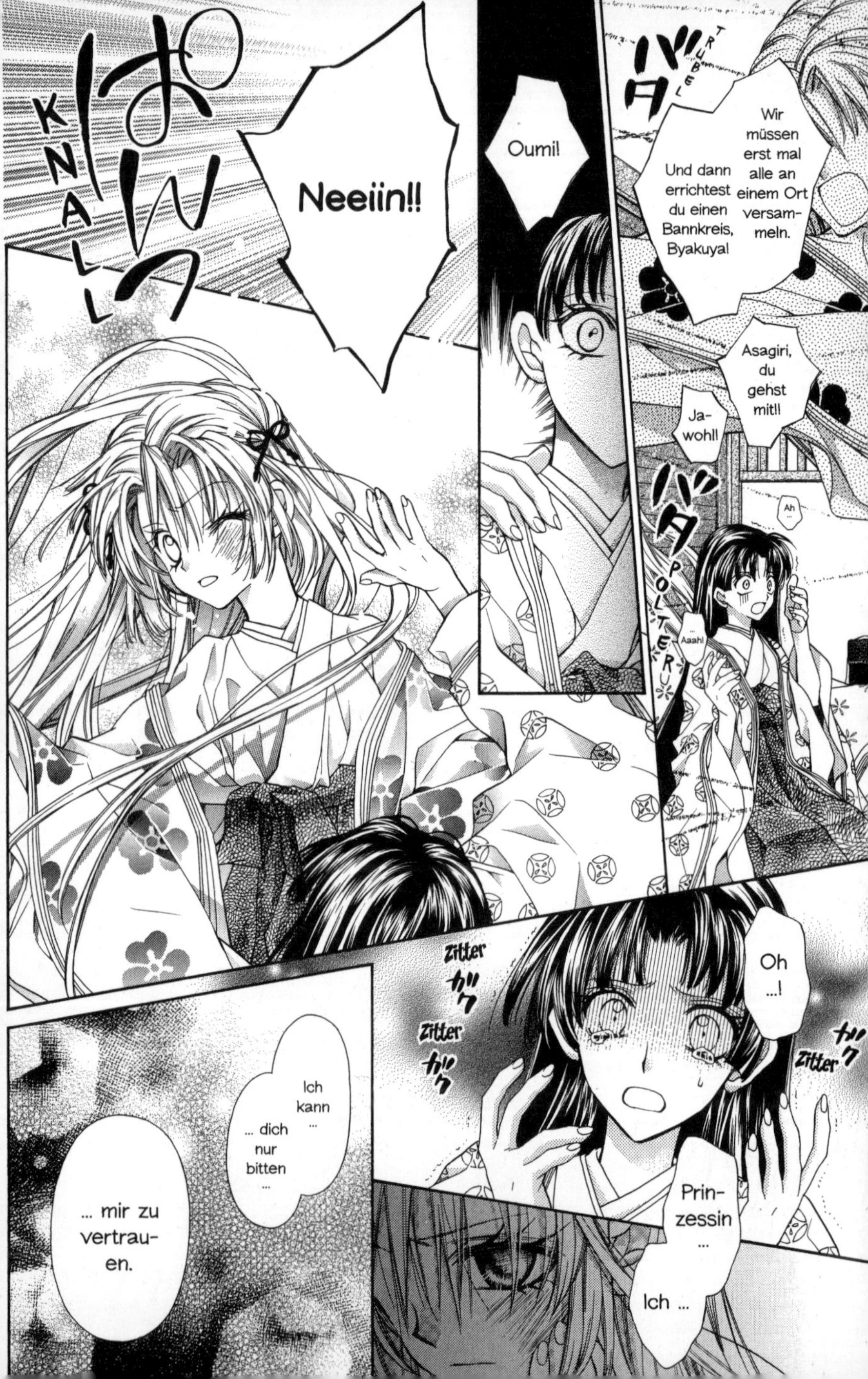
Trubel
Wir müssen erst mal alle an einem Ort versammeln.
Und dann errichtest du einen Bannkreis, Byakuya!
Asagiri, du gehst mit!!
Ja-wohl!
Ah ...
Polter
... Aaah!
Oumi!
Neeiin!!
Knall
Oh ...!
Zitter
Zitter
Zitter
Prin-zessin ...
Ich ...
Ich kann ...
... dich nur bitten ...
... mir zu vertrau-en.

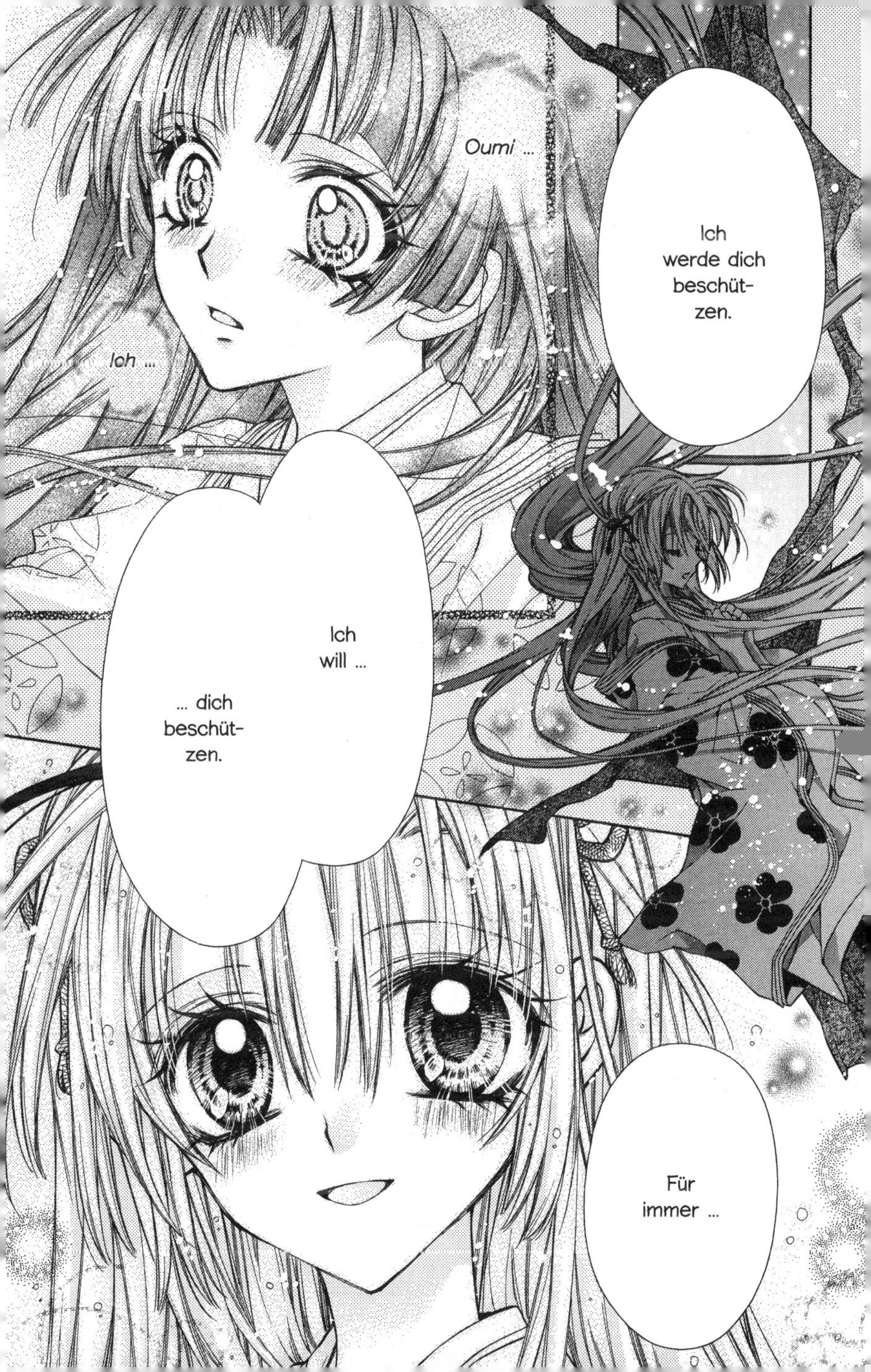
Oumi ...
Ich werde dich beschützen.
Ich ...
Ich will ...
... dich beschützen.
Für immer ...

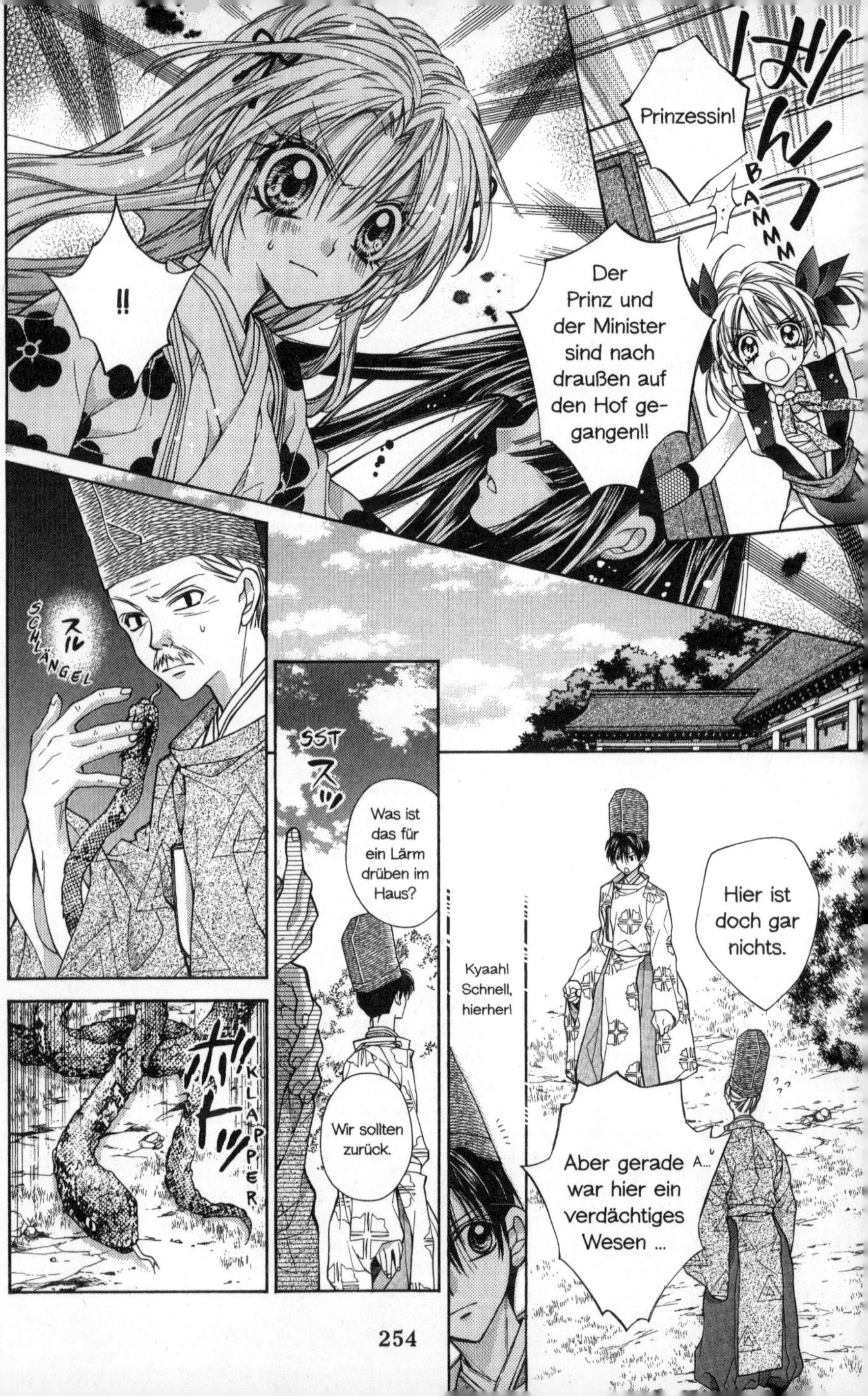
Prinzessin!
BAMMM
Der Prinz und der Minister sind nach draußen auf den Hof gegangen!!
!!
SCHLÄNGEL
SST
Was ist das für ein Lärm drüben im Haus?
Wir sollten zurück.
KLAPPER
Kyaah! Schnell, hierher!
Hier ist doch gar nichts.
Aber gerade war hier ein verdächtiges Wesen ...
A...

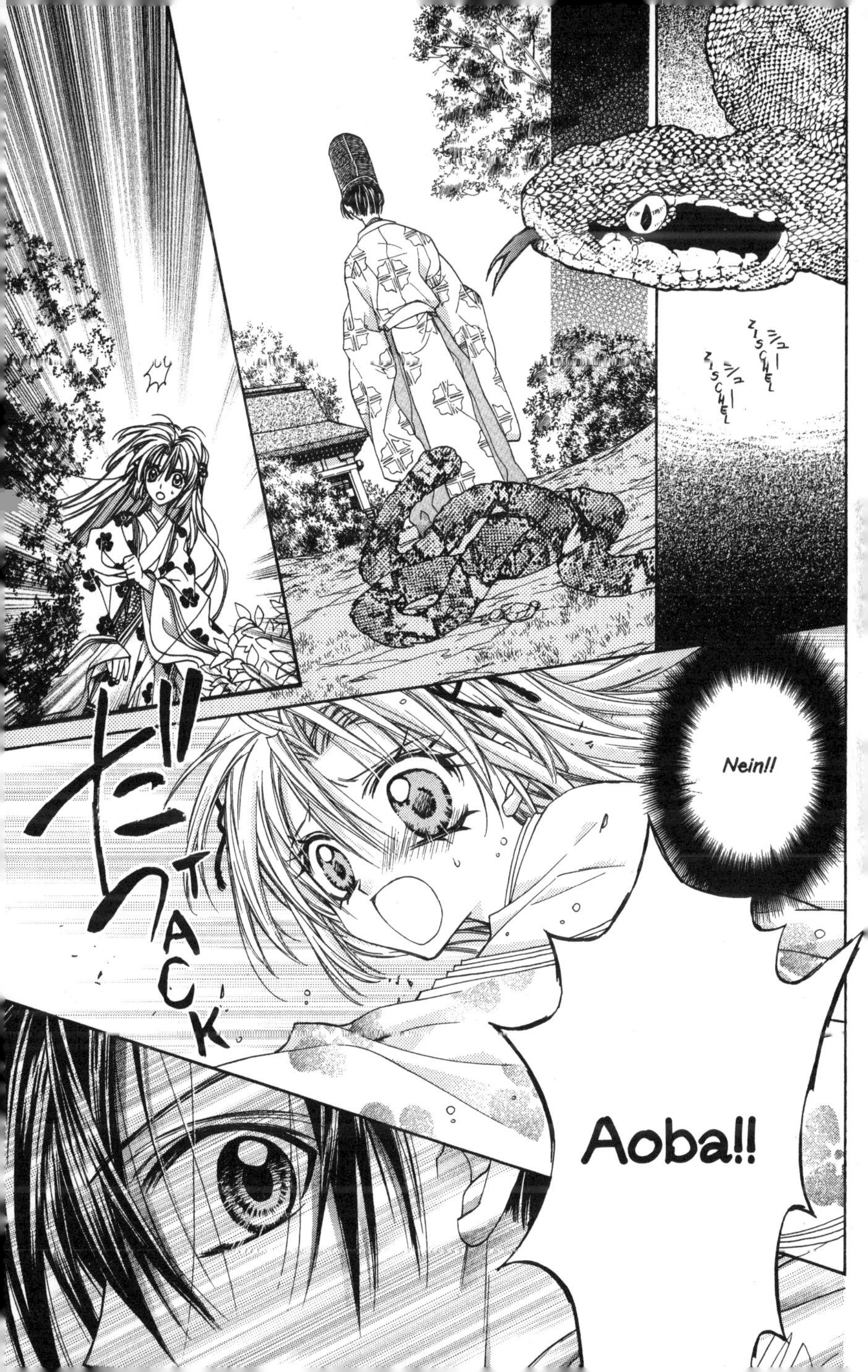
ZISCHEL
ZISCHEL
Nein!!
TACK
Aoba!!

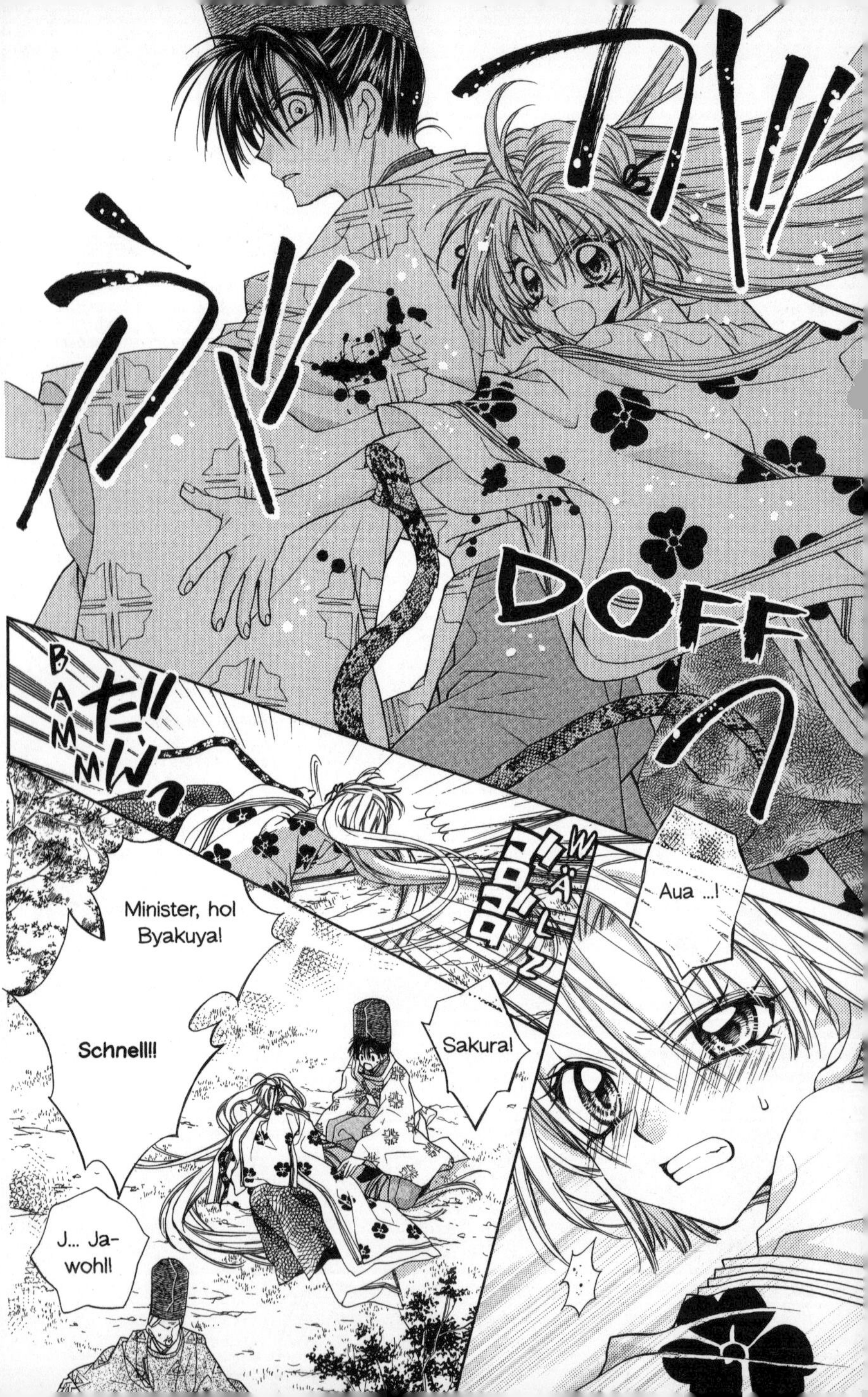
DOFF
BAMMM
WÄLLZ
Aua ...!
Sakura!
Minister, hol Byakuya!
Schnell!!
J... Ja-wohl!

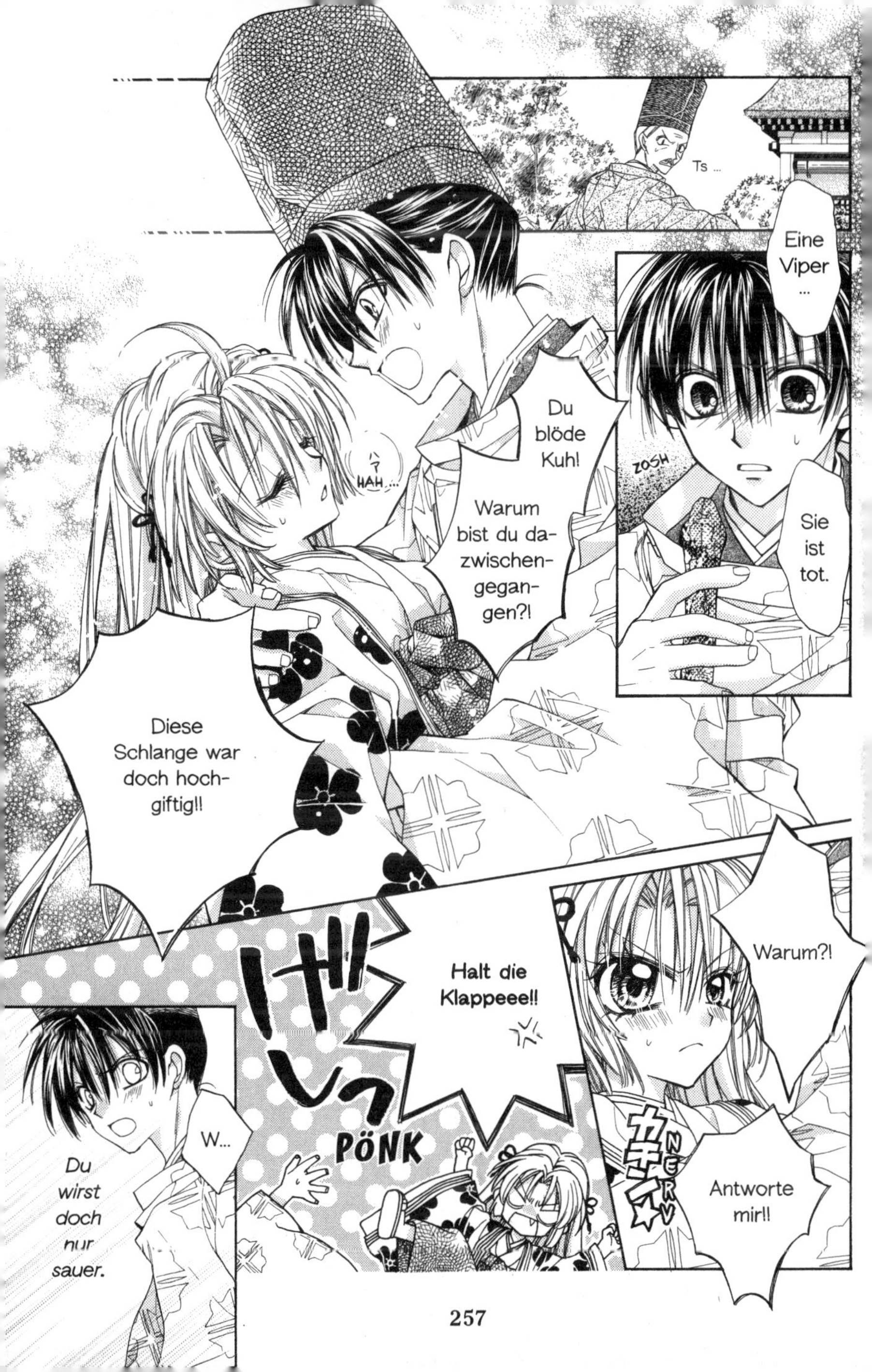
Ts ...
Eine Viper ...
Du blöde Kuh!
Warum bist du dazwischengegangen?!
ZOSH
Sie ist tot.
HAH ...
Diese Schlange war doch hochgiftig!!
Warum?!
Antworte mir!!
NERV
Halt die Klappeee!!
PÖNK
W...
Du wirst doch nur sauer.

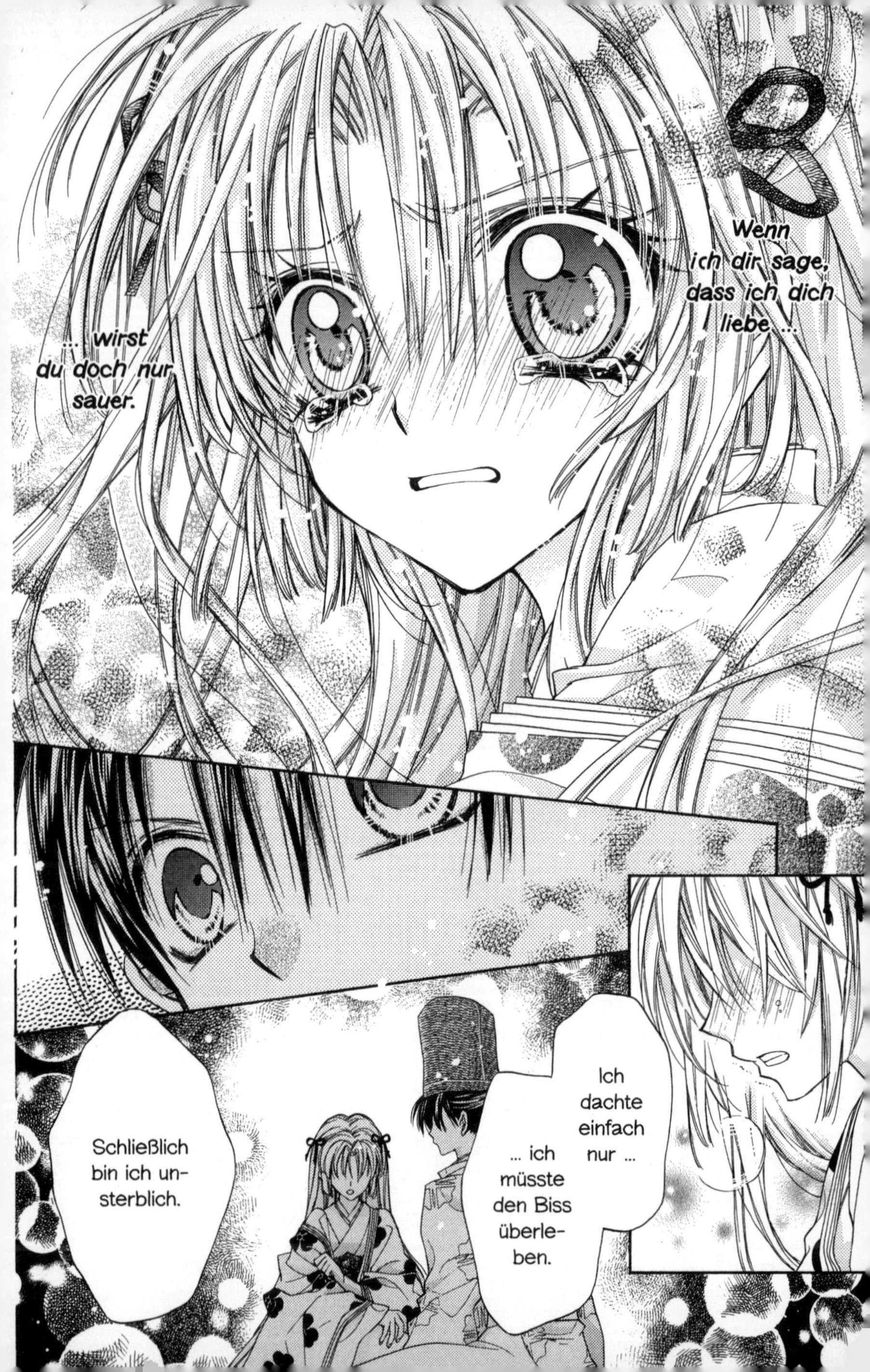
Wenn ich dir sage, dass ich dich liebe ...
... wirst du doch nur sauer.
Ich dachte einfach nur ...
... ich müsste den Biss überleben.
Schließlich bin ich unsterblich.

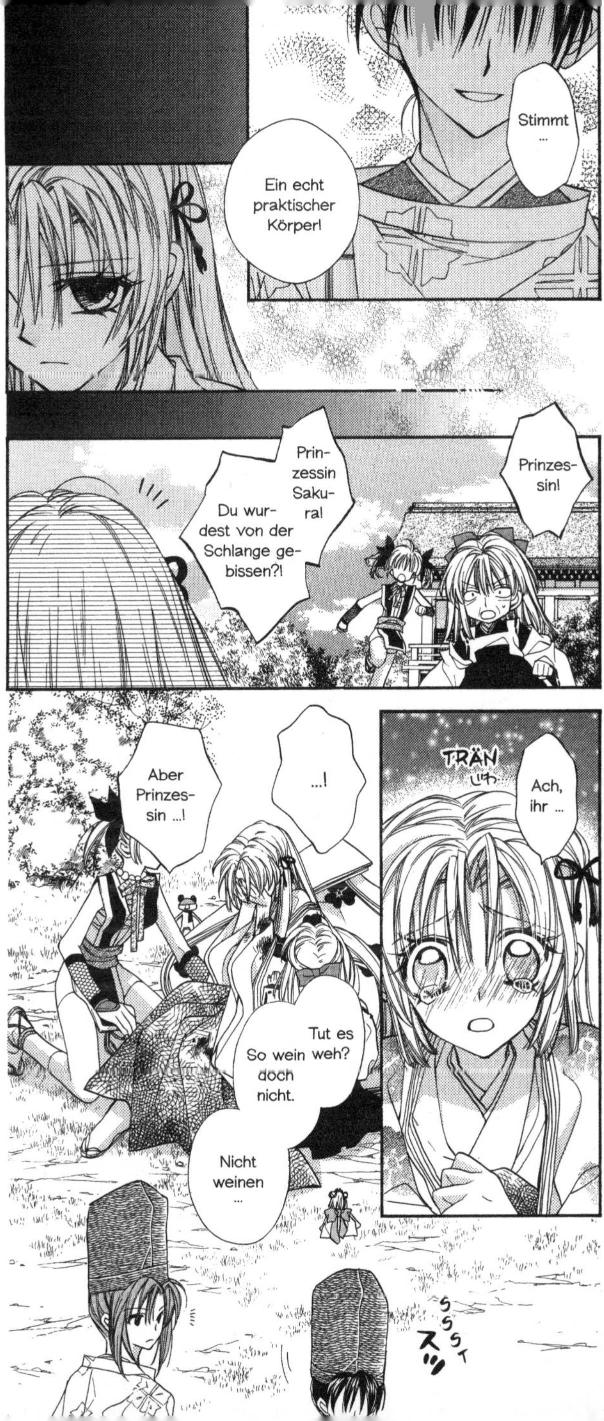
Stimmt ...
Ein echt praktischer Körper!
Prinzessin!
Prinzessin Sakura!
Du wurdest von der Schlange gebissen?!
TRÄN
Ach, ihr ...
...!
Aber Prinzessin ...!
Tut es weh?
So wein doch nicht.
Nicht weinen ...
SSST

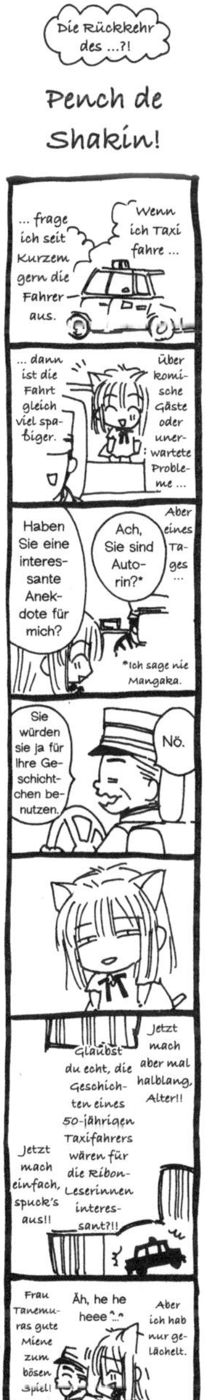
Die Rückkehr des ...?!
Pench de Shakin!
Wenn ich Taxi fahre ...
... frage ich seit Kurzem gern die Fahrer aus.
über komische Gäste oder unerwartete Probleme ...
... dann ist die Fahrt gleich viel spaßiger.
Aber eines Tages ...
Ach, Sie sind Autorin?*
Haben Sie eine interessante Anekdote für mich?
*Ich sage nie Mangaka.
Nö.
Sie würden sie ja für Ihre Geschichtchen benutzen.
Jetzt mach aber mal halblang, Alter!!
Glaubst du echt, die Geschichten eines 50-jährigen Taxifahrers wären für die Ribon-Leserinnen interessant?!!
Jetzt mach einfach, spuck's aus!!
Aber ich hab nur gelächelt.
Äh, he he heee ^.^
Frau Tanemuras gute Miene zum bösen Spiel!

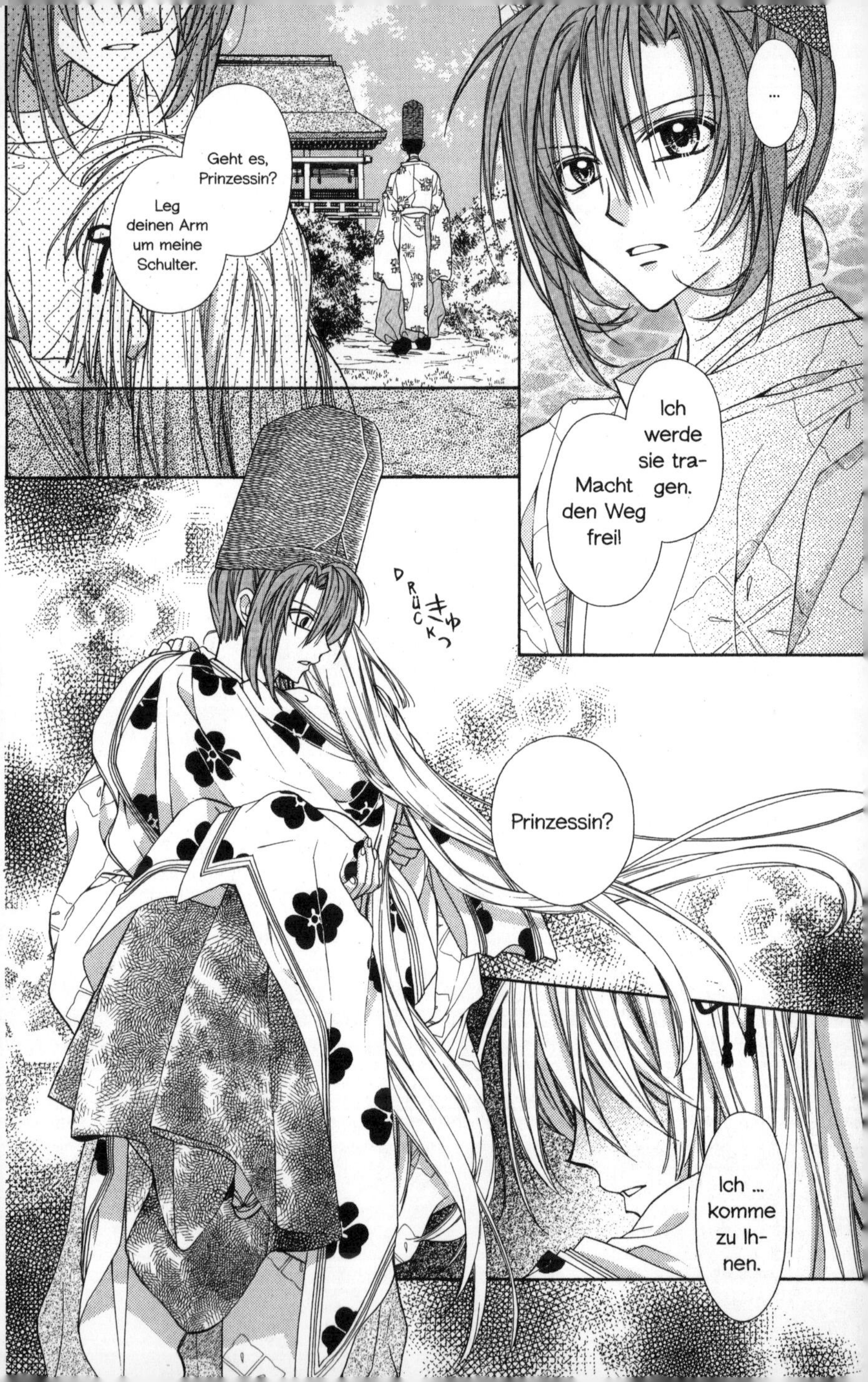
...
Geht es, Prinzessin?
Leg deinen Arm um meine Schulter.
Ich werde sie tragen.
Macht den Weg frei!
DRÜCK
Prinzessin?
Ich ... komme zu Ihnen.

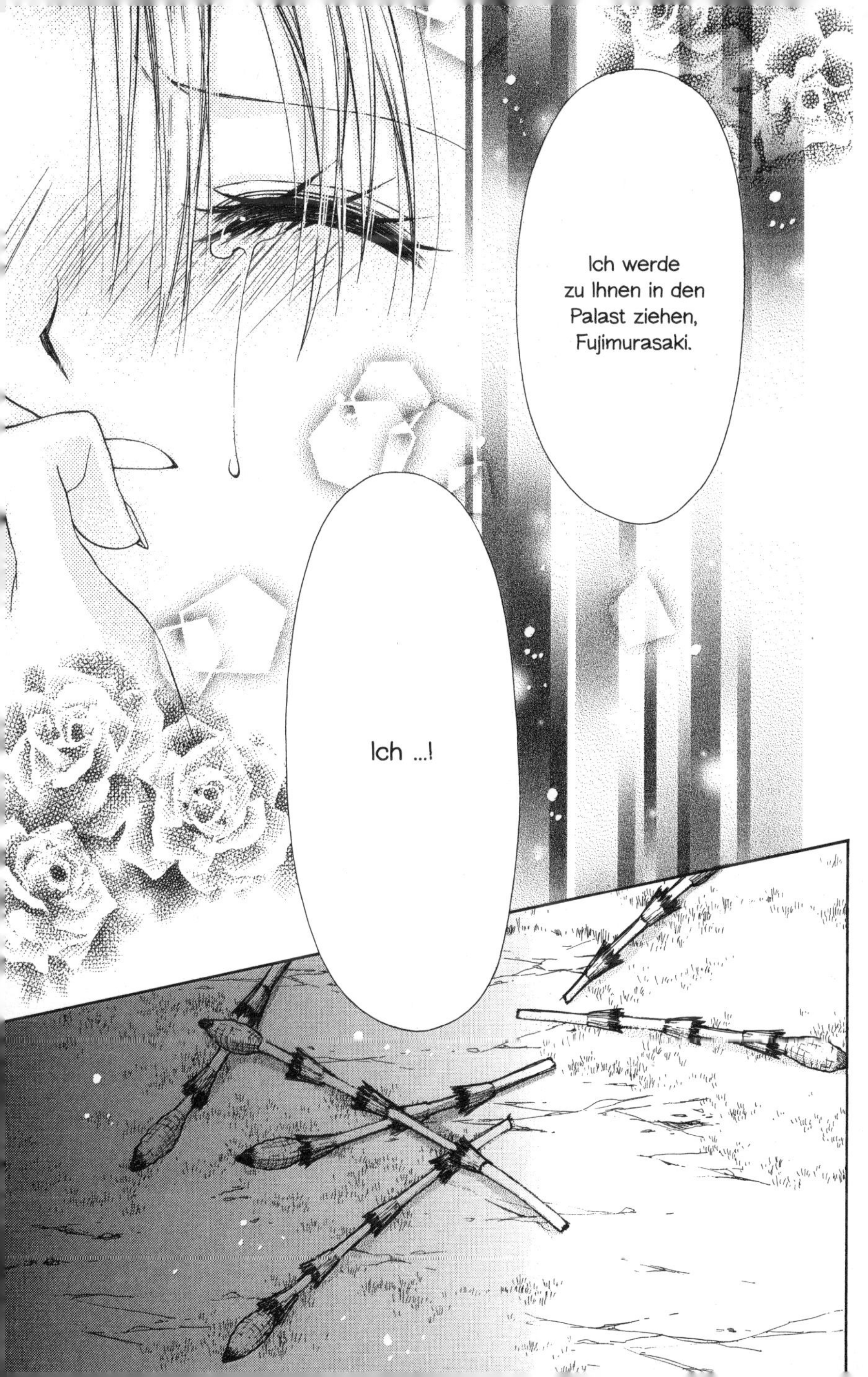
Ich werde zu Ihnen in den Palast ziehen, Fujimurasaki.
Ich ...!

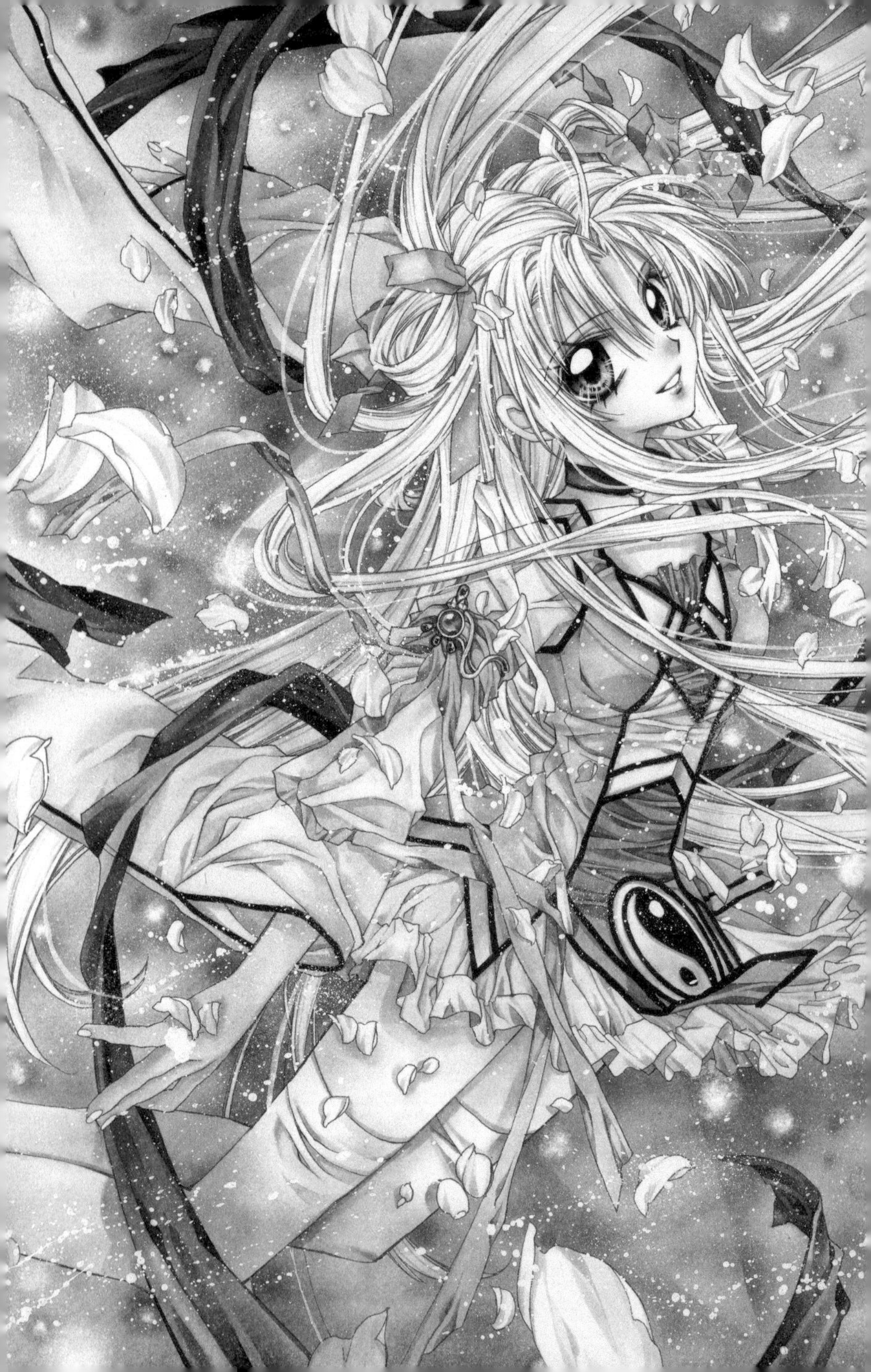

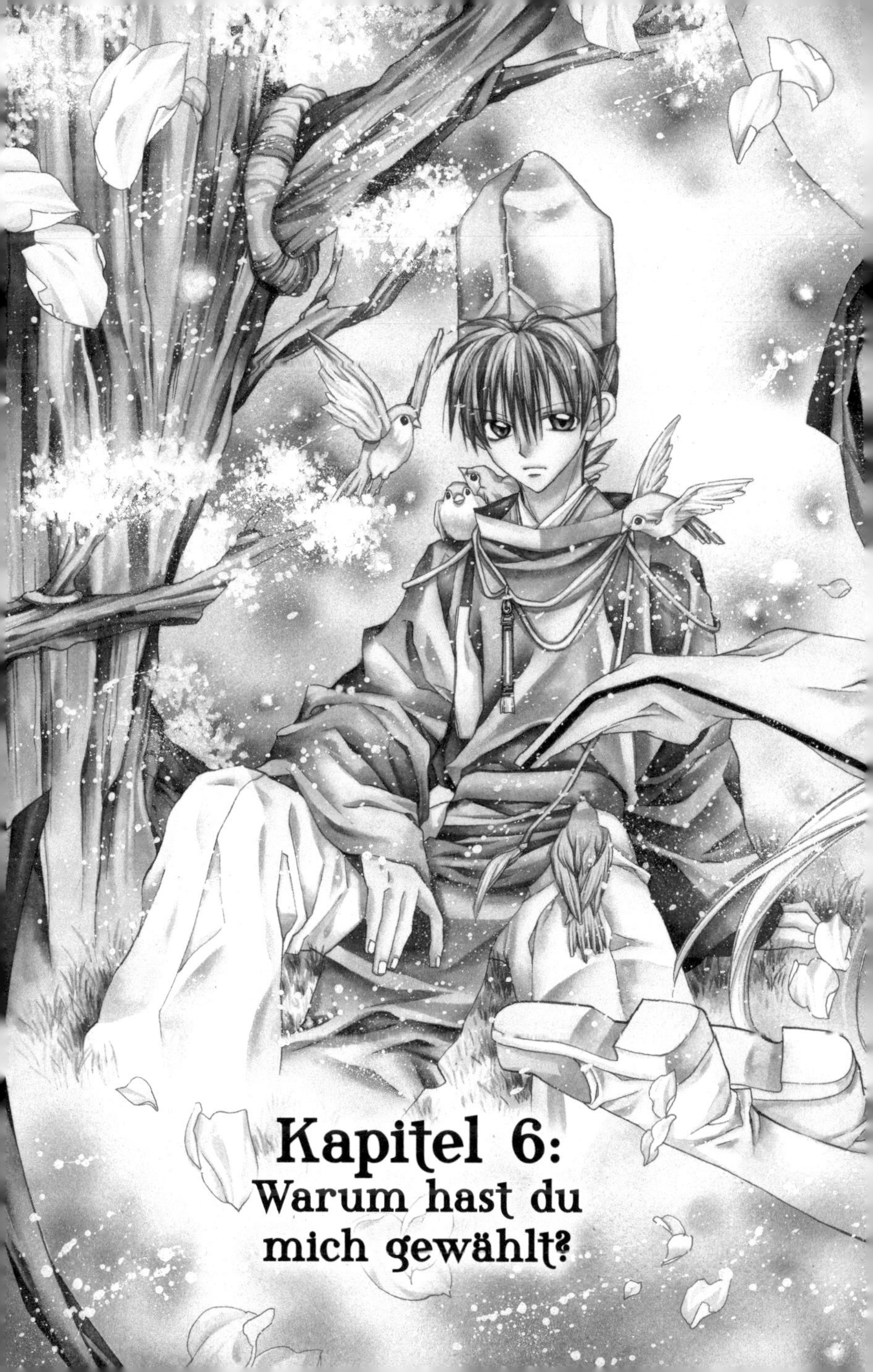
Kapitel 6:
Warum hast du
mich gewählt?

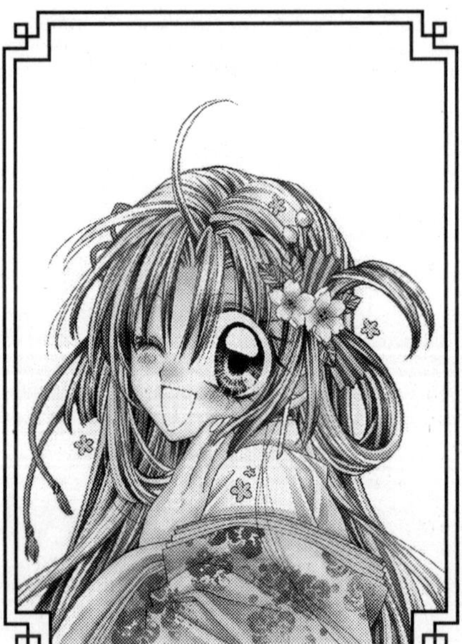

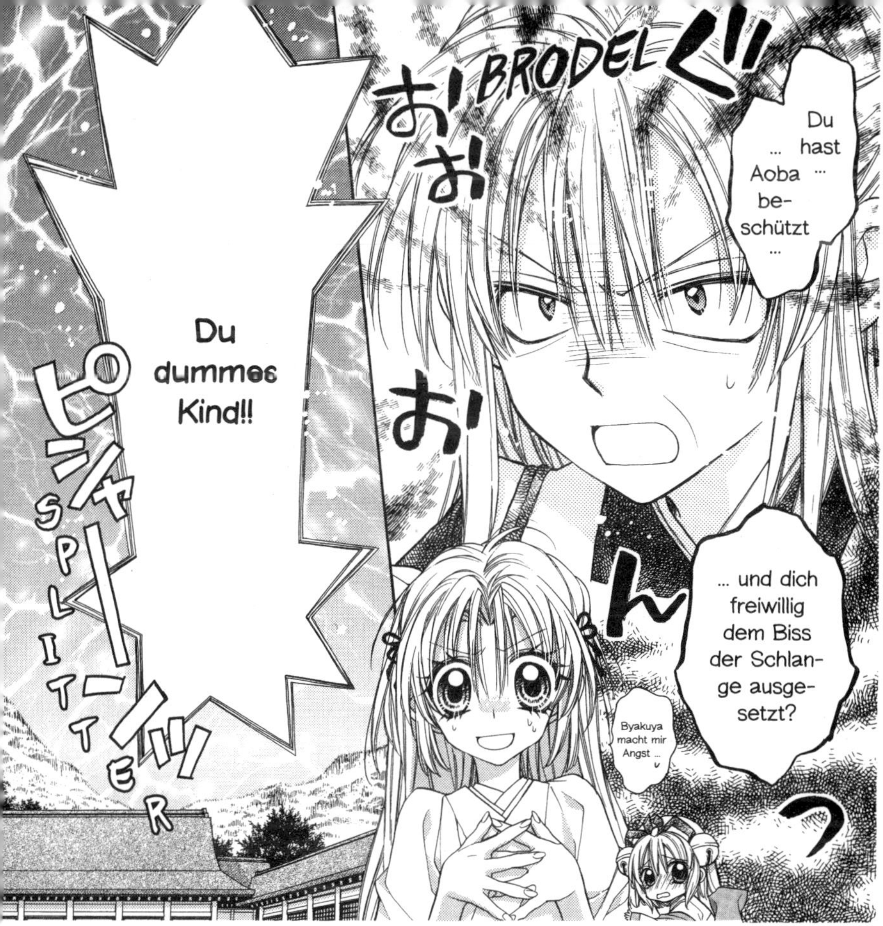

Kapitel 6: Warum hast du mich gewählt? Vorsicht, Spoiler!

Obwohl dieses Kapitel der Aufmacher im Magazin *Ribon* war, ist der Inhalt ziemlich unspektakulär ... Aber bis jetzt ist es mein Lieblingskapitel. In meiner Fanpost lese ich oft: »Was denkt sich dieser Fujimurasaki eigentlich?!« Irgendwann werde ich alles erzählen. Über seinen Status als Kronprinz und über seine Gefühle. Er ist wohl kompliziert! (Als würde mich das nichts angehen.)

Die Überschrift zu Kapitel 5 geht diesmal auf Aoba zurück, während es in Kapitel 4 Sakura war. Er sagt den Satz in der Szene mit Byakuya, und seitdem ist seine Beliebtheit gestiegen. Nicht einfach, was, Junge? Es gibt einen weiteren Grund, warum Aoba seine Liebe zu Sakura noch nicht zulassen kann, worauf ich bald zu sprechen kommen werde. (Sorry, irgendwie immer wieder derselbe Text ... Aber es hat alles erst angefangen, deshalb kann ich noch nichts anderes sagen!)

Ursprünglich wollte ich Aobas Abschnitt in fünf Kapiteln inklusive der Uji*-Story abschließen ... Was habe ich mir dabei eigentlich gedacht?! Und ich habe das Gefühl, dass es noch ein wenig weitergehen wird ... Der nächste Band erscheint in Kürze und bis dahin wäre ich gern fertig damit. Der Grund, warum sich Sakura in Aoba verliebt hat ... Dieses Mädchen wurde bis jetzt einfach von niemandem beachtet. Deshalb denkt sie heute jedes Mal: ›Immer noch besser als damals‹, und kann auf diese Weise auch noch so schwierige Momente überstehen.

*Stadt im Süden der Präfektur Kyoto am Ufer des Ujigawa

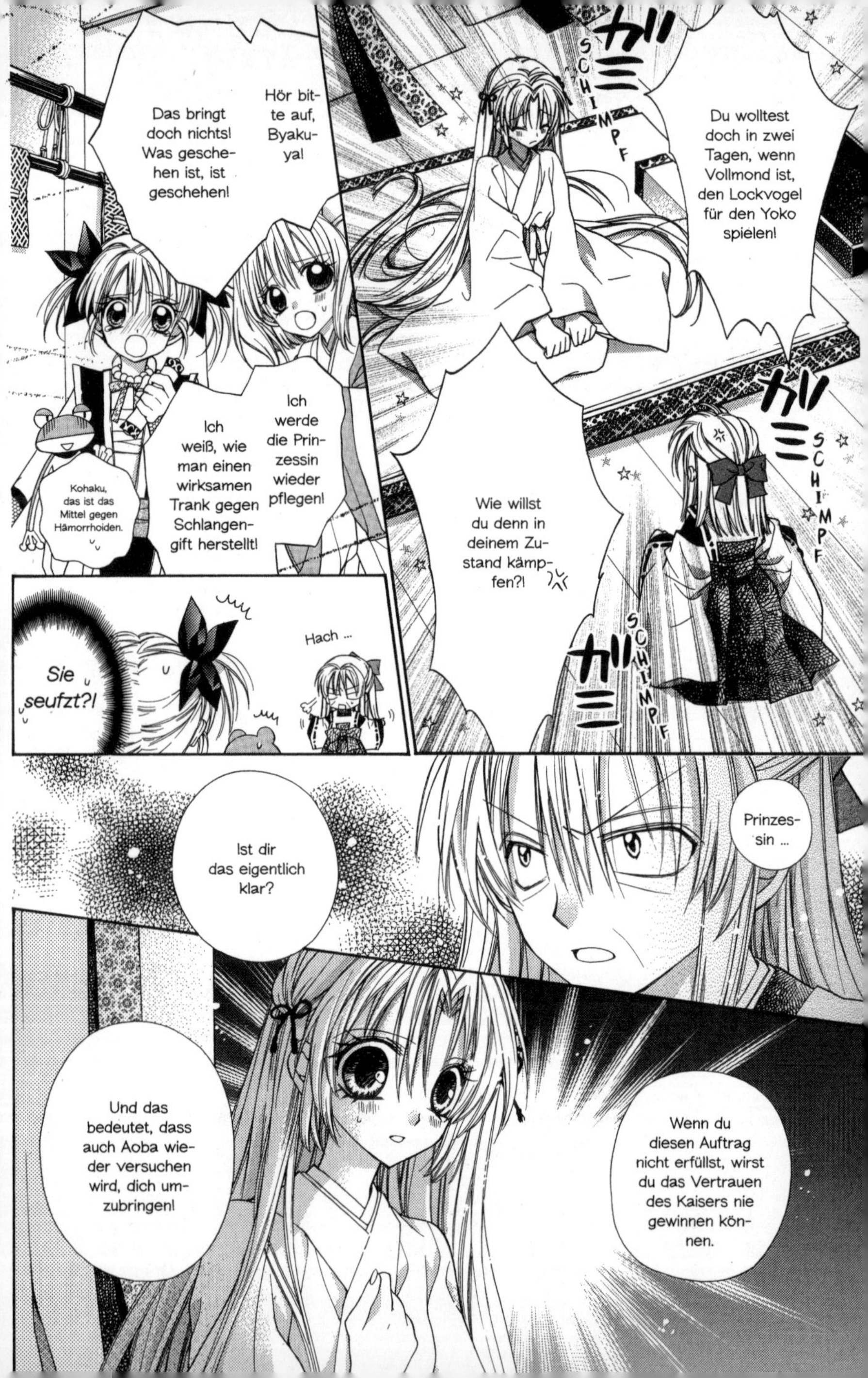
Du wolltest doch in zwei Tagen, wenn Vollmond ist, den Lockvogel für den Yoko spielen!
SCHIMPF
SCHIMPF
Wie willst du denn in deinem Zustand kämpfen?!
SCHIMPF
Hör bitte auf, Byakuya!
Das bringt doch nichts! Was geschehen ist, ist geschehen!
Ich werde die Prinzessin wieder pflegen!
Ich weiß, wie man einen wirksamen Trank gegen Schlangengift herstellt!
Kohaku, das ist das Mittel gegen Hämorrhoiden.
Hach ...
Sie seufzt?!
Prinzessin ...
Ist dir das eigentlich klar?
Wenn du diesen Auftrag nicht erfüllst, wirst du das Vertrauen des Kaisers nie gewinnen können.
Und das bedeutet, dass auch Aoba wieder versuchen wird, dich umzubringen!

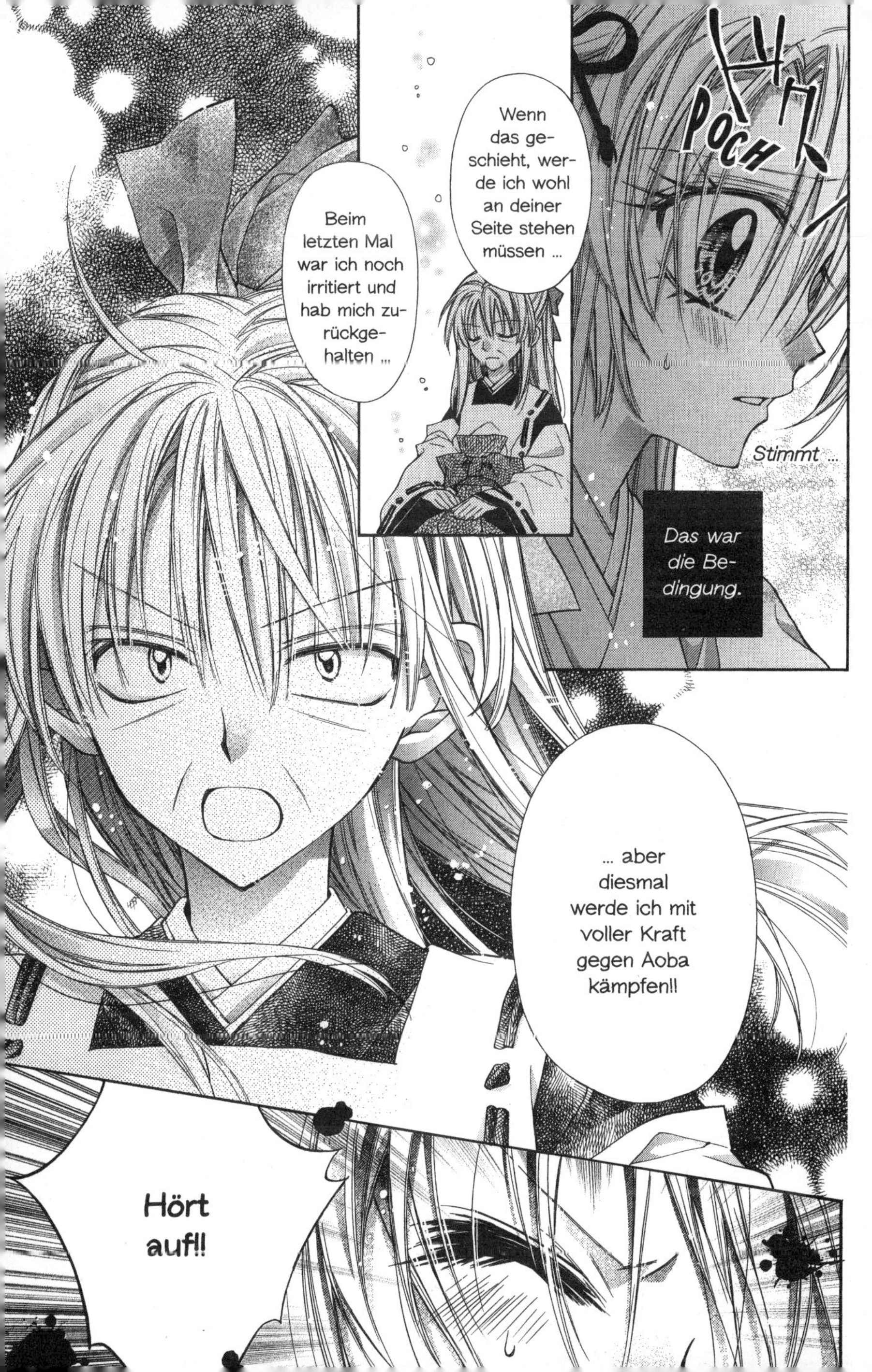
POCH
Wenn das geschieht, werde ich wohl an deiner Seite stehen müssen ...
Beim letzten Mal war ich noch irritiert und hab mich zurückgehalten ...
Stimmt ...
Das war die Bedingung.
... aber diesmal werde ich mit voller Kraft gegen Aoba kämpfen!!
Hört auf!!

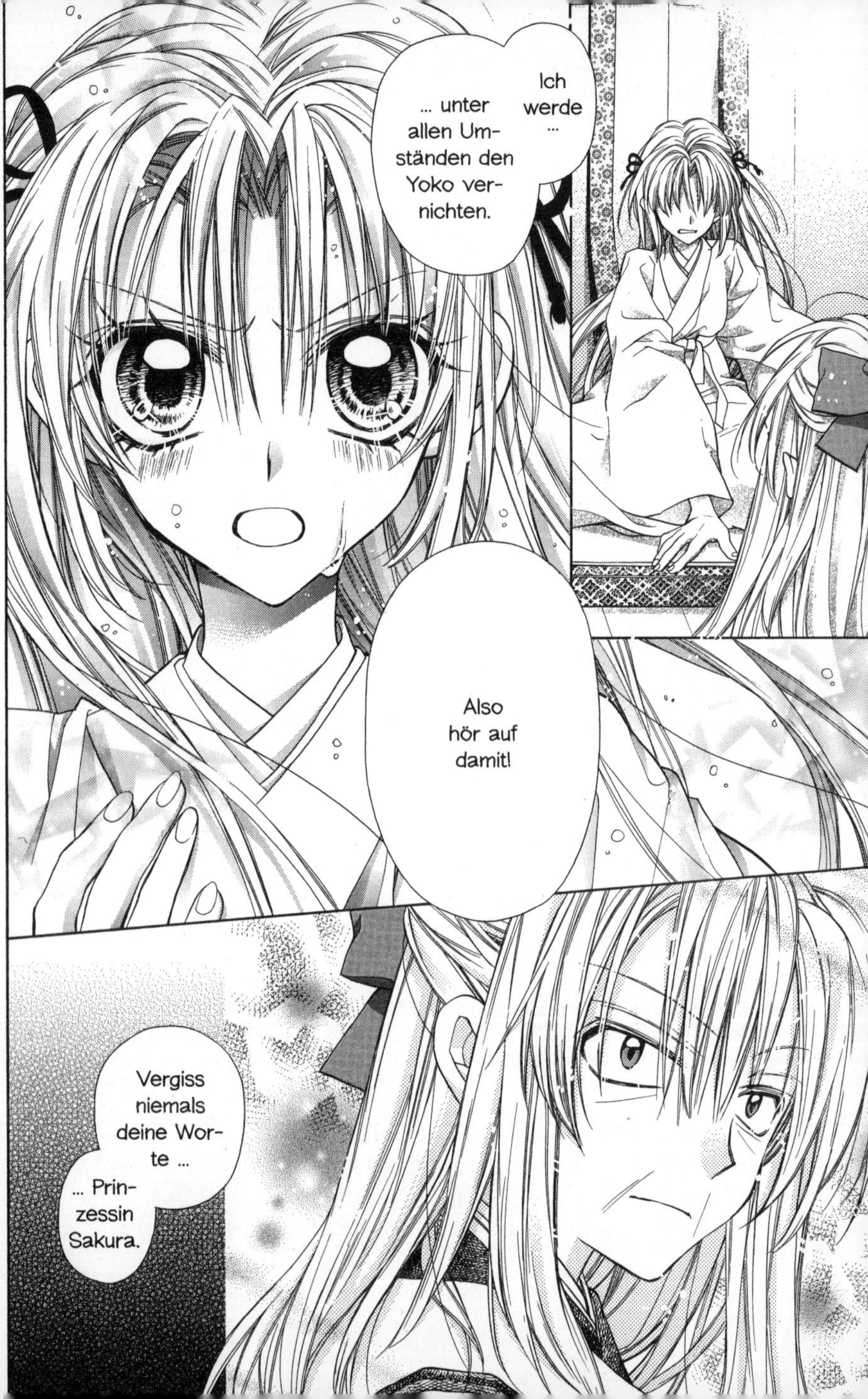
Ich werde ...
... unter allen Umständen den Yoko vernichten.
Also hör auf damit!
Vergiss niemals deine Worte ...
... Prinzessin Sakura.

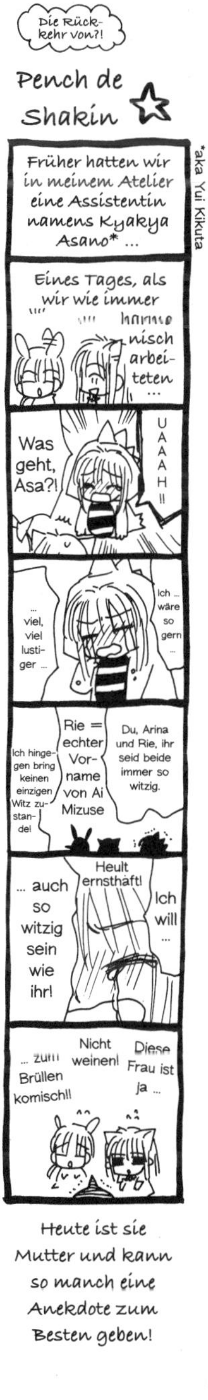
Die Rückkehr von?!
Pench de Shakin ☆
Früher hatten wir in meinem Atelier eine Assistentin namens Kyakya Asano* …
*aka Yui Kikuta
Eines Tages, als wir wie immer harmonisch arbeiteten …
Was geht, Asa?!
UAAAH!!
Ich … wäre so gern …
… viel, viel lustiger …
Du, Arina und Rie, ihr seid beide immer so witzig.
Rie = echter Vorname von Ai Mizuse
Ich hingegen bring keinen einzigen Witz zustande!
Ich will …
Heult ernsthaft!
… auch so witzig sein wie ihr!
Diese Frau ist ja …
Nicht weinen!
… zum Brüllen komisch!!
Heute ist sie Mutter und kann so manch eine Anekdote zum Besten geben!

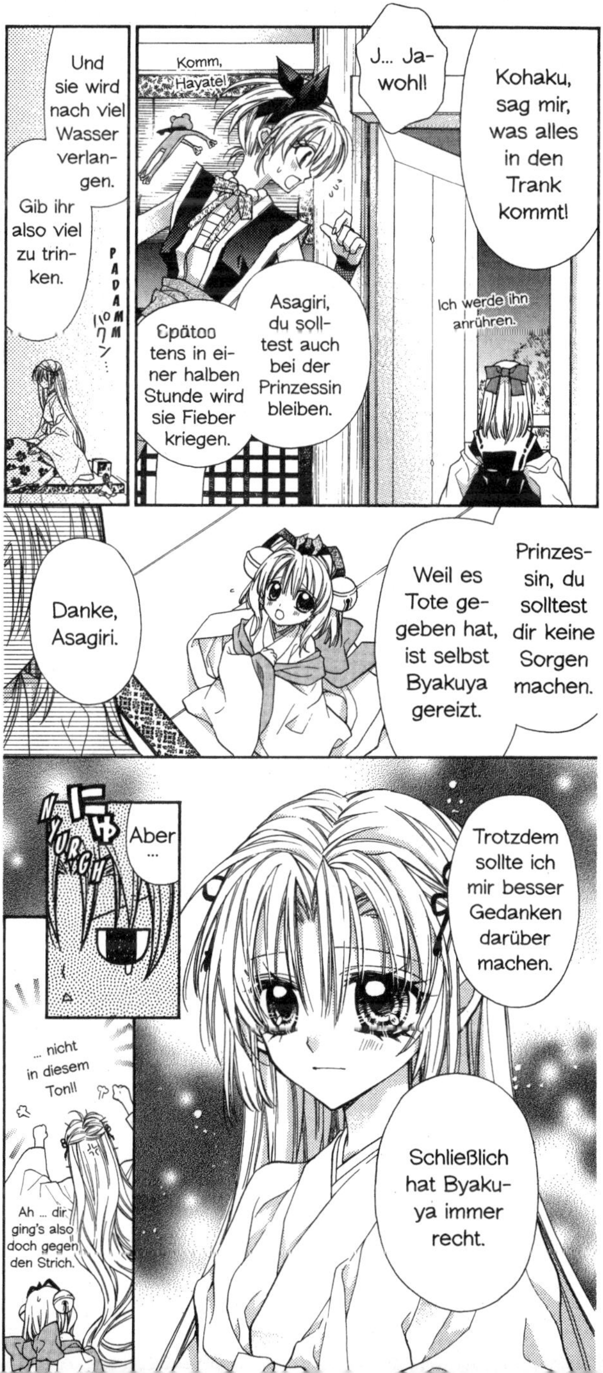
Kohaku, sag mir, was alles in den Trank kommt!
Ich werde ihn anrühren.
J… Jawohl!
Komm, Hayate!
Asagiri, du solltest auch bei der Prinzessin bleiben.
Spätestens in einer halben Stunde wird sie Fieber kriegen.
Und sie wird nach viel Wasser verlangen.
Gib ihr also viel zu trinken.
PADAMM
Prinzessin, du solltest dir keine Sorgen machen.
Weil es Tote gegeben hat, ist selbst Byakuya gereizt.
Danke, Asagiri.
Trotzdem sollte ich mir besser Gedanken darüber machen.
Schließlich hat Byakuya immer recht.
Aber …
NYURGH
… nicht in diesem Ton!!
Ah … dir ging's also doch gegen den Strich.

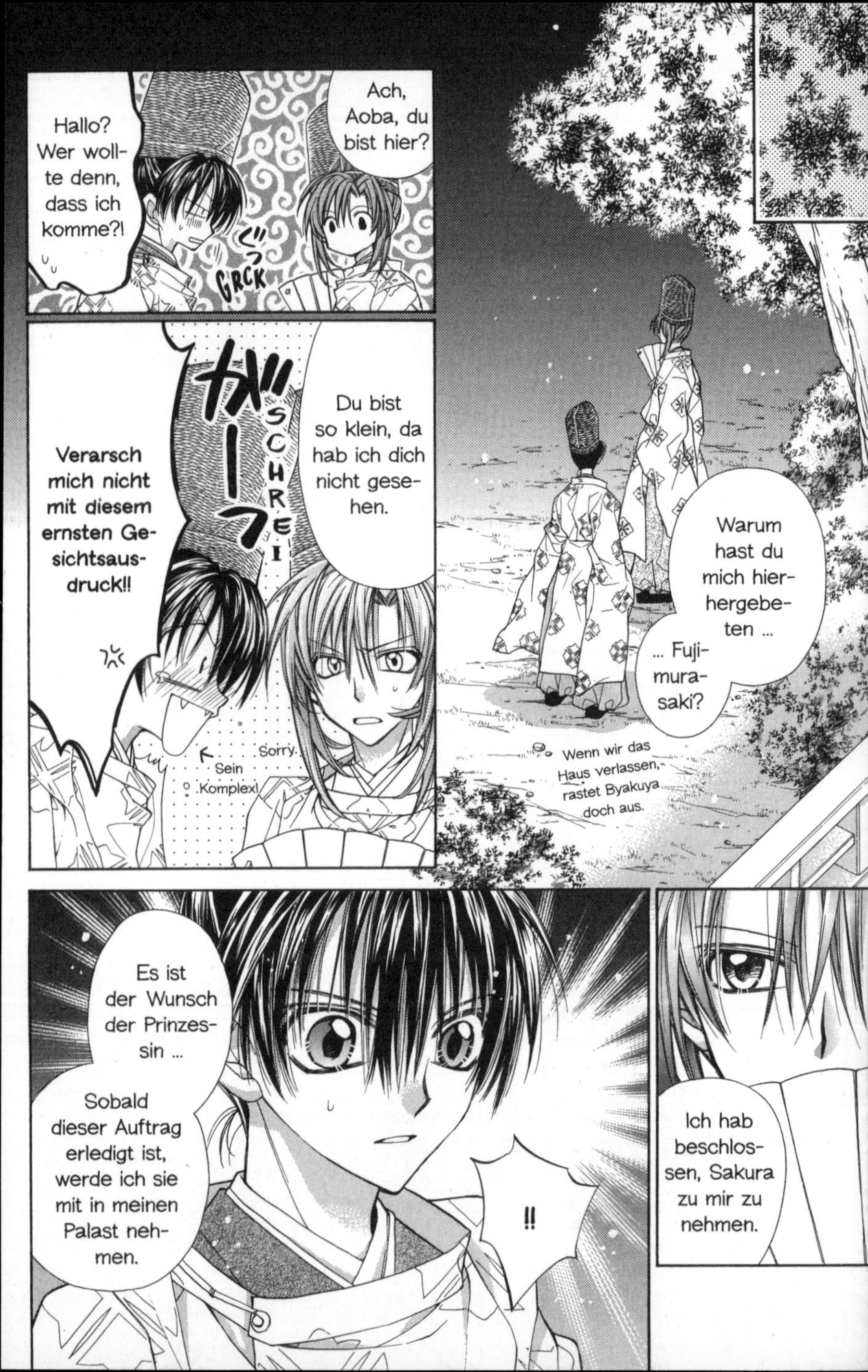
Warum hast du mich hierhergebeten ...
... Fujimurasaki?
Wenn wir das Haus verlassen, rastet Byakuya doch aus.
Ach, Aoba, du bist hier?
Hallo? Wer wollte denn, dass ich komme?!
GRCK
Du bist so klein, da hab ich dich nicht gesehen.
SCHREI
Verarsch mich nicht mit diesem ernsten Gesichtsausdruck!!
Sorry.
Sein Komplex!
Ich hab beschlossen, Sakura zu mir zu nehmen.
!!
Es ist der Wunsch der Prinzessin ...
Sobald dieser Auftrag erledigt ist, werde ich sie mit in meinen Palast nehmen.

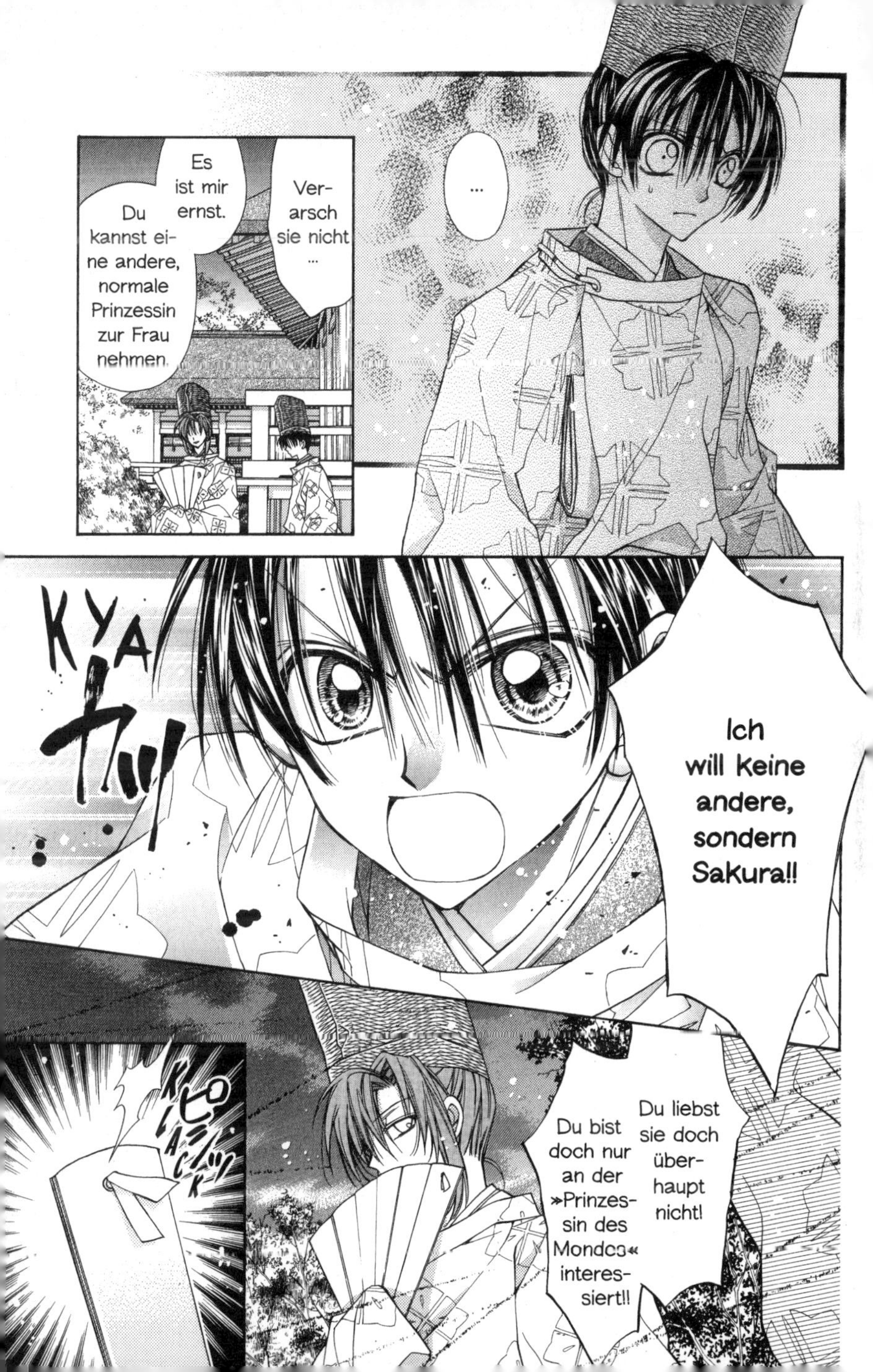
...
Verarsch sie nicht ...
Es ist mir ernst.
Du kannst eine andere, normale Prinzessin zur Frau nehmen.
KYA
Ich will keine andere, sondern Sakura!!
KLACK
Du liebst sie doch überhaupt nicht!
Du bist doch nur an der »Prinzessin des Mondes« interessiert!!

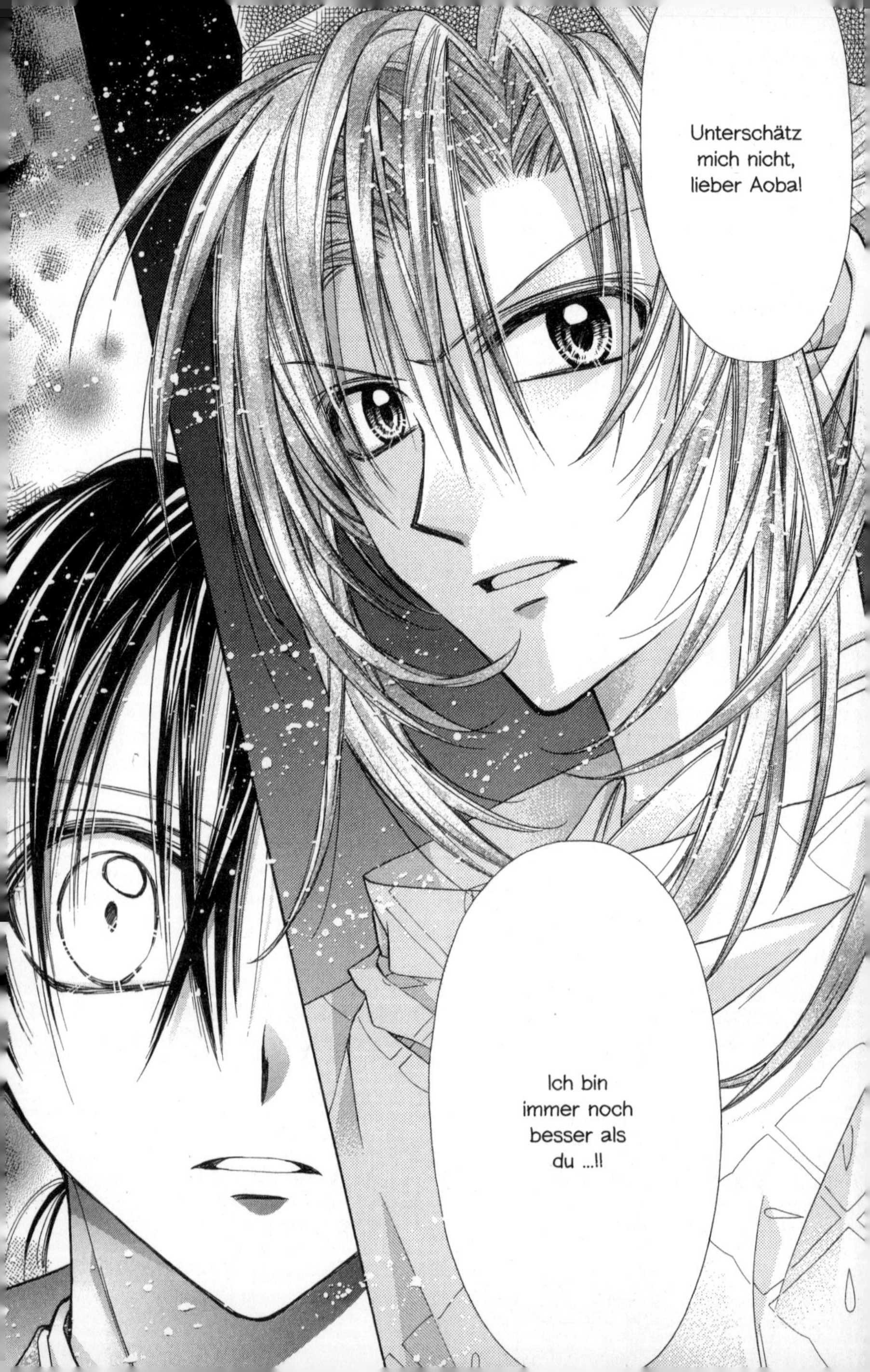
Unterschätz mich nicht, lieber Aoba!
Ich bin immer noch besser als du ...!!

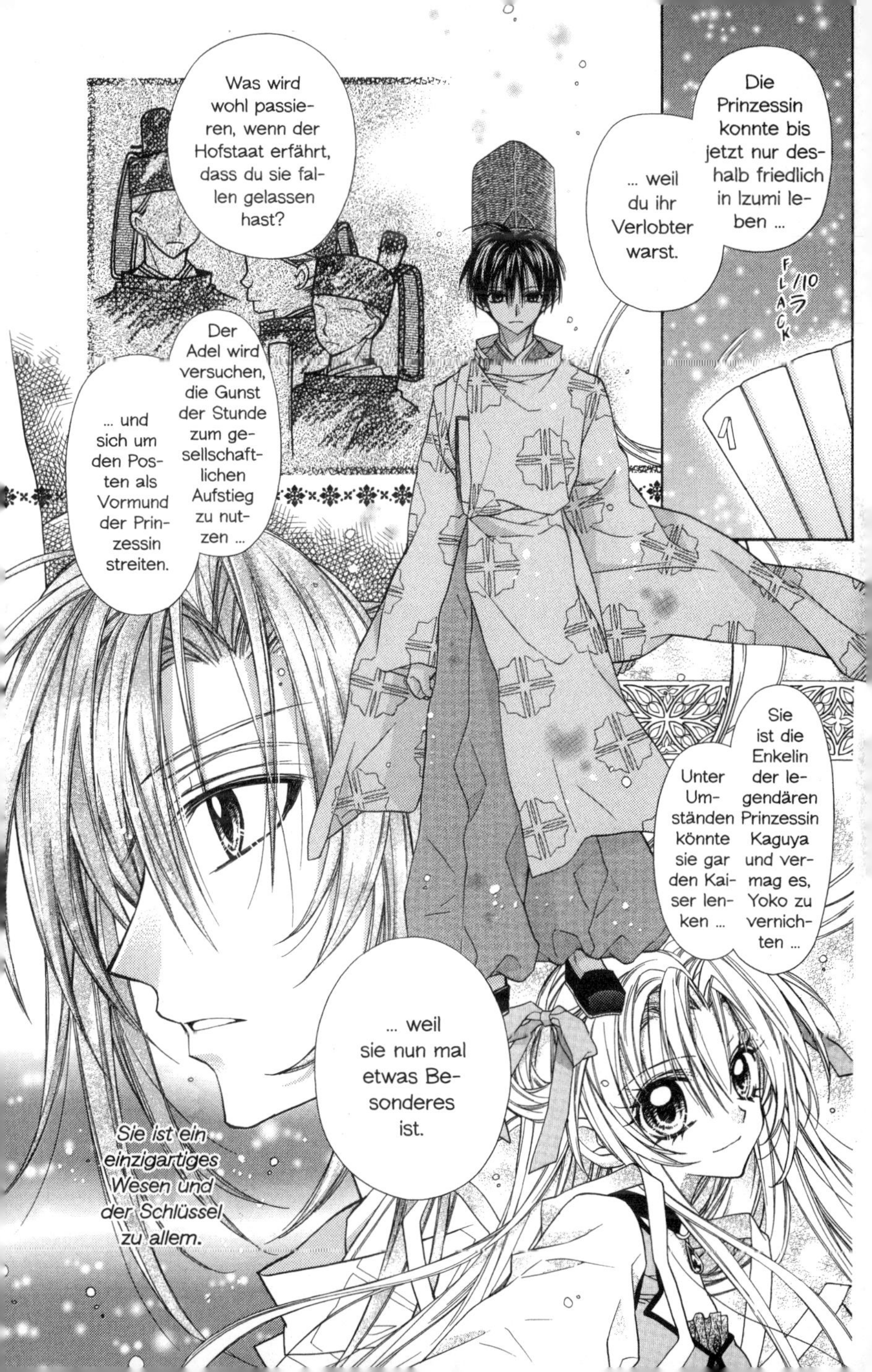

Die Prinzessin konnte bis jetzt nur deshalb friedlich in Izumi leben ...
... weil du ihr Verlobter warst.
FLACK
Was wird wohl passieren, wenn der Hofstaat erfährt, dass du sie fallen gelassen hast?
Der Adel wird versuchen, die Gunst der Stunde zum gesellschaftlichen Aufstieg zu nutzen ...
... und sich um den Posten als Vormund der Prinzessin streiten.
Sie ist die Enkelin der legendären Prinzessin Kaguya und vermag es, Yoko zu vernichten ...
Unter Umständen könnte sie gar den Kaiser lenken ...
... weil sie nun mal etwas Besonderes ist.
Sie ist ein einzigartiges Wesen und der Schlüssel zu allem.

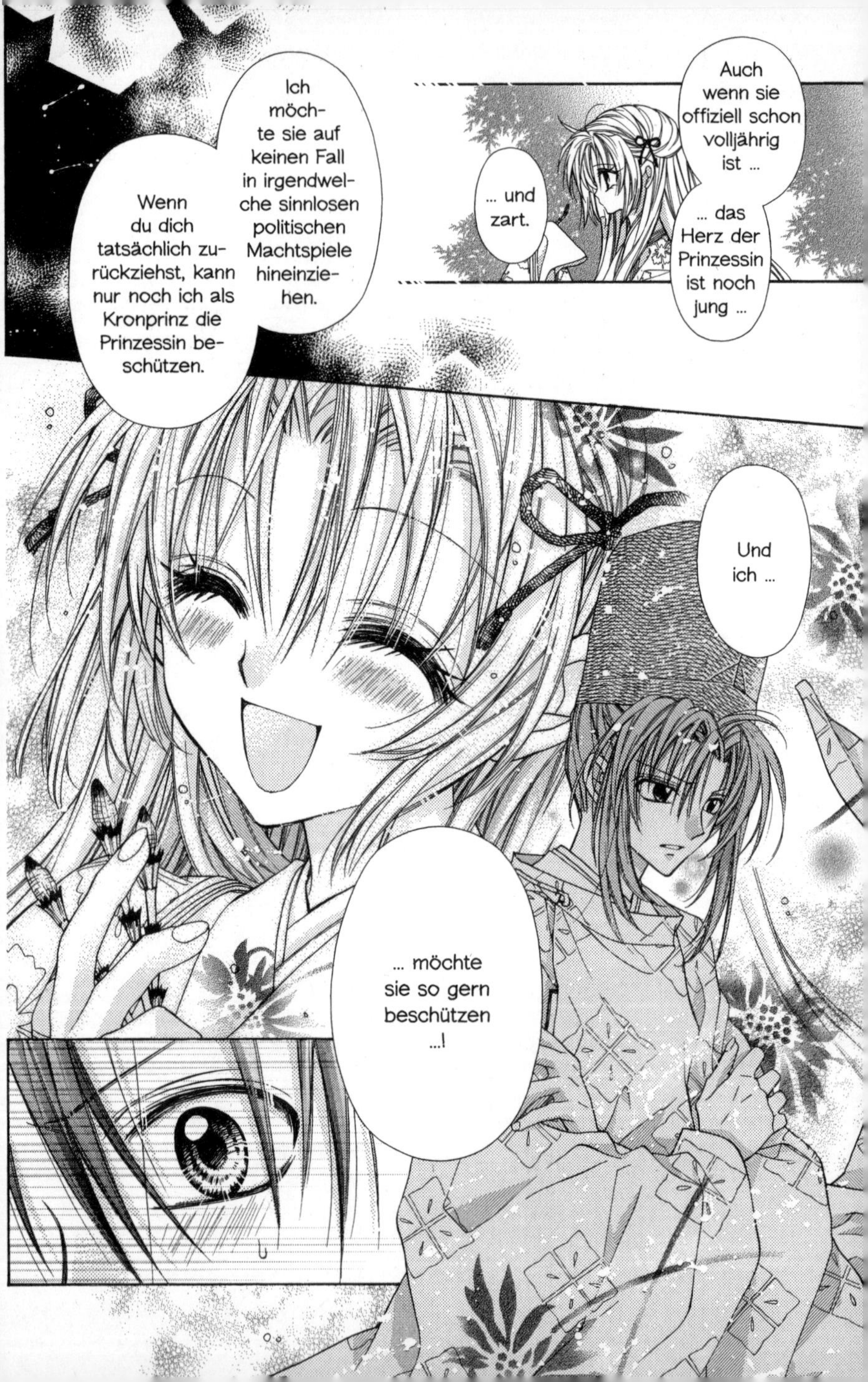
Auch wenn sie offiziell schon volljährig ist …
… das Herz der Prinzessin ist noch jung …
… und zart.
Ich möchte sie auf keinen Fall in irgendwelche sinnlosen politischen Machtspiele hineinziehen.
Wenn du dich tatsächlich zurückziehst, kann nur noch ich als Kronprinz die Prinzessin beschützen.
Und ich …
… möchte sie so gern beschützen …!

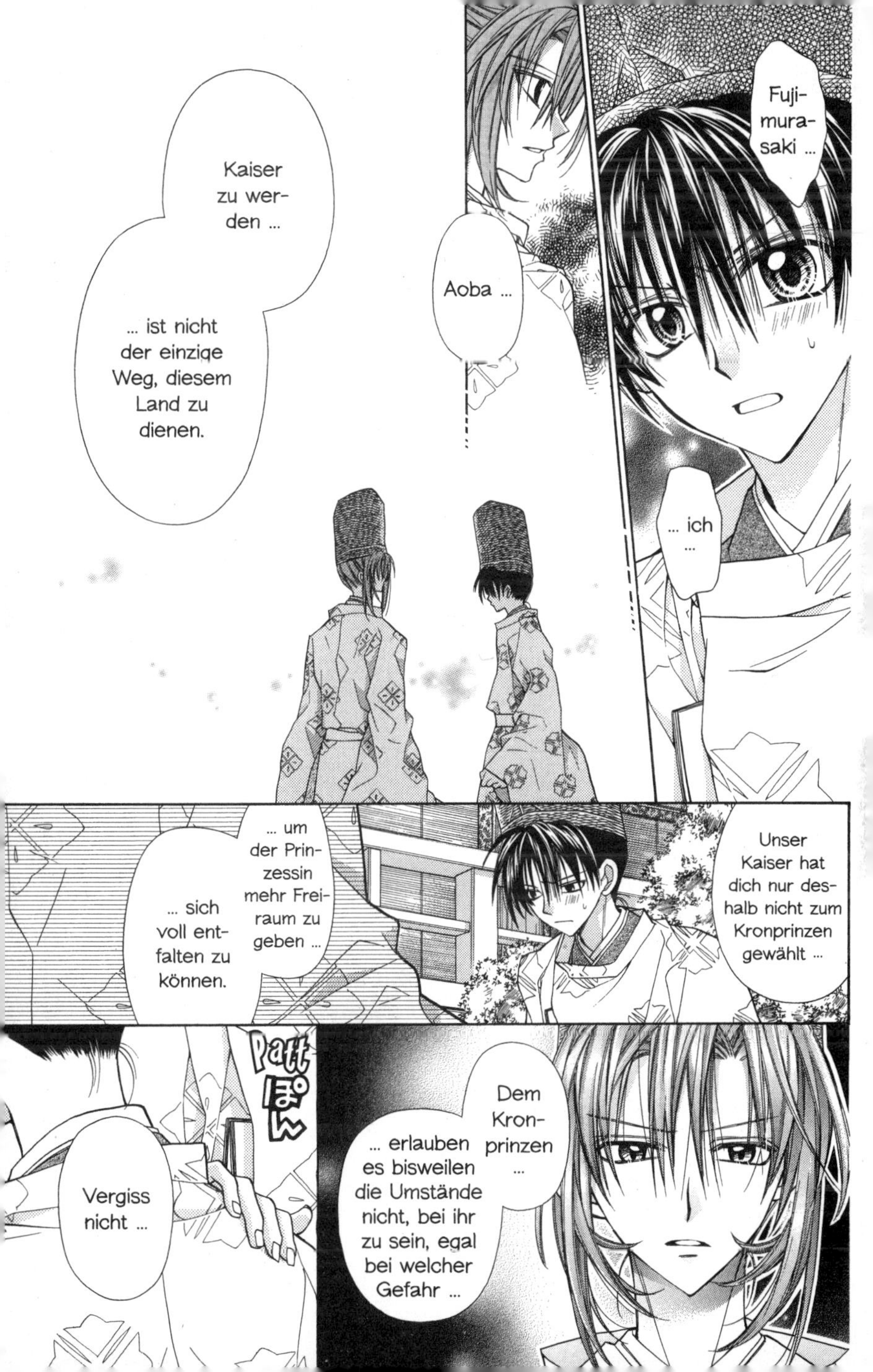
Fuji-mura-saki ...
Aoba ...
Kaiser zu wer-den ...
... ist nicht der einzige Weg, diesem Land zu dienen.
... ich ...
Unser Kaiser hat dich nur des-halb nicht zum Kronprinzen gewählt ...
... um der Prin-zessin mehr Frei-raum zu geben ...
... sich voll ent-falten zu können.
Dem Kron-prinzen ...
... erlauben es bisweilen die Umstände nicht, bei ihr zu sein, egal bei welcher Gefahr ...
Patt
ぽん
Vergiss nicht ...

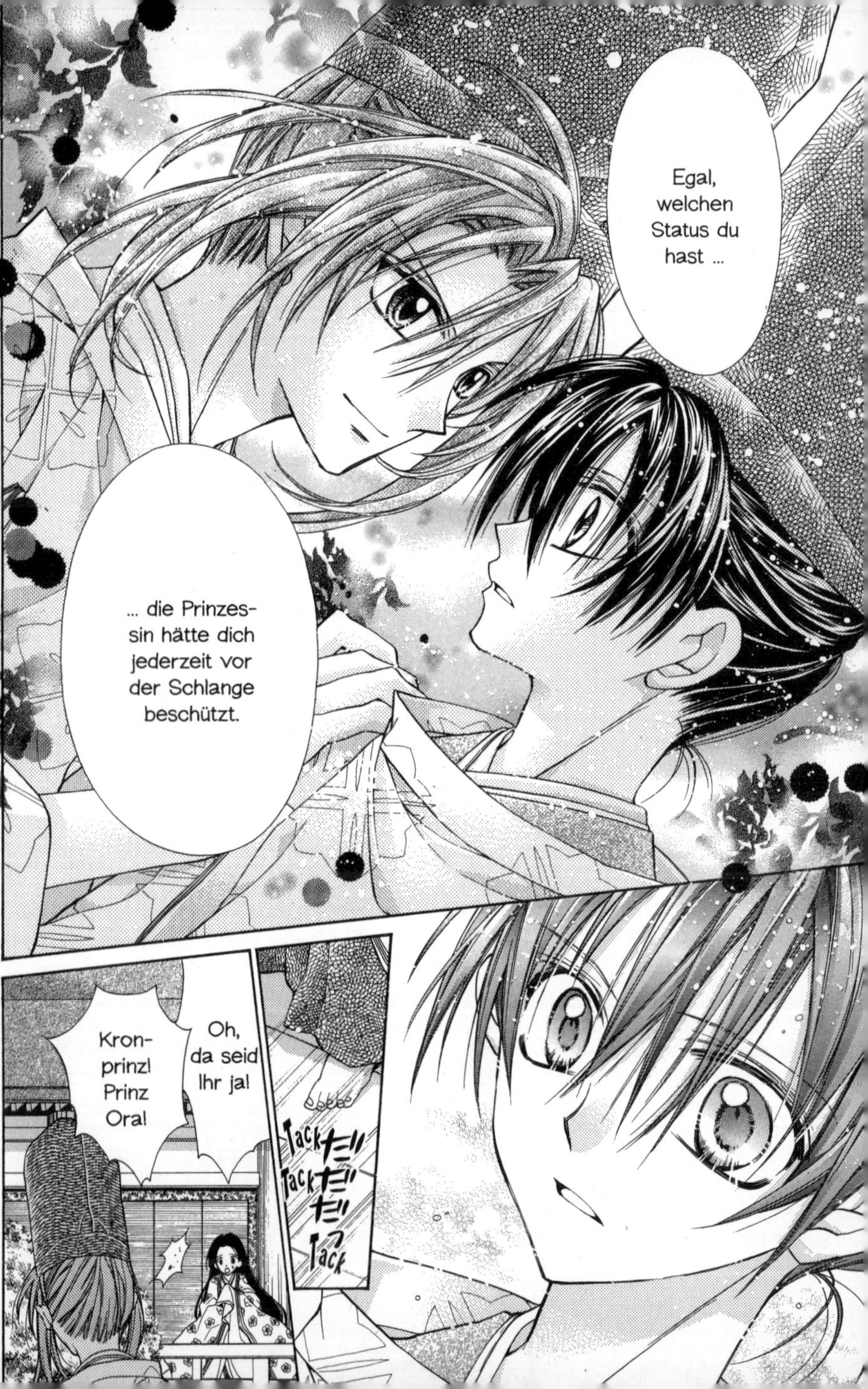
Egal, welchen Status du hast ...
... die Prinzessin hätte dich jederzeit vor der Schlange beschützt.
Oh, da seid Ihr ja!
Kronprinz! Prinz Ora!
Tack
Tack
Tack

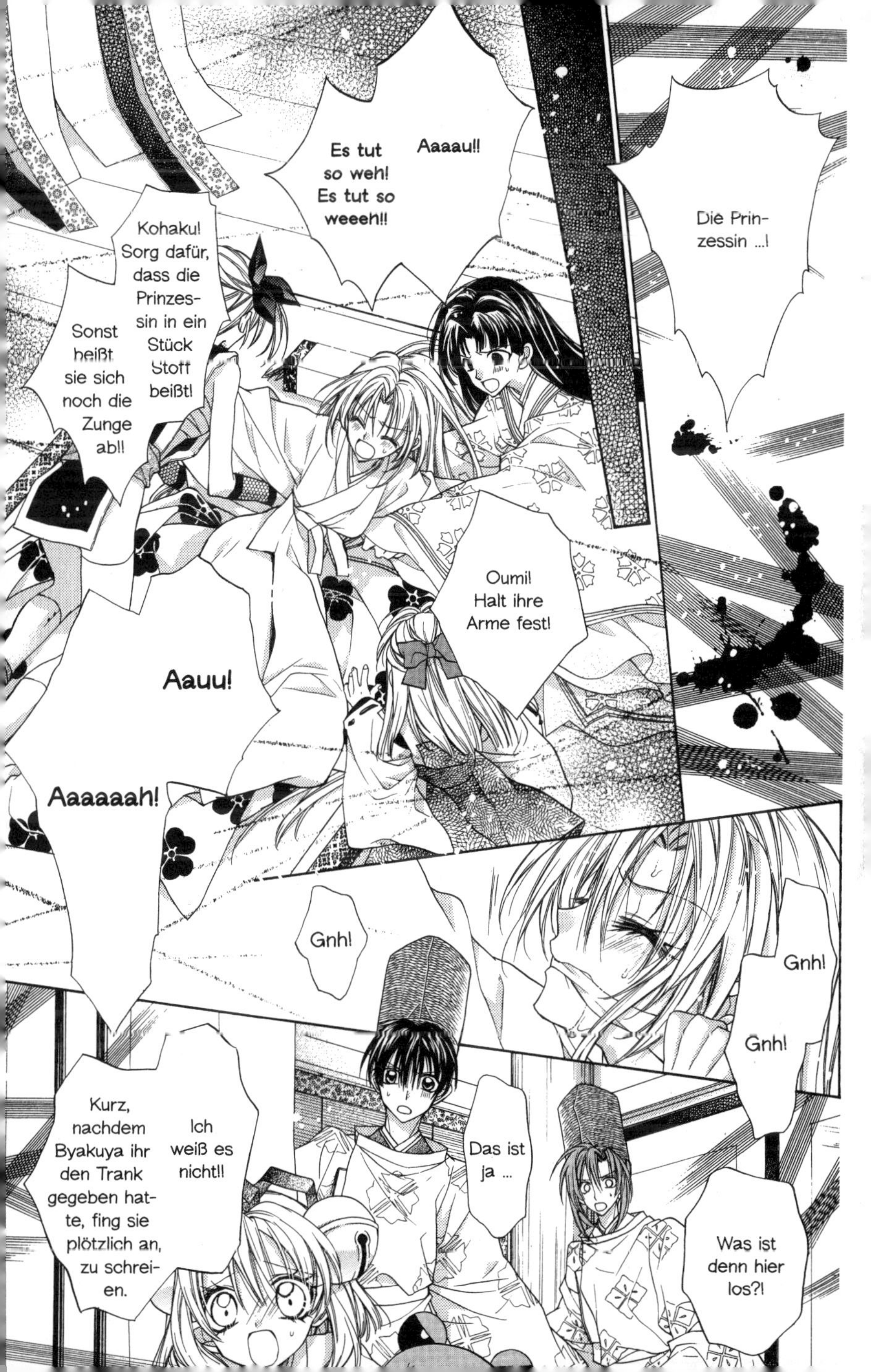
Die Prinzessin ...!
Aaaau!!
Es tut so weh! Es tut so weeeh!!
Kohaku! Sorg dafür, dass die Prinzessin in ein Stück Stoff beißt!
Sonst heißt sie sich noch die Zunge ab!!
Oumi! Halt ihre Arme fest!
Aauu!
Aaaaaah!
Gnh!
Gnh!
Gnh!
Was ist denn hier los?!
Das ist ja ...
Ich weiß es nicht!!
Kurz, nachdem Byakuya ihr den Trank gegeben hatte, fing sie plötzlich an, zu schreien.

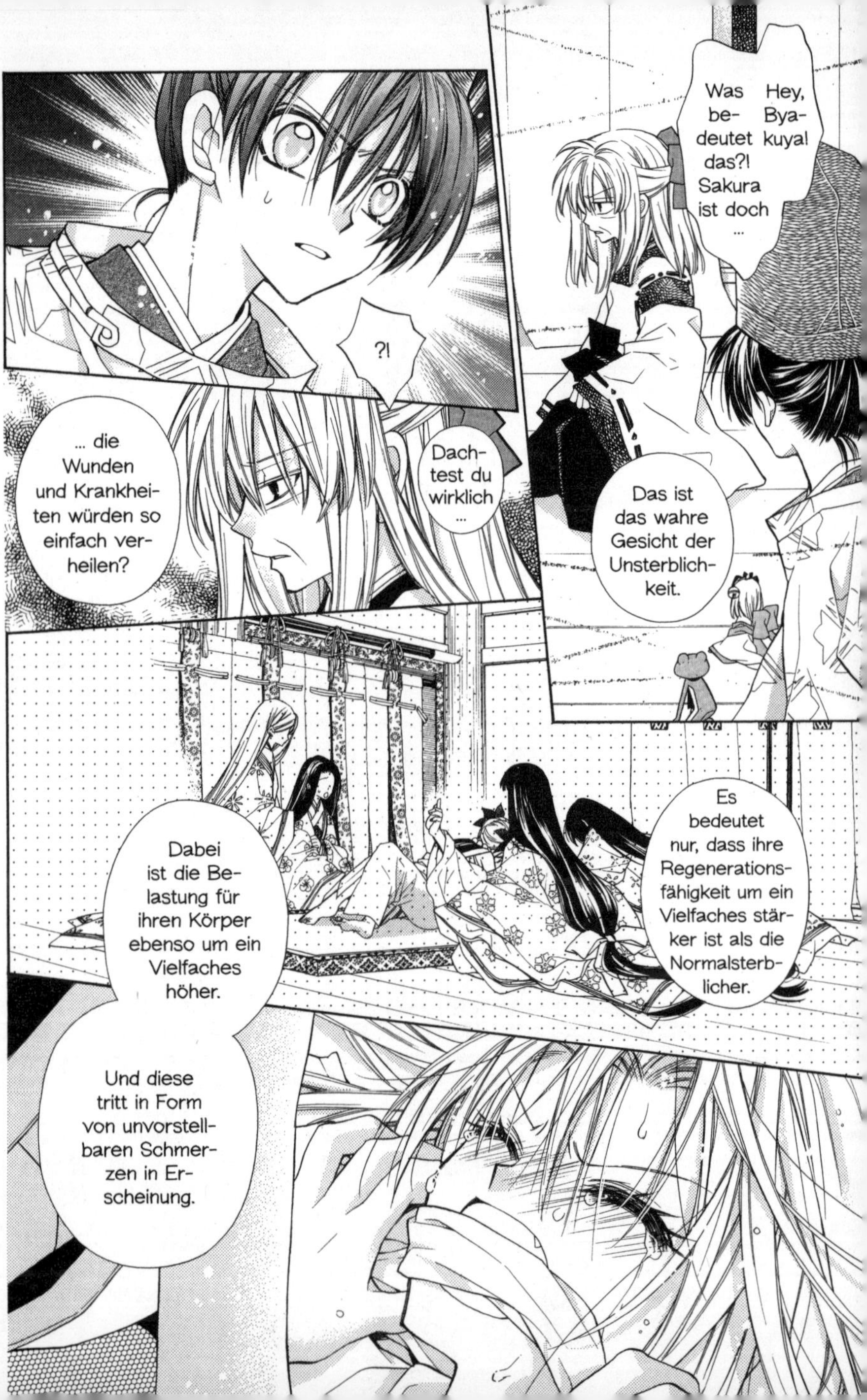

Hey, Byakuya! Was bedeutet das?! Sakura ist doch ...
Das ist das wahre Gesicht der Unsterblichkeit.
?!
Dachtest du wirklich ...
... die Wunden und Krankheiten würden so einfach verheilen?
Es bedeutet nur, dass ihre Regenerationsfähigkeit um ein Vielfaches stärker ist als die Normalsterblicher.
Dabei ist die Belastung für ihren Körper ebenso um ein Vielfaches höher.
Und diese tritt in Form von unvorstellbaren Schmerzen in Erscheinung.

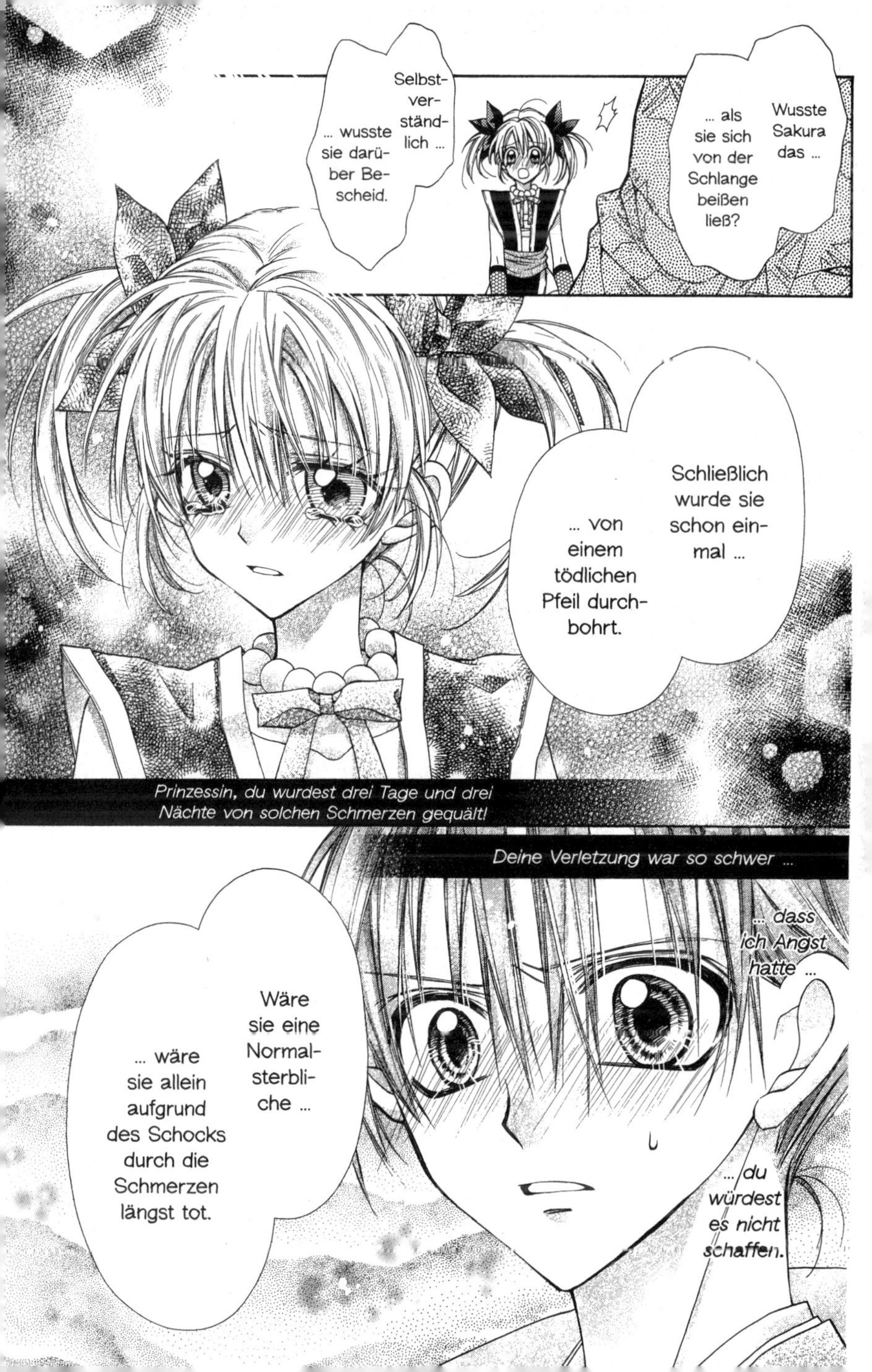
Wusste Sakura das ...
... als sie sich von der Schlange beißen ließ?
Selbstverständlich ...
... wusste sie darüber Bescheid.
Schließlich wurde sie schon einmal ...
... von einem tödlichen Pfeil durchbohrt.
Prinzessin, du wurdest drei Tage und drei Nächte von solchen Schmerzen gequält!
Deine Verletzung war so schwer ...
... dass ich Angst hatte ...
... du würdest es nicht schaffen.
Wäre sie eine Normalsterbliche ...
... wäre sie allein aufgrund des Schocks durch die Schmerzen längst tot.

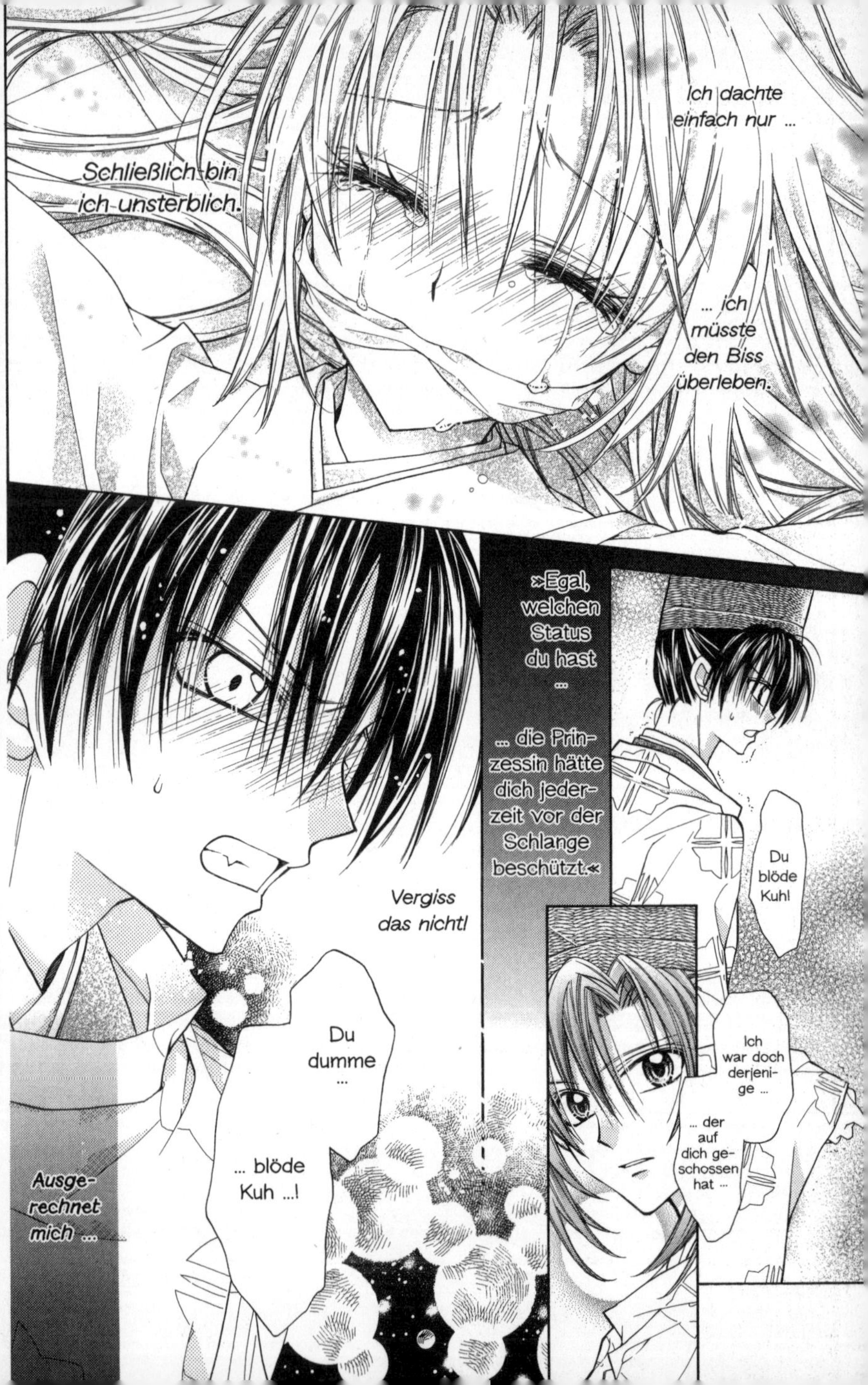
Ich dachte einfach nur ...
... ich müsste den Biss überleben.
Schließlich bin ich unsterblich.
»Egal, welchen Status du hast ...
... die Prinzessin hätte dich jederzeit vor der Schlange beschützt.«
Du blöde Kuh!
Ich war doch derjenige ...
... der auf dich geschossen hat ...
Vergiss das nicht!
Du dumme ...
... blöde Kuh ...!
Ausgerechnet mich ...

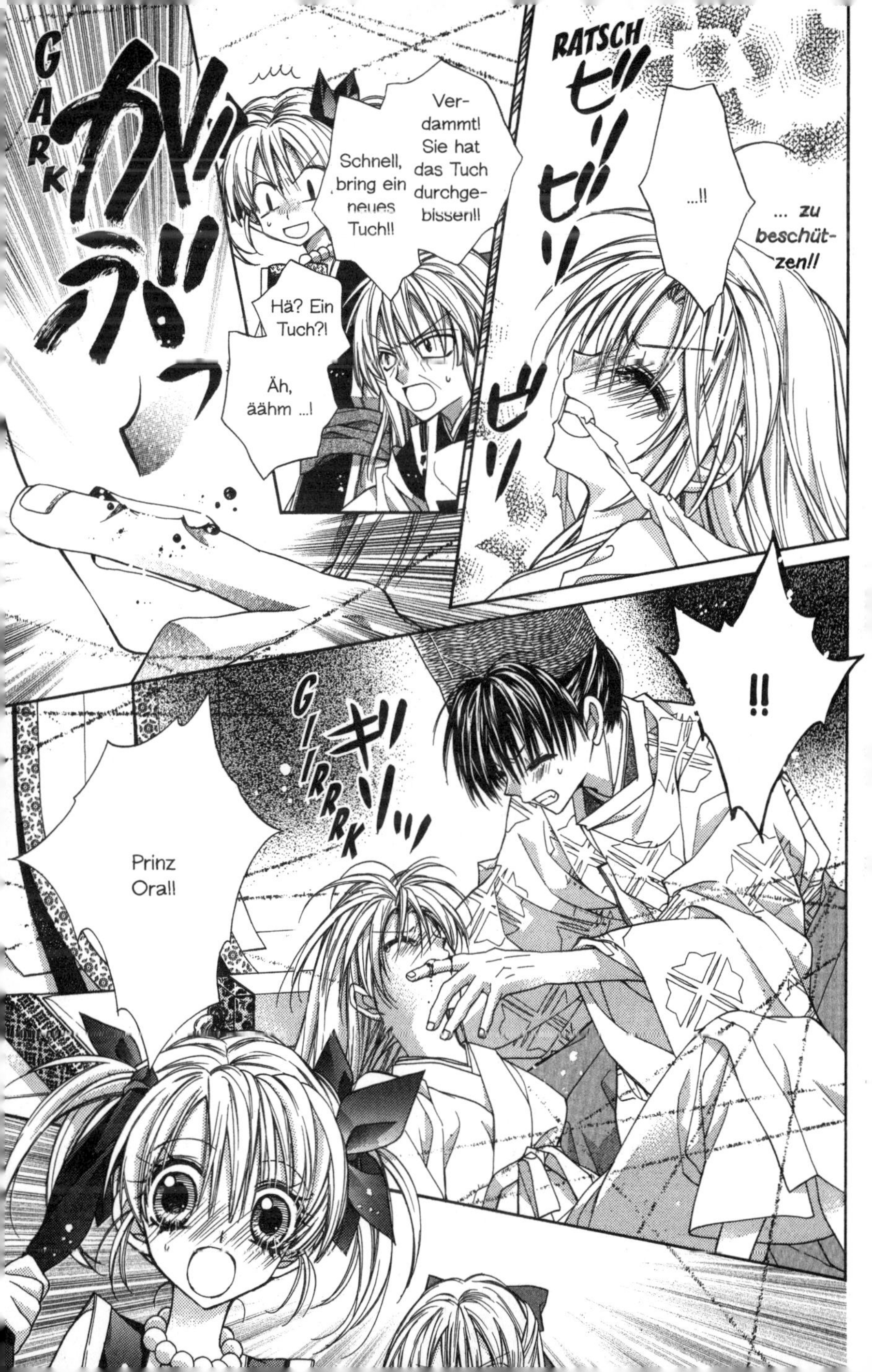

RATSCH
...!!
... zu beschützen!!
GARK
Verdammt! Sie hat das Tuch durchgebissen!!
Schnell, bring ein neues Tuch!!
Hä? Ein Tuch?!
Äh, äähm ...!
!!
GIIRRRK
Prinz Ora!!

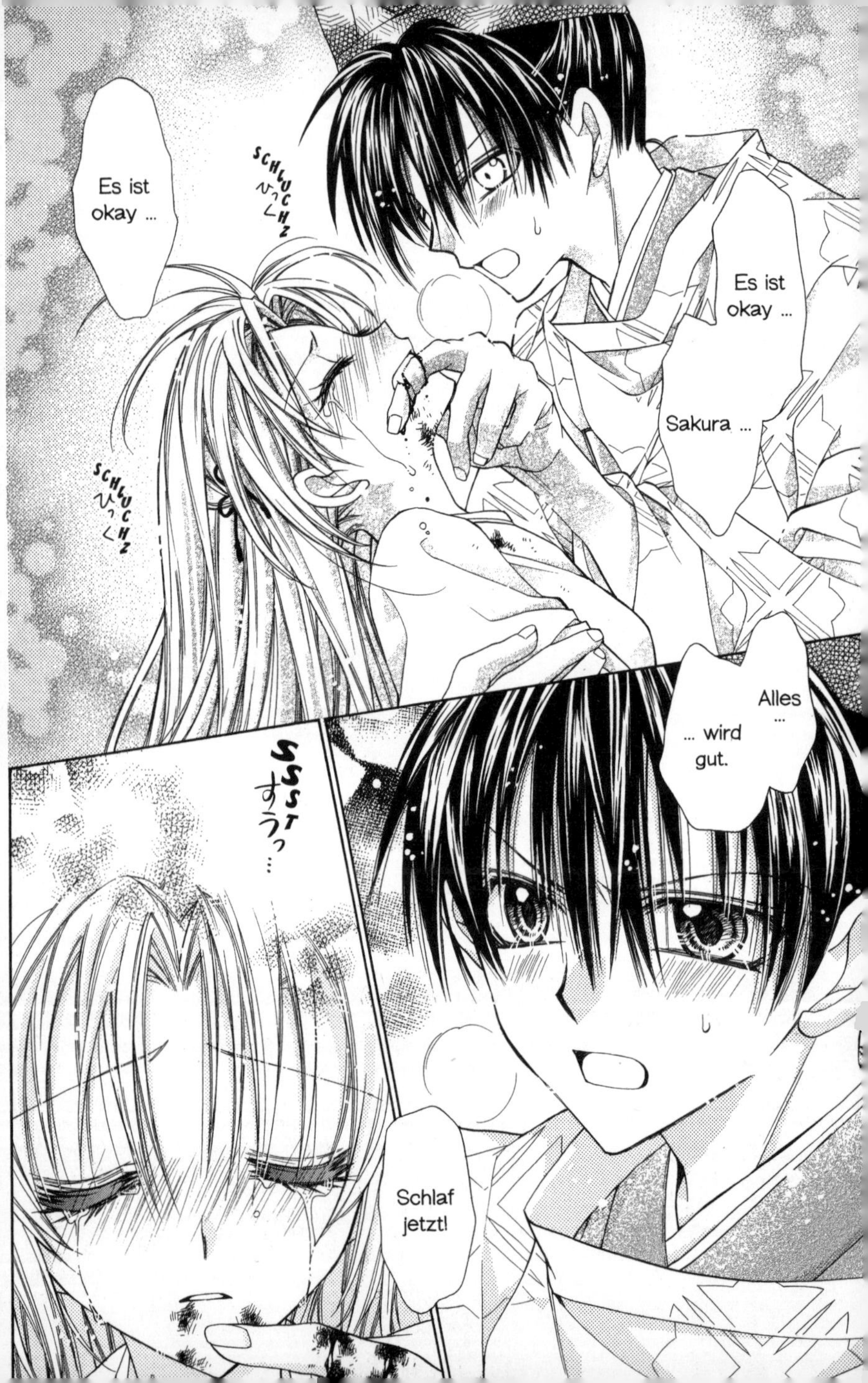

Es ist okay ...
Sakura ...
SCHLUCHZ ひっく
Es ist okay ...
SCHLUCHZ ひっく
Alles ...
... wird gut.
SSST すうっ…
Schlaf jetzt!

Über Prinzessin Sakura Teil 2

Worte wie »Tod« oder »Mord« mag ich nicht – weder zum Lesen noch zum Schreiben. Deshalb hatte ich so meine Probleme, Prinzessin Sakura, eine Geschichte um Leben und Tod, bei Ribon laufen zu lassen. Und ich dachte, solange ich bei Ribon bin (und das unter Umständen mein Leben lang), werde ich diese Themen nie bringen können.

Doch dann wurde mir gesagt: »Wenn Sie ›Kämpfe‹ zeichnen wollen, die sich nicht hinter Shonen-Manga zu verstecken brauchen, werden Sie um das Thema ›Tod‹ nicht drum rumkommen!«, also bin ich dem Rat gefolgt. Vielleicht ist das für einige schwer zu verstehen, aber nach meiner eigenen Logik darf ich alles zeichnen, wofür mir die Redaktion ihr Okay gegeben hat. Deshalb werde ich die Geschichte auf jeden Fall zu Ende erzählen, egal ob in Ribon oder nicht, und ob die Serie beliebt ist oder nicht.

Allein die Hauptfigur Sakura habe ich dem Ribon-Publikum angepasst. Eigentlich hatte ich mir ein Mädchen vorgestellt, das sich nicht aus der Ruhe bringen lässt und von anderen als »eiskalt« bezeichnet wird.

Allerdings habe ich das Gefühl, dass die eigentliche Story noch gar nicht begonnen hat. Denn die eine Figur, die ich wohl am meisten lieben werde, ist noch gar nicht aufgetaucht. Und erst, wenn sie da ist, geht's richtig los!

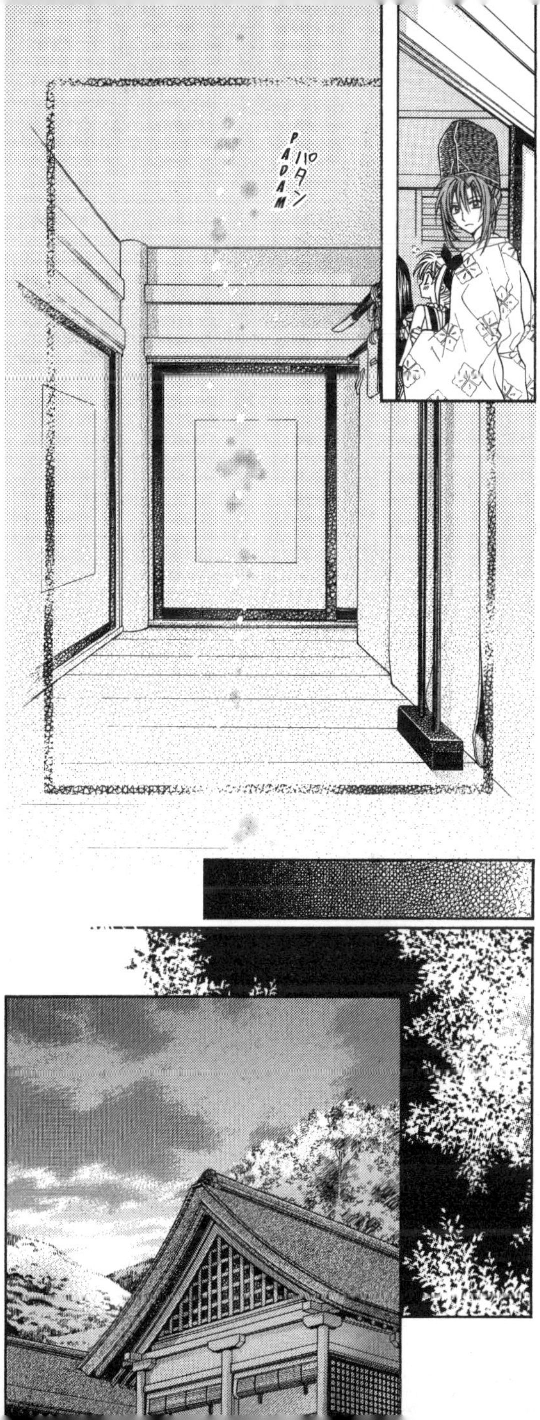

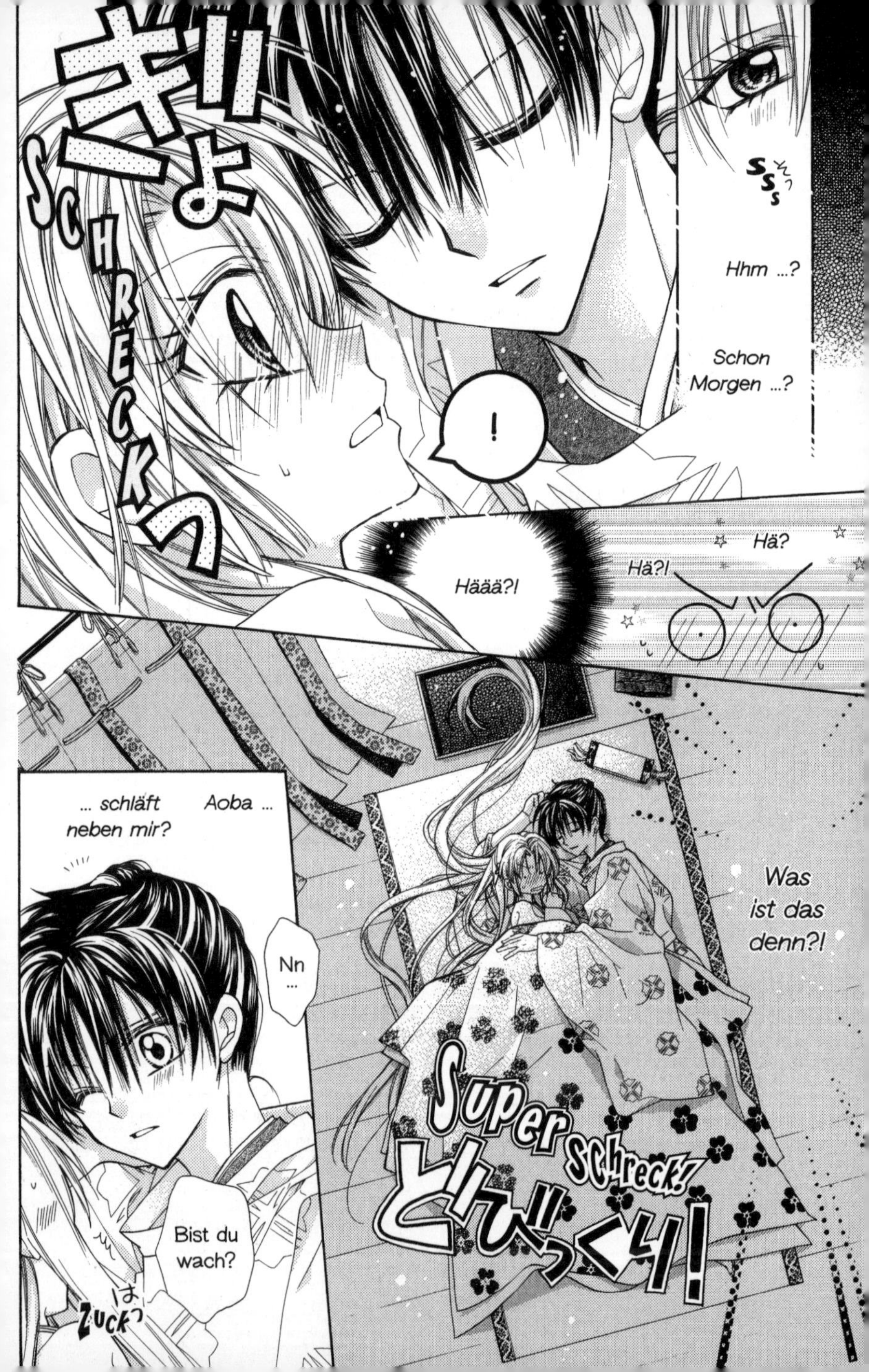
SSS
Hhm ...?
Schon Morgen ...?
!
ぎょっ
SCHRECK
Hä?
Hä?!
Häää?!
Was ist das denn?!
Super Schreck!
どびっくり!
Aoba ...
... schläft neben mir?
Nn ...
Bist du wach?
ZUCK

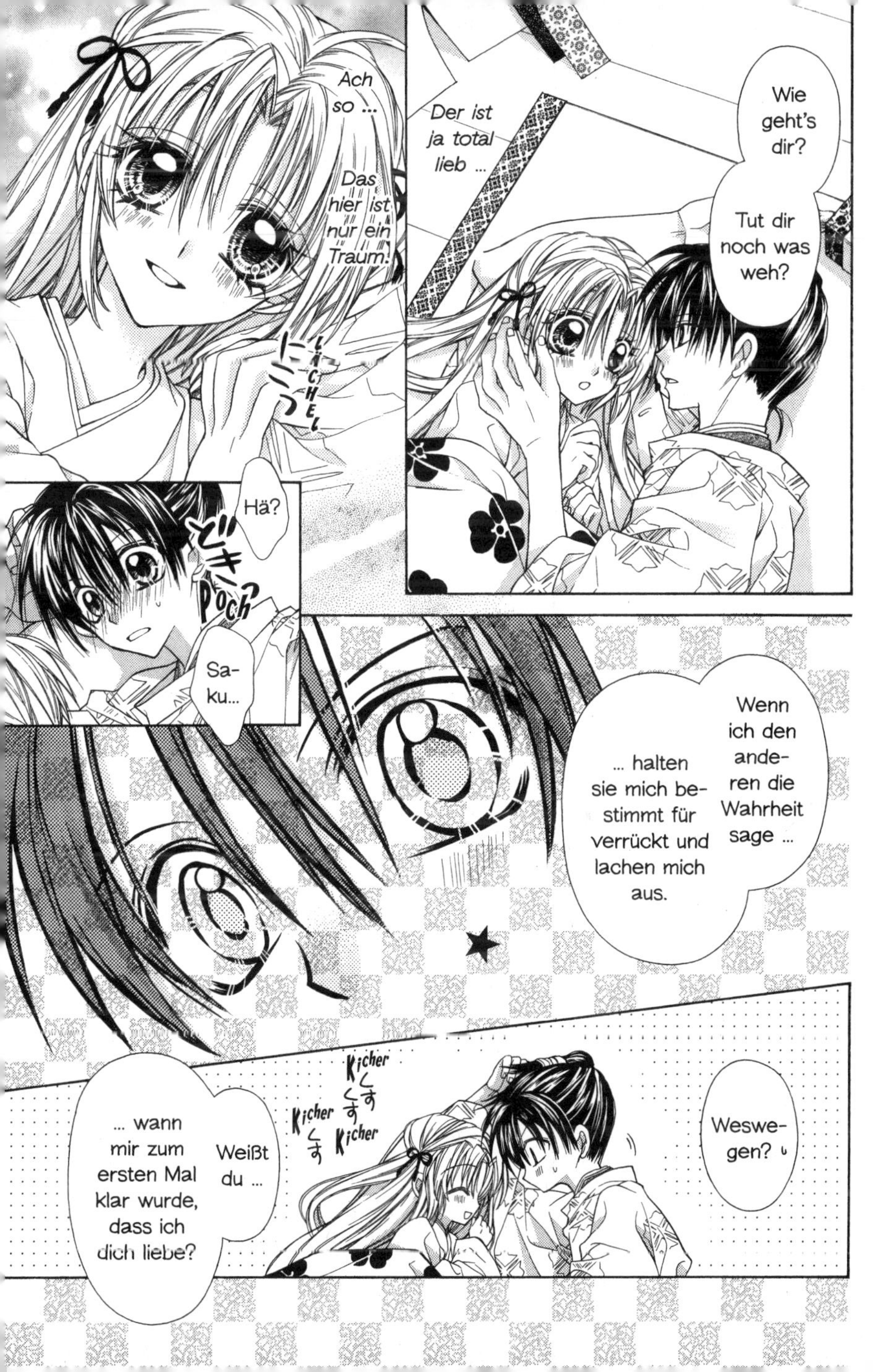
Wie geht's dir?
Tut dir noch was weh?
Der ist ja total lieb ...
Ach so ...
Das hier ist nur ein Traum!
にこっ LÄCHEL
Hä?
どきっ POCH
Sa-ku...
Wenn ich den ande-ren die Wahrheit sage ...
... halten sie mich be-stimmt für verrückt und lachen mich aus.
Weswe-gen?
くすくす Kicher
くすくす Kicher Kicher
Weißt du ...
... wann mir zum ersten Mal klar wurde, dass ich dich liebe?

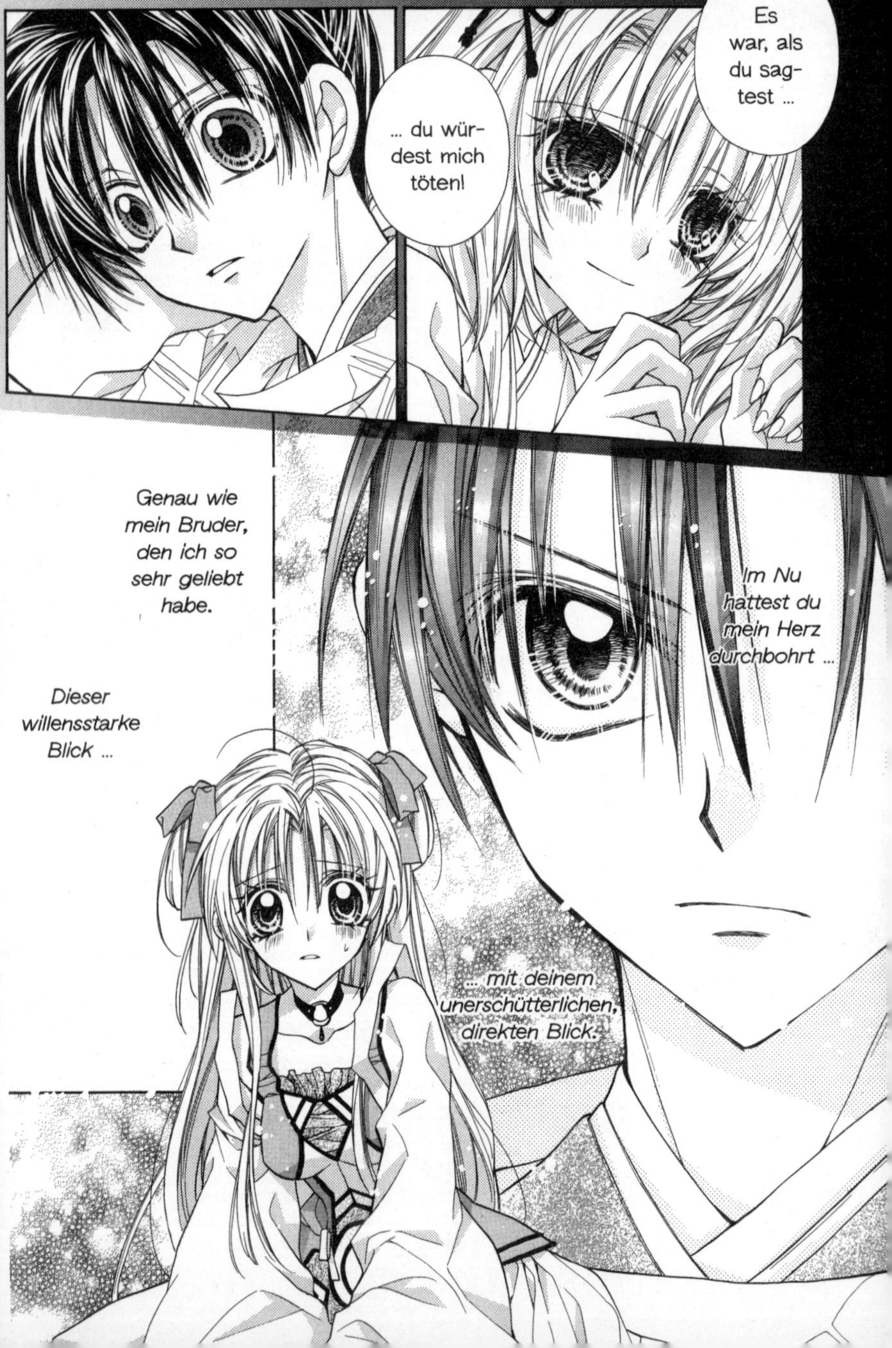
Es war, als du sagtest ...
... du würdest mich töten!
Im Nu hattest du mein Herz durchbohrt ...
Genau wie mein Bruder, den ich so sehr geliebt habe.
Dieser willensstarke Blick ...
... mit deinem unerschütterlichen, direkten Blick.

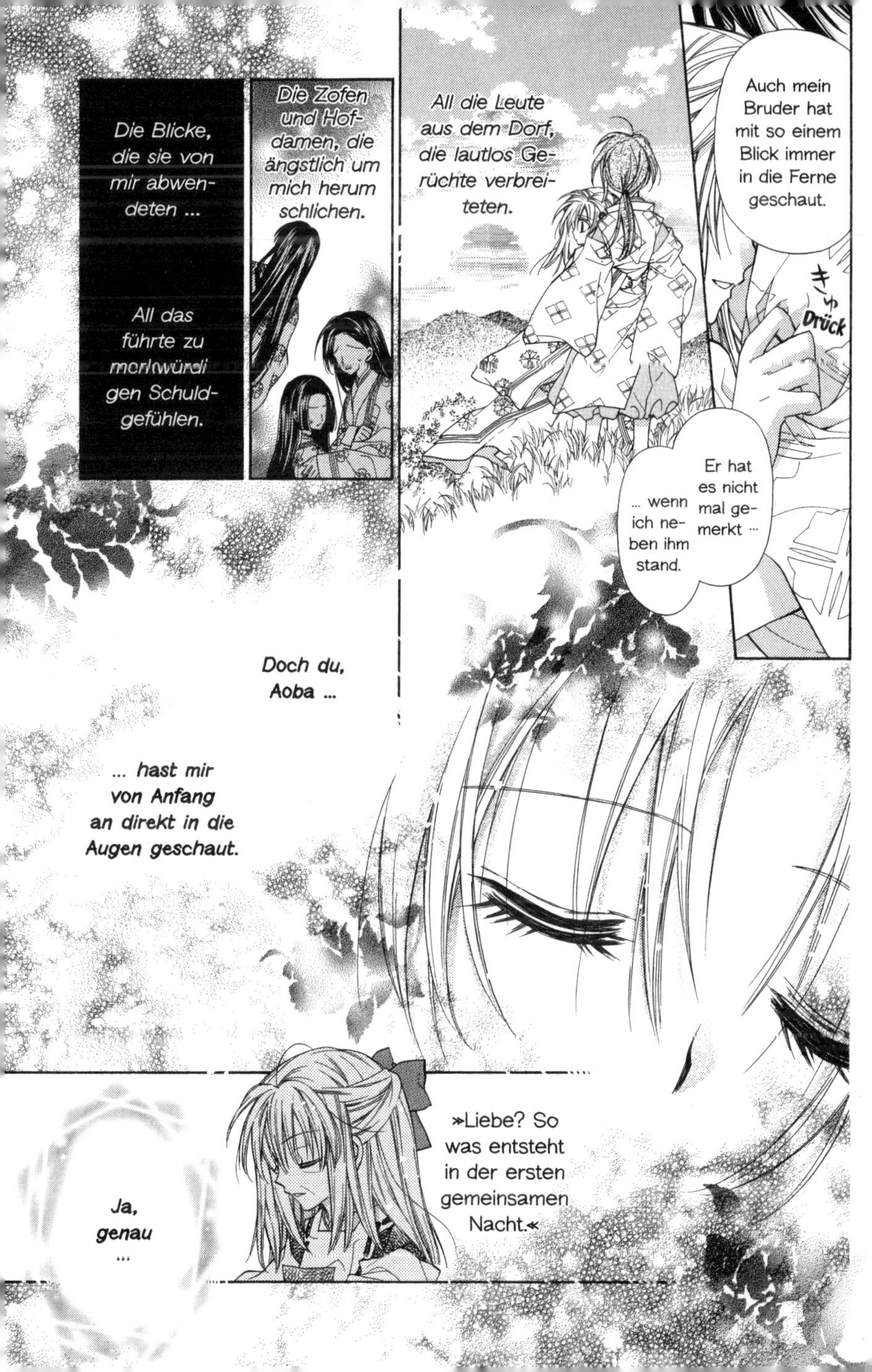
Auch mein Bruder hat mit so einem Blick immer in die Ferne geschaut.
キュ
Drück
Er hat es nicht mal gemerkt …
… wenn ich neben ihm stand.
All die Leute aus dem Dorf, die lautlos Gerüchte verbreiteten.
Die Zofen und Hofdamen, die ängstlich um mich herum schlichen.
Die Blicke, die sie von mir abwendeten …
All das führte zu merkwürdigen Schuldgefühlen.
Doch du, Aoba …
… hast mir von Anfang an direkt in die Augen geschaut.
»Liebe? So was entsteht in der ersten gemeinsamen Nacht.«
Ja, genau …

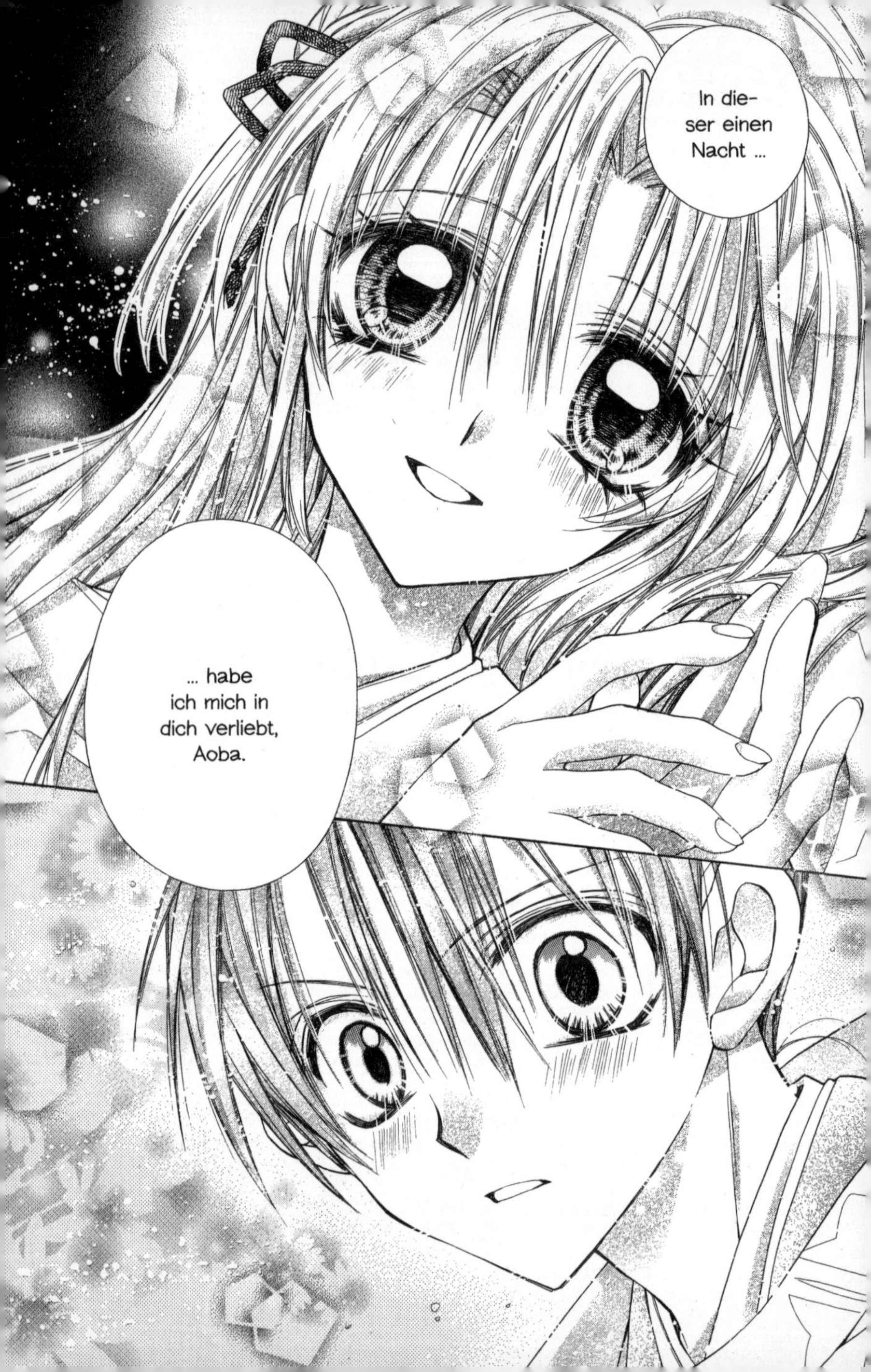
In die-
ser einen
Nacht ...
... habe
ich mich in
dich verliebt,
Aoba.

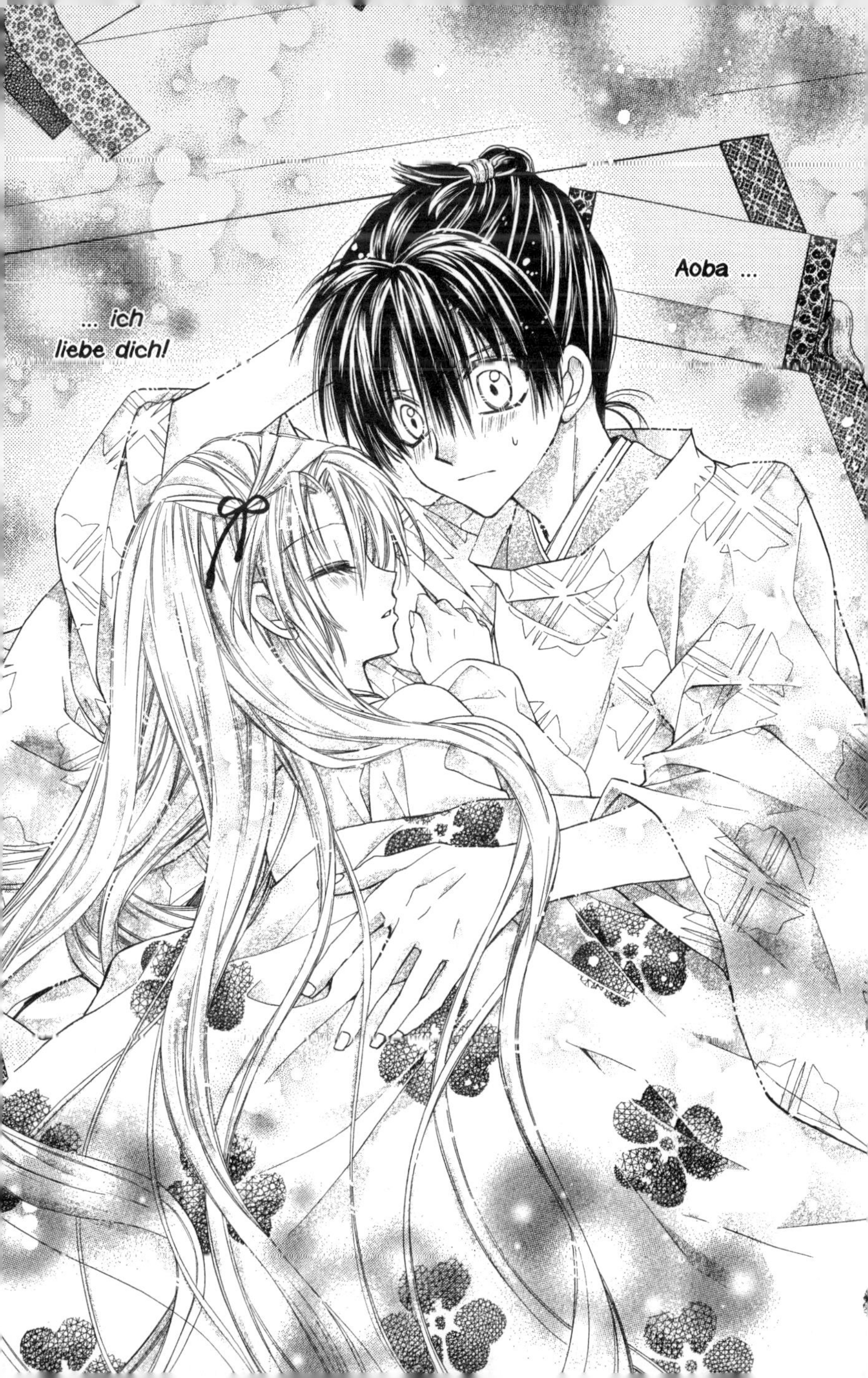
Aoba ...
... ich liebe dich!

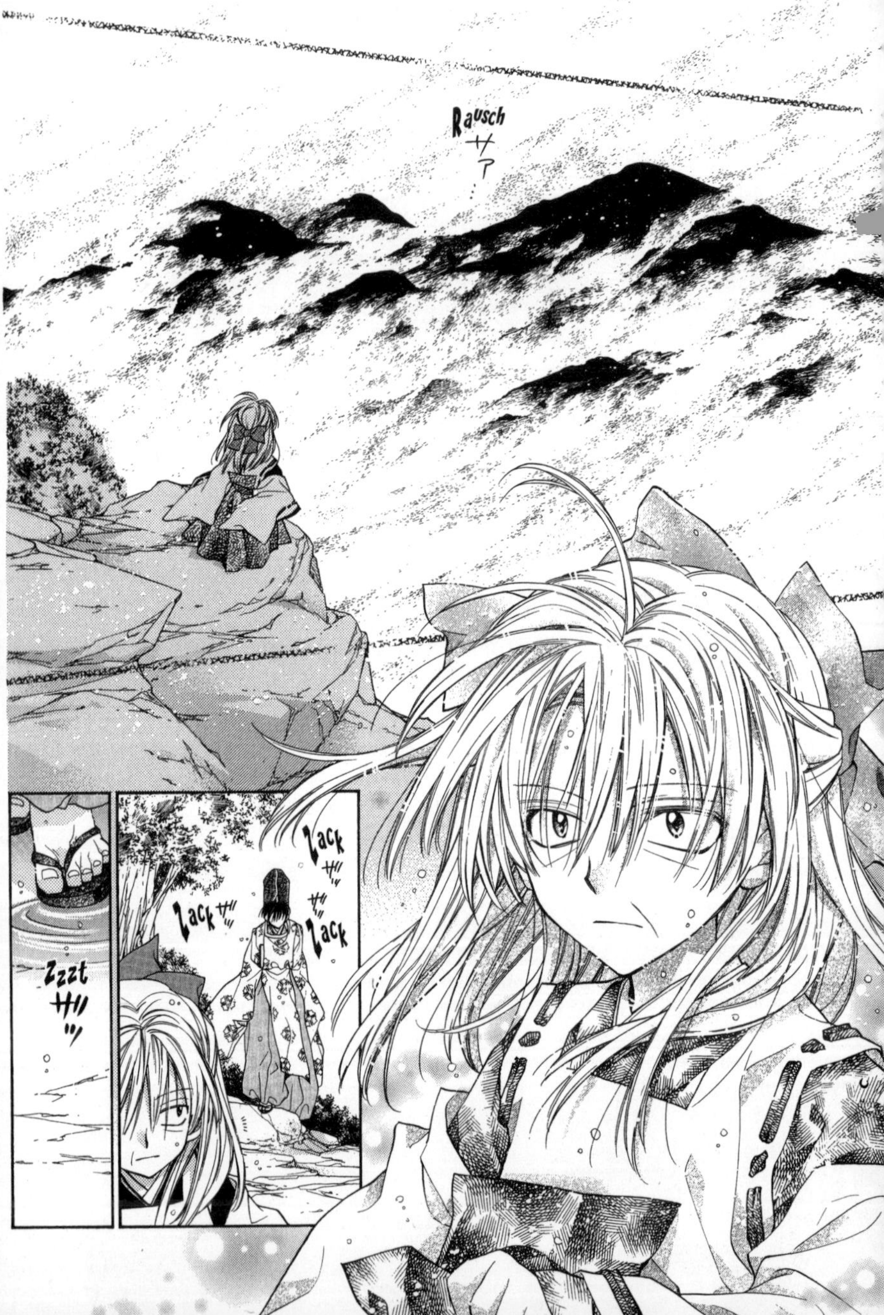
Rausch
ザア…
Zzzt
ザリッ
Zack
ザッ
Zack
ザッ
Zack
ザッ

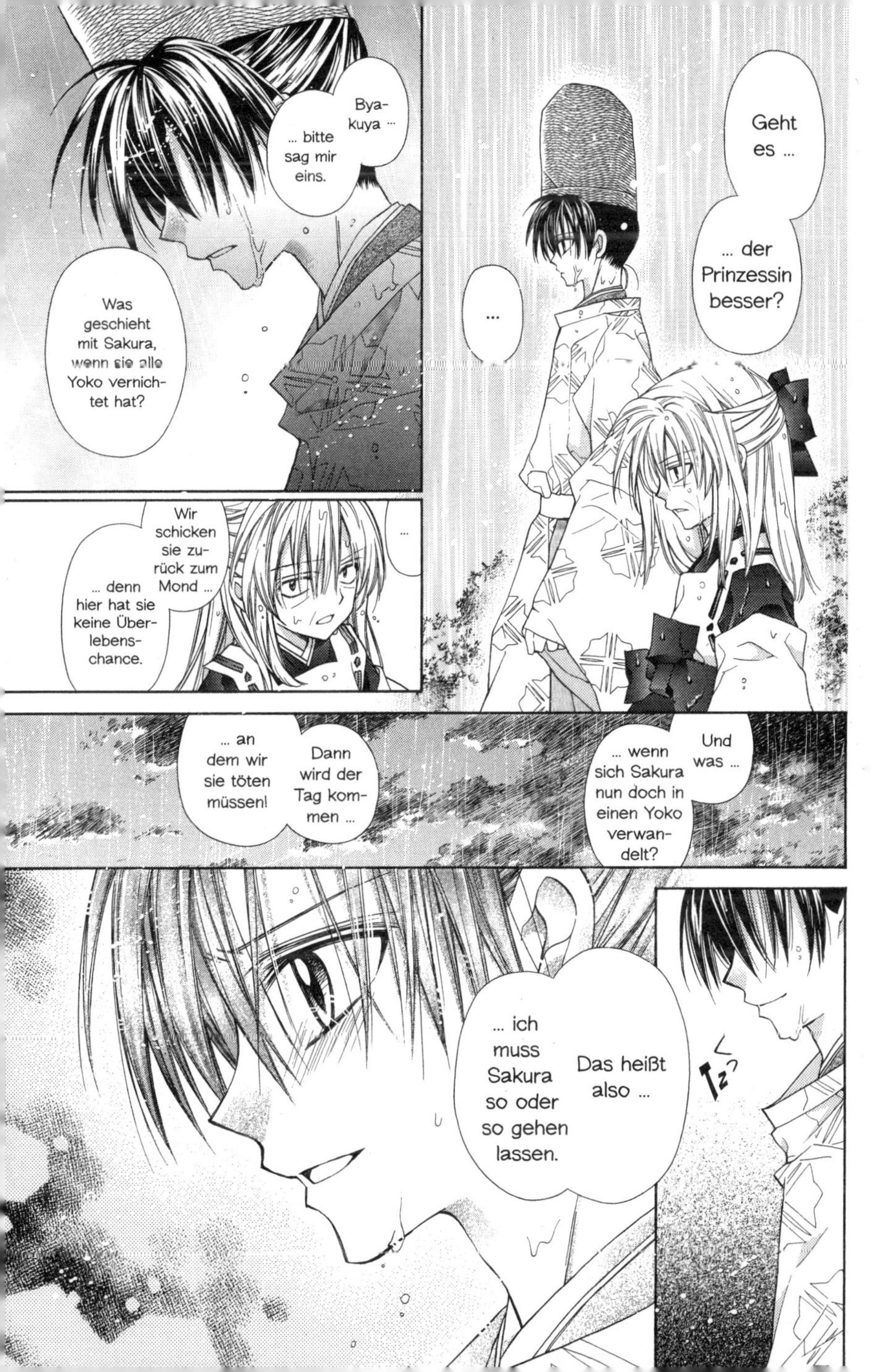
Geht es ...
... der Prinzessin besser?
...
Bya-kuya ...
... bitte sag mir eins.
Was geschieht mit Sakura, wenn sie alle Yoko vernichtet hat?
...
Wir schicken sie zurück zum Mond ...
... denn hier hat sie keine Überlebenschance.
Und was ...
... wenn sich Sakura nun doch in einen Yoko verwandelt?
Dann wird der Tag kommen ...
... an dem wir sie töten müssen!
Das heißt also ...
... ich muss Sakura so oder so gehen lassen.

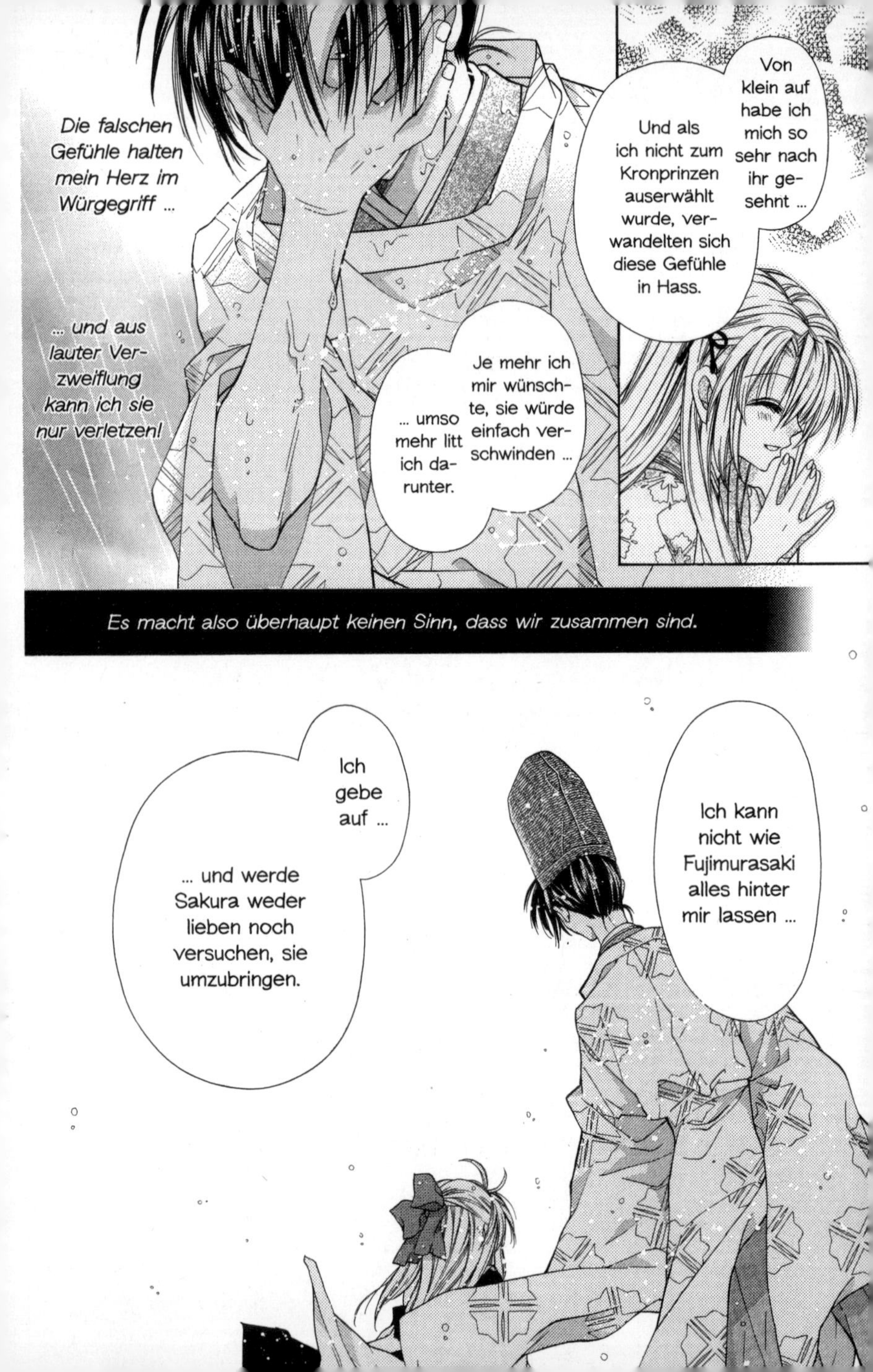
Von klein auf habe ich mich so sehr nach ihr gesehnt ...
Und als ich nicht zum Kronprinzen auserwählt wurde, verwandelten sich diese Gefühle in Hass.
Je mehr ich mir wünschte, sie würde einfach verschwinden ...
... umso mehr litt ich darunter.
Die falschen Gefühle halten mein Herz im Würgegriff ...
... und aus lauter Verzweiflung kann ich sie nur verletzen!
Es macht also überhaupt keinen Sinn, dass wir zusammen sind.
Ich kann nicht wie Fujimurasaki alles hinter mir lassen ...
Ich gebe auf ...
... und werde Sakura weder lieben noch versuchen, sie umzubringen.

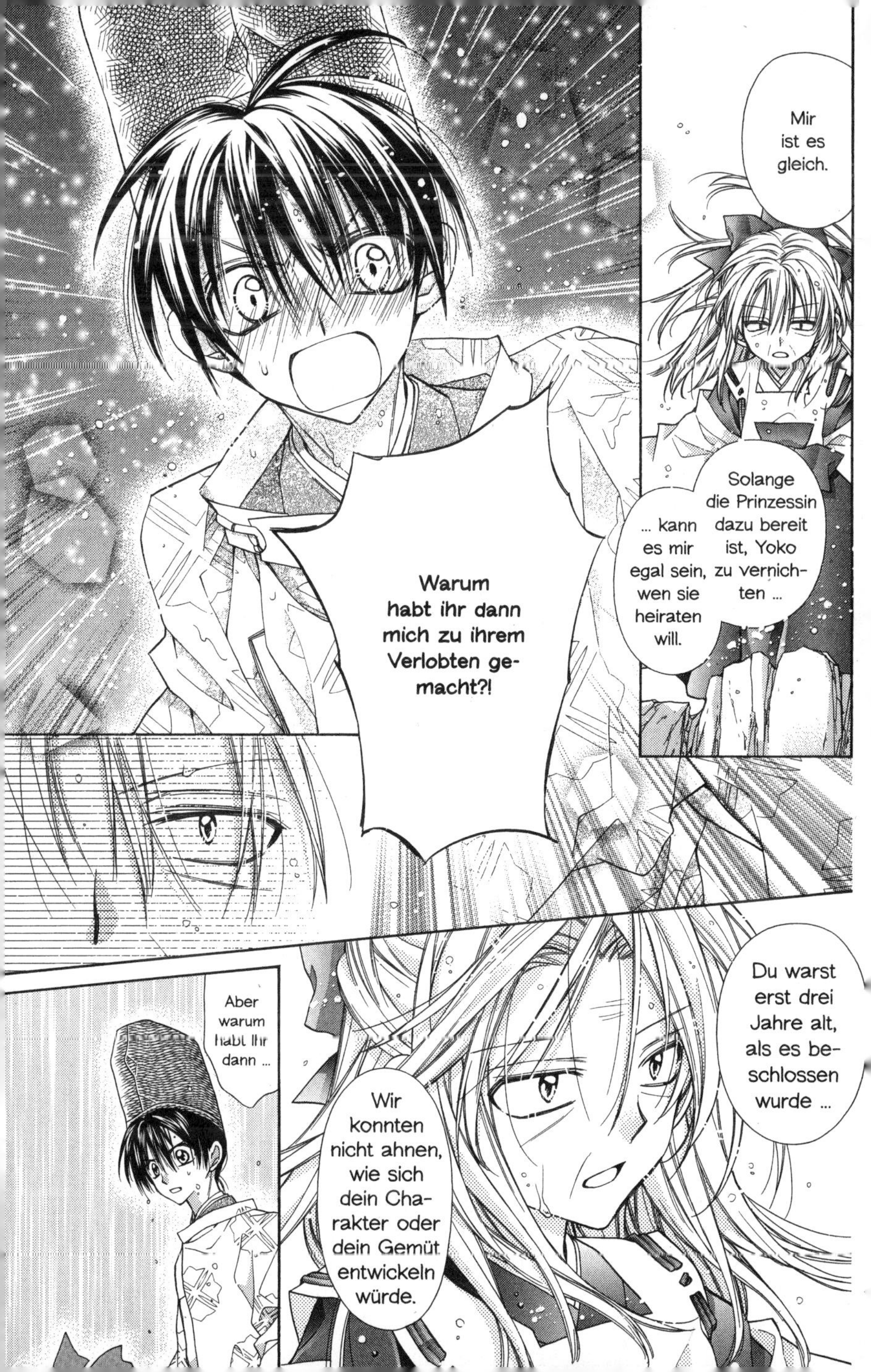

Mir ist es gleich.
Solange die Prinzessin dazu bereit ist, Yoko zu vernichten ...
... kann es mir egal sein, wen sie heiraten will.
Warum habt ihr dann mich zu ihrem Verlobten gemacht?!
Du warst erst drei Jahre alt, als es beschlossen wurde ...
Wir konnten nicht ahnen, wie sich dein Charakter oder dein Gemüt entwickeln würde.
Aber warum habt ihr dann ...

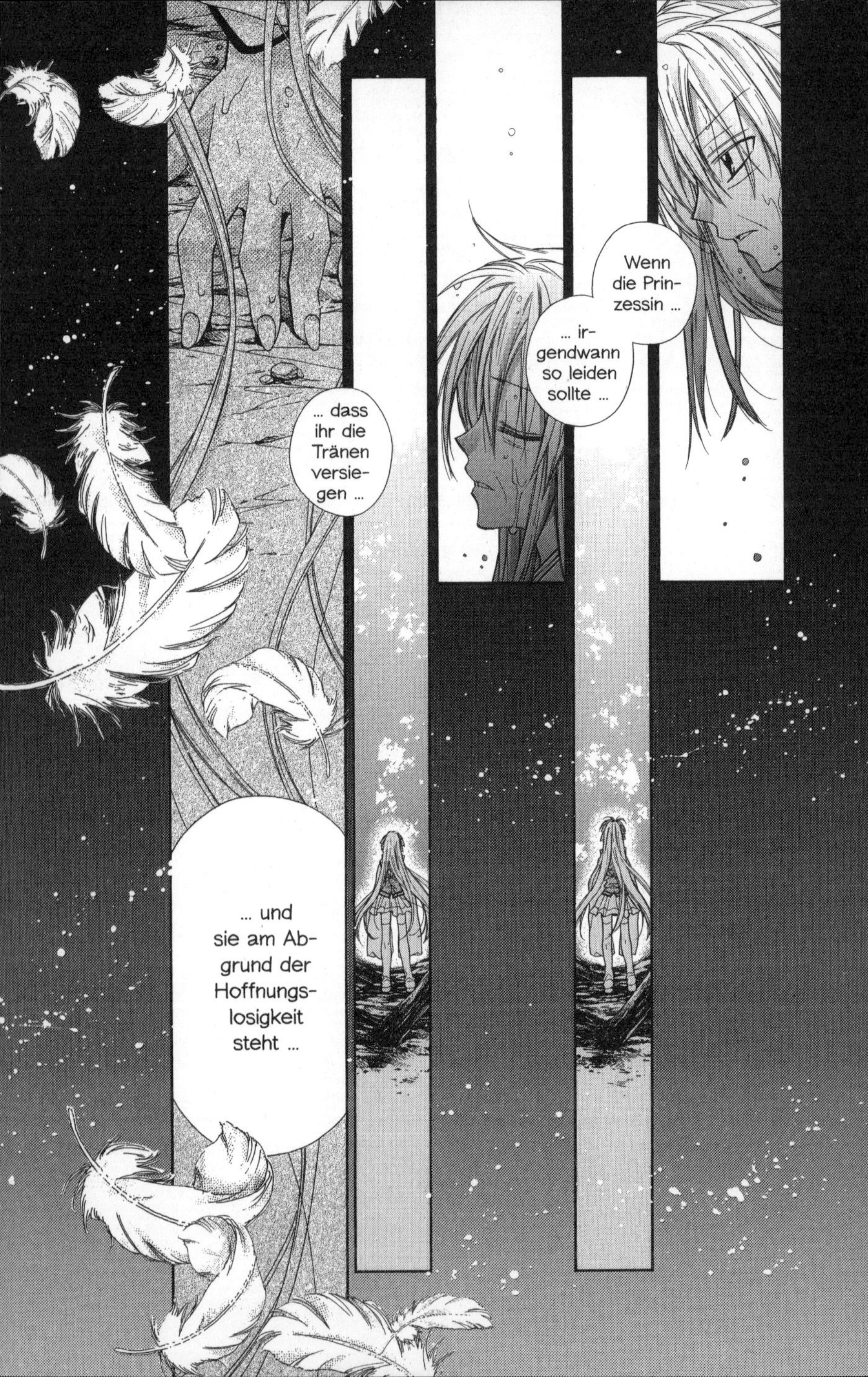
Wenn die Prinzessin ...
... irgendwann so leiden sollte ...
... dass ihr die Tränen versiegen ...
... und sie am Abgrund der Hoffnungslosigkeit steht ...

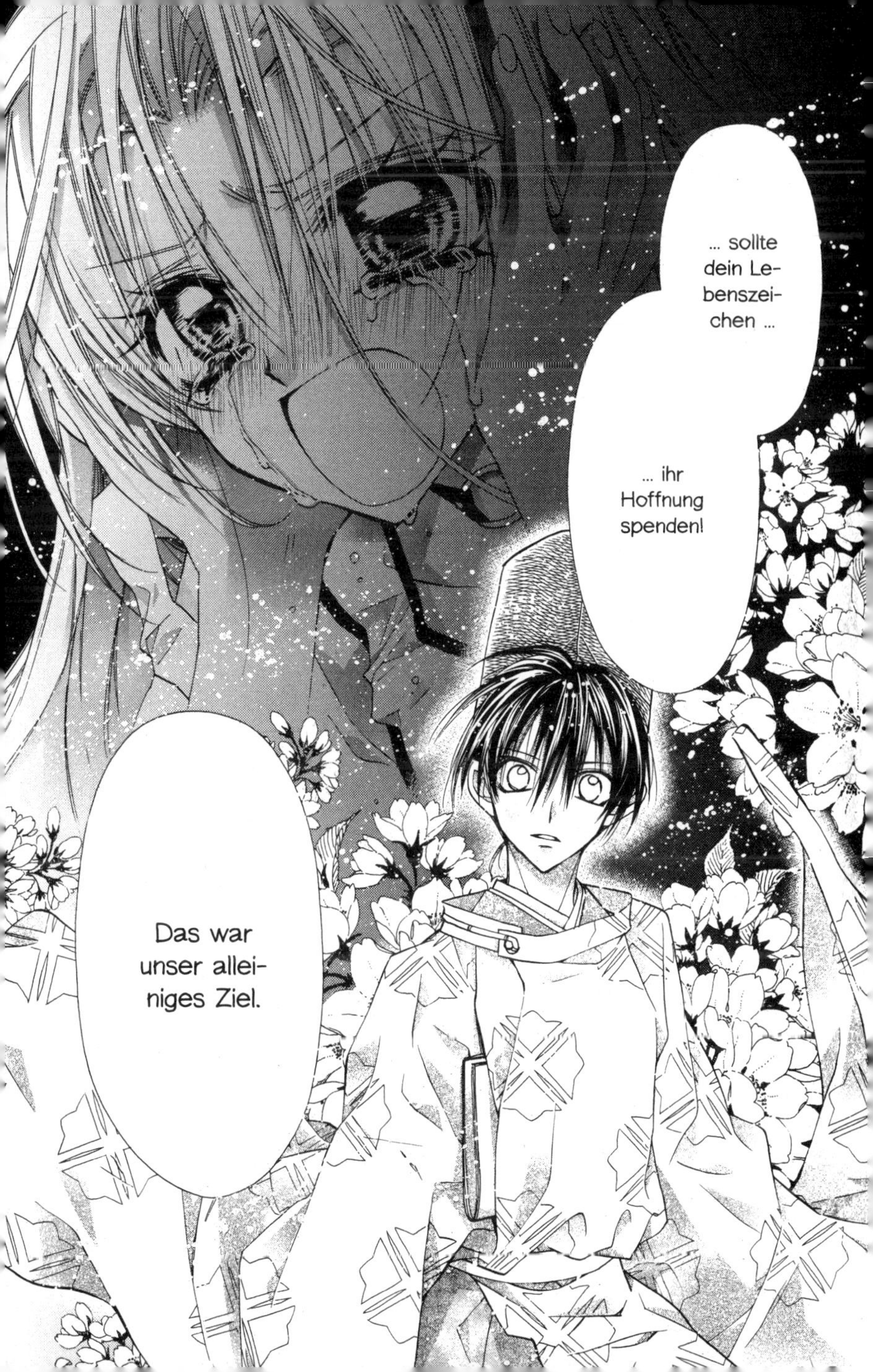
… sollte dein Lebenszeichen …
… ihr Hoffnung spenden!
Das war unser alleiniges Ziel.

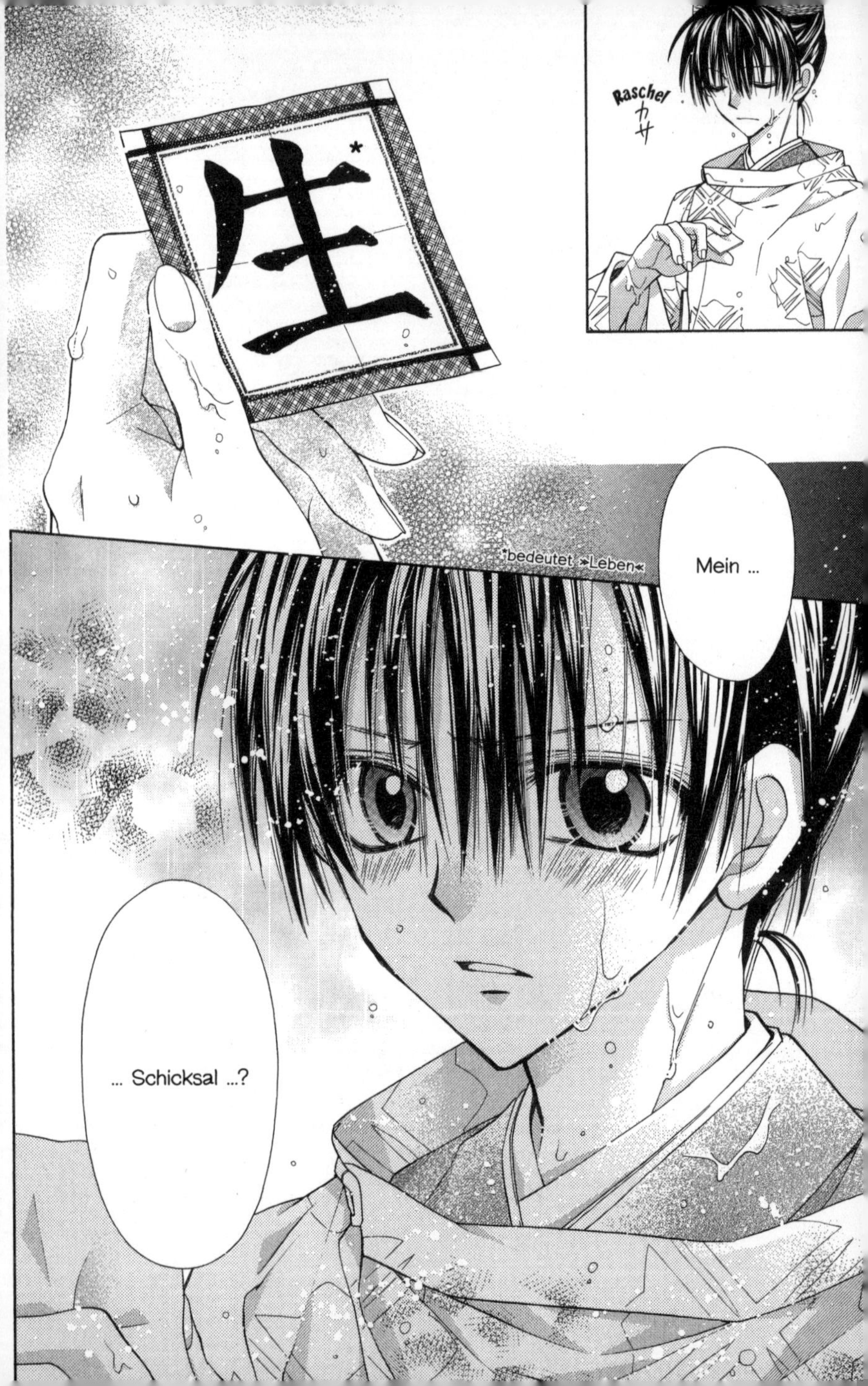
Raschel
カサ
*
*bedeutet »Leben«
Mein ...
... Schicksal ...?

Über Prinzessin Sakura Teil 3

Bis jetzt sind Sakura und Asagiri mit großem Abstand die beliebtesten Charaktere. Der Abstand zu den anderen ist so groß, dass diese eigentlich nebeneinanderstehen.

Ich ... hm ... glaube, ich mag auch Sakura und Asagiri am liebsten. Für Fujimurasaki empfinde ich eine ähnliche Art von Zuneigung wie für Eichi. (Wobei Eichi im Vergleich natürlich ein absoluter Gott ist.)

Aoba ist leider immer noch ziemlich unbeliebt. (Hau rein, Aoba!! Deine Zeit kommt noch – du bist der Mann der Zukunft!!) Bestimmt ... vielleicht ... *grummel murmel*

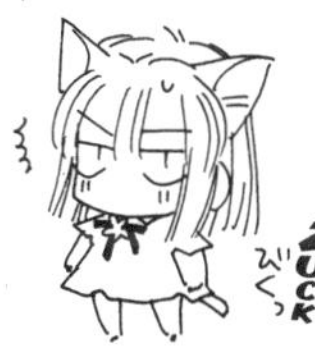

Kohaku ist für mich so was wie ein Haustier.

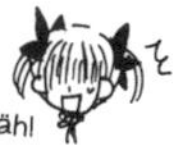

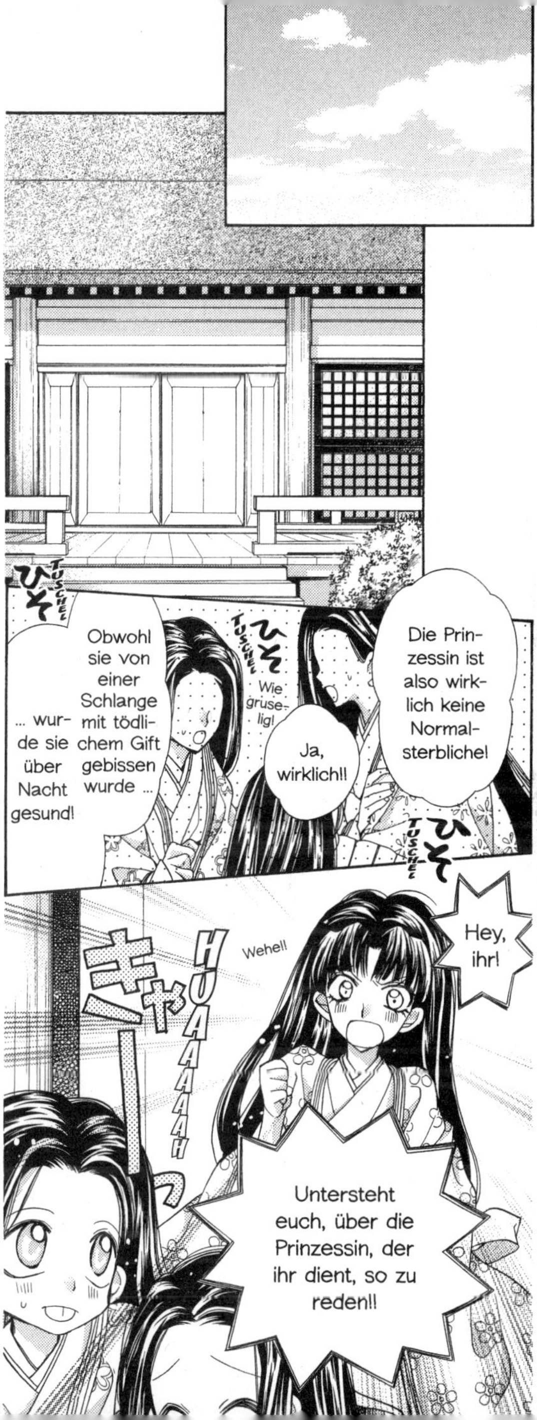

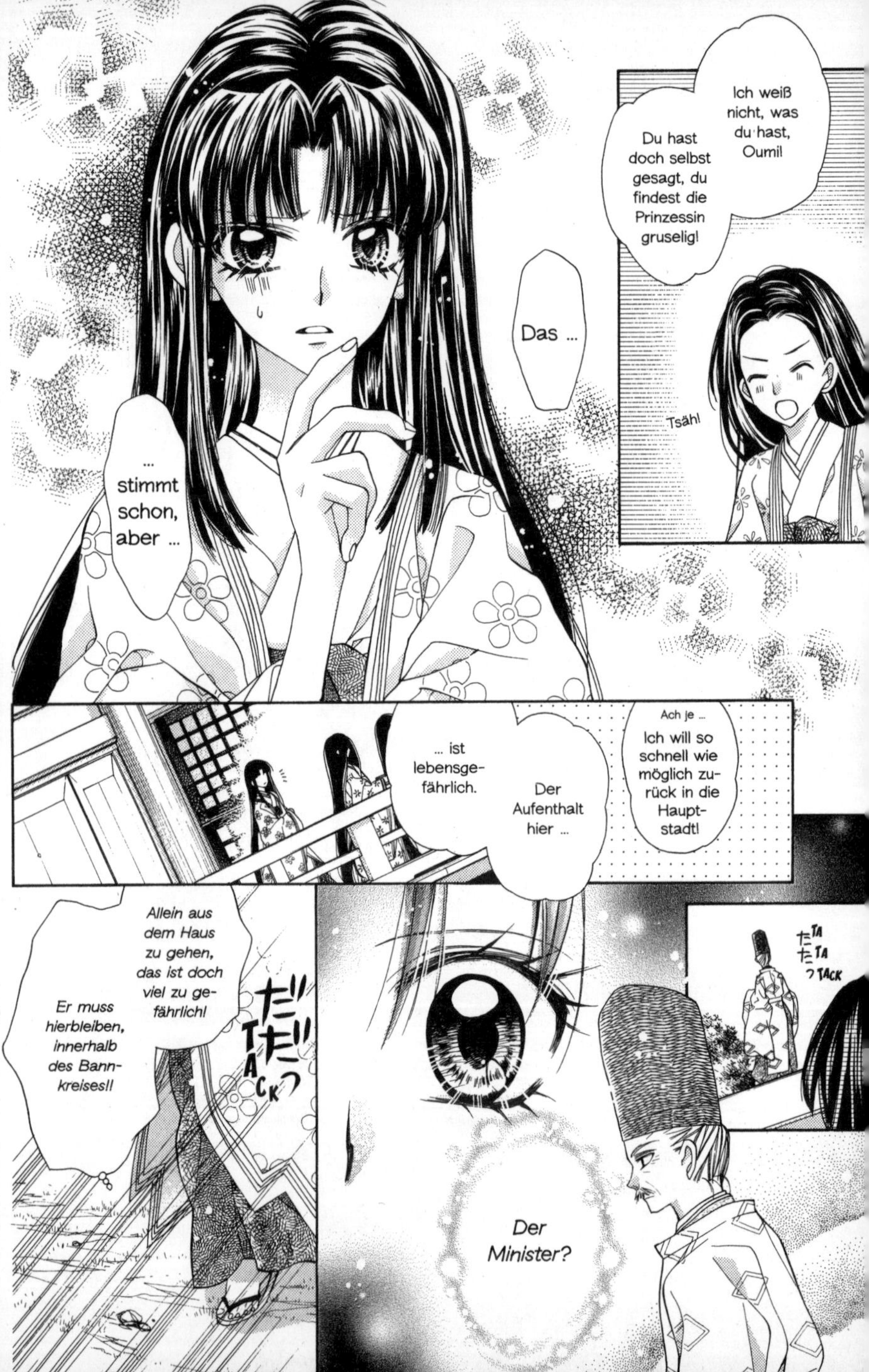
Ich weiß nicht, was du hast, Oumi!
Du hast doch selbst gesagt, du findest die Prinzessin gruselig!
Tsäh!
Das ...
... stimmt schon, aber ...
Ach je ...
Ich will so schnell wie möglich zurück in die Hauptstadt!
Der Aufenthalt hier ...
... ist lebensgefährlich.
TA TA TACK
Der Minister?
Allein aus dem Haus zu gehen, das ist doch viel zu gefährlich!
Er muss hierbleiben, innerhalb des Bannkreises!!
TACK

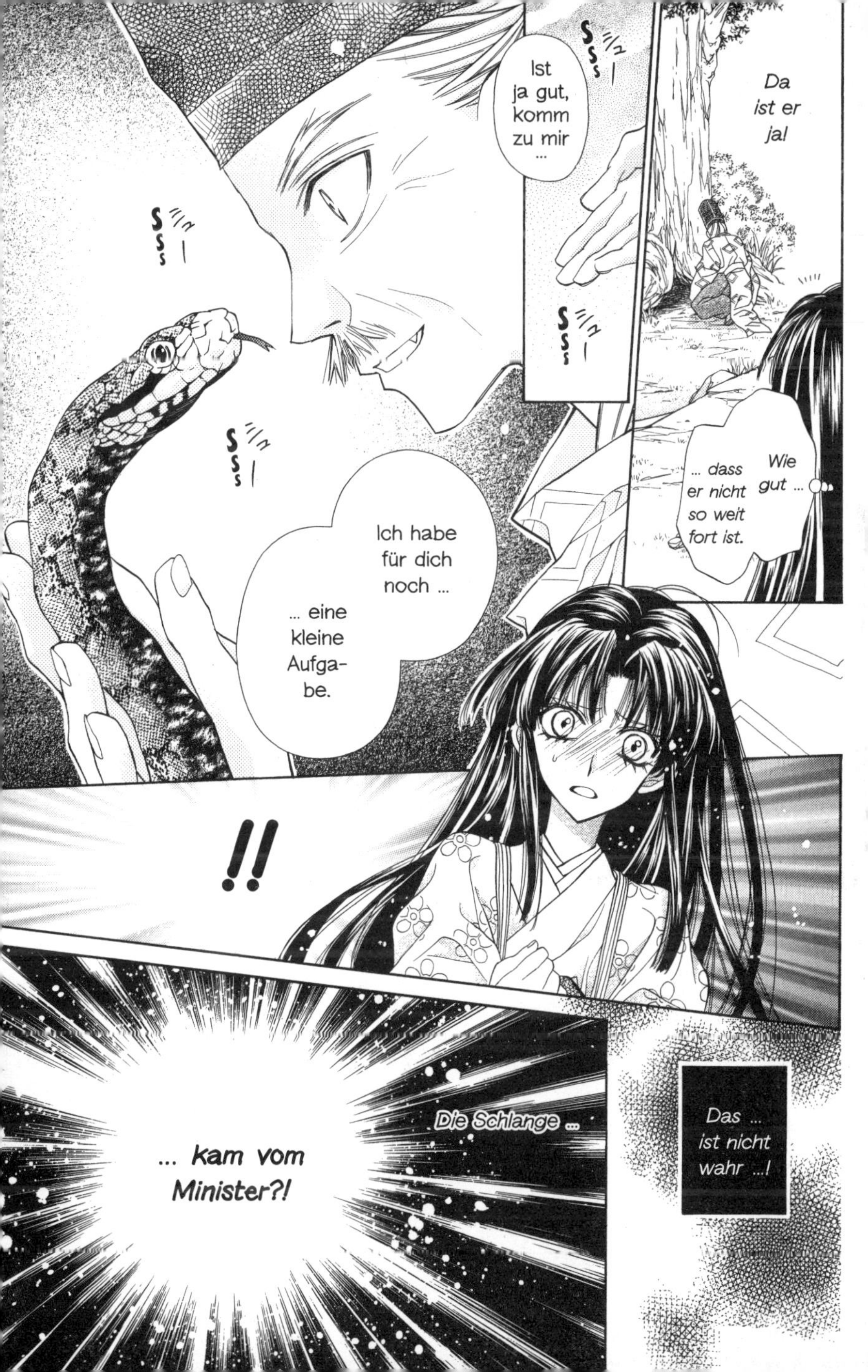

Da ist er ja!
Ist ja gut, komm zu mir ...
Sss
Wie gut ...
... dass er nicht so weit fort ist.
Sss
Sss
Sss
Ich habe für dich noch ...
... eine kleine Aufgabe.
!!
Das ... ist nicht wahr ...!
Die Schlange ...
... kam vom Minister?!

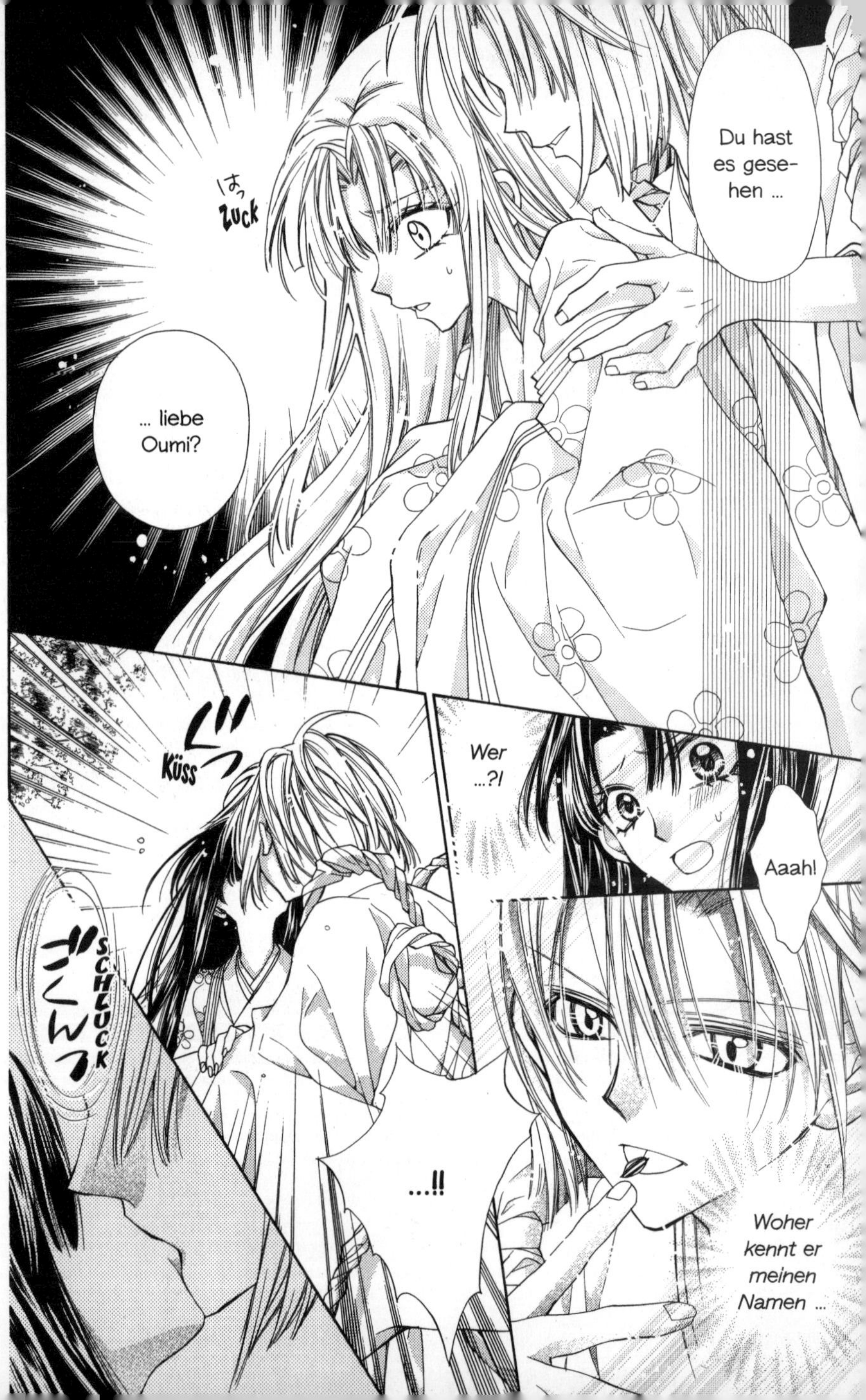
Du hast es gesehen ...
はっ ZUCK
... liebe Oumi?
Wer ...?!
Aaah!
Woher kennt er meinen Namen ...
ぐっ KÜSS
...!!
ごくっ SCHLUCK

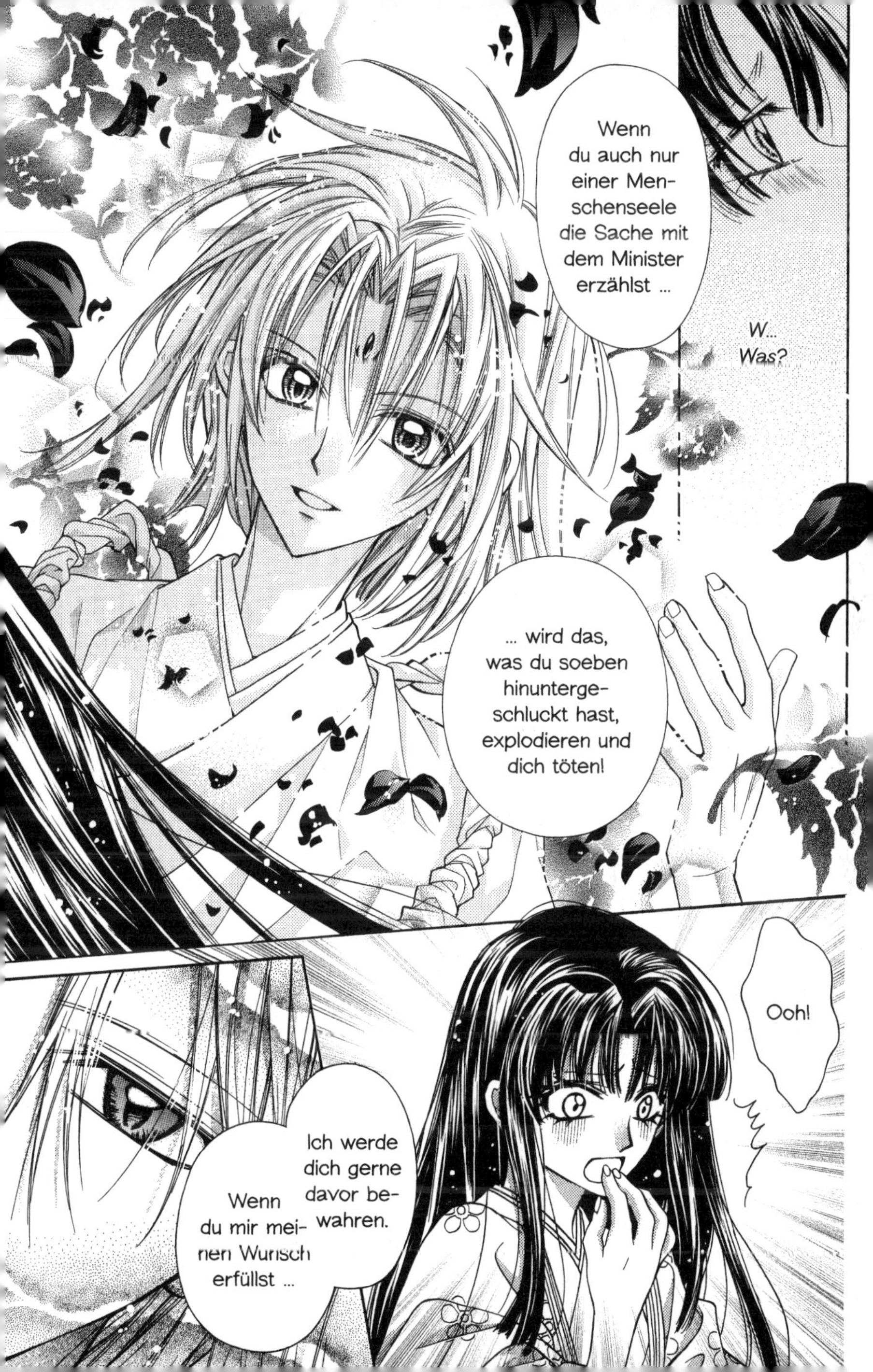
Wenn du auch nur einer Menschenseele die Sache mit dem Minister erzählst ...
W... Was?
... wird das, was du soeben hinuntergeschluckt hast, explodieren und dich töten!
Ooh!
Ich werde dich gerne davor bewahren.
Wenn du mir meinen Wunsch erfüllst ...

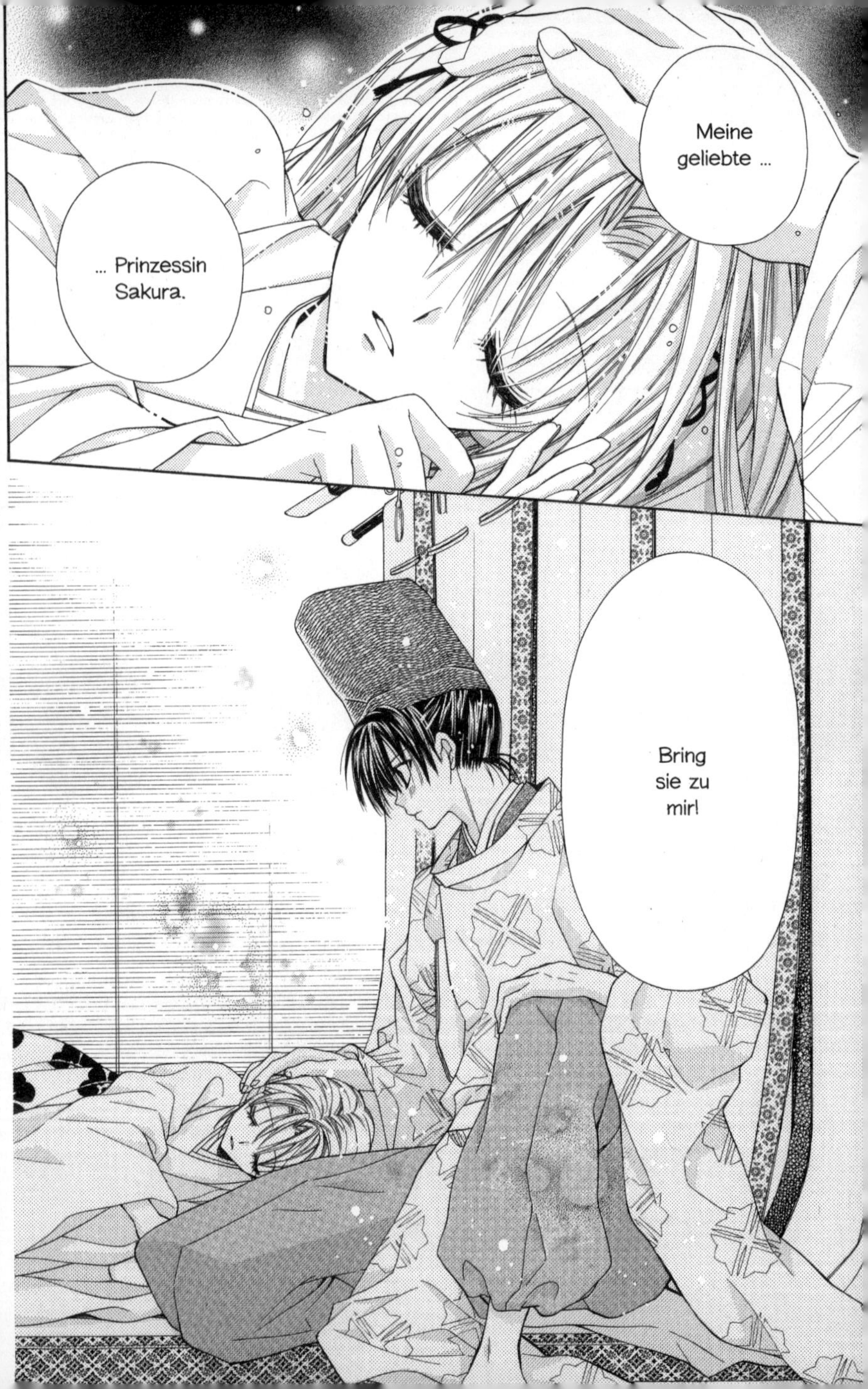
Meine geliebte ...
... Prinzessin Sakura.
Bring sie zu mir!

Prinzessin Sakura

Prinzessin Sakura

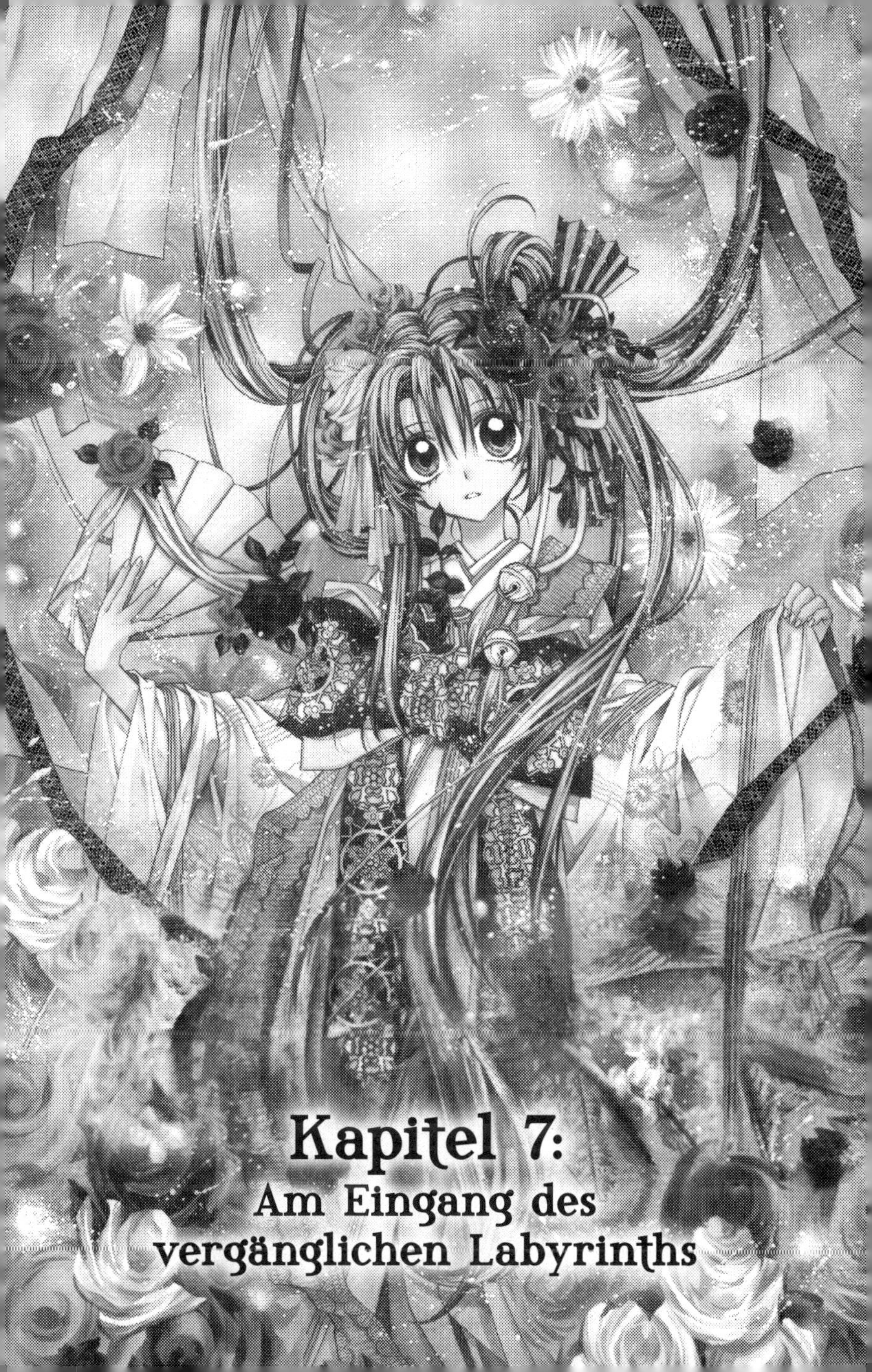
Kapitel 7:
Am Eingang des
vergänglichen Labyrinths

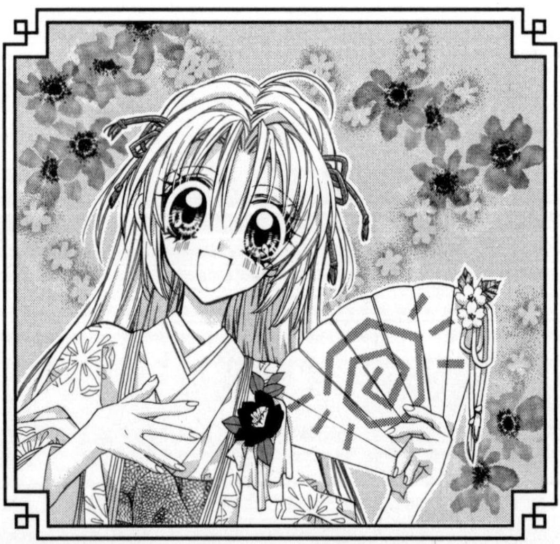

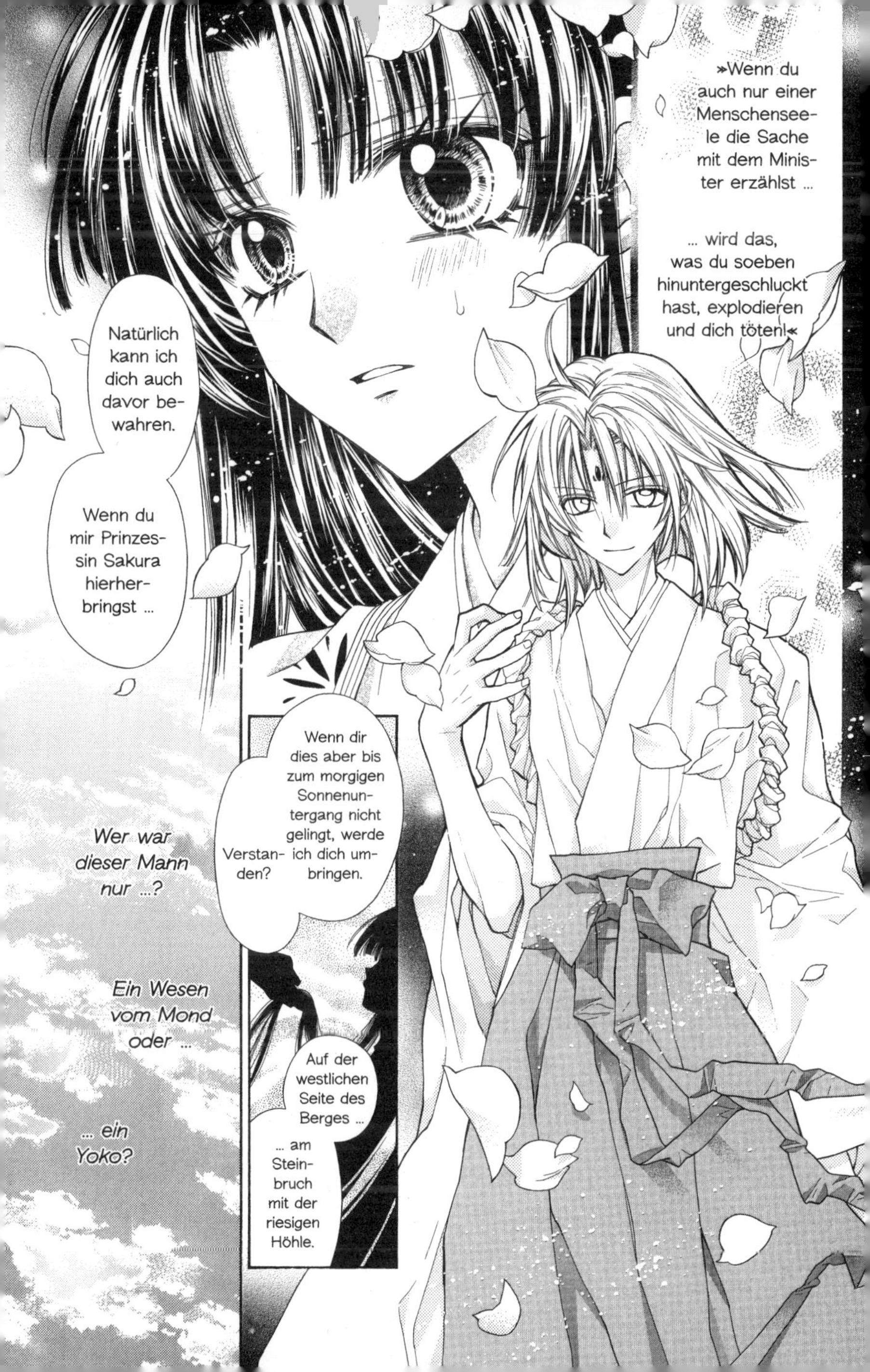
»Wenn du auch nur einer Menschensee-le die Sache mit dem Minis-ter erzählst ...
... wird das, was du soeben hinuntergeschluckt hast, explodieren und dich töten!«
Natürlich kann ich dich auch davor be-wahren.
Wenn du mir Prinzes-sin Sakura hierher-bringst ...
Wenn dir dies aber bis zum morgigen Sonnenun-tergang nicht gelingt, werde ich dich um-bringen.
Verstan-den?
Auf der westlichen Seite des Berges ...
... am Stein-bruch mit der riesigen Höhle.
Wer war dieser Mann nur ...?
Ein Wesen vom Mond oder ...
... ein Yoko?

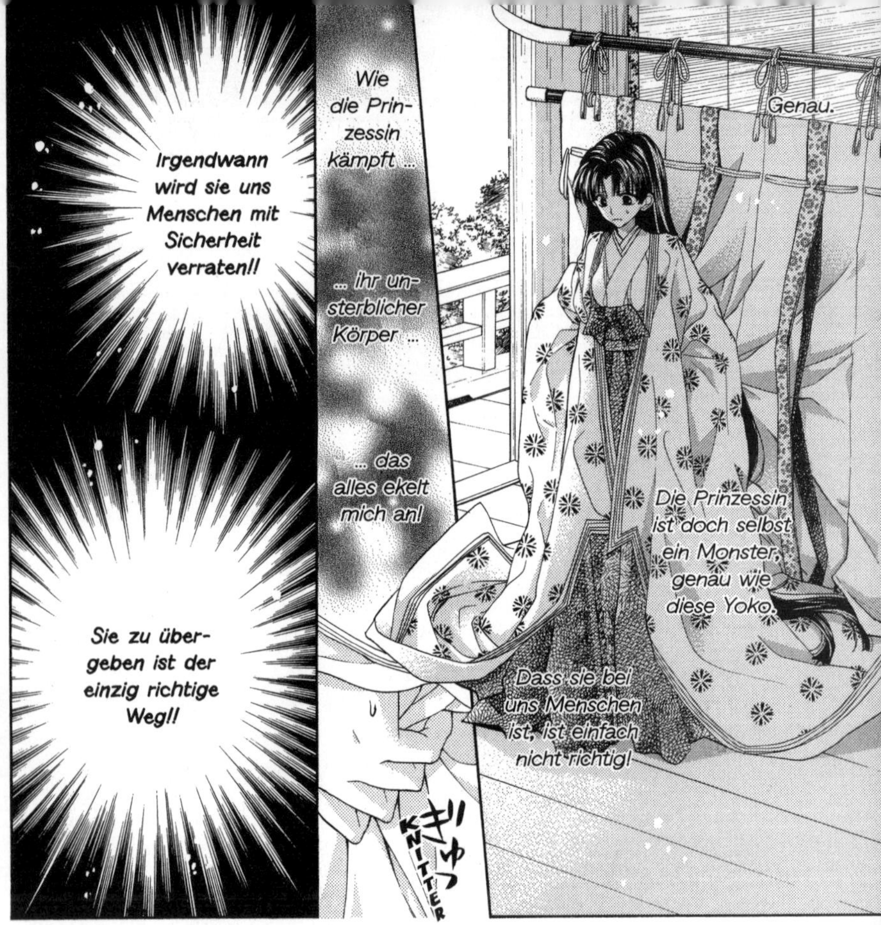

Kapitel 7: Am Eingang des vergänglichen Labyrinths

Achtung, Spoiler!

Die Untertitel überlasse ich zurzeit meinem Redakteur.

Ich hab's verbockt! ↑ Das Wort (Phrase?) doppelt sich mit der Überschrift von Kapitel 4!! Es tut mir leid … Es war mir einfach nicht bewusst. Ich werde künftig besser aufpassen! Ich mag dieses Wort einfach. Sorry!!

Als ich meiner Assistentin das gescribbelte Kapitel mit den Worten: »Ist diesmal nicht so dolle!«, zum Lesen gegeben habe (vor lauter Unsicherheit und Verzweiflung), sagte sie anschließend: »Die Leute mögen alle Oumi total gern – viel mehr, als Sie glauben.« Gnn … Damit traf sie voll ins Schwarze … So ist das also. Wisst ihr, ich zeichne das alles, weil ich es einfach gern mache, deshalb ist es ja okay, aber … nun ja. Gut, vielen Dank. Also die Ziele des Autors sind bisweilen echt für die Katz. Und was Oumi als Yoko betrifft: Für Sakura tat es mir leid, aber ich habe mit Absicht noch einen Schatten der echten Oumi erahnen gelassen. (Es tut mir ja leid, aber ich habe für Sakura immer noch mehr Probleme und Hürden vorgesehen, die sie überwinden muss …)

Apropos … seit dem Start von *Prinzessin Sakura* reduziere ich immer weiter den Einsatz von Rasterfolie. Wie findet ihr das? Ist es lesbarer?! Aus der Sicht der Autorin wirkt alles irgendwie so leer, was etwas befremdlich ist … Uaah! In letzter Zeit scheint die Meinung vorzuherrschen, Manga ganz ohne Rasterfolie seien das Nonplusultra, aber das glaube ich nicht. Ehrlich gesagt, kann man rasterfolienfreie Manga kaum lesen. Ich denke, ein maßvoller Einsatz ist das Beste, und das werde auch ich versuchen. Opulenz ist doch auch mal was Gutes!

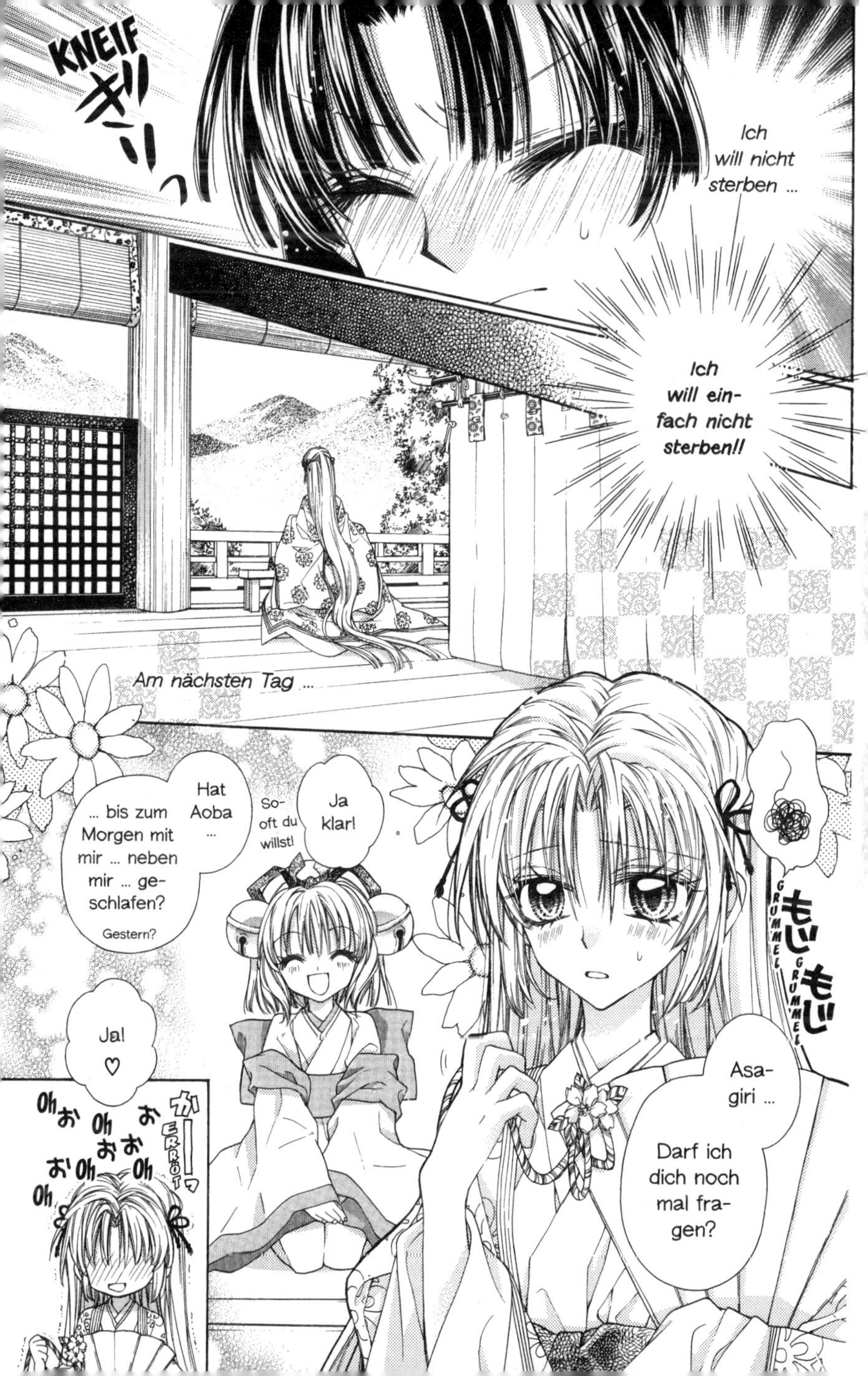
KNEIF
きりっ
Ich will nicht sterben ...
Ich will ein-fach nicht sterben!!
Am nächsten Tag ...
Asa-giri ...
Darf ich dich noch mal fra-gen?
もじもじ GRUMMEL GRUMMEL
Hat Aoba ...
... bis zum Morgen mit mir ... neben mir ... ge-schlafen?
Gestern?
Ja klar!
So-oft du willst!
Ja! ♡
かーっ ERRÖTET
Oh お Oh お おお お Oh Oh Oh

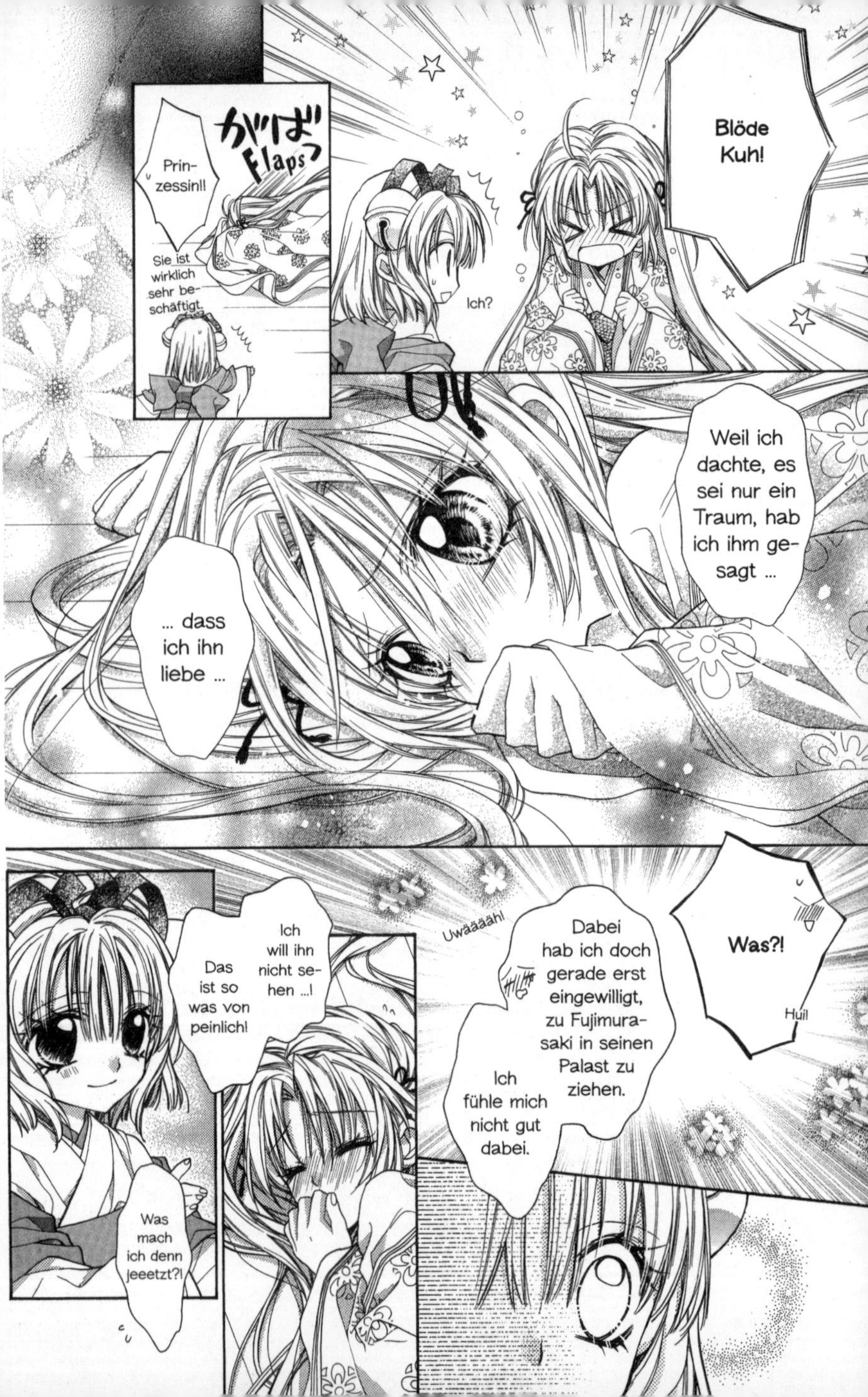
Blöde Kuh!
Ich?
Prin-zessin!!
Flaps
Sie ist wirklich sehr be-schäftigt.
Weil ich dachte, es sei nur ein Traum, hab ich ihm ge-sagt ...
... dass ich ihn liebe ...
Was?!
Hui!
Uwääääh!
Dabei hab ich doch gerade erst eingewilligt, zu Fujimura-saki in seinen Palast zu ziehen.
Ich fühle mich nicht gut dabei.
Ich will ihn nicht se-hen ...!
Das ist so was von peinlich!
Was mach ich denn jeeetzt?!

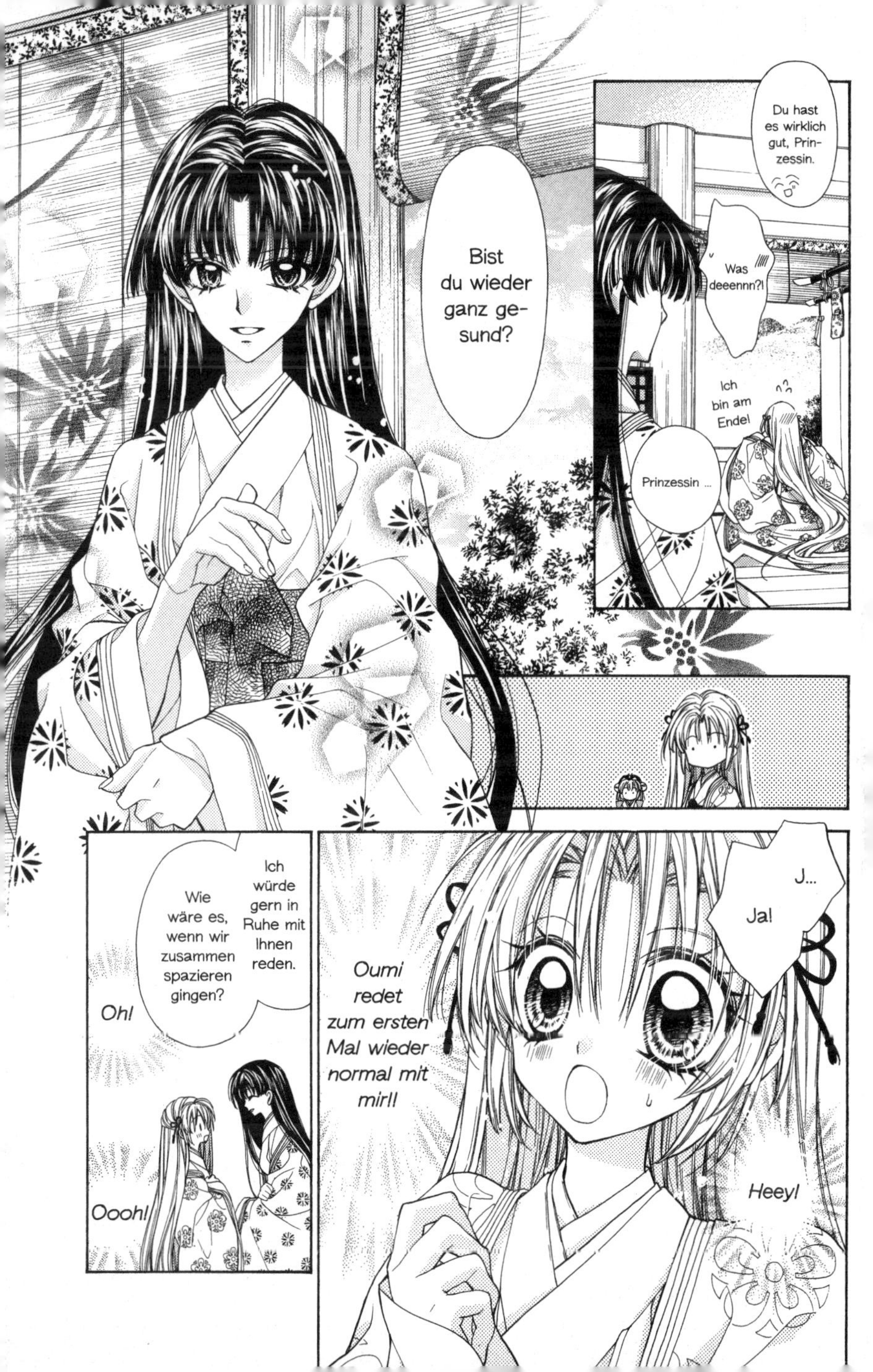

Du hast es wirklich gut, Prinzessin.
Was deeennn?!
Ich bin am Ende!
Prinzessin ...
Bist du wieder ganz gesund?
J... Ja!
Oumi redet zum ersten Mal wieder normal mit mir!
Heey!
Ich würde gern in Ruhe mit Ihnen reden.
Wie wäre es, wenn wir zusammen spazieren gingen?
Oh!
Oooh!

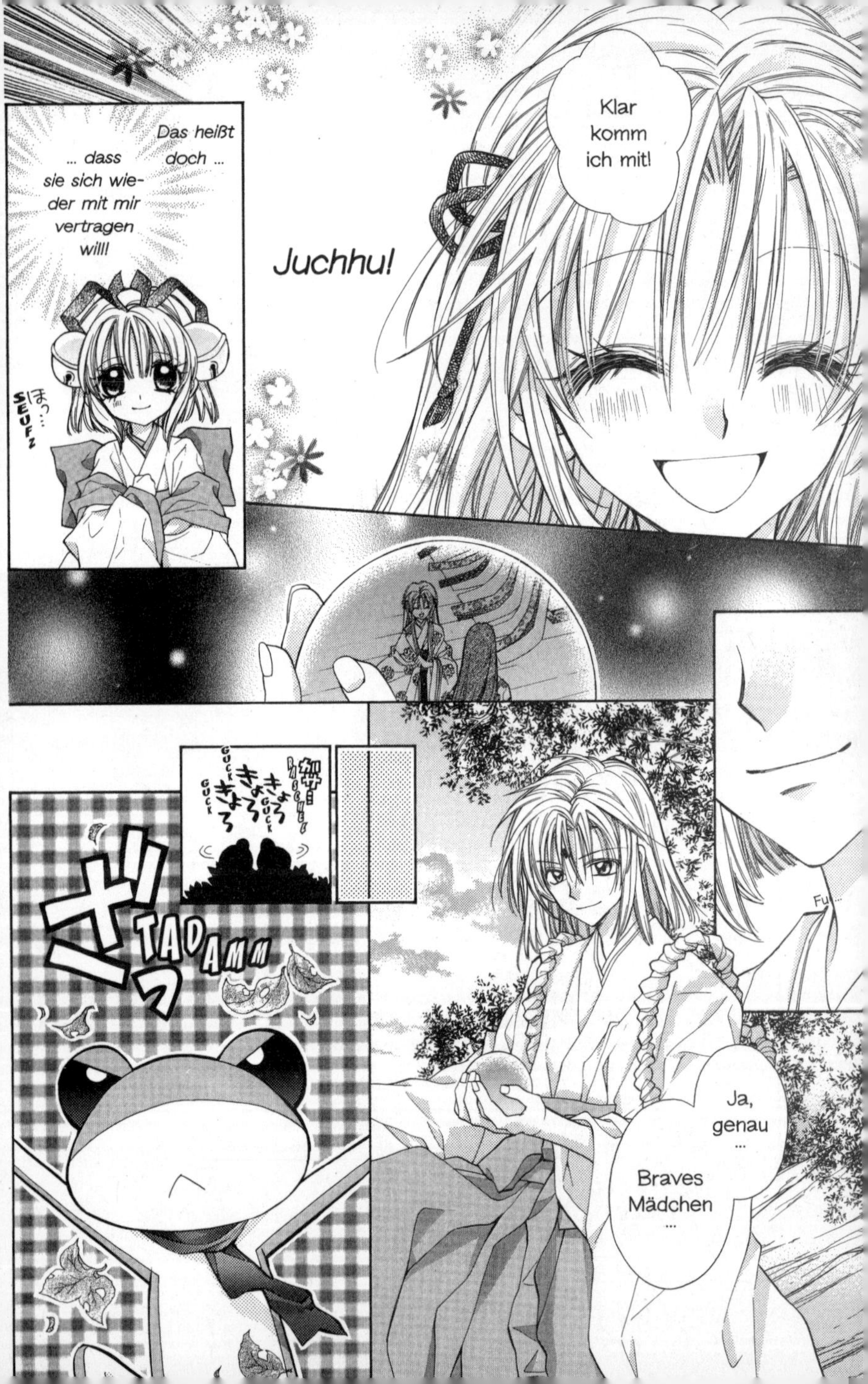
Klar komm ich mit!
Juchhu!
Das heißt doch ...
... dass sie sich wieder mit mir vertragen will!
ほっ… SEUFZ
Fu...
Ja, genau ...
Braves Mädchen ...
カサ… RASCHEL
きょろきょろ GUCK GUCK
きょろきょろ GUCK GUCK
ズリッ TADAMM

Herr Owaras Friseursalon

Der Friseur meines Vertrauens, Herr Owara, hat seinen eigenen Salon eröffnet, für dessen Kärtchen ich Illustrationen angefertigt habe. Sie sind kostenlos für jeden Kunden, also könnt ihr gern auf einen schnellen Schnitt oder eine Dauerwelle mal vorbeischauen. (Für die ersten 100 Kunden gibt es ein von mir handsigniertes Kärtchen!)

R.∴EVOL
Odawaraya Bldg. 6F,
Dogenzaka 2-25-10,
150-0043 Shibuya,
Tokyo

PC

Web: http://www.revol.hair-dressing.jp

mobile

Handyweb: http://n.833hd.co.jp/revol

Wenn ihr euch hier die Haare machen lasst, könnt ihr allerhand über mich erfahren. Und ihr könnt euch mit Herrn Owara über meine Manga unterhalten. Also, ihr müsst natürlich nicht ... Äähm, aber er ist echt richtig gut!

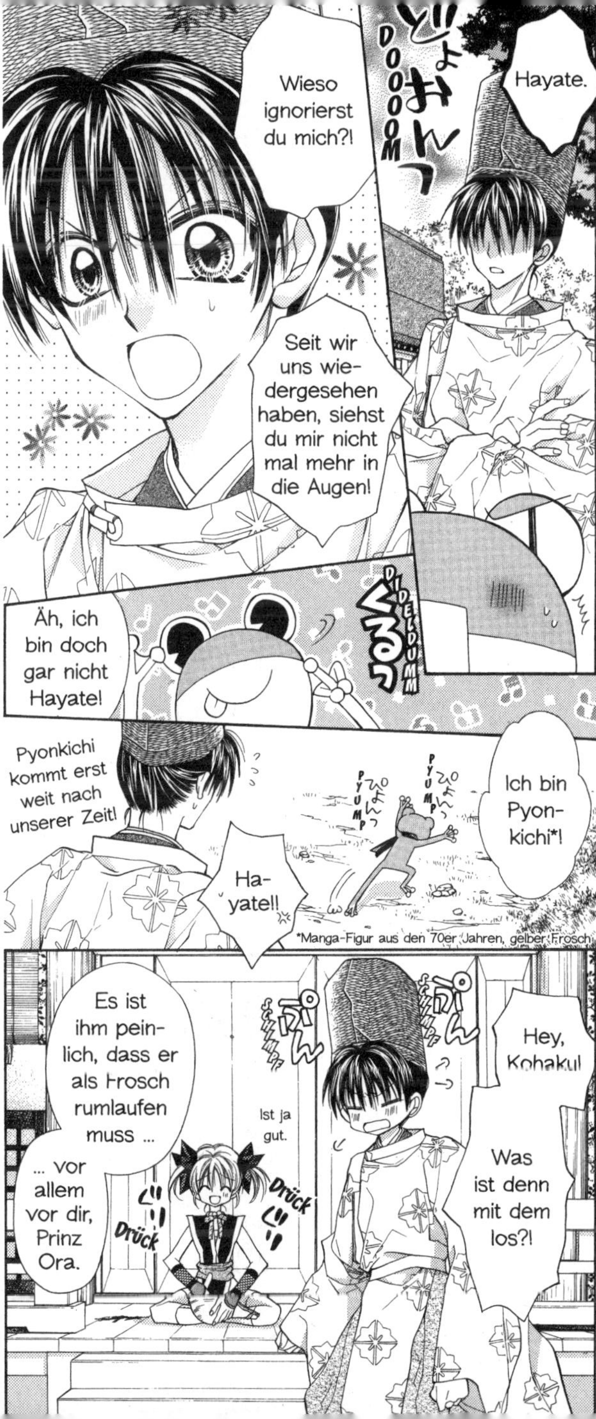

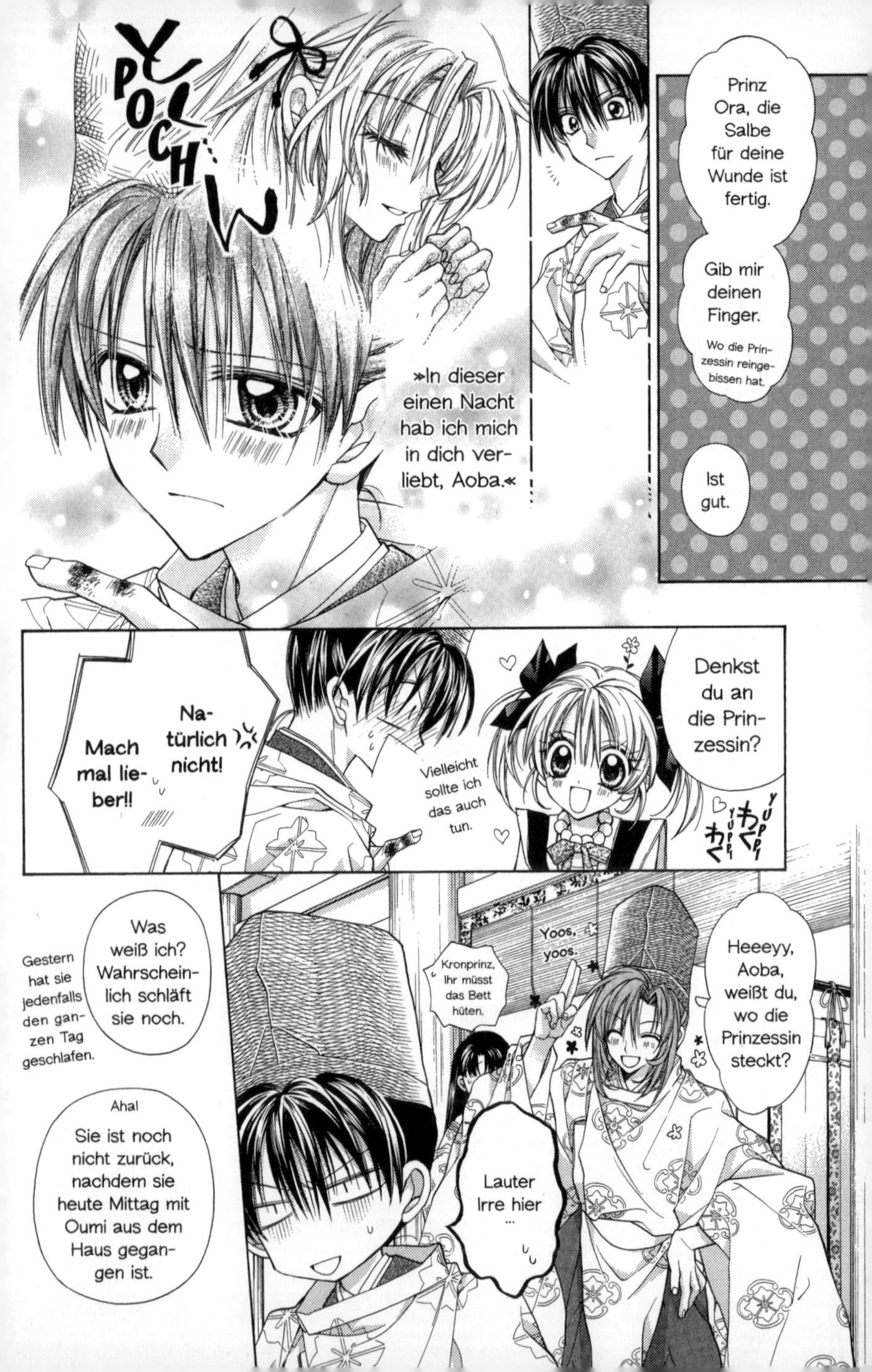

Prinz Ora, die Salbe für deine Wunde ist fertig.
Gib mir deinen Finger.
Wo die Prinzessin reingebissen hat.
Ist gut.
POCH
»In dieser einen Nacht hab ich mich in dich verliebt, Aoba.«
Denkst du an die Prinzessin?
YUPPI YUPPI
Vielleicht sollte ich das auch tun.
Natürlich nicht!
Mach mal lieber!!
Heeeyy, Aoba, weißt du, wo die Prinzessin steckt?
Yoos, yoos.
Kronprinz, Ihr müsst das Bett hüten.
Was weiß ich? Wahrscheinlich schläft sie noch.
Gestern hat sie jedenfalls den ganzen Tag geschlafen.
Aha!
Sie ist noch nicht zurück, nachdem sie heute Mittag mit Oumi aus dem Haus gegangen ist.
Lauter Irre hier ...

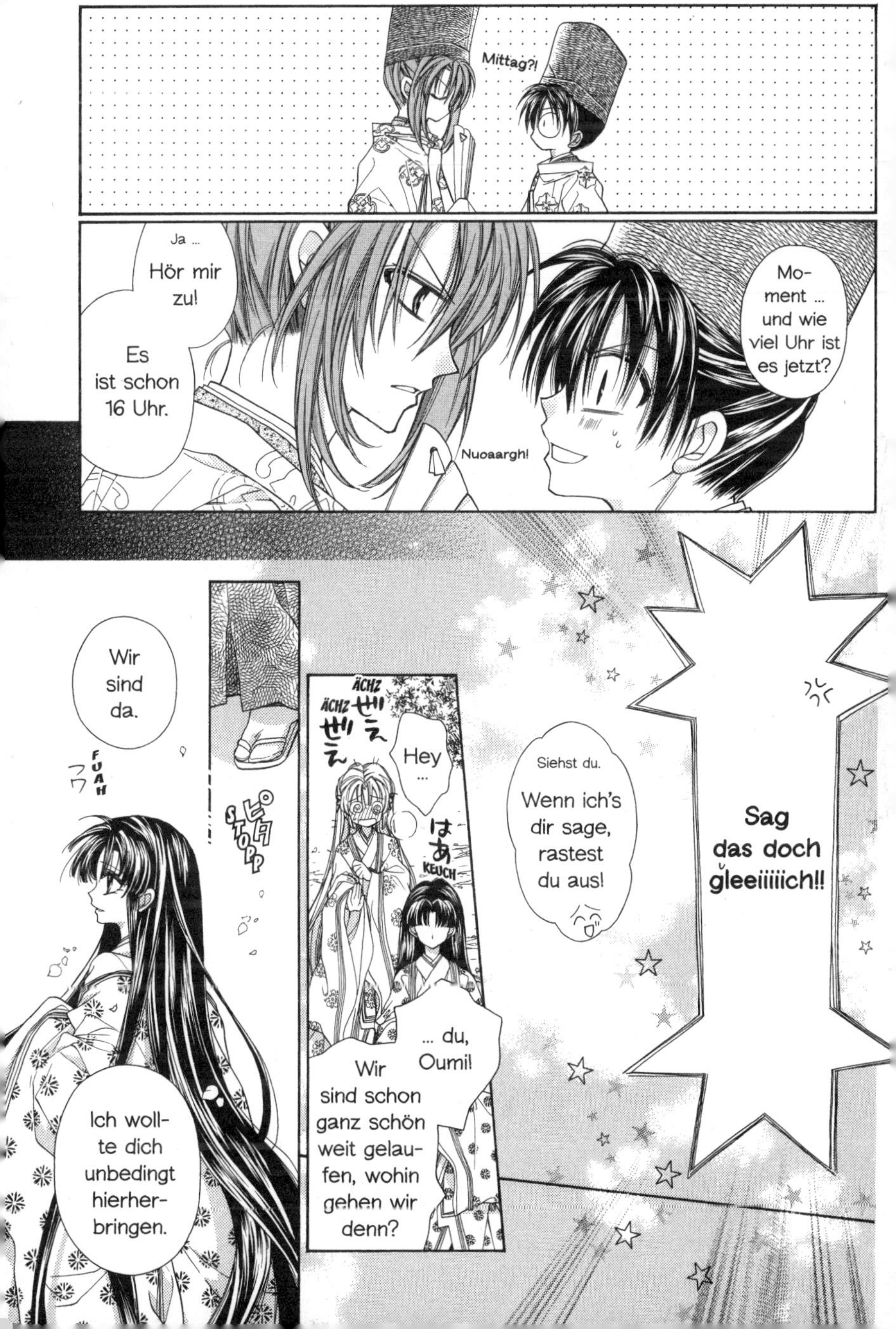

Mittag?!
Mo-
ment ...
und wie
viel Uhr ist
es jetzt?
Ja ...
Hör mir
zu!
Es
ist schon
16 Uhr.
Nuoaargh!
Sag
das doch
gleeiiiiich!!
Siehst du.
Wenn ich's
dir sage,
rastest
du aus!
ÄCHZ
ÄCHZ
Hey
...
KEUCH
... du,
Oumi!
Wir
sind schon
ganz schön
weit gelau-
fen, wohin
gehen wir
denn?
STOPP
Wir
sind
da.
FUAH
Ich woll-
te dich
unbedingt
hierher-
bringen.

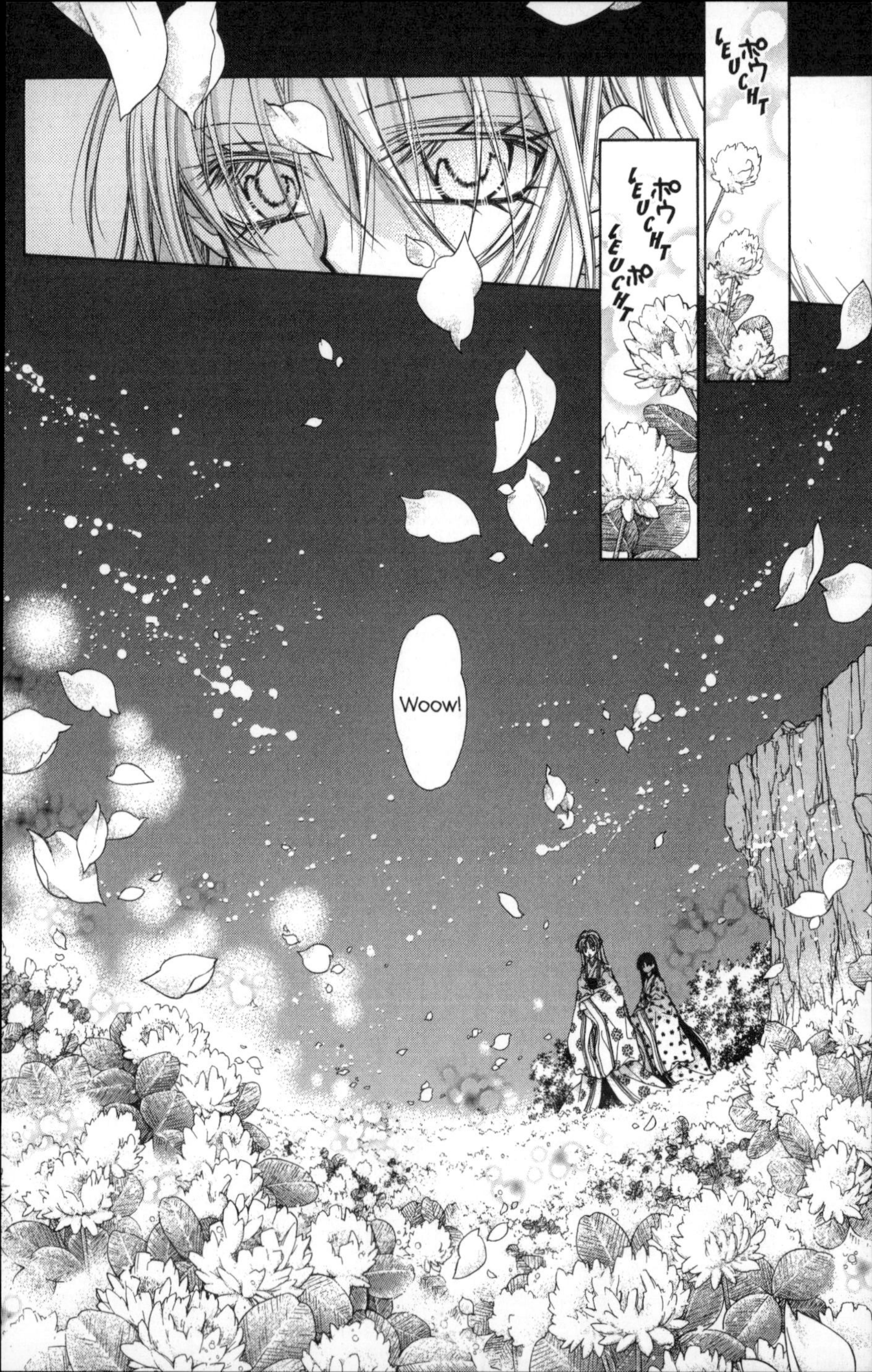
LEUCHT
LEUCHT
LEUCHT
Woow!

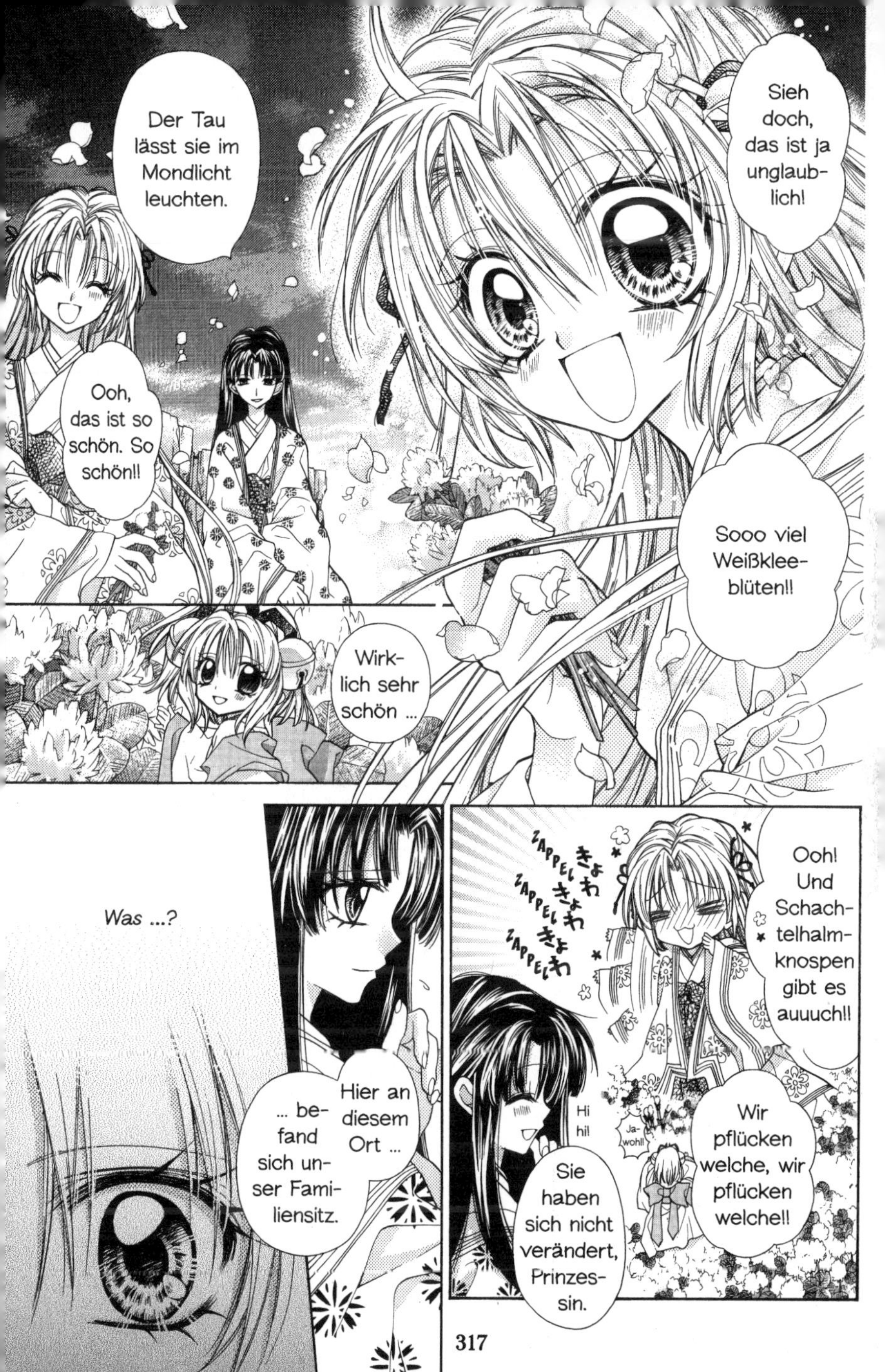
Sieh doch, das ist ja unglaublich!
Der Tau lässt sie im Mondlicht leuchten.
Ooh, das ist so schön. So schön!!
Sooo viel Weißkleeblüten!!
Wirklich sehr schön ...
Ooh! Und Schachtelhalmknospen gibt es auuuch!!
ZAPPEL ZAPPEL ZAPPEL
Wir pflücken welche, wir pflücken welche!!
Jawohl!
Hi hi!
Sie haben sich nicht verändert, Prinzessin.
Hier an diesem Ort ...
... befand sich unser Familiensitz.
Was ...?

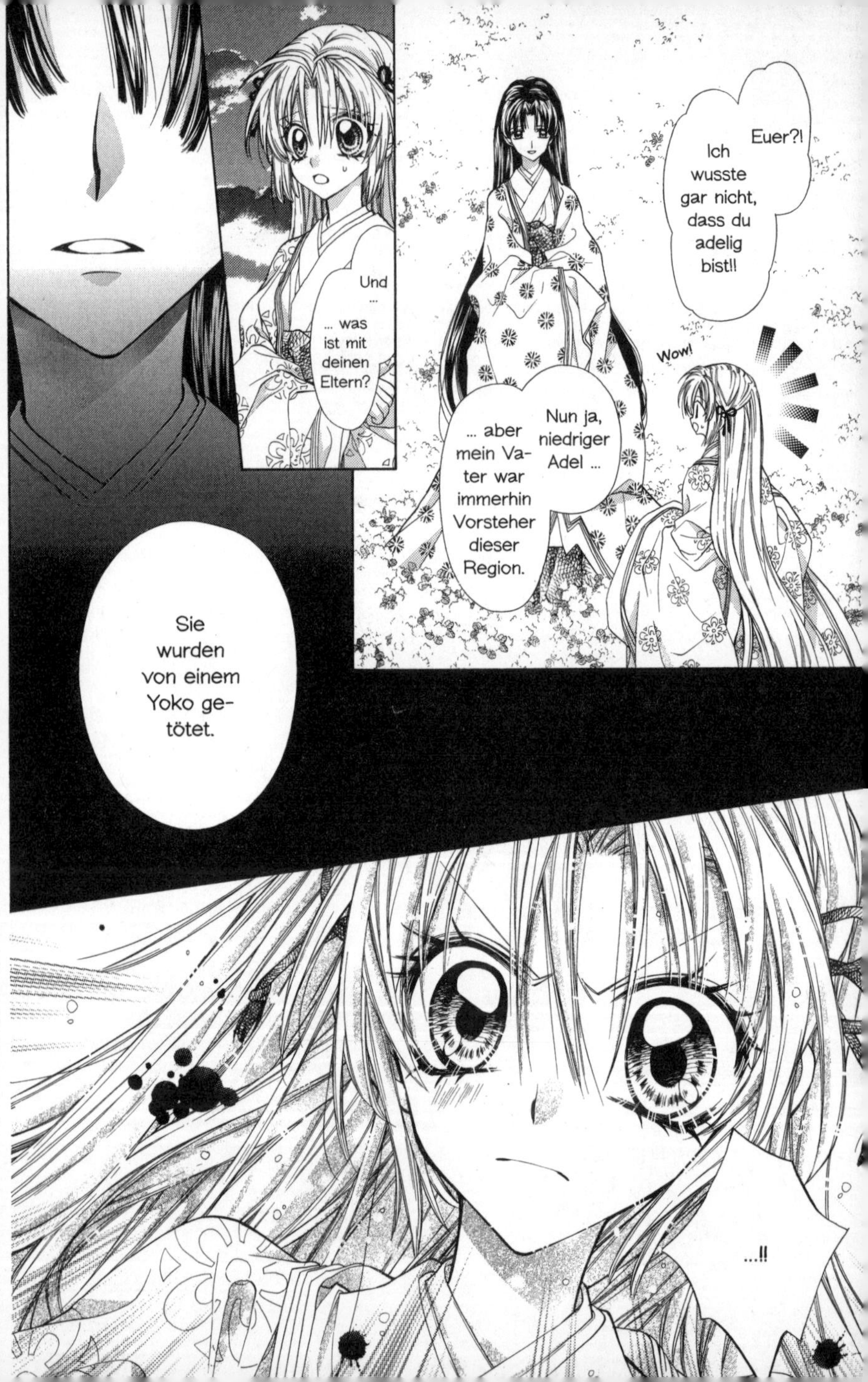
Euer?!
Ich wusste gar nicht, dass du adelig bist!!
Wow!
Nun ja, niedriger Adel ...
... aber mein Vater war immerhin Vorsteher dieser Region.
Und ...
... was ist mit deinen Eltern?
Sie wurden von einem Yoko getötet.
...!!

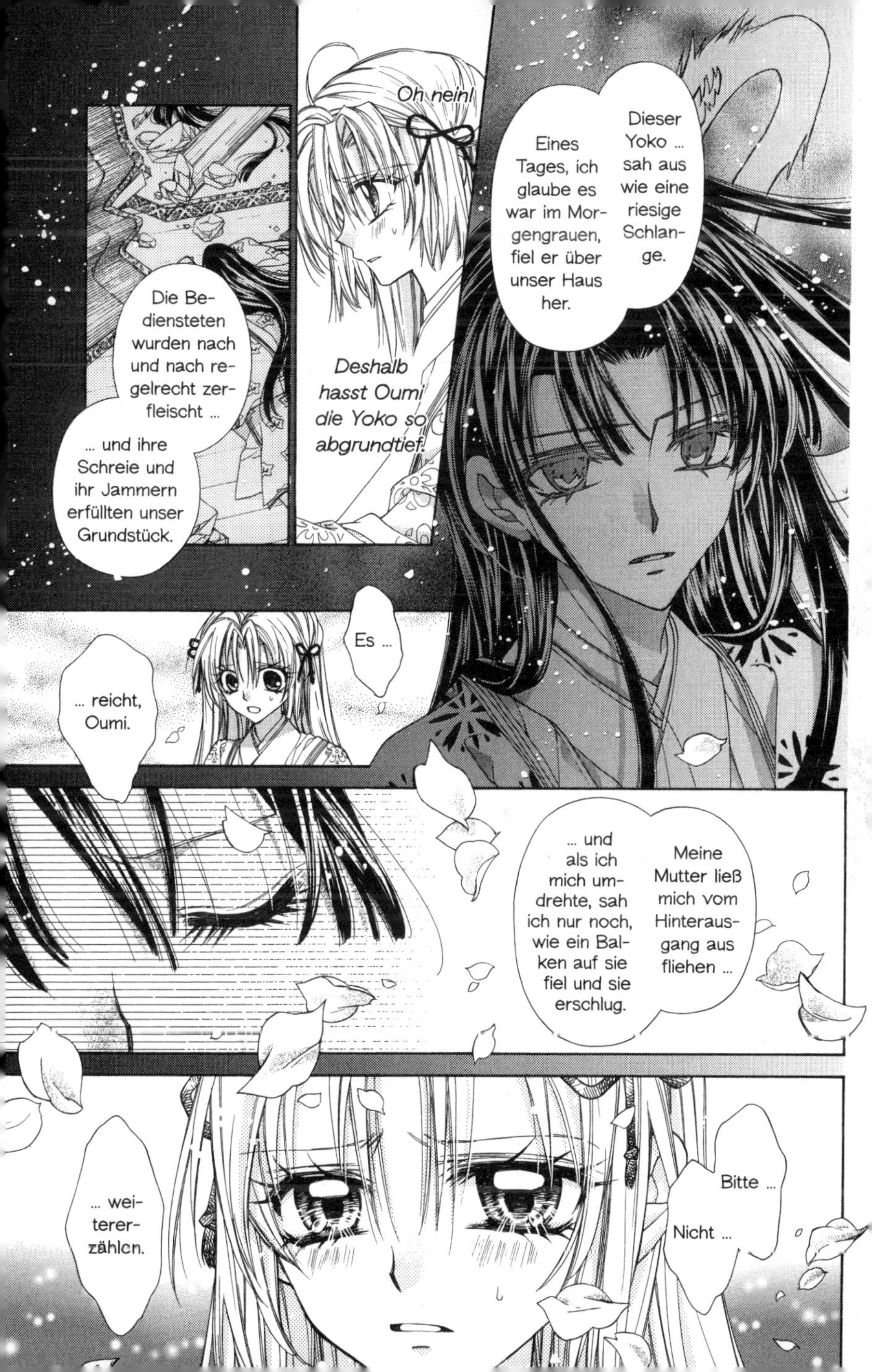
Dieser Yoko ... sah aus wie eine riesige Schlange.
Eines Tages, ich glaube es war im Morgengrauen, fiel er über unser Haus her.
Oh nein!
Deshalb hasst Oumi die Yoko so abgrundtief.
Die Bediensteten wurden nach und nach regelrecht zerfleischt ...
... und ihre Schreie und ihr Jammern erfüllten unser Grundstück.
Es ...
... reicht, Oumi.
Meine Mutter ließ mich vom Hinterausgang aus fliehen ...
... und als ich mich umdrehte, sah ich nur noch, wie ein Balken auf sie fiel und sie erschlug.
Bitte ...
Nicht ...
... weitererzählen.

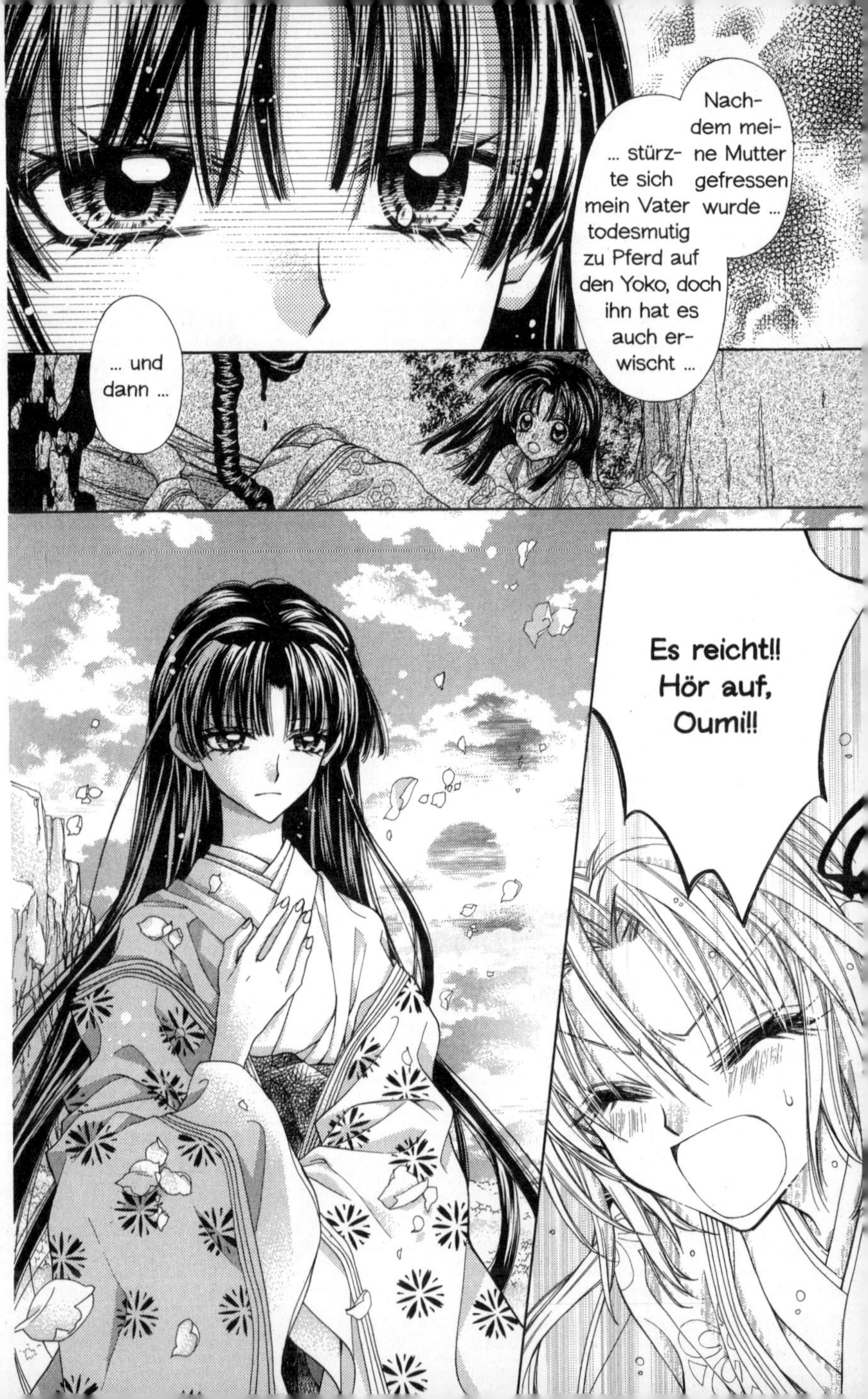
Nachdem meine Mutter gefressen wurde ...
... stürzte sich mein Vater todesmutig zu Pferd auf den Yoko, doch ihn hat es auch erwischt ...
... und dann ...
Es reicht!! Hör auf, Oumi!!

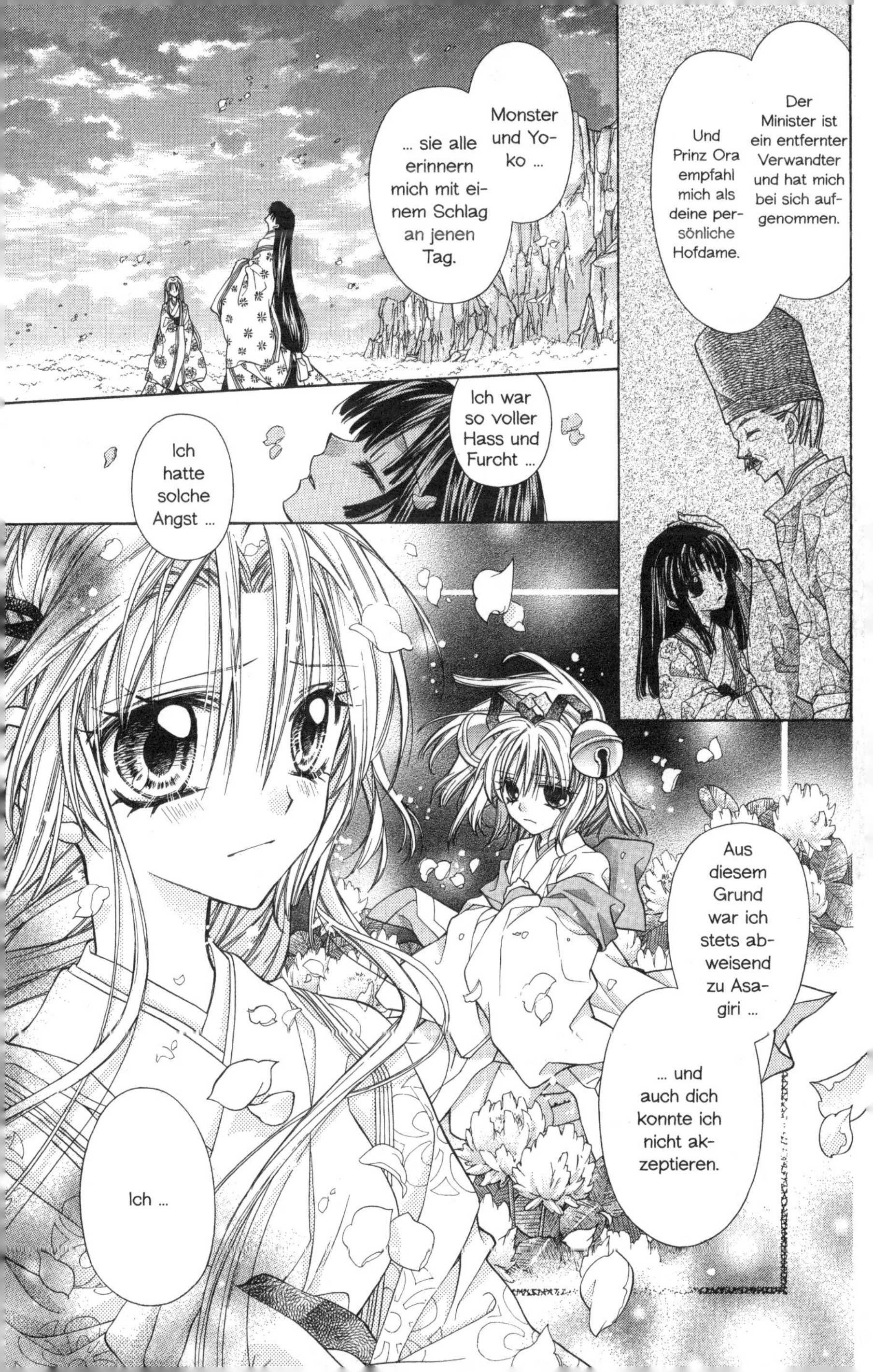
Der Minister ist ein entfernter Verwandter und hat mich bei sich aufgenommen.
Und Prinz Ora empfahl mich als deine persönliche Hofdame.
Monster und Yoko ...
... sie alle erinnern mich mit einem Schlag an jenen Tag.
Ich war so voller Hass und Furcht ...
Ich hatte solche Angst ...
Aus diesem Grund war ich stets abweisend zu Asagiri ...
... und auch dich konnte ich nicht akzeptieren.
Ich ...

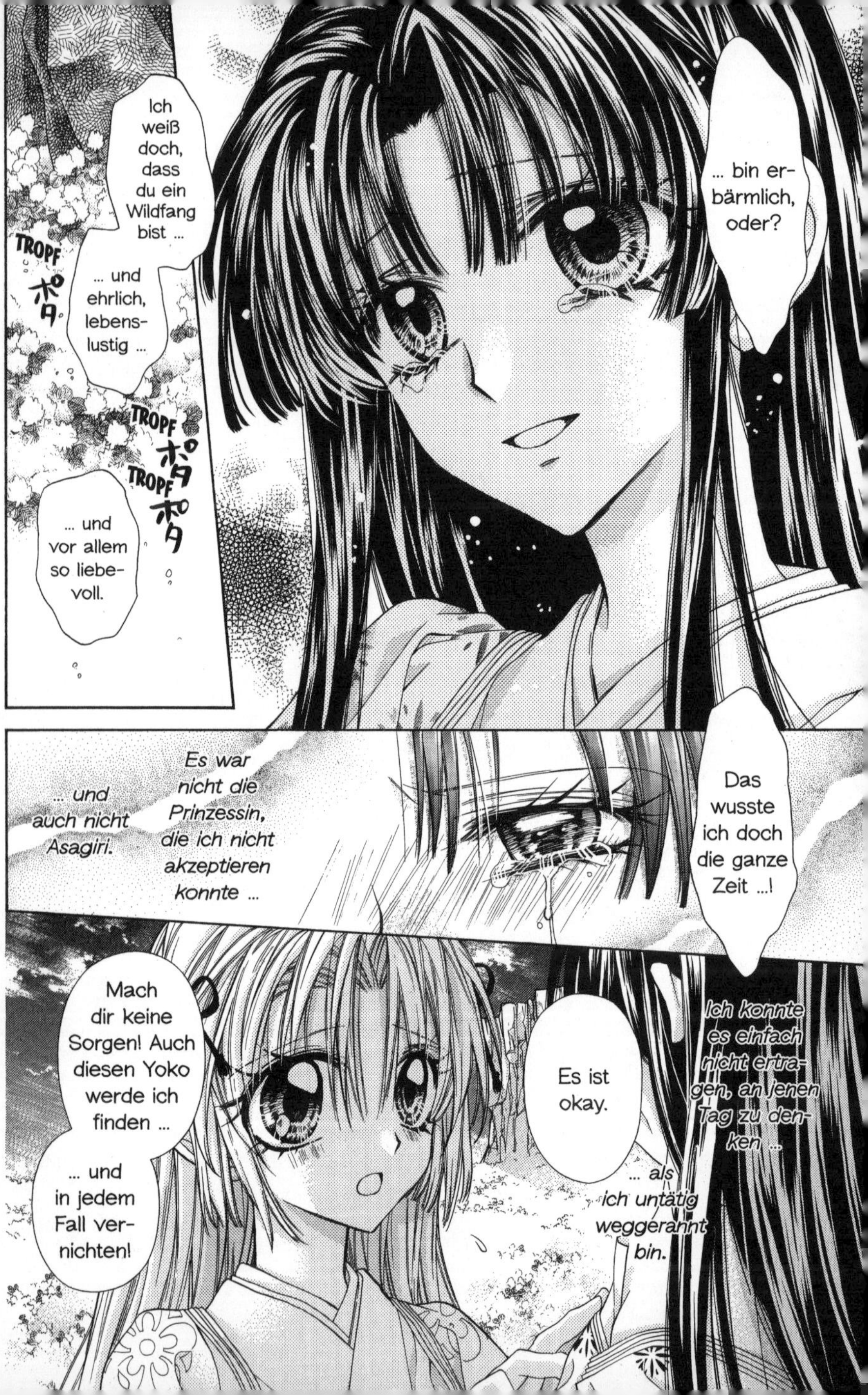
... bin erbärmlich, oder?
Ich weiß doch, dass du ein Wildfang bist ...
... und ehrlich, lebenslustig ...
TROPF
ポタ
TROPF
ポタ
TROPF
ポタ
... und vor allem so liebevoll.
Das wusste ich doch die ganze Zeit ...!
Es war nicht die Prinzessin, die ich nicht akzeptieren konnte ...
... und auch nicht Asagiri.
Ich konnte es einfach nicht ertragen, an jenen Tag zu denken ...
... als ich untätig weggerannt bin.
Es ist okay.
Mach dir keine Sorgen! Auch diesen Yoko werde ich finden ...
... und in jedem Fall vernichten!

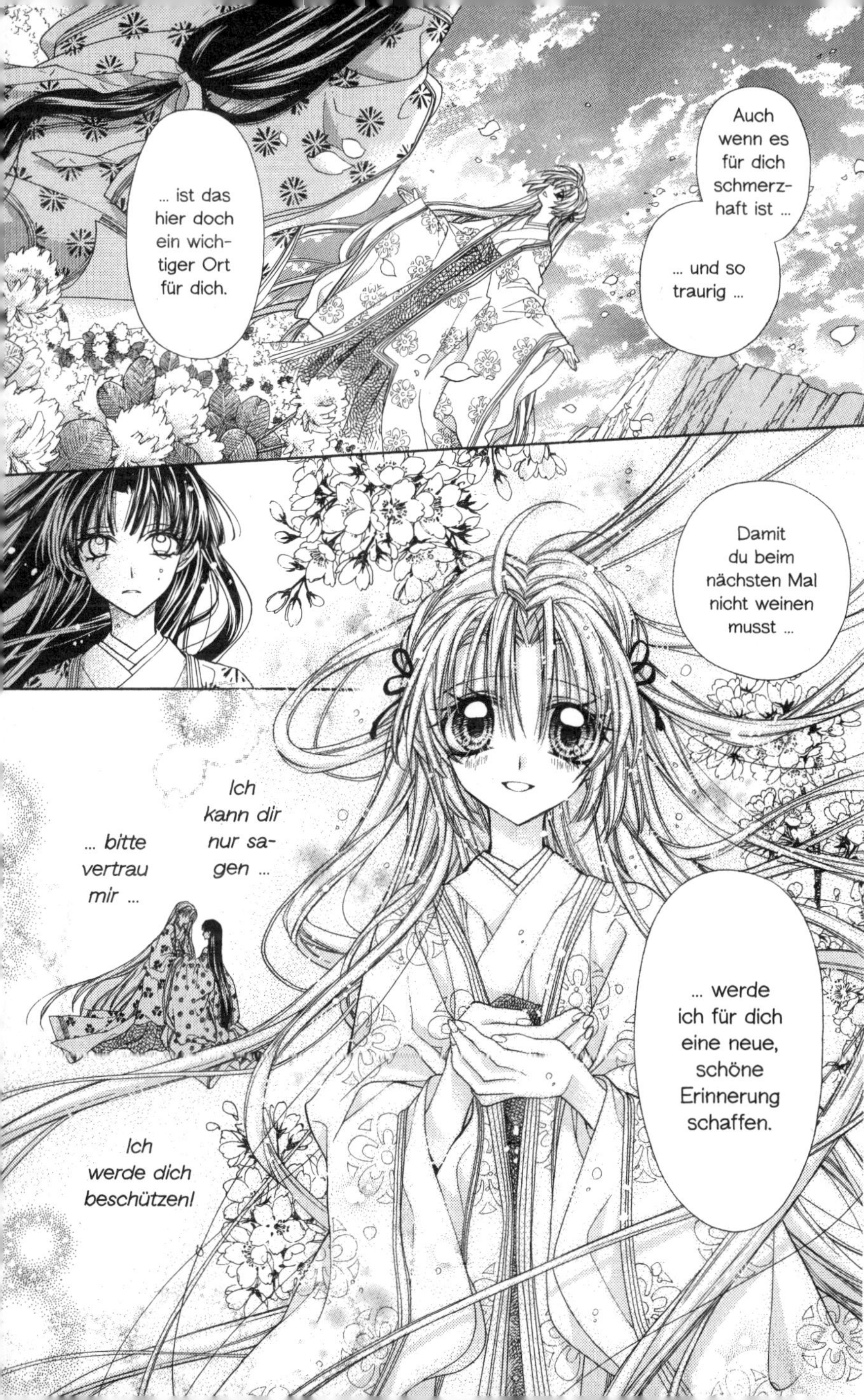
Auch wenn es für dich schmerzhaft ist ...
... und so traurig ...
... ist das hier doch ein wichtiger Ort für dich.
Damit du beim nächsten Mal nicht weinen musst ...
... werde ich für dich eine neue, schöne Erinnerung schaffen.
Ich kann dir nur sagen ...
... bitte vertrau mir ...
Ich werde dich beschützen!

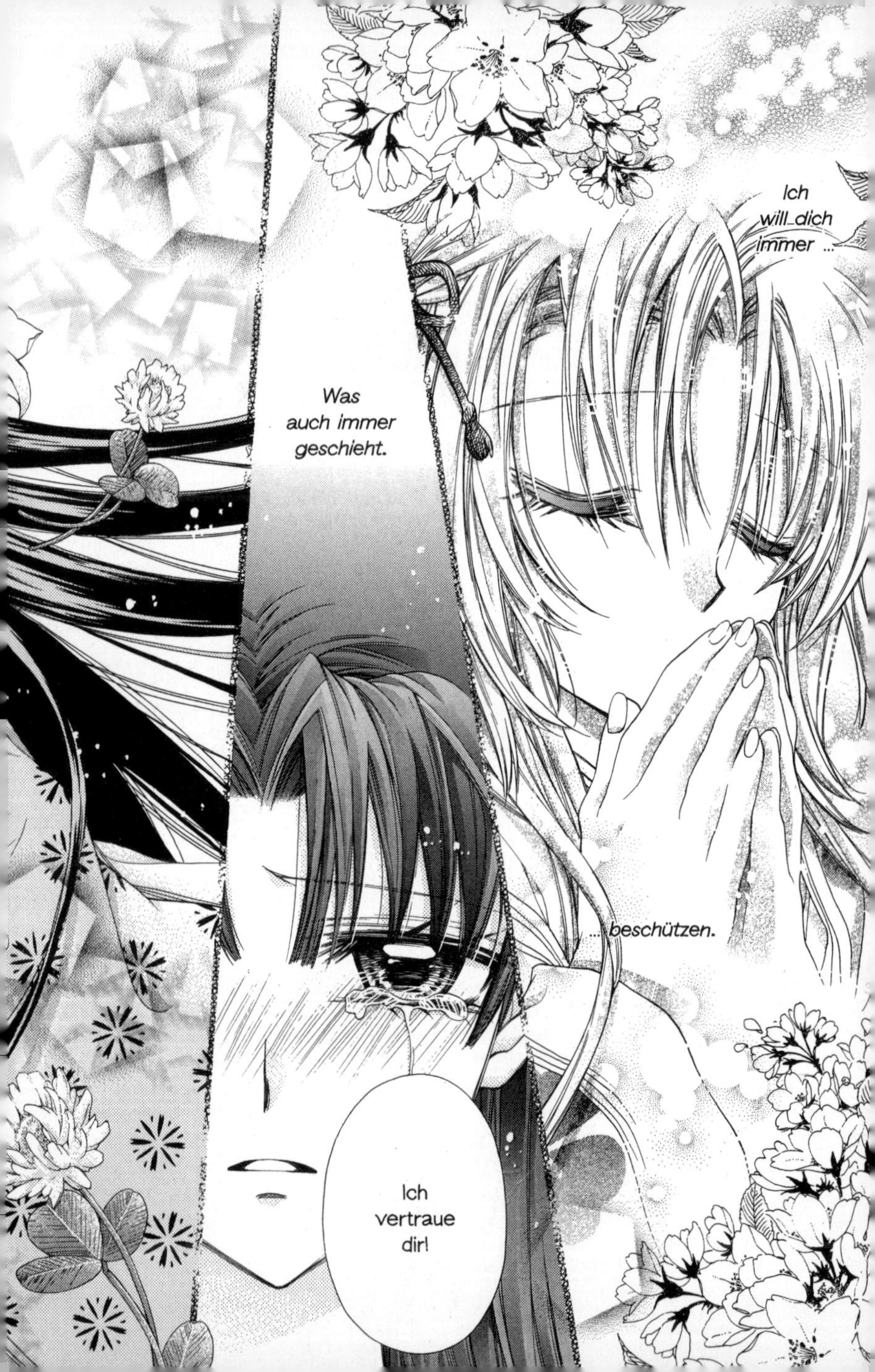
Ich will dich immer ...
... beschützen.
Was auch immer geschieht.
Ich vertraue dir!

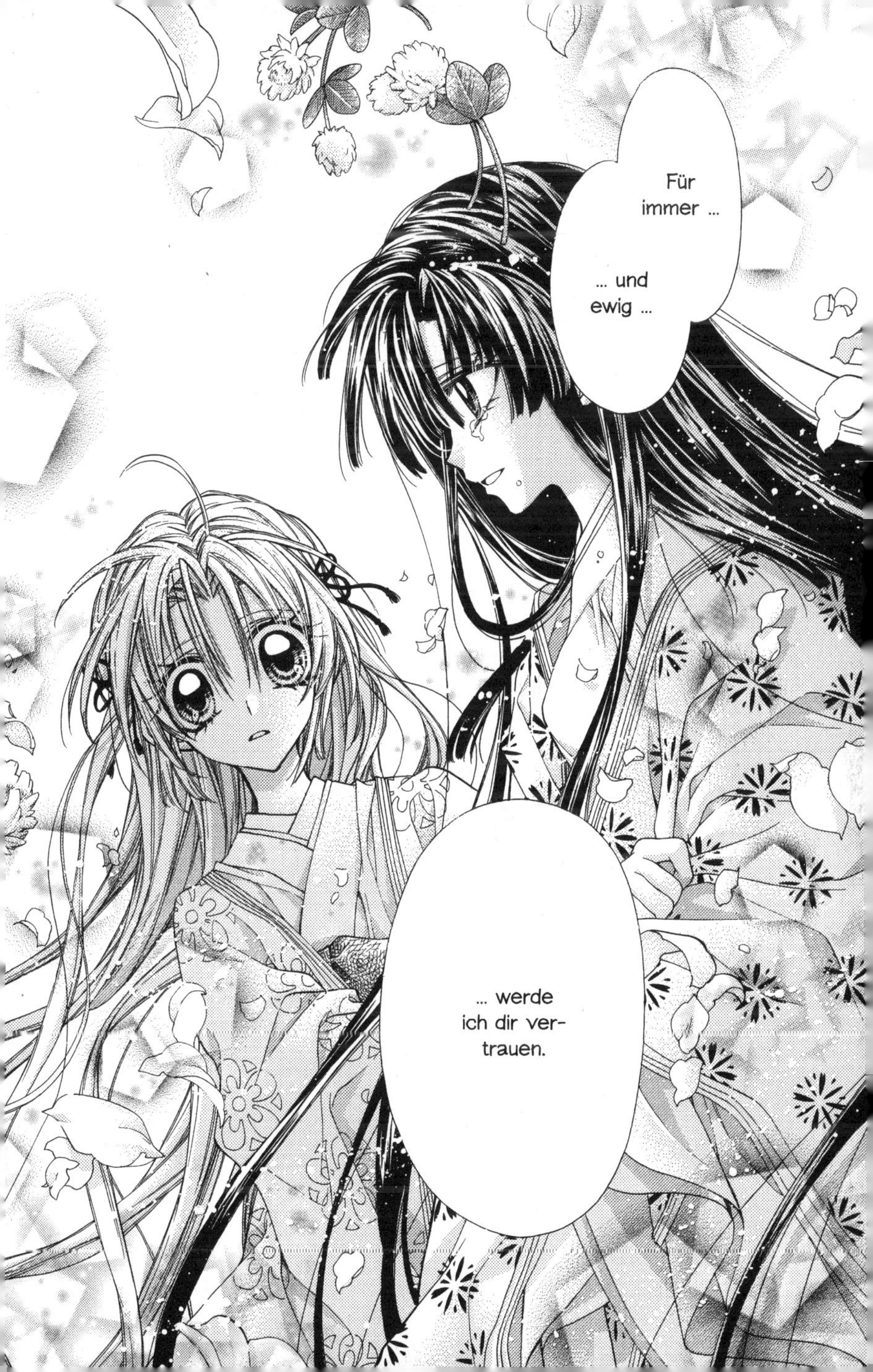
Für immer ...
... und ewig ...
... werde ich dir vertrauen.

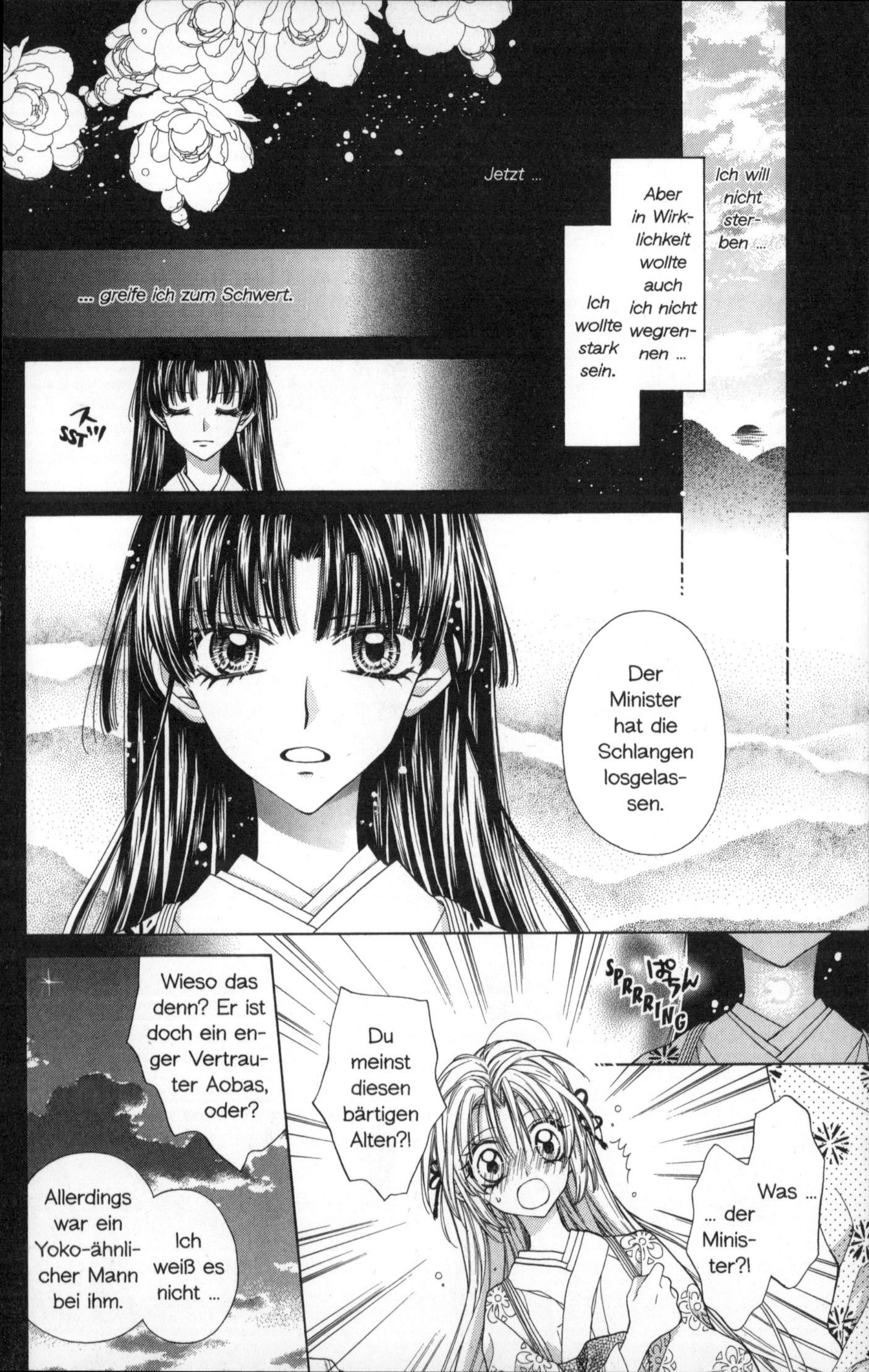
Ich will nicht ster-ben ...
Aber in Wirk-lichkeit wollte auch ich nicht wegren-nen ...
Ich wollte stark sein.
Jetzt ...
... greife ich zum Schwert.
SST
Der Minister hat die Schlangen losgelas-sen.
SPRRRING
Was ...
... der Minis-ter?!
Du meinst diesen bärtigen Alten?!
Wieso das denn? Er ist doch ein en-ger Vertrau-ter Aobas, oder?
Ich weiß es nicht ...
Allerdings war ein Yoko-ähnli-cher Mann bei ihm.

Comedy

Ich habe schon immer Comedy-Sendungen im Fernsehen geliebt (eigentlich vor allem DownTown), aber in letzter Zeit boomt die Branche dank der Wirtschaftskrise!!

Also, meine Lieblings-Comedystars sind zurzeit:

-Junior Chihara
Ich liebe ihn! Er ist richtig gut im freien Sprechen und Improvisieren, sodass er ein Gewinn für jede Sendung ist, in der er auftritt! Meine Meinung! Besonders toll finde ich ihn, wenn er in *Yarisugi Cosy* auftritt.

– Savanna
Zunächst war ich nur Fan von Takahashi, der öfter in *Yarisugi Cosy* oder *Ame-Talk* auftritt, aber inzwischen finde ich Yagi-san auch super (so natürlich ...). Die beiden sind so ansteckend relaxt.

– Roseanne
Das ist der Lieblingscomedian von *Ame-Talk*. Zwischendurch war ich total besessen von Roseanne, sodass ich mir endlos DVDs und »Die Kyodai-Geinin« reingezogen habe. Sie sind einfach total süß, und es ist herzerwärmend, wie gut die beiden harmonieren.

– Audrey
Man bekommt nicht genug davon, oder?! Die tauchen in so vielen Sendungen auf, dass mein Festplattenrecorder gar nicht hinterherkommt. Ich mag übrigens Wakabayashi am liebsten. Weil er auf eine zurückhaltende Art sein Gift verspritzt.

Ansonsten mag ich Imada, Higashino, Summers und Creamstews gern. Ich glaube, ich werde sie alle für immer und ewig lieben. Comedy ist einfach super!

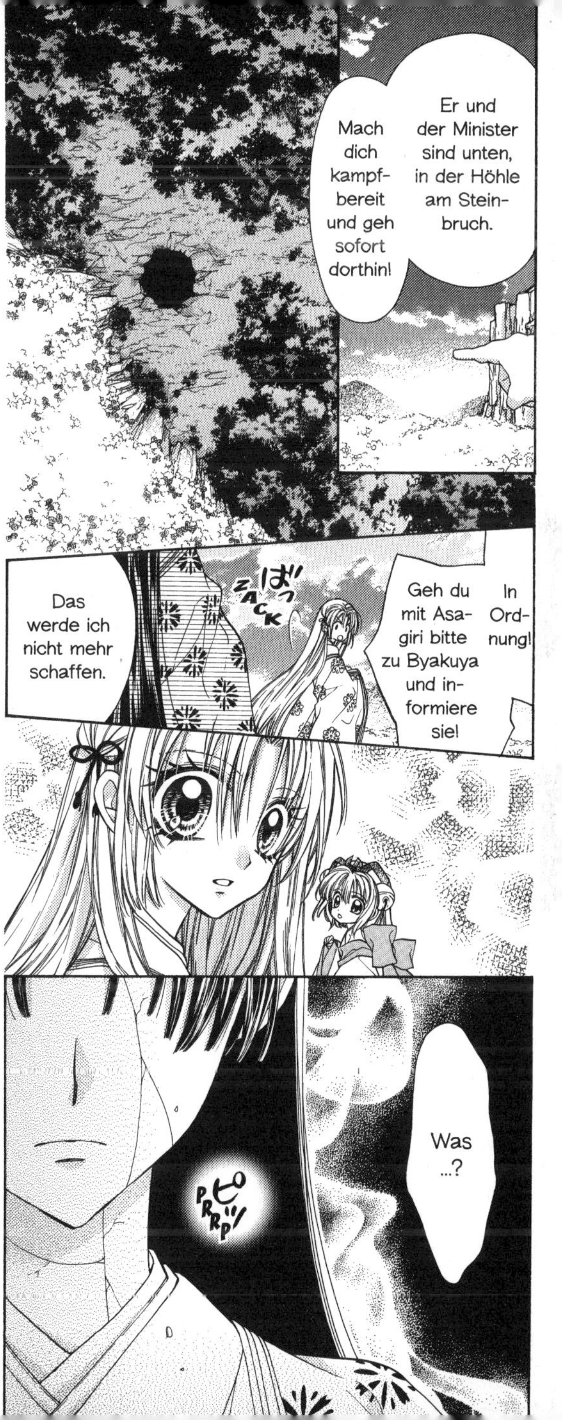

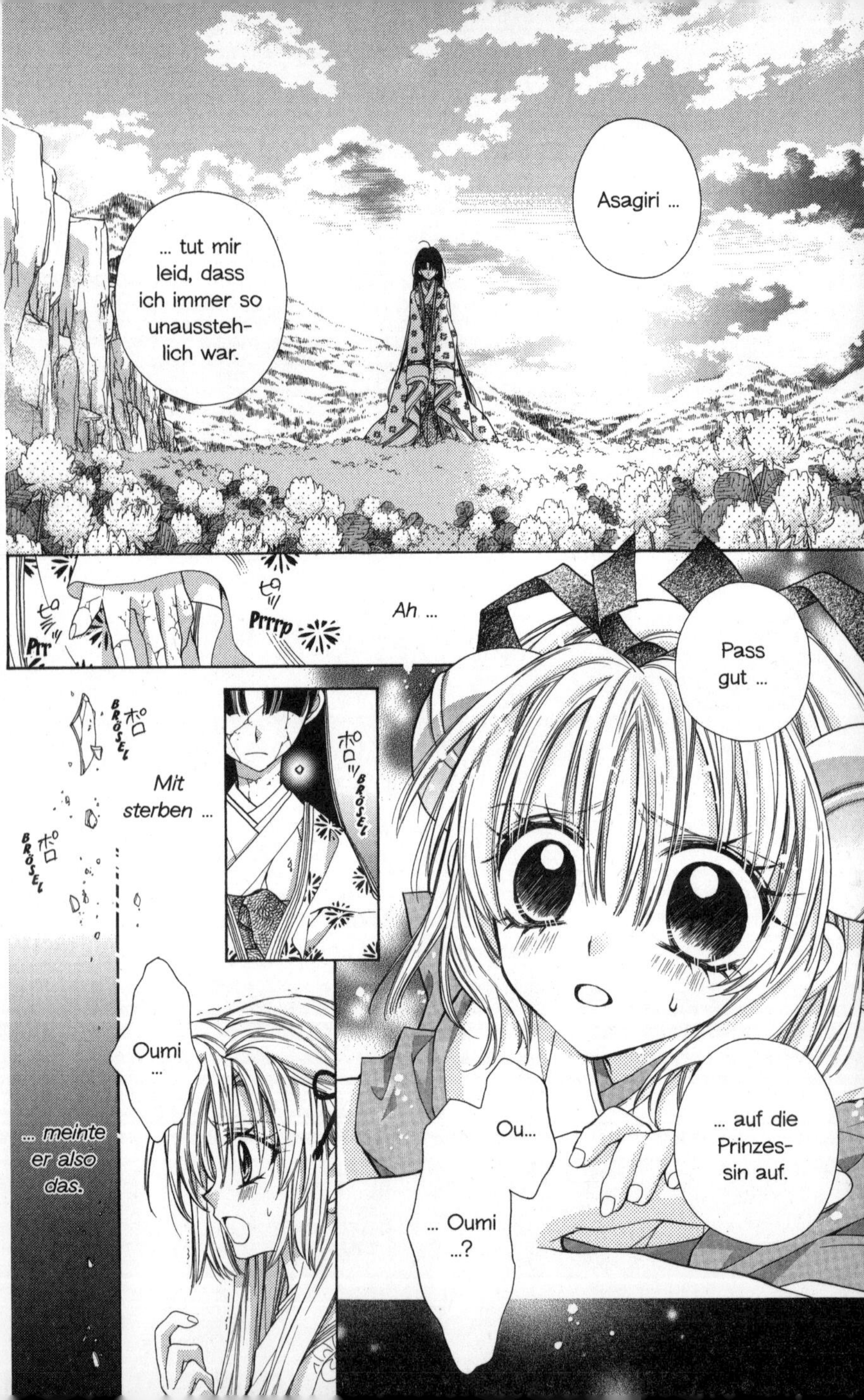

Asagiri ...
... tut mir leid, dass ich immer so unausstehlich war.
Prrrp
Prr
Ah ...
Pass gut ...
BRÖSEL
Mit sterben ...
BRÖSEL
BRÖSEL
... auf die Prinzessin auf.
Ou...
... Oumi ...?
Oumi ...
... meinte er also das.

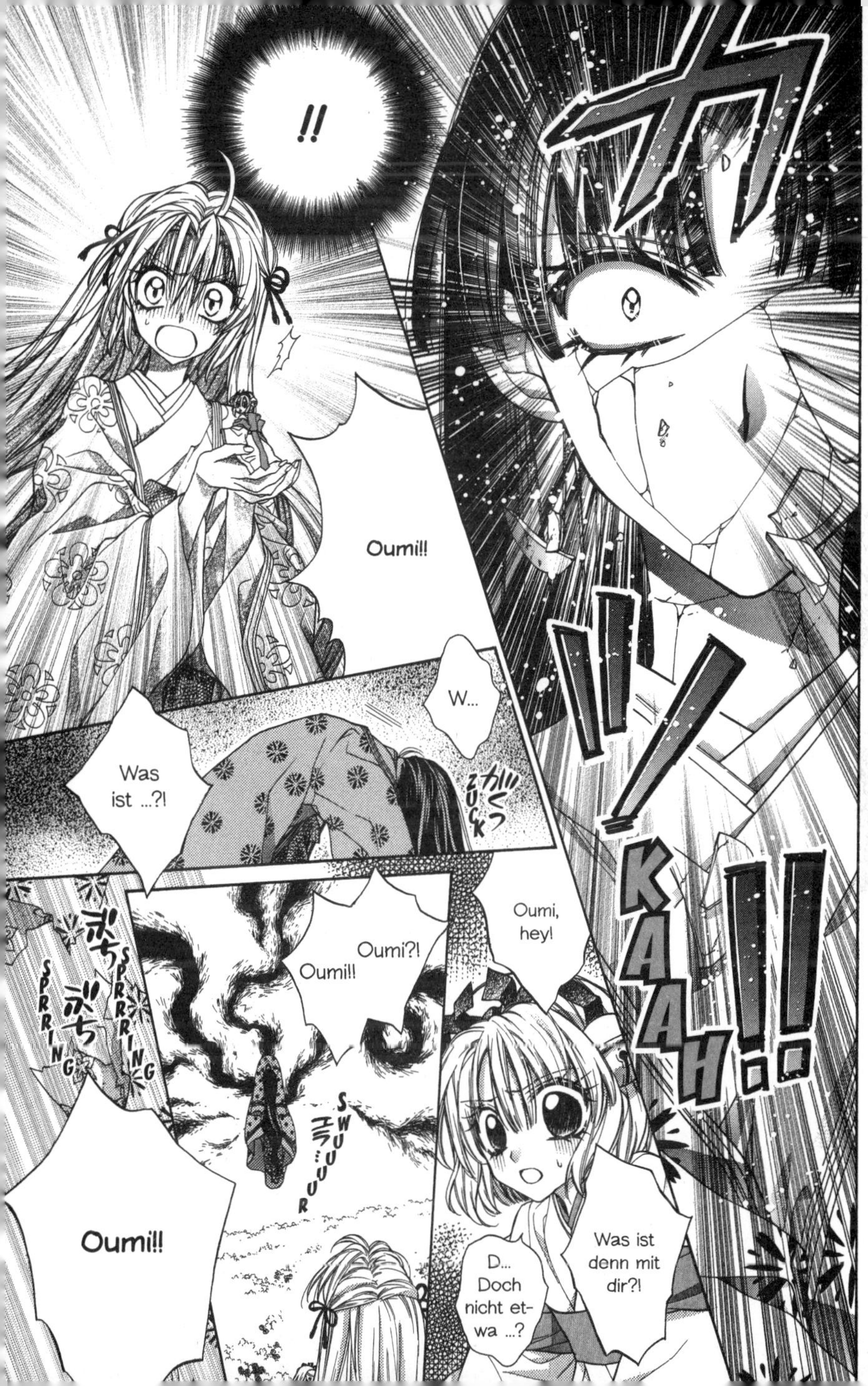
KAAH!!
!!
Oumi!!
W...
ZUCK
Was ist ...?!
Oumi, hey!
Oumi?!
Oumi!!
SPRRRING
SPRRRING
SWUUUUR
Oumi!!
Was ist denn mit dir?!
D... Doch nicht et-wa ...?

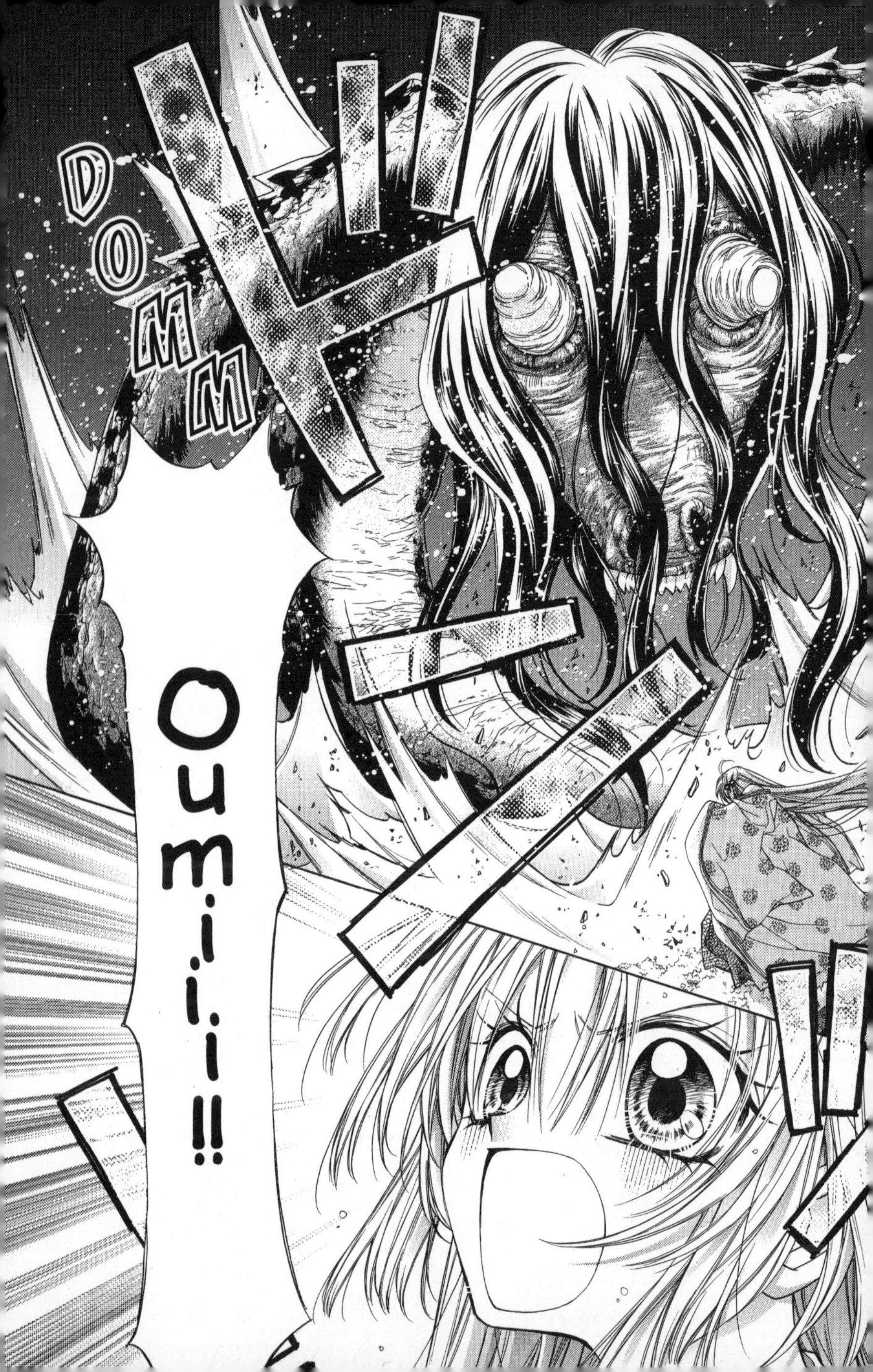
DOMM
Oumiiiii!!

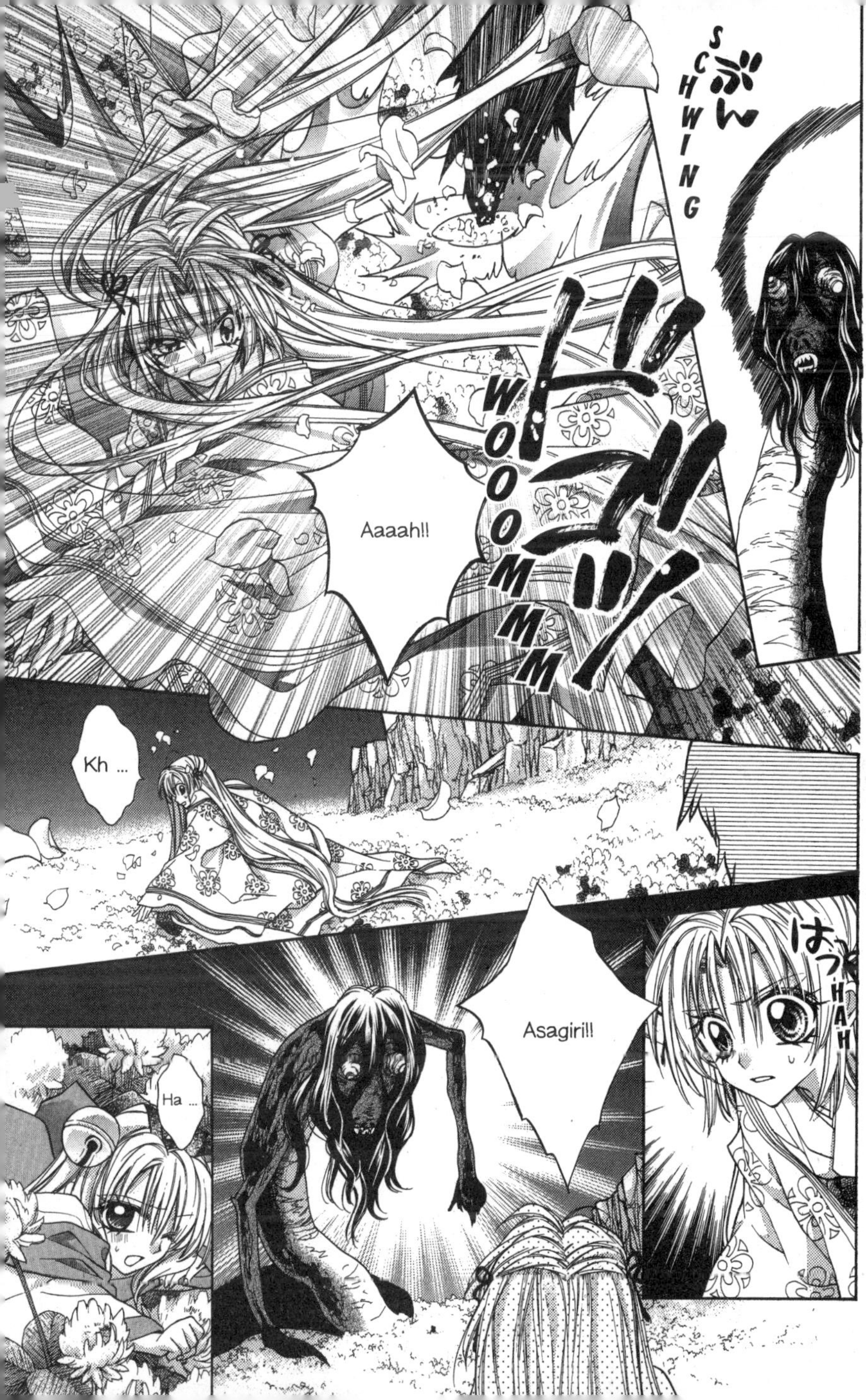
ぶん
SCHWING
ドゴッ
WOOOOMMMM
Aaaah!!
Kh ...
はっ
HAH
Asagiri!!
Ha ...

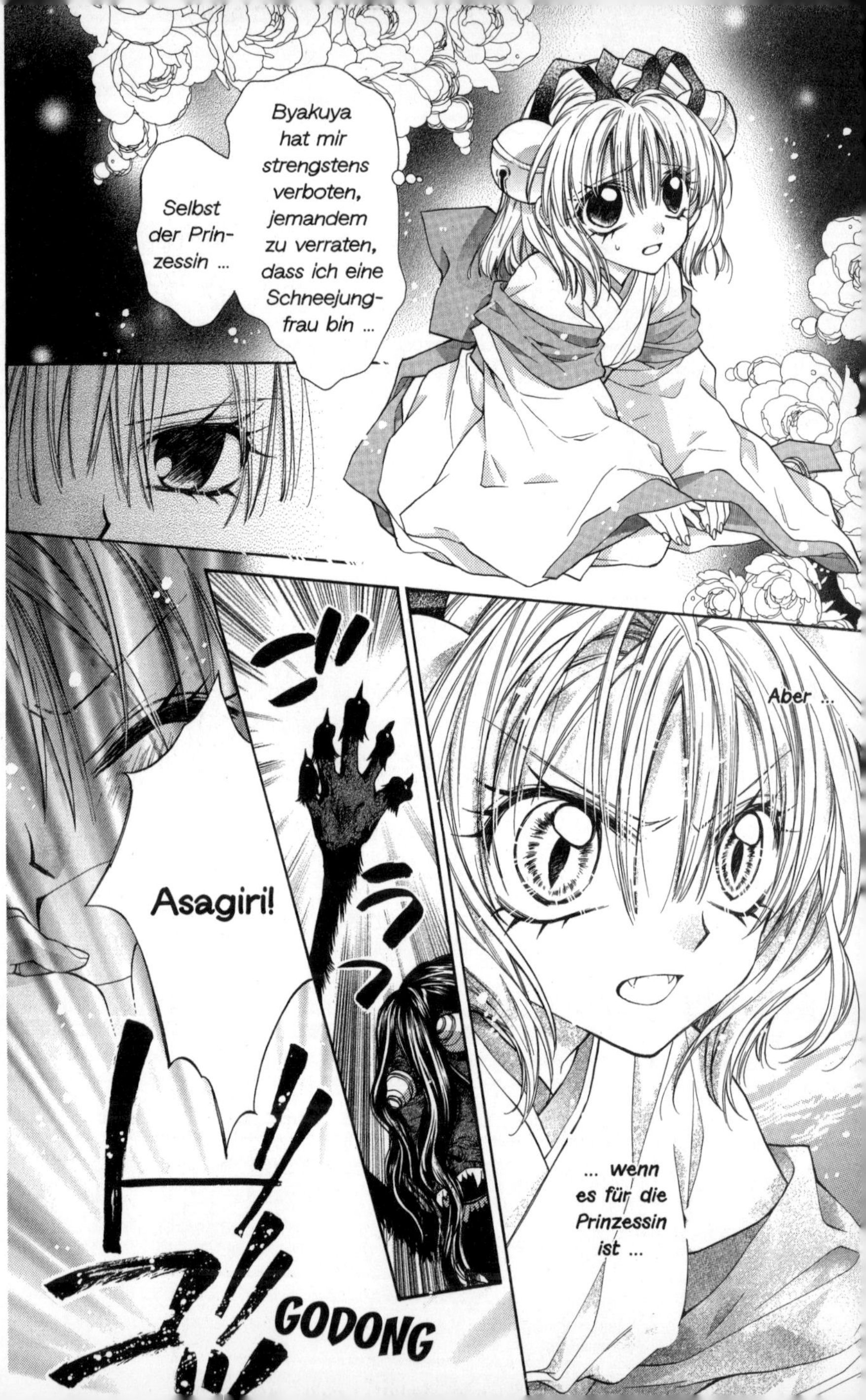
Byakuya hat mir strengstens verboten, jemandem zu verraten, dass ich eine Schneejungfrau bin ...
Selbst der Prinzessin ...
Aber ...
... wenn es für die Prinzessin ist ...
GODONG
Asagiri!

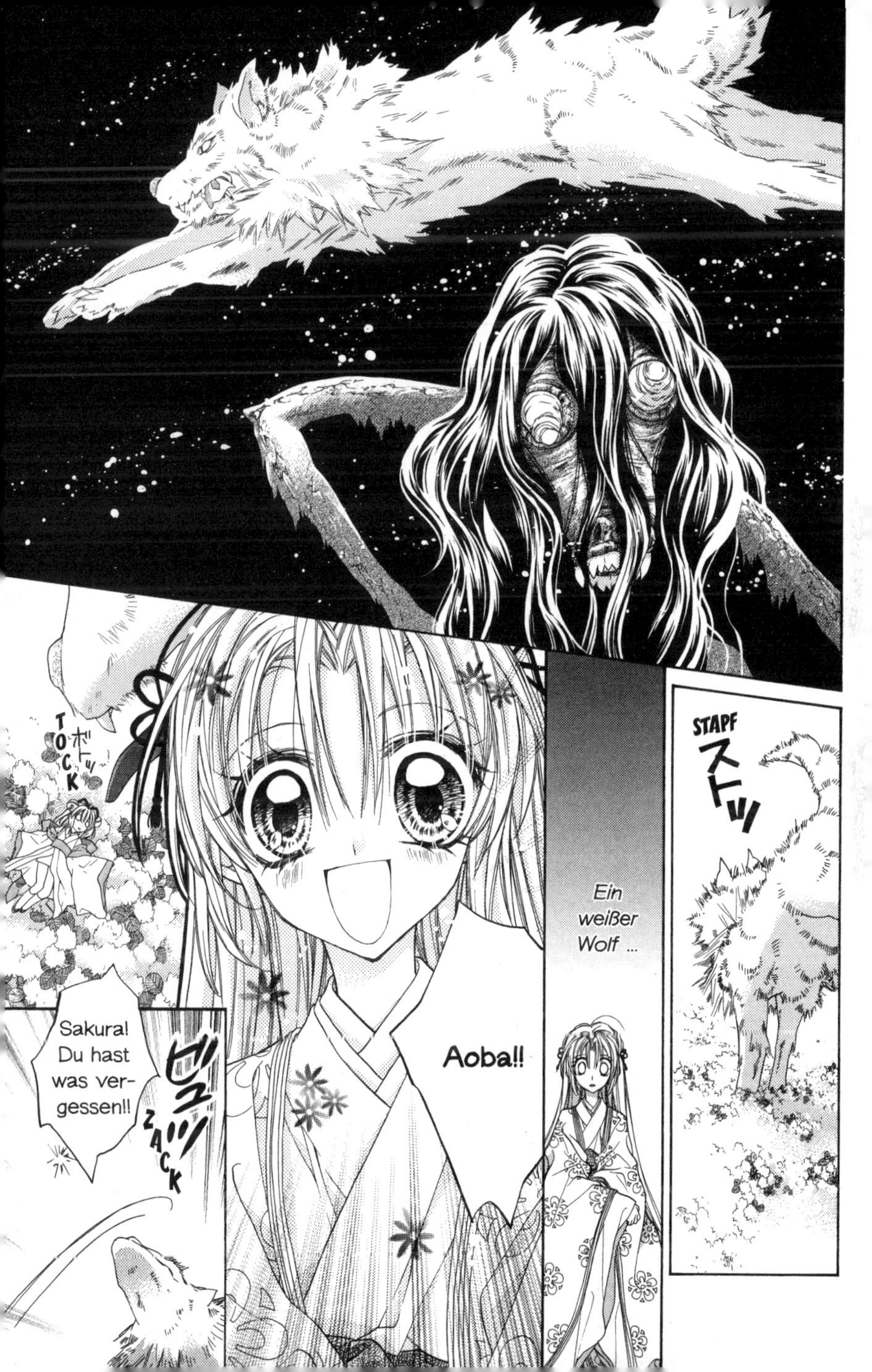
STAPF
ストッ
Ein weißer Wolf ...
Aoba!!
TOCK
ボトッ
Sakura! Du hast was vergessen!!
ビュッ
ZACK

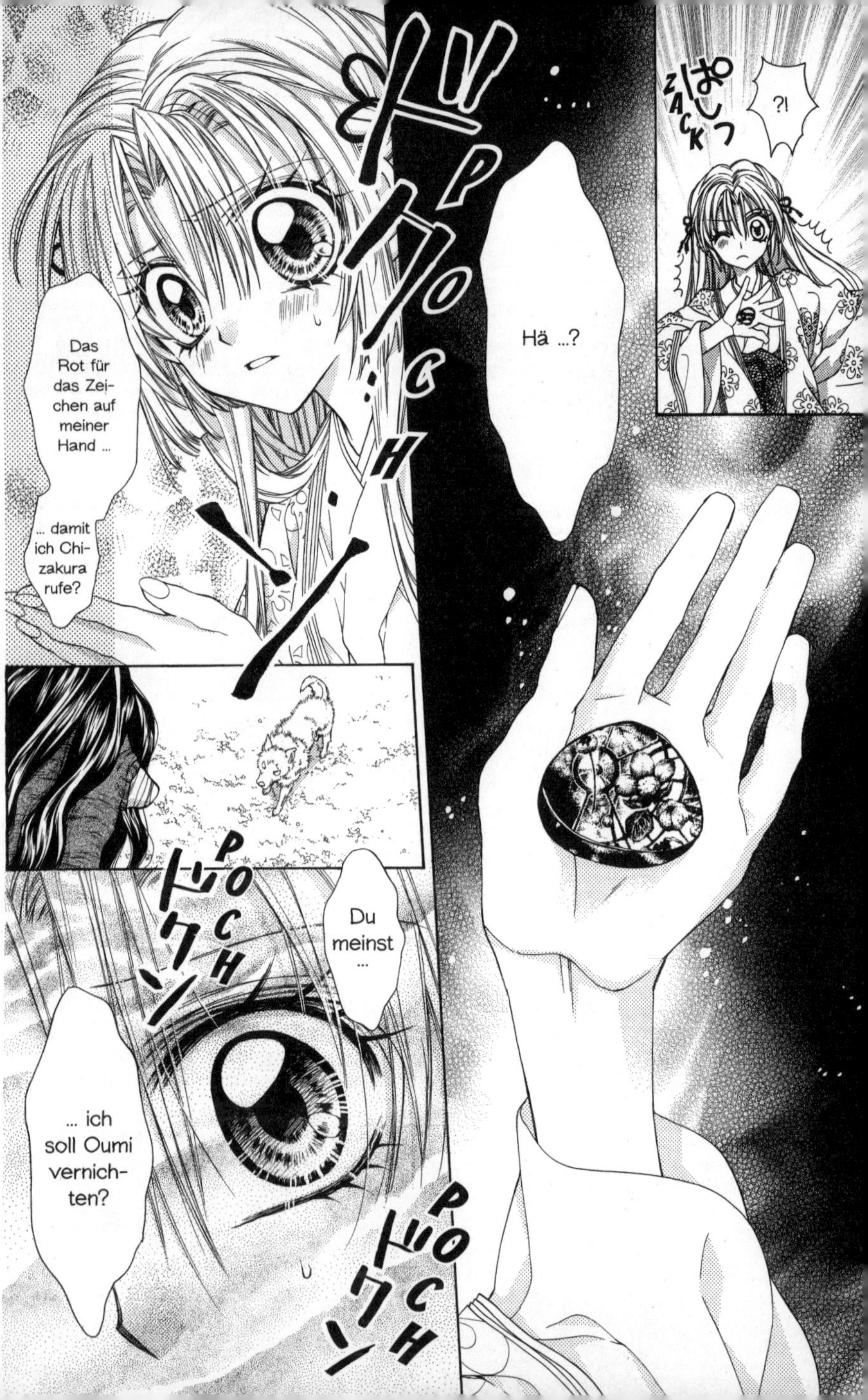

ZACK
?!
Hä ...?
POCH
Das Rot für das Zeichen auf meiner Hand ...
... damit ich Chizakura rufe?
Du meinst ...
POCH
... ich soll Oumi vernichten?
POCH

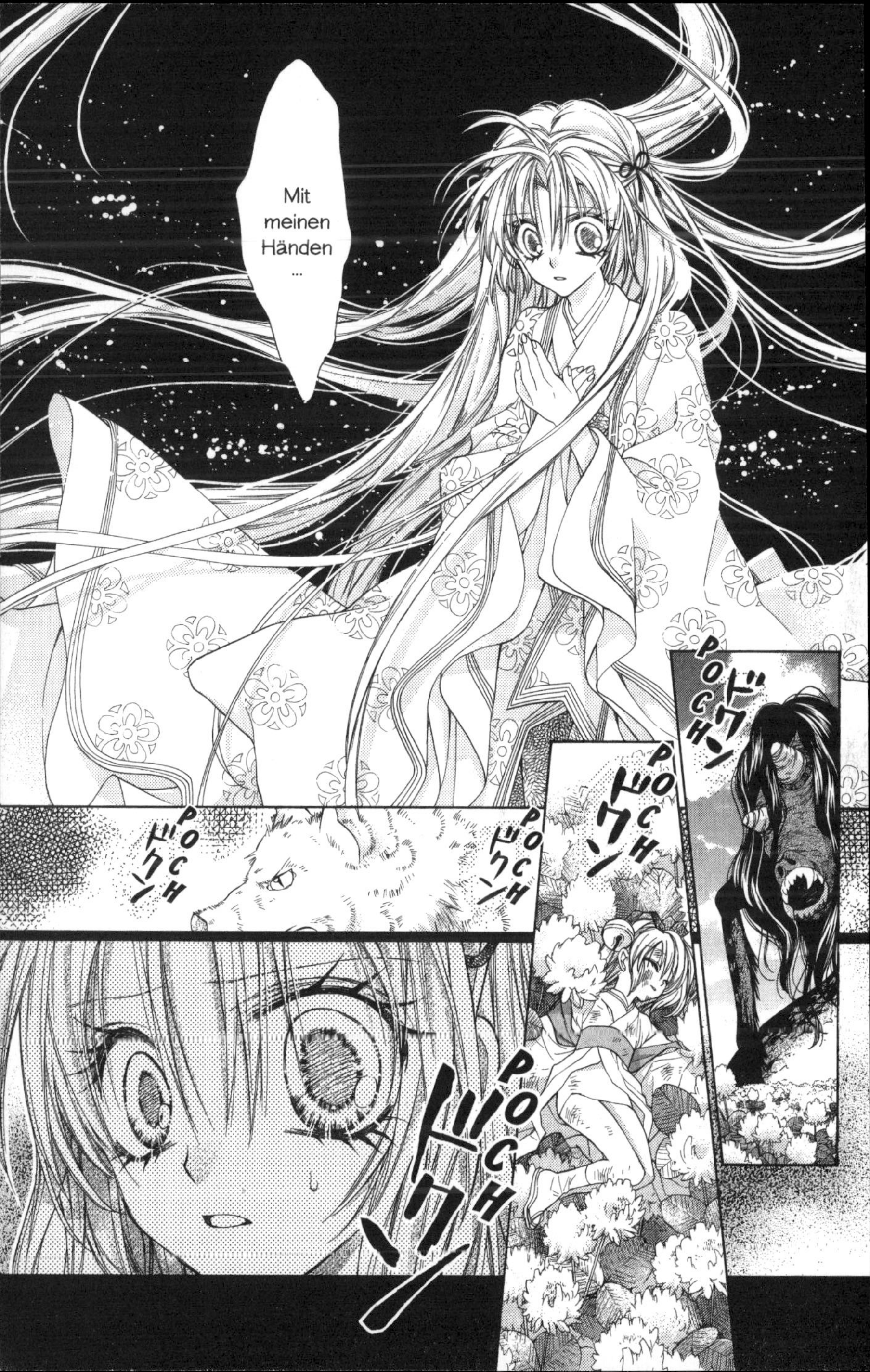
Mit meinen Händen ...
POCH
POCH
POCH
POCH
POCH

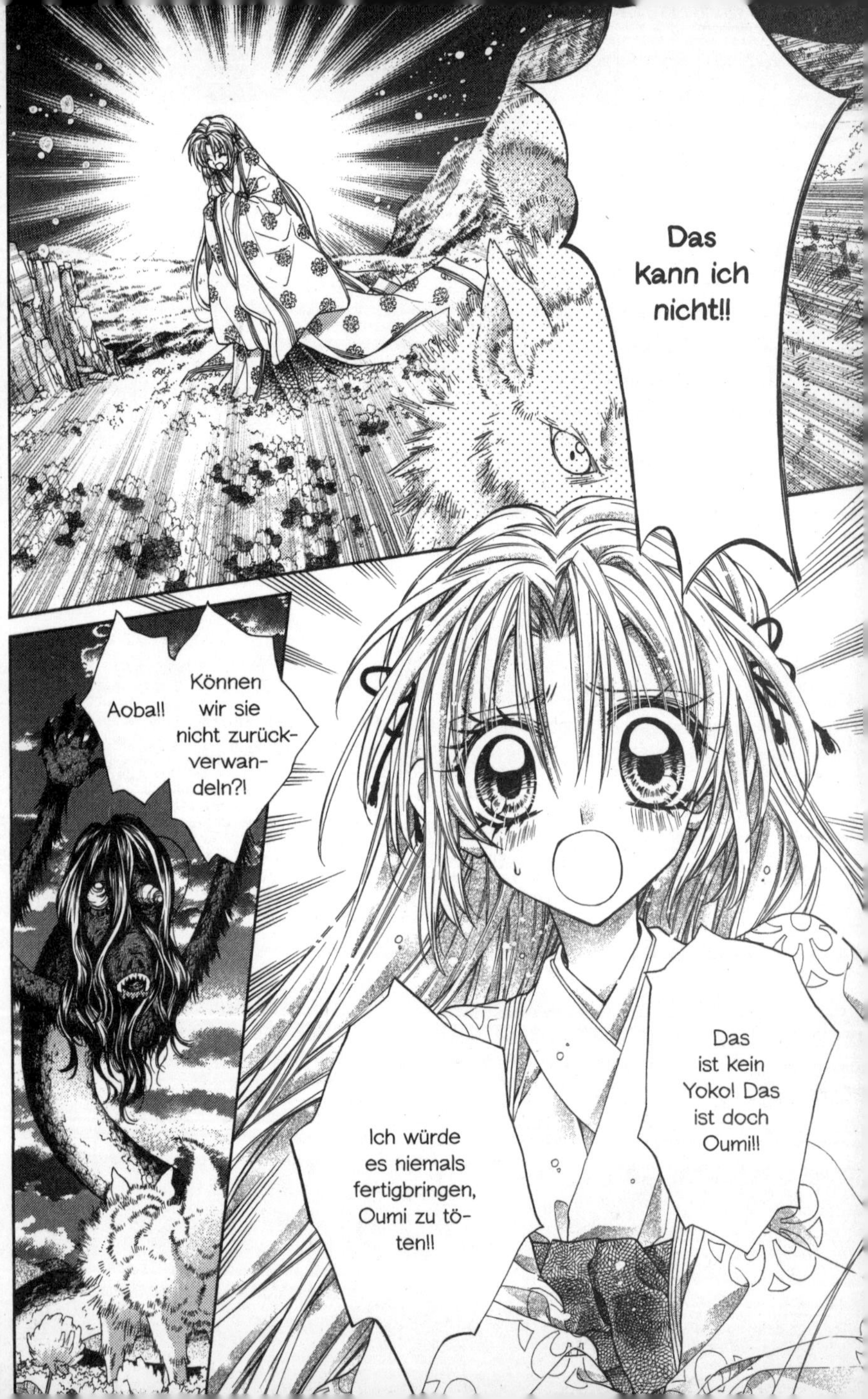
Das kann ich nicht!!
Aoba!!
Können wir sie nicht zurück-verwan-deln?!
Das ist kein Yoko! Das ist doch Oumi!!
Ich würde es niemals fertigbringen, Oumi zu tö-ten!!

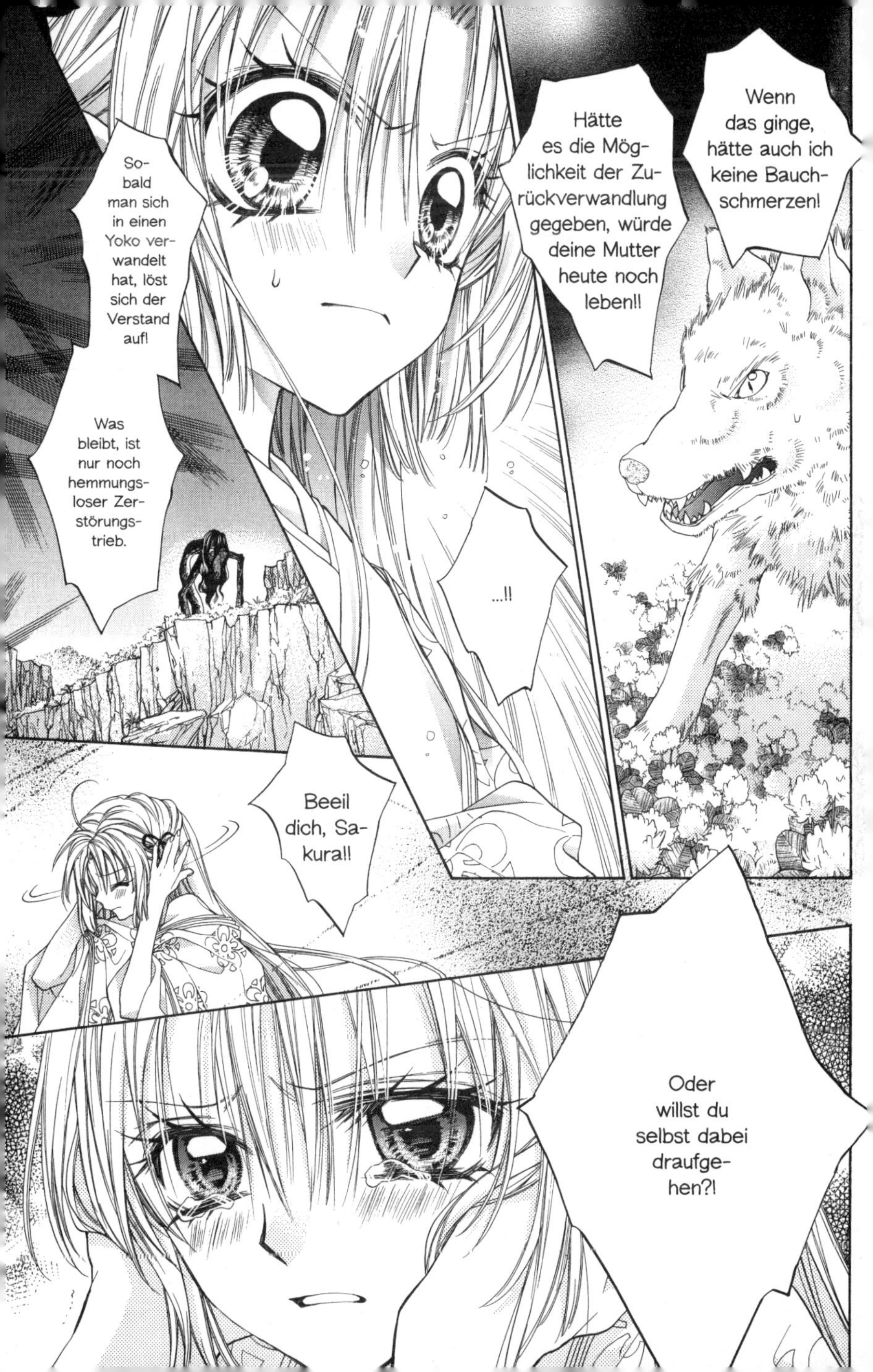
Wenn das ginge, hätte auch ich keine Bauch-schmerzen!
Hätte es die Mög-lichkeit der Zu-rückverwandlung gegeben, würde deine Mutter heute noch leben!!
So-bald man sich in einen Yoko ver-wandelt hat, löst sich der Verstand auf!
Was bleibt, ist nur noch hemmungs-loser Zer-störungs-trieb.
...!!
Beeil dich, Sa-kura!!
Oder willst du selbst dabei draufge-hen?!

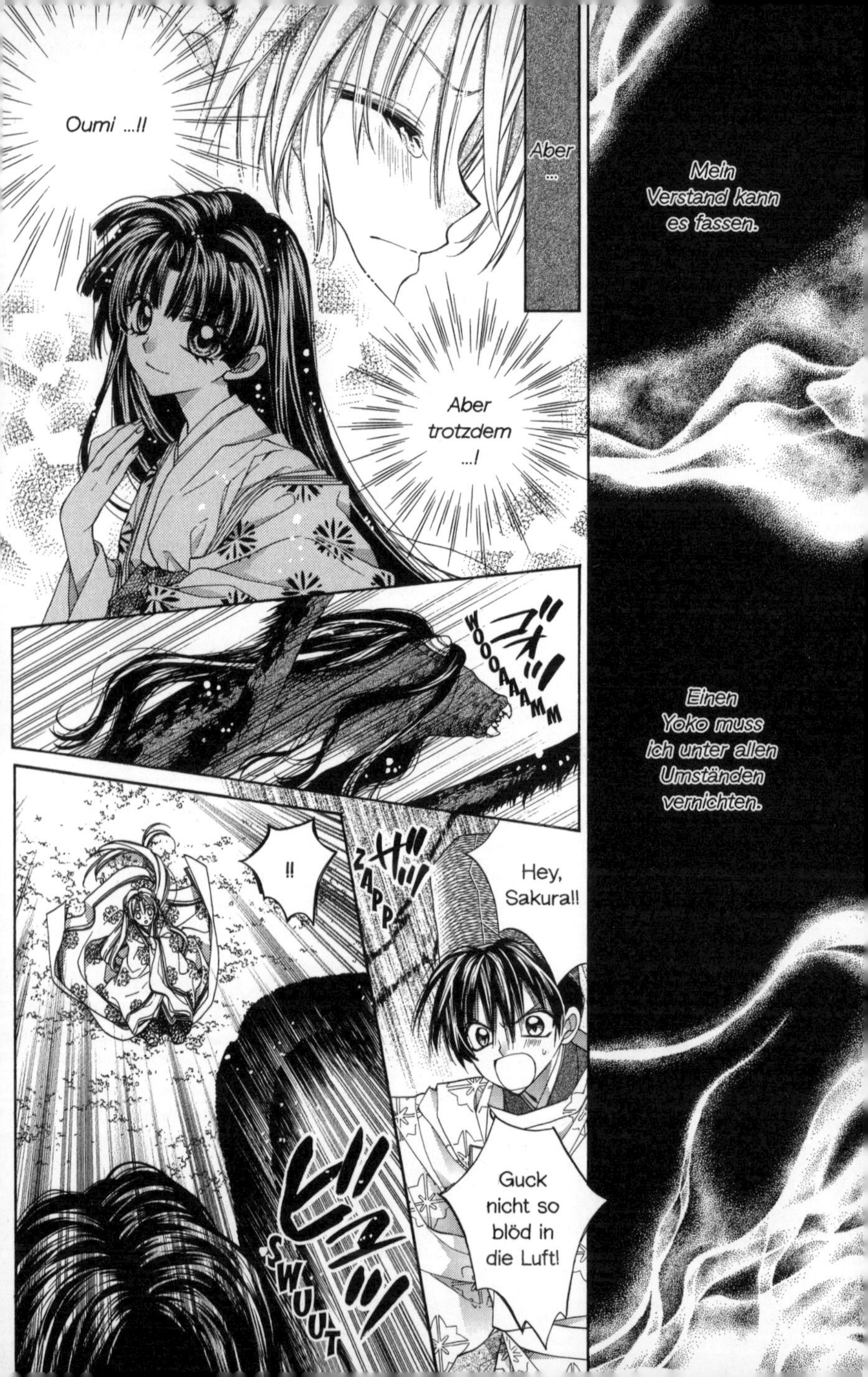

Mein Verstand kann es fassen.
Aber ...
Oumi ...!!
Aber trotzdem ...!
Einen Yoko muss ich unter allen Umständen vernichten.
WOOOAAAAMM
Hey, Sakura!!
ZAPP
!!
Guck nicht so blöd in die Luft!
SWUUUT

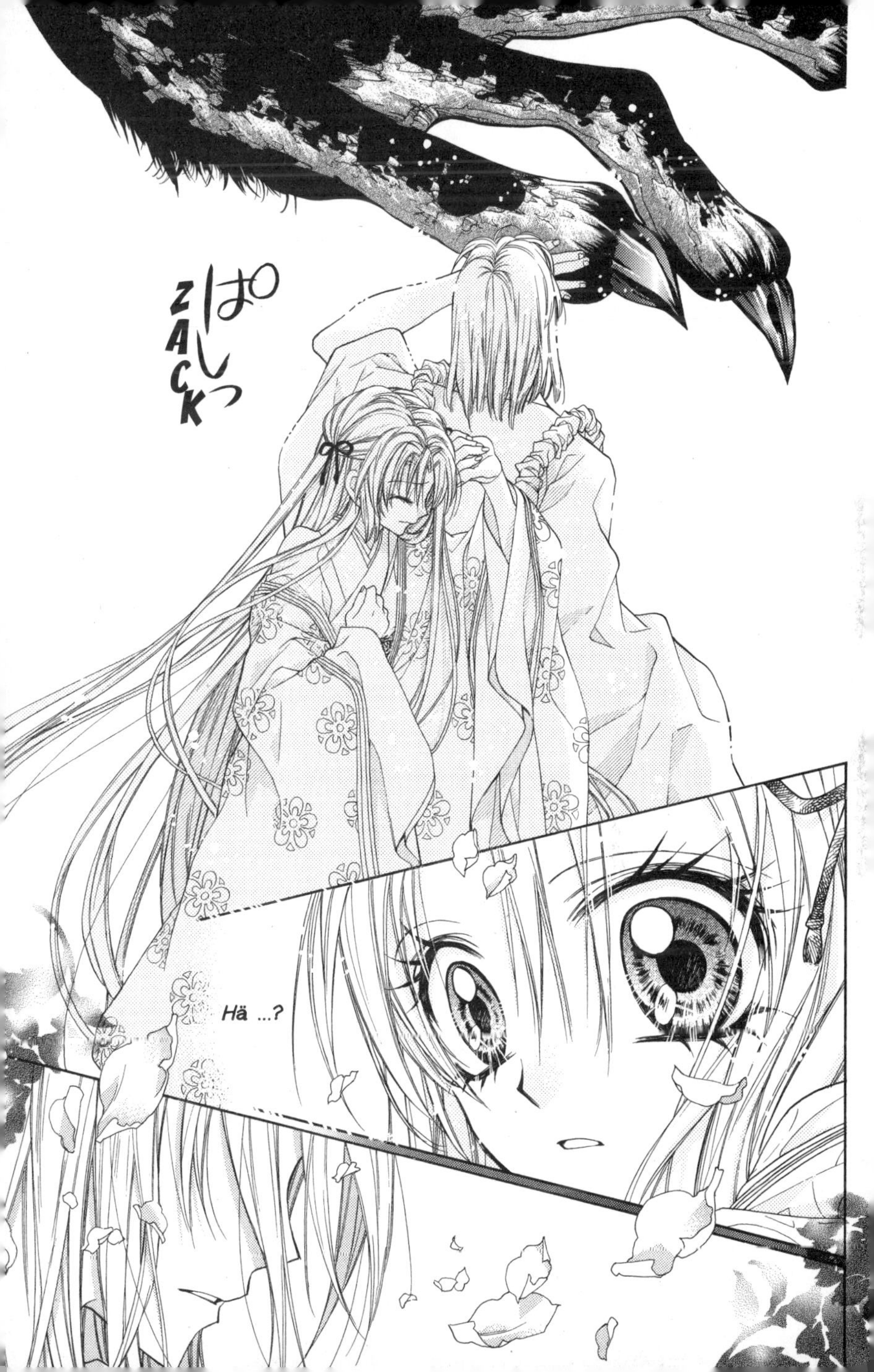
ぱしっ
ZACK
Hä ...?

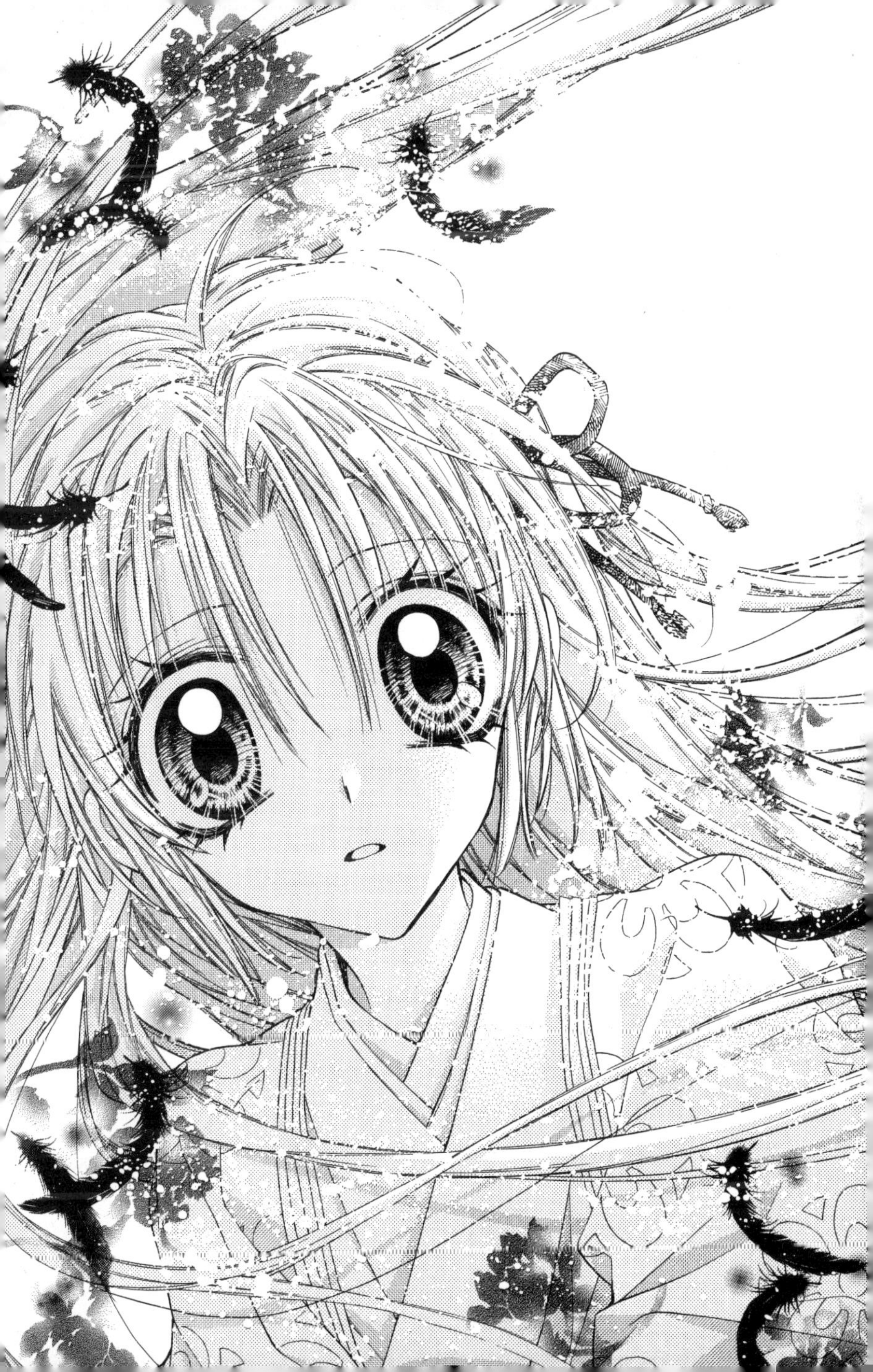

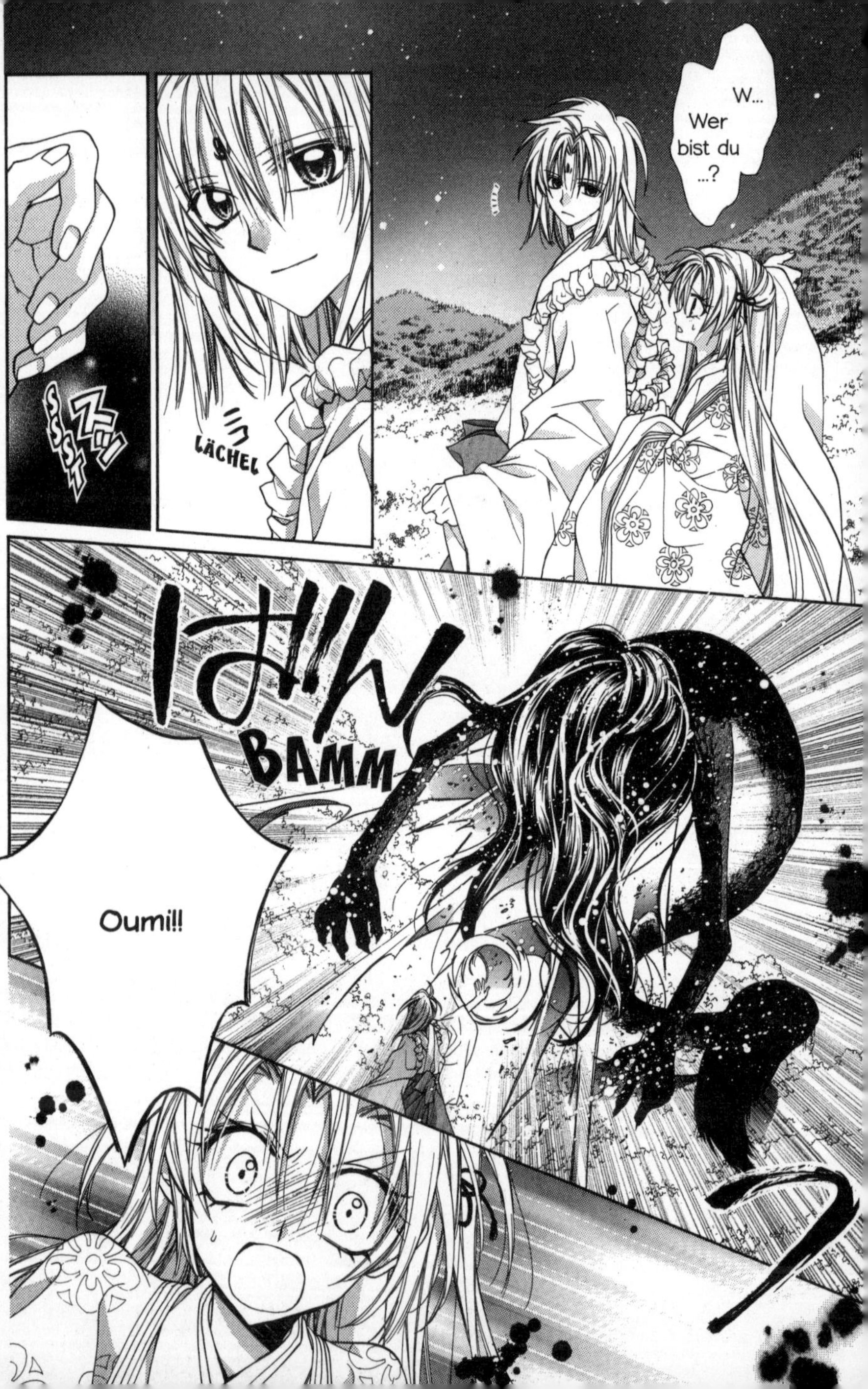
W...
Wer bist du ...?
SSST
LÄCHEL
BAMM
Oumi!!

Dann bis bald ...

Die letzten Kolumnen habe ich für verschiedene Gesprächsthemen genutzt. Wie hat euch das gefallen? Ende Juli fliege ich übrigens für eine Manga-Convention nach Deutschland. Im nächsten Band werde ich also hoffentlich darüber berichten können.

Special Thanks

Nakame

Ishizuka, Mizuguchi, Nakazawa-san, Ueda, Kurachi, Saori, Yuki, Chihiron, Konako.

Anmonite GmbH
sowie
Shueisha, Ribon-Redaktion und Redakteur O.

Designer Kawatani und Kenbisha

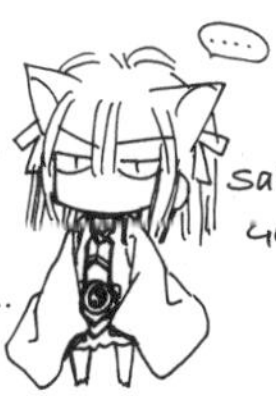

Irgendwie ist es komisch geworden ...

Sakura-Gothic

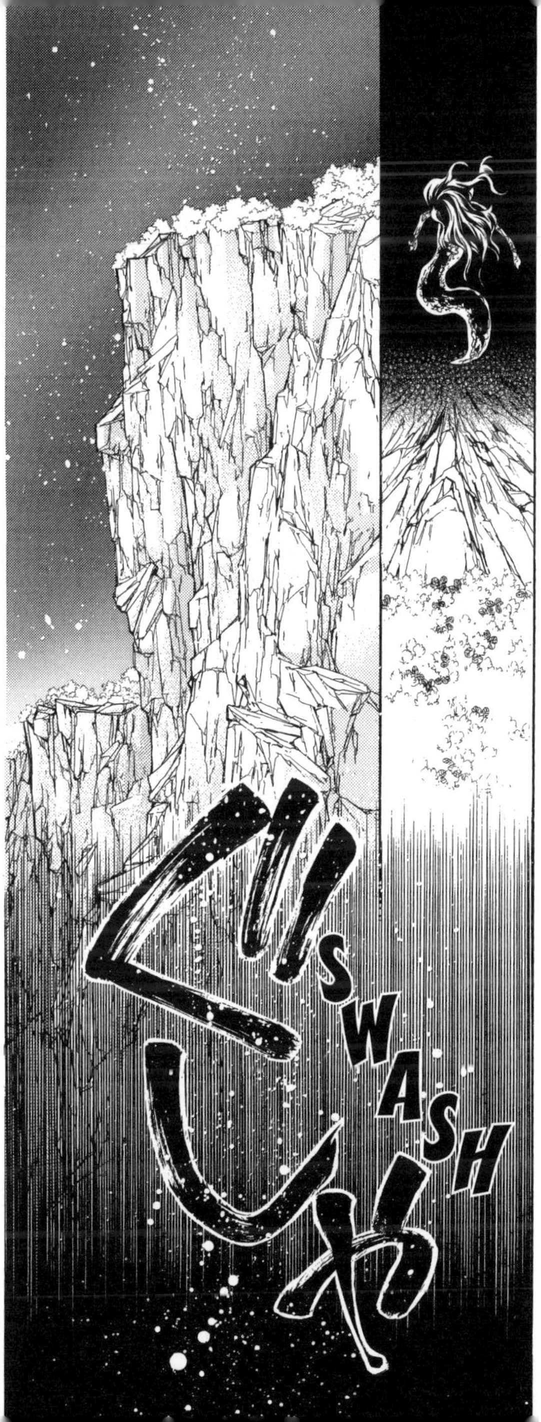

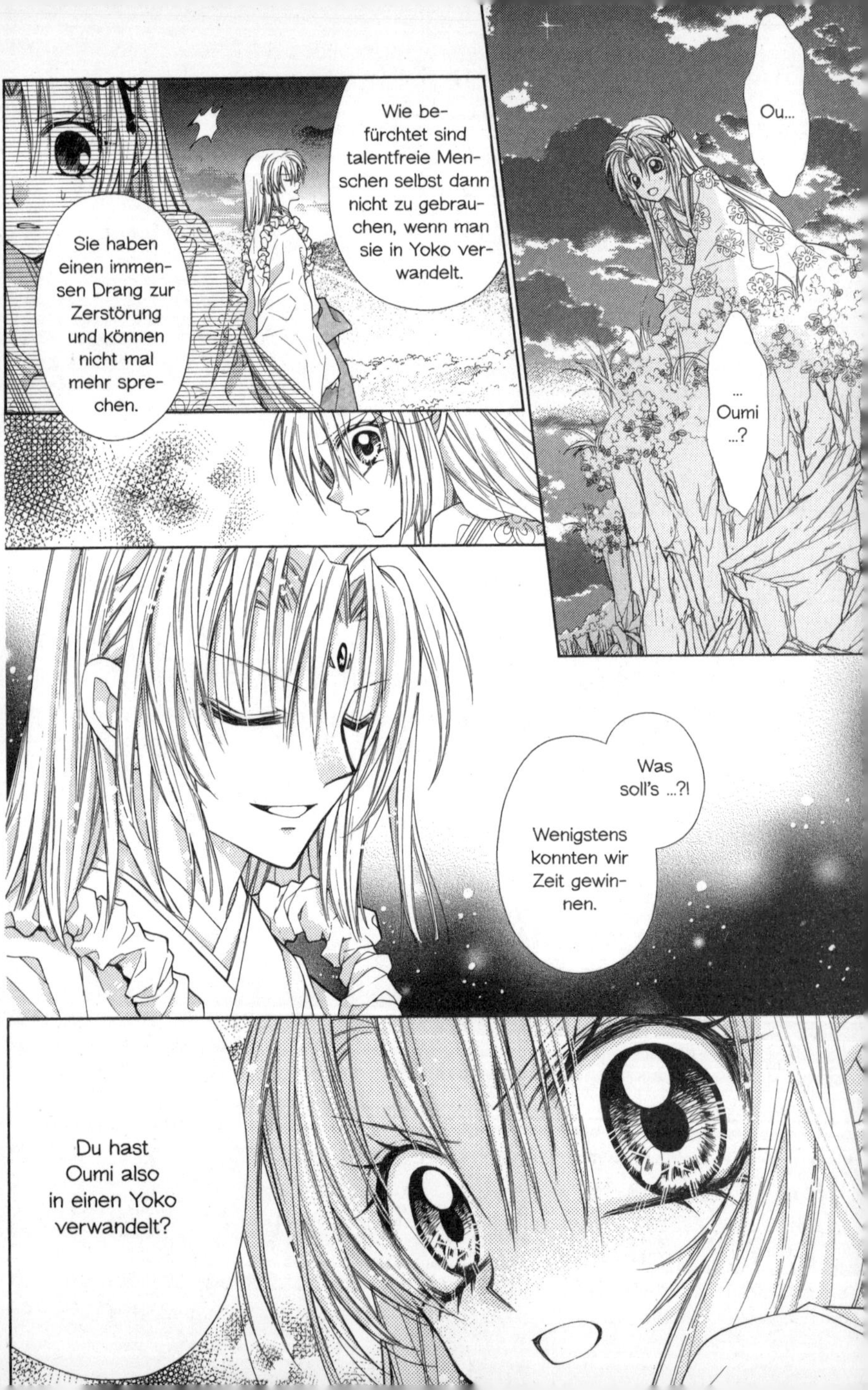
Ou...
... Oumi ...?
Wie befürchtet sind talentfreie Menschen selbst dann nicht zu gebrauchen, wenn man sie in Yoko verwandelt.
Sie haben einen immensen Drang zur Zerstörung und können nicht mal mehr sprechen.
Was soll's ...?!
Wenigstens konnten wir Zeit gewinnen.
Du hast Oumi also in einen Yoko verwandelt?

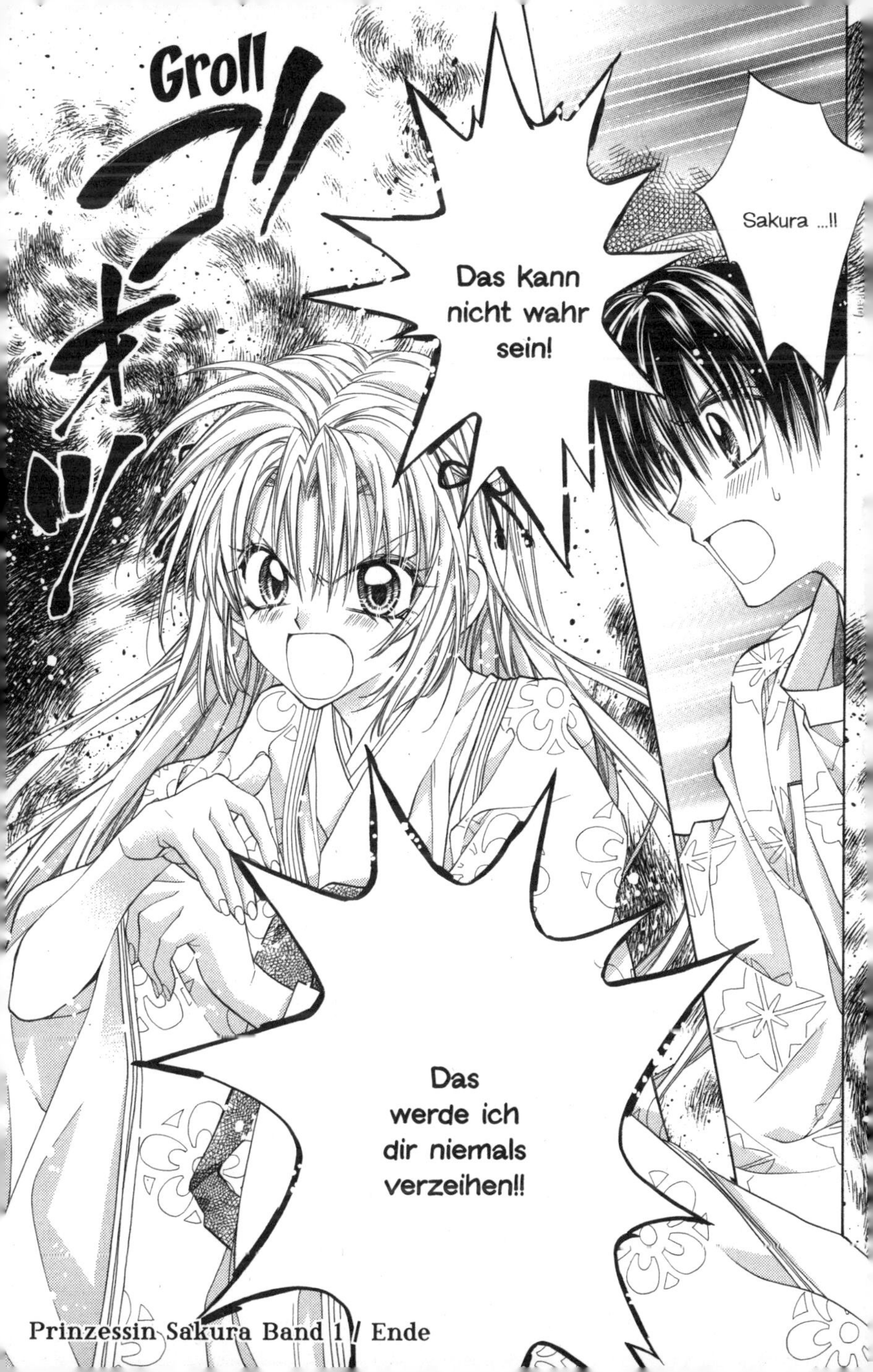

Prinzessin Sakura Band 1 / Ende

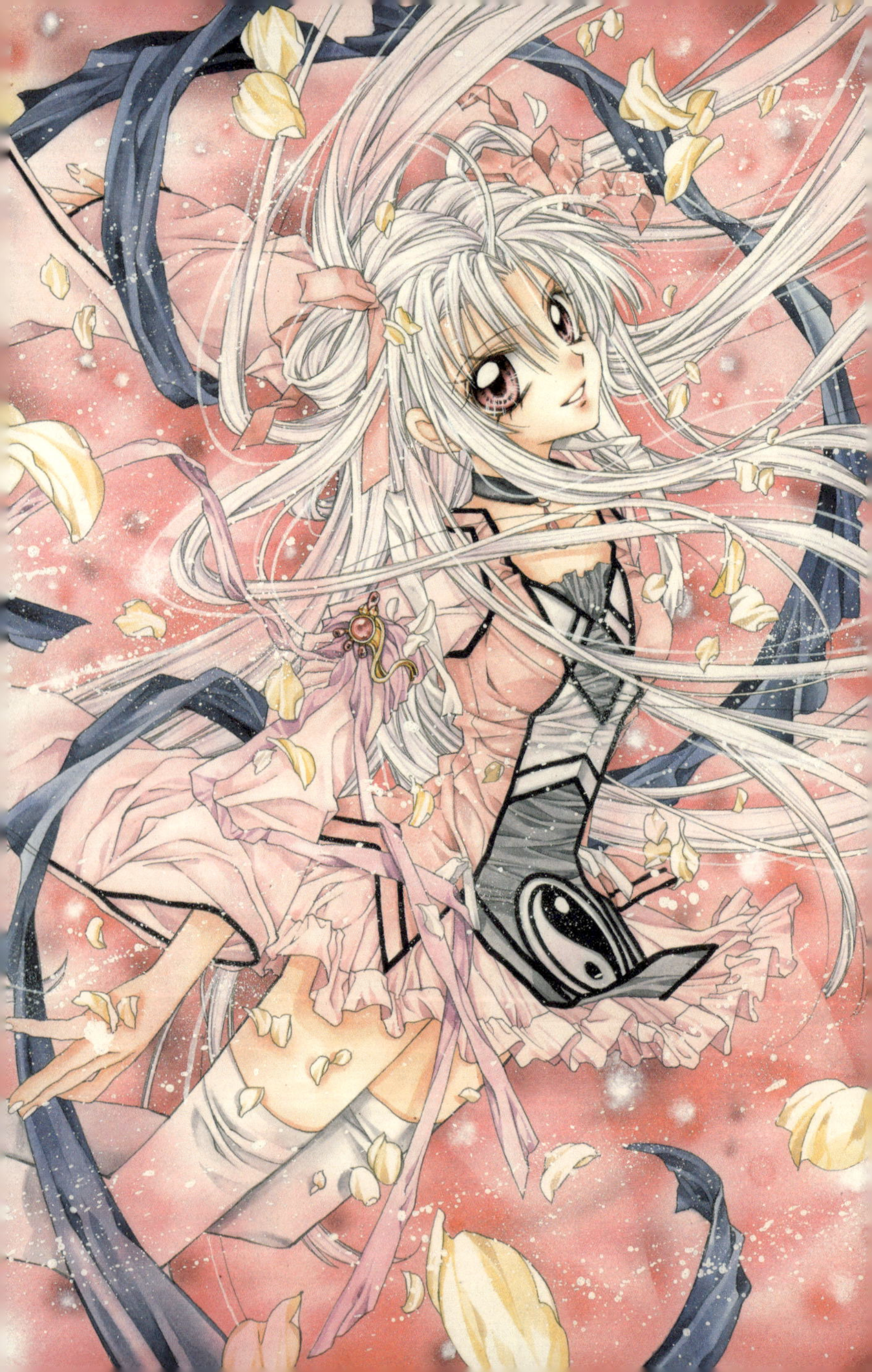

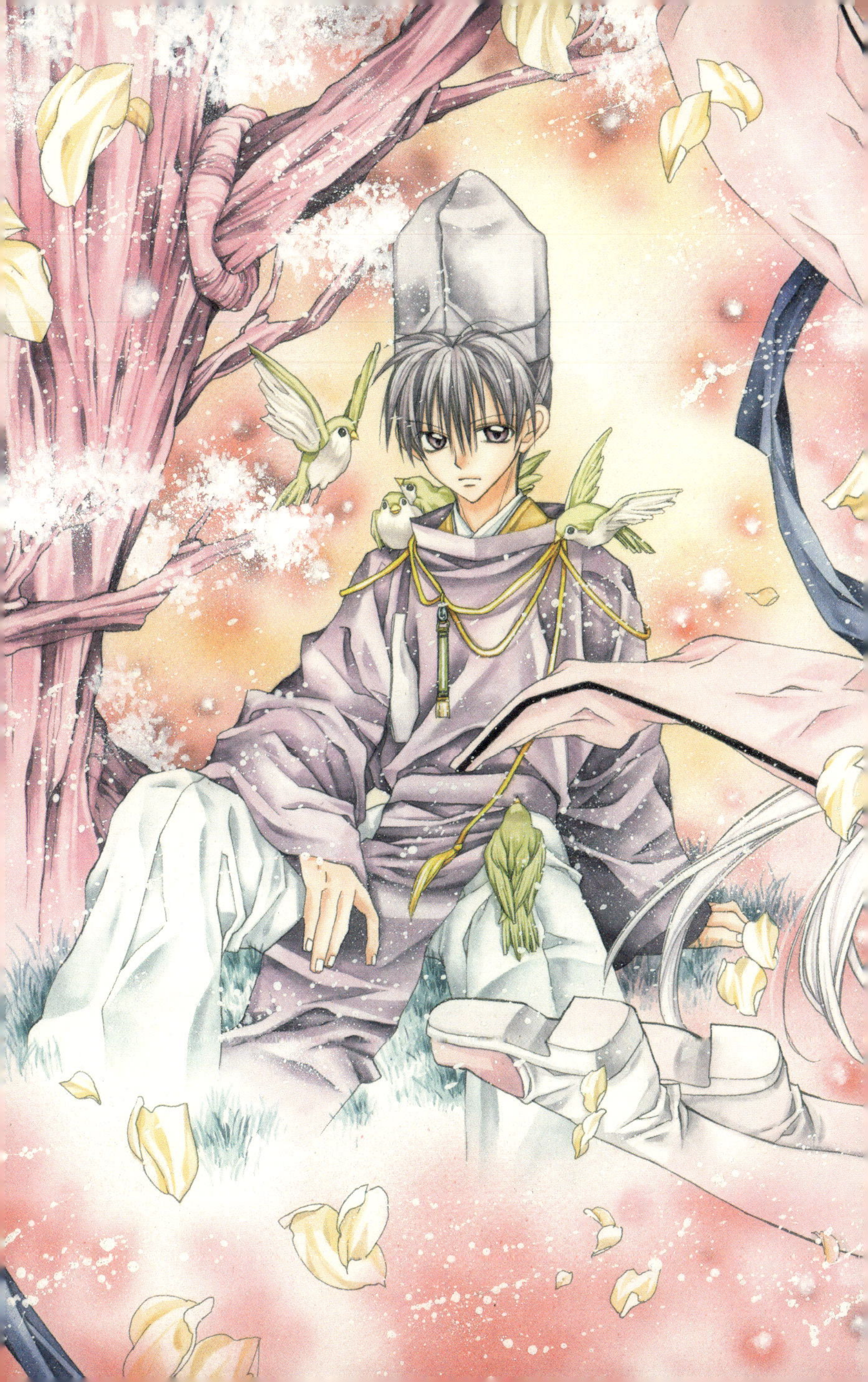

TOKYOPOP GmbH
Hamburg

TOKYOPOP
4. Auflage, 2023
Deutsche Ausgabe/German Edition

Aus dem Japanischen von Rosa Vollmer

SAKURA-HIME KADEN

First published in Japan in 2008 by SHUEISHA Inc., Tokyo.
German translation rights in Germany, Austria and German-speaking Switzerland arranged by SHUEISHA Inc. through VME PLB SAS, France.

Konzept & Redaktion: Benjamin Spinrath
Coverdesign & Herstellung: Alina Kronenberg
Lettering: Datagrafix, Inc.
Druck und buchbinderische Verarbeitung:
CPI – Clausen & Bosse GmbH, Leck
Printed in Germany

MIX Papier FSC® C083411

Wir achten auf die Umwelt.
Dieses Produkt besteht aus FSC®-zertifizierten und anderen kontrollierten Materialien.

ISBN 978-3-8420-6995-4

www.tokyopop.de

Prinzessin Sakura